LATINOLAND

LATINOLAND

UN RETRATO DE LA MAYOR
MINORÍA DE ESTADOS UNIDOS

MARIE ARANA

Traducción del inglés de
Mateo Cardona Vallejo

PRIMERO
SUEÑO PRESS

———

ATRIA

NUEVA YORK   ÁMSTERDAM/AMBERES   LONDRES   TORONTO   SÍDNEY   NUEVA DELHI

Se han cambiado ciertos nombres y características para proteger la privacidad de cinco individuos. Esas instancias están identificadas en la sección Notas.

PRIMERO
SUEÑO PRESS

ATRIA

Un sello de Simon & Schuster, LLC
1230 Avenida de las Américas
Nueva York, NY 10020

Primera edición en rústica de Primero Sueño Press/Atria Paperback, enero 2025

PRIMERO SUEÑO PRESS / ATRIA PAPERBACK y su colofón
son sellos editoriales de Simon & Schuster, LLC

Para obtener información respecto a descuentos especiales en ventas al por mayor, diríjase
al departamento de Ventas Especiales (Special Sales) de Simon & Schuster al 1-866-506-1949
o a la siguiente dirección de correo electrónico: business@simonandschuster.com.

La Oficina de Oradores (Speakers Bureau) de Simon & Schuster puede presentar
autores en cualquiera de sus eventos en vivo. Para obtener más información o para
hacer una reservación para un evento, llame al Speakers Bureau de Simon & Schuster,
1-866-248-3049, o visite nuestra página web en www.simonspeakers.com.

Diseño interior por Ruth Lee-Mui

Impreso en los Estados Unidos de América

1   3   5   7   9   10   8   6   4   2

Datos del Catálogo de la Biblioteca del Congreso se han solicitado.

ISBN 978-1-6680-8896-8
ISBN 978-1-6680-8897-5 (ebook)

A Jorge Enrique Arana Cisneros,
quien me pasó esta antorcha, y

A Aidan, Ryder, Max, Grayson, Julian,
quienes ahora la llevan

Yo sé quién soy, y sé que puedo ser.

—Miguel de Cervantes,
España, 1605

Tú métete en tus asuntos y no te haré
Ninguna pregunta personal aparte
De cómo diablos llegaste aquí.

—Pedro Pietri,
poeta *nuyorican*, 2015

CONTENIDO

Nota de la autora: Nosotros, los sin nombre   xi

PRIMERA PARTE:
HISTORIAS DE ORIGEN   **1**
  1. Llegadas   3
  2. El precio de la entrada   31
  3. Precursores   60

SEGUNDA PARTE:
TIERRA Y PIEL   **87**
  4. Por qué se marcharon, adónde fueron   89
  5. Matices de la pertenencia   121
  6. La línea de color   156

TERCERA PARTE:
ALMAS   **183**
  7. El Dios de la Conquista   185
  8. Los dioses elegidos   217

CUARTA PARTE:
CÓMO PENSAMOS, CÓMO TRABAJAMOS   **253**
  9. Mentalidades   255
  10. Músculo   292

QUINTA PARTE:
CÓMO BRILLAMOS   **339**
  11. Agentes de cambio   341
  12. Protagonistas   383

Epílogo: Unidad	417
Agradecimientos	427
Notas	433
Índice	555

NOTA DE LA AUTORA

Nosotros, los sin nombre

No somos una raza, una nación, un Estado, un idioma, una cultura; somos la superación de todas estas cosas a la vez, en algo tan moderno, tan desconocido, que no tiene nombre todavía.

—José Carlos Mariátegui, periodista peruano, 1929

A decir verdad, no tenemos nombre. Nunca lo hemos tenido. Cuando en incontables cepas nos propagamos por estas antiguas tierras, simplemente éramos tribus de este hemisferio, herederas de un mundo natural, precursoras de una estirpe. Miles de años después, cuando primero España y luego toda una serie de ocupantes y usurpadores nos invadieron y conquistaron, nos convertimos en colonias al servicio del poder: unidas por la bota, la espada, la corona, la cruz y la lengua española. Con el paso del tiempo y al hilo de la historia nos volvimos ciudadanos de diecinueve repúblicas independientes, mezclas de un sinnúmero de colores de piel y culturas, y comenzamos a llamarnos con los nombres de nuestras respectivas naciones. Por fin, cuando nos vimos en Estados Unidos de América —algunos, sin haber salido jamás de nuestra tierra natal— dejamos de llamarnos de cualquier manera. Éramos amorfos, éramos todos y nadie, éramos invisibles. Éramos camaleones que reflejábamos todos los colores del ser humano. Cuando nos preguntaban, echábamos mano del último terruño que habíamos ocupado y de la última etiqueta que habíamos llevado: mexicanos, boricuas, cubanos, colombianos, dominicanos, peruanos. Aunque ya no éramos nada de eso.

Éramos americanos mucho antes de que los fundadores imaginaran a Estados Unidos de América. Nuestros antepasados han vivido aquí por más de medio milenio, más tiempo que cualquiera que haya migrado a este hemisferio, y seguimos llegando. De hecho, aunque llegamos mucho antes que los peregrinos —y aunque representamos más de la mitad del crecimiento de la población estadounidense en la última década y se prevé que lideremos el crecimiento demográfico en los próximos treinta y cinco años—, siempre parece como si el resto del país estuviera descubriéndonos apenas. Por eso nos dan nombres extraños y desconcertantes. El presidente Richard Nixon nos catalogó como "hispanos" con la esperanza de unirnos como una fuerza política que se pudiera cuantificar y organizar, y se dejara influir. Sin embargo, aunque hablemos español, sólo una pequeña parte de nosotros tiene sangre "hispana" —de origen español— en las venas. Y, si la tenemos, la cantidad de sangre en sí no es más que una partecita del todo. De todos modos, muchos aceptamos llamarnos hispanos, y las dignas instituciones que nos apoyan también se llaman así.

El término *latinos* nos fue impuesto posteriormente, aunque parecía ajeno, artificial, una denominación que hace doscientos años a nuestros antepasados les habría parecido extraña, incluso risible. Deriva del término *América Latina*, *"Amérique Latine"*, entelequia ideada por los franceses de la época napoleónica (1799–1815), que pretendían colonizar México y asociar la región en general con las repúblicas meridionales de Europa, que hablan lenguas romances (derivadas del latín), y distinguirnos de los orígenes septentrionales de Estados Unidos. Era una etiqueta controvertida que olía a colonialismo, pero que irónicamente se esgrimía como remoquete antiimperalista, en especial contra los angloamericanos. Sorprende que *América Latina* o *Latinoamérica* se extendiera a lo largo de América Central, del Sur y el Caribe en el siglo XX, y con el tiempo el término *latinos* se impusiera, sobre todo en el oeste de Estados Unidos y en los medios de comunicación.

Últimamente, los activistas que por respeto a nuestros miembros de la comunidad LGBTQ+ prefieren un nombre neutro en términos de género, han ideado otra denominación para nosotros: *latinx*. A pesar de que en los idiomas el género es gramatical, no sociológico o sexual, y está presente en familias lingüísticas de todo el mundo, desde el francés hasta el ruso, pasando por el japonés. Cuando le pregunto a la distinguida activista y escritora LGBTQ+ Cherríe Moraga si utiliza *latinx* para referirse a sí misma, me dice: "¡Trabajé demasiado duro por la 'a' en *latina* como para renunciar a ella! Me refiero a mí misma como *xicana*". De toda nuestra población étnica, sólo un tercio utiliza *hispano* para identificarse, apenas el catorce por ciento utiliza *latino* y menos del dos por ciento reconoce *latinx*. Buena parte de nosotros prefiere no utilizar ningún término identificativo. Como dice el premiado novelista Junot Díaz: "Aún no hemos encontrado un nombre que no nos impongan terceros" —la academia, el gobierno, los *influencers*, las instituciones—, "un nombre que nos lleve a donde vive la gente".

De veras somos americanos sin nombre. Y, sin embargo, al llegar a este país —ya seamos indígenas y hayamos estado aquí todo el tiempo, o bien mexicanos a quienes nos robaron nuestras tierras en la expansión de Estados Unidos hacia el Oeste— aceptamos las denominaciones que nos dan. Responderemos cuando se nos llame. A efectos de simplificación, en este libro se utilizan indistintamente los términos *latino/latina*, *hispano* o *latinx*, aunque también se intentará explicar nuestra gran diversidad, que rebasa cualquier etiqueta.

Este libro procura ser un retrato amplio y personal de nuestras huestes en este país. Latinoland está compuesta de una inmensa ciudadanía: una multitud de clases, razas, antecedentes históricos, y culturas. En la actualidad somos sesenta y tres millones, es decir, el diecinueve por ciento del total de la población de Estados Unidos, y la Oficina del Censo prevé que en 2060 los estadounidenses de ascendencia hispana sumarán 111,2 millones, casi el treinta por ciento de la población. La gran mayoría de nosotros hemos nacido en Estados Unidos, hablamos inglés tan bien como cualquier nativo, estamos empleados, acatamos la ley y trabajamos duro. Haría falta una biblioteca monumental para abarcar la gran totalidad de lo que somos. De modo que arranco en desventaja y acudo a la indulgencia de mi lector, porque es imposible que un libro lo capte todo.

Latinoland busca abordar, al menos desde una impresión general, historias que pasan desapercibidas, vidas que con frecuencia no se ven. A menudo nos representa lo famoso o lo notorio: la glamurosa celebridad de Hollywood Eva Longoria, por ejemplo; o el convicto narcotraficante Joaquín "El Chapo" Guzmán; o los grandes e inimitables líderes sindicales César Chávez y Dolores Huerta, o el gigante del béisbol Roberto Clemente. Nuestras bibliotecas rebosan de admirables obras que retratan a la perfección lo bueno y lo malo. Por el contrario, este libro recoge el llamado del historiador británico Edward P. Thompson, que aspiraba a rescatar a los seres humanos del común del "enorme desdén de la posteridad", de la amnesia selectiva de la historia y la arrogancia de la "teoría del gran hombre". No pretende ser una obra exhaustiva ni un tratado académico, ni afirmar que un lienzo sea capaz de captar la abundancia o la grandeza de los nuestros. Después de todo, los ciudadanos de Latinoland provenimos de veintiún países; somos sesenta y tres millones en un planeta que cuenta con más de quinientos millones de hispanohablantes. Es una tarea imposible. Tal vez sea más acertado describir este libro como el resultado de toda una vida de reflexión con relación a preguntas como de dónde venimos, quiénes fuimos alguna vez, en qué nos hemos convertido y qué aportamos a Estados Unidos de América. Muchos de nosotros nos identificamos a partir de los países de donde emigramos: somos mexicanos, puertorriqueños, cubanos, salvadoreños, venezolanos, errando más allá de la tierra donde nacieron nuestros antepasados. Sólo nos convertimos en latinos, hispanos o latinx a nuestra llegada, cuando el censo estadounidense nos pide que declaremos qué somos, cuando Estados Unidos nos estampa un distintivo. Pero sea cual sea la etiqueta, propone una preciosa unidad que España, en todos sus perversos esfuerzos por separar a sus lacayos sometidos, nunca consiguió. Mi instinto —y el de la mayoría de los cientos de personas que entrevisté para este libro— consiste en acoger esas etiquetas. Llegar a lo que nos une. Apropiarnos de la clasificación.

Este libro es un viaje a través del abigarrado universo de la identidad latina estadounidense. Mi intención es detenerme en sus diferentes estaciones y resaltar su humanidad, su gran diversidad, sus sorprendentes conexiones, su sentimiento compartido de alteridad. Agradezco a las muchísimas personas de diferentes orígenes nacionales y étnicos y que representan las más diversas posiciones —desde empleadas domésticas a presidentes de universidad, desde vendimiadores a ejecutivos de empresas—, que han contribuido a este libro con sus generosas y sinceras entrevistas. Para comprender la medida de lo que somos, he tenido que escarbar y estudiar la historia de nuestra presencia en este país, los siglos que llevamos aquí, lo fortuito de nuestras llegadas, los miles de años de historia que albergan nuestras poblaciones indígenas.

Tal vez no tengamos una narrativa única, pero nos unen varios puntos en común: que se nos considere recién llegados, aunque nuestros antepasados hayan sido los primeros habitantes de este hemisferio; la marginación e invisibilidad que sufrimos, pese a que somos una población próspera y exuberante; que pese a nuestra movilidad social ascendente y evidente éxito estemos limitados por los prejuicios y la pobreza; nuestra reverencia colectiva por la familia, el trabajo y la alegría, sea cual sea nuestro origen o posición social; el alucinante laberinto de contradicciones que somos, unidos por un idioma común, aun cuando ya no lo hablemos muy bien.

Simón Bolívar, el paladín venezolano del siglo XIX, libertador y fundador de seis repúblicas sudamericanas, soñaba con crear una nación panamericana fuerte, consolidación de todos los países de habla hispana recién independizados. Su esperanza era unificar la región, cimentar los lazos y crear un baluarte contra un mundo depredador. Nunca llegó a concretar esa visión. Las colonias que España dejó a su paso estaban demasiado divididas e infantilizadas, desconfiaban unas de otras y estaban demasiado acostumbradas a depender de Madrid, tal como los diferentes radios se conectan al cubo de la rueda. La euforia de la región tras la independencia pronto se convirtió en caos, guerras territoriales, caudillos y un rígido sistema de castas, y las divisiones no hicieron más que acrecentarse. No obstante, he llegado a creer que el sueño de Bolívar sigue vivo en nosotros, los latinos de Estados Unidos —la minoría más grande y de más rápido crecimiento, que aún no se ha dado cuenta de que es legión—, cohorte que aún tiene que entender su pasado, sus lazos, su poder. Aquí, en Latinoland, en esta población locamente diversa, en nuestro anhelo de unidad, en nuestra pura perseverancia, vive una fuerza vibrante. Un auténtico motor del futuro estadounidense.

PRIMERA PARTE

HISTORIAS DE ORIGEN

Las historias de origen importan. Forman nuestro sentido de identidad, nos dicen qué tipo de personas creemos ser, en qué tipo de nación creemos vivir. Suelen transmitir, al menos, la esperanza de que el punto donde empezamos contenga la clave de dónde estamos actualmente.

—Annette Gordon-Reed, historiadora estadounidense, 2021

1

LLEGADAS

Ya estamos en el bus / eso es todo.
—Juan Felipe Herrera, poeta mexicano-estadounidense, 2015

Puedo sentir la expectativa y la exaltación. El bullicio desconocido de una estación de paso. He dormido durante el viaje y me despierto ahora en una amplia y extraña galería, apartada del hombro de mi padre y decidida a mantenerme en pie. Hay filas de caras brillantes y ansiosas a mi izquierda, filas a mi derecha. Gritan para hacerse oír por encima del estruendo, empujan sus maletas por el suelo embarrado, se quitan la lluvia de los hombros. Un aguacero azota las enormes máquinas en la distancia. Los buses son grises y relucen ciclópeos, como los peñascos que ensucian la escarpada costa de mi hogar costero. Miro a mi alrededor en busca de mi madre y la veo en un mostrador, tramitando nuestro tránsito. Sacude con fuerza su melena dorada mientras aprieta los papeles en el puño. Mi padre, inusualmente apartado con los niños, no participa en la negociación. Es peruano, de piel oscura y pelo negro; un hombre vivaz de pronto enmudecido en este atronador ambiente estadounidense. Enciende un cigarrillo y le da una calada larga y profunda. Levanto el brazo para tomarle la mano. Tengo seis años.

Era la primera de mis llegadas. No me quedaría mucho tiempo. Después vendría para quedarme, cuando tuviera nueve años. Esto era Miami antes de los cubanos. Estados Unidos antes de la ola. Había escasos cuatro millones de latinos en el país, apenas el dos por ciento de la población. La inmensa mayoría eran mexicoamericanos en el suroeste y el oeste, con raíces que se habían mantenido por generaciones, por siglos, antes de la llegada de los conquistadores españoles o de los colonos británicos. Pero no estábamos solos en la costa este. En el transcurso de los quince años anteriores, tres cuartos de millón de puertorriqueños —estadounidenses de pleno derecho procedentes del Estado Libre Asociado de Puerto Rico— habían desembarcado en la ciudad de Nueva York. También ellos eran hispanohablantes recién llegados que reivindicaban sus propias raíces, al margen de los mexicanoamericanos. A lo largo de mi vida, esa población total de cuatro millones de latinos se dispararía a más de sesenta y tres millones, del dos por ciento al diecinueve por ciento, de dos etnias mayoritarias a veinte, y los puertorriqueños habrían de llamar hermanos a los mexicanos. Compadres. Hoy, una de cada cinco almas en suelo estadounidense reivindica su herencia hispana, marca la casilla, se une a mi tribu: *la familia*. Lo que sea que *mi familia* signifique para cualquiera de nosotros. No somos un pueblo unificado. Sin embargo, de muchas maneras Estados Unidos hace que lo seamos.

La estación de autobuses era estremecedora, fascinante, aterradora. Había llegado del seno de una cálida e introvertida familia peruana a un clamor de extraños. Sólo mi padre, mi hermano y mi hermana hablaban mi lengua materna. Nunca había oído tanta cháchara en inglés, ronroneo que yo asociaba con la hora de acostarme cuando, teniéndome toda para ella, mi madre me cantaba en su idioma: Stephen Foster, Robert Burns, George e Ira Gershwin, Gilbert y Sullivan.

Ahora volaba hacia nosotros con una sonrisa triunfante en el rostro. Era la única estadounidense —gringa— que había conocido en nuestro pueblito de la lejana costa peruana. Había oído a los indígenas peruanos hablar de forasteros pálidos como ella, los *pishtacos*, degolladores blancos, fantasmas hambrientos que necesitaban la grasa de los indígenas para hacer funcionar sus máquinas gigantescas. Mother había emigrado a Perú, víctima del amor, siguiendo a mi padre hasta su casa tras haber permanecido él por dos años en Estados Unidos. Durante catorce años había sido un engranaje mal ajustado en mi familia incondicionalmente peruana. El clan Arana-Cisneros era un grupo estrecho y reservado de criollos —decían ser descendientes de españoles— que había habitado el continente sudamericano por más de cuatrocientos años. No había sido una travesía migratoria fácil para Mother. Pero ahora era al revés. Ella estaba al mando, era su territorio. Venía agitando los boletos que nos llevarían de Miami a Detroit, y de ahí a casa de sus padres en Elk Mountain, Wyoming. Su alegría era tan contagiosa que mi padre no pudo evitar devolverle la sonrisa. No sonreiría a menudo en los meses por venir.

Cuando *la familia* llega a esta América, si no hemos habitado esta tierra antes de la época de Cristóbal Colón, pisamos un muelle o la gravilla de una pista de aterrizaje. O nos deslizamos debajo de alguna cerca, nadamos en medio de la noche oscura, surcamos los mares en improvisadas balsas de caucho. En mi caso, lo único que recuerdo es aquella estación de buses a las afueras de Miami, lugar de más de un despertar. No recuerdo el aeropuerto ni el avión que me llevó allí y me ubicó en aquel momento. Me había quedado dormida durante el despegue —la loca estampida— y me perdí el estruendo del aterrizaje y el espectáculo que mi madre había prometido ofrecer cuando se bajara del avión, se arrodillara y besara aquella tierra bendita. "¡Hogar de los valientes y los libres! ¡Cuna de la libertad!", decía de su país. "¡Se puede beber directamente de los ríos!", algo que nunca nos dejaría hacer en la tierra que habíamos dejado atrás. "¡Pueden lamer el pavimento si les provoca!". Pero la agitada estación de buses, con su hedor de palomitas, vapores grasientos, perros calientes humeantes y *souvenirs* de pacotilla era todo lo que podía ver de sus Estados Unidos de América. Durante cinco días completos, hasta cuando llegáramos a las Montañas Rocosas, todo lo que podría ver de mi futuro hogar serían estaciones de autobuses y una interminable cinta de asfalto gris entre ellas. Mientras atravesábamos el continente, aquellos bulliciosos salones de pasajeros, aquellos nerviosos nodos de tránsito me dejaron una profunda impresión. Eran presagios de un desasosiego estadounidense por venir.

Mi hermana, mi hermano y yo seguíamos a nuestros padres por aquel extraño país de las maravillas, mirando boquiabiertos las chucherías, parloteando alegremente en español, hasta que mi madre decidió que yo —por ser la más joven y menos fiable— debía hacer uso de las instalaciones. Me jaló hasta una placa con las palabras "Baños públicos". Debajo, gruesas flechas negras señalaban lados opuestos del pasillo. La puerta de la izquierda decía "Sólo blancos"; la de la derecha, "De color". Instintivamente, recordando las historias sobre los degolladores blancos de Estados Unidos, me dirigí hacia la derecha, pero la mano de mi madre me empujó en la dirección contraria. Sentada sola en el cubículo, me miré las piernas. Eran oscuras como las de mi padre: "Café con leche", decía, dándome una palmada de aprobación en la rodilla. Eres café con infusión de leche. Era imposible que fuera blanca. No era *pishtaco*. Pero de repente no estaba segura. Nunca me habían hecho pensar de qué color era. Fue el principio de mi educación estadounidense.

• • •

Para los latinos como yo, la cuestión del color de la piel siempre ha sido complicada, y quinientos años de promiscua historia la han trastornado. Somos producto de una alquimia racial que comenzó en el instante en que los hombres de Colón desembarcaron y se unieron a las mujeres indígenas. Los españoles ya eran un guiso de etnias nacido de la mezcla de moros, judíos y antiguos cristianos ibéricos. Éramos diversos desde el principio. Cuando los esclavos negros fueron traídos a las colonias españolas a mediados del siglo XVI, nos mezclamos con ellos libremente; se volvieron parte de nuestro ADN. Cuando grandes oleadas de chinos llegaron al continente en el siglo XIX, también se unieron a nuestro linaje. Cuando unos gobiernos obsesionados con la raza acogieron la inmigración europea a gran escala para blanquear sus poblaciones, nos convertimos en italianos, europeos del este, alemanes, judíos. ¿Cómo podemos saber de qué color o etnia somos realmente? ¿Cómo podemos reducirnos a un denominador común? Una multitud de matices nos define. Mi propio ADN me dice que soy de todas las razas humanas: indígena, europea, asiática, negra africana. Hemos sido multirraciales desde hace más de medio milenio. Simón Bolívar, el general y estadista venezolano de principios del siglo XIX, lo expresó mejor cuando dijo:

Tengamos presente que nuestro pueblo no es el Europeo, ni el Americano del Norte, que más bien es un compuesto de África y América, que una emanación de la Europa; pues que hasta la España misma, deja de ser Europea por su sangre Africana, por sus instituciones, y por su carácter. Es imposible asignar con propiedad, a qué familia humana pertenecemos. La mayor parte del indígena se ha aniquilado, el Europeo se ha mezclado con el Americano y con el Africano, y este se ha mezclado con el Indio y con el Europeo. Nacidos todos del seno de una misma Madre, nuestros padres diferentes en origen y en sangre, son extranjeros, y todos se difieren visiblemente en la epidermis: esta desemejanza trae un reto de mayor trascendencia.

"Un tacto infinitamente delicado". "La chica parece medio chinita", recuerdo que decía sonriendo el novio de mi tía cada vez que me tomaba en brazos y me ponía sobre las rodillas. Era de pelo rizado y piel color nuez, y mi tía lo llamaba turco. "Turco". Había una escala móvil en nuestro mundo, una gama tan rica y amplia que una sociedad partida en blancos y negros —una sociedad tan binaria que acata la "regla de una sola gota" y nos pide que elijamos un color u otro, como me pidieron que hiciera en aquella estación de buses de Miami hace mucho tiempo— nos resulta dura y ajena.

No es que los usos de la raza nos sean ajenos. Los grandes maestros españoles del período colonial probaron suerte con una taxonomía de nuestro color. Elaboraron un cuadro de posibles mezclas raciales en las Américas y luego trataron de aplicarlas debidamente. Había dieciséis combinaciones posibles, cada una con su nombre de casta. La primera era el hijo del Nuevo Mundo nacido de dos españoles: un criollo, el ideal luminoso. En opinión de España, los hijos blancos de blancos serían los más felices de América, los aristócratas, aunque los conquistadores rara vez eran realmente "blancos" y rara vez eran de linaje noble. En segundo lugar estaba el hijo de español e india, un mestizo, mezcla más preferible sin duda que la del hijo de sangre india y mulata, que daba lugar a un morisco. La decimosexta categoría, la última entrada, abordaba la cuestión del matrimonio entre un hombre portador de todas las razas

—asiática, negra, blanca e indígena— y una mujer india; se trataba de un *torna-atrás*. Un "reincidente". Un desliz en la rueda de la fortuna. Esto ocurría en el siglo XVII, cuando el mestizaje empezaba a ser tan habitual en las Américas de las regiones meridionales que se hizo necesario un vocabulario para designarlo.

Para entonces la mezcla de razas era desaforada e incontrolable —pese a los obsesivos intentos de España por registrarla— y la América española se había convertido en un experimento desenfrenado de reproducción multirracial, un mundo completamente nuevo, sin parangón en el planeta. En realidad, no era difícil que se aprobaran los matrimonios interraciales, a pesar de la febril codificación: lo único que exigía la Iglesia era una prueba de bautismo católico y una profesión de fe. Y así, la Iglesia en realidad facilitaba los matrimonios mixtos, y las razas de los recién nacidos se convertían en detalles a determinar y registrar por los sacerdotes. ¿Le parecía un poco china al fraile? Entonces podría ser una *torna-atrás* o "saltatrás". ¿Era india, tal vez? ¿Mulata? Se tomaba nota con diligencia, junto con la fecha de nacimiento y los nombres de los padres. En el siglo XVIII, cuando los barcos negreros holandeses, portugueses, ingleses y españoles emprendían la vasta y lucrativa empresa de transportar a doce millones de africanos maltratados para ponerlos a la venta en las Américas (noventa por ciento de los cuales —más de once millones— fueron a parar a Sudamérica, el Caribe y México), el linaje latinoamericano se había cruzado tanto que ya nadie llevaba la cuenta.

Desentrañar la identidad latina quizá sea un poco como tratar de recomponer los escombros de la Torre de Babel. Según la historia bíblica, Dios, en un momento de furia, destruyó el edificio que levantaban los sobrevivientes del Diluvio, última escoria de la humanidad, porque hablaban una sola lengua. Escindidos de repente en innumerables culturas y multitud de lenguas, los pueblos se dispersaron sobre la faz de la tierra, incapaces de entenderse y de comunicarse.

Proyectada sobre las muy diversas naciones de América Latina, la historia adquiere un cariz diferente. La ironía es que todos hablamos el mismo idioma. El español, a pesar de sus muchos dialectos, es justamente el sistema que nos une. Somos una Torre de Babel monolingüe,

desde el pescador del extremo sur de Argentina hasta el salvadoreño que
emigró a trabajar en Dakota del Norte. El duro sistema colonial español,
en su empeño por jugar a ser Dios, forjó una lengua única a partir de una
multitud de lenguas indígenas. Pero también destruyó cualquier posible
sentimiento de unidad. Separada por severas restricciones coloniales que
no permitían los viajes, el comercio o las comunicaciones intracolonia-
les, Latinoamérica se convirtió en una cazuela de culturas con caracteres
nacionales distintos. Pero la imponente torre del español sigue en pie,
aunque nuestros hijos no lo hablen tan bien como nuestros antepasados.
Aunque nuestros nietos no lo hablen en absoluto. El español es el cordón
umbilical que nos une, junto con una miríada de experiencias compar-
tidas más sutiles: nuestro feroz sentido de la familia, nuestra incansable
ética del trabajo, nuestros rituales de música y baile, nuestra incapacidad
para exorcizar del todo los fantasmas de un aplastante pasado colonial.

En lo que a mí respecta, nuestra historia comienza con Álvar Núñez
Cabeza de Vaca, el primer europeo que residió en este continente y que
convivió, sirvió y comprendió a su población nativa. Hubo otros que
tal vez pusieron el pie en esta orilla, pero se alejaron navegando; aventureros que rozaron la costa, pero nunca la recorrieron de verdad. Por
ejemplo, el rico y atildado Juan Ponce de León, quien —en busca de más
tesoros— se topó con Florida en 1513, le puso nombre y navegó a lo
largo de sus costas, que rodeó hasta llegar a la Bahía Vizcaína y los Cayos.
Su primera visita fue fugaz, e incluyó a un conquistador africano, muy
posiblemente el primer negro en pisar estas tierras, como compañero
de tripulación. Cuando Ponce de León regresó a Florida en 1521 con la
intención de establecer una colonia, una flecha envenenada lanzada por
el hábil arco de un guerrero calusa lo abatió y fue trasladado a Cuba,
donde murió. Otro español, Alonso Álvarez de Pineda, circunnavegó la
península de Florida, remontó la costa del Golfo y entró en el Mississippi
en 1519, justo mientras Hernán Cortés conquistaba a los aztecas. También es muy posible que esclavistas españoles realizaran incursiones pre-
vias a lo largo de las costas norteamericanas —asesinando, capturando y
cayendo asesinados— en un frenético esfuerzo por enriquecerse engri-
lletando a los indígenas. En 1524, Giovanni da Verrazzano, el intrépido

explorador italiano que navegó al servicio de Francia, trepó por la costa desde el Cabo Fear y ancló brevemente en los estrechos entre Staten Island y Brooklyn. Pero ninguno de estos casos de contacto inicial fue tan prolongado o significativo como la extraña residencia americana de Cabeza de Vaca, de una década de duración. Lo ofrezco aquí como el posible albor de la presencia latina.

LOS PRIMEROS HABITANTES BLANCOS (Y NEGROS) DE AMÉRICA

> Todos son flecheros; y como son tan crecidos de cuerpo y andan desnudos, desde lejos parecen gigantes.
> —Álvar Núñez Cabeza de Vaca, conquistador español, 1528

Cuatrocientos treinta años antes de aquella primavera aporrada por fuertes lluvias en que llegué a Miami, otro viajero tocó tierra en Florida y se asombró ante el país de maravillas a donde había llegado su barco. Era 12 de abril de 1528 —el jueves antes del Domingo de Resurrección— y, tras haberse impuesto a tempestades, lluvias torrenciales y una mar agitada, oyó una voz que decía "¡Tierra!", se asomó, vio tierra y le dio gracias a Dios por su liberación. Era Álvar Núñez Cabeza de Vaca, tesorero real de la expedición española de Narváez y veterano de la conquista española. Su comandante, Pánfilo de Narváez, hábil especulador de labia fácil, había persuadido al joven y ambicioso emperador del Sacro Imperio Romano y rey de España, Carlos I, de que había imperios ricos en oro que ganar al norte del país de los aztecas. La impresionante conquista del imperio de Moctezuma II por Cortés siete años antes había inspirado una oleada de expediciones en busca de oro, empeñadas en tomar por la fuerza y subyugar a más y más civilizaciones del Nuevo Mundo. Nunca antes la incursión accidental de Colón en aguas indígenas había parecido tan prometedora.

Por ejemplo, había rumores acerca de un "Rey Blanco" y un vasto imperio de plata en algún lugar al sur de La Española —la isla caribeña que más tarde se dividiría en Haití y la República Dominicana—, donde

Colón se había establecido en el Caribe. Más de una tribu de aquellas aguas salpicadas de islas había señalado al sur para indicar la dirección general. En cuatro años, Francisco Pizarro navegaría a lo largo de la escarpada costa pacífica de Sudamérica, encontraría ese reino, engañaría y derrotaría a su emperador Atahualpa, y conquistaría el Imperio Inca para España. Así fue como otro territorio rico en plata —tan extenso como amplios son los Estados Unidos— cayó en las ansiosas manos del emperador del Sacro Imperio Romano.

Otras leyendas seducían a los españoles en la dirección opuesta. Una en particular contaba sobre una quimera resplandeciente en algún lugar al norte de México conocida como las Siete Ciudades de Cíbola. Un fraile franciscano, que difundía la palabra de Jesús y vagaba más allá de las fronteras de su mundo conocido, afirmó haber tropezado con aquella fabulosa megalópolis. El sacerdote relató que, vistas desde un promontorio lejano —posiblemente, en el brumoso resplandor del amanecer—, las ciudades encantadas parecían construidas íntegramente en oro. Una incontrolable hambre de metal alimentaba sueños como éstos, y Narváez y Cabeza de Vaca no eran inmunes a ella. En efecto, como buenos cazafortunas soñadores que eran en una época desenfrenada, se habían inventado tantas y perseguido más de una quimera. Eran hombres medievales en una época medieval, con desvaríos primitivos acerca de pigmeos morenos que caminaban con la cabeza, pensaban con los pies y habitaban tierras donde crecían el oro y las esmeraldas. Estaban convencidos de que Dios favorecería a los cristianos y haría suyas las riquezas de los paganos. Con tales ilusiones y convicciones, Narváez, Cabeza de Vaca y seiscientas almas aventureras —entre las cuales había mujeres y africanos— zarparon en cinco naves de las playas de Sanlúcar de Barrameda, donde las españolas aguas de color pardo del río Guadalquivir se derraman al mar abierto.

Cuando la flotilla llegó a la isla de La Española, los barcos habían estado en el mar por más de un mes, en condiciones precarias y hacinamiento. Ciento cuarenta miembros de la expedición desertaron. Narváez y Cabeza de Vaca se apresuraron a repoblar y reabastecer las naves y, en octubre, en plena temporada de huracanes, salieron de La Española sólo para enfrentarse a furiosas tormentas y pérdidas devastadoras en alta mar. Aquello no era más que el principio de sus problemas. Las tripulaciones echaron el ancla en Cuba, a tiempo para contemplar cómo un huracán colosal y tremendamente errático se abalanzaba sobre la costa al atardecer y rugía sobre sus cabezas durante la noche. Al salir a la mañana siguiente, encontraron muertos a sesenta de sus hombres, además de veinte caballos perdidos en el mar y dos barcos reducidos a escombros. Parecía que Dios mismo estaba decidido a sabotear la expedición.

Pero el encargo del rey a Narváez había sido un claro imperativo —un *adelantamiento*, la promesa de una lucrativa gobernación—, más apremiante quizá que la propia mano de Dios. Narváez debía conquistar y gobernar las tierras situadas entre la preciada colonia de Cortés en México y el enigmático territorio de La Florida, que el explorador Juan Ponce de León (conquistador de Puerto Rico) había identificado fugazmente y reclamado para España quince años antes. Poco se sabía de la vasta tierra intermedia que separaba a los aztecas de La Florida, sólo la escasa información obtenida de los tratantes de esclavos que se habían adentrado en los intimidantes pantanos de La Florida durante aquellos temerarios años. Había, además, otro incentivo: el odio extremo de Narváez hacia Cortés —rivalidad y envidia que se remontaban muchos años atrás — y el temor de que, dado el voraz revuelo de hazañas en aquellos primeros días de la colonización, las fuerzas de Cortés pudieran arrasar el norte de México y tomar para sí esa zona intermedia. No era imposible: Cortés había conquistado a los aztecas desafiando las órdenes del rey, e invadido México sin un adelantamiento oficial de la Corona. En cambio, Narváez y su lugarteniente, Cabeza de Vaca, seguían sus órdenes al pie de la letra: su expedición cruzaría el Caribe de este a oeste, desde Cuba hasta México continental, donde el Río de las Palmas se adentra en el mar, justo al norte de los dominios de Cortés. Eso, y todo lo que hubiera entre allí y Florida, sería suyo. Para Cabeza de Vaca no se trataba de una misión superficial. Como tesorero real y supervisor de la expedición, había jurado defenderla con su vida.

Aquel luminoso día primaveral de su llegada, mientras el tesorero real contemplaba la maraña de vegetación que se extendía frente a él, no podía saber que veía la tierra que Ponce de León había visto quince años antes: la "isla" que el difunto conquistador bautizara con el nombre de La Florida, reclamara para España y muriera intentando colonizar. Los líderes de la expedición de Cabeza de Vaca habían supuesto que se encontraban en algún lugar de México y que habían navegado las novecientas millas que los separaban de ese lugar. El momento de la llegada indicaba que estaban en lo cierto: la flotilla habría tardado ese número de semanas en recorrer esa longitud de mar. Pero eran hombres que nunca habían navegado por aquellas aguas. No tenían forma de saber que sus frágiles embarcaciones habían estado luchando contra la poderosa Corriente del Golfo. Habían retrocedido tanto como habían avanzado. Cegados por la niebla y la tormenta, habían perdido el sentido de la orientación. Creían haber avanzado hacia el oeste en contra de los vientos, pero durante incontables semanas habían sido empujados hacia el norte. Sólo habían recorrido los escasos trescientas millas que separan Cuba de la bahía de Tampa.

Con el tiempo, al ver que el sol se ponía en el mar y no en tierra, los líderes comprendieron que no estaban en la tierra de los aztecas. Pero no comprendieron mucho más mientras navegaban a lo largo de los manglares que serpenteaban por la inhóspita costa de Florida. Sin duda, Cabeza de Vaca no podía imaginar que pasaría los siguientes nueve años abriéndose paso por aquel terreno, ni que sería el primer hombre blanco en vencer los peligros de América y vivir para contarlo. Su crónica *La relación* (1542), donde describe aquel misterioso continente y sus tribus, ofrece un testimonio temprano y sin parangón de lo que, más de tres siglos después, se convertiría en Estados Unidos de América. Ninguna obra de ningún "peregrino" inglés en aquellas tierras puede igualarla. En el transcurso de su viaje de 2.500 millas, Cabeza de Vaca conocería una extraordinaria diversidad de pueblos indígenas, desde los calusas, muskogee y seminoles en el este, hasta los apaches, comanches y navajos en el oeste.

Poco después de su llegada a Florida, los aventureros españoles se reunieron con el jefe de los timucua, los nativos desnudos, de piel oscura y constitución fuerte que habían vislumbrado fugazmente a lo largo de

la costa. Animados por la aparente cortesía del indígena, los conquistadores se atrevieron a internarse en tierra para saber más. En pocas semanas, la expedición se dividió y la mitad de sus miembros, incluido Cabeza
de Vaca, viajaron por tierra en busca de los apalachee, cacicazgo que,
según los lugareños, rebosaba de espectaculares riquezas. Pero la travesía parecía interminable, dado las amenazas de las tribus belicosas y el
paisaje duro e implacable. Cuando por fin el destacamento llegó adonde
los apalachee, el fabuloso imperio resultó ser poco más que un puñado
de aldeas con abundantes reservas de maíz. Los españoles agradecieron
saciar el hambre, aunque la realidad era ineludible: Apalachee no era el
imperio de Moctezuma ni el maíz reemplazaba el oro. Mientras los hombres de Narváez saqueaban las aldeas en busca de algún brazalete que los
consolara, tomando rehenes a su paso, debieron de darse cuenta de que
su futuro estaba en peligro. Habían abandonado sus barcos; habían sido
timados con falsas promesas. Una expedición alguna vez poderosa había
quedado reducida a un asustado grupo de extraviados.

Los españoles emprendieron una desastrosa marcha de regreso al
mar. Desesperados, desilusionados y exhaustos, vadearon aguas que
les llegaban hasta el pecho, soportaron los brutales ataques de los indígenas y perdieron compañeros por el camino. A medida que pasaba el
tiempo y la inanición los obligaba a comer carne humana, la búsqueda
del oro imaginado se hizo menos urgente que la vida misma. Eran in-
trusos en tierra hostil, nada era más evidente. La fácil conquista de las
almas caribeñas no los había preparado para las tribus más agresivas
del Norte. Escarmentados, regresaron a la bahía dando tumbos, con
la esperanza de encontrar allí sus barcos. Pero no fue así. La flotilla
había desaparecido y nunca más la volverían a ver. Todo lo que los sobrevivientes podían hacer ahora era matar sus caballos para subsistir,
construir balsas rudimentarias con los pinos de los alrededores y enfrentarse al veleidoso mar.

En noviembre, siete meses después de desembarcar en la bahía de
Tampa, 250 sobrevivientes, menos de la mitad de la expedición original de Narváez, partieron en cinco balsas improvisadas. La mayoría no
aguantó el viaje. A medida que el invierno los alcanzaba, arreciaban

las tempestades y se acumulaban los cadáveres, los vivos sobrevivían alimentándose de los muertos. El mismo argumento que la España católica había utilizado para justificar la conquista y esclavización del Nuevo Mundo —que los indígenas eran caníbales abominables, menos que humanos— se volvió de repente en su contra. Los agentes de la palabra cristiana practicaban el canibalismo.

Al aumentar la desesperación, Narváez se sumió en una negación demente, negándose a rebuscar comida en tierra y prefiriendo lanzarse hambriento al peligroso mar. Afirmaba que cazar en la orilla sólo atraería enfermedades o, peor aún, una emboscada asesina. Pero los pocos hombres que quedaban, famélicos como perros y cada vez más pendencieros, comenzaron a rebelarse. Perdiendo del todo la paciencia, Narváez les dijo que cada hombre quedaba por su cuenta. Revocó todas las reglas; sus órdenes no significarían nada, terminaba la expedición. Mientras el grupo de desesperados se desperdigaba por tierra para buscar la salvación, la balsa de Narváez flotaba en las aguas arremolinadas del Golfo y desaparecía en el horizonte. Al final, Narváez moriría no por algún contagio ni por una lanza bien dirigida, sino por falta de valor. Por loca renuncia a su misión. Quiso el destino que se fuera a la deriva por la gran extensión del Golfo de México, rodeado por el enorme *adelantamiento* que pudo haber sido su premio.

Los pocos que habían llegado a la orilla y encontrado una pizca de alimento, se dirigieron hacia el oeste en sus frágiles balsas. Pero al doblar el delta del Misisipi, las aguas embravecidas los estrellaron contra los escollos rocosos de lo que probablemente era la isla de Galveston, partiendo los troncos en mil pedazos. Sólo cuatro sobrevivieron al naufragio: Cabeza de Vaca, dos hombres de su hueste y el esclavo negro marroquí Estebanico, quien se convirtió en el primer negro de la historia que residió en el territorio continental de Estados Unidos. Desnudos, cubiertos únicamente con taparrabos y calzados con improvisadas sandalias de cuerda, los cuatro hombres emprendieron una durísima odisea por tierra que duraría otros ocho años. En el transcurso de ese atroz periplo, los indígenas los dominaron, esclavizaron y obligaron a trabajar como si fueran de su propiedad. Si escapaban de un amo, pronto otro los capturaba. Estos náufragos fueron los primeros hispanohablantes —los primeros hablantes de cualquier lengua europea, de hecho— que habitaron el continente americano. Pasaría casi un siglo antes de que el *Mayflower* llegara a Plymouth Rock.

Con el paso de los años, los indígenas descubrieron que los cuatro vagabundos que andaban por sus tierras —los *barbudos*, como se les conoció al cabo— parecían tener sorprendentes poderes chamánicos. Cabeza de Vaca, en particular, demostró ser muy hábil para curar enfermos y heridos. Mientras rezaba fervientemente en español, improvisaba y empleaba los conocimientos más rudimentarios de la medicina occidental, extrajo puntas de lanza de indígenas caídos, trató enfermedades mortales y, al parecer, resucitó milagrosamente a presuntos muertos. El renombre de Cabeza de Vaca creció y, a medida que se desplazaba de campamento en campamento, llevando a cabo una alucinante peregrinación a través del suroeste continental, llegó a ser venerado como taumaturgo y acogido por una tribu tras otra. En el transcurso de esos nueve años, Cabeza de Vaca y sus tres compañeros vivirían entre docenas de clanes, desde los muskogee, seminoles y alabama, hasta los apaches, comanches y navajos. Vivían como los indígenas, se vestían como ellos, cazaban y comían como ellos. Recibían regalos poco comunes a cambio de sus milagros: esmeraldas, amuletos de coral y turquesa, pieles de búfalo e incluso seiscientos corazones de ciervo. Salvados por su asombrosa aptitud para eludir la muerte, los cuatro náufragos cruzaron finalmente el río Grande y se adentraron en tierras asoladas por una vanguardia de esclavistas españoles.

En algún momento de abril de 1536, mientras pasaban por un poblado indígena, uno de los cuatro españoles divisó a un indígena que llevaba un collar con una hebilla europea de cinturón y el clavo de hierro de una herradura. Cuando le preguntaron dónde los había encontrado, el indígena señaló hacia el sur y dijo que un barbudo, español como ellos, le había regalado las baratijas. Ahí estaba. Casi una década después de que su expedición zarpara de España —tras casi nueve años de un errático peregrinaje que prefiguraría el desasosiego de América—, Cabeza de Vaca comprendió que se acercaba al destino que siempre había querido alcanzar. Claramente se hallaban en tierra firme mexicana, en algún lugar al norte de lo conquistado por Cortés. Ya embargados de esperanza, Cabeza de Vaca, Estebanico y once valientes marcharon hacia donde el indígena había señalado, hasta que, una mañana, divisaron a lo lejos una partida de esclavistas españoles a caballo. Incluso a la distancia la escena era inconfundible: con collares de acero alrededor del cuello, unos indígenas encadenados en fila arrastraban los pies junto a los caballos; sus mujeres y niños iban firmemente atados con cuerdas.

Desde la perspectiva de los lejanos conquistadores a caballo, los trece extraños que se aproximaban debían de haberles parecido indígenas típicos: bronceados, desnudos, de constitución fuerte, armados con arcos y flechas. Excepto que caminaban sin miedo hacia los esclavistas. A medida que se acercaban, los hombres a caballo pudieron ver que uno de ellos tenía la piel negra; otro, una barba anudada que le colgaba hasta el pecho. Cuando Cabeza de Vaca los interpeló en español, por un momento quedaron perplejos.

NACIDOS AQUÍ

Y cuando Colón descubrió América, ¿nosotros dónde estábamos?
—Ignacio Ek, agricultor mexicano, 1970

Cabeza de Vaca puede haber sido el primer europeo en habitar realmente el paisaje americano y contar sus aventuras, del mismo modo que Estebanico fue el primer negro africano conocido que vagó por esa tierra, pero éstos no son más que dos nombres en la larga cadena de migraciones que han definido este país. Si, como se dice, Estados Unidos es una nación de inmigrantes, lo ha sido durante miles de años.

Pese a lo que enseñan los libros de texto contemporáneos, la historia del origen de Estados Unidos no comienza con los colonos protestantes —"santos", como les gustaba llamarse a sí mismos— que llegaron a Jamestown o Plymouth Rock para el bien de todos. En realidad desplazaron a los nativos, establecieron una cultura y un gobierno dominados por el macho blanco e iniciaron un lucrativo comercio de esclavos africanos. Tampoco empieza con el mercenario genovés Cristóbal Colón, quien, al encontrar menos tesoros de los que le había prometido a su reina española, capturó y secuestró a miles de indígenas caribeños, los encadenó y vendió dondequiera que pudo e inició un comercio de esclavos que acabó desplazando a cinco millones de indígenas. En el imaginario estadounidense apenas existe la historia antes de Colón, y los 128 años que separan a Colón de los peregrinos parecen no existir en absoluto. Por muy ausente que esté este relato de los libros de texto estadounidenses —como borrado está de nuestra memoria colectiva—, la historia de Estados Unidos comienza con su pasado indígena. Puede que ese pasado sea frágil en otros lugares, pero en los barrios latinos de hoy sigue estando vibrantemente vivo.

Así como los latinos son la minoría más grande de Estados Unidos —cerca del veinte por ciento, y continúa creciendo—, también son la población más numerosa que puede reivindicar una herencia indígena. Irónicamente, según las estadísticas de la Oficina del Censo de Estados Unidos, en 1990 casi diez millones de latinos estadounidenses se identificaban como mestizos o indígenas; treinta años después, en 2020, esa cifra se disparó a más de cuarenta y cinco millones. No es que la herencia indígena latina (o su medio hermano, el mestizaje) haya crecido exponencialmente en el transcurso de tres décadas; lo que creció fue su reivindicación: el interés en apropiarse de los antepasados. Por multitud de razones, en gran medida impuestas y políticas, nuestras raíces indígenas siguen sin contarse del todo. Nadie se refiere a nosotros como nativos americanos, porque no pertenecemos a tribus (como exige la condición indígena en el Norte) y sólo un minúsculo porcentaje de los nuestros marca esa casilla en el censo, pero si algo nos dice nuestro ADN es que muchos de nosotros podemos reivindicar esa ascendencia. La exuberante diversidad de tribus que Cabeza de Vaca encontró en su viaje desde la bahía de Tampa hasta Ciudad de México forma parte, sin duda, de nuestro clan más amplio y antiguo.

Así pues, no debe de sorprender que un porcentaje abrumadoramente elevado de latinos en Estados Unidos lleve sangre de los pueblos originarios de América: nahuas, mayas, arawak, taínos, caribes y quechuas, entre otras innumerables etnias que antaño prosperaron en este hemisferio. Así como los primeros pueblos de América del Norte fueron asesinados, reducidos y expulsados por los caprichos de un gobierno expansionista, los primeros pueblos de América Central y del Sur fueron también arrasados. Primero, debido a trescientos años de severo y racista dominio colonial español, que aniquiló al noventa por ciento de la población nativa y esclavizó al resto; después, si por casualidad fueron a dar a este país, debido a una cultura anglosajona predominantemente blanca que ha hecho invisible la herencia indígena latina. Estados Unidos de América nació blanco y se le ha hecho ver que también es negro. Pero aún no se ve de color marrón.

En lo que respecta a la población latina, el color marrón es un auténtico crisol en sí mismo. Desde el principio de la conquista, los españoles se aparearon promiscuamente con las indias. Al no haber traído mujeres a estas costas, se apropiaron de las nativas a su antojo, uniéndose a ellas libremente y creando una nueva raza humana: el mestizo, hijo mezclado de conquistador e india. Lo único que la España católica les exigía a los conquistadores libres e independientes, si llegaban a casarse con mujeres indígenas —cosa que rara vez hacían, pues preferían tomarlas a voluntad y por la fuerza—, era que introdujeran a la futura esposa en la adoración de Jesús.

Asimismo, los propios conquistadores eran un sancocho de etnias; otro tipo de "mestizos". En enero de 1492, el mismo año en que Colón zarpó hacia su fortuna, la Corona española selló su victoria contra los árabes y anunció que purgaría España de todos los infieles. Con una feroz voluntad de cristianizar su península, la reina Isabel I y el rey Fernando V ofrecieron a los judíos la posibilidad de elegir entre la conversión cristiana, la expulsión o ser quemados vivos en un auto de fe. En cuanto a los moros, que para entonces habían ocupado la provincia meridional de Granada durante ochocientos años, no se les ofreció ninguna opción: todos los musulmanes serían asesinados o expulsados de las costas españolas de una vez por todas. Fue así como la Inquisición se hizo más intensa, provocando una renovada sed de sangre en una nación ya beligerante. Para entonces, tras siglos de matrimonios mixtos, el típico español que se dirigía hacia estas latitudes era una miscelánea de credos y colores. A pesar de la insistencia de la reina católica en el viejo precepto castellano de la "limpieza de sangre", le habría sido difícil encontrar un español que no tuviera una pizca de árabe, judío o africano en sus venas. En otras palabras, "blanco" era, para empezar, una noción precaria cuando España invadió el Nuevo Mundo, como es una noción precaria hoy en día entre los latinos. El formulario del censo estadounidense se convierte en un enigma, un ejercicio existencial. ¿De qué color somos, a fin de cuentas?

A medida que llegaban más y más españoles a poblar las Indias en aquel feroz primer siglo de conquista, la raza mestiza se multiplicó de manera descontrolada. Se afirma que los colonizadores españoles fueron más amables con los nativos que los ingleses, y menos racistas. Al menos se mezclaron con ellos —así reza el argumento—, vivieron entre ellos, se casaron con ellos. Pero esta narración oculta una historia más amplia y siniestra. Las mujeres indias rara vez se casaban con sus amos españoles; las secuestraban, esclavizaban, violaban y abandonaban. Eso se hizo a una escala tan masiva que el número de mestizos se disparó, convirtiendo el "cruce de razas" en una de las agresiones más violentas contra la población nativa, aparte de la matanza. Mientras se obligaba a las mujeres indígenas a reproducirse con españoles, a los hombres indígenas se les negaba la posibilidad de propagar su raza.

Para 1600, apenas cien años después de la llegada de Colón, una combinación de guerras, enfermedades y falta de reproducción había reducido la población indígena hasta en un noventa por ciento. La vibrante raza de sesenta millones que alguna vez habitara este hemisferio se había reducido a escasos seis millones. El genocidio fue de proporciones históricas. Los estudiosos contemporáneos llaman al periodo de 1492 a 1620 "la Gran Mortandad", ya que tuvo lugar una erradicación poblacional tan profunda que los niveles de dióxido de carbono en el aire descendieron, reduciendo la temperatura global en 0,15 grados centígrados. No hicieron falta científicos que le dijeran a España que algo iba drásticamente mal. Con el tiempo, la Corona española, consciente de las consecuencias sociales de la rapacidad de los conquistadores, empezó a insistir en que los colonizadores se llevaran a sus mujeres blancas a "las Indias". Pero, para entonces, la población mestiza hispanoindígena se había afianzado en las Américas. Traer mujeres blancas al Nuevo Mundo cambiaría las cosas, pero no de una forma que los indígenas hubieran podido prever. Los hijos de los matrimonios españoles se convirtieron en una nueva casta en el firmamento colonial: la aristocracia criolla gobernante, una minúscula élite blanca, rabiosamente racista y endógama. Pasarían siglos antes de que los indígenas, el peldaño más bajo de la humanidad, recuperaran su cuantía original.

A un siglo de la llegada de Colón, los mestizos —raza nueva y totalmente única— proliferaban por todo el hemisferio. Y éstos, a su vez, se cruzaron con los negros durante los cuatrocientos años de intensa trata de esclavos en el Atlántico, que trajo a más de diez millones de esclavos africanos a la América española: una cifra asombrosa, veintisiete veces superior a la de los 388 mil africanos enviados a las plantaciones del sur de Estados Unidos. En el siglo XIX, el cruce de razas en los países de origen de los latinos añadiría aportes chinos y japoneses, en la medida en que empezaron a llegar trabajadores y comerciantes asiáticos en busca de oportunidades en el Nuevo Mundo. En quinientos años de mezcla de razas, como consecuencia, los latinoamericanos —y nosotros, sus descendientes latinos estadounidenses— hemos llegado a exhibir todos los colores de piel. Casi dos tercios de nosotros somos mestizos. En ningún otro lugar del mundo se ha forjado en tan poco tiempo un pueblo de tal complejidad étnica. Somos, como nos llamó un filósofo, *la raza cósmica*. Contenemos multitudes. Y nosotros somos un microcosmos de la nación diversa en que Estados Unidos se está convirtiendo.

Pero lo indígena sigue estando en el corazón de la historia latina. Aunque seamos fenotípicamente blancos. Aunque provengamos de la pequeña élite europea de piel de alabastro que aún reina al sur del Río Grande. Si los blancos latinoamericanos no llevan sangre indígena (o negra o asiática), es porque sus antepasados la subyugaron o desaparecieron, o se quedaron cruzados de brazos mientras se extinguía. (Como dijo el poeta e independentista cubano del siglo XIX José Martí: "Ver en calma un crimen, es cometerlo"). Y si las naciones latinoamericanas carecen de población indígena, es porque los gobiernos han buscado activamente sustituir las razas de color, como hizo Argentina cuando instigó —incluso institucionalizó— la supremacía blanca al pedir la inmigración europea a gran escala en un artículo de su constitución de 1853. O como hizo Chile en los siglos XIX y XX al purgar de forma sistemática sus raíces indígenas, y acoger a inmigrantes de Suiza, Alemania, Inglaterra y Yugoslavia. O, para el caso, como Uruguay, que celebró su declaración de independencia en 1831 con un genocidio que sólo dejó con vida a quinientos nativos, y luego miró al otro lado, abrió sus puertos y se transformó de forma vigorosa en una nación que ahora es noventa por ciento blanca. Todos los países de este hemisferio tienen un pasado indígena, aunque en algunos queden pocos nativos para reivindicarlo. Como dicen los mapuches de Chile, los fantasmas siguen vivos. En la experiencia panamericana no podemos lavarnos lo indígena de las manos.

Nuestra llegada a esta tierra americana, en la forma de sus pueblos originarios, se remonta a miles de años atrás. Veinte mil años, para ser exactos, según los paleontólogos. Los primeros habitantes llegaron 180 siglos antes del nacimiento de Cristo, mucho antes de que sus descendientes, los calusas, los muskogee, los mayas y los nahuas saludaran al náufrago Cabeza de Vaca en su travesía de Florida a Ciudad de México. Nuestros progenitores eran asiáticos de origen, descendientes de una gran migración, sobrevivientes de un insólito desastre medioambiental. Habían establecido su hogar en Beringia, una remota franja de praderas entre Siberia y Alaska. Cuando el mar de Bering se desbordó e inundó sus aldeas, no tuvieron más remedio que emigrar hacia el sur. Al subir las aguas tras ellos, los beringianos quedaron separados del resto de la humanidad durante casi veinte mil años.

Regándose por lo que hoy son las Américas, estos nuevos indígenas se dispersaron a lo largo y ancho, movidos por la necesidad y un espíritu pionero. Era una población rebosante, efervescente y altamente diversificada, que se multiplicó, se adaptó al terreno, se desplazó cada vez más hacia el sur y luego creció —tras guerras, hambrunas o conquistas— en todas direcciones para convertirse en una profusión de culturas con fuertes identidades tribales. Al desarrollar sus propias idiosincrasias, han llegado a ser tan diferentes como puede serlo un inuit de la tundra de un yanomami de la selva tropical. Pero en esencia son hermanos ancestrales, y los lazos de sangre son profundos. Ésos son los pueblos originarios de América, los verdaderos descubridores —progenitores del latino— que recorrieron y trabajaron este hemisferio mucho antes de los quinientos años de europeización. Si veinte mil años de historia de la humanidad se resumieran en una semana, el latino indígena habría estado aquí todo el tiempo. Los conquistadores habrían llegado a este continente americano en las últimas cuatro horas. Los colonos ingleses, hace apenas cien minutos.

LOS ANTIGUOS QUE CAMINAN ENTRE NOSOTROS

¿Cómo habré de llamarme cuando sólo me quede recordarme, en la roca de una isla desierta?

—Julia de Burgos, poeta puertorriqueña, 1943

Cuando los fantasmas de los antepasados llegan de visita, sus voces pueden ser irresistibles. Al menos así le ocurrió a Sandra Guzmán cuando se enteró de que su historia de origen se remontaba a un pasado más profundo de lo que podría sugerir un viaje de infancia de Puerto Rico a Nueva Jersey. A primera vista, era una joven afroboricua —una negra puertorriqueña— que había emigrado con su madre soltera y cuatro hermanos a Jersey City, una comunidad humilde y en su mayoría inmigrante. Pero, como suele ocurrir entre los puertorriqueños, el color de la piel es un criterio esquivo y la raza una variable imprevisible. Incluso dentro de los límites de su familia inmediata, había diferencias fenotípicas pronunciadas.

El padre de Sandra, un cortador de caña y veterano de la guerra de Corea que se había separado de la familia años antes, era descendiente de africanos esclavizados. Su madre era una mujer fuerte de piel cobriza, costurera de profesión, que había tomado a sus hijos y se había embarcado rumbo a Estados Unidos decidida a encontrar una puerta para salir de la pobreza. La vida en Puerto Rico podía ser lucrativa para las empresas estadounidenses, pero había sido calamitosa para la mayoría de los puertorriqueños, y la madre de Sandra estaba decidida a darles a sus hijos más de lo que la isla podía ofrecerles. Aun así, había aspectos de su pasado caribeño que se negaba a dejar atrás. Empeñada en conservar sus tradiciones, seguía practicando los antiguos rituales con su familia y amigos, o a solas, lejos de la mirada censuradora de los blancos. Acogía las mañanas con una oración, alababa a los antepasados, les cantaba a las plantas, bendecía a los niños y celebraba cada fase de la luna con una ceremonia. Eran costumbres boricuas muy arraigadas, y se aseguró de que sus hijos las valoraran.

Sandra y sus hermanos seguían su propio camino, forjando sus propias identidades, intentando darles sentido a los rostros que los miraban desde el espejo. "El color era el elefante en la sala", cuenta Sandra, y cada uno parecía pertenecer a una etnia totalmente distinta. Unos tenían abundante pelo crespo, otros, suaves rizos ondulados; unos eran de color caramelo oscuro, otros, de un blanco cremoso; unos tenían anchas narices nubias, otros, romanas de puente alto. Pero, aunque uno o dos pudieran pasar por blancos, todos se veían a sí mismos como *negras* o *negros*, y así se integraban cómodamente a los demás negros de su barrio en Jersey City.

El color de piel era una piedra angular tan definitoria y política bajo el techo de Sandra como lo era en las calles de Jersey City. Tener piel clara era ser más afortunado, más exitoso, más bienvenido en el mundo. Y, en Estados Unidos de América, como le había quedado claro cada día desde su llegada, un inmigrante blanco era más deseable que uno moreno. Pero Sandra pronto aprendió que nada —ni la piel, ni el pelo crespo, ni ser alta o bajita— la definiría tanto como la historia colonial de Puerto Rico. Fue allí donde, en última instancia, descubriría quién era. Puerto Rico pasó a Estados Unidos como botín de guerra al final de la guerra hispano–estadounidense, justo antes del comienzo del siglo XX. Los soldados estadounidenses habían luchado contra España por el Caribe y Filipinas, y habían ganado; y los puertorriqueños, incluidos los antepasados de Sandra, fueron cedidos a los vencedores. El tratado, firmado en París en 1898 sin la presencia de puertorriqueños, convirtió a la isla en territorio estadounidense, lo que significa que cuando Sandra y su familia llegaron a Nueva Jersey más de setenta y cinco años después, en realidad no eran inmigrantes. Oficialmente, sus papeles estaban en regla; podían viajar libremente por Estados Unidos. Pero, dados los términos del tratado, eran ciudadanos de segunda clase tanto en su país como en el continente. No se trataba de algo nuevo. Los puertorriqueños habían sido ciudadanos provisionales durante siglos, desde la apropiación de Colón en 1493, pasando por el asentamiento de Ponce de León en 1508 y casi cuatrocientos años más de un régimen colonial en extremo violento, durante el cual España dispuso a voluntad del oro, el azúcar y el tabaco de la isla.

Así fue hasta cuando Cuba se alzó con fervor rebelde para derrocar a sus amos españoles. Mientras los cubanos libraban una extenuante guerra de guerrillas contra España —ganándose el corazón y el apoyo de Estados Unidos—, la marina estadounidense comenzó a bloquear el puerto de La Habana para presionar a España a liberar su colonia. Cuando una mina detonó a bordo del USS *Maine*, uno de los barcos en el bloqueo, matando a dos terceras partes de su tripulación, la respuesta pública en Estados Unidos fue feroz e inequívoca. Aunque no había pruebas de que las fuerzas españolas hubieran colocado la mina, los periódicos informaron lo contrario y los estadounidenses se lanzaron a las calles, echándole la culpa a Madrid. "Recuerden al *Maine*, ¡al diablo con España!", clamaban.

Aprovechando el momento, el presidente William McKinley le echó mano a uno de los últimos bastiones españoles en el hemisferio occidental. El 25 de abril de 1898, en plena revolución de independencia cubana, Estados Unidos le declaró la guerra a España. Una poderosa flota de ochenta y seis barcos estadounidenses zarpó hacia el Caribe, Theodore Roosevelt y sus *Rough Riders* se abalanzaron sobre la colina cubana de San Juan y, pocas semanas después, un columnista del *New York Times* sugirió que, ya que estaban en eso, ¿por qué no tomar Puerto Rico? "No puede caber duda alguna que confunda a cualquier mente razonable sobre la conveniencia de tomar posesión de la isla de Puerto Rico y conservarla para siempre", decía. La lógica era asombrosa, y descaradamente imperialista: la apropiación de la isla proporcionaría una estación naval estratégicamente ubicada, una "posición de mando entre los dos continentes", mientras la geografía y la gente podrían servir a los intereses económicos estadounidenses. Además, una mano de obra que "subutilizada en más de la mitad bajo el régimen español" podría ser un activo productivo para Estados Unidos. "Hay muchos negros, posiblemente un tercio de la población, y mucha sangre mezclada, pero la población no es ignorante ni indolente ni está degradada en modo alguno", concluía el editorialista, poniendo un firme sello de supremacismo blanco a su opinión. Dos semanas después de la publicación del artículo, dieciocho mil soldados estadounidenses invadieron Puerto Rico para reclamar la isla a perpetuidad.

España, consumida por sus revoluciones coloniales, difícilmente tenía chance contra el formidable poder naval de Estados Unidos, que obtuvo pronto la victoria, anunciando su irrupción como potencia mundial. Poco después, las fuerzas estadounidenses ocuparon Cuba hasta que esta pudo obtener su independencia, y Puerto Rico le fue entregada a Washington como botín, junto con Guam y Filipinas. Así fue como el archipiélago pasó del perdedor al vencedor, de amo a amo, de ser la colonia de un imperio a prenda de otro. En menos de cuatro meses, sin capacidad alguna para determinar su propio destino, los puertorriqueños pasaron de ser españoles provisionales a ser estadounidenses provisionales. Menos de dos décadas después, en 1917, aunque habían abogado apasionadamente por su independencia, se despertaron un día para descubrir que los habían declarado ciudadanos estadounidenses, no por la repentina generosidad de su invasor, sino porque Estados Unidos necesitaba soldados para alimentar las voraces fauces de la Primera Guerra Mundial y, como dijo el presidente Woodrow Wilson, hacer del mundo un lugar seguro para la democracia. Los puertorriqueños siguen luchando por su autodeterminación, pero no tienen derechos constitucionales, ni representación en el Congreso, ni pueden votar en las elecciones presidenciales, pese a que pagan impuestos y cumplen servicio militar en Estados Unidos. Muchos puertorriqueños, entre ellos Sandra, consideran a Puerto Rico una nación soberana que se ha partido el lomo bajo la ocupación militar extranjera por más de quinientos años. Hay buenas razones para ello. Después de haber sido despojados de sus metales, cosechas, esclavos y soldados, los boricuas, como los puertorriqueños se llaman a sí mismos, no han contado con el lujo de la autodeterminación desde que Colón secuestró al primer nativo en sus costas. El apetito de otras naciones siempre los ha definido.

Tras la Segunda Guerra Mundial, el gobernador de Puerto Rico, ansioso por fortalecer sus relaciones con el gobierno de Estados Unidos, puso en marcha la Operación Manos a la Obra (*Operation Bootstrap*) para transformar las raíces agrarias de la isla e instaurar un nuevo modelo industrial con que atraer más empresas del continente a sus costas. Se cerraron las plantaciones de azúcar, se abrieron fábricas que ofrecían a las corporaciones estadounidenses mano de obra barata y exenciones fiscales, poblaciones enteras fueron desarraigadas y desplazadas, y, aunque muchos isleños pudieron acceder a puestos de trabajo en las fábricas, otros tantos se encontraron desamparados y a la deriva. Le siguió La Gran Migración: una oleada de seres humanos que en el transcurso de tres décadas, de 1950 a 1980, acabó trayendo a este país al doble de los puertorriqueños que habitan en el propio Puerto Rico. Llegada en la década de 1970, al final de la ola migratoria, la familia de Sandra luchó por adaptarse a las costumbres e idioma de Estados Unidos. En lo cultural, eran boricuas; en lo lingüístico, hispanohablantes; en lo económico, empobrecidos. Nominalmente eran ciudadanos estadounidenses, pero estaban tan desconectados como cualquier inmigrante desorientado del sur global. Sin embargo, para ellos Estados Unidos parecía irradiar posibilidades.

La Jersey City a donde llegó Sandra en los años setenta, al igual que su ciudad hermana, Nueva York, si acaso irradiaba pánico. Los sistemas municipales estaban en caída libre. A pesar de la acogedora Estatua de la Libertad y el histórico puerto de entrada de Ellis Island, tenía poco que ofrecerle a una familia de seis aspirantes a inmigrantes. La ciudad se tambaleaba al borde de la quiebra. Una mancha de petróleo rodeaba la Dama de la Libertad. Los precios por las nubes, la crisis de la gasolina y el desempleo rampante habían destruido la economía. El cuerpo de policía de la ciudad, al igual que el de bomberos, había sido reducido drásticamente para poder llegar a fin de mes. Proliferaban los robos, las violaciones y los asesinatos. Los incendios asolaban los edificios de apartamentos. La naturaleza invadía las obras de construcción, que se habían paralizado al acabarse el dinero; la hierba crecía sobre las vías del tren. La población de color parecía el único activo en auge en Jersey City. A lo largo de la infancia de Sandra, el número de latinos se triplicaría; los negros crecerían un diez por ciento. Los blancos, por su parte, aterrorizados por la caída en picada de los valores inmobiliarios, se dirigieron a vecindarios más blancos. Para cuando Sandra llegó a la secundaria, la población caucásica de la ciudad se había reducido a la mitad. Poco importaba. Ella era una afrolatina que se sentía cómoda entre los negros y se dejaba cautivar, inexplicablemente y de vez en cuando, por los antiguos rituales que su madre seguía practicando.

No fue hasta cuando su madre regresó a vivir a Puerto Rico y Sandra dejó Jersey City, se graduó en la Universidad de Rutgers y emprendió una muy exitosa y premiada carrera como periodista, que descubrió que los rituales de su madre habían estado conjurando una isla muy diferente de la que ella había dejado atrás. Sandra era medio negra, de eso estaba segura. Era una identidad que podía ver en el espejo; una identidad que podía rastrear hasta el brutal comercio de esclavos que había obligado a los antepasados de su padre a cruzar los mares. Sabía por su tío paterno, un anciano *griot* —o historiador oral—, que era tataranieta de una esclava fugitiva, una mujer que había logrado escapar de la hacienda azucarera donde su raza había trabajado, cortado caña y muerto joven. Si tenían suerte, escapaban a aldeas de cimarrones —asentamientos de esclavos fugitivos— en la selva tropical. Pero, como Sandra supo más tarde por un genetista, su madre procedía de un largo linaje de indígenas cuyo asentamiento en la isla era miles de años anterior al desembarco de Colón. Es decir, la historia había llegado a tocar a su puerta.

En retrospectiva, sólo estaba haciendo su trabajo. En 2009, Sandra, que era editora del *New York Post*, había sido seleccionada con otros tres sujetos para participar en un reportaje sobre la ascendencia genética de los latinos. Un genetista les realizó pruebas de ADN e investigó sus orígenes más allá de lo que ellos conocían. Uno de los participantes había nacido en Argentina; otro, en Cuba; el tercero, en Colombia, y Sandra, en Puerto Rico. Cuando el científico obtuvo y analizó los resultados de Sandra, le informó que su ADN mitocondrial indicaba que todos sus antepasados maternos dominantes eran mujeres precolombinas naturales del Caribe. Más concretamente, eran originarias del extremo suroeste de Boriken, como se llamaba entonces la isla de Puerto Rico. Al científico no le habían dicho que Sandra había nacido allí; no sabía que sus tatarabuelos maternos habían afirmado ser de ese antiguo rincón de Boriken llamado Guainía.

El científico le dijo que sin duda era taína, pero que su ADN sugería una línea aún más antigua: los iñeris, una tribu de comerciantes, artesanos y agricultores que, según cuentan los estudiosos, emigró desde el río Orinoco, en el corazón de Venezuela, para asentarse en Boriken, a más de mil kilómetros de distancia. Aunque Estados Unidos no reconoce ningún pueblo nativo en Puerto Rico, se ha descubierto que el sesenta por ciento de los puertorriqueños contemporáneos son portadores de genes de civilizaciones que pueden haber prosperado hasta hace nueve mil años. Irónicamente, debido a migraciones a gran escala como la de los iñeris, la población actual puede contener más ADN antiguo de ese tipo que en 1491, antes de la llegada de Colón y el genocidio desatado por la Conquista. Puede que las tribus se hayan extinguido y que las estructuras políticas y sociales hayan desaparecido, pero no los genes. No los linajes. Y familias como la de Sandra nunca han dejado de practicar las tradiciones antiguas. Incluso aquí, en estos Estados Unidos.

Cuando Sandra llamó a su madre en Puerto Rico para transmitirle los hallazgos, su mamá le respondió que ni ella ni Sandra necesitaban ninguna prueba para saber quiénes eran. "Somos boricuas de pura cepa", le dijo a su hija. Sandra también lo había intuido desde el principio, había sentido la historia en sus huesos. Resulta que su linaje materno procedía de la tierra del gran cacique Agüeybaná, el poderoso caudillo que había recibido a Colón, acogido a Ponce de León con suntuosos festines y llevado a su pueblo a la guerra contra los españoles cuando quedaron claros los propósitos de éstos. Sandra era descendiente de un orgulloso clan que vivía según los ciclos lunares, cantaba a los árboles, transfería el poder a través de líneas matriarcales y sembraba placentas en las profundidades de la tierra para amarrar a las generaciones futuras a ésta. No necesitaban análisis de sangre para saber esas cosas.

"Escuchar la respuesta de mi madre fue una lección de humildad, algo muy emocionante, una revelación", dice Sandra. "Toda mi vida había estado bajo el hechizo de la colonización", en un mundo forjado por medio milenio de conquista y ocupación. "No reconocía quién era. Fue entonces, ya hecha y derecha, cuando vi con claridad —por primera vez— lo que había tenido enfrente todo el tiempo: mi condición de indígena". Los antepasados de Sandra habían sido ciudadanos del hemisferio antes de que llegaran los conquistadores, antes de los esclavistas, antes de la invasión estadounidense y la consiguiente humillación e infantilización de su pueblo. "La colonización te tapa los ojos, pero mi prueba de ADN fue como si me dieran una bofetada y me sacaran de un sueño profundo", dijo. Fue otro tipo de llegada.

2

EL PRECIO DE LA ENTRADA

En suma, la cuestión del origen es el centro secreto de nuestra ansiedad
y angustia.

—Octavio Paz, poeta mexicano, 1950

Mi madre emigró al Perú. Como sucede en tantas historias de amor
apasionado, sucumbió al hechizo de un amante, cruzó los mares
en un barco de guerra y abandonó su lengua, sus tradiciones —cuanto
conocía— para sufrir todas las humillaciones que le salieran al paso. Y
serían muchas. Hubo multitud de razones por las que no pudo adaptarse
a la vida familiar de Lima, sumamente cerrada, y por las que se sintió cau-
tiva en aquel sistema extraño. La primera, una razón histórica. Eran mediados del siglo XX en Perú, y Europa ardía en la Segunda Guerra Mundial,
pero bien pudo haber sido doscientos años antes, cuando reinaban otras
beligerancias más antiguas. Las guerras del siglo XVII entre Gran Bretaña
y España habían sido largas, brutales y costosas —se enseñaban de manera
minuciosa en las aulas limeñas— y dos siglos después, en 1945, cuando mi
padre llevó a mi madre de vuelta al Perú a bordo de un acorazado argentino, quedaban rescoldos de inquina. Todo lo que pudiera considerarse
anglosajón, incluida la lengua inglesa, le resultaba antipático a cualquiera
que se considerara criollo, es decir, descendiente de españoles nacido en
Perú. En cuanto a los sentimientos peruanos hacia Estados Unidos, existía
una dinámica de amor–odio: una intensa reverencia por el poderío y la

prosperidad estadounidenses, y una indignación igualmente intensa hacia sus hábitos depredadores, su fanfarronería, su codicia. Para muchos peruanos era obvio que Estados Unidos quería lo que antes había tenido España: las riquezas del continente. El fruto de sus huertos. El oro.

Mi abuela, la orgullosa matriarca peruana de un clan numeroso y unido, desconfió de inmediato de la norteamericana alta, rubia y de ojos azules que se mudó a la ruinosa casa familiar en los tranquilos suburbios de Lima. Todo lo que hacía le parecía mal: sus modales eran descarados; su forma de vestir, demasiado libre; su piel, demasiado visible; su español, disparatado; su protestantismo, inaceptable; su desprecio por la jerarquía, chocante. Se impuso un racismo gratuito: la pesada yanqui con quien mi padre se había casado sin el consentimiento de su madre era una vergüenza. La despreciaban en la mesa, se burlaban de ella los pinches de cocina, la ridiculizaban en la calle, la relegaban al silencio. A una vida introspectiva. A los libros.

Quince años después, tras dar a luz a tres hijos completamente peruanos, mi madre exigió regresar a su tierra. Mi padre, profundamente enamorado de su esposa, capituló. Una vez que nuestro largo viaje en autobús de Miami a Wyoming y la visita a mi familia materna terminaron, mis padres regresaron a Perú y comenzaron a pensar en cómo sería llevar una nueva vida en Nueva Jersey. Quedaba cerca de Nueva York, donde Jorge Arana Cisneros podría continuar su carrera de ingeniero y trabajar en proyectos latinoamericanos para empresas estadounidenses. A los dos años, nos mudamos a un pequeño apartamento en la blanquísima y sofisticada Summit, Nueva Jersey —ciudad dormitorio de Nueva York— donde se decía que las escuelas públicas eran excelentes. Aparte de nosotros, no parecía haber ningún hispano hasta donde alcanzaba la vista.

Ahora era mi padre peruano quien luchaba por encajar. Hombre enérgico, muy inteligente, acostumbrado a las bromas agudas y a una sala llena de amigos y familiares, de repente se encontró solo. A raya. Mudo. Parte de las multitudes solitarias que trepaban a los trenes y se abrían paso hacia el Sueño Americano, hacia el viaje diario a las cerdas de hormigón que es Manhattan. Allí se esforzaba por hacerse entender en su inglés con fuerte acento, peinando el barrio hispano de Harlem para encontrar fugaces sabores de su hogar. Desde la mesa del comedor escribía interminables cartas a casa con su letra pulcra y disciplinada. Podíamos ver la medida de su desasosiego: el continuo aguijón de la grosería del gringo; las referencias apenas veladas a su baja estatura, su piel morena, su acento marcado. También las más descarnadas insinuaciones cargadas de prejuicio: "Ah, ¿conque trabajas en una oficina?". "Fuiste a la universidad, ¿de verdad?". "Perú es un país muy pobre, ¿cierto?". "¿Llevas poncho cuando estás allí?". Atrapado en una interminable rutina que parecía no querer de él nada más que trabajo —y un hogar que exigía cheques cada vez más gordos—, mi padre pasaba los fines de semana solo en su taller del garaje, dedicándose a escuchar nostálgicos valses peruanos en su tocadiscos portátil: *"Todos vuelven a la tierra en que nacieron"*. A su inimitable sol. Al recuerdo. A beber.

Tanto en el caso de mi madre como en el de mi padre, el motor de la inmigración había sido el amor. Por el resto de sus vidas se moverían en constante puente de un país a otro, sin llegar nunca a echar raíces. No habían abjurado de gobiernos ni abandonado sistemas políticos insostenibles. No habían huido de la pobreza, la violencia o el caos. Al contrario: habían sacrificado patrias que ambos valoraban. Tampoco sentían la más mínima animadversión por los países que habían adoptado. Respetaban la cultura del otro, admiraban su carácter fundamental; simplemente, no se sentían del todo bienvenidos. Como resultado, yo, su hija bifurcada, me vi destinada a transitar entre dos mundos irreconciliables que amaba más allá de toda expresión y que, por separado, nunca podrían llamarse de verdad "hogar".

No es el caso de los inmigrantes disidentes, fugitivos de regímenes represivos o de gobiernos cuyas convulsiones políticas ponen sus vidas en peligro. No fue el caso, por ejemplo, de Ralph de la Vega, un niño cubano de familia razonablemente acomodada de La Habana, que se encontró en el ardiente crisol de la historia a la tierna edad de diez años. En el transcurso de su joven vida, Cuba se había vuelto progresivamente irreconocible. Todo llegó a su clímax el 31 de diciembre de 1958, cuando una compañía de ochenta y dos desarrapados revolucionarios marxistas salió de sus reductos en las montañas de la Sierra Maestra para tomar posesión de la capital cubana, donde vivía gran parte de la familia de Ralph. Al día siguiente —el día de Año Nuevo de 1959—, las fuerzas de Fidel Castro declararon una rotunda victoria y empezaron a desmantelar la dictadura militar venal y mafiosa, apoyada por Estados Unidos, de Fulgencio Batista, que había huido de la isla junto con sus más ricos terratenientes, magnates del azúcar y titanes empresariales. Los revolucionarios habían prometido descontaminar la Cuba de Batista, "el burdel del hemisferio occidental". Al principio fue bien recibido. Muchos trabajadores de clase media —como los padres de Ralph— estaban entusiasmados, incluso encantados con la perspectiva de librar a Cuba de la corrupción que la había caracterizado durante tanto tiempo. Estaban hartos de Batista: de su flagrante golpe electoral de 1952, de su régimen caprichoso y arbitrario, de los intereses mercenarios de Estados Unidos que lo habían sostenido. Llenos de esperanza, habían colaborado con la resistencia revolucionaria, confiando en que Castro liberaría a Cuba de sus serviles depredadores. Cuando las fuerzas rebeldes hicieron su entrada triunfal en La Habana, se precipitaron a las calles para darles la bienvenida.

Cuba era uno de los países más avanzados y prósperos de América Latina, aunque en gran parte estaba en deuda con los intereses estadounidenses. Tras ganar a Cuba en la guerra hispano–estadounidense, Estados Unidos se no se apoderó por completo de ella. Según un historiador, la razón es simple: el voluble y autoritario senador de Colorado que dirigió el debate no quería que el azúcar cubano compitiera con la cosecha de azúcar de remolacha de su estado. El ejército estadounidense permaneció en Cuba hasta 1902, cuando le cedió el control a un gobierno cubano independiente que quedaba sujeto, en cualquier momento, a la revocatoria estadounidense. Estados Unidos no necesitaba ser dueño absoluto de Cuba: en pocas décadas sería propietario del noventa por ciento de sus servicios telefónicos y eléctricos, de la mitad de sus ferrocarriles y del cuarenta por ciento de su enorme negocio azucarero. En 1950, una cuarta parte de la riqueza cubana estaba en manos de bancos estadounidenses. Era, en muchos aspectos, una nación títere.

Todo eso iba a cambiar de la noche a la mañana. Pero no como muchos cubanos creían. Al principio, Fidel había prometido un país muy diferente: "Luchamos por el hermoso ideal de una Cuba libre, democrática y justa. Queremos elecciones, pero con una condición: que sean verdaderamente libres, democráticas e imparciales". Una vez en el poder, Castro dio señales de cómo sería su nuevo gobierno: tendría más de autocracia que de democracia, y conllevaría un partido único, policía secreta, firme control sobre todos los medios de comunicación y el fin de la sociedad civil. Cada día que pasaba, a medida que avanzaba la maquinaria del cambio, los objetivos se hacían más claros, al igual que el enemigo percibido. "Nuestra lucha más dura es contra los monopolios norteamericanos", pregonaba el Che Guevara, segundo al mando del Comandante Castro, señalando que uno de los objetivos centrales de la revolución era purgar a Cuba de la propiedad estadounidense. "Quitaremos y quitaremos", dijo Castro, demorándose en los detalles, "hasta que no les queden ni los clavos de los zapatos".

DISIDENTES

Mira, David. Como se agitan los corceles finales. Como acuden al grito triunfal de la trompeta. Anuncian que hay que huir. No importa a dónde.

—María Elena Cruz Varela, Poeta y
activista anticastrista cubana, 1953

El 2 de enero de 1959, el segundo día de su administración, Castro anunció que nacionalizaría todos los servicios públicos, distribuiría toda la tierra cultivable a los agricultores arrendatarios, compartiría el treinta por ciento de los beneficios de cualquier fábrica con sus trabajadores, modernizaría la infraestructura del país e iniciaría enormes proyectos de vivienda rural que cambiarían la faz de la empobrecida población cubana. Por aquel entonces, el padre de Ralph dirigía un negocio mayorista de comestibles que abastecía de frutas y verduras las tiendas minoristas de toda la isla. Era una empresa rentable no lejos de la capital, en los bucólicos campos de Artemisa, donde la tierra era fértil y proliferaban los plátanos y las frutabombas. Ralph había pasado gran parte de su

juventud en aquel paraíso verde, pero la proclama de Año Nuevo del Comandante fue el heraldo de cuán profundamente cambiaría su universo.
El padre de Ralph perdería su negocio ante el avance de la revolución.

En la segunda semana del gobierno de Castro entraron en vigor
otros correctivos, aún más preocupantes para la familia de Ralph. Se hizo
evidente que para cualquiera que hubiera llegado demasiado arriba en la
Cuba de Batista, la vida misma estaba en peligro. Cientos de agentes de
Batista, así como cualquiera que pudiera ser identificado como contrar-
revolucionario, fueron hacinados en fortalezas o estadios y ejecutados
sumariamente por pelotones de fusilamiento. Detuvieron y encarcelaron a miles de personas. Desterraron a sacerdotes y monjas. Cerraron
las iglesias. Los aviones se llenaron súbitamente de asustados miembros
del clero. Los empresarios de éxito, incluido el padre de Ralph, fueron
perseguidos, despojados de todo estatus, hostigados, humillados y enviados a lo más bajo del orden social. Expropiaron y reorganizaron las
escuelas: en algunos casos para mejor, ya que se eliminó la segregación
de la población estudiantil; en otros casos para peor, pues se estableció
un estricto sistema de adoctrinamiento. Convirtieron los cuarteles en
escuelas, poniendo de manifiesto el interés de Castro en la reeducación
de la juventud. Se rumoraba que pronto separarían a los niños de sus padres, les asignarían un nuevo estatus legal y —en tanto pupilos del estado
revolucionario— los enviarían a campos lejanos para ser educados en el
pensamiento castrista. O tal vez a la Unión Soviética, donde borrarían
íntegramente su identidad anterior a Castro.

Para cuando Ralph llegó a los nueve años, esos rumores se habían
convertido en ley: Raúl Castro, hermano de Fidel, declaró que en adelante el Movimiento 26 de Julio —partido de gobierno en Cuba— con-
trolaría todos los conceptos e ideas que se enseñaran en las escuelas para
que los jóvenes revolucionarios en ciernes pensaran todos igual. Che
Guevara, deseoso de transformar a Cuba en un estado comunista, su-
brayó la importancia de ese plan y de empezar por los niños. "¡Vamos
a crear al hombre del siglo XXI!", exclamó. "La arcilla fundamental de
nuestro trabajo son los jóvenes". Para consternación de sus padres, trasladaron a Ralph a una escuela rural para que recibiera adoctrinamiento.

Se le ordenó informar a su maestro cualquier comentario negativo que su madre o su padre hubieran expresado alguna vez acerca del gobierno. De hecho, como se rumoraba, comenzaron a enviar a niños de su edad a campamentos de Jóvenes Pioneros a orillas del Mar Negro. No había manera de negarlo: los niños se habían convertido en objetivos —y agentes— del cambio revolucionario.

Pronto la familia de Ralph supo que a los muchachos cubanos, todos obligados a servir en las Fuerzas Armadas Revolucionarias, se les prohibiría salir del país una vez cumplidos los quince años. En resumen, el tiempo apremiaba. Hacia 1961, la madre y el padre de Ralph habían empezado a planear la huida, aunque no era sencillo. Casi un millón y medio de personas ya habían huido del país en 1959, poco después de que Castro asumiera las riendas. Eran en gran parte ricos, anticomunistas, trabajadores de las compañías estadounidenses, colaboradores de Batista, disidentes anticastristas. Pero la propia disidencia había dado ahora un giro sorprendente. Personas que habían sido miembros de la clandestinidad contra Batista empezaron a dudar del gobierno que habían ayudado a instaurar. En la medida en que la nueva realidad de Cuba se endurecía día tras día, era evidente que las reformas de Castro estaban llevando al país en una dirección radicalmente diferente. Estaban poniendo de cabeza toda la infraestructura de la sociedad cubana. Una oleada de pánico recorrió de nuevo el país, desestabilizando gran parte de la clase media. Guerrilleros que habían luchado al lado de Castro en las montañas de la Sierra Maestra empezaron a luchar contra él en las montañas del Escambray. Hablaban de "la revolución traicionada". El gobierno revolucionario no daría su brazo a torcer. Abandonar el país equivalía a sedición. Sólo los "gusanos", las formas más bajas de vida, lo hacían. Pero el dinero escaseaba, Castro estaba desesperado por recaudar fondos y pronto en la nueva Cuba se podría emigrar si se estaba dispuesto a pagar el precio: cualquiera que quisiera marcharse simplemente tendría que sacrificar cada posesión material, cada centímetro de propiedad, cada peso que poseyera, y entregárselo al Estado.

En la mañana del lunes 1° de julio de 1961 —dos meses después del calamitoso fracaso de la invasión de Bahía de Cochinos, respaldada por la CIA— Ralph, sus padres y hermanita se dirigieron al aeropuerto de La Habana. Habían aprobado por fin su solicitud para viajar; volarían a Miami. La casa había sido debidamente inspeccionada para asegurar que habían dejado todas sus pertenencias. El plan de la familia parecía ir sobre ruedas: sus documentos eran oficiales, habían notificado su partida a sus familiares. De hecho, una tía de Ralph los acompañó al aeropuerto. Pero mientras esperaban para embarcar, un hombre solemne en uniforme se acercó al padre de Ralph. Al ver como se le endurecía la mandíbula a su padre, el niño intuyó que algo iba mal. Hay irregularidades, le dijo el funcionario del aeropuerto. Los documentos de su familia no están en regla. Excepto los de Ralph. "Sólo el niño puede viajar", le dijo.

Los padres de Ralph quedaron perplejos por un momento. ¿Cómo podían dejar que su hijo de diez años viajara solo a un país extranjero? Sin embargo, desde su punto de vista era precisamente Ralph quien corría el peligro más inmediato. La tía de Ralph recordó que tenía conocidos en Miami, una joven pareja que había huido de Cuba años atrás. Los llamó desde el aeropuerto y, milagrosamente, pudo ponerse en contacto con ellos. Aceptaron recoger a Ralph en el aeropuerto de Miami y alojarlo hasta que sus padres pudieran seguirlo. Al embarcar en el avión, sin más que las baratijas de un niño en el bolsillo, Ralph le echó una última mirada a su familia. "¡Llegaremos pronto!", le dijo su madre. "¡No te preocupes!". Ralph, nervioso, se despidió con la mano, se dio la vuelta y siguió caminando. No volvería a verles la cara en cuatro años.

VOLAR

> ¡Madres de Cuba! ¡No dejen que se lleven a sus hijos! La nueva ley del Gobierno Revolucionario será llevárselos cuando cumplan cinco años... y, cuando regresen, volverán a ustedes como monstruos materialistas.
>
> —Radio Swan, transmisión de la CIA, Cuba, 1960

Ralph de la Vega no fue el único niño que viajó solo desde el aeropuerto de La Habana. El día de su partida, miles de cubanos ya habían enviado a sus hijos no acompañados a refugios seguros en Estados Unidos. El éxodo había comenzado más de dieciocho meses antes, y los padres de Ralph eran plenamente conscientes de ello, aunque la iniciativa era altamente secreta. La Operación Pedro Pan (Peter Pan), como acabaría conociéndose, fue idea de James Baker, director de la Ruston Academy, una escuela estadounidense de La Habana, y monseñor Bryan O. Walsh, sacerdote nacido en Irlanda y ordenado en Florida. Pero se llevó a cabo como acuerdo de cooperación entre el gobierno de Estados Unidos y Catholic Charities de Miami. Financiada en gran parte por Washington, contó con el pleno apoyo de las administraciones Eisenhower, Kennedy y Johnson. Su objetivo era organizar y llevar a cabo una evacuación masiva de jóvenes cubanos de entre cuatro y dieciséis años, la cohorte que el Che había identificado como la "arcilla fundamental" de la revolución. Iniciada en diciembre de 1960, justo cuando el programa de reeducación de Castro se ponía en marcha, Pedro Pan logró trasladar en avión a miles de niños sin acompañantes desde Cuba hasta Miami, y colocarlos en campamentos, bases aéreas acondicionadas, orfanatos y hogares de acogida por todo Estados Unidos. El gobierno estadounidense facilitó las exenciones de visado para los jóvenes, que Monseñor Walsh tramitó y distribuyó a las familias cubanas con la ayuda de la Ruston Academy. El secreto fue sacrosanto en todo momento; la disciplina se mantuvo rigurosamente.

Es curioso que algunos de los organizadores encubiertos de la operación no eran nuevos en ese tipo de trabajo. Uno de ellos había ayudado a reasentar a mil adolescentes no acompañados después de que las fuerzas de la Unión Soviética reprimieran a los jóvenes revolucionarios en el levantamiento húngaro de 1956. Otro había perfeccionado sus habilidades en el brillantemente concebido y ejecutado *Kindertransport* que sacó a casi diez mil niños judíos de la Alemania nazi durante la Segunda Guerra Mundial. Siempre presentes en la mente de los organizadores estaban los amplios y espinosos asuntos que acompañan tales empresas: cuando una operación similar evacuó a cuatro mil niños vascos a Inglaterra tras el bombardeo nazi de Guernica, en España, al gobierno conservador británico no le hizo demasiada gracia la afluencia de jóvenes refugiados.

No obstante, el público inglés se mostró más comprensivo: le envió un claro mensaje a su gobierno de que salvar las vidas de los niños era un imperativo urgente.

Un sentido de urgencia similar impulsó la misión estadounidense de salvar a los jóvenes cubanos de caer presa del adoctrinamiento comunista o de sufrir las consecuencias de la sedición de sus padres. La misión no solamente animó a una red católica que entró en acción en Estados Unidos, sino que se convirtió probablemente en un proyecto favorito del personal de la Agencia Central de Inteligencia (CIA) encargado de Cuba. Una especie de regalo. Al fin y al cabo, el negocio del rescate de niños le ofrecía a la CIA una rica fuente de propaganda anticastrista y anticomunista. ¿Quién no se conmovería al ver a una niñita entregada a su suerte por unos padres cariñosos, cruzando sola una pista aérea con una nota prendida al pecho? "Me llamo Carmen Gómez. Tengo cinco años. Por favor, sean buenos conmigo". No era la primera vez en la historia que se hacía uso político de la situación de los niños. Pronto, la operación ideó un pretexto para justificar el viaje de los jóvenes: los niños habían sido aceptados y estaban matriculados en escuelas estadounidenses. Al menos en apariencia y durante un tiempo, la treta funcionó con los funcionarios cubanos. Sin embargo, en octubre de 1962, menos de dos años después de la evacuación, la Crisis de los Misiles cubanos paralizó la operación. Los estadounidenses presentaron pruebas fotográficas de que la Unión Soviética estaba desplegando un arsenal de cabezas nucleares en la isla. El presidente John F. Kennedy ordenó el bloqueo naval de Cuba —una clara provocación— y durante trece angustiosos días las superpotencias estuvieron al borde de una guerra nuclear. Con la Casa Blanca y el Kremlin enfrentados en un espeluznante pulso político y militar, se suspendieron todos los vuelos comerciales que salían de Cuba y el "ferrocarril subterráneo aéreo" de la Operación Pedro Pan se detuvo por completo.

Entretanto, Pedro Pan se había convertido en el mayor éxodo masivo de niños refugiados registrado en la historia, una espectacular operación de rescate que trajo a estas costas a más de catorce mil niños cubanos. En el transcurso de esos veintidós meses, el aeropuerto de La Habana se había acostumbrado a que un prodigioso río de escolares fluyera por su sistema. Probablemente por eso el funcionario del aeropuerto decidió que Ralph, que entraba en ese grupo de edad, podía embarcar en el avión. Tal vez el nombre de Ralph había caído en manos de un agente de Pedro Pan. Tal vez un alto ejecutivo de la aerolínea le había hecho señas para que pasara. No estaba fuera de la esfera de lo posible. De hecho, los agentes de Pan American World Airways en La Habana llevaban mucho tiempo colaborando en las labores de rescate y tramitando exenciones de visado para los niños. La familia de Ralph nunca conocería los detalles exactos.

Es una decisión desgarradora separarse de un hijo de tan sólo diez años —mucho más, de un niño de cuatro— y entregarlo a los azares del destino, pero el miedo era grande entre los miembros de la resistencia anticastrista y la fe en Estados Unidos era fuerte. Muchos padres creían que el nuevo gobierno cubano podría encarcelarlos, incluso ejecutarlos, por traición. Otros estaban convencidos de que cualquier separación de sus hijos sería breve: unas pocas semanas quizás; un mes o dos a lo sumo. Washington expulsaría a Castro de Cuba; el presidente Kennedy —buen católico como era— no permitiría que un régimen comunista prosperara a sólo noventa millas de las costas de Estados Unidos. Era sólo cuestión de tiempo. Ni siquiera el fiasco de Bahía de Cochinos había logrado frustrar esas esperanzas; si los estadounidenses lo habían intentado una vez, lo volverían a intentar. El Comandante sería depuesto, igual que el presidente Dwight Eisenhower había depuesto el régimen socialista de Jacobo Árbenz en Guatemala en 1954 (igual que más adelante el presidente Lyndon B. Johnson derrocaría la presidencia izquierdista de Juan Bosch en la República Dominicana en 1965). O tal vez Estados Unidos iniciaría también un rescate clandestino de los padres. Las familias se reunirían en poco tiempo y, hasta entonces, los Pedritos Pan estarían a salvo en cómodos hogares o escuelas estadounidenses, con todas las necesidades resueltas, su inglés cada vez más fluido y la mente libre de cháchara marxista.

La cruda realidad de la suerte de los niños de Pedro Pan se iría desvelando con el paso de los años. Los más afortunados fueron recibidos a su llegada por familiares que habían huido a Estados Unidos en la primera oleada migratoria al triunfo de la revolución, rostros familiares que ahora les esperaban en el aeropuerto de Miami. La fortuna también favoreció a aquellos cuyos padres se reunieron con ellos unos meses más tarde. Otros, sin embargo, llorarían sobre sus almohadas noche tras noche, separados de sus familias por hasta dieciocho años. Algunos no volverían a ver a sus padres. Los niños sin familiares que los recibieran —a quienes la Oficina de Bienestar Católico recogía en el aeropuerto— se embarcaban en una ruleta de posibilidades: trasladados a centros de acogida o refugios masivos, conocidos como Kendall, Florida City, Matacumbé, y algunos pasarían meses o años en alojamientos improvisados hasta que un familiar pudiera reclamarlos. Otros eran trasladados en avión a hogares de acogida en rincones remotos de Estados Unidos. Algunos prosperaron felizmente en esos hogares durante años, hasta que sus padres pudieron recogerlos (unos pocos se distanciaron tanto de sus familias que se negaron a reunirse con ellas); otros fueron tratados como propiedad y obligados a trabajar; algunos sufrieron abusos sexuales. Muchos de los niños enviados a orfanatos u hogares para jóvenes delincuentes salieron con cicatrices psicológicas de por vida. Maltrato por parte de sádicos, descuido en instituciones de mal funcionamiento, el cruel aguijón del desplazamiento y el abandono. Hubo de todo un poco en diversos grados. En Miami se informó que algunos niños cubanos incluso parecían haberse escapado de las instalaciones y vagaban por las calles de la ciudad, mendigando limosna y un lugar donde dormir. Un niño de trece años fue trasladado de Miami a Costa Rica y luego a República Dominicana, y años más tarde terminó el bachillerato en Colombia; no volvió a ver a sus padres hasta los treinta y cuatro años.

Pero la gran mayoría tuvo felices reencuentros y, mientras tanto, los aviones cargados de exiliados cubanos blancos de clase media y media-alta seguían llegando a Estados Unidos como beneficiarios de un estatus preferencial aprobado por el gobierno estadounidense. Lo llamaron el Exilio Dorado y, desde enero de 1959, cuando comenzó, hasta octubre de 1962, cuando terminó, 248 mil inmigrantes cubanos inundaron

Estados Unidos, y la zona de Miami se convirtió en una de las comunidades latinas más prósperas del país. De hecho, el relato predominante sobre los Pedro Pan es que sus viajes en solitario los fortalecieron y les enseñaron resiliencia e independencia. Muchos se convirtieron al crecer en exitosos y destacados líderes en sus campos. ¿Cómo es posible que la Cuba de Castro permitiera semejante éxodo? ¿Por qué los funcionarios miraban hacia otro lado mientras un chorro de niños cubanos se iba en aviones día tras día, mes tras mes —una auténtica fuga de cerebros— rumbo a Estados Unidos? Algunos han conjeturado que los manifiestos de vuelo, una lista práctica de las personas descontentas con el gobierno cubano, constituían una guía para identificar a la población activa en la clandestinidad anticastrista. Otros especulan que Castro, preocupado por la escasez de efectivo en su país, decidió librarse de los agitadores a condición de que no se llevaran nada; debían de dejar todas sus posesiones y divisas en manos del Estado. "Escoria", los llamó. Gusanos burgueses y capitalistas. El país estaría mejor sin ellos.

Cuando Ralph bajó del avión aquella sofocante tarde de un lunes de julio, miró ansioso a su alrededor en busca de algún conocido de su tía, de algún rasgo reconocible. Sólo tenía la descripción más rudimentaria: jóvenes, cubanos, amables. Podemos imaginar el desconcierto de un niñito en aquel caótico aeropuerto: los adultos dando voces en la puerta de embarque, los niños sin compañía esforzándose por encontrar una cara conocida, la confusión y el terror absolutos de la llegada. A Ralph se le subió a la garganta un miedo repentino y tenso al pensar en la posibilidad de que no hubiera nadie esperándolo. Pero Ada y Arnaldo Báez sí estaban ahí, y se abrieron paso hasta el frente, sosteniendo un cartel de cartón con su nombre. Eran jóvenes, de cara fresca, una pareja recién casada de veinteañeros. Ada había trabajado en una tienda de ropa en Artemisa con la tía de Ralph. A Arnaldo, activo en la clandestinidad anticastrista, lo habían acusado de enemigo de la revolución. Asilado en la embajada venezolana, se había escapado a Caracas y luego trasladado a Miami, donde logró que Ada se reuniera con él. Ella había llegado sólo unos meses antes.

Ralph esperaba que su estadía con la pareja durara sólo unos días, pero pasaron semanas y luego meses hasta que llegó octubre y la Crisis de los Misiles frenó en seco el flujo de refugiados. Era evidente que sus padres no llegarían pronto, si es que llegaban. Ada lo matriculó en la escuela primaria local, donde tuvo que luchar por salir adelante. Hubo otros ajustes culturales complicados. De la noche a la mañana, a Ralph lo habían despojado de su familia, amigos y lengua materna. Incluso la comida le parecía poco agradable. La pequeña familia de refugiados cubanos recibía latas de carne procesada y bloques de queso cheddar que el gobierno les proporcionaba. Nada que ver con la mesa de su madre, con los encantadores campos verdes de Artemisa.

Para empeorar las cosas, la población de Miami, abrumadoramente blanca y angloparlante, no acogía bien a los recién llegados. Consideraban que los cubanos eran ruidosos, prepotentes y, para colmo, hablaban en español. Empezaron a aparecer carteles en los escaparates de los establecimientos que confirmaban la animadversión: "No se admiten niños. No se admiten mascotas. No se admiten cubanos". Los funcionarios del condado se quejaban al Congreso de que la gran afluencia de refugiados alteraba el *statu quo*, "cambiaba la tez de la ciudad". Según ellos, los cubanos no sólo se habían convertido en una amenaza para el equilibrio local del poder, sino que, peor aún, llegaría el día en que realmente exigirían el derecho al voto. Por aquel entonces, varios periódicos empezaron a informar que el creciente número de niños cubanos había supuesto una grave presión para las escuelas de Miami; algunos señalaron que un tercio de todos los pasajeros que llegaban en Pan American Airways eran menores de edad. En resumen, en 1961 no querían a los cubanos en Miami. Se organizó una campaña para sacar a los Pedro Pan de la zona, del estado, para que esperaran a sus padres en otro lugar. Hasta un muchacho podía percibir la tensión. Pero Ralph tenía algo a su favor: una energía valiente y pragmática que empezaba a aprender de sus cuidadores; una actitud que no admitía el pesimismo y, lo más importante, un firme rechazo a verse a sí mismo como víctima.

Los Báez vivían en una habitación alquilada en una casa multifamiliar. No tenían dinero ni perspectivas aparentes, y no hablaban inglés.

Pero eran tan ingeniosos como generosos y firmes creyentes del trillado sueño americano de pasar de pobres a ricos. Durante los cuatro años que Ralph estuvo a su cargo, Arnaldo y Ada encontraron trabajo en una fábrica de muebles, aprendieron el oficio y se dispusieron a montar su propio negocio. Empezaron con poco más que un martillo y un serrucho, pero acabaron abriendo una tienda de muebles, formaron una familia y lograron ganarse la vida dignamente. Parecían la personificación misma de algo que la abuela de Ralph siempre le había dicho: que nadie le ponga límites a lo que puedes hacer.

Para cuando Ralph cumplió catorce años y sus atribulados padres pisaron por fin Estados Unidos, ya había aprendido a desenvolverse en la ciudad, la cultura y los obstáculos. Hablaba inglés con fluidez. Podía traducirles, guiarlos a través de la carne enlatada y el queso cheddar de la vida de los refugiados, mostrarles los entresijos de la vida norteamericana. No lo sabían entonces, pero nunca volverían a casa, nunca volverían a ver la isla en la que habían nacido. De nada les servirían todas las lágrimas que habrían de derramar; de nada, tampoco, todas las Navidades en que se dirían "¡El próximo año en La Habana!". Ese sería el precio de la entrada.

Con el tiempo, los padres de Ralph consiguieron trabajo en una fábrica de zapatos, mientras él seguía el consejo de su abuela de soñar a lo grande. Casi exactamente cincuenta años después, la carrera de Ralph reflejaría el talante y la determinación de aquellos primeros días de infancia, cuando aprendió lo que significaba perseverar. Exigiéndose a sí mismo más allá de las expectativas de sus profesores de secundaria, más allá de la capacidad de sus padres para pagarle una educación superior, llegó a obtener títulos en ingeniería y administración y, por fin, llegó a los mismísimos portales del Sueño Americano: en 2016, el hombre que alguna vez había sido un niñito nervioso que entraba al bullicio de una estación de paso —el Pedro Pan que desembarcó sin un centavo a su nombre— se convirtió en alto ejecutivo de una de las corporaciones de telecomunicaciones más dinámicas del planeta. Llegó a ser Director Ejecutivo de Soluciones Empresariales y Vicepresidente de AT&T.

EL CAMINO DEL DIABLO

> Pensé que ya había superado las fronteras; no sabía que tendría que cruzar más: fronteras culturales, lingüísticas, legales, de género y profesionales...
>
> —Reyna Grande, autora mexicano-estadounidense, 2021

Hasta el día de hoy, Julia Mamani no está del todo segura del nombre del estado estadounidense por donde cruzó. Lo que sí recuerda es al coyote mexicano que la jaló de un pie para cruzar el Río Grande. Lo que le queda en la memoria, vívido como una cicatriz fresca, es un gateo húmedo y lleno de pánico por una ladera empinada, la oscuridad absoluta de una noche sin estrellas, el destello repentino de los reflectores, una carrera desquiciada por una autopista muy concurrida y, por la mañana, los buitres que revoloteaban sobre su cabeza. Era su tercer intento de cruzar a Estados Unidos. Le había tomado tres meses y diez mil dólares —más tiempo y dinero de lo que jamás imaginó— conseguirlo. Era marzo de 2005 y diez millones de inmigrantes indocumentados como ella habían venido a vivir y trabajar al norte de aquel río, en busca del Sueño Americano. A diferencia de la mayoría, no era mexicana ni refugiada del Triángulo Norte, la región desgarrada por la violencia que abarca Guatemala, El Salvador y Honduras. Era de un pueblo diminuto de Perú, a medio hemisferio de distancia.

Julia no era más que una dentro del flujo constante de fugitivos del Valle del Colca, profundo cañón fluvial que divide el paisaje peruano y exuberancia geológica cuya sorprendente belleza y vistas abovedadas enmascaran la pobreza extrema de sus habitantes. El éxodo de la comarca comenzó en los años setenta, justo cuando los glaciares empezaban a desaparecer, el agua a escasear y una beligerante ola roja, inspirada en la revolución castrista, consumía gran parte del continente sudamericano. La promesa comunista había calado hondo en aquel crispado recinto de desigualdades. Los gobiernos eran inestables; las economías, corruptas hasta la médula; las sociedades, de las más discriminatorias del mundo. Eran países concebidos en la conquista y mantenidos cautivos mediante la explotación, las divisiones raciales, la pobreza rampante, la degradación de la inmensa mayoría y el privilegio y la riqueza de una pequeña élite. Fue en ese agitado momento, mientras los años setenta se deslizaban nerviosos hacia los ochenta, cuando el grupo guerrillero de inspiración maoísta Sendero Luminoso comenzó a abrirse paso a sangre y fuego por las zonas rurales de Perú, asesinando a los mayores de las aldeas, amenazando a punta de navaja a los jóvenes para reclutarlos, prometiendo desmantelar la precaria estructura socioeconómica del país y comenzar de nuevo.

Los paisanos de Julia, los ciudadanos de Cabanaconde, un pueblo sumamente pobre en el corazón del valle del Colca, estaban hambrientos, desesperados y aterrorizados. Primero huyeron a las ciudades costeras peruanas de Majes y Camaná —a poco más de un centenar de millas de distancia— con la esperanza de conseguir trabajo, pero encontraron poco. Se trasladaron a la histórica ciudad de Arequipa hasta llenar a reventar sus barrios míseros. Siguieron hacia Lima, buscando seguridad en la capital y amontonándose en los recién creados "pueblos jóvenes": guetos desgarradores y plagados de enfermedades que rodean la periferia de la caótica metrópoli. Con el tiempo, empezaron a huir a Estados Unidos.

En la década de 1970, los primeros emigrantes que recorrieron las 3,500 millas que separan Cabanaconde de El Otro Lado, que es como llaman a Estados Unidos, emprendieron una larga y complicada travesía por una cadena de países, cruzaron la escabrosa frontera entre Estados Unidos y México con ayuda de coyotes y, por azares del destino, llegaron a los florecientes suburbios de Maryland, donde se emplearon como jardineros y ayuda doméstica. Eran una antigua raza de quechuas, indígenas de montaña con un respeto innato por el principio de ayuda mutua y reciprocidad, o *ayni*: haz primero por los demás, que luego ellos harán por ti. No tenían intención de quedarse, sólo de ganar lo suficiente para enviarles dinero a sus familias y, tal vez, volver a Cabanaconde en tiempos mejores. Indefectiblemente indocumentados, trabajaron como ayudantes de cocina, obreros de la construcción, niñeras, aseadoras domésticas, conserjes, jardineros, jornaleros, y con el paso de los años compraron casas, pagaron impuestos, tuvieron hijos estadounidenses y se ayudaron mutuamente a sobrevivir. Y se quedaron.

Si un cabanacondino o paisano de este nuevo y creciente grupo en Estados Unidos enviudaba, enfermaba o sufría un accidente que lo dejaba inválido, los otros seguían la costumbre andina de juntar fuerzas para ayudar. Cocinaban, cosían o se ponían sus elaborados trajes nativos y bailaban el Wititi, y vendían esos productos y espectáculos para recaudar fondos para los afligidos. Conscientes de la pobreza de donde venían, enviaban un flujo constante de remesas a sus familias del valle del Colca. Su lealtad a su pueblo —y a la Pachamama, la Madre Tierra, donde yacían enterrados sus cordones umbilicales— era tan fuerte, y su generosidad tan amplia, que con el tiempo otros se animaron a probar suerte con el Sueño. Un verdadero río de cabanacondinos comenzó a dirigirse hacia el norte, recorriendo cinco mil kilómetros, saltando de aeropuerto en aeropuerto para llegar a México. Desafiando los peligros de las mortíferas ciudades fronterizas y el sombrío sendero empapado de sangre que los conquistadores bautizaron El Camino del Diablo, atravesaron el desierto, cruzaron a nado el río y se deslizaron bajo alambres de púas. Se colaron silenciosamente en Arizona, Nuevo México, Texas, California, y luego siguieron hacia el este, confiando en que los paisanos que los habían precedido los recibirían como hermanos y hermanas. Para 1984, cientos de cabanacondinos habían formado una incipiente y reducida colonia de inmigrantes, en su mayoría indocumentados, en los animados barrios de North Potomac, Silver Spring y Rockville, en Maryland, y prestaban múltiples servicios a familias y empresas estadounidenses. Fue entonces cuando los líderes de la comunidad decidieron constituir el grupo como organización sin ánimo de lucro. Se hicieron llamar Cabanaconde City Colca USA (CCC–USA). En 2005, cuando Julia decidió arriesgarse a cruzar, la población de Cabanacondinos de Maryland —que incluía a algunos parientes lejanos— había superado con creces el millar, un tercio de la población del propio Cabanaconde. Para entonces, muchos de los primeros en llegar ya tenían sus pequeños, aunque prósperos, negocios, y sus hijos se habían graduado de la escuela secundaria, habían ido a la universidad, tal vez incluso tenían sus propias familias. Habían formado grupos de ayuda mutua, organizado equipos de fútbol, criado abogados, soldados estadounidenses, profesores, músicos. Si sus compatriotas tenían casas que remodelar, juntos las remodelaban. Si había jóvenes atletas que entrenar, los padres salían a juntarse en los patios de las escuelas. Si alguna madre no tenía qué darles de comer a sus hijos, otras madres proveían. Si había recién llegados que alojar, se les hospedaba.

En julio de 2021, CCC–USA compró un pintoresco terreno de un millón de pies cuadrados en Poolesville, Maryland. Es un campo abierto y cubierto de hierba que recuerda las amplias planicies que jalonan el valle del Colca. Un majestuoso bosque de coníferas, álamos y robles lo separa de la carretera que lleva a la ciudad. Ahí, en esa tierra donde el Ferrocarril Subterráneo llevó a los esclavos la libertad, muy cerca de donde los soldados de la Guerra Civil marcharon para librar sangrientas batallas a muerte, los cabanacondinos se proponen celebrar sus fiestas ancestrales, honrar su fe, criar a sus hijos, bailar. Los cabanacondinos, muy motivados y ansiosos por conservar sus raíces culturales, ya han sembrado pinos jóvenes alrededor de la propiedad, uno por cada familia de su actual hueste de dos mil. Están decididos a mantener los lazos con su querido rincón del Cañón del Colca, incluso en ese entorno extraurbano estadounidense, meca de las camionetas, los centros comerciales al aire libre y una población predominantemente blanca. Quienes tienen la suerte de poseer *green card* o pasaporte estadounidense, regresan a Cabanaconde año tras año para asistir a la fiesta de cinco días en honor a la Virgen del Carmen. Ataviados con capas magníficamente bordadas y trajes muy adornados que denotan su nuevo estatus, allí bailan el Wititi, el Chukchu, el Chullcho, saboreando su estatus de héroes pródigos del pueblo. Cuando terminan de beber y divertirse, vuelan de vuelta para reincorporarse a la fuerza laboral de Estados Unidos.

El municipio de Cabanaconde, enriquecido por la constante afluencia de dólares, ya no es el pueblo polvoriento e indigente de la infancia de Julia. Ha pasado de ser un revoltijo desordenado de chozas de piedra a un destino turístico con hoteles de tres pisos, prósperos restaurantes, servicios inalámbricos las veinticuatro horas del día y guías turísticos que hablan inglés. Trabajadores migrantes de lugares tan lejanos como el lago Titicaca acuden a llenar las vacantes que han dejado los trabajadores emigrados a Estados Unidos. Americanos y europeos en busca de emociones fuertes llenan la zona en los meses de verano, deseosos de recorrer el pintoresco Valle del Colca —una fisura terrestre dos veces más profunda que el Gran Cañón—, donde los incas construyeron vertiginosas terrazas y reina el cóndor poderoso. Como dijo un cabanacondino: "¡Imagínate! Los gringos abundan en nuestros viejos lugares, y ahora nosotros estamos aquí, en los suyos". Sin embargo, para los miles de miembros de Cabanaconde City Colca USA, el viaje hacia el Sueño ha sido mucho más arduo que el viaje de placer a Perú de cualquier excursionista. La gran mayoría, como Julia, marcó su llegada a Estados Unidos con el aterrador ascenso por la orilla enmarañada de un río.

•   •   •

La historia de Julia comienza en los barrios marginales de Lima, adonde había huido a los quince años para encontrar trabajo y apaciguar el hambre perpetua de la pobreza. Empezó como humilde empleada doméstica en una casa de cuya puerta colgaba un cartel prometedor: "Se busca muchacha. Preferible sin estudios", pero las abiertas insinuaciones sexuales de su amo la asustaron. A los diecisiete años se había convertido en costurera en un taller clandestino de Gamarra, distrito "informal" y al margen de la ley donde las jóvenes se encorvan sobre las máquinas de coser en espacios estrechos y mal ventilados, mientras confeccionan imitaciones de diseñadores por unos pocos dólares al día. Alojada en un mísero barrio marginal de la periferia de Lima donde varios cabanacondinos se habían juntado, se vio intensamente cortejada por su propio tío, también fugitivo del valle. Era agresivo, insistente y mucho mayor que ella. Con el tiempo, Julia acabó cediendo a sus exigencias sexuales. Según ella, una vez casados, e incluso mientras ella estaba embarazada de cada uno de sus tres hijos, él se fue volviendo cada vez más abusivo. Desempleado, bebía hasta caer en la inconsciencia, le pegaba, le robaba dinero del bolso y la amenazaba con un cuchillo.

Desesperada, Julia invitó a su hermana menor a vivir con ellos para que la ayudara a defenderse de sus abusos. Pero a medida que pasaba el tiempo y continuaban los malos tratos, según cuenta, descubrió que su marido hacía visitas nocturnas a la cama de su hermana. Repelida y humillada por la infidelidad de ambos, Julia decidió abandonar la choza, cortar por lo sano y unirse a sus paisanos en Estados Unidos. Llevaba años oyendo que su prima y sobrina habían encontrado trabajo en Cabanaconde City Colca USA; vivían en un edificio de muchos pisos, disfrutaban de la abundancia estadounidense y eran lo bastante prósperas como para enviar dólares a casa. Lo había soñado y anhelado, y ahorraba dinero a escondidas planeando la fuga. En sueños, con el tiempo también se llevaría a sus hijos. Era 2004; tenía cuarenta y cinco años. Sus hijos tenían cinco, dieciocho y veintidós años. Había soportado las vejaciones de su marido durante más de veinticinco años.

En diciembre de 2004 Julia sacó sus ahorros secretos, les pidió prestado el faltante a unos parientes en Maryland y firmó un contrato con un operador sin licencia conocido por organizar viajes ilegales de México a Estados Unidos. "La Señora", como la llamaban sus clientes, dirigía una "agencia de viajes" desde un destartalado edificio de un barrio difícil de Lima, aprovechando una gigantesca red de intermediarios ilegales que se extendía por Sudamérica hasta el suroeste de Estados Unidos. Al visitar su improvisada oficina en un garaje cerrado del barrio La Victoria, Julia oyó a La Señora hablar de los muchos cabanacondinos a quienes había guiado con éxito hasta el anhelado Otro Lado. Le pidió diez mil dólares por adelantado, sin condiciones ni garantías. El trato era que, por muchos intentos que hicieran falta —tanto si Julia cruzaba con éxito en su primer intento como en el quinto—, el anticipo cubriría toda la transacción: todos los vuelos, el transporte terrestre, las estadías en refugios, la ayuda de coyotes y demás ayudantes, la ropa y la comida que hicieran falta. Sorprendentemente, Julia consiguió reunir el dinero. Era más de lo que habría ganado en tres años como trabajadora en una fábrica de ropa, pero había sido calculadora y frugal. Llevaba dos décadas guardando fondos con ese fin. Y se las había ingeniado para convencer a otros de que le prestaran el resto. Un mes más tarde, en enero de 2005, partió de Lima hacia Ciudad de México.

Julia apenas se había bajado del avión en el aeropuerto de Ciudad de

México cuando la llevaron aparte. De los cuatro peruanos que viajaban con los documentos falsos de La Señora, a ella y a otros dos los detuvieron, los mantuvieron bajo vigilancia durante diez horas y los trasladaron en avión a Chile como delincuentes "secados". En veinticuatro horas estaban de vuelta en Perú. Días más tarde, La Señora la embarcó en otro vuelo con destino a Santa Cruz (Bolivia), donde pasó quince días encerrada en un hostal destartalado y sin ventilación con un grupo de personas que se renovaba constantemente. Al decimosexto día la recogió un desconocido que la llevó en auto durante dos días y medio hasta la frontera de Brasil con Paraguay. Para entonces ya habían pasado semanas; era marzo, y otros siete peruanos se habían unido a ella. El 15 de marzo, el grupo con destino al paraíso de El Otro Lado fue trasladado a São Paulo, donde abordaron un vuelo a Guadalajara, México; pero antes de que el vuelo despegara un par de agentes de seguridad brasileños subieron al avión y se los llevaron a todos.

Ya impaciente con ella, La Señora decidió que Julia necesitaba una transformación total: ropa mejor, nuevo peinado, maquillaje, tacones altos, tal vez una personalidad completamente distinta. Le dio dinero para que se comprara un vestido en uno de los grandes almacenes de Lima, y para que se arreglara la cara y el pelo. Le enseñó a pintarse los labios, a levantar la barbilla y a caminar con seguridad. Esta vez Julia voló directamente de Lima a Ciudad de México y pasó la aduana sin problemas, saludando como si fuera una mujer de negocios. Después de cambiar de documentos como le había indicado La Señora, abordó otro vuelo a Monterrey, con nombre e identidad mexicanos. Tal como estaba previsto, a su llegada fue recibida por su primer coyote, quien la llevó a una casa vacía. Allí pasó treinta horas sola, preguntándose dónde estaba y qué podía esperar. Al atardecer del segundo día, otro coyote la recogió y la llevó a otra casa abandonada, donde un camionero huraño y severo le dio instrucciones escuetas. "Nos iremos cuando haya cenado. Tienes que subir al tractocamión y echarte en la estiba detrás de mi asiento. Si la policía o alguien más nos para, eres mi mujer. No te levantes. No abras los ojos. Les diré que estás descansando".

El viaje en el enorme semirremolque transcurrió sin novedad. A

medianoche, el camionero la dejó en una parada de taxis de Nuevo Laredo, justo enfrente de la frontera de Laredo, Texas, con instrucciones
garabateadas a toda prisa para que tomara un taxi hasta un hotel en una
zona dura de la ciudad. El gerente del hotel resultó formar parte de la
red que trabajaba estrechamente con los cárteles y los coyotes. Al cabo
de unas horas volvieron a reunirse con ella y la llevaron a un rincón
apartado de la ciudad. A esas alturas ya comprendía que era poco más
que un cargamento en una vertiginosa cadena de agentes, subagentes,
correos, comerciantes y jóvenes, curtidos coyotes, todos al servicio del
infame cártel del Golfo, alias "La Mano", o de sus rivales, el sindicato criminal de Los Zetas; engranajes del multimillonario negocio del tráfico
de migrantes y drogas ilegales a través de la frontera estadounidense.
Los propietarios de las casas donde se había alojado a lo largo del camino
habían desocupado sus predios precisamente con ese fin: almacenar la
carga humana según fuera necesario y sacar provecho del abundante
flujo de dinero.

Días después, hacia finales de marzo, la condujeron a una habitación
llena de inmigrantes peruanos, catorce en total, hombres y mujeres de
poco más de veinte años que, como Julia, habían sido introducidos en
México la semana anterior. Les dijeron que esa noche cruzarían el río. Lo
que no se les dijo —y no se enterarían sino hasta mucho más tarde— fue
que ya habían sobrevivido a un peligro espeluznante, "la carretera de la
muerte", la arteria de 136 millas que conecta Monterrey con Nuevo Laredo. Durante décadas, esa vía tan anodina había sido el telón de fondo
de secuestros, violaciones, niñas vendidas como esclavas sexuales, robos,
"desapariciones" y asesinatos. Las enormes multitudes de ansiosos refugiados que subían por el corazón de México se habían convertido en
presa fácil de los cárteles de la droga: objetos de nuevas extorsiones, peones en un largo sendero de lágrimas. Si esos desesperados habían podido
reunir suficiente dinero para llegar tan lejos, seguramente sus familiares
podrían conseguir más.

Se sabe que los coyotes de las inmediaciones de la frontera —en
su mayoría lacayos de La Mano— suelen golpear, mantener cautivos o
matar de hambre a los viajeros a su cargo. Asumen riesgos desmedidos

que con demasiada frecuencia terminan mal. Se ha sabido que provocan accidentes en que cargamentos enteros de migrantes resultan ahogados, asfixiados o mutilados. Una vez, en un puente hacia Laredo, agentes fronterizos de Estados Unidos esculcaron un remolque cisterna vacío que apestaba a gasolina, y encontraron a cincuenta hombres hacinados en su interior. La Mano era —y sigue siendo— responsable de gran parte de la violencia fronteriza en el lado mexicano. En 2005, cuando Julia pasó por sus manos, las pruebas de la carnicería estaban por todas partes: en los fragmentos de hueso quemado que yacían esparcidos entre la maleza, en las tumbas cavadas a toda prisa que plagaban los márgenes de la carretera. Ella no vio nada. No supo nada. Sin embargo, las desapariciones habían sido tan frecuentes desde 1964 que los funcionarios locales ya no se molestaban en responder a las indagaciones. Los descubrimientos fortuitos de crematorios clandestinos se habían vuelto tan rutinarios que la policía dejó de registrarlos.

Aquella noche, pasada la medianoche, un coyote joven y enjuto llegó en una furgoneta sin placas a recoger a los viajeros que se dirigían al norte. Los amontonó a todos dentro y los condujo a un terraplén cubierto de hierba en una parte estrecha del río Grande, donde esperaban otros dos coyotes. Les ordenó que se desnudaran por completo y metieran toda su ropa en una bolsa de basura. Obedecieron, demasiado aterrorizados para mostrarse ansiosos o tímidos por su desnudez. A Julia, que confesó al instante que no sabía nadar, le asignaron un neumático de goma que hicieron rodar hasta la orilla del río para que se montara en él. Aferrando la bolsa de basura contra sus senos desnudos, trepó al neumático dejando caer las piernas por un lado mientras los demás se adentraban en el fétido río cargado de aguas residuales. Nadaron en silencio en la negrura de la noche —un coyote jalaba a Julia por un pie— hasta que por fin llegaron a la orilla opuesta. El lado estadounidense. El Otro Lado. Se arrastraron por la orilla cubierta de hierba y entraron en Texas. Lo habían conseguido. Pero aún tenían que sortear el cerco de guardias fronterizos, barricadas y armas que los separaba del Sueño.

Tras vestir de nuevo sus ropas, el grupo avanzó rápidamente por la orilla del río hasta llegar a un sendero de piedra que ascendía por una pendiente y desembocaba en un claro. Los coyotes les explicaron que, una vez arriba, tendrían que estar atentos a los reflectores y las cámaras. "Corran mientras el campo esté oscuro", les advirtieron. "Váyanse derecho por ese campo abierto y tírense al suelo cada vez que les apunten las luces". El grupo obedeció, siguiendo los gritos apagados de los coyotes, corriendo a través de lo que parecía ser el amplio pastizal de un rancho muy grande y tirándose panza a tierra cada vez que el ojo centelleante los barría. Demasiado vieja con sus cuarenta y seis años a cuestas para seguir el ritmo de los demás, Julia trató de agarrarse a la mano de una joven mientras corría, pero la mujer le suplicó que la soltara. Presa del pánico y sin aliento, Julia avanzó dando tumbos, pero enseguida quedó rezagada. De repente perdió la esperanza, redujo la marcha y apenas se molestó en agacharse cuando los reflectores giraron en su dirección. Un coyote atravesó la noche y la puso a salvo.

Una vez hubieron pasado las luces y se reunieron con los demás, siguieron adelante en grupo, entrando y saliendo del mezquite por lo que pareció un cuarto de milla antes de enfrentarse a otro obstáculo. Esta vez se trataba de una altísima cerca de malla metálica cubierta de alambre de concertina. Los coyotes les mostraron un punto donde habían hecho un agujero en el alambre y lo habían vuelto a unir para que no se detectara fácilmente. El fragmento se desprendió y dejó al descubierto un hueco lo bastante grande como para permitir el paso de un ser humano. A los peruanos les dijeron que, al recibir la orden, cada uno debería saltar a través del hueco y correr tan rápido como humanamente le fuera posible, hasta llegar a la Interestatal-35, una autopista de varios carriles situada a unas mil yardas de distancia. El tiempo era esencial. En cuanto cruzaran la cerca, atravesarían una zona caliente acechada por la patrulla fronteriza, la policía y los autodesignados vigilantes armados. Se sabía de milicias de lugares tan lejanos como Wisconsin que iban a cazar inmigrantes por deporte. Una vez que cruzaran el asfalto de la I-35, estarían en terreno más seguro. Allí los esperaría una camioneta y los llevaría a una casa en algún lugar de Laredo.

Como era la más lenta del grupo, Julia sabía que necesitaría tiempo para llegar a reunirse con el resto. Pidió ir primero. Los coyotes accedieron y le indicaron a los demás que la siguieran. Pero, cuando uno de ellos le dio la señal de "¡Ya, señora, corra!", y ella se lanzó hacia la oscuridad, tropezó con el trozo suelto de alambre y cayó bocabajo frente a la abertura. Los otros, ansiosos por atravesar la brecha tan rápido como les habían dicho, pasaron por encima de ella pisándole las piernas, los brazos y la espalda. Cuando los coyotes la levantaron, había perdido la sensibilidad en los pies.

Los hombres instaron a Julia a levantarse. No podía. Le frotaron las piernas, la espalda, hasta que al cabo de media hora logró ponerse en pie, tambaleándose. El coyote mayor le ordenó al más joven, un muchacho desgarbado e inmaduro de diecinueve años, que hiciera lo que fuera necesario —jalarla, arrastrarla, cargarla— para llevarla a la carretera del mejor modo posible. "Señora", le ordenó el chico, "va a ponerse detrás de mí. La voy a agarrar por los brazos y vamos a correr". Ella hizo lo que él le dijo. Lo único que recuerda hoy es la sensación de correr en el aire, ondeando como una banderola detrás de él, con los pies apenas tocando el suelo.

En efecto, había una camioneta esperando al otro lado de la carretera. El conductor apagó las luces y los condujo a toda velocidad por un camino de tierra hasta una casa en forma de caja detrás de una espesa arboleda de olmos. Las habitaciones eran diminutas, repletas de ropa sucia tirada en los catres, el suelo y los muebles. A los peruanos les dijeron que la lavaran, la pusieran a secar al sol y se la pusieran en la siguiente etapa del viaje. Una camiseta, un pantalón, unas zapatillas: eso era todo lo que podían llevar, nada más. Tendrían que pasar sin ser detectados por un control de la Patrulla Fronteriza de Estados Unidos, y no podían tener olor corporal. Nada de ropa sudada, perfume, aliento. Habría perros.

Julia se quedó en la casa una semana, tiempo suficiente para encariñarse con una joven tímida, más o menos de la edad de su hija mayor. Se llamaba Mirta, una chica bonita de ojos grandes y huesos pequeños; era increíble que hubiera sobrevivido a la travesía. Julia se dio cuenta al instante de que uno de los nuevos coyotes miraba a Mirta con ganas. Cuando éste se llevó aparte a la chica y le exigió que se fuera con él a uno de los dormitorios, Julia se propuso proteger a Mirta y tratar de disuadir al hombre. Al principio él no dio el brazo a torcer, pero acabó cediendo. Julia no tardaría en saber por qué. Al amanecer, el coyote anunció que Julia sería la primera en desafiar el control. Iría con tres personas más que estaban alojadas en otro lugar. Julia intentó convencerlo de que dejara a la chica acompañarla, pero él sólo gruñó y le señaló la puerta. Mientras caminaba hacia el auto que había ido a buscarla, miró hacia la gran cúpula del cielo estadounidense. Una pareja de buitres negros volaba perezosamente en círculos sobre el azul.

En la siguiente casa, Julia recibió ropa limpia e instrucciones para la última etapa del viaje. Pasaría de contrabando por el puesto de patrulla con tres hombres. Una joven familia de mexicano-estadounidenses —un hombre, una mujer y un bebé, todos ciudadanos estadounidenses— los transportaría en el baúl de su camioneta.

Era evidente que el auto ya había hecho ese tipo de viajes. Le habían arrancado, ahuecado y reconfigurado el baúl para acomodar carga humana debajo del cómodo piso alfombrado. A los cuatro polizones, incluida Julia, les dijeron que se echaran unos junto a los otros, bocabajo. Cuando llegaran al puesto de control, oirían dos golpes secos en la puerta del pasajero: señal de que contuvieran la respiración para que el equipo canino no los oyera. Los perros también podían detectar sus corazones si latían demasiado fuerte, por lo que era imperativo que mantuvieran la calma. Aunque estuvieran en Estados Unidos, había muchas posibilidades de que los atraparan, retuvieran y enviaran de vuelta.

El trayecto hasta el puesto de control fue sorprendentemente rápido y nada incómodo; los tres jóvenes a ambos lados de Julia eran delgados como cañas, y apenas más grandes que ella. A pesar del rugido del motor del auto, pudieron decirse algunas palabras, consolarse mutuamente, tranquilizarse. Ahora sus vidas estaban estrechamente unidas; un error de uno podría sacrificar al resto. Cuando el auto se detuvo al frente de la fila y un guardia se acercó para pedirle los papeles al hombre, la esposa hizo sonar la señal: "No respiren".

Fue entonces cuando el bebé de la pareja, un niño robusto de dieciocho meses, comenzó a aullar, lanzando gritos desgarradores en la mañana tejana. Los polizones contuvieron la respiración mientras la policía fronteriza revisaba los documentos y el niño seguía chillando y aullando, furioso, inconsolable. Los policías, claramente desconcertados por el sufrimiento del niño, hablaban con impaciencia en inglés. Julia oía la inquietud, pero no entendía una palabra. No tardó en oír a la mujer gritar por encima de los llantos desesperados del bebé: *"Colic!"*, *"Emergency!"*, palabras lo bastante parecidas al español como para entenderlas. El policía que estaba al mando cerró el registro y gritó: *"Okay! Go!"*, y luego otra vez: *"Go!"*. El motor rugió de regreso a la vida y la furgoneta salió disparada del puesto de control hacia la autopista.

Horas después, en una carretera polvorienta de algún lugar del norte de Texas, los polizones salieron del baúl y se acomodaron en el asiento trasero, y Julia —que era madre— preguntó por el niño. ¿Estaba bien? ¿Por qué ese llanto desgarrador? La mujer se volvió hacia ella y le contestó: "Por ese llanto está usted aquí, señora. Le debe la vida a mi bebé. Le dije a la policía que tenía cólico, probablemente una obstrucción intestinal grave, y que lo llevábamos a urgencias, pero en realidad lo estaba pellizcando. Con fuerza. Todo el tiempo".

Al atardecer, Julia había sido confiada a un "guía" en Boston, Texas. Dos días después estaba en Maryland, entregada sana y salva a sus familiares, una aspirante más al Sueño Americano. La habían trasladado a Rockville en una furgoneta de iglesia adornada con la imagen de unas manos en rezo. Le dijeron que, si los paraban, ella y los tres migrantes que la acompañaban debían de decir que eran miembros de una iglesia evangélica en camino a reunirse con hermanos y hermanas de su fe.

Al cabo de una semana ya trabajaba cuidando niños estadounidenses en una amplia casa de uno de los suburbios más ricos de Washington, DC, limpiando sus desastres, cocinando sus almuerzos, acompañándolos a la escuela. Había pasado tres angustiosos meses cruzando América Latina en una odisea que nunca llegó a comprender del todo. Había echado a suerte a sus hijos, su destino y los ahorros de toda su vida. Pero, pese al precio de la entrada, había llegado. Ahora era una más de los diez millones de "ilegales" en Estados Unidos, clasificación que aún tiene que sacudirse de encima. Pero tenía trabajo y un sueldo decente, y tenía a Cabanaconde City Colca USA, un sistema de apoyo de personas que compartían su lugar de nacimiento, ahora a casi cuatro mil millas de distancia. Pasarían dieciséis años más antes de que sus hijos comenzaran a reunirse con ella.

3

PRECURSORES

Vivo *upside down*, al revés. Siempre ha sido así. ¿Quién me llamó aquí? Los espíritus, quizá.

—Sandra Cisneros, autora mexicano-estadounidense, 2013

Julia Mamani no podía saberlo, pero se había topado con los Estados Unidos muy cerca de donde el conquistador Cabeza de Vaca —desnudo, salvo por su taparrabos— había vagado hacia el sur rumbo a México, tras vivir casi una década entre los pueblos originarios del Norte. Allí, con casi quinientos años de diferencia y en tierras reclamadas sucesivamente por karankawa, colonos españoles y expansionistas estadounidenses, Cabeza de Vaca y Julia habían compartido un propósito común: llegar a otro lado, seguir vivos. Ninguno de los dos pensó quedarse mucho tiempo.

Si la frontera entre Estados Unidos y México parece un límite permeable, es porque siempre lo ha sido. Antes de la llegada de Colón, las tribus cruzaban libremente el río Grande para comerciar, cuando no para asaltar poblados o hacer la guerra. A finales del siglo XVIII, los colonos españoles habían penetrado en los dos continentes del hemisferio occidental y reclamado territorios desde el extremo sur de Argentina hasta Wyoming, y desde el extremo oeste de California hasta Missouri, con lo que el poderoso Río Grande no era más que un obstáculo topográfico más en el dominio español. En la actualidad, cuarenta tribus indígenas siguen ocupando ambos lados de la actual frontera y muchas tienen tradiciones antiquísimas de cruzarla a su antojo, ya que sus tierras ancestrales no se ciñen a los límites legales modernos.

Los asentamientos ingleses en Jamestown y Plymouth —establecidos en 1607 y 1620 respectivamente— erosionarían de modo drástico la preeminencia española en el hemisferio. El afán expansionista de los británicos en América, como el de los españoles antes que ellos, comenzó desde el momento en que sus barcos tocaron tierra. En la imaginación de los peregrinos primaba la idea de poseer tierras infinitas, todas disponibles y a sus órdenes, y nada se interpondría en su camino: ni los indígenas, ni las naciones soberanas, ni las fronteras anteriores, mucho menos los españoles, archienemigos de Inglaterra desde que se tenía memoria.

A medida que las colonias se desarrollaban y aparecían diferencias políticas, la solución más sencilla a cualquier disgusto era marcharse, seguir adelante, encontrar el espacio vital necesario: "ampliar la esfera", como había exhortado el congresista James Madison a sus compatriotas ya en 1787. Pero no se trataba de una invención estadounidense. El espíritu anglosajón blanco de expansión y colonización había estado presente incluso antes de que los fundadores soñaran con la independencia, y era una fuerza a tener en cuenta, un formidable motor de despliegue perpetuo. Siglo y medio antes, el filósofo inglés Thomas Hobbes había descrito ese impulso británico como movido por un "apetito insaciable, o bulimia, de ampliar su dominio". El problema inmediato, por supuesto, era que el continente ya tenía sus amos. A pesar de toda la propaganda de los colonos según la cual habían llegado a una "tierra virgen", lo que los obligaba a subyugar a la propia naturaleza, la población humana que los precedía constituía su constante impedimento, la molestia crónica que obstaculizaba el camino.

Una vez concluida la Revolución de las Trece Colonias y fundado Estados Unidos, prevaleció la opinión de que no bastaba con expulsar a las tribus nativas ("naciones extranjeras", las llamó un secretario de guerra). Había que erradicar a los indígenas, hacerlos desaparecer. Incluso el apacible Thomas Jefferson afirmó que la historia "nos obligará ahora a perseguirlos hasta el exterminio o a conducirlos a nuevos asentamientos fuera de nuestro alcance". En otras palabras, el asesinato en masa era la única solución. En cuanto a los asentamientos españoles y mexicanos, que pronto se volvieron tan inconvenientes como lo habían sido los indígenas, Jefferson imaginó que su naciente nación mordisquearía la jurisdicción española, arrebatándole toda Latinoamérica "a pedazos". La extorsión, el asesinato, el linchamiento, la abierta conquista, todas estas tácticas de intimidación se convertirían en estrategias viables en ese empeño. Y todas tendrían su utilidad en la búsqueda del Destino Manifiesto: la creencia de que los angloestadounidenses estaban destinados a expandir su dominio y extender la noción de su excepcionalidad por todo el continente norteamericano, incluido México.

Pero, al estar más ligados a la tierra que las tribus nómadas y guerreras del Norte, los mexicanos no eran tan fáciles de arrear y expulsar. Incluso mientras el imperialismo estadounidense se abría camino en la América española mediante la compra, la incursión o la guerra —incluso cuando el presidente James A. Polk forzó la frontera estadounidense hacia el oeste y el sur, redefiniéndola a su antojo, expulsando a los nativos americanos de sus tierras ancestrales y convirtiendo arbitrariamente el Río Grande en el nuevo límite—, la gente siguió yendo y viniendo a través de la frontera. De hecho, más de medio siglo después de que Estados Unidos irrumpiera en México, se apropiara de más de la mitad del país en la guerra mexicano–estadounidense e impusiera el Tratado de Guadalupe Hidalgo de 1848, negociado a punta de pistola en momentos en que las tropas de Estados Unidos ocupaban Ciudad de México, la frontera permaneció abierta e indefensa. Cualquiera podía cruzarla con la misma libertad que Cabeza de Vaca y la misma premeditación que Julia Mamani. Los abuelos visitaban a sus nietos en El Otro Lado; los trabajadores cruzaban, impulsando la economía estadounidense tanto en las fábricas como en los campos; los estudiantes iban y venían a la escuela. Hubo que esperar hasta 1904 para que cincuenta guardias montados se apostaran en El Paso, Texas, a vigilar la llegada de chinos, los únicos inmigrantes considerados oficialmente ilegales por la rabiosamente racista Ley de Exclusión China de 1822. Y no fue sino hasta 1924 que se promulgaron leyes de inmigración para impedir el crecimiento de las comunidades mexicano-estadounidenses en Estados Unidos. Aunque en esencia les habían robado la tierra de debajo de los pies, los mexicanos se convirtieron en la masa indeseable, los parias, aquellos a quienes un gobernador blanco de Nuevo México describió como el apogeo de la "estupidez, obstinación, ignorancia, doblez y vanidad". "La raza de gente con peor aspecto que jamás haya visto", pregonaba un capitán del ejército de Estados Unidos que lideraba la expansión. "Criaturas sucias y de aspecto asqueroso".

No les importaba que los hispanoamericanos hubieran habitado esa tierra mucho antes de que los anglosajones pisaran América; que hubieran construido ciudades resplandecientes, universidades, sistemas judiciales, instituciones públicas, lugares de culto y un comercio próspero. No les importaba que, antes que ellos y por miles de años, los mayas, nahuas, yaquis, o'odham y kumiai —una verdadera multitud de tribus— hubieran reclamado, gobernado y cultivado sus campos. Si las raíces tuvieran algún significado, como dijo una vez la escritora mexicano-estadounidense Sandra Cisneros, los espíritus ancestrales convocarían a los descendientes de uno y otro lado, independientemente de las barreras que se levantaran para impedirlo.

• • •

El destino quiso que mi propio abuelo cruzara a Estados Unidos a través de México. Había venido, como muchos, porque le habían convocado. Era 1898 y Estados Unidos libraba otra guerra de expansión, esta vez en el Caribe, con la expulsión de España como objetivo y Cuba y Puerto Rico como premios. Abuelito era a la sazón un adolescente, alumno aventajado en un colegio católico de Lima, con un buen futuro por delante. Su padre era senador y se movía entre su jurisdicción en la sierra y la capital del país; buscaba darle a su hijo una visión más amplia del mundo. Providencialmente, la Universidad de Notre Dame acababa de abrir sus puertas a los estudiantes latinoamericanos. Su vicepresidente, el reverendo John Augustine Zahm, ávido explorador de Sudamérica que había navegado por el caudaloso río Orinoco que atraviesa el corazón de la selva tropical venezolana y recorrido a pie los vertiginosos

Andes, buscaba llenar Notre Dame de jóvenes sudamericanos católicos. Las principales universidades de la época eran en su mayoría protestantes y tenían claros prejuicios contra la fe católica, y él quería inculcarles a sus alumnos una visión más mundana. También estaba la cuestión de las finanzas de la universidad, desastrosas tras quedar a cargo del extravagante explorador. Notre Dame necesitaba la matrícula de mi abuelo. Mi bisabuelo accedió. Como cualquier obrero atraído por los viñedos del Norte o cualquier trabajador del acero llamado a las fábricas, mi abuelito de dieciséis años respondió a la solicitud estadounidense. Remontó la costa del Pacífico en una serie de buques —grandes y pequeños— haciendo escala en Ecuador, Colombia y Panamá, para llegar por fin a Veracruz, en México, cuando se le acabó el dinero de bolsillo. Aquí es donde lo pierdo. Cuenta la leyenda familiar que, siendo un niño en tierra extraña, hizo lo que haría cualquier niño. Recurrió a los aventones hasta alcanzar la frontera y luego hasta South Bend, Indiana, como beneficiario de múltiples gentilezas. Tras licenciarse en ingeniería en Notre Dame en 1902, enseñó durante un tiempo en una universidad de Maine y luego hizo lo que hacían los migrantes tras responder a una necesidad estacional: regresar a su país natal.

Por increíble que parezca, la historia se repite con mi padre. Casi medio siglo después, en diciembre de 1941, cuando mi padre era un estudiante de ingeniería de veintidós años en Lima, los japoneses bombardearon Pearl Harbor, catapultando a Estados Unidos a la Segunda Guerra Mundial contra Japón, la Alemania nazi e Italia. Los jóvenes de las universidades estadounidenses respondieron al llamado de la nación, vaciaron las aulas y se unieron al esfuerzo bélico. El Departamento de Estado se apresuró a reclutar a jóvenes latinoamericanos para llenar las aulas y garantizar que las universidades siguieran abiertas. Instado por su padre, Papi respondió a la convocatoria y aceptó una plaza en el programa de maestría del Instituto Tecnológico de Massachusetts. A principios de 1943, justo cuando el general George Patton preparaba una estrategia para dar el gran salto de África a Europa, Papi voló a Ciudad de Panamá con la intención de volar a Miami de camino a MIT. Pero los viajes civiles a Estados Unidos habían sido suspendidos.

Panamá estaba repleta de soldados de Estados Unidos, y los vuelos desde el istmo estaban restringidos para uso militar. Durante siete días, Papi pasó la mañana en el aeropuerto junto a una horda de latinoamericanos, a la espera de un asiento vacío. Al octavo día, un funcionario anunció que el avión del correo estadounidense con destino a Miami llevaba un costal menos. Ciento veinte libras. ¿Alguien encajaba en ese perfil? Mi padre, hombre menudo, un haz compacto de energía, se presentó como voluntario. Lo pesaron, registraron y le permitieron subir a bordo con la carga.

Como cualquier migrante a bordo de un bote, un neumático, un camión cisterna o el baúl hueco de un auto, mi padre llegó a Estados Unidos como carga: como lo habría hecho una carta, sin más que un destino garrapateado y una pizca de esperanza. Dos años después, tras obtener su título en MIT y quedarse por un tiempo breve produciendo turbinas para la maquinaria bélica de Estados Unidos, haría lo que cualquier obrero mexicano que respondiera a una tendencia estacional, lo que había hecho su padre: regresar a su país, pero con una ligera modificación. Junto con su título estadounidense llevó a casa a una esposa estadounidense. A mi familia le tomaría una tercera generación de itinerantes —mi generación— venir a Estados Unidos para quedarse.

LA GENTE DE EN MEDIO

> Los mexicanos que viven en las zonas fronterizas, al norte y al sur, tienen una palabra para designar ese espacio liminal entre lenguas, culturas y mentalidades. Lo llaman *nepantla*.
>
> —Sergio Troncoso, escritor mexicano-estadounidense, 2021

Quedarse es el *quid* del dilema del inmigrante latino, razón por la cual los llegados de primera generación nunca cortan del todo el cordón umbilical con la patria. Siempre existe la posibilidad de querer volver a casa. "Vuelve a donde perteneces", me gritó una compañera de clase el primer día de escuela en Summit, Nueva Jersey. ¿Qué podía haber en mí que la irritara tanto? Aún recuerdo la punzada que sentí, el deseo de volver a mi tierra. Pero también existe la posibilidad de que te echen de vuelta a tu país de origen, sin remedio ni explicación. Y esa es una historia muy mexicana.

El patrón de requerir trabajadores mexicanos cuando se los necesita y deportarlos luego arbitrariamente comenzó a principios del siglo XX, y se disparó con cada gran guerra de Estados Unidos. Persiste hasta hoy en día, conforme van y vienen las temporadas agrícolas. A los mexicanos atraídos a nuestros campos durante la Primera Guerra Mundial —algunos de tan sólo doce años de edad— a menudo se les mintió, estafó y acorraló en condiciones miserables, sólo para deportarlos cuando llegó la Gran Depresión. Se habían convertido en un inconveniente. Los estadounidenses se opusieron a la idea de incluir a los mexicanos en los programas de asistencia social del *New Deal*. No sólo se los rechazó y vilipendió como raza, también se los utilizó como chivos expiatorios por supuestamente haber provocado el desastre económico. Los prejuicios dieron lugar a verdaderas crueldades.

Los empleadores que no querían pagarles a los trabajadores del campo por una temporada de trabajo agotador simplemente los obligaban a subir a los vagones de deportación y los mandaban lejos. Se calcula que la policía, los funcionarios locales y el FBI detuvieron y deportaron a casi dos millones de mexicanos durante la década de 1930, el sesenta por ciento de los cuales eran ciudadanos estadounidenses con todos los documentos en regla. Las autoridades le llamaron "repatriación" para darle la apariencia de programa voluntario. Pero fue sistemáticamente coercitivo y brutal, y ocurrió en todo el país.

Una familia de granjeros de Idaho acababa de sentarse a desayunar cuando los *sheriffs* locales irrumpieron en su casa, los arrestaron a todos y los metieron en carros de policía, negándose a dejarlos llevar consigo ninguna de sus pertenencias. Salieron de casa sin identificación, sin certificados de nacimiento, sin ahorros, sin nada. Sólo con la ropa que llevaban puesta. El padre de la familia, que estaba trabajando en el campo, fue detenido después. Los encarcelaron a todos una semana y luego los metieron en un tren con destino a México. Les aseguraron que sus pertenencias les seguirían, pero eso jamás sucedió. Entre los objetos que dejaron atrás estaba la documentación que demostraba que poseían propiedades, que el cabeza de familia había trabajado legalmente en el país durante veinticinco años y que sus hermanos e hijos habían nacido en Estados Unidos y eran ciudadanos estadounidenses. "Todos sabemos de la reclusión de 145 mil japoneses", dijo un senador de Estados Unidos sobre estas espantosas violaciones de los derechos de los ciudadanos, "pero 1,8 millones de mexicanos deportados empequeñecen esa cifra, y la mayoría de los estadounidenses no saben nada del tema".

La cosa no quedó ahí. Durante la Segunda Guerra Mundial, ante la necesidad desesperada de trabajadores, el gobierno de Estados Unidos instauró el Programa Bracero, que llegó a invitar a medio millón de mexicanos al año. Cuatro millones y medio de trabajadores cruzaron la frontera en ciclos rotativos desde 1942 hasta 1964, llevando a cabo trabajos no especializados que permitieron el funcionamiento del país. Sin embargo, una vez finalizada la guerra de Corea, la administración Eisenhower puso en marcha la Operación Espalda Mojada (*"Operation Wetback"*), una iniciativa ejecutada con el celo y la precisión de una derrota militar, que aterrorizó a la misma población que había llegado para alimentar y construir Estados Unidos. Hasta un millón trescientas mil personas —de nuevo, algunos, ciudadanos estadounidenses de nacimiento— fueron arrancadas de sus hogares o lugares de trabajo, empujadas sin ceremonias a buses, barcos y aviones, y arrojadas aleatoriamente a ciudades desconocidas en México. Su permanencia se había convertido en una opción incómoda tanto para Estados Unidos, que las había atraído, como para un México hambriento de mano de obra que ahora las quería de vuelta. No importó que, mientras tanto, hubieran tenido hijos estadounidenses; no importó que esos niños nunca hubieran aprendido español. De hecho, en su fanático afán por purgar el suroeste de morenos, los gobiernos locales atraparon a mexicoamericanos respetuosos de la ley cuyas familias habían habitado esa tierra por generaciones, los metieron en furgonetas y se los llevaron. Al diablo con sus derechos constitucionales. Como dijo un político: "Lo que importaba era el color de la piel". Pero las actitudes hacia la permanencia o repatriación son tan diversas entre los latinos como lo son sus países de origen. Quedarse no era el objetivo de la inmensa mayoría de cubanos que huyeron de la revolución comunista en las décadas de 1950 y 1960. Pero a medida que Castro aguantaba año tras año y los presidentes estadounidenses se mostraban impotentes para derrocarlo, los exiliados cubanos se fueron sintiendo más unidos a este país y más decididos a consolidar su dominio.

Los puertorriqueños tampoco tenían intención de quedarse cuando llegaron al área de Nueva York en la década de 1950. Ciudadanos de pleno derecho en virtud de la apropiación por parte de Estados Unidos medio siglo antes, la repentina y radical transformación de la economía en su país los desplazó. Corporaciones estadounidenses deseosas de aprovechar la mano de obra barata de Puerto Rico alentaron en gran parte esa redefinición, que convertiría a una antigua nación productora de azúcar en un modelo industrial. Esa metamorfosis acabó poniendo patas arriba el mercado laboral y dejando a los puertorriqueños sin trabajo. Cientos de miles —una quinta parte de la población total de la isla— afluyeron al área de Nueva York para trabajar, comer y reclamar lo que les correspondía como ciudadanos estadounidenses. Muchos tenían la esperanza de regresar.

A diferencia de los mexicanos, el grupo más numeroso de latinos en este país, las comunidades cubana y puertorriqueña empezaron de forma relativamente modesta en 1950, pero crecieron con rapidez. Los puertorriqueños en Estados Unidos eran un millón en 1960; veinte años después, su número se había duplicado. Hoy, dado el crecimiento natural de la población, aproximadamente seis millones de estadounidenses se identifican como puertorriqueños. Los cubanos, por su parte, apenas llegaban a 163 mil residentes en 1960, y eran menos de un millón en 1980, incluso después de tres grandes oleadas de inmigración. Hoy hay dos millones y medio de estadounidenses que se identifican como cubanos. Juntas, estas dos etnias latinas caribeñas representan ocho millones y medio de personas —más del dos por ciento de los estadounidenses—, una población igual a la de Virginia. Son respectivamente la segunda y tercera comunidades de latinos más grandes del país y la población latina dominante en la costa este. Entre ellos existen diferencias raciales: casi la mitad de los puertorriqueños en Estados Unidos se identifica como no blancos, mientras que la inmensa mayoría de los cubano-estadounidenses son blancos. Pero también tienen razones distintas para estar aquí: los primeros llegaron como ciudadanos, los segundos, como refugiados. Y ambos están aquí para quedarse.

• • •

No creo que haya habido nunca una guerra más perversa que la que emprendió Estados Unidos contra México. Así lo pensé en su momento, cuando era joven, sólo que no tuve el suficiente valor moral para renunciar.

—Expresidente Ulysses S. Grant a un periodista, 1879

La cuestión de la permanencia es mucho más trascendental para los mexicanos. Después de todo, para muchos de ellos ésta es su tierra ancestral. En 1848, después de cientos, quizá miles de años de habitar este continente, se encontraron de repente en suelo extranjero en virtud de una traicionera incursión estadounidense a través de sus fronteras. Fueron víctimas de una arremetida organizada, una amarga guerra, un tratado urdido a toda prisa y la apropiación masiva de tierras de una zona que se convirtió en Texas, California, Nuevo México, Arizona, Utah y Nevada, así como partes de Colorado y Wyoming. Fue una invasión tan cínica y descarada como la embestida nazi por el *lebensraum*, la infame marcha de Adolf Hitler a través de Europa para conseguir más espacio para Alemania. Por fin, para dejar claro que los estadounidenses eran los amos indiscutibles del hemisferio, el general al mando del ejército de Estados Unidos, "Old Fuss and Feathers" ["viejo meticuloso y puntilloso en el vestir"] Winfield Scott, ejecutó el mayor desembarco anfibio de la historia al invadir el puerto mexicano de Veracruz, capturó la capital federal de Ciudad de México y mató a miles de mexicanos por el camino. Irónicamente, un número considerable de soldados estadounidenses implicados se enfrentarían más tarde como adversarios en la Guerra de Secesión: Ulysses S. Grant, George Meade y George McClellan llegaron a ser generales de la Unión, mientras que Robert E. Lee, Stonewall Jackson y George Pickett se convertirían en líderes del bando confederado.

Uno de los principales generales en las hostilidades, Zachary Taylor, aprovecharía su fama como héroe de guerra —y como defensor a ultranza del Destino Manifiesto— para ser elegido duodécimo presidente de Estados Unidos.

La descarada ofensiva que usurpó una masa de tierra tan grande como el sur de Europa tendría sus detractores: el congresista Abraham Lincoln, de Illinois, horrorizado por la declarada impudicia de invadir una nación vecina, arremetió contra ella en el pleno del Congreso. Según Lincoln, se trataba de una clara violación del derecho internacional, indigna de una gran nación. Los abolicionistas estallaron en cólera, alegando que la invasión de nuevos territorios era una estratagema para añadir más estados esclavistas a la Confederación. Mientras se desarrollaban las encarnizadas y sangrientas batallas, el Batallón de San Patricio —unidad de doscientos soldados católicos estadounidenses, la mayoría de ellos atribulados inmigrantes irlandeses que conocían demasiado bien el aguijón de la discriminación— acabó simpatizando con sus compatriotas católicos y desertó al bando mexicano. Los pocos miembros del batallón que sobrevivieron fueron ahorcados en ejecuciones sumarias o tachados de traidores.

Bastante al margen del drama humano de esa pérfida historia están las simples cifras que conlleva: en 1848, al término de la guerra mexicano-estadounidense, habían muerto veinticinco mil mexicanos (el doble del número de bajas estadounidenses) y quedaba una escasa población de cien mil sobrevivientes mexicanos que aún se aferraba a sus tierras arrasadas. Muchos más huyeron hacia el sur a través del Río Grande, temiendo el fervor expansionista con que los blancos habían invadido su territorio. En un extraño arco del universo moral hacia la justicia, en el término de un siglo ese mismo territorio se convertiría en el hogar de tres y medio millones de mexicano-estadounidenses, población treinta y cinco veces mayor que la que se mantuvo firme y se quedó. Hoy, en esa antaño disputada extensión hay más de treinta millones de personas de origen mexicano. No sólo resistieron los tenaces, sino que una marea bíblica regresó y se unió a ellos. Los mexicano-estadounidenses representan ahora un tercio completo de la población que habita esos estados.

Suman treinta y siete millones, más de dos tercios de la población latina del país. Las cifras por sí solas cuentan un vívido relato.

El lado humano del drama mexicano-estadounidense quizá se capte de forma más llamativa en las historias de origen de Linda Chávez y Arturo García, dos individuos que proceden de entornos radicalmente distintos, pero que comparten antiguas raíces en esta historia pendenciera. Chávez es una comentarista republicana e intelectual pública, descendiente de una antigua e ilustre familia hispano mexicana; García, un obrero mexicano indocumentado que vive y trabaja como milusos en Austin, Texas. La familia de la primera posee tierras en Nuevo México desde 1600, mucho antes de que Estados Unidos fuera siquiera una idea. El segundo es un indígena acoma de la nación Pueblo, cuyos antepasados poblaron Nuevo México durante milenios sólo para que los expulsaran, primero por los españoles y luego por los estadounidenses. El rumbo de García lo traería de vuelta —casi como una refutación— siglos más tarde, en 2015.

TENER Y NO TENER

> Nos tomamos la libertad de quitarle el pie derecho en nombre de nuestros hermanos y hermanas del Pueblo Acoma. No vemos ninguna gloria en celebrar su cuarto centenario.
>
> —Grafito al pie de la estatua mutilada del conquistador
> Juan de Oñate, Nuevo México, 1998.

Entre los primeros recuerdos de Linda Chávez está el de mudarse con su madre y su hermanita de una lóbrega habitación de motel a otra mientras buscaban un lugar donde vivir en Denver. Con el tiempo, pasaron a alquilar habitaciones en sótanos y áticos de un barrio de mayoría blanca donde su madre —de ascendencia angloirlandesa— había matriculado a Linda en la escuela. Habían huido de Albuquerque dejando atrás al padre, tras una de sus múltiples borracheras y una serie de calamidades provocadas por el alcohol. Su madre, Velma McKenna Chávez, había empacado todas las pertenencias que pudo en el Ford descapotable rojo y blanco de 1954, sentó a sus dos hijitas —de siete y dieciocho meses— donde pudo, y enrumbó a Denver para empezar una nueva vida.

Iban a toda velocidad por una autopista en medio de la noche, a cierta distancia de Albuquerque, cuando Velma se quedó dormida al volante. El estridente sonido de la bocina de un camión despertó a Linda a tiempo para ver los faros de un tractocamión que se dirigía hacia ellas. La madre echó el volante a la derecha, volcando el Ford sobre un talud cubierto de hierba y lanzando a las niñas y un montón de cajas por las ventanas abiertas. Cuando Linda recobró el sentido, caminaba descalza por la tierra en dirección a los gritos de su hermana. La bebé estaba ilesa, pero cuando Linda la llevó de vuelta al auto volcado, vio que su madre estaba apretujada en el interior, inconsciente, con la cara y el cuello manchados de sangre. Linda también pudo ver que, de alguna manera, en su propio estupor hipnopómpico había sido capaz de sacar de una caja su vestido blanco de primera comunión, enrollarle el dobladillo y colocarlo en el enorme agujero que tenía su madre en la cabeza. No recordaba haberlo hecho. Presa del pánico intentó hacerles señas con la mano a los autos que pasaban, pero seguían volando en la oscuridad, sin percatarse de la niña angustiada al borde de la carretera. Por fin, una familia en una carcacha con todas sus pertenencias tambaleándose encima se detuvo y captó de inmediato la gravedad de la situación. Llamaron una ambulancia y se evaluaron los daños. Velma se había destrozado las vértebras, fracturado un hombro, abierto un boquete de una pulgada en el cráneo y machacado el tobillo hasta el punto de que tendrían que recomponérselo con tornillos metálicos.

El padre de Linda, Rudy Chávez, era un hombre alto y diabólicamente apuesto —un "papi chulo"— cuya inteligencia innata, curiosidad y encanto constituían sus principales atributos. Sargento primero en el ejército estadounidense, había servido en el Pacífico durante la Segunda Guerra Mundial. Como no terminó la secundaria, sus perspectivas de trabajo nunca fueron buenas y, cuando Velma alzó el vuelo y se fue a la carretera, intentó ganarse la vida como pintor de casas. Pero la vida nunca fue fácil para Rudy. Hijo de un contrabandista de alcohol, había sufrido la humillación de ver cómo se llevaban a su padre, Ambrosio

Chávez, esposado y encadenado a cumplir once años en la penitenciaría de Leavenworth. Su padre tenía estudios universitarios y era carismático, pero había sumido a la familia en una pobreza desesperada justo cuando el país salía de la Gran Depresión. El resto de la familia no era de mucha ayuda: el hermano de Ambrosio, propietario de un casino en México, había sido asesinado por inversionistas mafiosos irritados. Al ser el mayor, Rudy se vio de pronto responsable de la salud y el bienestar de sus cuatro hermanos pequeños. Hizo lo que pudo, sufriendo la doble mortificación de la necesidad y la desgracia. Cuando se hizo adulto, cumplió condena por emitir cheques sin fondos. Debatiéndose inútilmente entre las rachas de mala conducta y los ataques de remordimiento, encontró consuelo en la bebida.

Velma, con la piel de alabastro, rubia y hermosa, también tenía sus arrebatos. Nunca explicó por qué, pero ya había huido de un marido antes que Rudy, y abandonado a dos hijitos varones en algún lugar de Wyoming. Conoció a Rudy por casualidad en un bar de Albuquerque, entabló un romance con el atractivo y enérgico joven mexicano y, a los pocos meses, se enteró de que estaba embarazada. Pronto supo algo más: Rudy estaba casado. Tras su servicio en el Pacífico, había vuelto a casa con una esposa australiana, Cecily. La hija de ambos, Pamela, había nacido pocos meses antes. Linda sería la segunda hija de Rudy.

Por sorprendente que parezca, Velma se mudó con Rudy, Cecily y su hija pequeña. Encontró empleo de mesera, dio a luz a Linda en una cálida tarde de junio y vivió con su amante y la familia de él por poco tiempo, hasta que él pudo liberarse de su matrimonio. Años más tarde, tras haberse hecho íntimas, incluso inseparables, las dos niñas, Cecily le pidió permiso a Rudy para dar a Pamela en adopción; no le interesaba ser madre soltera. Rudy accedió a regañadientes y después desapareció varios días en una luctuosa borrachera. Destrozada por la pérdida de su hermana mayor, Linda empezó a comprender que, al menos en su mundo, las familias eran propuestas endebles, que se formaban con facilidad y con la misma facilidad se desechaban. En familias como la suya, los niños eran poco más que accesorios: víctimas provisionales y descartables de la voluble fortuna del amor.

No siempre había sido así. A medida que fue creciendo, Linda se enteró por sus abuelos —el temerario Ambrosio Chávez y su imperturbable esposa, Petra Armijo— de que en realidad descendía de una larga estirpe de ilustres conquistadores. Sus antepasados, las familias Chávez y Armijo, habían ocupado un lugar destacado en la historia de América y en la fundación de Nuevo México. En 1599, el antepasado directo de Linda, el capitán Pedro Durán y Chaves —oriundo de España, provincia de Extremadura, donde la mitad del pueblo se apellidaba Chaves—, se había unido a la expedición de Oñate, una iniciativa a gran escala para colonizar las tierras al norte del derrotado imperio azteca. Irónicamente, era la misma tierra que la expedición de Narváez, que incluía a Cabeza de Vaca, había intentado colonizar casi setenta y cinco años antes. En el plazo de un año, Durán y Chaves, viudo de mediana edad "de buen porte y agradables facciones", se dirigió a la región que se llamaría Nuevo México. Chaves se convirtió en uno de los fundadores de Santa Fe, ciudad plantada muy cerca del corazón del territorio de los Acoma–Pueblo.

La historia de esa ocupación es la de un genocidio. Aunque los acoma colaboraban a menudo en los asentamientos españoles, ofreciendo alimentos y mano de obra, muy poco después de la llegada de Oñate se enfurecieron con la arrogancia y la violencia gratuita de los conquistadores. Los historiadores ofrecen un montón de razones para las rebeliones que siguieron. Algunos afirman que los acoma secuestraron a un sacerdote español y provocaron una represión implacable; otros, que los soldados españoles se desmadraron y violaron a unas jovencitas acoma, y otros más, que los españoles, llevados por el hambre, asaltaron las reservas de los indígenas y les robaron la comida. Cuando los acoma se sublevaron contra las fuerzas expedicionarias y asesinaron al sobrino del gobernador Oñate, éste tomó represalias con una brutalidad devastadora. Muchos acoma fueron tomados prisioneros y masacrados, y sus cuerpos fueron arrojados desde los altos acantilados de la meseta de Ciudad del Cielo, la antigua e imponente capital de la tribu. Oñate les ordenó entonces a sus soldados que les amputaran el pie derecho a todos los varones acoma sobrevivientes mayores de veinticinco años, y los sometieran a servidumbre. Y condenaron a las mujeres a esclavitud durante veinte años. Todas las niñas debían servir en las misiones franciscanas; los niños serían entrenados como soldados.

Desplazándose constantemente entre Nuevo México y la Ciudad de México, finalmente Pedro Durán y Chaves se consiguió una joven esposa. Así comenzó la dinastía que fundaría Alburquerque y gobernaría la zona durante 250 años. Con el tiempo, el clan abandonaría el apellido Durán y cambiaría la ese de Chaves por una zeta. Cuando los Chaves se casaron con el rico linaje Armijo en el siglo XVIII, consolidaron gran parte del poder en Nuevo México, lo que llevó a un historiador de la época a escribir: "[L]as familias Armijo, Chávez, Perea y Ortiz son por excelencia los ricos de Nuevo México". Vivían en mansiones palaciegas con mobiliario opulento, se casaban con sus propios primos para mantener la blancura y subsistían gracias al intenso comercio de bienes y provisiones que dominó aquella zona durante cientos de años. Más tarde, cuando la fiebre del Destino Manifiesto encendió las ambiciones de Estados Unidos y el ejército de Zachary Taylor invadió Nuevo México, el gobernador Manuel Armijo, antepasado de Linda Chávez, entregó ese territorio ganado con tanto esfuerzo sin que se disparara un solo tiro. "Siempre me he sentido orgullosa del papel [de Armijo] en la historia de Nuevo México", escribió Linda en sus memorias *An Unlikely Conservative*, "sin el cual quizá hoy no sería estadounidense".

De hecho, apenas una generación después de que Nuevo México fuera absorbido por Estados Unidos junto con la mitad del territorio mexicano, las familias Chávez y Armijo estaban tan cómodamente asimiladas que empezaron a perder el español. Linda Chávez no habla español, como tampoco lo hablaban su padre y su abuelo. Según su madre, la familia ha hablado inglés desde la década de 1870. Eso explicaría por qué, cien años después, en la década de 1970, tras incursionar en los estudios hispánicos y trabajar para el sindicato Federación Estadounidense de Profesores, Linda se convenció de que el camino más rápido para que la creciente población latina saliera de la pobreza era dominar el inglés y, como cualquier otro inmigrante europeo del siglo XX, abrazar plenamente la identidad estadounidense. Con el tiempo, las firmes convicciones de Linda sobre la importancia del inglés y los peligros de la

acción afirmativa la llevaron a participar activamente en política. Apoyó
la legislación de California para derogar la educación bilingüe y posteriormente se convirtió en presidenta de U.S. English, una organización
dedicada a hacer del inglés la lengua nacional oficial y obligatoria. En
eso bien que coincide con la famosa afirmación de Theodore Roosevelt:
"A todo inmigrante se le debería exigir que en un plazo de cinco años
aprenda inglés o abandone el país". Por eso, en los círculos latinos progresistas que trabajan para conservar el idioma y la cultura y darles más
visibilidad a los latinos —el Consejo Nacional de La Raza, por ejemplo,
y la Liga de Ciudadanos Latinoamericanos Unidos (LULAC, según sus
siglas en inglés)— se estaba convirtiendo, como dijo en el subtítulo de
sus memorias, en *la hispana más odiada de Estados Unidos.* Sin embargo,
también se estaba convirtiendo en la favorita de la derecha política.

En 1985, las firmes convicciones conservadoras de Linda llevaron
al presidente Ronald Reagan a nombrarla directora de asuntos públicos
de su administración. En dicho rol, se convirtió en la mujer de más alto
rango en la Casa Blanca de Reagan. Un año después dejó ese puesto para
aspirar por el escaño que había dejado vacante en el Senado de Estados
Unidos el liberal republicano de Maryland Charles Mathias, pero perdió
ante la demócrata Barbara Mikulski. Su estrella volvió a brillar en 2001,
cuando el presidente George W. Bush la nombró al frente de la Secretaría
de Trabajo, convirtiéndola en la primera persona de origen hispano en
ser nominada para dirigir un ministerio de gobierno. Pero, cuando se
supo que había acogido a una guatemalteca indocumentada y le había
pagado por hacer la limpieza de su casa sin reportarlo a la Casa Blanca
o a la Oficina Federal de Investigación, se vio obligada a retirar su candidatura.

Desde entonces, Linda ha desarrollado una exitosa carrera como
comentarista conservadora en la cadena de televisión Fox y en el *Public
Broadcasting System.* Aunque la llaman para que hable de temas latinos
—y aunque para ello recurra a sus modestas raíces de clase trabajadora—,
siente poco apego por la población latina de este país. Y, desde luego,
ninguno hacia los latinos que dudan en integrarse y prefieren retratar a
"los hispanos como víctimas permanentemente desfavorecidas de una

sociedad racista". Su postura en relación con su *latinidad*, su identidad latina, parece claramente definida por experiencias de su infancia. Por un lado, rememora al compañero de juegos en Denver que con seis años le dijo una vez que no podía verla porque su madre le había prohibido "jugar con 'mescanos'". Por otro lado, los jovencitos mexicanos la rechazaban porque no hablaba español. De hecho, a pesar de sus evidentes rasgos mexicanos no se sentía mexicana en absoluto. Al crecer, dadas las sólidas y rastreables raíces de su familia neomexicana en la conquista, se consideró más unida a España que a México. "No me siento parte de la comunidad latina", me dice para este libro. "Me interesa la inmigración, pero más como una cuestión general de asimilación, como parte del proceso democrático estadounidense".

Resulta que las familias Chávez y Armijo —a pesar de sus matrimonios consanguíneos con primos para conservar su linaje— no pudieron evitar la mezcla de razas tan común en la historia latina. Una indagación más profunda en la historia de su familia le deparaba a Linda una sorpresa. Seleccionada en 2012 para aparecer en la serie genealógica de PBS de Henry Louis Gates Jr., *Finding Your Roots* [*Encontrar tus raíces*], se enteró de que sus antepasados eran en realidad conversos: judíos que se habían convertido al catolicismo y habían decidido que preferirían ser embarcados a conquistar el Nuevo Mundo antes que ser quemados vivos en las hogueras de la Inquisición española. Incluso, habían estado dispuestos a asentarse en las remotas tierras del interior para poner tierra de por medio con las oficinas de la Inquisición en Ciudad de México. Sus antepasados se habían unido a la expedición de Oñate a las tierras salvajes de Nuevo México por una buena razón.

Linda también descubrió que en la rebelión de los pueblo de 1680, cuando miles de indígenas pueblo, incluidos los acoma, se alzaron por fin con éxito contra sus amos coloniales, las familias Armijo y Chávez fueron expulsadas de esas tierras junto con la mayoría de los españoles. Dicha rebelión puso fin al dominio español en Nuevo México durante doce años. Sin embargo, en el caos de la matanza no todos los españoles huyeron de la zona. Algunos se quedaron por decisión propia o porque fueron hechos prisioneros. La octava abuela de Linda, una mujer llamada

María, fue una de ellos. Documentos españoles del ejército colonial que regresó a la región detallan lo que ocurrió con ella: María había dado a luz a una niña, hija de un indígena acoma sin nombre, que era el octavo abuelo de Linda. Así que, a pesar de todos los esfuerzos de los Chávez–Armijo por evitar una mancha indígena en la familia —y a pesar de su clara afiliación a España más que a México—, Linda es genéticamente parte acoma. Es tan descendiente del Nuevo Mundo como del Viejo. Tan heredera de un esclavo indígena con un pie cortado, como progenie de los conquistadores que le infligieron semejante castigo.

EL BÚMERAN DE LA HISTORIA

> La frontera entre Estados Unidos y México es una herida abierta donde el Tercer Mundo se raspa contra el primero y sangra. Y antes de que se forme una costra, vuelve a sangrar. La sangre vital de dos mundos se funde para formar un tercer país: una cultura fronteriza.
> —Gloria Anzaldúa, chicana del sur de Texas, 1987.

Así como Linda Chávez tiene ascendencia indígena, española y anglosajona, antepasados que representaron fuerzas opuestas en el pasado de este hemisferio, también yo cargo esa historia. En nuestra parte del mundo, víctimas y vencedores suelen estar unidos por la sangre, como dijo alguna vez el escritor peruano Mario Vargas Llosa, ganador del premio Nobel. Pero las víctimas rara vez escriben las páginas de la posteridad, por lo que los vencedores gobiernan incluso en el relato. Tras la derrota de Napoleón Bonaparte en la batalla de Waterloo en 1815 —cuando fue expulsado del poder, obligado a huir y exiliado de por vida en una lúgubre isla en medio del Atlántico Sur—, se dice que el derrotado emperador francés se quejó amargamente de que la historia era poco más que una sarta de mentiras consensuadas.

Tal vez no sean del todo mentiras, pero la narración histórica estadounidense está tan dominada por las tendencias predominantes y puntos de vista polarizados que no es de extrañar que los historiadores discrepen. El renombrado historiador David McCullough ha elogiado a los pioneros estadounidenses como almas nobles que se lanzaron al oeste "no por dinero ni por posesiones o fama, sino para mejorar la calidad y las oportunidades de la vida, para impulsar lo mejor que pudieron los ideales estadounidenses". El historiador de la Universidad de Yale, Greg Grandin, en cambio, disiente de esa perspectiva. Escribe: "Ningún mito en la historia de Estados Unidos ha sido más poderoso, más invocado por más presidentes, que el de los pioneros avanzando a través de un meridiano infinito". La despiadada expropiación de tierras indias y españolas, sostiene Grandin, no fue más que una empresa codiciosa de sangrientas consecuencias: "un horizonte donde el cielo infinito se encuentra con el odio infinito". Nunca conocí a mi familia anglosajona tan bien como he conocido a mi familia peruana, quizá porque era una diáspora en sí misma, dispersa por los rincones más recónditos de este país, como tantas familias estadounidenses. A diferencia de mi muy unido clan peruano, que ha habitado en la misma ciudad durante casi quinientos años, mis estadounidenses eran desarraigados por naturaleza, independientes y menos posesivos con sus hijos. Nadie se preocupó de presentarme a mis parientes de Louisiana, Kansas, Colorado, Nebraska; nadie se esforzó por decirme quiénes eran y dónde estaban. Mucho más tarde, cuando la generación de mi madre había muerto y desaparecido, empecé a investigar la historia familiar y descubrí que llevaba sangre pionera en las venas. Mi primer antepasado en llegar a estas costas fue el doctor George Gilson Clapp, un tipo pintoresco, viajero apasionado y médico itinerante que, según se cuenta, pasó veinte años curando enfermos en Palestina, Egipto, el Imperio Turco y el norte de África. Nacido en Deptford, Inglaterra, a mediados del siglo XVII, llegó a la franja de tierra que se convertiría en Charleston poco antes de 1700. La zona no le gustó, tal vez por el clima, tal vez porque su impulso era trasladarse al norte, donde cinco hermanos Clapp, primos suyos, habían echado raíces en Scituate, Massachusetts, muchos años antes. O tal vez hubiera una tercera razón: tras haber ejercido como médico en el sur del mundo —India y África—, es posible que sintiera una fuerte antipatía por el comercio de esclavos que había empezado a definir la vida en las plantaciones de las Carolinas.

George se trasladó a Westchester, Nueva York, donde sus descendientes

—mis antepasados— se establecieron por muchas generaciones. Al parecer, uno de sus retoños regresó a Carolina, pero cuando cien años más tarde la expansión hacia el oeste entró en plena fiebre, la mayoría de los Clapp se unieron a la búsqueda del Destino Manifiesto: llevar el "gran experimento de la libertad" a un horizonte sin límites y disponer de la tierra que hubiera en medio. Se asentaron en Ohio y luego se dirigieron hacia el oeste, Kansas, Colorado y, por último, Elk Mountain, Wyoming, donde, siendo una peruanita de seis años, tomé Rattlesnake Pass para conocer a mis abuelos maternos. No había personas más diferentes de mi familia limeña: me impresionaron su espontaneidad y gentileza inmediatas; su vida espartana; su amor por la naturaleza; su acogedora cabaña con su chimenea encendida; sus caballos, ganado y ovejas; la amplia y salvaje pradera que me llamaba desde la puerta de su casa. La emoción e intensidad de aquel encuentro nunca me han abandonado.

Mi abuelo, James Bayard Clapp, además de hacendado, era médico, como lo había sido su antecesor George Gilson Clapp. Era un hombre robusto, ancho de hombros y de corazón generoso. El Abuelo Doc, como le llamábamos, se hizo famoso por ofrecer sus servicios de forma gratuita a los indígenas de Estados Unidos, que acudían de todas partes a su consulta en el edificio Ferguson, en Rawlins. Él acogió a su yerno peruano y a sus nietos hispanohablantes con una ecuanimidad poco común en los habitantes de Wyoming de la época. Lo sé porque pronto sentí todo el ardor del veneno racista de sus vecinos.

En retrospectiva, nada hacía pensar que los Clapp fueran despojadores de tierras, usurpadores, presumidos vencedores de la epopeya americana. Pero tan cierto como que el sol apaga sus fuegos en Elk Mountain cada atardecer, ellos eran invasores —"ocupantes ilegales", dicen ahora los libros de derecho—, pioneros con un gran sentido de superioridad que avanzaron hacia el oeste para reclamar tierras que no eran suyas. Llámesele valentía, como hizo McCullough, o arrogante irresponsabilidad, como hizo Grandin. Llámesele responder a la visión y el mandato de un gobierno o llámesele hurto, como han denunciado durante mucho tiempo los pueblos indígenas tanto del Norte como del Sur. Con independencia de cómo se defina el llamado "¡al oeste!", los problemas de la frontera estadounidense empezaron allí y entonces.

Una persona cuyo pasado está íntimamente ligado a la complicada trama de esa historia es Arturo García, trabajador mexicano indocumentado en Austin, Texas, cuyos antepasados, los acoma pueblo, habitaron alguna vez una pintoresca meseta al oeste de Albuquerque, la misma tierra que expropió el clan conquistador de Linda Chávez. Arturo insiste en su ascendencia pueblo; un fuerte sentimiento de parentesco que ha envuelto a su familia por generaciones durante casi 175 años. Es profundamente consciente de que sus raíces ancestrales están firmemente plantadas en ese desierto anterior a la conquista, a setecientas millas de distancia, a pesar de que su pueblo huyó hacia el sur a través del Río Grande hace mucho tiempo, después de que los pioneros llegaran de repente a apoderarse de la mitad de México.

Arturo es pequeño de estatura, pero robusto y musculoso de complexión. Su rostro, como tallado a cincel, está profundamente bronceado por las interminables horas de trabajo bajo el sol canicular de Texas: extendiendo cemento, como constructor, acarreando heno, cuidando patios, asando fajitas en fiestas al aire libre… Tan oscura es su piel, tan prieta, que dondequiera que esté parece que está a la sombra de un árbol frondoso. Es, como lo ha descrito un amigo, la personificación del México rural, tan cortés en el habla como en el comportamiento. Mexicano hasta la médula —amable, educado, deferente y a la vez resuelto, intrépido y varonil— aún no ha cumplido los cuarenta y ya lleva ocho años a este lado del Río Grande. Cuando llegó, con un visado de turista, fue a visitar a su hermano, que había encontrado trabajo en Texas. No era una visita casual.

Durante décadas, Veracruz había sido un centro neurálgico de la actividad delictiva en México, una ciudad portuaria central donde reinaba la corrupción. Pero no fue hasta 2010 que se reveló como un foco de violencia furibunda, resultado de un vínculo perverso entre el gobierno y los cárteles. Once gobernadores estatales de México habían sido investigados por su complicidad en el aumento vertiginoso de la violencia en el país; de ellos, el de Veracruz era el más flagrante.

Para 2014, año en que Arturo decidió que él y su pequeña familia se tenían que ir, los asesinatos se habían catapultado a todo dar: el crimen organizado había mutado de la compraventa del narcotráfico a la delincuencia extrema y depredadora. De pronto, todos los barrios parecían vulnerables a la extorsión, el secuestro, las desapariciones rampantes, las ejecuciones mafiosas y la trata de personas. Como dijera un grupo de gestión de crisis unos años más tarde: "En Veracruz, una alianza entre grupos criminales y los más altos niveles del poder político local ha allanado el camino a una campaña de violencia desenfrenada". Se desenterraron fosas comunes, y miles de asesinatos y desapariciones quedaron sin resolver. Veracruz se había convertido en el centro de casi el noventa y cinco por ciento de todos los delitos no denunciados en México. Para colmo, la región libraba una guerra sin cuartel contra la transparencia mediática: se había convertido en la zona más letal para los periodistas en todas las Américas. Para Arturo, emigrar era urgente. No había otra opción. Tenía una esposa joven, Josefina, y una pequeña hija, Rosita. Como hombre joven y en buena forma física, su destino oscilaba entre que le obligaran a trabajar como criminal o que lo mataran. No tenía más remedio que buscar refugio en otra parte.

Tener a un hermano mayor en Austin fue una bendición. Su visita se convirtió en búsqueda de trabajo. Con el tiempo, habiéndole enviado a Josefina el dinero que conseguía en trabajos ocasionales, Arturo las sacó a ella y a Rosita, que ya tenía tres años, del infierno de Veracruz. A mediados de 2014, Josefina y Rosita se unieron al peregrinaje de Arturo hacia la seguridad. Josefina ahora trabaja a tiempo parcial en una bulliciosa taquería de barrio, donde los mexicanos de clase trabajadora como ellos pueden permitirse comer. Rosita es tan precoz, habla con tanta fluidez el inglés y es tan sobresaliente en la escuela primaria pública local que suele ocupar los primeros puestos de su clase.

Arturo no había sido tan afortunado como su hija; de niño había abandonado la escuela para incorporarse al mundo laboral. A los doce años ya hacía mandados en los astilleros. A los veinte, empezó a anhelar una vida mejor. Había nacido en Veracruz, la desmedida ciudad portuaria del Caribe donde Cortés se lanzó a la conquista de México y donde mi propio abuelito desembarcó a los dieciséis años e inició su viaje por tierra hacia la universidad. Pero, además de su pasado latinoamericano, la ciudad tenía una complicada historia con Estados Unidos. En 1848, durante la guerra mexicano–estadounidense que le haría ganar a Estados Unidos más de la mitad de México, el presidente James Polk ordenó una invasión anfibia a gran escala de Veracruz, que desembocaría en la ocupación estadounidense de Ciudad de México. Sesenta y seis años más tarde, en 1914, en plena Revolución Mexicana —devastadora guerra civil catalizada en parte por la injerencia de Estados Unidos—, el presidente Woodrow Wilson ordenó la ocupación de Veracruz porque, en su opinión, el régimen militar represivo y corrupto que él había ayudado a instaurar se había vuelto ingobernable. Por eso, la bandera de Estados Unidos ondeó sobre la ciudad natal de Arturo no una, sino dos veces.

Así como todos somos hijos de historias turbulentas e impredecibles, también lo es Arturo y sus antecesores. El periodo de 1848 a 2014 —desde el exilio de sus bisabuelos hasta el suyo propio— está repleto de calamidades que traspasaron fronteras, desplazaron poblaciones, cambiaron los nexos de poder y nos afectan hasta el día de hoy. Aunque no está claro cómo llegó la estirpe de Arturo desde el país de los pueblo hasta la lejana costa de Veracruz, a más de 1.500 millas de distancia, quizás éste no sea un desplazamiento tan desconcertante como cualquier otro en el hervidero sociopolítico que es América Latina. La diáspora acoma no fue, desde luego, una peregrinación tan lejana como la que emprendió Julia Mamani, quien vio la primera luz del día en un valle andino y recorrió 3.500 millas con no poca determinación para escapar de la pobreza extrema y el maltrato doméstico, y empezar una nueva vida en Rockville, Maryland.

Lo que sí sabemos es que los parientes inmediatos de Arturo fueron ciudadanos de Veracruz durante al menos cien años, desde poco después del año mil novecientos, cuando la Revolución Mexicana arrasó la república con su destrucción y matanzas a gran escala. Sus efectos negativos afectaron a varias generaciones de los García, donde no había ningún varón que pudiera presumir de haber cursado más de quinto grado de enseñanza primaria. Cuando Arturo tuvo que interrumpir sus propios estudios para contribuir a las arcas familiares, la mesa del comedor se convirtió en el salón de clases donde sus abuelos y bisabuelos hablaban sobre sus antepasados en El Norte y las antiguas posesiones que allí tenían. Eran acoma y, por lo que sabían, su pueblo había vivido en El Otro Lado desde el principio de los tiempos. Con toda la confianza del miembro de una tribu que va de un rincón a otro de su territorio, Arturo estaba convencido de que algún día él también iría.

Primero, tenía que llegar hasta allá. En 2014, cuando Arturo llegó a Austin —a setecientas millas de su tierra ancestral— sólo tenía un visado de turista válido por seis meses. Su objetivo era visitar a su hermano, que llevaba varios años trabajando duro allí, y ver si podía haber un futuro para él en el mundo laboral estadounidense. Inmediatamente se puso manos a la obra y buscó trabajo en servicios generales. Laborioso, puntual, afable, a Arturo no le faltaba empleo periódico o estacional. La demanda de mano de obra barata y no cualificada parecía ilimitada. Pero estaba la cuestión de la legalidad de su estancia. Siguiendo el consejo de otros mexicanos, le pidió ayuda a un veterano y solidario caballero, Juan Antonio "Sonny" Falcón, "rey de la fajita de Austin", mexicano-estadounidense de segunda generación, simpático y corpulento, con un marcado acento tejano y una red aparentemente interminable de aliados. Durante años, Sonny y su mujer, Lupe, fueron personajes muy queridos en el ambiente mexicano de la ciudad, famosos por su calidez y generosidad. Sonny había empezado su carrera como carnicero en el popular mercado de comida latina de los padres de Lupe. Allí se hizo famoso por inventar la clásica fajita de Austin: filete de falda a la plancha, cortado en jugosas tiras, metido en tortillas y bañado en tomate, cebolla, chile serrano y cilantro. También era conocido por echarles una mano a los mexicanos trabajadores, jóvenes y honrados que se encontraban en circunstancias difíciles. Eso era todo lo que el hermano de Arturo necesitaba escuchar. Cogió a Arturo en brazos, cruzó la ciudad y llamó a la puerta de los Falcón.

La anciana pareja le abrió las puertas de su casa al joven caminante. No tardaron en instalarlo en uno de sus garajes, que habían transformado en un modesto, pero agradable, apartamento. Todas las noches a las nueve en punto, después de la agotadora jornada de quince horas de trabajo de Arturo, lo recibían con una cena caliente. A cambio de sus amabilidades, Arturo realizaba trabajos en la casa, pequeñas tareas que cualquier hijo haría por sus ancianos padres: podaba el jardín delantero, sacaba la basura, encendía la parrilla, se ocupaba de las reparaciones. A medida que Sonny y Lupe se encariñaban con Arturo y veían lo decidido que estaba a sacar adelante a su familia, lo animaron a traer a Josefina y a Rosita a Estados Unidos. Merecía tenerlas cerca, le dijeron, y ellas merecían una vida más cómoda y segura. Había espacio suficiente para ellas. Cuando por fin llegaron la esposa y la hija de Arturo, con visados de turista, Lupe presentó a Josefina al vecindario, matriculó a Rosita en la escuela e incorporó a toda la familia a su comunidad de amigos. Arturo tenía ahora más trabajo a tiempo parcial, un círculo social de conocidos y la clara oportunidad de un futuro mejor. Medio año más tarde, cuando la familia ya estaba cómodamente instalada y se habían agotado todos los visados, Arturo optó por quedarse.

Arturo no es el único que ha excedido la fecha de caducidad de su visado. El principal modo de entrada de inmigrantes indocumentados en Estados Unidos hoy en día no es colarse a escondidas por la frontera, como muchos estadounidenses creen, sino infringir un documento legalmente expedido. En la actualidad, la población indocumentada en Estados Unidos se mantiene en unos once millones. Se ha mantenido en esa cifra durante muchos años, aunque en el transcurso de la última década la población de mexicanos indocumentados —antes, el grupo más numeroso— ha disminuido en un millón y medio. Es decir, en los últimos años las partidas de mexicanos han superado las llegadas. El número total de indocumentados no ha variado porque personas de otras nacionalidades —salvadoreños, hondureños, haitianos, asiáticos, sudasiáticos y subsaharianos— han estado violando sus visados en cantidades inusitadas.

Desde 2010, dos tercios de los inmigrantes no autorizados en el país han sido viajeros que volaron cómodamente a aeropuertos de Estados Unidos, pasaron legalmente por la aduana y luego ignoraron las fechas de caducidad de sus visados. Los analistas del Pew Research Center calculan que por cada persona detenida en la frontera con México, treinta más dejan caducar sus visados y se suman a la población ilegal. En 2019, cinco años después de la llegada de Arturo, setecientos mil turistas como él —poco más del 1,2 por ciento de los cincuenta y seis millones de visitantes en Estados Unidos— excedieron el plazo de su visado. La gran mayoría de ellos era canadiense. Arturo y su familia vivieron con los Falcón por más de siete años. No pasó mucho tiempo antes de que Rosita, que los adoraba como cualquier niño adoraría a un abuelo, llamara a Sonny y Lupe abuelito y abuelita. Josefina les cocinaba, los acompañaba a donde fuera necesario y los cuidó cuando se fueron incapacitando. Mientras pudo, Arturo ayudó a Sonny con el mantenimiento de la casa y sus emblemáticas fiestas de fajitas en el patio delantero. Cuando murió la pareja de ancianos —Lupe primero, Sonny poco después— y la pandemia de COVID paralizó a los vivos, la joven familia permaneció en la casa otros dos años. En 2022 se mudaron por fin a un modesto apartamento cercano, aunque su condición de indocumentados seguía poniéndolos en riesgo.

A estas alturas Arturo ha extendido más cemento, construido más calles, ayudado a levantar más edificios y contribuido a la viabilidad financiera de más ganaderos de lo que cualquiera podría pensar que es humanamente posible en una breve estadía de ocho años. Aun así, teme que los funcionarios de deportación llamen a su puerta en cualquier momento. Este es su dilema, pese a que sus antepasados fueron habitantes legítimos del suroeste durante siglos, antes de que llegaran los conquistadores, antes de que los pioneros se apoderaran de la tierra y mucho antes de que Texas existiera. De historias así están hechos los latinos.

SEGUNDA PARTE

TIERRA Y PIEL

"Si pudiéramos alumbrar el cuarto con dolor, qué fuego tan glorioso seríamos".

—Ada Limón, poeta laureada mexicano-estadounidense, 2015

4

POR QUÉ SE MARCHARON, ADÓNDE FUERON

Voy a cantar ¡América!
con toda América
dentro de mí:
desde las plantas
de Tierra del Fuego
hasta la fina cintura
de Chiriquí
por la columna del Mississippi
hasta el corazón
de los yanquis.

—Julia Álvarez, autora dominicana-estadounidense, 2015

El primer latino que vivió en lo que habría de ser la ciudad de Nueva York fue Juan Rodríguez, un dominicano que remontó la costa atlántica y pisó las verdes orillas de la isla de Manahatta en la primavera de 1613. Fue la primera persona de ascendencia africana, el primer negro libre —de hecho, la primera persona no nativa— en establecerse en los futuros Estados Unidos de América. Mitad negro, mitad europeo, lo había reclutado un capitán holandés que pretendía comprar codiciadas pieles a las tribus que dominaban el perímetro de aquel enigmático continente. Juan había nacido de una mujer africana y un marinero portugués, en el bullicioso y culturalmente diverso asentamiento de Santo Domingo, capital de La Española fundada por el hermano de Cristóbal Colón, Bartolomé, en 1496 y epicentro del dominio español sobre el Caribe, en la hoy conocida como República Dominicana. Como había crecido hablando tres idiomas, Juan tenía la rara habilidad de aprender dialectos nativos sin esfuerzo. El capitán holandés Thijs Mossel, un ambicioso especulador, comprendió que las peculiares habilidades del joven políglota eran indispensables para el beneficio de su expedición.

Juan, sin embargo, no estaba encantado con el capitán ni con los holandeses, ni con la forma en que se llevaba la empresa a bordo del *Jonge Tobias*. No está claro si el descontento se debía a la condición de negro de Juan o a una disputa con la tripulación. Tal vez era sólo el atractivo de la "dulzura del aire" de Manahatta, sus exuberantes bosques y campos, sus algarabías de fragantes rosas silvestres. Fuera cual fuese el motivo, cuando el comercio con los lenape terminó y el capitán Mossel se preparó para regresar a Holanda con sus preciadas pieles, Juan Rodríguez optó por quedarse.

Para entonces había caído bajo el hechizo de una mujer lenape, aprendido su lengua munsee y decidido que su tierra y sus gentes eran mucho más agradables que los holandeses del *Jonge Tobias*. Le explicó al capitán que sería más útil como intermediario en futuras visitas a la rica Manahatta que en las calles empedradas de Ámsterdam, donde su virtuosismo lingüístico sería irrelevante. El capitán Mossel meditó la propuesta, la aceptó a regañadientes y dejó a Juan junto con una provisión de ochenta hachas, un surtido de cuchillos, algunos mosquetes y una espada. Con todo eso a mano, Juan estableció su propio puesto comercial entre los nativos, y aparecía de vez en cuando para ofrecerles sus servicios a otros capitanes holandeses que empezaban a echar el ancla, uno tras otro, a lo largo de aquella cada vez más concurrida frontera.

Me gusta pensar que el bazar de armas de Juan fue la primera pequeña empresa latina en el rústico país de las maravillas que antecedió a la ciudad de Nueva York. Sin duda fue el primer comerciante no nativo. Aunque el resto del mundo haya olvidado su nombre, hoy sigue vivo, estampado en los letreros de las calles de Nueva York a lo largo de Broadway, desde la calle 159 hasta la 218 —sector más conocido como Washington Heights—, las millas cuadradas más dominicanas del país. Con el tiempo, es probable que a Juan se le unieran otros negros dominicanos empleados por los holandeses de Nueva Ámsterdam, nombre de la isla antes de que los ingleses la tomaran y rebautizaran como Nueva York. En otras palabras, los "negros españoles", como llamaban los holandeses a Juan y su cohorte, se convirtieron en la primera población "afroamericana" libre de Manhattan. Y, si nos dejamos llevar por la imaginación, el negocio de ferretería surtida de Juan representó la primera tienda latina de esquina, la omnipresente bodega neoyorquina: abierta hasta altas horas, abasteciendo hasta la última necesidad, con un gato en un rincón y muchos consejos amistosos. Más de cuatrocientos años después, las bodegas familiares de estilo dominicano siguen ahí. Son trece mil.

LOS ESTADOUNIDENSES DE ORIGEN DOMINICANO

Somos una familia dominicanísima, bastante supersticiosos.
Centavos en la frente para parar la hemorragia nasal.
Sacramentos para garantizar la entrada al cielo.
Mi madre aún cree que los sueños nos dicen cuándo alguien se va a morir.
            —Elizabeth Acevedo, poeta dominicana-estadounidense, 2009

No sabemos qué fue de los hijos de Juan Rodríguez —con seguridad se hallaban entre los primeros niños de descendencia negra, blanca e indígena en esa tierra—, aparte del hecho de que tuvo varios, quizá con más de una mujer. Pero sabemos que una amplia población de dominicanos lo siguió hasta Manhattan. Hoy esta nacionalidad es la quinta población latina más numerosa de Estados Unidos (después de los mexicanos, puertorriqueños, salvadoreños y cubanos), y hay más en el área metropolitana de Nueva York que en ninguna otra ciudad del planeta, a excepción de la capital de la República Dominicana, Santo Domingo. De hecho, uno de cada tres latinos que viven en Nueva York es dominicano. En total hay más de dos millones en este país, muchísimos agrupados en centros urbanos. La gran mayoría de ellos ocupa una nítida media luna que se extiende desde el Bronx hasta Paterson, Nueva Jersey. También hay una fuerte representación de dominicanos en los barrios latinos de Florida, Massachusetts, Pensilvania, Rhode Island y Connecticut. Son una raza de la Costa Este. También están inmensamente mezclados, y tres cuartas partes de ellos se identifican como negros o mestizos. Son nuestros hermanos más morenos.

Puede que también sea uno de los grupos latinos más segregados de Estados Unidos. Aunque se amañan en los barrios negros, prefieren vivir en comunidades dominicanas, casarse entre ellos y tener hijos dominicanos. Cuando se casan con alguien de fuera de su entorno inmediato, suelen elegir a puertorriqueños. Ello es totalmente comprensible, ya que dominicanos y puertorriqueños conviven a menudo en vibrantes enclaves urbanos a lo largo de la costa este. Pero, por muy compatibles que puedan ser, los separan diferencias.

Michelle Rodríguez, la actriz latina reconocida por sus intrépidos y agresivos papeles en películas de acción como *Girlfight* y *Fast & Furious 7*, habla de la tensión entre la familia puertorriqueña de su padre y su madre dominicana, de piel considerablemente más oscura. Con el tiempo, Michelle se enteró de que por generaciones sus antepasados puertorriqueños habían hecho lo posible por mantener blanco el linaje, incluso casándose con sus propios primos, una práctica nada infrecuente entre la élite blanca latinoamericana en general. Verse obligados de repente a aceptar a una novia dominicana negra en el clan, y romper esa cadena de blancura, era demasiado para la familia puertorriqueña de Michelle. El matrimonio fracasó. Michelle había nacido en San Antonio, Texas, pero su madre la llevó a vivir al barrio de su abuela en Santo Domingo, donde, cuando aún era una impresionable niña de ocho años, vio de cerca y por primera vez la pobreza generalizada. Su abuela y su madre decidieron emigrar y probaron en Puerto Rico durante unos años, pero al final se trasladaron a los barrios predominantemente negros de Jersey City.

Lo irónico es que para muchos dominicanos la raza es una escala móvil. La novelista Julia Álvarez me cuenta que en la presentación de uno de sus libros, dos muchachas dominicano-estadounidenses de piel oscura —entusiastas admiradoras de su escritura— se mostraron sorprendidas con la blancura de su piel y le susurraron a su agente: "¿Ésa es Julia Álvarez? Pero, si no es latina". En opinión de sus admiradoras, no podía ser una de ellas; su piel era demasiado porcelana, demasiado europea, demasiado clara. "Es posible ser demasiado blanca en la República Dominicana", dice Álvarez con tristeza. Sin embargo, lo que se considera blanco en la isla bien podría ser negro en nuestros Estados Unidos donde prevalece la regla de una gota. Otro novelista dominicano, Junot Díaz, lo expresa de este modo: "Los dominicanos en Estados Unidos tenemos la tasa más alta de reivindicación de la negritud entre todos los latinos del país. En la República Dominicana ocurre lo contrario. Allí, la mayoría de la gente se esconde y se describe a sí misma como 'otra' al rellenar un formulario; pero aquí, en Estados Unidos, encontramos la libertad de reivindicar nuestras raíces negras".

Muchas son las razones por las que los dominicanos niegan la negritud en su país de origen. Bajo la infame dictadura de Rafael Trujillo —"El Jefe", un caudillo entrenado y respaldado por Estados Unidos que mantuvo al país bajo un feroz reino de terror durante treinta años, desde 1930 hasta su asesinato en 1961—, era peligroso ser negro. A pesar de que la propia abuela de Trujillo era una negra haitiana, y a pesar de que era evidente que la gran mayoría de los dominicanos, en el transcurso de quinientos años, habían adquirido al menos algunos rasgos africanos. Se sabía que el propio Jefe llevaba un grueso pegote de maquillaje para parecer varios tonos más claro de lo que en realidad era. Sin embargo, Trujillo insistía en una nación no negra, una nación "racialmente superior" a los haitianos de al lado. Inspirado en las teorías racistas de Adolf Hitler, Trujillo presentó su manía paranoica respecto al color de la piel como un acto paternal con el cual buscaba salvar al pueblo de que sus vecinos negros lo "profanaran". Era obligatorio describirse como "otro" en la República Dominicana, asumir una identidad racial fluida que no era ni blanca ni negra, sino otra cosa. Algo indefinible. Todo el país quedó prisionero de la mentira de Trujillo.

Trujillo había empezado su carrera como humilde guardia de una hacienda de caña de azúcar y delincuente de poca monta. Pero sus astros se alinearon con su incorporación a la Guardia Nacional justo cuando Estados Unidos invadía la República Dominicana, el 5 de mayo de 1916, frustraba un golpe de estado izquierdista y se hacía con el control del país. Los Marines de Estados Unidos que ocupaban la isla le ofrecieron la oportunidad de entrenarse para el cuerpo de policía municipal. Al cabo de cinco años, Trujillo ya era su comandante en jefe. Para los estadounidenses al mando fue una figura útil en una época inestable, y por ello su apoyo hacia él fue incondicional. Gracias a la ayuda de éstos, Trujillo ascendió rápido y se convirtió en jefe de las fuerzas armadas cuando partieron en 1924.

Hay más. En 1930, Trujillo derrocó a un presidente entrado en años, amenazó con torturar o asesinar a cualquiera que se atreviera a apoyar al candidato rival en las elecciones nacionales y, como era lógico, se hizo con la presidencia del país. En una dictadura marcada por la decadencia y la corrupción, se arrogó todos los beneficios y eliminó a sus enemigos mediante la fuerza bruta o la intimidación. Para mantener a sus compatriotas bajo control, introdujo la ley marcial, creó una policía secreta, censuró la prensa y asesinó a todos los disidentes. También le puso su nombre a la capital, transformando la antigua e histórica ciudad de Santo Domingo en Ciudad Trujillo, por si alguien tuviera dudas sobre quién mandaba. Pero estaba molesto por la cuestión racial y lo que consideraba la creciente negritud de su pueblo. En septiembre de 1937, justo mientras leía el manifiesto autobiográfico de Hitler *Mein Kampf*, preocupado por los negros y reflexionando sobre las teorías del canciller alemán acerca de la superioridad blanca, le dio la bienvenida a una delegación nazi, lo que suscitó que los aduladores de la prensa oficial cacarearan: "¡Vivan nuestros ilustres líderes!", refiriéndose a El Jefe y al Führer.

Un mes después, en octubre de 1937, en una medida brutal para "mejorar la raza" y blanquear a la población, Trujillo ordenó el genocidio en masa de todos los residentes de piel negra que ocuparan las zonas fronterizas de la República Dominicana con Haití, pese no sólo a que los trabajadores inmigrantes haitianos eran el alma de la economía dominicana, sino a que muchos tenían hijos que eran ciudadanos legales de la República Dominicana. Sin embargo, el dictador pensaba que había demasiados haitianos en su lado de la isla y que éstos ensuciaban el perfil racial del país. En la recién instaurada "pigmentocracia", un dominicano podía ser blanco o "trigueño" (de piel clara), o incluso "indio oscuro" o "moreno" (de piel oscura, o negro de piel clara), jamás negro. Los negros —"tan negros como un teléfono"— eran los haitianos y Trujillo dejó muy claro que no los quería.

Recibida la orden, los generales de Trujillo presionaron a conocidos criminales para que se enrolaran y detuvieron a decenas de miles de "haitianos", incluso a aquellos que habían nacido en la República Dominicana y vivido allí por generaciones. En el transcurso de una semana, los militares masacraron a decenas de miles. Los destrozaron a machete, los despacharon a bala, los arrojaron a aguas infestadas de tiburones. Les mostraban ramitas de perejil y les preguntaban: "¿Cómo se llama esto?" Los dominicanos obligaban a los negros acorralados a pronunciar la palabra "perejil". Si no podían pronunciar "perejil" correctamente, si lo pronunciaban con acento haitiano o con una clara incapacidad para hacer vibrar la erre, caían los machetes.

La matanza fue masiva, despiadada. Montones de cadáveres fueron arrojados sin contemplaciones a improvisadas fosas comunes o quedaron pudriéndose al sol. Los dominicanos de todas las clases sociales —intelectuales, políticos, empresarios, campesinos, incluso clérigos— estaban demasiado acobardados por el terror como para oponerse. Acompañaron el pogromo obedientemente, sin protestar ni dar muestras de indignación. Limpiaron la carnicería y siguieron adelante. Trujillo había aprendido bien la lección de Hitler: ante un genocidio, el instinto de conservación siempre triunfa sobre la repulsa. Al final de "El Corte", cuando los compatriotas de El Jefe por fin se enderezaron y miraron a su alrededor, habían masacrado a casi treinta mil negros. Después del baño de sangre, era prudente que la población dominicana de piel oscura se identificara a sí misma como de "otra" raza.

Convertido en monstruo para su propio pueblo, Trujillo empezó a avergonzar a los estadounidenses que lo habían apoyado en principio. Se dice que Franklin Delano Roosevelt dijo: "Sé que es un hijo de puta, pero al menos es *nuestro* hijo de puta"; tal había sido la actitud estadounidense predominante durante los treinta y un años de gobierno de Trujillo. Sin embargo, aunque el tirano había llegado al poder gracias a Estados Unidos, sería destruido gracias al pragmatismo de Estados Unidos. Ante la presión de Washington, la CIA comenzó a maniobrar para derrocar a Trujillo y aliviar a Estados Unidos de una relación cada vez más incómoda.

El asesinato de Trujillo en 1961 provocó una época de desorientación y malestar. Tras la muerte de El Jefe fue elegido como presidente un intelectual liberal, Juan Bosch, despreciado por la poderosa maquinaria militar que había proliferado bajo la presidencia de Trujillo. Un grupo de generales derrocó sumariamente a Bosch en 1963, sumiendo al gobierno en el caos, mientras las facciones se disputaban el poder y el país se precipitaba en la guerra civil. El caos era tal que el gobierno de Estados Unidos temió que se gestara otra Cuba, una amenaza comunista más para el dominio de Estados Unidos en el hemisferio. Siguiendo los pasos de Theodore Roosevelt, que había afirmado que Estados Unidos podía desplegar "el ejercicio de un poder policial internacional" en el Caribe, dando lugar a la intervención de Washington en los asuntos dominicanos en 1905, y de Woodrow Wilson, que había llevado la diplomacia de las cañoneras a un nivel superior al ordenar la invasión estadounidense de Veracruz y derrocar al presidente mexicano en 1914, el presidente Lyndon Johnson decidió interceder en ese gran "lago americano". El 28 de abril de 1965, sólo unos meses después de emitir la Resolución del Golfo de Tonkín que dio inicio a intervención de Estados Unidos en la guerra de Vietnam, Johnson ordenó a veintidós mil infantes de marina y paracaidistas invadir la República Dominicana, ocupar la nación por la fuerza y facilitar la instalación de un gobierno conservador más acorde con los intereses de Estados Unidos. El presidente Bosch fue depuesto sumariamente y Joaquín Balaguer, el leal vicepresidente de Trujillo, fue instalado en su lugar.

Es aquí donde comienza la historia ampliada de la inmigración dominicana. Cualquier funcionario de la CIA podría archivar esta historia bajo la rúbrica "Blowback" (rebote), como efecto imprevisto de las acciones políticas de Estados Unidos en el extranjero. O, como observó al menos un historiador estadounidense, las gallinas volvían a casa a desovar. Después de todo, los dominicanos habían visto "su independencia destruida, sus asuntos y sus propiedades tomados y sometidos al presidente de Estados Unidos […] Y ¿a quién de nosotros parece importarle?". A nadie parecía importarle en aquellos años, ni en mucho tiempo. El presidente Ronald Reagan, que viajó a América Latina diecisiete años después, en 1982, diría con auténtico asombro a su regreso: "¡Se sorprenderían! ¡Son todos países distintos!".

Y así fue como, tras una larga historia de intervenciones estadounidenses en los asuntos internos de aquella frágil nación, una gran oleada de dominicanos comenzó a llegar a estas costas. Muchos se vieron obligados a partir por razones políticas urgentes; otros, porque el dogal económico se les había vuelto insoportable. Otros aprovecharon las puertas que les abría la Ley de Inmigración de 1965 de Lyndon B. Johnson, que cambió la faz de Estados Unidos al abrir nuestras costas no sólo a los europeos del norte. Hasta entonces, Estados Unidos no había ocultado su preferencia por los blancos como inmigrantes de elección. Sin embargo, con un solo acto legislativo, Johnson —defensor de los hispanos desde sus tiempos de joven maestro en las escuelas mexicanas de Texas— transformó la afluencia mayoritariamente blanca de europeos (ochenta y cinco por ciento de los inmigrantes de Estados Unidos) en un surtidor de razas procedentes de partes del mundo antes restringidas.

Como resultado, entre 1960 y 1980 la población de dominicanos residentes en Estados Unidos pasó de sólo doce mil a setecientos mil inmigrantes. Ochenta y cinco por ciento de esos recién llegados se concentraron en el área metropolitana de Nueva York, en el mismo lugar donde Juan Rodríguez se había establecido 352 años antes con su mujer lenape, su comercio de acero y sus hijos multirraciales. Dos generaciones más tarde, la población dominicana en Estados Unidos se triplicaría hasta superar los dos millones, y empezaría a extenderse fuera de Nueva York hasta enclaves más remotos de la costa este, desde Miami hasta Portland, Maine.

Fue durante la oleada inicial de los años sesenta y setenta cuando los novelistas Julia Álvarez y Junot Díaz, que han escrito de manera muy vívida sobre el trujillato —la era de Trujillo—, abandonaron la República Dominicana y se asentaron en Estados Unidos. Sus padres habían quedado atrapados en el fuego cruzado político del trujillato por razones muy diferentes y decidieron huir, poniendo de manifiesto las peculiares formas en que el caos puede llevar a actores diametralmente opuestos a tomar la misma decisión. El padre de Álvarez, médico, había estado trabajando en la clandestinidad antitrujillista, ideando un complot para poner fin a la dictadura, cuando le informaron que los matones de Trujillo se disponían a detenerlo o algo peor. La familia Álvarez huyó del país; era 1960 y la pequeña Julia era una impresionable niña de diez años.

El padre de Junot Díaz, por su parte, era un legionario ferviente, un soldado leal al déspota. En palabras de Díaz, "Tuve un padre que estaba en el aparato militar postrujillo, un padre que creció dentro del trujillato y lo apoyaba mucho [...] Tenía una visión muy romántica de quién era Trujillo". De hecho, su padre, un "criptofascista", según Díaz, "luchó del lado de los estadounidenses durante la invasión de 1965" y antepuso los intereses de Estados Unidos en el Caribe a los de su luchadora república. Cuando dejó el país para trabajar en Paterson, Nueva Jersey, la familia no tardó en seguirlo. A su llegada, en 1974, Díaz, de seis años de edad, creció en una ciudad mediana de chicos duros puertorriqueños, cubanos y negros, un mundo machista e "hipermasculino" que le serviría de base a sus relatos decididamente salvajes y descarnados. En la actualidad, más de un tercio de los residentes de Paterson son dominicanos, y los dominicanos en su conjunto representan la segunda población latina más numerosa del noreste.

Julia Álvarez y Junot Díaz son representantes extraordinariamente dotados de la experiencia dominicano-estadounidense. Sus novelas *How the García Girls Lost Their Accents* (*De cómo las muchachas García perdieron el acento*) y *The Brief Wondrous Life of Oscar Wao* (*La maravillosa vida breve de Óscar Wao*), respectivamente, son grandes logros literarios, verdaderos atlas del alma dominicana. Pero estos escritores no representan a la mayoría de los dominicanos de primera generación, que tienen menos probabilidades de recibir educación que la media de los hispanos y más probabilidades de vivir por debajo del umbral de la pobreza. Más de la mitad de los dominicanos tiene como primer idioma el español (sólo el cinco por ciento tiene como primer idioma el inglés), y el cuarenta y cinco por ciento es bilingüe. Mantener vivo su español —una versión rápida, desenfadada y colorida del español— es de suma importancia para ellos. Casi el noventa por ciento lo habla en casa, muy por encima de la media del setenta y tres por ciento de las familias latinas. En la segunda generación, las cifras cambian: el veintiuno por ciento de los hijos de inmigrantes dominicanos van a la universidad, una cifra considerablemente superior a la media de los mexicano-estadounidenses (catorce por ciento) y de los puertorriqueños (nueve por ciento). ¿A qué se debe este impresionante salto en la segunda generación? Sin duda, parte del mérito debe atribuirse a las escuelas públicas del noreste y el sureste, donde se concentran estas poblaciones. Pero gran parte del avance se debe también a la tenacidad y la ambición.

Sin embargo, para la mayoría de los dominicanos que se identifican como multirraciales, abrirse camino en una nación de mayoría blanca no es tarea fácil. Los dominicanos afirman ser los más discriminados: por tener rasgos africanos, por ser latinos, por insistir en conservar el español en sus hogares y por proceder de un país que muchos estadounidenses desconocen por completo. En 2006, Jefferson B. Sessions III, senador republicano por Alabama (que más tarde llegaría a fiscal general del país), argumentó ante el pleno del Senado que "Fundamentalmente, casi nadie que venga de la República Dominicana a Estados Unidos lo hace porque tenga una habilidad demostrable que nos beneficie y que indique su probable éxito en nuestra sociedad". Sin embargo, a lo largo de los años, muchos estadounidenses de origen dominicano como Julia Álvarez y Junot Díaz han salido de circunstancias humildes para alcanzar el sueño americano y aportar considerables conocimientos a este país.

Shirley Collado, por ejemplo es una dominicana nacida y criada en Brooklyn, hija de un taxista neoyorquino y una costurera de una fábrica de ropa. Aunque Collado empezó a trabajar a los once años —y aunque su padre no alcanzó más que cuarto grado—, la escuela siempre fue una prioridad en su casa. Su madre insistía en ello. Collado, muchacha seria con grandes expectativas para sí misma, les anunció a sus padres que quería ir a la universidad. Parecía una fantasía descabellada para una familia que pasaba apuros económicos. Sin embargo, en 1989, al cumplir diecisiete años, su excelencia académica llamó la atención de la Fundación Posse, una organización recién creada con el propósito de identificar y formar a jóvenes líderes de diversos orígenes y ayudarles con becas completas de estudio. Muy pronto, Collado se vio en un autobús rumbo a Nashville para asistir a la Universidad de Vanderbilt, donde sería una de las pocas negras, y aún más pocas latinas, en ese bastión de blancura. Más tarde, Collado se licenció en psicología clínica por la Universidad de Duke, donde era la única persona no blanca de su departamento, la única latina. Treinta años después fue nombrada presidenta de Ithaca College, convirtiéndose en la primera persona de color al frente de esa institución y la primera dominicana-estadounidense en dirigir una institución universitaria con cursos de cuatro años. Hoy en día, Collado trabaja para lograr que otros jóvenes sigan la ruta hacia el éxito en tanto directora ejecutiva de College Track, una fundación que prepara a estudiantes aventajados para ayudarlos a superar las barreras sistémicas y obtener títulos universitarios que les permitan acceder a puestos de poder.

Lo mismo podría decirse —aunque desde una perspectiva completamente distinta— de Mario Álvarez (sin parentesco con Julia), quien creció en la choza de su abuela en Villa Vásquez, en el extremo noroeste de la República Dominicana, cerca de la frontera con Haití. Mario es un joven simpático de cara redonda que responde a las preguntas meticulosamente, haciendo pausas mientras sus ojos buscan en el techo la respuesta precisa y constructiva. Cuando le pregunto qué recuerda de aquella casa de su infancia, se muestra paciente conmigo. Era una casa típica de una zona rural pobre, dice, sin agua corriente, inodoros o letrinas. "Hacíamos nuestras necesidades en el patio, como los perros", añade con naturalidad. Su padre y su madre, desesperados, lo dejaron con su abuela y se marcharon a Estados Unidos en busca de trabajo, un techo, un futuro mejor.

Había razones de peso para irse: el lamebotas de Trujillo, Joaquín Balaguer, el senil y mentalmente disminuido autócrata de ochenta y

cuatro años que seguía recibiendo apoyo de los políticos de Washington, acababa de recuperar la presidencia dominicana tras unas elecciones
plagadas de acusaciones de fraude. El padre de Mario, contador, quería
salir de la desastrosa crisis. Por fin encontró empleo como conserje de
un edificio residencial en el bullicioso centro de Nueva York. El empleo
tenía una atractiva ventaja: un pequeño apartamento en el sótano. Era
estrecho, húmedo y estaba infestado de ratas y cucarachas, pero significaba un techo y no tenía que pagar alquiler. Mario pasaría los diez años
siguientes en esas dependencias antes de que la familia se trasladara a
otro edificio en la parte alta de la ciudad, en Washington Heights, donde
hasta el día de hoy su padre sigue trabajando como conserje. Pero fue en
ese inhóspito espacio subterráneo donde las perspectivas de Mario cambiaron por completo. Lo que le permitió su movilidad ascendente fue
un sencillo examen, administrado a niños de once años en las escuelas
públicas de Nueva York. Indocumentado, procedente de una familia con
escasos o nulos conocimientos de inglés, Mario obtuvo unos resultados
brillantes, situándose entre los mejores de la ciudad en una captación
académica realizada por una institución llamada Prep for Prep.

La idea de Prep for Prep fue revolucionaria: tras la histórica sentencia *Brown vs. Board of Education* de 1954, en una época comprometida
con la desegregación, estaba ocurriendo exactamente lo contrario: las
escuelas de Nueva York estaban más segregadas que nunca. Prep for
Prep pretendía identificar a estudiantes de color de elevada inteligencia
y ubicarlos en los colegios privados más exclusivos y competitivos del
noreste: Dalton, Choate, Brearley, Groton, Andover, Exeter, Deerfield,
Hotchkiss, entre muchos otros. Ya en su cuadragésimo cuarto año, Prep
for Prep lleva a cabo una búsqueda de talentos por toda la ciudad en
busca de estudiantes latinos, negros y asiáticos de alto rendimiento, a
quienes les administra una batería de exámenes y entrevistas. Los niños
elegidos pasan los veranos antes de comenzar y después de terminar el
sexto grado en clases intensivas cinco días a la semana, además de las
tardes y los sábados durante el curso escolar. A cambio, Prep for Prep les
asegura puestos empezando con el séptimo grado en docenas de colegios privados que participan en el programa.

En 2002, Mario se preparó para uno de los codiciados puestos en Horace Mann, un exclusivo establecimiento fundado en 1887 y alma mater de luminarias estadounidenses como el poeta William Carlos Williams, el historiador Robert Caro, la sufragista Gertrude Weil, el novelista Jack Kerouac y el artista Rockwell Kent. Cuando Mario cumplió trece años entró en esos salones, donde pasaba los días en aulas relucientes junto a miembros de la privilegiada clase blanca —entre ellos, hijos de banqueros, diplomáticos y aristócratas— y regresaba por la tarde a la madriguera subterránea de su familia. "Los niños blancos ricos se reían cuando me identificaba como dominicano. Me decían que era negro. Hasta entonces no tenía ni idea", dice ahora Mario. Sentía que no lo respetaban por su situación económica, su color de piel, su ignorancia de las costumbres y gustos de la élite. "Al regresar cada noche a mi destartalado apartamento, oyendo a mis padres hablar su mal inglés y escuchando a mi madre preocuparse de que me llegaran a deportar, aprendí lo que era el privilegio estadounidense. No fue fácil. Me convertí en un niño furioso". Pero aprendió, perseveró y, seis años después, fue aceptado en la Universidad de Columbia.

En 2021, tras completar su educación en Columbia, se graduó con altos honores de la Facultad de Derecho de la Universidad de Nueva York. Pero, en lugar de aceptar un trabajo en un prestigioso bufete de abogados de clase alta, se unió a una asociación que lo llevaría a Arizona, a la frontera de Estados Unidos con México, para defender los derechos de los inmigrantes indocumentados que eran detenidos por la Patrulla Fronteriza de Estados Unidos. "Podría haberme unido a la mayoría de mis compañeros de promoción que se fueron al mundo empresarial", me cuenta Mario. "Mi familia se pregunta por qué no lo hice. En cambio, pensé en mí, el muchacho moreno en una escuela blanca de élite, el muchacho lleno de dudas sobre sí mismo que estaba allí por la única razón de que la escuela necesitaba algunas caras de color en su folleto comercial. Supongo que todo esto es para decir que tengo una relación tormentosa con mi propio éxito. Quería hacer algo más que ganar dinero y hacerme rico. Quería hacer algo que pudiera aportarle directamente a la vida de alguien". Eso es precisamente lo que hace hoy este graduado de una Ivy League en una oficina gris y austera a treinta millas de la frontera: influir directamente en la vida de otras personas, encauzando sus potenciales, aconsejando a los desconcertados sobrevivientes de un viaje angustioso. Ahora administra una *prep for prep* de otro orden: un curso de orientación para quienes lo han sacrificado todo por una oportunidad en la ruleta de Estados Unidos.

Podría mencionar a un gran número de estadounidenses de origen dominicano que han contribuido de manera importante a diferentes aspectos de la cultura de este país: la luminaria de la moda Oscar de la Renta; la estrella retirada del béisbol Alex Rodríguez; la galardonada actriz Zoe Saldaña; la "Reina del Technicolor" de Hollywood, María Montez; el congresista de Nueva York Adriano Espaillat; la estrella del Ballet de la Ciudad de Nueva York Francisco Monción; el cómico The Kid Mero; la poeta hip-hop Elizabeth Acevedo; el pianista y compositor de jazz Michel Camilo; el fiscal general adjunto de Estados Unidos para los derechos civiles Thomas Pérez. El exfiscal general Jeff Sessions haría bien en mirar a su alrededor.

LOS ESTADOUNIDENSES DE ORIGEN HONDUREÑO

La Historia de Honduras se puede escribir en un fusil,
sobre un balazo, o mejor, dentro de una gota de sangre.
—Roberto Sosa, autor hondureño, 1985

Raymundo Paniagua es un biólogo marino originario de Honduras, país que en 2011 alcanzó el ignominioso primer lugar en el mundo en asesinatos. Ese año, la tasa de homicidios ascendió a ochenta y siete por cada cien mil, casi veinte veces superior a la de Estados Unidos. El aumento vertiginoso de los asesinatos había comenzado en 2004, el mismo año en que Raymundo decidió volar a Washington, DC, dejar que su visado expirara y arriesgarse como extranjero indocumentado. Ha estado aquí desde entonces.

Tenía innumerables razones para hacerlo, pero la primera había surgido una década antes, a principios de los noventa, cuando era biólogo en jefe de una empresa extranjera dedicada a la cría de tilapia y camarón para supermercados de Estados Unidos. Fue entonces cuando Raymundo empezó a preocuparse por el uso desmedido de pesticidas por parte de la empresa y por el daño que les estaban causando a las algas que alimentaban los arrecifes de coral. Habiendo estudiado en las universidades de Georgetown y Texas A&M, conocía bien los peligros del uso excesivo de herbicidas, insecticidas y fertilizantes. Pudo comprobar por sí mismo que los manglares de la costa habían sido contaminados y que la vida marina en general estaba en riesgo. La propia empresa cultivaba larvas de peces en laboratorios para eludir los efectos nocivos de sus expolios, y utilizaba hormonas para inducir el crecimiento de sus camarones de cultivo.

Los peligros acumulados para el medio ambiente, los trabajadores y los consumidores preocupaban a Raymundo. Había otras preocupaciones, sin embargo: la empresa les pagaba una miseria a sus trabajadores hondureños por una jornada agotadora, y los despedía antes de que terminara el periodo de prueba de sesenta días para evadir el pago de prestaciones. Raymundo no lo sabía por aquel entonces, pero tras comentarle estas aprensiones casualmente a su hermano Alex, abogado que acababa de empezar su carrera en la administración pública, inició el proceso de una amplia investigación legal de acción colectiva. Con el paso de los años se enteraría de cómo una enmarañada red de sobornos, chanchullos, alianzas ilegales y asesinatos oportunos vinculaba a los políticos hondureños con empresas extranjeras, así como con los todopoderosos cárteles de la droga.

Fue precisamente mientras estas cosas se iban aclarando, en 1994, cuando su vida cambió de manera irremediable en lo que sólo había aspirado a ser una noche de frivolidad inocente. Todo comenzó en El Crucero del Sabor, una discoteca en un barrio de moda de Tegucigalpa, la capital de Honduras. Tras una noche chévere donde celebró su cumpleaños con salsa y amigos, Raymundo salió del bar a las cuatro de la madrugada y paró un taxi. Acababa de acomodarse en el asiento y darle su dirección al conductor cuando una Toyota Land Cruiser negra con la placa oculta se les cruzó por delante, chirrió hasta detenerse y les bloqueó la salida. Un grupo de jóvenes con ropa llamativa y joyería de oro salieron del coche riéndose. El taxista de Raymundo pitó para que el carro atravesado se apartara, pero éste no se movió. Enfurecido, salió del taxi para enfrentarse a los hombres. Raymundo, igual de molesto, se bajó y gritó: "¡Eh, vámonos!". Antes de darse cuenta, un aguacero de disparos llenó el aire. Una bala entró en el pecho del taxista y lo mató en el acto. Otras rociaron la calle indiscriminadamente, abatiendo a diez transeúntes. En cuestión de segundos, Raymundo fue consciente de la presencia de una pistola a quemarropa, vio la sonrisa del tipo detrás del arma y luego todo desapareció. La bala le atravesó el pómulo izquierdo justo debajo del ojo, le clavó astillas de hueso en el cráneo, le rozó el cerebro y se incrustó en el hueso cigomático, que forma la mejilla y la parte exterior de la cuenca del ojo. Hasta el día de hoy tiene la bala incrustada en el cráneo, demasiado cerca del cerebro para ser extraída. Raymundo fue trasladado de un hospital desbordado de pacientes a otro, cayó momentáneamente en coma y, milagrosamente, sobrevivió. Cuando recobró la conciencia, se enteró de que quien estaba al frente del grupo de parranderos del reluciente carro negro era nada menos que el hijo de Juan Ramón Matta Ballesteros, el narcotraficante más famoso de Honduras, que había forjado el vínculo entre los cárteles colombiano y mexicano y que cumplía su condena en una prisión federal de alta seguridad en Estados Unidos. Aunque había testigos dispuestos a declarar sobre el tiroteo, ninguna investigación se emprendería. Ser hijo de Matta era inspirar temor, ser intocable. No se presentaron cargos.

Tres años más tarde, Raymundo dormitaba en el asiento del copiloto del auto de su hermano mientras conducían por un sinuoso camino rural en una tarde soleada. De repente, al doblar una curva cerrada, un todoterreno con una pesada rejilla frontal apareció de la nada y chocó de frente contra su capó. Raymundo salió lanzado hacia delante, destrozándose el lugar del pómulo donde se había alojado la bala. Se cortó la frente y se rompió el globo ocular, por lo que tuvieron que extirpárselo, pero de nuevo se recuperó. El auto de su hermano quedó tan destrozado que fue irrecuperable, al igual que el camión de un fruticultor que iba detrás de ellos. Sin embargo, a pesar de todos los policías que llegaron y tomaron nota, no se hizo ningún informe oficial.

Había una buena razón. El conductor resultó ser Juan Antonio "Tony" Hernández, uno de los dieciséis hermanos del entonces congresista Juan Orlando Hernández, futuro presidente de Honduras. Veinticinco años después, el presidente y su hermano serían llevados ante la justicia de Estados Unidos acusados de narcotráfico y contrabando de armas durante décadas. En abril de 2022, justo después de terminar su segundo mandato, el presidente Hernández fue detenido en su casa, sacado con grilletes y extraditado a Estados Unidos, donde enfrentó cargos de tráfico de drogas y de armas de fuego. Su hermano Tony fue condenado a cadena perpetua por transportar 185 toneladas de cocaína a Estados Unidos y poseer almacenes de ametralladoras para impulsar dicho comercio. Bajo los auspicios del presidente Hernández, quinientas toneladas de cocaína procedentes de Honduras habían entrado al torrente sanguíneo de los consumidores estadounidenses. Poco después de su detención, el Departamento de Justicia de Estados Unidos admitió que, a lo largo de su carrera de diputado a presidente, Hernández había recibido millones de dólares procedentes de la cocaína, que utilizó para enriquecerse y cometer fraude electoral, pese a que entretanto la inmensa mayoría de los hondureños vivía en la pobreza y soportaba una carnicería inimaginable. La directora de la Agencia Antidroga de Estados Unidos (DEA), Anne Milgram, fue tajante en su juicio: "El expresidente de Honduras fue una figura central en una de las mayores y más violentas conspiraciones de tráfico de cocaína del mundo", afirmó. "Hernández utilizó las ganancias del narcotráfico para financiar su ascenso político y, una vez elegido presidente, aprovechó los recursos policiales, militares y financieros del gobierno de Honduras para impulsar su plan de narcotráfico".

Como ha sido el caso muchas veces, Washington es reacio a reprender o procesar a líderes que han cuidado los intereses de Estados Unidos en América Latina, pero en 2013 era evidente que la corrupción en Honduras había proliferado hasta tal punto que el poderoso cártel de Sinaloa y su notorio líder mexicano Joaquín "El Chapo" Guzmán tenían firme control sobre los más altos cargos del país. Raymundo —y cientos de miles de sus compatriotas— no necesitaron esperar tanto tiempo para saber que algo iba muy mal. En 2001 había comenzado un éxodo masivo. La sequía había empobrecido a los agricultores de subsistencia, el hambre había alcanzado proporciones epidémicas y las bandas de narcotraficantes y las fuerzas paramilitares habían abierto un camino sangriento a través de la ciudad y el campo. Era sólo cuestión de tiempo para que la cabeza empezara a comerse la cola, razonó Raymundo; para que el país, como el Cronos de la mitología griega, devorara a todos sus hijos.

Tenía que irse. La insoportable palpitación que sentía en el cráneo era señal de que necesitaba ayuda médica urgente. Aún más apremiante para este biólogo marino era el hecho flagrante de que las aguas de su país estaban siendo envenenadas por su propio empleador. Por último, no había futuro en una tierra donde los narcotraficantes y los políticos corruptos estaban a salvo de la ley. Muchos años después, sentado en una modesta vivienda de un barrio latino de Virginia, Raymundo veía por televisión cómo su país natal se sumía en una brutalidad incomprensible. La carnicería desenfrenada y los asesinatos políticos habían convertido a Honduras en el país con más homicidios del mundo. Ambientalistas y periodistas que trabajaban para denunciar la depredación ecológica eran acribillados en las calles. Berta Cáceres, activista indígena que trabajaba para detener la construcción de una presa potencialmente devastadora en sus tierras ancestrales, fue asesinada a tiros en su dormitorio. Más tarde se supo que Roberto David Castillo, oficial de inteligencia formado en West Point y presidente de la poderosa empresa DESA (Desarrollos Energéticos, SA) había ordenado su asesinato. Pocos años después, en 2020, mientras dos huracanes y una pandemia azotaban Honduras, castigando a la sufrida población, el hermano de Raymundo, Alex, y un grupo de abogados de derechos civiles iniciaron acciones legales contra Standard Fruit de Honduras, SA, acusándola de contaminar los cultivos de banano y enfermar a los trabajadores agrícolas con pesticidas tóxicos. No mucho tiempo después, Alex terminó muriendo en un hospital de Tegucigalpa. Según su hermano biólogo, murió envenenado. La causa oficial, sin embargo, fue registrada como COVID.

EL TRIÁNGULO NORTE

H. R. 3524, Proyecto de ley: Para apoyar al pueblo de América Central
y fortalecer la seguridad nacional de Estados Unidos abordando las
causas fundamentales de la migración desde El Salvador, Guatemala
y Honduras.

—Congreso de Estados Unidos, 116° período de sesiones, 2019

El Triángulo Norte, que abarca Honduras, El Salvador y Guatemala,
tríada de países centroamericanos trastornados por el crimen y las pandillas, es fuente de un auge en la inmigración que comenzó en los años
ochenta, creció exponencialmente en la primera década de este milenio
y hoy en día es uno de los mayores motores de la migración latina a Estados Unidos. El combustible que la alimenta es el miedo. Que el Triángulo ostente la tasa de asesinatos más alta del mundo se debe en gran
medida a su geografía. Es un estrecho embudo de tierra intensamente
verde por donde tiene que pasar el omnipresente tráfico de drogas, que
capitaliza más de 150 mil millones de dólares anuales en Estados Unidos
de América. Una empresa colosal que supera el PIB de la inmensa mayoría de los países del planeta.

El comercio de drogas ilegales en este hemisferio —producto del
voraz apetito estadounidense por la intoxicación recreativa— se ha
hecho cada vez más poderoso en las tierras de los antiguos mayas. Tanto
así que, según un informe de Brookings Institution, el poder de un capo
de la droga en el Triángulo Norte puede superar al de un presidente.
Este por lo demás paraíso tropical es la boquilla por donde mana el
chorro de cocaína, heroína, marihuana, metanfetamina y fentanilo que
inunda Estados Unidos cada año. No es de extrañar que la anarquía —la
violencia, la corrupción, las extorsiones y el tráfico de personas— propi-
cie un éxodo masivo hacia tierras más seguras, hacia la tranquilidad y la
seguridad que se perciben en el Norte: "El Otro Lado".

Las drogas y la criminalidad no son los únicos catalizadores de la
emigración desde el Triángulo Norte. La región fluctúa entre la sequía
y el diluvio, la privación y la pobreza, la mano dura y la guerra civil

total. Estados Unidos no está exento de culpa: la inestabilidad política de estos tres países es, en cierta medida, resultado de décadas de injerencia estadounidense en sus asuntos internos. En las últimas tres décadas, además, incluso el viento, el agua y el suelo debajo de los pies han resultado fuentes de calamidades. Desde 1990, los devastadores huracanes, terremotos e inundaciones han aumentado un quinientos por ciento en ese delgado ombligo del hemisferio. Sólo en 2020, las tormentas tropicales que lo arrasaron desplazaron nada menos que a seis millones y medio de personas. La destrucción e incertidumbre se han vuelto tan prevalentes, tan catastróficas, que los padres entregan a su suerte a sus bienes más preciados: uno de cada seis migrantes que huyeron del Triángulo Norte en 2021 era un niño sin acompañante. De los dos millones de personas que se dirigieron a Estados Unidos entre 2014 y 2021, más de trescientos mil eran menores de entre diez y diecisiete años que viajaban solos, arriesgándose a pasar hambre o ser víctimas de secuestros o de la trata de seres humanos.

Las cifras globales son aterradoras. En los tres últimos meses de 2022, la Patrulla Fronteriza de Estados Unidos detuvo a un promedio de 240 mil migrantes no autorizados que cruzaban la frontera suroeste cada mes, lo que equivale a unos 360 fugitivos por hora, seis por minuto, uno por cada diez segundos. La mayoría de ellos procedía del Triángulo Norte, una franja de tierra no mayor que el estado de Wyoming. Si a eso se le añaden los muchos miles de refugiados que, como Raymundo Paniagua, vuelan a aeropuertos estadounidenses y dejan caducar sus visas de turista, se empieza a comprender la magnitud del desplazamiento.

Como resultado, si bien hace treinta años sólo medio millón de estos centroamericanos vivían en Estados Unidos, hoy esa cifra se ha disparado a casi cinco millones, una población más o menos equivalente a la de Los Ángeles. Los emigrantes de Honduras, El Salvador y Guatemala constituyen uno de los segmentos de la comunidad latina de mayor crecimiento. Viven, sobre todo, en ciudades y pueblos cercanos a las fronteras de Estados Unidos: las áreas metropolitanas de Texas y California, así como los suburbios de Nueva York, Miami y Washington, DC. Los recién llegados ocupan todos los nichos del mundo del trabajo manual estadounidense: cuadrillas de construcción, cadenas de montaje, trabajos de servicios, equipos de mantenimiento, cultivos agrícolas, guarderías infantiles, servicio doméstico. Sin embargo, la fuga de estos trabajadores jóvenes y motivados del Triángulo Norte es un lastre para la propia región: una gran pérdida de capital humano.

Como cualquier otro tipo de inmigrantes en la historia de Estados Unidos —como los irlandeses que huían de la hambruna de la papa, los alemanes que evadían la persecución religiosa o los suecos que escapaban de la pobreza—, los centroamericanos vienen a trabajar, encontrar una vida mejor, enviar dinero a casa. Con el tiempo, al igual que sus predecesores europeos, su trabajo se convierte en un salvavidas para las familias que han dejado atrás. Solo en 2017, los migrantes del Triángulo Norte enviaron a sus países dieciséis mil millones de dólares en remesas, evitando así el hambre y la miseria y estimulando sus economías. Puede que esa zona del planeta esté perdiendo capital humano, pero sus fugitivos compensan la pérdida con una ética del trabajo muy arraigada y un profundo respeto por la familia. Municipios enteros en sus países de origen se han transformado gracias a su trabajo. En 2019, los fondos enviados a casa por los salvadoreños que viven y trabajan en Estados Unidos impulsaron el PIB de El Salvador en casi un veintidós por ciento. Lo que más llama la atención de los migrantes del Triángulo Norte es lo estrechos que resultan sus vínculos —culturales, genéticos, históricos y gastronómicos— con nuestra vasta población de mexicanos estadounidenses. Esto no debería de sorprender, dado que son una mezcla de los mismos pueblos antiguos: nahua (azteca), maya, lenca, paya y miskito, entre otros. En su inmensa mayoría, son mestizos, producto de medio milenio de mezcla entre colonizadores europeos y pueblos indígenas, que a su vez experimentaron largas historias de conquista e hibridación. Por último, al igual que los mexicanos, los inmigrantes procedentes de esa parte de Centroamérica pueden abarcar un amplio espectro de fenotipos. Aunque puedan ser percibidos como morenos, en los formularios del censo suelen identificarse como blancos.

Hay otra razón por la cual los centroamericanos sienten un parentesco con los mexicanos: durante tres siglos, bajo el dominio colonial español, los trataron como un solo pueblo. Desde 1521 hasta 1821, el Virreinato de Nueva España tuvo jurisdicción sobre México y con el tiempo extendió su dominio hasta los confines más septentrionales de California. Sus poderes gubernamentales también llegaron al sur y abarcaron gran parte de América Central. Incluso después de las guerras de independencia, esa zona se anexionó brevemente a México antes de separarse para convertirse en la República Federal de Centroamérica —que comprendía a Costa Rica, Nicaragua, Belice, Honduras, El Salvador, Guatemala y el estado mexicano de Chiapas— para luego dividirse finalmente en repúblicas independientes. El escritor mexicano Dagoberto Gilb tiene motivos para afirmar: "No siento ningún vínculo con un cubano o un argentino. Pero ¿con un salvadoreño o un guatemalteco? Sí. Ah, sí".

LOS ESTADOUNIDENSES DE ORIGEN SALVADOREÑO

Soy lo que llega después de la guerra civil
después de los cadáveres desmembrados
los quemados campos de caña de azúcar
el árbol de mango encordado con un solo cuerpo colgante…
toma esto, mi historia
cómetela y recuérdame.

—Yesika Salgado, poeta salvadoreña, 2019

Tanita es una salvadoreña de baja estatura y enérgica, con un despampanante mechón de pelo negro que le enmarca la cara de duendecito. Tiene cincuenta y cuatro años y lleva casi media vida en este país, pero su inglés aún no pasa de un saludo formal. Sin embargo, sus tres hijos —de dieciséis, dieciocho y veinte años— son angloparlantes nativos y rinden bien en el sistema educativo público de Maryland. Alejandro, el menor, es un estudiante de ciencias premiado al que los profesores le reconocen los buenos hábitos de estudio y brillantes perspectivas a futuro. Genaro, el marido de Tanita, tiene setenta años, más de quince años mayor que ella, es un operario de imprenta que se quedó sin trabajo y se empleó brevemente como portero, aunque lo despidieron y ahora está desempleado. La familia sobrevive gracias a las labores de Tanita: limpieza de oficinas y casas. Viven en un modesto conjunto de edificios de apartamentos en una transitada autopista de Maryland, junto con cientos de etíopes, haitianos y vietnamitas aspirantes al sueño americano; los chicos comparten una habitación no mayor que tres metros cuadrados.

Esto último no es nada nuevo. Tanita y Genaro están acostumbrados a la escasez. Proceden del mismo pueblo del extremo suroriental de El Salvador: Chilanguera, un pueblo muy pobre de apenas pocos miles de habitantes, enclavado entre un río caudaloso y el imponente Chaparrastique, un volcán activo cuyas rocas voladoras y ardiente intemperancia han encendido la imaginación de los escritores desde el siglo XVI. El pueblo de Chilanguera es tan pequeño, tan cerrado y tan dependiente de la única carretera que lo conecta, que Genaro recuerda a Tanita saludándolo de niña cuando pasaba en bicicleta frente a su casa de camino al trabajo.

El padre de Tanita, hoy de 104 años, es un agricultor de subsistencia que cultiva su propio maíz, frijoles y marañones en una pequeña parcela junto a su casa de cemento. La difunta madre de Tanita era panadera; cocía pan y tortillas en un horno al aire libre y los vendía en el mercado cercano. Si el salario promedio de una maestra de escuela local es de menos de diez dólares al día, los ingresos diarios de la familia de Tanita mientras ella crecía eran una fracción de esa cantidad. Nunca pasaron hambre, dada la prodigalidad de su pequeña parcela, pero los huracanes solían arrasar su mundo, el progreso pasaba a segundo plano frente a la supervivencia y escasez era todo lo que conocían.

Las penurias de la familia se vieron agravadas por una serie de plagas, tanto políticas como ecológicas, que asolaron El Salvador a partir de los años setenta. En el centro de los problemas políticos estaba el sistema de castas del país, con quinientos años de antigüedad, que mantenía el poder en manos de unos pocos y condenaba a una vasta población a un ciclo interminable de privaciones. Para agravar los males de El Salvador, las prácticas depredadoras de varias empresas estadounidenses —en particular, las compañías United y Standard Fruit— se habían apoderado de la mano de obra barata y el rico suelo del país.

Hacia 1910, Centroamérica estaba firmemente sometida a Washington y Wall Street, incluso puede decirse que poseía, si se tiene en cuenta cualquier definición racional, un estatus semicolonial. Algunos de los países centroamericanos habían estado ocupados por fuerzas militares estadounidenses por décadas, y en los cinco países al menos un gobierno había sido destituido o instalado por presión directa de Estados Unidos. Lo que más radicalizó a los rebeldes de izquierda a principios de la década de 1960 fue la voluntad de Washington de utilizar la fuerza para mantener en el poder a los déspotas centroamericanos e instalar democracias de fachada: gobiernos que se pintaban a sí mismos como prodemocráticos, pero mantenían a los ciudadanos bajo un implacable régimen dictatorial. "Solía creer en la democracia", dice el biólogo hondureño Raymundo Paniagua, "pero la democracia se ha empleado como caballo de Troya en nuestros países, y la embajada de Estados Unidos es nuestro verdadero gobierno. Así como los conquistadores les daban a los indígenas espejitos a cambio de su oro, los estadounidenses nos dan chucherías y se apropian de todo lo demás". A finales del siglo XX, a pesar de todas las inversiones y el interés de Estados Unidos en la región, los pobres se habían vuelto más pobres y las divisiones, extremas. Las injusticias civiles se agudizaron tanto en El Salvador que la rebelión empezó a electrizar el imaginario colectivo, sobre todo teniendo en cuenta que revoluciones socialistas de base ya se habían apoderado de las vecinas Guatemala y Nicaragua. Una guerra subsidiaria consumió la región —donde Estados Unidos se enfrentó al expansionismo soviético— y las superpotencias de la Guerra Fría empezaron a invertir miles de millones de dólares y un torrente de máquinas de matar en las guerras civiles existentes. De Jimmy Carter a Ronald Reagan, pasando por George H. W. Bush, todas las administraciones estadounidenses suministraron fusiles, munición, granadas y helicópteros a los gobiernos de mano dura, permitiendo que las juntas militares mataran a decenas de miles de hombres, mujeres y niños mientras se prolongaban las guerras. A su vez, los revolucionarios participaron en la carnicería en la medida en que el material y el dinero soviéticos fluían hacia las zonas de guerra gracias a los auspicios de naciones sometidas a Moscú: Nicaragua, Cuba, Corea del Norte.

En El Salvador, políticos moderados intentaron mitigar la tensión proponiendo un programa de reforma agraria que redistribuyera las tierras entre los pobres, pero las catorce familias que controlaban la inmensa mayoría de la riqueza del país se opusieron. En pocos años, la élite y el ejército cerraron filas y, mediante un golpe de Estado apoyado por Estados Unidos, instauraron una junta que defendía sus intereses.

Para entonces, la revolución estaba reclutando a jóvenes salvadoreños con el mismo vigor que los generales del ejército. En la década de 1980, una serie de acontecimientos desestabilizadores inclinaría la balanza: el flagrante asesinato a tiros del arzobispo Óscar Romero, el querido sacerdote activista de El Salvador, cuando éste se encontraba en el altar dando la comunión en la capilla de un hospital; la ejecución de cuatro mujeres estadounidenses —dos monjas y dos misioneras— de quienes los militares sospechaban que fomentaban la agitación política; una oleada de atracos a bancos y secuestros de alto nivel por parte de radicales que pretendían financiar su revolución, y una brutal represalia por parte de los soldados del Batallón Atlácatl, entrenados por Estados Unidos, que cayeron sobre la aldea de El Mozote dejando cientos de aldeanos muertos, en su mayoría decapitados. Mientras crecían las filas de la izquierda, los derechistas escuadrones de la muerte peinaban el campo, obligando a los jóvenes a ingresar en el ejército o morir. Para demostrarlo, dejaban a su paso un rastro de partes humanas esparcidas por el paisaje como basura desechable. Genaro, quien para entonces tenía veintitrés años y era contador, decidió abandonar Chilanguera antes que lo obligaran a punta de pistola a servir a uno u otro bando de una guerra civil cada vez más feroz. A finales de diciembre de 1981 se escabulló vía México hacia Estados Unidos y se asentó en la costa este. Un tercio de la población salvadoreña pronto abandonaría su país y se uniría a él.

Para entonces, todo el Triángulo Norte, junto con la vecina Nicaragua, estaba en llamas. De hecho, una cuarta parte de la población nicaragüense, golpeada por la guerra que Estados Unidos apoyaba contra los sandinistas —un partido socialista ferozmente antiestadounidense—, se había quedado sin hogar. En Guatemala, la aniquilación a gran escala de aldeas enteras por parte del gobierno se había convertido en un genocidio del pueblo maya, que se saldaría con doscientos mil muertos y desaparecidos. Y Honduras era una zona de maniobras de la administración Reagan en respuesta a la "amenaza comunista" de la región, donde las tropas y los servicios de inteligencia de Estados Unidos entrenaban y equipaban a decenas de miles de soldados centroamericanos para mantener un feroz control autoritario sobre el istmo.

Para entonces, Tanita era sólo una niña de ocho años que crecía a la sombra de un cráter amenazador y un número de muertos en ascenso. Ella me cuenta, sacudiendo la cabeza con incredulidad al ver como sus hijos estadounidenses dan por sentada su tranquilidad: "¡Nosotros no! Vivíamos entre la ira del volcán y la guerra, y cada día la tierra retumbaba y se agitaba debajo de nuestros pies. Crecimos pensando que cada amanecer podía ser el último". Guerrillas rebeldes o tropas del ejército que recorrían la ciudad y las aldeas tomaban esporádicamente por asalto su pueblo de Chilanguera para obligar a niños hasta de apenas doce años a enrolarse, o para ejecutar a cualquiera de quien sospecharan que ayudaba al otro bando. Sus padres acogían a los combatientes sin prejuicios: los alimentaban, les daban jergones limpios para dormir, les lavaban la ropa, les vendaban las heridas. De vez en cuando los niños que jugaban encontraban granadas, peines de balas e incluso minas antipersonales tiradas debajo de una cama o en los maizales cercanos. Nunca supieron a qué bando pertenecían. Tanita aprendió a apartar la mirada cuando extraños con ametralladoras irrumpían por la puerta en busca de comida, bebida, mujeres o pelea. Todos sus hermanos, al igual los de Genaro, habían viajado hacia el norte y se habían escabullido bajo el alambre de púas hacia la relativa seguridad de Texas.

Cuando la guerra civil llegó a su fin en 1992, había setenta y cinco mil salvadoreños muertos y un millón de desplazados; la nación había estado en guerra durante doce largos y delirantes años. Los líderes de ambos bandos se reunieron en México para firmar los Acuerdos de Paz de Chapultepec, aunque la violencia aún no terminaría. Fue entonces cuando aparecieron las bandas. Y, sorprendentemente, surgieron primero en las calles de Los Ángeles, no en los callejones y arrabales de El Salvador.

Durante la administración del presidente Bill Clinton, el Servicio de Inmigración y Naturalización de Estados Unidos, perteneciente al Departamento de Justicia, había culpado del aumento vertiginoso de la delincuencia en las calles de Estados Unidos a los "extranjeros delincuentes", y sus agentes detenían a decenas de miles de inmigrantes y ciudadanos estadounidenses —en su mayoría jóvenes hispanos— por delitos menores, los hacinaban en buses y aviones y los trasladaban arbitrariamente a sus países de origen. Sólo en el área de Los Ángeles, las autoridades federales y locales organizaron la deportación de miles de jóvenes salvadoreños —que habían huido de la Guerra Civil— a un país que apenas conocían ya. En pocos años, esos jóvenes renegados, demasiado familiarizados con la cultura de las bandas estadounidenses y a la deriva en un país inundado de armas, consolidaron sus vínculos con las bandas, reclutaron a multitud de soldados sin trabajo y conformaron la temida Mara Salvatrucha (MS–13) como un auténtico ejército.

Las bandas o pandillas se apoderaban de barrios y pueblos enteros, reclutando a los jóvenes con tres simples palabras: "Únete o muere". Mediante la violencia, la extorsión, las amenazas, el tráfico sexual, los secuestros y los asesinatos —financiando sus operaciones con el tráfico de drogas—, las bandas proliferaron. Pronto, la MS–13 forjaría alianzas con los cárteles mexicanos y colombianos, se haría cargo del floreciente comercio de cocaína y marihuana, y se convertiría en el mayor empleador del país. Chicos jóvenes, educados y curtidos en las duras calles de Estados Unidos, habían regresado para convertirse en agentes de la misma violencia debido a la cual habían huido antes de Centroamérica.

Fue más o menos en ese momento, cuando la barbarie humana resurgía en el ámbito de Tanita, que la naturaleza desató un nuevo flagelo. Mitch, un huracán mortal de categoría 5, descendió sobre el Caribe una calurosa tarde de octubre de 1998, abriéndose paso con furia por el Triángulo Norte; arrasó ciudades enteras con sus vientos de 185 millas por hora y cobró más de once mil vidas a su paso. La devastación fue tremenda: más de un millón y medio de personas quedaron desarraigadas y sin hogar. Chilanguera no salió indemne. La familia del hermano de Tanita, cuya casa quedaba junto la orilla del río, fue arrastrada por las aguas turbulentas y murió ahogada. Uno de los sobrinos de Tanita, arrollado por la crecida, jadeaba desesperadamente cuando de repente sintió que algo duro le raspaba la pierna. Era un toro, vivo, enorme, flotando indefenso en el diluvio. El chico se agarró a su lomo, se aferró a sus cuernos y cabalgó sobre el animal durante lo que le pareció una eternidad hasta que pudo agarrarse a las ramas de un árbol y trepar a lo alto para ponerse a salvo. Tanita, quien junto con sus padres se había puesto a salvo en un terreno elevado cerca del volcán, regresó tras las lluvias y encontró su casa, el horno de piedra de su madre, los animales y su preciada huerta totalmente sumergidos en un lago de lodo.

Al año siguiente, cuando Genaro volvió al pueblo para visitar a sus padres, buscó a la niña que había conocido muchos años atrás. Ahora tenía veinticinco; él, cuarenta. Cuando él le propuso matrimonio y un futuro en Maryland, ella no lo dudó.

· · ·

Aunque quienes emigran a Estados Unidos procedentes de esta parte del mundo escapan de peligros reales, pues huyen de una tasa de homicidios que supera en un quinientos porciento lo que la Organización Mundial de la Salud considera proporciones epidémicas, muchos son rechazados en nuestras fronteras, por lo que, desesperados, envían a sus hijos solos al otro lado del Río Grande. En 2018, desafiando las duras restricciones impuestas por la administración Trump, la gran mayoría de los menores no acompañados que cruzaron la frontera provenían de Guatemala. A dos mil millas de casa, se abrían paso a toda velocidad entre los cactus y mezquites. En 2021, a pesar de las circunstancias urgentes, casi cuatrocientos mil aspirantes a asilo procedentes de Honduras y Guatemala fueron expulsados sumariamente en el transcurso de un año.

No obstante, desde 1990 el gobierno de Estados Unidos les concede la entrada a ciertos civiles de El Salvador, Honduras y Nicaragua (entre otras naciones desgarradas por el conflicto) bajo una clasificación denominada Estatus de Protección Temporal (TPS, por sus siglas en inglés), que reconoce que están huyendo de peligros reales y potencialmente mortales. Por lo general, estos fugitivos clasifican como refugiados, pero el gobierno estadounidense duda en utilizar dicho término con los inmigrantes del Triángulo Norte, debido al vínculo de Washington en sus guerras. Por eso se creó una categoría especial para ellos. Aunque el TPS no es un estatus legal y puede ser rescindido con facilidad, ha sido un salvavidas para estos inmigrantes, ya que permite a sus titulares solicitar permisos de trabajo y de conducción, abrir cuentas bancarias y comprar una casa.

Por eso hay un número cada vez mayor de centroamericanos en este país, incluso cuando la inmigración mexicana se ha ralentizado y los ciudadanos de ese país que vienen hoy a vivir en Estados Unidos se dirigen más al sur que al norte. Cuando llegué a Miami de niña, había menos de noventa mil centroamericanos en Estados Unidos, esparcidos por los campos agrícolas de California y Texas; hoy, más de medio siglo después, hay casi cuatro millones —cuarenta y cuatro veces esa cifra— repartidos por todo el país. Y el repunte ha sido más pronunciado apenas en los últimos quince años. Ese auge demográfico equivaldría a tomar una ciudad modesta del tamaño de Kokomo, Indiana, y transformarla en una megalópolis del tamaño de Detroit en el transcurso de sólo dos generaciones.

La inmensa mayoría de esta oleada de inmigrantes son salvadoreños que, como Genaro y Tanita, no querían irse de casa, pero se vieron empujados al norte por el miedo, el hambre y la desesperación. Los salvadoreños representan la tercera comunidad latina más numerosa de Estados Unidos, después de los mexicanos y los puertorriqueños. Hoy, cuatro décadas después de la angustiosa huida de Genaro a los suburbios de Washington, DC, hay incluso más salvadoreños entre nosotros que cubanos. Puede que estén menos concentrados geográficamente que los cubanos de Miami, los boricuas de Nueva York o los mexicanos del suroeste —y que tengan menos estudios y menos recursos que los latinos en general—, pero son una comunidad vibrante, en constante transformación y, como la ama de casa Tanita y sus tres jóvenes hijos profesionales "salvi" estadounidenses, ocupan todos los niveles del orden social de Estados Unidos.

EL SANTUARIO DE LAS SEGUNDAS OPORTUNIDADES

Este país es la madre de las segundas oportunidades.

—Jorge Ramos, presentador de noticias
mexicano-estadounidense, 2015

Cuando Raymundo Paniagua logró por fin encontrar una habitación de alquiler en Arlington, Virginia, y un empleo temporal para pagarla, enseguida se dio cuenta de que tenía otras dolencias con qué lidiar, además de una bala en el cráneo y una cuenca ocular vacía. Entre los muchos problemas que había traído consigo en su vuelo desde Tegucigalpa se encontraban un caso agudo de trastorno de estrés postraumático, una oleada diaria de repentinos y aterradores ataques de pánico y un debilitante cúmulo de colapsos narcolépticos producto de una propensión a la fatiga extrema y crónica. Sus amigos hondureños de la zona pudieron ayudarle con la logística inmediata de trabajo y alojamiento, pero no sabían cómo desenvolverse en el complicado y costoso sistema sanitario de Estados Unidos.

Pronto se hizo evidente que había aterrizado en el lugar ideal para hacerles frente a sus múltiples agravios. En primer lugar, su barrio de Arlington estaba repleto de hondureños, salvadoreños y guatemaltecos, gente que había abandonado las peligrosas estrecheces del afligido Triángulo para encontrar un puerto seguro cerca de la sede del gobierno de Estados Unidos. No fue la comunidad en sí lo que le ayudó a negociar la vida en este país, sino la proliferación de servicios —dirigidos en su mayoría por "gringos", según Raymundo— que habían surgido en esa zona para apoyar la afluencia de latinos necesitados: oficinas del gobierno estatal, organizaciones sin ánimo de lucro, organizaciones benéficas y dos entidades que se disputaban su alma y que acabarían ayudándole más que las demás: las iglesias católicas y mormonas locales.

En pocos años, Raymundo pudo pagar la cirugía que necesitaba, así como el globo ocular de acrílico necesario para evitar que la estructura ósea de su cara colapsara. El Club de Leones de Virginia y la iglesia católica de Saint Charles aportaron los fondos. La cirugía para el implante ocular la realizó a un precio drásticamente reducido un generoso cirujano de la Universidad Johns Hopkins que se apiadó de sus circunstancias y de los horribles acontecimientos que las habían producido. La prótesis fue un regalo de la Iglesia mormona. Al poco tiempo, Raymundo encontró trabajo temporal llevando la contabilidad de un grupo de pintores, albañiles, pavimentadores de calles y milusos hondureños que trabajaban en los alrededores. Por último, obtuvo trabajo como encargado del mantenimiento en una iglesia de los Santos de los Últimos Días, cuyo personal fue infinitamente paciente con sus intermitentes ataques de fatiga incapacitante. A cambio de sus labores, los trabajadores sociales de la iglesia ayudaron a Raymundo con sus deudas y le atendieron en sus necesidades. Limpiar y mantener un lugar de culto dista mucho de trabajar como biólogo marino, pero para Raymundo la asociación ha sido un salvavidas. En últimas, puede que Raymundo y Tanita sean latinos de países distintos, conflagraciones dispares y trayectorias vitales muy diferentes, pero comparten una visión única e inquebrantable de Estados Unidos de América. Lo llaman su "santuario de las segundas oportunidades".

5

MATICES DE LA PERTENENCIA

Imagina que tienes que decirle constantemente a la gente que estás hecha de dos colores: azul y amarillo, pero todo lo que la gente ve es verde, y tienes que salir constantemente a la luz y demostrarles que estás hecha de los dos.

—Cindy Y. Rodríguez, periodista peruano-estadounidense, 2014

Los latinos sentimos que el resto del mundo quiere imponernos de qué color debemos ser. Marrones nos dicen algunos, aunque a menudo tenemos tonos de beige, amarillo o caoba. Dada la elección binaria estándar estadounidense —consagrada en el censo de 1790, cuando el recién acuñado gobierno de Estados Unidos decidió contar a los esclavos—, nos vemos encajonados en una taxonomía blanco–negro que nos parece totalmente errónea. Me recuerda el lejano momento en que, deambulando por una estación de autobuses de Miami el día de mi llegada a Estados Unidos, me enfrenté al demasiado americano dilema de elegir entre dos razas. ¿Debía entrar al baño marcado "De color"? ¿O debía elegir el que decía "Sólo blancos"? Y ¿qué significaban exactamente esas etiquetas? Nunca me habían hecho reflexionar sobre el color exacto de mi piel.

No fue así para los mexicanos al otro lado del país. Cuando terminó la guerra entre México y Estados Unidos y se elaboró el primer censo estadounidense en la década de 1850, los mexicanos cuyas tierras habían sido usurpadas por los invasores del "¡hacia el oeste!" decidieron resueltamente ponerse del lado del privilegio e identificarse como "blancos". Igual, los trataron como negros. Les pegaron, los lincharon, les prohibieron entrar en restaurantes, tiendas, cines, escuelas y en cualquier establecimiento anglosajón que declarara que no los quería. Los carteles en los escaparates les recordaban su condición: "Prohibidos los perros, los negros y los mexicanos". Eso es lo que un sistema binario profundamente arraigado puede hacer a una población llena de matices. Incluso ahora, en el habla corriente, a los latinos se nos llama gente de color, cuando en realidad somos gente de muchos colores. Un arco iris de colores. Dennos un color de piel y tendremos primos que lo luzcan. Podemos encajar en cualquier fenotipo. Incluso bajo un mismo techo y dentro del mismo núcleo familiar.

Para un país altamente racializado como Estados Unidos de América, que lucha por codificarnos y encasillarnos en cajas ordenadas y categóricas, esa gama infinita puede ser difícil de asimilar. Cuando Hollywood decidió producir la película *West Side Story* (*Amor sin barreras*) en 1960, Rita Moreno —la única puertorriqueña en una película sobre puertorriqueños— tuvo que llevar un pegote de maquillaje mucho más oscuro que su propia piel. Se esperaba que los puertorriqueños fueran todos morenos; al menos, así era la mentalidad de Hollywood en esa época. También se esperaba que aborrecieran su patria, sus costumbres, su clima y, en definitiva, a sí mismos. (La letra lo decía todo: *"Always the population growing! And the money owing! And the sunlight streaming! And the natives steaming!"* ["¡La población siempre creciendo! ¡Y siempre dinero debiendo! ¡Y la luz del sol irradiando! Y los nativos recalentando"]. Ahí estaba: el presunto odio a sí mismo que debe sentir todo puertorriqueño. La impúdica mueca de la repugnancia).

A pesar de los supuestos avances en materia de sensibilización racial en los sesenta años transcurridos desde entonces, cuando en 2021 Disney presentó la película optimista de Lin-Manuel Miranda *In the Heights* (*En el barrio*), supuestamente más respetuosa hacia los dominicanos, atrajo menos público del esperado. Algunos afrolatinos pusieron el grito en el cielo. Se quejaban de que el reparto, mayoritariamente latino, no era lo bastante dominicano, lo bastante oscuro, lo bastante negro. El péndulo había oscilado. Pero el mensaje era el mismo: no se puede hablar de los latinos como de una etnia o raza uniforme, alguien se sentirá excluido. La escritora dominicana Julia Álvarez, fenotípicamente blanca, puede parecer a años luz de distancia del exjugador de béisbol dominicano Juan Soto, fenotípicamente negro. Y, sin embargo, en algunas familias podrían ser hermanos. Es un asunto complicado. Así lo ha sido por más de quinientos años.

Recuerdo estar en la casa de mi infancia, en la hacienda costera de Paramonga, Perú, y sentarme en el regazo de mi Tía Chaba mientras ella pasaba las páginas de un álbum familiar que había traído de Lima. Una tras otra, las fotografías me hacían estirar el dedo y preguntar: ¿quién es ese? ¿Y ésa? Nunca antes había visto un rostro negroide o asiático —vivíamos sobre todo entre indígenas— y la arquitectura distintiva de los rasgos faciales me despertaba curiosidad. "Ah", decía, "es Tía Eufemia; le decíamos la Negrita. Y esa de ahí es la prima de tu abuela, China". Y eso era todo. Ninguna explicación. Sólo la flagrante desfachatez de los diminutivos raciales, como si eso fuera suficiente aclaración. Y luego, silencio. Muchos años después, de joven, le pregunté a mi abuela —quien, en lo que a mí respecta, era la fuente de la verdad familiar— por aquellas caras, pero ella no me hizo caso. "Somos blancos, Marisi. Puro blancos. Criollos de hace mucho tiempo".

Era mentira. Mi familia, como las familias de la mayoría de los latinos estadounidenses, se había mezclado con indígenas y africanos desde hacía mucho tiempo. A pesar de las estrictas leyes de *limpieza de sangre* (pureza racial) que habían funcionado durante siglos en las colonias españolas —por no mencionar la extraña laguna jurídica que permitía a un mulato comprar la "blancura" y acceder a los privilegios de los "blancos" si le pagaba a la Corona española el dinero suficiente—, la mezcla de razas había acompañado a la conquista desde el principio. Había existido desde el momento en que un barco lleno de hombres lascivos desembarcó en las costas del Nuevo Mundo y estos violaron a las nativas. En nuestra familia habían sido 480 años de multirracialidad, para ser exactos; desde 1542, cuando mi primer antepasado español en este hemisferio desembarcó en algún lugar del Caribe y se dirigió hacia el sur, a Perú, engendrando veinticuatro generaciones de descendientes mezclados en multitud de latitudes y provincias. Llegaría a darme cuenta de que sorpresas fenotípicas como las que veía en nuestro álbum familiar no eran raras en el amplio mundo de las familias latinas. Lo raro era hablar de ello. Los bebés se esperaban con cierta tensión. A lo largo de todo ese tiempo, pliegues epicánticos o bridas mongólicas, los cuerpos lampiños y las narices nubias siguieron apareciendo en la familia Arana Cisneros. "¡Ay! ¡Salió quemadita!", podía exclamar un tío gracioso. Después, silencio.

Javier Lizarzaburu, corresponsal latino de la BBC en Europa y Estados Unidos por muchos años, escribió con elocuencia sobre esto en una serie que produjo sobre su propio viaje de descubrimiento racial:

> Según las historias contadas, yo debería ser 100% blanco. Pero no lo soy. Mi rostro es, digamos, el rostro común de un peruano. Un rostro que habla de un innegable proceso de mestizaje, del que nunca se habló en casa. Y si algo tan evidente como mi rostro no era cierto, ¿qué de las historias de familia? De repente nadie mintió. De repente pasó lo que pasa con cierta frecuencia aquí. Se guardó silencio. Porque hay historias y hay orígenes de los cuales sencillamente no se habla. O no se hablaba.

Nunca se habla de esos orígenes porque es demasiado lo que está en juego. Ser menos que blanco en Perú (de hecho, en la mayoría de los países latinos) es formar parte de una gran masa informe que históricamente ha sido excluida de los grandes salones, la educación de calidad, las carreras codiciadas, las altas esferas del gobierno y los matrimonios de postín. En el caso de Javier, nunca sospechó que no pertenecía a los grandes salones: su educación había sido excelente; sus éxitos periodísticos —en Londres, Washington, DC, y Madrid—, envidiables; su mundo social, rico y pleno. Hasta que recordó un incidente que vivió cuando tenía veinte años y un compañero de clase de su universidad española le dijo despreocupadamente, mientras salían un día por la puerta: "Ven, indio. Vamos". En aquel momento le había parecido una broma.

Muchos años después, reflexionando sobre los resultados de su ADN,

Javier recordó aquel momento en Madrid. El recuerdo se convirtió en una epifanía. Lo mismo que un comentario pasajero lo había sido para el joven estadounidense de origen dominicano Mario Álvarez cuando un día, en los grandes salones de la Horace Mann School de Nueva York, le dijeron que era negro, completa e inequívocamente negro. Javier se miró en el espejo: pelo de ébano, ojos castaño oscuro, piel tostada, físico delgado. Parecía ridículo que no lo hubiera visto antes. Pero así es como las mentiras que se transmiten de generación en generación pueden distorsionar la percepción que una persona tiene de sí misma. Ahora el cuadro quedaba nítidamente enfocado: todos los miembros de su familia eran blancos, excepto él. Como periodista, Javier empezó a escudriñar el pasado de su familia, lo que daría lugar no sólo a una serie de la BBC sobre las pequeñas mentiras blancas de la clasificación racial, sino también, con el tiempo, a una retrospectiva completa de la propia identidad de Lima, planteando la idea de que las élites blancas habían perpetuado la gran mentira de su superioridad inherente y borrado las ricas civilizaciones indígenas que habían definido la ciudad durante milenios. El ajuste de cuentas con su identidad racial se había completado. "Salí del Perú blanco", escribió, "y regresé indio".

La abuela materna de Javier le contaba que había nacido en España, de padre inglés y abuelo del norte de Italia, de piel clara. Tenía la piel blanca como la porcelana, brillantes ojos azules y pelo rubio; estaba claro que era norteña. Pero también tenía la costumbre de repetirle constantemente a Javier: "Hay que blanquear la raza". Es decir, mejorarla. Lo que significaba que Javier estaba obligado a casarse más blanco, reproducirse más blanco, limpiar la sangre. Era un mantra generalizado que yo también había oído en mi infancia, sobre todo porque mi padre peruano se había casado con una anglosajona. Según los mayores, al menos racialmente había hecho bien en casarse con mi madre; su color café avellana se convertiría en mí en café con leche. Y así fue. La obsesión latinoamericana por la eugenesia rozaba de tal modo la locura a principios del siglo XX que gobiernos enteros —Argentina, Chile, Uruguay, Paraguay— animaban a los europeos a emigrar a sus países para borrar lo que tenían de indígena. ¡Estamos creando una raza cósmica! dijo un educador mexicano; un gran mestizaje donde todos aclararíamos gradualmente nuestras pieles generación tras generación hasta volver a ser del color de los conquistadores. Bien entrado el siglo XX, ese impulso seguía vigente.

Javier tuvo que preguntarse: ¿por qué su abuela, su pariente más *blanca*, insistía en blanquear la raza, si —como ella sostenía— la familia era completamente blanca? La suya no era la obsesión por la raza que obliga a la gente a declarar si es blanca o negra, esa opción binaria e inequívoca que se exigía no hace tanto en algunos lugares públicos de Estados Unidos. *Blanquear —o mejorar— la raza* es una noción más escurridiza: significa admitir que en un país multicolor traumatizado por un pasado colonial brutal y racista, un tono de piel más claro —un *blanqueamiento*— haría la vida de los hijos mejor, más fácil. Es un racismo sistémico de otro tipo. De tipo latino. Y da por sentado que las razas cruzarían la raya y procrearían unas con otras a tontas y a locas.

El blanqueamiento era la norma, aunque para nosotros blanquear sea una escala inconsistente y arbitraria, porque el "blanco conquistador" difícilmente es el blanco escandinavo, conservado y mantenido en aislamiento durante siglos. El blanco español es una aleación chapucera de europeo, árabe, mediterráneo y judío. Y después de un tiempo en este hemisferio, puede incluir también un poco de indígena y negro. Como escribió una vez el poeta inglés del siglo XVI Edmund Spenser, odiador de España y promotor de la feroz Leyenda Negra antiespañola tan popular en Gran Bretaña: "De todas las naciones bajo el cielo, supongo que la española es la más mezclada, la más incierta y la más bastarda". Unos cientos de años después, un intelectual francés lo precisó mejor: "África empieza en los Pirineos", es decir, en la frontera con España. Así pues, la "pureza de raza" que España le exigía a su descendencia colonial en América era ridículamente imposible de conseguir desde el principio.

La alusión despectiva y casual del amigo de Javier a su morenez le hizo cuestionarse momentáneamente todo lo que le habían contado. Le escribió a su madre: "Entonces, ¿cuál de mis antepasados era el indio?". La carta que ella le respondió estaba llena de ternura, pero reforzaba el secretismo: "No te preocupes, eres inteligente. Vístete bien y no pienses en esas cosas". Con el tiempo y algunas investigaciones, la verdad saldría a la luz: el padre de Javier, de quien se decía que era de origen vasco y, por tanto, presumiblemente blanco, procedía en realidad de una larga estirpe de Lizarzaburus que llevaban en América desde el siglo XV. ¿Quién iba a saber qué alianzas carnales se habían establecido en las generaciones posteriores? Por parte materna, la abuela de ojos azules que decía haber nacido en España había nacido en realidad en Moyobamba, en la selva peruana. Su blancura —no la morenez de su nieto— había sido el chiripazo de la familia. Además, el abuelo cuyo recuerdo atesoraba no era italiano ni norteño; había nacido en un puesto avanzado cerca de Chachapoyas, en lo alto de los Andes rurales. Las mentiras pretendían enmascarar una ascendencia local más morena, pero al observar a su familia de piel clara había creído que todos eran blancos como la carne de un coco, incluido él mismo.

Al estudiar los resultados de su prueba de ADN, Javier comprendió que su color no era accidental; era casi cincuenta por ciento indígena. Por sus venas corría la sangre de civilizaciones nativas americanas, herencia que se remontaba veinte mil años atrás. Su particular cóctel genético incluía una pizca del sudeste asiático, nada sorprendente en un peruano, cuya población había recibido infusiones de sangre asiática en forma de esclavos y comerciantes a lo largo de los siglos. En última instancia, la búsqueda de su identidad le mostró a Javier que la morenez —incrustada en la memoria celular de su piel— era el legado de una antigua narrativa, una fusión de todos los fenotipos de la humanidad, bastante común entre los latinos, pero única en la historia del mundo.

MATICES DE LA INVISIBILIDAD

> No cruzamos la frontera, la frontera nos cruzó.
> —Consigna de activistas chicanos del suroeste
> de Estados Unidos, años sesenta

Si bien Javier se había convencido a sí mismo de que era blanco a través de una mentira, los mexicano-estadounidenses se convirtieron en blancos a través de la ley. En la última mitad del siglo XIX, después de que los estadounidenses se abrieran paso hasta México, crearan un problema enorme de inmigración, libraran una guerra y se apoderaran de la mitad del territorio mexicano, los mexicanos que de pronto se encontraron a este lado de la frontera exigieron que se les considerara ciudadanos estadounidenses de pleno derecho. Antes no tenían semejantes ambiciones. Aunque algunos decidieron aceptar la oferta de México de reasentarse en su lado de la nueva frontera, otros lucharon por conservar la tierra y las propiedades que habían pertenecido a sus familias durante cientos de años. Les había parecido inaudito, si no alucinante, que les pidieran dejar atrás todas sus posesiones para unirse a su país de origen.

Los mexicanos son en gran medida mestizos, mezcla de indígena y español, a veces también con dosis de negro africano, pero en 1848, cuando le echaron un vistazo a la sociedad binaria obsesionada con la raza que los había absorbido —cuando vieron a los rancheros y agricultores de Estados Unidos inundar sus tierras y traer consigo a sus esclavos— no querían saber nada de la etiqueta "de color". De hecho, esos temores se habían avivado mucho antes: un artículo publicado en 1839 en *La Luna*, periódico de Chihuahua, advertía que, si los estadounidenses llegaban a invadir, "venderían como bestias" a los mexicanos porque "su color no era tan blanco como el de sus nuevos conquistadores". Era una perspectiva alarmante, porque entre los mexicanos había funcionado durante mucho tiempo la regla de una gota, pero al revés, y esta también acabaría funcionando entre los mexicano-estadounidenses: si tenían algo de sangre española de algún antepasado lejano, se consideraban justificadamente blancos. Ser cualquier otra cosa en Estados Unidos —negro, mulato o asiático— era no tener voto, ni acceso a la propiedad, ni derecho alguno. Al exigir la ciudadanía, exigían la blancura. Cuando por fin se firmó el Tratado de Guadalupe Hidalgo en 1848, les fue concedida. Así, a medida que Estados Unidos se acercaba al cambio de siglo, en medio de los esfuerzos del gobierno por afinar el censo y determinar exactamente quién era quién en la población estadounidense, los mexicanos prefirieron desaparecer entre la mayoría blanca. Prefirieron que no los contaran en absoluto como mexicanos.

Con el tiempo, la Gran Depresión se interpuso en el camino. Cuando la bolsa se hundió y el desempleo se fue por las nubes, los angloestadounidenses empezaron a culpar a los mexicanos de quitarles el trabajo, acusación antigua y totalmente infundada. Para mitigar la ira de los blancos, Estados Unidos expulsó por la fuerza a dos millones de personas de ascendencia mexicana, de los cuales hasta un sesenta por ciento eran ciudadanos estadounidenses. Luego, en 1930, la palabra "mexicano" apareció de repente en el cuestionario del censo como raza aparte, en un cínico intento de contarlos con fines discriminatorios. Pero los mexicanos se alzaron y rechazaron la designación, desconfiando de un gobierno que les había tratado mal. Siguieron marcando "blanco", insistiendo en desaparecer en la pluralidad, aunque cada vez era más claro que, frente al arraigado racismo de Estados Unidos, la verdadera asimilación era poco más que una esperanza hueca. Aun así, ese instinto de marcar la casilla "blanco" resultaría premonitorio unos años más tarde, cuando el Presidente Franklin D. Roosevelt firmó la Orden Ejecutiva 9066 que utilizó el censo de 1930 para reunir a los estadounidenses de origen japonés y meterlos a la fuerza en campos de internamiento.

La historia de Rubén Aguilar —ciudadano estadounidense de nacimiento— representa una sorprendente muestra del extremo racismo antimexicano de la época. Arreado a un camión en 1933 y deportado a la fuerza junto con su familia cuando sólo tenía seis años, Rubén guarda un fuerte recuerdo de aquel momento. "Me acuerdo", dice, recordando a los agentes del FBI que invadieron su casa de Chicago, "de la forma en que los agentes irrumpieron en la casa: *'Okay, people, backs against the wall!'*". Rubén pronto se encontró en un país que parecía totalmente extranjero, en una zona que sus padres no conocían. No hablaba español y, sin la nacionalidad, un niño estadounidense en México no podía recibir ayuda sanitaria ni asistir a la escuela pública. Doce años después, en 1945, justo después de cumplir los dieciocho años, recibió una carta del Servicio Selectivo de Estados Unidos en donde se le ordenaba presentarse para el servicio militar. Había guerra. Era ciudadano de Estados Unidos. Estaba obligado a servir. Tomó un bus a Chicago, donde lo reclutarían y enviarían a luchar contra los japoneses. Por el camino, el conductor se detuvo en Laredo y Rubén preguntó por un baño. "A la vuelta de la esquina", le dijo el conductor. "Así que doblo la esquina y veo un gran cartel: 'Ni mexicanos ni perros'".

• • •

Para entender el agudo sentimiento de pasado compartido entre los mexicanos —sentimiento que no ha hecho sino aumentar con el tiempo— hay que imaginar la magnitud del despojo de las tierras mexicanas, una apropiación de quinientas mil millas cuadradas y de cada uno de sus habitantes. En palabras de un profesor estadounidense que viajó hace unos años por la frontera original de México: "Una cosa que nos pareció realmente fascinante fue ir a lugares como Medicine Bow, Wyoming, que habría sido un pueblo fronterizo. La gente no tiene ni idea de que México se extendía tan al norte". Hoy resulta difícil comprender que esas 2.400 millas de frontera originales se desplazaron tanto hacia el sur que gran parte de lo que alguna vez fue la recién independizada república de México es ahora California, Utah, Nevada, Texas, Nuevo México, Arizona, Oklahoma, Colorado y Wyoming. Si el segmento mexicano-estadounidense de la población de Estados Unidos representa nuestra mayor minoría étnica (cuarenta millones, es decir, más de uno de cada nueve estadounidenses es de origen mexicano), es porque muchos han estado aquí desde siempre. Si no estaban aquí desde el principio, en 1940 la mayor parte de los mexicano-estadounidenses eran nativos.

Hoy, tres generaciones después, más del setenta por ciento de los estadounidenses de origen mexicano ha nacido en Estados Unidos y, sin embargo, un tercio de ellos afirma que sufre racismo a diario. Ese racismo, tan presente desde los primeros días de Estados Unidos, encontró finalmente su expresión contraria en el movimiento chicano de la década de 1960, breve pero feroz campaña de jóvenes radicales comprometidos a rechazar las aseveraciones de blancura de sus padres, abrazar su "mexicanidad" y reclamar sus derechos sobre sus tierras ancestrales. Los jóvenes chicanos habían analizado detenidamente su lugar en la sociedad de Estados Unidos y lo que veían los enfurecía: no sólo les habían retirado unilateralmente las concesiones de tierras que el gobierno estadounidense les había prometido en el Tratado de Guadalupe Hidalgo, sino que ahora tenían la renta per cápita más baja del país, una tasa de desempleo vertiginosa, una tasa de deserción escolar del cincuenta por ciento, un número mínimo de estudiantes en la enseñanza superior, ninguna representación política digna de mención y los jóvenes mexicanos morían en Vietnam casi a una tasa dos veces superior a la de cualquier otro grupo étnico. Con el incentivo del movimiento por los derechos civiles y el creciente fervor antibélico, estos activistas se negaron a seguir callados. Adoptaron un nombre que en su día había sido un insulto racial y, en un arranque de idealismo juvenil, reunieron hasta 150.000 manifestantes, alimentando concentraciones fervientes a menudo violentas y provocando la vigilancia severa —incluso encubierta e ilegal— del FBI.

Inspirados por el creciente número de partidarios, los chicanos anunciaron que reconstruirían y poblarían Aztlán, la patria mítica de los aztecas que supuestamente se había extendido desde el norte de México hasta el suroeste de Estados Unidos. Para estos líderes, Aztlán representaba la autodeterminación, el retorno a las raíces, el orgullo racial. "Nos movía una ira ardiente y apasionada. Eso fue lo que nos impulsó. La gente había reprimido esa ira durante años. Una vez que estalló, no tuvimos las herramientas para mantenerla", dijo Richard Martínez, abogado y activista chicano que llegó a ser senador estatal, y se jubiló como juez. De hecho, en quince años muchos de los líderes "revolucionarios" del movimiento —como Martínez— se habían incorporado a la clase dirigente como abogados, ejecutivos, profesores universitarios y burócratas. Habían demostrado su capacidad entrando a formar parte del sistema dominante. Otros convirtieron su radicalismo en realismo duro, como el chicano William C. Velásquez quien, tras años de encabezar marchas de protesta, vio que el problema fundamental de la marginación de los mexicano-estadounidenses era la exclusión sistémica y discriminatoria del proceso democrático. "Willie" Velásquez, como se le conocía, se propuso educar a los jóvenes mexicanos sobre el poder de las urnas, registrar a los votantes con derecho a voto y persuadir a todos los hispanos para que se hicieran oír en las urnas. "Su voto es su voz", los exhortaba, y su esfuerzo masivo y con las bases para corregir la invisibilidad de los latinos resultaría más poderoso que cualquier acto de desobediencia civil.

Para 1983, el movimiento que había llevado a tantos jóvenes mexicanos a una mayor participación en los pasillos del poder —movimiento que se había desarrollado sobre los hombros de renombrados organizadores sindicales como César Chávez y Dolores Huerta, de la Unión de Campesinos de Estados Unidos— había caído en el olvido. La mitad de la población latina de Los Ángeles ni siquiera había oído nunca el término *chicano*. Sólo dos generaciones después de que el censo incluyera "mexicano" en su taxonomía de colores de piel, el grupo que adoptara esa categoría racial había desaparecido. Sin embargo, nadie puede negar que los chicanos adelantaron en gran medida la adopción plena y participativa de la latinidad que finalmente llegaría en el siglo XXI.

EL CENSO Y LA LATINIDAD

El pecado original de la Constitución fue que el concepto de "pueblo" no consideraba a todas las personas por igual. *"We, the People"* no incluía a todo el mundo.

—Laura E. Gómez, profesora de Derecho
mexicano-estadounidense, 2020

En la década de 1890, cuando mi abuelito de dieciséis años navegó costa arriba desde Perú, viajó por tierra y cruzó la frontera hacia Estados Unidos, se produjeron al menos tres acontecimientos cruciales. En primer lugar, el ejército de Estados Unidos invadió territorio indígena, se enfrentó al pueblo lakota en la batalla de Wounded Knee, en Dakota del Sur, y masacró hasta trescientos hombres, mujeres y niños, incluido el jefe Sitting Bull, con lo que de hecho puso fin a la resistencia armada india ante la invasión de los pioneros blancos. En segundo lugar, la Oficina del Censo de Estados Unidos, que para entonces llevaba cien años en funciones, declaró cerrada la frontera y definió sus límites, obligando a mi abuelo a presentar papeles y una carta oficial de invitación al cruzar a territorio estadounidense. En tercer lugar, el territorio de Estados Unidos, por tanto tiempo disputado y en conflicto, se extendió de costa a costa. El censo dejó de rastrear a los aventureros que se dirigían hacia el oeste, proclamó que la frontera "indeterminada" ya no existía y, dado que muchos mexicanos habían huido hacia el sur para ponerse a salvo, decidió convenientemente ignorar a los alrededor de cien mil que habían optado por quedarse.

Había otras cosas que hacer. Por veleidoso que haya sido siempre el censo —y esporádico su progreso—, lo mejor es verlo como un instrumento en evolución. Nació de la sección 2 del artículo 1 de la Constitución, y se concibió en gran medida como un inventario decenal (cada diez años) para decidir los "repartos", esto es, el número de representantes en el Congreso que se le asignaría a cada estado. Pero muy pronto tuvo otros usos políticos. En 1850, año histórico, los funcionarios empezaron a registrar algo más que los hombres blancos cabeza de familia y el número de esclavos que poseían. Las mujeres, niños y esclavos empezaron a ser registrados por su nombre; y las iglesias y los índices de pobreza y delincuencia también entraron en el cálculo. Más notable aún es que el cuestionario especificaba ahora tres opciones de raza: blanca, negra o mulata. Sin embargo, determinar la raza era un ejercicio totalmente subjetivo. Los funcionarios blancos documentaban el color de la piel según lo percibían, como habían hecho los sacerdotes españoles en toda la América colonial desde 1493: observando a la persona que tenían enfrente y asignándole arbitrariamente un color. Sus opiniones sobre la raza eran aleatorias y discutibles, por supuesto.

Diez años más tarde, en 1860, tal vez como reflejo del temor de los blancos a una reacción airada de los nativos americanos, el censo empezó a contar a los indígenas. Y, dada la alarma de los blancos por la creciente afluencia de "hordas amarillas" que llegaban a Estados Unidos para buscar oro y construir los ferrocarriles y carreteras del país, el censo empezó a contar también a los chinos. De hecho, en aquella tormenta perfecta de preocupaciones racistas, Estados Unidos prohibió la entrada de mujeres chinas al país, alegando la necesidad de controlar la natalidad, evitar la prostitución y detener la sensible infestación amarilla; unos años más tarde, la infame Ley de Exclusión China prohibió toda inmigración e inspiró la creación de la Patrulla Fronteriza de Estados Unidos, ya que se temía que los asiáticos desembarcaran en México y cruzaran la frontera sin que nadie los viera. A pesar de que mucho se argumentara que el conteo era un ejercicio puramente demográfico y científico, señalar a chinos, "hindúes", japoneses y otras distinciones raciales se había convertido, como dijo un jurista, en "una forma de vigilancia, un mecanismo para imponer orden y pureza racial ante la llegada de extranjeros ambiguos". Los europeos blancos, en cambio, no serían sometidos a ese tipo de escrutinio.

Por otra parte, cada censo parecía tener sus controversias raciales. Comenzaron en 1797 con un debate que desembocó en el recuento de los esclavos para determinar los repartos, siendo estos registrados como tres quintas partes de un ser humano, inclusión sin la cual Thomas Jefferson podría no haber ganado la presidencia en 1800. Del mismo modo, el inventario de indígenas de 1860 registró apenas cuarenta mil nativos americanos: sólo aquellos dispuestos a renunciar a pertenecer a sus tribus y a pagar impuestos; la cifra real era casi diez veces mayor. En el censo de 1870, el primero después de la Guerra de Secesión, la gran subestimación de la población negra de Estados Unidos fue motivo de controversia. Los afroamericanos, esclavizados hasta hacía poco tiempo y profundamente tiranizados, se negaron a cooperar con la Oficina del Censo, con razón temerosos de que la información ofrecida por ellos pudiera ser usada en su contra. A finales del siglo XIX hubo grupos de presión que buscaban controlar los repartos y manipular la información sobre las razas de Estados Unidos. En ocasiones el sistema parecía adoptar un cálculo sanguíneo que recordaba la Inquisición, midiendo no sólo a indígenas, chinos, hindúes, coreanos y japoneses, sino también a negros, mulatos, cuarterones y ochavones.

Hacia 1900, cuando ya había un mínimo de medio millón de personas de origen hispanoamericano en el suroeste de Estados Unidos, el gobierno seguía ignorando las cifras. Los registros que tenemos sobre el tamaño de esa población proceden de encuestas informales de apellidos que sonaban españoles, lo que puede inducir a error. La gente puede cambiar de nombre, y un Márquez puede convertirse en un Marks tan fácilmente como Ralph Rueben Lifshitz en Ralph Lauren. O un hogar con un apellido inglés puede ser en realidad abrumadoramente mestizo a través de la línea femenina no registrada. En mi propia familia peruana tenemos O'Connor, Koehne y Barclay que se mezclan con el tronco mestizo, son culturalmente latinoamericanos y se han considerado peruanos durante muchas generaciones.

En la metódica determinación de contar a los hispanos, el censo ha avanzado mucho desde 1930, cuando de repente incluyó "mexicano" como categoría racial. La protesta contra esa categorización fue inmediata; de hecho, se anticipó al propio proceso. Comenzó cuando la Liga de Ciudadanos Latinoamericanos Unidos (LULAC), organización mexicano-estadounidense creada en Corpus Christi, Texas, se enteró de que la categoría "mexicano" estaba pendiente, se organizó para eliminarla del censo. Protestaron: somos blancos, siempre hemos sido blancos, compruébenlo; somos estadounidenses. Incluso el gobierno mexicano se quejó, recordándole a Washington que cuando el gobierno de Estados Unidos confiscó el territorio mexicano firmó un tratado que aceptaba a todos los mexicanos en esa tierra como ciudadanos estadounidenses de pleno derecho. En el momento de la firma, en 1848, para ser ciudadano de Estados Unidos había que ser blanco, así que por asociación, argumentaba la LULAC, los mexicano-estadounidenses habían sido blancos durante más de ochenta años. ¿Por qué cambiarles ahora el estatus racial? La Oficina del Censo acabó cediendo y, cuando llegó el siguiente censo, "mexicano" se había eliminado del cuestionario.

El enigma gubernamental sobre qué hacer con los mexicanos de Estados Unidos se complicó con la Revolución Mexicana, una larga y brutal máquina de matar que devastó el país de 1910 a 1920 y empujó a entre seiscientos mil y más de un millón de mexicanos hacia el norte en busca de seguridad. Desaparecida la designación de raza "mexicana", esos inmigrantes también procedieron a registrarse como blancos, siguiendo el ejemplo de sus hermanos estadounidenses. Como resultado, el censo de 1940 mostraba unos Estados Unidos que eran blancos en un noventa por ciento (el diez por ciento restante, negros), aunque una bomba de población de indígenas y mestizos latinoamericanos había detonado en el suroeste, prácticamente sin que nadie la viera.

¿Qué dice de un país que sus demógrafos oficiales ignoren a todo un sector demográfico de su población y que ese olvido se prolongue década tras década durante más de 120 años? Como ha escrito el historiador Kenneth Prewitt: "Por supuesto, sería una exageración atribuir la racialización de la política estadounidense al censo. Pero la disponibilidad de una taxonomía racial —contar y clasificar por razas— fue la mano derecha de la política racial que continúa hasta el presente". Es evidente que entre la Guerra de Secesión y el final de la Segunda Guerra Mundial la demografía de los Estados Unidos estaba cambiando, se quisiera o no, y se estaba cimentando una rígida jerarquía racial —de hecho, la información del censo era el pegamento—, en la cual los hispanos seguían siendo invisibles.

En 1960, el número oficial de personas "de apellido español" en Estados Unidos era inferior a un millón —sólo en el suroeste—, subestimación que ilustraba el fracaso patente del censo a la hora de contabilizar las crecientes multitudes. Para entonces, habían empezado a llegar puertorriqueños y cubanos, que también aparecían como "blancos" en el censo, aunque sólo los cubanos más ricos que escapaban de la revolución comunista de Castro encajaban en el fenotipo. Así, a pesar de que el censo de 1960 empezó a pedirle a la población que se identificara racialmente, la farsa continuó: los latinos pasaron a ser oficialmente blancos porque se autodenominaban blancos, aunque socialmente fueran "de color": en su mayoría, segregados en guetos, vetados de los lugares públicos y relegados a un limbo racial. "Crecí en una América en blanco y negro, donde no había lugar para el marrón", escribió el escritor Richard Rodríguez sobre sus desconcertantes días de infancia.

EL NACIMIENTO DE "LO HISPANO"

Nixon nos encontró. Él nos hizo conocidos y famosos.
—Henry M. Ramírez, político mexicano-estadounidense, 2014

Llegados los años setenta, un hombre supo dónde poner lo "marrón" de Estados Unidos. Su nombre es Richard Milhous Nixon. Cuando el

Presidente Nixon inició su primer mandato en 1969, uno de sus primeros objetivos fue dirigirse a una población que había llegado a conocer bien en su ciudad natal de Whittier, California. En ellos veía un segmento de Estados Unidos que había sido ignorado, pasado por alto, y que podría tener un gran capital político si se le cortejaba, reconocía y unificaba. Al fin y al cabo era hijo de un cultivador de limones fracasado reconvertido en tendero, un muchacho que había visto de cerca a los mexicanos, no sólo en los campos de Yorba Linda donde había crecido, sino en el negocio de comestibles de su padre en Whittier. Había observado su fuerte ética de trabajo, sus tradiciones familiares, su fe a toda prueba. A los doce años, trabajando codo a codo con ellos, cargando frutas y verduras en camiones, se había sentido cómodo en su compañía. "Sé quiénes son ustedes los mexicanos", dijo cuando reunió a un grupo de ellos en la Casa Blanca para hablar del futuro de su administración.

El 12 de septiembre de 1969, Nixon ya había firmado una proclamación que dedicaba la semana del 14 de septiembre a la celebración nacional de la Hispanidad estadounidense; el Congreso la bautizó como Semana Nacional de la Herencia Hispana. Con el tiempo, las festividades se extenderían a todo el mes. Jamás un presidente de Estados Unidos se había mostrado tan elogioso hacia la población latina, tan optimista sobre su futuro y potencial. Su declaración un año después fue casi panegírica:

Esta nación está especialmente en deuda con la cultura hispana. Los hombres de origen hispano estuvieron entre los primeros europeos que exploraron este hemisferio. Durante cuatro siglos, hombres y mujeres de ascendencia hispana han ejercido un distinguido liderazgo en nuestro país y en otros países del Nuevo Mundo, tanto en el gobierno como en otros ámbitos de la vida.

Hoy, el pueblo de Estados Unidos recuerda esta rica herencia de muchas maneras. Millones de nuestros ciudadanos hablan español, y los nombres y tradiciones hispanos adornan muchas partes de nuestro paisaje, incluidos tanto el pueblo donde nací como el lugar donde estoy construyendo mi nuevo hogar.

La herencia hispana de este país es especialmente importante
porque nos recuerda las grandes tradiciones que compartimos con
nuestros vecinos de América Latina [...]. Es una cultura profunda, vibrante y bella. Ha cruzado fronteras, montañas y océanos, y dejado
sentir su influencia en todas partes del mundo. Al honrarla reforzamos
el entendimiento internacional, indispensable para el orden mundial.

Ese mismo año, Nixon solicitó la formación de un Comité del Gabinete
en materia de Oportunidades para los Hispanohablantes, cuyo cometido
sería garantizar que sus programas gubernamentales llegaran a todos los
hispanohablantes del país. El comité, presidido por Henry M. Ramírez,
conseguiría mucho más. Cuando Nixon preguntó cómo podrían mejorar el cinco por ciento del apoyo de los mexicano-estadounidenses que
Nixon había recibido en las elecciones presidenciales de 1968, se le respondió sin vacilar: "Cuenten con nosotros. Inviertan en nosotros. Somos
un pueblo devoto, así que seleccionen a uno de nosotros como obispo.
Servimos con entusiasmo en el ejército, así que nombren general a uno
de nosotros. Somos una fuerza económica, así que nombren a uno de nosotros Tesorero de los Estados Unidos. Dennos documentación —la mayoría de quienes llegamos en la diáspora huyendo de la Revolución
Mexicana aún no tenemos papeles—, legalícennos, permítannos visitar
México por última vez antes de volver a casa para morir en Estados Unidos". La respuesta de Nixon fue inmediata: Hagámoslo. Todo. Iniciemos
el papeleo, hagamos que suceda.

Y así fue como Nixon inventó a los hispanos, una categoría hasta entonces desconocida e invisible de estadounidenses, un ajiaco de muchos
matices, hábitos y tribus. Fue una invención absoluta. Nunca hubo una
categoría tan vacilante, tan vaga. Ningún color tan indefinible. Sin embargo, ahí estaba: "hispano", diciéndonos que quienes antes éramos del
sur del hemisferio y ahora vivíamos al norte de la frontera formábamos
una sola clasificación de la humanidad. Un grupo etnorracial.

Todo lo que indicó Ramírez se hizo. Se consagró al obispo mexicano-estadounidense Patricio Flores; se reconoció a Richard E. Cavazos
como el primer general mexicano-estadounidense de cuatro estrellas;

Romana Acosta Bañuelos, estadounidense de nacimiento que había sido deportada de niña durante la reacción antimexicana de los años treinta, y que regresó como madre soltera a los diecisiete años, se convirtió en la primera tesorera hispana de Estados Unidos —con los años, le seguiría una serie de tesoreras latinas—. Entre sus esfuerzos en favor de los hispanos, Nixon creó la Oficina de Empresas de Minorías (ahora la Minority Business Development Agency, MBDA) para invertir en "capitalismo marrón", así como en empresas negras; había sido tema central de su campaña presidencial. En últimas, Nixon escogió a más hispanos para altos cargos que John F. Kennedy, Lyndon B. Johnson o, de hecho, cualquier otro presidente de Estados Unidos hasta Bill Clinton, en la década de 1990. Y la Casa Blanca empezó a presionar a la Oficina del Censo para que contara a las "personas de origen español".

En 1972, cuando se presentó a reelección, Nixon creó la primera campaña integral para ganar el "voto hispano" que el país hubiera vivido alguna vez. "*Amigo* buses" con bandas de músicos recorrían el suroeste tocando música mariachi para atraer a los mexicano-estadounidenses; en el este, tocaban salsa y cumbia para ganarse a puertorriqueños y cubanos. El Partido Demócrata nunca había intentado nada parecido. La campaña de JFK en 1960 había creado los clubes Viva Kennedy, pero en gran medida solo buscaban ganar el voto mexicano-estadounidense. Y aunque Lyndon Johnson era muy consciente de la existencia de los mexicanos en Texas —había comenzado su carrera profesional como profesor en empobrecidas "escuelas mexicanas" rurales, y su administración lograría enormes avances en su favor, entre ellos la Ley de Inmigración de 1965—, nunca se dirigió a un electorado nacional de hispanos, ni los consideró un bloque político propio y poderoso.

Cuando terminaron las elecciones de 1972 con la victoria aplastante de Nixon, éste había conseguido aumentar el voto hispano del cinco al cuarenta por ciento. Sin ayuda de nadie, un republicano les había dado nombre a los hispanos, los había puesto en el mapa y, a cambio, ellos lo habían recompensado. No importaba que hubiera intentado desmembrar la Gran Sociedad de Johnson y todos los programas contra la pobreza que podrían haber beneficiado a los hispanos pobres. Por primera vez, un presidente los había visto como una base política poderosa.

Pero sobrevino el escándalo de Watergate, que culminó con la dimisión de Nixon en 1974, por lo que el último punto de Ramírez —el proyecto de ley para conceder la amnistía a dos millones de mexicanos estadounidenses indocumentados— quedó varado en el Congreso y fue derrotado por un Senado demócrata. En 1986 lo resucitó el presidente Ronald Reagan, otro presidente californiano, y fue aprobado sin problemas, permitiendo la "legalización" de tres millones de inmigrantes indocumentados de diversos países. Para entonces, la población latina se había diversificado y multiplicado, no sólo en el suroeste sino también a lo largo de la costa este. En los diecisiete años transcurridos entre la promesa de Nixon de contabilizar a las "personas de origen español" y la insistencia de Reagan de aplicar el último punto de la "Estrategia Hispana de Nixon", la población latina se había más que duplicado, pasando de nueve a diecinueve millones. Pero, en lo que respectaba a los latinos, la Oficina del Censo seguía siendo un instrumento imperfecto. La agencia gubernamental había puesto en marcha la iniciativa de forma vacilante en la década de 1970, encuestando un porcentaje minúsculo de hogares. Pero lo hacía en inglés, con lo cual no podía aprehender la magnitud real de la población. En 1980, cuando la agencia se dispuso a realizar una enumeración completa, propuso una casilla con la etiqueta "personas de origen español", que resultaba muy confusa para una mayoría que no se consideraba española, sino mestiza, indígena, negra o asiática. Además, Nixon no había entendido bien los fenotipos latinos. "Mira el color de tu piel", le había dicho a su designado, Henry M. Ramírez. "Vainilla. Todos los mexicanos que he conocido tienen la piel color vainilla". Se refería a la piel de un español mezclada con sangre indígena, el color de una vaina de vainilla, que es marrón.

"Esos jueces, abogados y estrellas de cine mexicanos", le dijo Nixon a Ramírez, "se parecen todos a mí. Parecen anglosajones. No estoy hablando de ellos. Hablo de mexicanos como tú". Nixon le dijo a Ramírez que quería promover a "los hispanos de verdad", no a los blancos. Su objetivo era rechazar el embuste centenario, sancionado por el Tratado de

Guadalupe Hidalgo, de que lo más seguro para los hispanos era hacerse pasar por blancos. En lugar de las caras blancas tipo Hollywood que se ven constantemente en las pantallas de televisión, las vallas publicitarias y las salas de juntas de las empresas de México, quería centrarse en las que había visto de niño en los campos: las más oscuras. La raza era parte fundamental de la "Estrategia Nixon". Pero el Censo de Estados Unidos no hacía tal distinción. Del mismo modo que había pasado de ofrecer una casilla negra genérica al prodigioso banquete de lo negro/mulato/cuarterón/ochavón —sólo para recular de nuevo a la antigua versión de una sola gota—, la Oficina del Censo lucharía con el asunto de los pigmentos hispanos durante los años venideros.

SALIDA DEL SÓTANO DE UNA CIUDAD DE ACERO

> Esta tarde ella ha hecho historia. Y es la primera persona de color, la primera latina en la historia de nuestro país que escribe discursos para el presidente.
>
> —Presidente Bill Clinton, Casa Blanca, 19 de julio de 1995

Carolyn Curiel, mexicano-estadounidense de tercera generación, cuya familia tenía raíces en México, Kansas y California, pero se trasladó a Indiana en las décadas de 1930 y 1940, recuerda el racismo profundo y sistémico que caracterizó su infancia. Carolyn puede pasar por blanca, pero creció en el seno de una familia morena, por lo que fue víctima colateral de las políticas puestas en marcha por las comunidades que experimentaban una gran afluencia de trabajadores mexicanos. "En East Chicago, Indiana, donde mi padre trabajaba en las acerías", me cuenta, "mi primera experiencia educativa fue segregada. A mis compañeros y a mí no se nos permitía asistir a clase con nuestros vecinos blancos. Mi primer salón de clases quedaba en el sótano de una escuela católica para polacos y europeos orientales. Los mexicanos estábamos literalmente relegados a las entrañas del edificio, donde apenas había aire fresco o luz solar. Los niños rubios estaban arriba; los mexicanos, abajo. Entonces no conocía la palabra 'segregación', pero sabía lo que pasaba. Monjas blancas de la misma orden religiosa enseñaban arriba y abajo. La única diferencia entre los alumnos era el color y la cultura. Nos trataban como a inferiores".

Quizá la lección más importante que aprendió Carolyn en aquella escuela fue el valor de resistir, de no permitir que el racismo la intimidara. Cuando, sin motivo aparente, una monja corpulenta se le acercó por detrás y le asestó un puñetazo certero en la espalda, se dobló, jadeante, casi sin poder respirar. Era asmática, tímida, frágil y estaba totalmente desconcertada por la agresión, al igual que sus compañeras. Cuando su madre se enteró, irrumpió en el patio del colegio, llamó a la monja para que todo el mundo la viera y la dejó llorando. "Esa", dice hoy Carolyn, "fue la lección más importante que aprendí en esa escuela".

Por otro lado, cuando los niños blancos se portaban mal, los mandaban un día al sótano con los niños morenos como castigo. "Un chico se quedó unas semanas. Nos hicimos amigos suyos. Lloró —y nosotros también— cuando cumplió su 'condena' con nosotros. Tampoco nos dejaban jugar en sus bonitos patios. Entrábamos en nuestra escuela por una puerta lateral y jugábamos en una calle de la ciudad".

Su abuela y abuelo maternos habían quedado huérfanos, y sobrevivieron gracias a su ingenio en un México azotado por el hambre y ciclos mortales de tifus, y luego aterrorizado por una revolución despiadada. "La madre de mi madre era de piel clara, con algo de española de verdad; su padre, en cambio, era indígena puro: pequeño, musculoso, moreno". Se encontraron en Michoacán, donde se casaron y vivieron hasta que las compañías estadounidenses empezaron a reclutar mexicanos para venir al norte y construir los ferrocarriles que cruzan Kansas. Entre 1900 y 1930, decenas de miles de trabajadores mexicanos inundaron el estado para tender vías, levantar estaciones y crear algunos de los nudos ferroviarios más destacados del Medio Oeste estadounidense. Con el tiempo trajeron a sus familias. "Así que mi madre nació en Kansas, traída al mundo por su propio padre en un vagón de carga donde habían hecho su hogar. Era la décima de once hijos".

Al cabo, el abuelo de Carolyn fue víctima del duro trabajo de tender vías. Un día lo encontraron doblado con lo que parecía ser una hernia; los médicos de la empresa decidieron practicarle inmediatamente una cirugía exploratoria. Sin anestesia; simplemente lo ataron a una mesa, lo destazaron y dejaron ahí para que muriera. "Los mexicanos hacían gran parte del trabajo para construir Kansas", cuenta Carolyn con tristeza, "pero no se les consideraba del todo humanos". Viuda, su abuela abandonó Kansas y se trasladó con su tropa de hijos a East Chicago, donde sus hijos encontraron trabajo en las acerías. La madre de Carolyn, apenas adolescente, se casó con el padre de Carolyn, un acerero, y empezaron a formar una familia en aquella ciudad en auge implacablemente gris, cuyas paredes de fábrica gritaban la marca de la empresa —Inland Steel— y cuyas altísimas chimeneas bombeaban al cielo gordas columnas de un negro infinito.

El padre de Carolyn había nacido en California, pero cuando tenía cuatro años un incendio consumió la casa, y la familia quedó de golpe sin hogar. Sin más opción que marcharse, aterrizaron en East Chicago, donde una tía con habitaciones libres los recibió y las acerías acogieron su mano de obra. Con la Depresión de 1929, sin embargo, los Curiel —junto con otros casi dos millones de mexicanos, incluso ciudadanos nativos de Estados Unidos como el padre de Carolyn— se encontraron de pronto de vuelta en México. La mayoría habían sido desterrados por la fuerza, arrancados de sus hogares y devueltos sin nada; el abuelo de Carolyn, probablemente previendo semejante indignidad, se llevó a su mujer y a sus hijos antes de que los camiones llegaran por ellos. Pero la vida en México pronto se volvió intolerable. Eran tales las circunstancias que, no más el padre de Carolyn cumplió cinco años, lo pusieron a trabajar. A los doce, lo hicieron jornalear en las minas de plata de las montañas que rodean Puerto Vallarta, o repartir el correo a lomo de burro en las casas de los pueblos cercanos. Años después, ya adolescente, cuando intentó reclutarse en el ejército mexicano, se le ordenó sumariamente que renunciara a su ciudadanía estadounidense, por lo que decidió regresar a Estados Unidos. Se enteró de que las acerías habían vuelto a contratar mexicanos, por lo que emprendió camino a Brownsville, Texas, donde los anuncios de empleo lo atrajeron de vuelta a Indiana.

Para entonces, East Chicago había disfrutado de un largo romance con los trabajadores mexicanos. Comenzó a principios del siglo

XX, cuando los sindicatos de trabajadores empezaron a exigir salarios más altos y mejores condiciones, e Inland Steel —la mayor acería del mundo— hizo saber que buscaría a mexicanos para cubrir los puestos de trabajo. Miles respondieron y corrieron a Indiana para solicitar las vacantes, lo que acabó convirtiendo a Inland en el mayor empleador de mexicanos del país. Con poco o ningún dominio del idioma, los recién contratados ignoraban que eran "esquiroles", y no lo supieron hasta que estuvieron en las fábricas, tras haber cruzado los piquetes y provocado la ira de los blancos. Algunos se marcharon cuando comprendieron por qué se les había llamado a las fábricas; la mayoría, desesperados por encontrar trabajo y lejos de casa, se quedaron.

Los directivos de Inland se colocaban en los portales de la empresa y sólo admitían a los solicitantes de piel más clara, con el objetivo de difuminar la línea del color y aliviar las tensiones raciales entre los trabajadores. Uno de los directivos dijo: "Cuando contrato a mexicanos en la puerta, elijo a los más claros. No es que los más claros sean mejores trabajadores, pero los más oscuros son como los negros". La palabra en inglés fue *nigger*, un vil insulto. Lo que significaba que no eran queridos en la comunidad. Significaba que el color de la piel se había convertido en una cualificación laboral, y la blancura, en una habilidad deseable. De todos modos, con piel clara o sin ella, a los mexicanos se les ponía en viviendas segregadas y sus hijos asistían a "escuelas mexicanas".

La escuela segregada a que asistió Carolyn de niña era como cualquiera de las muchas que había en Estados Unidos. La mayoría estaba localizada en California y Texas, pero proliferaron por todo el suroeste, sobre todo en zonas agrícolas, y alguna que otra en las ciudades industriales del medio oeste. La escuela de Carolyn, Nuestra Señora de Guadalupe, estaba dirigida por monjas y tenía cuatro aulas en el sótano, a donde se accedía por una empinada escalera. Allí los niños mexicanos recibían una visión aleccionadora de su lugar en el sistema de castas. Se trataba de escuelas improvisadas, organizadas para poblaciones cambiantes y sujetas a los prejuicios locales, y existe poca documentación sobre ellas más allá de recuerdos personales como el de Carolyn, o de las demandas que algunos tenaces padres mexicano-estadounidenses interpusieron para buscar una salida a las asfixiantes injusticias.

La mayoría de los estadounidenses conocen el movimiento que dio lugar al caso *Brown contra el Consejo de Educación* en 1954 y la lucha constante y decidida por acabar con la escolarización segregada para los negros. Las imágenes de Ruby Bridges, de seis años, en Nueva Orleans, y de los Nueve de Little Rock, en Arkansas, derribando silenciosamente las barreras raciales levantadas por personajes como el gobernador de Alabama, George Wallace ("¡Segregación ahora, segregación mañana y segregación para siempre!"), permanecen vivas e imborrables en la memoria colectiva de Estados Unidos. Pero pocos libros de historia hablan del convincente caso que realmente precedió e influyó en esa sentencia: *Méndez contra Westminster*, presentado ante un tribunal de distrito de Estados Unidos en 1946, en el cual cinco familias mexicano-estadounidenses, encabezadas por Gonzalo y Felicitas Méndez, acusaron al distrito escolar del suburbio de Westminster, California, en Los Ángeles, de segregar a sus hijos y relegarlos a una educación deficiente en condiciones miserables.

Sylvia Méndez, hija de padre mexicano y madre puertorriqueña negra, tenía tan sólo nueve años cuando les dijo a sus padres que le gustaría poder jugar en el bonito patio de recreo para niños blancos. Todos los días, el autobús escolar de la comunidad la dejaba en la escuela primaria blanca de Westminster —un hermoso edificio con cuidados jardines y un bonito patio de recreo—, pero no podía acceder a ella. Tenía que bajar la calle hasta su escuela mexicana, dos chozas de madera construidas a toda prisa en un lote baldío junto a un pastizal de vacas. Cuando Sylvia les dijo a sus padres que deseaba jugar donde jugaban los niños blancos, ellos la escucharon. Y cuando la hermana del Sr. Méndez —mexicana de piel clara y apellido francés— logró matricular a la prima de Sylvia en la escuela de blancos, quedaron atónitos ante la descarada desigualdad. El padre de Sylvia, Gonzalo, propietario razonablemente acomodado de un restaurante y arrendatario de una huerta cercana, contrató a un abogado y llevó al sistema escolar de Westminster ante un tribunal federal.

En aquella época, las leyes de California permitían la segregación de determinados grupos raciales —negros, chinos y japoneses, por ejemplo—, pero los mexicanos no figuraban entre ellos. Las autoridades escolares argumentaban que la segregación de los mexicanos no era racial, sino lingüística, con fines de apoyo en el aprendizaje. Era una defensa endeble, ya que no se agrupaba a los niños en "escuelas mexicanas" en función de ninguna evaluación de sus capacidades lingüísticas individuales, sino por su apellido y color de piel. Había muchos niños en esas aulas que hablaban inglés tan bien como cualquier niño blanco. Sin embargo, la oposición blanca en Westminster era feroz: no querían que ningún niño mexicano puertorriqueño de piel oscura se sentara junto a sus hijos, independientemente de su capacidad. Entre 1914 y 1931 se habían presentado y juzgado casos similares en Colorado, Texas y California, y en todos ellos los distritos escolares habían sostenido justo lo que argumentaban los funcionarios escolares de Westminster: que la segregación no se llevaba a cabo en contravención de ninguna ley, sino por el bien de los niños mexicanos. Los superintendentes escolares y sus juntas simplemente sabían lo que era mejor para su comunidad. Se trataba de una segregación por costumbre (*de facto*), no por ley (*de jure*), por lo que un caso judicial era irrelevante, alegaban.

Pero para Gonzalo Méndez, empeñado en hacer lo mejor por su hija, los precedentes eran convincentes. En el caso de 1914 en Alamosa, Colorado, ciudad con profundas raíces mexicanas, por ejemplo, los mexicanos habían argumentado que segregar a sus hijos era contrario a la ley, ya que la constitución de Colorado les prohibía a las escuelas clasificar a los niños según su raza. En una respuesta claramente hipócrita, el Consejo Escolar de Alamosa replicó que de hecho los niños eran blancos, lo que significaba que la separación no podía basarse en la raza. Aun así, el juez declaró que la discriminación era flagrantemente racista e ilegal. Sin embargo, esa victoria tuvo poco efecto en otros consejos escolares de la región.

En cambio, en 1930 en Corpus Christi los contribuyentes mexicano-estadounidenses se movilizaron para detener la construcción de una escuela que perpetuaría la segregación de sus hijos. Pero los funcionarios argumentaron que la ley de Texas les otorgaba a las autoridades la facultad de construir las escuelas que consideraran necesarias y de ubicar a los alumnos según sus "conocimientos pedagógicos". Un juez compasivo falló a favor de los mexicanos, subrayando que las instituciones educativas no debían de separar a los jóvenes de sus pares, fuera cual fuera su color. Sin embargo, un tribunal de apelación revocó la decisión, confirmando los deseos de los blancos.

No era de extrañar. Los funcionarios tejanos llevaban casi un siglo prohibiéndoles a los mexicanos el acceso a instalaciones públicas, establecimientos de comida, teatros, iglesias y cementerios. Prohibieron los entierros militares para los restos mortales de veteranos de guerra condecorados de origen mexicano. Negaron la entrada a los billares a los soldados en activo de origen mexicano. Por si fuera poco, durante los calurosos veranos tejanos, sólo permitieron que los mexicanos utilizaran las piscinas públicas durante unas horas al final de la semana, tras lo cual las vaciaban y volvían a llenar para los blancos. Incluso en la década de 1960, mucho después de que los *rangers* de Texas asaltaran propiedades mexicanas, asesinaran a sus residentes y libraran una guerra no declarada que los historiadores han calificado de "equivalente a terrorismo patrocinado por el Estado", persistía la imagen en la gran pantalla del noble *ranger* blanco y el "sucio mexicano". ¿Por qué iban a tratar a las escuelas de forma diferente?

Otro caso importante surgiría en 1931, en Lemon Grove, California, pequeña comunidad a las afueras de San Diego. Al igual que en el caso de Corpus Christi, una comunidad de mexicano-estadounidenses se levantó para protestar contra el plan de construir una escuela mexicana segregada para sus familias. Los argumentos oficiales eran los mismos: los niños estarían mejor; era necesaria una enseñanza de refuerzo del idioma; los alumnos se "americanizarían" más rápido si se les apartaba para que se dedicaran a ello. Pero el juez discrepó, esta vez sin prestarles atención a los "conocimientos pedagógicos" del superintendente y el consejo escolar. Para él, era manifiestamente obvio que un niño hispanohablante se aclimataría más rápida y completamente en un aula de habla inglesa; además, muchos jóvenes mexicanos ya dominaban el idioma. Fue una victoria rotunda, aunque local, sin influencia más allá de la comunidad inmediata.

Méndez contra Westminster fue totalmente diferente. Al llevar el caso ante un tribunal federal, el abogado de la familia Méndez presentó una demanda colectiva contra cuatro distritos escolares del condado de Orange, en California, buscando una orden judicial que obligara a las escuelas a integrarse. Los consejos escolares alegaron que la educación pública de los niños era competencia del Estado y que los tribunales federales no tenían jurisdicción sobre ella. Esgrimieron el viejo y gastado argumento de que el objetivo de una escuela mexicana era segregar a los jóvenes mexicanos por su propio bien. El 18 de marzo de 1946, el juez dictaminó que separar a los estudiantes mexicanos era, de hecho, cualquier cosa menos algo bueno para los niños; sostuvo que el insulto de la segregación había hecho poco más que "fomentar antagonismos en los niños e inculcar inferioridad entre ellos, donde no existe". Fue la primera sentencia federal que declaró inconstitucional la segregación de los niños latinos. Un año después, la sentencia quedó confirmada en un tribunal federal de apelaciones.

El mensaje era ahora transparente como el cristal, e inequívoco: la chabola de escuela de Sylvia era una burla que ningún niño debía sufrir. Para entonces, el gobernador Earl Warren —que llegaría a ser presidente de la Corte Suprema de Estados Unidos y conduciría a ese tribunal a uno de sus períodos más liberales— había presionado a la legislatura de su estado para que derogara cualquier disposición legal que permitiera la segregación escolar en California. El destacado futuro juez de la Corte Suprema Thurgood Marshall, entonces jefe del Fondo Educativo y de Defensa Legal de la Asociación Nacional para el Avance de la Gente de Color (NAACP, por sus siglas en inglés), ayudó a escribir la carta oficial de la NAACP apoyando a Méndez, y la resucitaría ocho años después cuando argumentó el histórico caso *Brown contra el Consejo de Educación* en 1954 ante la Corte Suprema, presidida por el presidente de la Corte Earl Warren. En una decisión unánime, los nueve jueces que dictaminaron en Brown declararían que la segregación escolar y la farsa de las aulas "separadas, pero iguales" eran antiestadounidenses e inconstitucionales para cualquier niño, independientemente de su raza.

Sin embargo, en 1962, ocho años después de aquel enfático repudio del racismo, Carolyn Curiel, una niña de siete años, seguía bajando los escalones de su aula en un sótano en Indiana, sin poder entrar nunca al bonito patio de recreo de los alumnos blancos del piso de arriba. Pasaría tiempo antes de que la segregación de los mexicanos se eliminara realmente de las costumbres del país. Sin embargo, lo que Carolyn alcanzó con el tiempo —dado su empuje, valor y agudeza mental— fue mucho más bonito que un columpio en un patio de recreo prohibido. Los asientos que llegaría a ocupar hablan de la diligencia de una niña que se atrevió a soñar a lo grande a la sombra de las chimeneas de una acería. Tras licenciarse en la Universidad de Purdue, Carolyn desarrolló una exitosa carrera como periodista, ocupó un puesto en el consejo editorial del *New York Times*, trabajó en la Casa Blanca como primera redactora latina de discursos para un presidente de Estados Unidos y, por fin, recibió el honorífico título de "Su Excelencia" en calidad de embajadora de Estados Unidos en Belice.

EL VIRUS DEL COLORISMO LATINO

Cuando comprobemos que ninguno de nosotros es puro, que todos estamos hechos por partes iguales de deseo e imaginación tanto como de carne y hueso, y que cada uno de nosotros es en parte cristiano, en parte judío, con algo de moro, mucho de caucásico, de negro, de indio, sólo entonces entenderemos de verdad tanto la grandeza como la servidumbre de España.

—Carlos Fuentes, autor mexicano, 1992

Hay que decirlo: Carolyn Curiel está orgullosa de sus raíces mexicanas y su capacidad para superar las cicatrices de los prejuicios, pero su aspecto no se diferencia del de los blancos. En el estricto código binario estadounidense, es blanca, y en el espectro más sustancioso de las castas coloniales españolas, también se la consideraría blanca. Como nos dicen los científicos sociales, no somos sólo la raza que vemos en el espejo o que cuentan nuestras leyendas familiares; somos la raza que la gente ve cuando se cruza con nosotros por la calle. Si eso parece un cálculo demasiado fluido y escurridizo, es porque lo es. La autopercepción es engañosa, sobre todo cuando se trata del color de la piel, e históricamente los latinos no han estado seguros de cómo clasificar el color de su piel. A veces necesitamos que otros nos digan qué somos, como ocurrió con Javier Lizarzaburu, de Perú, y la herencia indígena que refleja su rostro, o con Mario Álvarez, de la República Dominicana, y la sangre negra que telegrafía su piel. "Todos somos de La Mancha", escribió una vez el eminente escritor mexicano Carlos Fuentes, utilizando una palabra —*mancha*— que refiere a la región natal de don Quijote, en España, y que también significa "tacha", deshonra. Somos gente de la mancha. O, como dice el viejo chiste, los latinos, como los bananos, acabamos mostrando nuestras manchas negras. Somos criaturas mutables, inciertas, proteicas por naturaleza, vástagos perplejos de siglos de fecundación cruzada y azar.

Tomemos esta simple contradicción: en 2010, más del cincuenta por ciento de los latinos que respondieron al censo de Estados Unidos afirmaron que eran blancos; el ochenta por ciento incluso describió que su piel ocupaba el lado más claro del espectro, del marfil al trigo. Un tercio dijo ser de "alguna otra raza", una categoría "excluyente" que ha empezado a tener graves consecuencias en el procesamiento de datos para los programas sociales creados para beneficiar etnias específicas. Sin embargo, sólo diez años después, en el censo de 2020, los latinos cambiaron completamente de opinión. De repente, sólo veinte por ciento dijo que era blanco. La mayoría había decidido cambiar de color, afirmando ahora que eran de "alguna otra raza". No sólo eso, surgió una tercera gran categoría para los latinos: "dos o más razas". Un tercio de los latinos, incluidos los que antes se habían registrado como totalmente negros, se identificaban ahora como mezclas variables de blanco, indígena y negro. Millones de personas abandonaron las categorías de "blanco" o "negro" por otras más cómodas, representativas y ambiguas. En apenas una década, el número de latinos mestizos había aumentado casi un seiscientos por ciento. Es decir, estamos empezando a registrar la mezcla de razas que realmente representamos.

De alguna manera, registrar nuestra propia heterogeneidad individual no empieza a arreglar los equívocos sobre nosotros. Ni siquiera nuestros propios engaños. Empezando por el hecho de que la Oficina del Censo de Estados Unidos depende de lo que *nosotros* creemos que es nuestra identidad racial, con independencia de que esa autopercepción sea o no real o coincida con la forma en que nos ven los demás. Somos muchos, como Javier Lizarzaburu, los que llegamos a este país creyendo que somos blancos hasta que alguien nos dice que no. O, como escribió el poeta dominicano-estadounidense Chiqui Vicioso: "Hasta que llegué a Nueva York, no sabía que era negro". Luego están los conceptos erróneos que se difunden en la prensa o en los pasillos de los gobiernos, tratándonos como si fuéramos una única raza mensurable —una familia humana— cuando en realidad somos un grupo étnico multicromático formado por todos los colores de piel imaginables en el hombre. "Internet no llegaba a los negros y algunos hispanos", informa el *New York Times*, "mientras los blancos y los asiático estadounidenses estaban aumentando rápidamente su uso". Sin embargo, los hispanos pueden también ser blancos, negros o asiático estadounidenses, por lo que las cifras del *Times* sobre Internet en este informe están viciadas desde el principio. Del mismo modo, Fox News anuncia que "siguen existiendo diferencias de rendimiento entre los estudiantes blancos, negros e hispanos", ignorando el hecho de que podemos ser blancos o negros, por lo que cualquier intento de medir el "rendimiento hispano" con alguna precisión está destinado a producir resultados erróneos. Añadir a un cuestionario la poco informativa categoría de "otra raza" no hace sino enturbiar más las cosas: ¿qué puede concluir un encuestador o un científico social a partir de esa información? La práctica más atroz, demasiado común, es agruparnos a todos bajo los epígrafes de *"brown"* (marrón) o "personas de color", lo que enturbia completamente la realidad.

Marco A. Davis, actual presidente del Congressional Hispanic Caucus Institute de Washington, DC, un afrolatino nacido en Nueva York, me cuenta que ha empezado a preguntarse por qué no nos llamamos "raza" en el censo de Estados Unidos, aunque en realidad no lo seamos. Lo que dice tiene cierta lógica: si, como razona Davis y corrobora la

ciencia, el concepto de raza es una construcción social, condensada en
la regla de una sola gota y utilizada por Estados Unidos para promover
políticas racistas, siempre ha sido aplicado de forma arbitraria. No hay
datos científicos exhaustivos que respalden las nociones de "negritud",
"asiaticidad" o "blancura"; sin embargo, esas etiquetas se siguen utilizando en las encuestas gubernamentales. Entonces, ¿por qué los latinos
no podrían ser una "raza" del mismo modo en que se designa (arbitrariamente) a las demás "razas" en el censo? El efecto de diluirnos en una
"etnia", complicando el proceso de autoidentificación y obligando a la
población a definirse a sí misma bajo otras etiquetas, tiene efectos sociales muy reales: cualquier estadística relacionada con el cumplimiento de
la ley, la brutalidad policial, el sistema de justicia penal, los logros educativos, la discriminación, el éxito o el riesgo económico, entre muchos
otros, no se registran para los latinos. (Los estadounidenses de origen
asiático no tienen el mismo problema; se contabilizan como una sola
raza, aunque existen diferencias fenotípicas igualmente marcadas entre,
por ejemplo, un pakistaní, un filipino y un chino Han). El resultado de
estas percepciones y asignaciones erróneas es que los hispanos desaparecen por completo del panorama. "Nos borran de la experiencia estadounidense", dice Davis, cuando, en realidad, representamos una población
masiva con importantes estadísticas propias.

En la actualidad, en tanto grupo etnorracial más numeroso y diverso de
Estados Unidos —la esencia misma del crisol de razas estadounidense—,
estamos en condiciones de redefinir el significado del color humano, o
quizá incluso la relevancia de los puntos de referencia raciales. Como me
dijo Junot Díaz, "Estamos aquí para forjar un nuevo camino, luchar contra
lo binario". O, como dijo una vez un destacado historiador latino, en nuestra singular dinámica de inclusión y absorción racial "cambiaremos inevitablemente América desde dentro". Ser latino, en otras palabras, puede ser
servir como modelo para la transformación de toda la sociedad.

Sin embargo, cualquier celebración de nuestra mezcla racial suele
estar cargada de matices racistas. Cuando José Vasconcelos, el filósofo de
los años veinte, llamaba a los mexicanos *la raza cósmica*, lo decía como
un cumplido, una ventaja, incluso un gran destino manifiesto. En su

opinión, una población mayoritariamente mestiza era una virtud nacional, la quintaesencia de lo mexicano. Si México continuaba con su experimento de quinientos años de multirracialidad —fusionando el marrón con el blanco y el negro, y creando lo que Nixon podría haber llamado un pueblo "vainilla"—, con el tiempo las masas de color ascenderían a un peldaño superior en la nefasta escalera de las castas, y el racismo se volvería obsoleto, inconcebible.

Pero ese pensamiento "progresista" tenía un problema. Estaba en perfecta consonancia con el viejo tropo racista que pregona que "hay que mejorar la raza": es decir, blanquearla. Lo de mejorar la raza ya había tenido un mal comienzo con la violación y el saqueo de los indígenas por parte de los conquistadores, y la esclavitud y el rapto de los negros. En su empeño por aclarar las generaciones, el mensaje inequívoco de la élite latinoamericana era claro: lo blanco era mejor, la cultura blanca prevalecería y, con el tiempo, la negritud y la herencia indígena retrocederían y desaparecerían por completo. El censo de 1895 en Argentina encapsulaba ese pensamiento en unas pocas palabras escalofriantes: "¡La población no tardará en unificarse completamente en una nueva y hermosa raza blanca!". Más de un siglo después, todavía hay muchos latinoamericanos que piensan así. Si Vasconcelos viviera hoy, se escandalizaría al saber hasta qué punto sigue atenazado por el colorismo su querido México.

EL COLOR DEL IDIOMA

> Mi padre tomó la decisión de privarme de un idioma (el español), en cierto modo para cortarme la lengua. Pero no era estúpido. Él comprendía este país y el peso de su racismo.
>
> —Cecile Pineda, novelista chicana, 1996

Para muchos académicos que estudian el tema, la búsqueda del mestizaje total —la mezcla completa de las razas— lleva velado el hedor de la supremacía blanca. Sin embargo, una mayor mezcla es justo lo que les está ocurriendo a los latinos estadounidenses. Los latinos no sólo empiezan a perder en este país su dominio del español en la tercera generación, sino que también empiezan a perderse en la población general de blancos. En la cuarta generación, sólo la mitad de las personas con ascendencia hispana dicen ser hispanas. Mientras que en las décadas de 1980 y 1990 el número de latinos aumentaba debido a un auténtico tsunami de inmigrantes latinoamericanos, en la década de 2000 los latinos nacidos en Estados Unidos eran los principales impulsores del crecimiento. Los latinos estadounidenses simplemente engendraban más latinos. Entre 2000 y 2010 se registraron casi diez millones de nacimientos hispanos, mientras que el número de inmigrantes recién llegados de América Latina disminuyó; durante esa década, sólo entraron en el país seis millones de latinoamericanos. Las cifras globales de inmigrantes siguen descendiendo. Es decir, la mayor parte de los latinos de hoy son nacidos en Estados Unidos. Y, dentro de esta gran mayoría, es cada vez más probable que los latinos se casen con personas de distintas etnias. Quizá por nuestra larga historia de mestizaje, somos los estadounidenses más dispuestos a mezclarnos. Un cuarenta por ciento de los latinos nacidos en este país se casa con no latinos. Quienes han cursado estudios universitarios tienen más probabilidades de hacerlo; la mitad de los hispanos con una licenciatura se casan fuera de la comunidad. Lo más probable es que lo hagan con blancos.

Para decirlo sin rodeos, poco ha cambiado desde la conquista. Ahora ocurre lo que ha ocurrido siempre y parece que siempre ocurrirá: en las Américas persiste un feroz colorismo, y el blanqueamiento de la raza sigue siendo concomitante con la movilidad ascendente.

Me acuerdo de una tarde en casa de mis padres, en que me hallaba en la cocina preparando algún plato criollo favorito —peruano— para mi padre, cuando de repente él me preguntó: "¿Por qué no eres más blanca? ¿Cómo llegaste a ser tan morena, tan oscura?". Habían pasado más de cuarenta años desde que nos mudamos a Estados Unidos; él tenía ochenta y cuatro años y era mucho más moreno que yo. Me volví para mirarle sorprendida, pero se limitó a mover la cabeza con incredulidad. "Miro a tu madre, con su piel de porcelana y sus ojos azul claro, y me pregunto dónde fue a parar todo eso en ti".

Es cierto, soy inconfundiblemente latina. Al igual que el setenta y cinco por ciento de los hispanos nacidos en el extranjero, estoy segura de que cualquiera que pase por la calle me reconocería como tal. De hecho, me paran constantemente personas que se dirigen a mí en español para pedirme indicaciones o saludarme con cortesía. La gente me ve y me llama María, aunque no sea mi nombre. Pero en mis descendientes —mis nietos, por ejemplo, todos con apellidos anglosajones— es muy probable que mis muy evidentes genes latinos no se noten. Según el Pew Research Center, los latinos de tercera generación no creen que alguien en la calle pueda saber con precisión su origen étnico. Sólo la mitad cree presentar manifestaciones físicas de su latinidad. Y, aunque casi veinte por ciento de todas las personas de este país se identifican abiertamente como hispanos, un once por ciento de los estadounidenses con ascendencia hispana por una u otra razón se resisten a asumirla. Mi hija, que es tan rubia como mi madre y nunca aprendió español, me dice que se siente como una impostora cuando dice en un cuestionario tener raíces latinas. Ojalá mi padre moreno estuviera vivo, sentado a la mesa de su cocina, sintiéndose feliz de que sus genes desaparezcan en una estela blanca, para que pudiéramos hablar al respecto.

6

LA "LÍNEA DE COLOR"

Están los mexicanos de ojos verdes. Los mexicanos rubios y ricos. Los mexicanos con la cara de un jeque árabe. Los mexicanos judíos. Los mexicanos patones como alemanes. Los mexicanos franceses que se quedaron. Los mexicanos chaparritos y compactos. Los mexicanos tan altos como los saguaros del desierto. Los mexicanos mediterráneos. Los mexicanos con cejas tunecinas. Los mexicanos negritos de las dos costas. Los mexicanos chinos. Los mexicanos pelirrojos, pecosos, de pelo rizado. Los mexicanos de labios de jaguar. Los mexicanos zapotecas tan anchos como el árbol de Tula. Mira, no sé de qué hablas cuando dices que no parezco mexicana. *Soy* mexicana.

—Sandra Cisneros, autora mexicano-estadounidense, 2002

BLANCURA

La eterna pregunta a que me enfrento: "¿Eres hispano? Pero en realidad no te consideras hispano, ¿verdad?". Los hispanoamericanos blancos como yo seguimos siendo una anomalía para los estadounidenses. No encajamos en el molde.

—Don Podesta, periodista chileno-estadounidense, 1997

Casi un año después de que apareciera el artículo en *Variety*, Valeria Meiller seguía indignada por la caracterización que el periodista hizo del tema en cuestión. Anya Taylor-Joy, la prodigiosa estrella latina, rubia y de piel de alabastro, acababa de ganar un Globo de Oro por su papel en la miniserie de televisión *Gambito de dama*. "La argentina Taylor-Joy es la primera mujer de color que gana esta categoría desde Queen Latifah en 2008", dijo sin aliento el periodista, "y la quinta mujer de color que la gana desde 1982, cuando se introdujo la categoría". Fue una metedura de pata asombrosa, una descripción sorprendentemente falta de tacto de un pequeño nicho de la etnia latina. La argentina Taylor-Joy es, desde cualquier punto de vista, blanca.

Los latinos blancos —descendientes de linaje europeo cien por ciento blancos— no son personas de color. Y desde luego no pueden compararse con Queen Latifah o Diana Ross o Whoopi Goldberg, ni con ninguno de los demás iconos de la diversidad que habían ganado el premio en el pasado. *Variety* se vio obligada a hacer una corrección apresurada, y la propia Taylor-Joy pareció disculparse: "Soy consciente del hecho de que no parezco la típica persona latina, y de que no es justo". Por si fuera poco, añadió que no se había sentido cómoda presentándose a audiciones para papeles de latinas porque, siendo tan blanca como es, el *casting* nunca parecía adecuado. No se sentía capaz de representar esa etnia. En otras palabras, la metedura de pata la había puesto en un aprieto existencial: *Variety* no sólo se había equivocado con su ADN, sino que también le había hecho dudar de su legitimidad.

Para Valeria Meiller, el error era personal. Al igual que Taylor-Joy, había crecido en Buenos Aires con antepasados británicos, aunque criada en un ámbito hispanohablante. Al igual que la actriz, había pasado su juventud en una fastuosa hacienda familiar, montando caballos impecablemente preparados, hija del privilegio. Ambas proceden de familias argentinas blancas, cuyo linaje —como el de la mayoría de sus conciudadanos— es abrumadoramente europeo. Al igual que Taylor-Joy, Valeria es rubia, de piel de alabastro, veinteañera y encantadoramente cálida y efusiva. Como ella, es una latina estadounidense que se ha labrado una exitosa carrera en este país. Y como ella, llegó hablando un perfecto inglés londinense de clase alta.

El bisabuelo de Valeria emigró a Argentina a finales del siglo XIX, cuando cientos de miles de europeos blancos eran acogidos para poblar, transformar y "civilizar" el país. Con el tiempo, cien mil inmigrantes británicos se unirían al flujo de suizos, italianos y alemanes que desembarcaban a diario en los muelles de Buenos Aires. En el siglo que separó 1850 de 1950, seis millones de europeos llegarían a Argentina —entre ellos los padres del primer Papa latinoamericano, Jorge Mario Bergoglio— y se les recibiría con generosa asistencia ciudadana para encontrar empleo, alojamiento, atención médica y envidiables extensiones de tierra. Eran deseados.

Para hacerles sitio, el general Julio Argentina Roca, estadista y héroe nacional, ordenó el genocidio a sangre fría del pueblo mapuche en el Valle del Río Azul, el mismo valle donde la familia de Valeria establecería su estancia de lujo: una hacienda ganadera rentable, hermosa y en expansión. Los argentinos siguen llamando a la purga "la Campaña del Desierto", lamentable eufemismo para el asesinato y exilio de todo un pueblo. De hecho, a los escolares se les ha enseñado a ver la "campaña" de Roca como el inicio de la metamorfosis de Argentina en una potencia mundial moderna. En el siglo XIX, genocidios de proporciones similares se llevaron a cabo en Chile y Paraguay, otros dos países cuyas poblaciones indígenas fueron "reducidas" para hacerle sitio a la inmigración blanca. En Estados Unidos viven menos de quinientos mil latinos procedentes de estos países; un ínfimo 0,5 por ciento de la inmensa población mestiza de latinoamericanos. Sin embargo, ocupan los peldaños más altos de nuestra clase media.

Valeria no supo la verdad sobre lo que ella llama su "país blanqueado" hasta que empezó la universidad en Buenos Aires. Hoy, Valeria está casada con un estadounidense de origen mitad anglosajón y mitad judío, y recuerda con frialdad su infancia mimada en Argentina. "Lo he asumido", me dice. "Somos una cultura supremacista blanca". En efecto, el noventa y siete por ciento de sus compatriotas argentinos son blancos, en comparación con el setenta y cinco por ciento de los estadounidenses. Los millones de indígenas que una vez habitaron esa región se reducen ahora al dos por ciento. Y, aunque a principios del siglo XIX los negros representaban un tercio de los habitantes de una Buenos Aires rebosante, hoy suponen menos del uno por ciento de la población del país.

"¿Qué fue de ellos?", pregunta Valeria. "Hay cero conciencia del borrado. Los académicos que hacen el trabajo de resucitar esa historia son gente de color de otros países. En Argentina simplemente nos enseñan que todos los indígenas murieron de fiebre amarilla", dice. "Muy pocos se dedican a desenterrar la verdad. Tal vez sea porque a todos nuestros intelectuales los mandan a educarse a otra parte: Inglaterra, Francia, España, Italia. No quieren saber nada de la cultura latinoamericana. ¿Conoces el viejo chiste de que los argentinos son italianos hispanohablantes que creen que en realidad son franceses? Es muy cierto". Por eso, Valeria considera el hecho de que los medios de comunicación de Estados Unidos consideren a Anya Taylor-Joy —estrella de Hollywood argentina, rubia y blanca— una persona de color como una broma de mal gusto. Pero ella no se ríe. Como escribe el novelista y periodista estadounidense de origen guatemalteco Héctor Tobar en sus profundamente perspicaces memorias, *Our Migrant Souls*, "Como latinos, nuestra relación con la blancura es nuestra tragedia y nuestra comedia".

• • •

En una época en que la "representación de las minorías" en el lugar de trabajo es una gran prioridad, ser blanco y latino se ha convertido en una combinación favorable. Otro estadounidense de origen guatemalteco que trabaja en una agencia de empleo me dice: "Es una situación donde todos ganan. Los administradores logran marcar la casilla de la diversidad, pero consiguen una persona blanca igual a ellos". Durante décadas, los hispanos morenos han visto que los empleos más cotizados, los mejores puestos en la Ivy League, los apartamentos de lujo y las mejores oportunidades artísticas iban a parar a manos de sus hermanos y hermanas más blancos. Como observó un consultor educativo cuando le preguntaron si la Universidad de Yale admitía a hispanos: "Por supuesto que Yale acepta a hispanoamericanos. La razón por la que no los 'ven' es porque están buscando gente morena". Sin dudas, Hollywood también prefiere a los latinos de piel clara: Antonio Banderas, español y blanco, interpreta a un mexicano asesino en *Desperado* con la piel oscurecida para el papel. Y ese es también el tono de piel preferido en los pasillos del poder: la mexicano-estadounidense Carolyn Curiel recuerda que cuando formó parte temporalmente del consejo editorial del *New York Times*, "el único otro latino en la mesa era un argentino rubio y de ojos azules". Pero en ninguna parte es más evidente este colorismo que en la negociación de la vida ordinaria: Carolina Santa Cruz, empresaria latina blanca de éxito, no lleva a su marido afrolatino cuando anda buscando una casa de alquiler, para que no le digan que el lugar ya no está disponible.

La blancura también ha sido una fórmula ganadora en los puertos de entrada estadounidenses. Durante cincuenta años, desde 1966 hasta 2017, los agentes fronterizos que tramitaban las entradas les concedían privilegios especiales a los cubanos blancos. Los funcionarios de inmigración los hacían pasar a toda prisa por delante de los centroamericanos o los negros caribeños. Mientras que encerraban a los aspirantes más oscuros en celdas de detención y los deportaban, o les ordenaban comparecer ante los tribunales de inmigración, los cubanos pasaban sin esfuerzo; la mayoría, en menos de una hora. Tras semanas de penoso viaje a través de Panamá, Costa Rica y México, algunos quedaban asombrados por la facilidad con que entraban en Estados Unidos. Si eran "pies secos" (los que entraban por tierra), los dejaban pasar; si eran "pies mojados" (detenidos en el mar), los devolvían a Cuba. Una vez cruzadas las puertas, los acogían grupos de defensa especiales y, si habían llegado desde México, les daban billetes de avión gratuitos a Miami. Les ofrecían prestaciones sociales federales, clases de inglés y ayuda económica durante un mínimo de nueve meses. Al cabo de un año, podían solicitar la residencia permanente, puerta de oro a la ciudadanía de Estados Unidos. Una vez obtenida la ciudadanía, avanzaban fácilmente hacia la clase media estadounidense. ¿Por qué? Los funcionarios de fronteras explicaban sistemáticamente que se debía a que los cubanos huían de un Estado totalitario y fallido. Pero los morenos también huían de este. La única explicación plausible era que los primeros eran la prueba viviente de los fracasos de Fidel Castro y que eran blancos.

• • •

El comienzo en Estados Unidos de Lissette Méndez fue un viaje caótico a través de un mar azotado por el viento, pero logró capearlo hasta convertirse en uno de los pilares de la vida cultural de Miami. Tenía ocho años cuando su madre viuda la sacó de la cama en la oscuridad de la noche, la llevó a toda prisa a la orilla del mar, la metió en un barco abarrotado y la trajo a Estados Unidos con el éxodo del Mariel. Era abril de 1980 y, a la postre, 125 mil cubanos desesperados y chamuscados por el sol habían sido procesados en los puertos de entrada en Florida, como Lissette.

Sus abuelos maternos habían sido humildes sastres a domicilio en La Habana, judíos inmigrantes con raíces ancestrales en Bielorrusia; los familiares de su difunto padre eran cubanos de origen español que habían vivido en la isla durante muchas generaciones. Ella y su madre dejaron atrás esa historia para que un tío las recogiera y dejara en un barrio de mala muerte de Miami Beach. De algún modo, encontraron el temple para sobrevivir. "Éramos pobres", me dice Lissette. "La cúpula blanca cubana de Miami no quería saber nada de nosotros. Éramos blancas, pero no éramos como ellos: acomodados, con derechos, con sus grandes casas y automóviles. Se habían tragado la propaganda de que los marielitos éramos indeseables, presidiarios, enfermos mentales. En mi escuela sólo había seis u ocho niños que hablaban español, y nos pegaban a menudo en el patio".

La madre de Lissette acabó encontrando empleo en un supermercado. Limpiaba edificios, aceptaba trabajos esporádicos, hacía lo que podía. No pasó mucho tiempo antes de que Lissette decidiera cambiar por completo de imagen, habitar su nueva identidad estadounidense y dejar atrás Cuba. "Hice todo lo posible por despojarme de mi cubanidad", dice. La habían educado como marxista y judía, dos credos que los cubanos de Miami, abrumadoramente conservadores y anticomunistas, despreciaban. Sus escasos ocho años en La Habana le habían infundido valores socialistas, una retórica minuciosamente inculcada de igualdad, equidad y justicia racial. Quizá fue esa solidaridad con los desvalidos lo que la llevó a sentirse totalmente desconectada de los prósperos cubanos de Miami: quería cortar todos los lazos emocionales con la comunidad de exiliados y desprenderse por completo de su identidad. Si sentía algún tipo de conexión, era como estadounidense de nuevo cuño, o con los haitianos, los verdaderos marginados de su nueva ciudad adoptiva. Había algo en ellos que le recordaba las alegres barriadas de Cuba donde se hablaba criollo, se practicaba el vudú y la música era un agente de libertad.

Sin embargo, cuando dejó el colegio y empezó a trabajar, Lissette recibió una fuerte dosis de realidad sobre su blancura. Había aprobado el examen de equivalencia del GED (examen de desarrollo de educación general) y milagrosamente había sido contratada como secretaria en un banco internacional que atendía a ricos magnates latinoamericanos. Su objetivo era pagarse los estudios universitarios. Los directivos del banco la contrataron en el acto. "En mis entrañas podía ver que les gustaba por ser blanca". No estaba especialmente preparada para el trabajo; su piel era su única cualificación real. Al escucharla, no puedo evitar protestar. Le sugiero que pueden haberla contratado por su juventud, su belleza, su efervescencia, su inteligencia natural, su fácil dominio del español. "Pero, más que nada", responde con firmeza y sin vacilar, "fue por mi *blancura*. Eso me crispaba".

Como Lissette, el ochenta y cinco por ciento de los cubano-estadounidenses de Miami son blancos. Y son más blancos europeos que "blancos mexicanos". Cuando la primera oleada de fugitivos comenzó a llegar a finales de los años cincuenta —incluso antes de que la revolución de Fidel Castro pudiera cantar victoria— eran principalmente de clase alta, que huían del azote rojo, temerosos de las inminentes represalias anticapitalistas. La Cuba que ha quedado luego de tres oleadas migratorias posteriores es ahora mayoritariamente negra, aunque La Habana afirme lo contrario. Según los funcionarios del censo cubano, la isla es blanca en un sesenta y cinco por ciento. Para concederles a esos funcionarios el beneficio de la duda, los mulatos de piel clara bien pueden registrarse como blancos porque no se consideran negros: las percepciones latinoamericanas del color de la piel pueden ser muy fluidas. Pero el Departamento de Estado de Estados Unidos, que juzga desde un marco de referencia más estadounidense (y, por tanto, estrictamente binario según el concepto de una sola gota), invierte completamente ese porcentaje. Según sus cálculos, dos terceras partes de la población de Cuba son de raza negra. Algunos estudiosos afirman que el porcentaje probablemente se acerque al setenta y dos por ciento. Una cosa es segura: en el transcurso de las últimas siete décadas, el país ha sufrido una "fuga de blancos" como ningún otro. Ni siquiera el abandono blanco de Sudáfrica tras el *apartheid* puede compararse. La fuga de cerebros y la sangría financiera que acompañaron la fuga de blancos de Cuba fueron rápidas y ruinosas, pero no cabe duda de que permitieron una amplia reforma comunista y enormes oportunidades para los ciudadanos más humildes. Como lo ha documentado la historiadora Ada Ferrer, de los seis mil médicos que ejercían en Cuba justo antes de que Fidel Castro entrara en La Habana en 1959, aproximadamente la mitad huyó a Estados Unidos. Al igual que setecientos de los dos mil dentistas cubanos. Asimismo, en un país que tan famosamente había vivido del azúcar, el ron y las abundantes tierras de cultivo, todos sus agrónomos, con excepción de treinta de ellos, se marcharon a otros pastos. En 1961, más de dos tercios del profesorado de la Universidad de La Habana se había instalado en Miami, y sólo diecisiete profesores de medicina se quedaron. Adaptarse a la vida estadounidense no siempre fue fácil para esta élite de expatriados. Tuvieron que hacer sacrificios. Pero, como todos sabemos, fueron los trabajadores autónomos quienes construyeron Estados Unidos. Si de mantener la comida en la mesa se trata, los médicos se convierten en camilleros; los arquitectos, en jardineros; los profesores, en conserjes; los farmacéuticos, en lecheros. Quienes solían vivir en majestuosas mansiones en La Habana o Santiago tuvieron que alojarse en apartamentos en las maltrechas calles de un barrio que acabó conociéndose como la Pequeña Habana.

A los miamenses negros no les hizo ninguna gracia la invasión. Overtown, el histórico distrito negro, se encontraba justo al otro lado del río de la Pequeña Habana, y sus ciudadanos fueron testigos de primera mano de cómo los cubanos, sin importar su tono de piel, empezaron a recibir privilegios que les estaban prohibidos a los negros. Como si por un milagro todos se hubieran vuelto blancos y puros. Tenían cupones para hoteles exclusivamente blancos y acceso gratuito a las playas de Miami. Las escuelas sólo para blancos empezaron a asfixiarse con la llegada de jóvenes cubanos. Esas ventajas dificultarían las relaciones entre negros y cubanos, tal vez no por culpa de quienes llegaban, sino por el trato preferente que les daba el gobierno local. "No estamos furiosos con los cubanos", insistió el jefe de la Liga Urbana de Miami, "sino con un sistema que hace más por los de afuera que por sus propios ciudadanos".

Pero la voluntad cubana de prevalecer era fuerte. Parecía que, de la noche a la mañana, las destartaladas calles de la Pequeña Habana empezaban a renovarse. Pronto empezaron a surgir aquí y allá pequeños negocios, como el de venta de muebles que Ralph de la Vega recordaba de su infancia. Los luchadores se adaptaron a nuevos oficios. Los negocios cambiaron los rótulos: había cafeterías, estudios de fotografía, tiendas de chucherías, agencias de empleadas domésticas… un aluvión de nuevas empresas. En 1980, cuando los marielitos como Lissette llegaron en avalancha, zonas enteras de la ciudad se habían transformado y la presencia cubana blanca estaba consolidada.

El éxodo del Mariel fue diferente de cualquier otro éxodo cubano en el sentido de que no trajo a un inmigrante mayoritariamente blanco y de clase media-alta. A bordo de aquellos desvencijados y agobiados barcos pesqueros no había gente influyente con efectivo en la mano y conexiones. Los marielitos llegaron como Lissette Méndez: con lo que llevaban puesto; algunos, incluso sin zapatos. Eran notablemente más pobres —la "escoria humana" de la isla los llamó Castro—, rechazados unánimemente por la cúpula comunista de Cuba. También eran más negros; un cuarenta por ciento eran afrocubanos. Un residente de Miami recordó cómo ese nuevo capítulo del éxodo replanteó su sentido de quién era y de dónde venía: "Nos habíamos inventado una Cuba donde todo el mundo era blanco", dijo. Es decir, blancos como ellos. "Cuando llegaron los marielitos, nos recordaron a la fuerza que Cuba no es una isla blanca, sino de mayoría negra".

Hoy en día hay unos dos millones y medio de residentes de origen cubano en Estados Unidos, la gran mayoría agrupados en Florida. Representan más de una cuarta parte de la población de Cuba: 250 mil

personas más que en toda La Habana. A estas alturas, aproximadamente la mitad son ciudadanos de Estados Unidos nacidos en el país,
que se desenvuelven cómodamente en cualquier entorno estadounidense y hablan inglés con fluidez. Pero también les apasiona conservar
la lengua de su patria; casi el ochenta por ciento habla española en casa,
porcentaje superior al de la mayoría de los segmentos de la población
latina. Por lo tanto, a menudo sirven de puente entre los intereses comerciales del norte y el sur. Incluso después del éxodo del Mariel, los
cubano-estadounidenses representan la aglomeración de latinos más
rica, más exitosa, más educada y, sin duda, más blanca del país. Muchos
son profesionales reconocidos y, en conjunto, poseen más empresas
que cualquier otro subconjunto de latinos. Casi el cuarenta por ciento
de los nacidos aquí tienen título universitario o de posgrado. Al estar
congregados tan densamente en una zona geográfica, tienden a vivir
en barrios cubanos, comprar en tiendas cubanas, adquirir productos
cubanos y consumir medios de comunicación cubanos. Esa solidaridad genera un fuerte orgullo étnico; también sirve para mantener el
racismo y el sentido de excepcionalidad que Lissette Méndez repudia
desde hace tiempo.

Pero no se puede negar: los cubano-estadounidenses han contribuido mucho a la economía, la cultura y la vida cívica del país. Muchos
han alcanzado una relevancia considerable en la rueda de la fortuna estadounidense. Desde Jeff Bezos —hijo adoptivo de un comerciante cubano
y uno de los hombres más ricos del mundo— hasta Ralph de la Vega —el
niño Pedro Pan que llegó a ser director ejecutivo de AT&T—, abundan
las historias de valentía, ingenio y determinación. Pero la perspicacia
empresarial no es el único fuerte de estos latinos. Han alcanzado el éxito
en numerosas profesiones: entre ellos hay artistas (como Gloria Estefan, Sammy Davis Jr., Desi Arnaz, Cameron Díaz, Eva Mendes, Andy
García), estrellas literarias (Cristina García, Oscar Hijuelos, Piri Thomas,
Mirta Ojito, Carlos Eire, Nilo Cruz), personalidades de la televisión (Soledad O'Brien y Cristina Saralegui), deportistas (Yordan Álvarez y Gilbert Arenas) y políticos (el senador por Florida Marco Rubio, el senador
por Texas Ted Cruz, el senador por Nueva Jersey Bob Menéndez, el

Secretario de Vivienda y Desarrollo Urbano Mel Martínez, el Secretario de Seguridad Nacional Alejandro Mayorkas).

A este catálogo de exitosos podemos añadir a la luchadora y decidida Lissette Méndez, la niña de ocho años que se enfrentó al tempestuoso mar, recibió golpes en el patio de recreo, se pagó la universidad, encontró su verdadera vocación como lectora seria y se convirtió en la principal organizadora de uno de los eventos culturales de mayor éxito del país. Hoy, en calidad de directora literaria de la Feria del Libro de Miami, Lissette se complace en reunir a autores de habla inglesa, española y *criolla* en una celebración anual de la diversidad literaria que goza de reconocimiento internacional. Si la blancura le valió su primer empleo, desde entonces ella le ha abierto los escenarios al amplio espectro del colorido humano.

NEGROS COMO NOSOTROS

> Según los medios de comunicación hechos por nosotros o para nosotros, los afrolatinos de piel oscura no existen y, si existen, no son latinos. En realidad no.
>
> —Karla Cornejo Villavicencio, autora ecuatoriano-
> estadounidense, Connecticut, 2021

Cuando Antonio Delgado tomó juramento como vicegobernador de Nueva York, el 25 de mayo de 2022, la gobernadora Kathy Hochul declaró que era exactamente lo que el estado necesitaba, un afrolatino que integrara a las dos comunidades minoritarias más grandes y le ayudaría a atender sus necesidades. Al fin y al cabo, uno de cada cinco neoyorquinos es latino. Al principio, los latinos se alegraron por su ascenso, hasta que surgió la pregunta: sí, es negro, pero ¿hasta qué punto es latino? Había derrotado a dos candidatas latinas y la gente quería saberlo. No ayudó el hecho de que no tuviera una respuesta fácil a mano. Explicó que su padre, afroamericano, tenía antepasados en Cabo Verde, isla de habla portuguesa situada frente a la costa occidental de África, antiguo centro del comercio transatlántico de esclavos. Su abuela se apellidaba Gómez, pero en realidad nunca había conocido al padre que le dio ese nombre, y esa era la única conexión aparente de Delgado con la ascendencia latina. Según Delgado, su misterioso bisabuelo era una vaga combinación de mexicano, venezolano y colombiano; nadie parecía saberlo. Puede que Antonio Delgado fuera un becario Rhodes educado en Harvard, con una sólida licenciatura en Derecho y un periodo intachable como congresista estadounidense, pero ¿tenía realmente las credenciales para representar a los latinos? ¿Era correcto afirmar que era el primer latino en ocupar un cargo tan relevante en el gran estado de Nueva York?

"Me parece curioso que a aquellos de nosotros con la piel negra a menudo se nos cuestione nuestra identidad latina", declaró el representante Ritchie Torres, del Bronx, quien apoyó a Delgado. "Como afrolatino, me han dicho en repetidas ocasiones que no parezco latino, lo que quiera que eso signifique, y por lo tanto debo de ser menos auténtico como latino que quienes tienen la piel más clara". Una profesora afrolatina de Estudios Caribeños intervino para decir que entendía las preguntas sobre la ascendencia de Delgado y su capacidad para hablar en nombre de los latinos: se espera de los representantes que hayan vivido "en carne propia" y entiendan las experiencias y necesidades de sus electores, le dijo al *New York Times*, no se trata de "marcar una casilla" sólo porque el apellido sea hispano.

Tales son las complicaciones de ser afrolatino en un mundo binario. La imposición del canon "blanco o negro" y la norma estricta de "una sola gota" —los falsos binarios de este país— borran los matices. Si el vicegobernador Delgado se identifica como latino, si quiere apropiarse de ese pasado ancestral por desvaído y olvidado que esté, ¿no debería permitírsele? Por otro lado, ¿se puede culpar a un chico afrolatino de que un país —con una larga y violenta historia de racismo— no vea la cultura, sino sólo el color, y le empuje a identificarse sólo como negro? ¿Quién puede juzgar cuán latinos somos? Como dice el novelista Junot Díaz: "Llevamos demasiado tiempo influidos por la 'visión de la élite' de lo que somos. Necesitamos descolonizarnos de su binarismo. No estoy aquí para hacerles el juego a las ansiedades de categorización de nadie".

A pesar de todas las cábalas sobre lo que supone "parecer latino", de los sesenta y tres millones de latinos que habitan este país, seis millones se identifican como afrolatinos. Estos hermanos y hermanas tienden a concentrarse en la costa este y en el sur —Nueva York, California y Florida— y es más frecuente que hayan nacido en otras costas, especialmente en Puerto Rico, la República Dominicana o Cuba. Son menos propensos a tener estudios universitarios y más proclives a tener ingresos más bajos. Más de dos tercios sufren "doble discriminación" —como negros y como hispanos— y tienen muchas más probabilidades de que la policía los detenga que sus amigos latinos no negros. Sin embargo, muchos han desarrollado carreras extraordinarias: la superestrella de la música Mariah Carey, por ejemplo, es hija de padre afrovenezolano; la difunta presentadora de noticias Gwen Ifill es hija de padre panameño; el defensa de los Mets de Nueva York Francisco Lindor es puertorriqueño, el historiador del Renacimiento de Harlem Arturo Schomburg y el poeta activista Felipe Luciano son también puertorriqueños.

No todos los afrolatinos se identifican como negros. Resulta paradójico que, a la hora de precisar la raza, la gran mayoría de los afrolatinos se describe a sí misma como blanca, o garabatean "hispano" al margen, a pesar de que según la Oficina del Censo de Estados Unidos hispano no es una categoría racial. Sólo uno de cada cuatro afrolatinos se autodenomina negro, asume la raza y marca esa casilla; en cifras, eso se traduce en un escaso dos por ciento de la población de Estados Unidos. Y, dadas las presiones impuestas por el estricto binarismo racial de Estados Unidos —que tal vez han sentido el vicegobernador Antonio Delgado y sus padres—, más de la mitad opta por vivir como estadounidenses negros y no subrayar en absoluto su identidad latina.

Para algunos, eso conlleva al aterrador prospecto del borramiento. En 2000, por ejemplo, sólo el doce por ciento de los puertorriqueños se registraron como negros, aunque la inmensa mayoría tiene raíces de ascendencia africana. Ocho de cada diez se declararon blancos. "Al ritmo actual", se lamentaba un académico puertorriqueño, "los afropuertorriqueños desaparecerán estadísticamente a finales del presente siglo. Eso ha pasado en Argentina y México: dirigentes de ambos países han declarado públicamente que no tienen población negra, a pesar de la presencia de organizaciones negras muy activas que luchan por la inclusión política. Estamos asistiendo al comienzo de un genocidio estadístico". La organización Colectivo Ilé se formó para obtener un cómputo más detallado de los negros puertorriqueños y luchar contra el borramiento. No dejen que los federales los anulen, exhortaron a los boricuas, ya fuera que estuvieran en el continente o en el Caribe. ¿Cómo podemos luchar contra el racismo institucional —cómo rectificar las injusticias obvias— si ni siquiera nos identificamos como negros? Afirmar ser "un poco de todo", como hacen los puertorriqueños, estaba provocando graves consecuencias sociopolíticas. Veinte años después, en 2020, pese a la agresiva campaña montada por el Colectivo Ilé y otras instituciones activistas, el cómputo de negros descendió drásticamente entre los puertorriqueños, pero la categoría de "otros" saltó del tres por ciento al cincuenta por ciento. Los sorprendentes datos sobre cómo nos percibimos los latinos son reflejo de las complejas historias que arrastramos. Por eso, los formularios del censo pueden ser tan desconcertantes. ¿Cómo ser honesto o exacto? Muy a menudo, como Javier Lizarzaburu, quien salió de Perú como blanco y regresó como indio, el color del que creemos ser no es el que somos. Muy a menudo, como los camaleones, adoptamos el color ambiental de nuestro entorno inmediato. "Cuando estoy en la República Dominicana soy blanco", dice Mario Álvarez, sacudiendo la cabeza, "y cuando estoy en Estados Unidos, soy negro".

No debería sorprendernos que una cuarta parte de los latinos reivindiquemos un *quantum* sanguíneo de negritud, dado que la inmensa mayoría de los negros africanos secuestrados por la trata transatlántica de esclavos fue enviada a América Latina o al Caribe. De los diez millones de cautivos que sobrevivieron al viaje, el noventa y siete por ciento fue entregado en puntos situados al sur del Río Grande. El mayor número —la asombrosa cifra de cinco millones— fue enviado a colonias del Caribe; 3,5 millones desembarcaron en Brasil y 650 mil almas fueron llevadas por la fuerza a la servidumbre en la Sudamérica española, principalmente Venezuela, Colombia y las Guayanas. En cuanto a Estados Unidos, apenas 366 mil, o el tres por ciento, fueron vendidos en mercados de esclavos diseminados por las costas desde Nueva Orleans hasta Charleston, en Carolina del Norte, y Newport, en Rhode Island. Así pues, la simple magnitud del calamitoso comercio de esclavos en las colonias españolas explica la generosa fracción de afrolatinos que hay hoy aquí. La mayoría de los latinos (si estudiamos las pruebas fenotípicas y observamos el largo calvario de la historia) son el producto de una violación en su pasado ancestral. Citando una vez más a Junot Díaz: "Lo que me trajo al Nuevo Mundo fue mi negritud. Como decía mi abuelo en la República Dominicana: 'Hijo, mira esos campos de azúcar. Por eso estamos aquí'. En mi familia no había nadie que no empuñara un machete".

La escritora puertorriqueña Esmeralda Santiago lo ve desde otra perspectiva. Ella es una de las afrolatinas que no se encasilla como negra. "Estados Unidos está tan obsesionado con las etiquetas", me dice. "Mi padre era negro; mi madre, blanca, pero yo me considero puertorriqueña. Boricua. No pienso en mí misma como un color de piel". Pero la historia la fascina de todos modos: el documento más antiguo que puede presentar la familia es una lista española de esclavos. (El nombre de su bisabuelo paterno figura en ella: Juan Díaz, esclavo cuya familia trabajó por generaciones en una hacienda azucarera de Puerto Rico. La abuela paterna de Esmeralda era descendiente de un taíno. "Lo llamaban *el indio salvaje*". Como las historias latinas pueden ser tan caprichosas, la familia materna de Esmeralda procedía del otro lado de la servidumbre. Sus abuelos llegaron a Puerto Rico desde la exuberante y verde costa montañosa de Asturias, España. Eran ricos, ambiciosos y católicos.) Cómo una muchacha descendiente de una familia rica y citadina de España llegó a casarse con un hijo de esclavos del interior de Puerto Rico es en pocas palabras la historia de nuestra ascendencia latinoamericana. Tal como describió en una ocasión Mario Vargas Llosa esa mezcolanza aparentemente descabellada: "La conquista de América fue cruel, violenta, como lo han sido todas las conquistas a través del tiempo, y debemos echar una mirada crítica sobre su legado sin olvidar que los autores de esos crímenes y saqueos fueron nuestros propios abuelos y bisabuelos". Somos, en otras palabras, herederos de esa colisión, hijos de herencias opuestas. Por eso, una multitud de pigmentos corre por nuestras venas.

LATINOS ASIÁTICOS

> A veces, los asiáticos se toman la libertad de decirme cosas despectivas
> y racistas sobre los latinos. Eso duele.
>
> —Isabella Do-Orozco, estudiante
> universitaria, Wichita, Kansas, 2021

Isabella Do-Orozco, nacida en Wichita, estudia en el Instituto Tecnológico de Massachusetts (MIT), donde mi padre hizo estudios de posgrado durante la Segunda Guerra Mundial. Jorge Enrique Arana Cisneros estuvo en el MIT porque la universidad necesitaba llenar las aulas desocupadas por el riguroso reclutamiento de tiempos de guerra. Los estudiantes que habían partido del MIT a combatir o trabajar en el esfuerzo bélico estadounidense eran en su mayoría blancos de Nueva Inglaterra. Cuando por fin llegó el día de la victoria sobre Japón, en agosto de 1945, y terminaron las hostilidades, los estadounidenses blancos regresaron y todos los latinoamericanos —los importados "no blancos" como mi padre— tomaron sus títulos y regresaron a casa. Hoy, sin embargo, tres de cada cuatro estudiantes universitarios en el MIT son estadounidenses no blancos. Uno de cada tres es de origen asiático; uno de cada seis, hispano. En los setenta y siete años que separan la experiencia universitaria de Isabella de la de mi padre se produjo un universo de transmutación.

Isabella no se considera ni latina ni asiática. Es ambas cosas. Como el uno por ciento de la población hispana —un minúsculo subconjunto de apenas seiscientas mil personas—, ella es latina asiática, hija de padre vietnamita y madre mexicana. Su padre nació en un Vietnam devastado por la guerra en 1971, justo en momentos en que el Vietcong comunista lograba sorprendentes avances contra las fuerzas estadounidenses y survietnamitas. El ejército de Estados Unidos decidió "vietnamizar" la guerra y arriesgarse a una retirada gradual, lo que intensificó los sentimientos antibelicistas entre las tropas y quebró la moral. El general estadounidense al mando sobre el terreno acababa de advertir que, dado el decreciente apoyo financiero de Washington al conflicto, Estados

Unidos bien podría "dar por perdido Vietnam del Sur como una mala inversión y una promesa incumplida".

Cuatro años después, cuando Saigón ya había caído y los comunistas tenían control absoluto del país, los padres de Pat Dinh Do lo levantaron de la cama y huyeron en medio de la noche, decididos a sacar a su pequeña familia del sombrío detritus de la guerra. El padre de Pat, ingeniero civil, se había arriesgado al proporcionarles mapas detallados de las ciudades de Vietnam a oficiales militares estadounidenses; no le quedaba más remedio que marcharse o enfrentarse a las tristemente célebres represalias del Vietcong: que lo enterraran vivo con su familia o morir a garrotazos. En una comitiva de dieciocho familiares, los Do emprendieron el largo viaje a la ciudad de Da Nang, donde se unieron al éxodo masivo que se conoció como los *boat people* ("los balseros") vietnamitas. Fue un viaje angustioso. Más de un millón de personas desesperadas abandonaron Vietnam del Sur para entregar su suerte a los caprichos del mar de la China meridional. Atacadas por los piratas y azotadas por tormentas tropicales, miles de endebles embarcaciones pesqueras de madera, algunas de no más de diez metros de eslora y cargadas con docenas de refugiados sumidos en el pánico, recorrieron cientos de kilómetros hasta llegar a imaginarios refugios en las costas vecinas de Malasia, Tailandia o Hong Kong. Muchos fueron devueltos al llegar. Obligados a vagar por esas aguas bravas, los barcos oxidados se convirtieron en blanco fácil de los piratas tailandeses que alcanzaban a los fugitivos, asesinaban a diestra y siniestra, violaban o raptaban a las mujeres, arrojaban por la borda a los niños que gritaban y robaban lo poco que llevaban. Unos cuatrocientos mil vietnamitas murieron en la travesía.

La barquita de Pat Dinh Do dio con un milagro. Tras varios angustiosos días a la deriva, la tripulación de un barco de la marina de Estados Unidos que navegaba por aquellas aguas avistó a los aterrados exiliados y —pese a que la marina no había recibido órdenes militares de salvar a vietnamitas que se encontraran a la deriva en altamar— los puso a salvo. Pronto llevaron a los Do a Camp Pendleton, en California, donde se unieron a las decenas de miles de fugitivos desconcertados que se hallaban en la "Ciudad de las Carpas", hasta que una familia estadounidense

—miembros de la Iglesia de los Santos de los Últimos Días— decidió apadrinarlos. Los mormones llevaron a la pequeña familia de cinco miembros de Pat Dinh Do a Irvine, California, los instalaron en una casa móvil y matricularon a los niños en la escuela. Pat, de cuatro años, creció en Estados Unidos. Se destacó en la escuela y en la universidad, luego estudió medicina y se convirtió en cirujano ortopédico. Mientras realizaba sus prácticas en Dallas conoció a una hermosa enfermera decidida a ampliar sus ambiciones y convertirse en médica con todas las de la ley. Era exuberante, atrevida, luchadora y tenía una risa contagiosa. Se llamaba Sylvia Orozco y era una inmigrante mexicana de Chihuahua.

La familia de Sylvia procede de un largo linaje de mexicanos, mitad españoles, mitad nahuas o aztecas. La leyenda familiar dice que son descendientes directos de Cuauhtémoc, el último emperador azteca. En efecto, una prueba de ADN confirma su herencia indígena, mientras su porte regio y robusta confianza en sí misma permiten inferir su linaje. Desde niña, Sylvia siempre había querido ser médica, pero su padre, antiguo miembro de la fuerza aérea de Estados Unidos y machista de vieja escuela, se oponía. Sostenía que las mujeres —en particular, sus hijas— debían de quedarse en casa, no andar como locas dándose aires por universidades y puestos de trabajo. Con dieciséis años y desanimada, Sylvia estaba a punto de enrolarse en la fuerza aérea (gracias al servicio de su padre había obtenido la ciudadanía estadounidense) cuando tuvo una idea mejor. Decidió consultar a una tía que, tras desafiar a su propio padre y hermanos, había ido a la universidad en Estados Unidos y estudiado bioquímica. Se había casado con un sueco y ahora era jefa de investigaciones de una gran empresa farmacológica en el Silicon Valley de California. Sylvia se mudó con su tía a Cupertino, donde matriculó en el colegio cercano; luego estudió enfermería en la Universidad Estatal de San Diego.

Ya graduada, observó que en los hospitales de San Diego había fuertes prejuicios contra los mexicanos. Era 1994 y California acababa de aprobar la Proposición 187, que pretendía frenar el aumento de la población indocumentada. Las escuelas y los lugares de trabajo empezaron a interrogar a los latinos y a denunciar a los no ciudadanos ante las autoridades locales. Cualquiera que pareciera mexicano o tuviera un apellido hispano debía demostrar su estatus legal. Sylvia tenía papeles de naturalización —no corría peligro—, pero le indignaba la discriminación manifiesta. Mientras buscaba trabajo, comprobó que los médicos y enfermeras de los hospitales de San Diego eran casi todos blancos; los únicos hispanos de la plantilla eran los del equipo de limpieza. Siempre que indagaba por un puesto, le respondían que ya estaba ocupado. La Proposición 187 fue eliminada en 1999, aunque partes de ella perduraron en las políticas hasta 2014, pero la experiencia fue suficiente para convencer a Sylvia de que no quería pasar ni un día más en California. Se trasladó a Dallas y aceptó una oferta en un hospital que contrataba a personas de color. Allí realizó dos cambios en su vida de los que nunca se arrepentiría: perseguir su sueño y estudiar medicina, y casarse con un inmigrante del otro lado del planeta, Pat Dinh Do. El resultado fue su primogénita, una asiática latina: Isabella Do-Orozco.

Isabella pasó los primeros años de su vida en El Dorado, Kansas, donde sus padres establecieron sus consultas médicas. Pero, cuando cumplió tres años, la pequeña familia se trasladó a Wichita, donde sus padres se forjaban carreras de éxito y alcanzaban una seguridad económica de la cual ninguno había disfrutado antes, ni en México ni en Vietnam. Isabella pudo asistir al colegio privado más prestigioso de Wichita y, como se destacó en sus estudios, consiguió con facilidad un cupo en el MIT, donde estudia para convertirse en investigadora especializada en cáncer.

No es una historia inusual. Sin embargo, el público estadounidense no reconoce esa trayectoria de éxito en las familias latinas inmigrantes. El mito predominante en Estados Unidos es que los blancos que llegaron a Ellis Island a principios del siglo XX para colonizar las praderas o impulsar la Revolución Industrial son los héroes de la historia de éxito de Estados Unidos, mientras que los inmigrantes no blancos de hoy en día llegan sin conocimientos, a buscar limosnas y lastrar la infraestructura socioeconómica del país. Recientes investigaciones genealógicas echan por tierra esa noción racista. Los datos muestran que los inmigrantes que llegaron aquí entre 1997 y 2015 —los dos mayores influjos fueron asiáticos y latinoamericanos— se han asimilado y han tenido éxito prácticamente al mismo ritmo de los inmigrantes europeos hace un siglo. En lo más alto de las listas de prosperidad están los chinos y los vietnamitas, cuyas segundas generaciones entran en el percentil 65 de ingresos del país. Los mexicanos no se quedan atrás. Es decir, los hijos de inmigrantes asiáticos y latinos se catapultan fácilmente de la pobreza a la clase media, de lo más bajo de la escala económica a una vigorosa prosperidad financiera. "Los mexicanos de hoy tienen la misma movilidad ascendente que los ingleses y noruegos del pasado", afirman economistas de las universidades de Stanford y Princeton. Y "los hijos de inmigrantes de México y la República Dominicana tienen hoy las mismas probabilidades de ascender socialmente en comparación con sus padres que los hijos de suecos y finlandeses pobres hace cien años".

Muchos latinos asiáticos como Isabella Do-Orozco —"lasiáticos", como algunos se llaman a sí mismos— son hijos de matrimonios interraciales nacidos en este país. Pero Latinoamérica tiene una larga historia de inmigración asiática, y una familia bien podría haber forjado su identidad latina asiática hace generaciones y en otros lugares. Los primeros asiáticos que habitaron el Nuevo Mundo fueron marineros filipinos, "chinos de Manila" que se establecieron en México en el siglo XVI como consecuencia del exuberante comercio de oro y plata que recorría el Pacífico desde Acapulco hasta Manila. Los filipinos llegaron en galeones españoles tan plagados de alimañas y enfermedades que la mitad murió en el camino. Cuando los supervivientes llegaron al México colonial, juraron no volver a cruzar el Pacífico. Se establecieron en Acapulco y se casaron con las mujeres locales, dando lugar a los primeros latinos asiáticos del hemisferio.

La mayor afluencia de asiáticos a América Latina se produjo en el siglo XIX, cuando los "culis" chinos y los trabajadores "issei" japoneses —todos varones— sustituyeron la mano de obra esclava en Brasil, Perú, México y Cuba, como acabarían haciendo también en Estados Unidos. Esas poblaciones prosperaron, incluso crecieron, al casarse con las nativas y ascender en la escala económica hasta llegar a las clases acomodadas. En Cuba, los propietarios de haciendas del siglo XIX importaron tantos culis para trabajar sus campos de caña de azúcar que, como resultado, surgió una población considerable de cubanos de origen chino; cuando Castro ascendió al poder, muchos emigraron a Nueva York, generando una proliferación de restaurantes chino–cubanos y escalando cómodamente hasta los peldaños más altos de la escala de propietarios de pequeños negocios. Hoy hay más de seis millones de latinoamericanos de ascendencia asiática, millón y medio de ellos en Perú, la única nación fuera del Lejano Oriente que ha elegido a un presidente asiático. La influencia oriental está tan presente en Perú que la cocina nacional es una fusión de la china, la japonesa y el resto de nuestro mosaico genético. De niña, en Lima, me crie con arroz *chaufa* (arroz frito), lomo saltado (res salteada), crujientes *wontones* de camarón y ceviche (*sashimi* con infusión de cítricos), y, para mí, las chifas, los omnipresentes restaurantes chinos que salpican los barrios limeños, eran lugares de reunión obligatorios para los extensos almuerzos familiares de los domingos.

Ése es sin duda el caso de la familia de Kelly Huang Chen, ingeniera industrial de la Universidad Politécnica Estatal de California, nacida de padres chinos en México y emigrada a Los Ángeles cuando tenía diez años. Para Kelly es normal empezar el día con *dim sum* y terminarlo con tacos. O Amalia Chamorro, peruana de origen chino especialista en educación en Washington, DC, cuya familia emigró de China a Perú hace tanto tiempo que nadie recuerda cuál era su apellido antes de cambiarlo por uno español para adaptarse mejor a su nuevo hogar.

Ser latino asiático es vivir bajo un amplio paraguas. Los descendientes de Valentina Álvarez y Rullia Singh, pareja de mexicana y punyabí que se conoció y se casó en Holtville, California, en 1917, también son latinos asiáticos, según las discriminatorias definiciones legales de este país. Miles de hombres sijs como Rullia que habían emigrado a Estados Unidos a principios del siglo XX para incorporarse a la mano de obra de California, se encontraron con una ley que les prohibía regresar a la India para traer novias. Las leyes de exclusión asiática, crudamente racistas y punitivas, les cerraron de golpe las puertas del país a los chinos, primero en 1882 y luego en 1924, "para preservar el ideal de homogeneidad estadounidense". En esta segunda ocasión añadieron a japoneses, coreanos e indígenas a la lista de indeseables. Aparte de penalizar la entrada de esclavos en 1808, Estados Unidos nunca había prohibido la entrada de inmigrantes de ninguna parte del mundo hasta que el Congreso decidió proscribir a los aspirantes supuestamente "subversivos" o "asquerosamente enfermos" o "moralmente" inaptos procedentes de Asia.

La "zona de prohibición asiática", como la denominó legalmente la Ley de Inmigración de 1917, pronto se convirtió en tierra de nadie, siendo su gente mal percibida y mucho peor recibida. Bhaghat Singh Thind, sij estadounidense como Rullia Singh —y soldado del ejército de Estados Unidos que luchó honrosamente en la Primera Guerra Mundial— se opuso cuando se le comunicó que se le revocaría la nacionalidad porque era "racialmente inelegible" para ser ciudadano. El caso de Thind llegó hasta la Corte Suprema, donde este argumentó que merecía conservar su ciudadanía porque era ario —parte de la raza indoeuropea— y, por tanto, "persona blanca de buen carácter", como exigía la Ley de Naturalización de 1790. Pero los jueces desestimaron su caso alegando que "la mayor parte de nuestro pueblo rechaza instintivamente la idea de la asimilación" de los sudasiáticos. En otras palabras, a pesar de su servicio al país —y pese a haber jurado como ciudadano apenas unos días antes—, el pueblo estadounidense sencillamente no quería a Thind en su país. Era inadmisible, no bienvenido, un paria.

En la base de la intolerancia estaba el gusano del resentimiento que siempre se cuela en la historia de los inmigrantes, ya sea contra los irlandeses, los chinos, los musulmanes o los latinoamericanos. El comienzo de la fiebre del oro en 1848 había inspirado un crecimiento boyante y sin trabas en el Oeste y, con la llegada de cientos de miles de chinos para levantar las ciudades de California y construir el ferrocarril transcontinental, el sentimiento antiasiático se hizo estridente. Pocos trabajadores blancos se habían presentado para ese trabajo agotador y peligroso, pero los blancos se quejaban de que los chinos les estaban robando los empleos, causando la rebaja de los salarios y enriqueciéndose. No era la primera vez que se acusaba a los inmigrantes de estas cosas, pero esta vez tenía un cariz racista. Los asiáticos se convirtieron en los primeros inmigrantes ilegales del país, la única raza que ha tenido prohibida la entrada en Estados Unidos. El torrente de ira llevaba mucho tiempo gestándose. En 1871, una década antes de que el presidente Chester Arthur firmara la Ley de Exclusión China, una turba asesina había ahorcado a diecisiete hombres y niños chinos en Los Ángeles, el mayor linchamiento colectivo de la historia de Estados Unidos. Poco después fueron enviados a la frontera con México, que se había convertido en la ruta de entrada preferida de los inmigrantes asiáticos, a agentes conocidos como "cazadores de chinos". Incluso después de una devastadora guerra civil y la promesa de una Proclamación de Emancipación, ahí estaba —en toda su tozuda resistencia— el acuciante dilema del siglo XX: la "línea de color". Las puertas del país permanecieron herméticamente cerradas para los chinos durante sesenta años, hasta 1943 cuando el presidente Franklin D. Roosevelt hizo un apasionado llamamiento para corregir ese "error histórico" y el Congreso procedió a revisar y reestructurar las leyes. Pero en la mente de los estadounidenses el mensaje había calado, el daño estaba hecho, el prejuicio había arraigado. Desde que se tenía memoria, los asiáticos habían sido la causa de todos los males de Estados Unidos, desde las pestes hasta la miseria, sirviendo de cómodos chivos expiatorios para multitud de males, y su castigo no sólo consistía en la prohibición de entrar al país. Si los asiáticos orientales o del sudeste tenían que salir de Estados Unidos por cualquier motivo, no se les permitiría regresar. Tampoco podían nacionalizarse. A quienes ya poseían la ciudadanía, se les despojaba de ella de forma sumaria y sin explicaciones. Todo chino, japonés, indio, coreano, vietnamita, camboyano, hmong o filipino que había huido de la crueldad y calamidad en su país pronto aprendió que Estados Unidos no era para él un faro de libertad, como representaba la Estatua de la Libertad, sino una nación contaminada por el odio racial. El racismo se convirtió en el factor unificador de la experiencia asiático estadounidense, fusionando veinticuatro grupos distintos de inmigrantes y una auténtica Babel de lenguas procedentes de regiones remotas del mundo. Si existe alguna unidad entre los asiático estadounidenses de hoy —y sus miembros afirman que la hay— es porque ésta ha sido un útil baluarte contra un racismo sistémico de siglos de antigüedad.

Irónicamente, aunque el presidente Franklin D. Roosevelt inició la derogación de las leyes de exclusión, casi al mismo tiempo firmó la Orden Ejecutiva 9066, que dio lugar a uno de los capítulos más oscuros de la historia de la inmigración estadounidense. Corrían los primeros años de la década de 1940, la Segunda Guerra Mundial estaba en plena efervescencia y, casi al mismo tiempo que el Departamento de Estado de Estados Unidos decidía enviar a mi padre al norte a que ocupara un puesto vacío en el MIT, obligaron a miles de latinoamericanos —entre ellos, 1.800 peruanos— a embarcar en buques estadounidenses de carga y trasladarse a Estados Unidos por un motivo muy distinto. Eran latinos de ascendencia japonesa. Muchos, ciudadanos sudamericanos desde hacía varias generaciones, y buena parte de ellos, empresarios y profesionales de éxito. La orden ejecutiva de Roosevelt de reunir y encarcelar a todos los japoneses en Estados Unidos produjo un efecto dominó. Alegando "seguridad hemisférica", los funcionarios del gobierno de Estados Unidos exigieron que doce países latinoamericanos detuvieran a todas las personas de origen japonés residentes en su territorio, las desarraigaran y las recluyeran en los sombríos y muy vigilados campos de internamiento del suroeste de Estados Unidos, donde habían encerrado tras alambre de púas 120 mil estadounidenses de origen japonés. La policía peruana allanaba los hogares, detenía a familias enteras, requisaba sus pertenencias —incluso, quemaba sus casas, escuelas y negocios— y las deportaba contra su voluntad a Estados Unidos. El niño japonés de cinco años que algún día sería presidente de Perú, Alberto Fujimori, era uno de ellos. Una vez terminada la guerra, a la mitad de esas desventuradas familias latinoamericanas se les negó el regreso a sus países de origen. Muchos sobrevivieron las indignidades y fijaron su residencia en el suroeste, albergando amargos recuerdos sobre la crueldad arbitraria de su país de adopción. Si había sido peligroso ser obrero chino en Los Ángeles o inmigrante punyabí en Holtville, había resultado francamente aterrador ser latinoamericano de origen japonés en cualquier lugar al sur del Río Grande. Sobre todo, si el gobierno de Estados Unidos se involucraba. El mensaje era inequívoco: no se podía confiar en los asiáticos, independientemente de su nacionalidad. Hasta 1988, cuando el Presidente Ronald Reagan les pidió perdón por las injusticias, no se intentó ningún tipo de reparación: a los estadounidenses de origen japonés que fueron internados a la fuerza durante la Segunda Guerra Mundial les ofrecieron 20 mil dólares de compensación. Sin embargo, a los latinos de origen japonés que el gobierno estadounidense sometió al mismo trato les ofrecieron mucho menos, apenas cinco mil dólares.

• • •

No cabe duda de que la larga historia de legislación racista en este país ha causado estragos en la vida de los inmigrantes, empujando a veces a comunidades enteras en direcciones imprevistas. Ante las punitivas restricciones legales impuestas a los trabajadores sijs en 1924, que prácticamente bloqueaban su capacidad para regresar al Punyab en busca de sus novias, los sijs hicieron lo que pudieron. Se casaron con mexicanas. Al igual que las mujeres punyabíes, las mexicanas eran morenas, hogareñas, respetuosas y leales a sus maridos. Hoy en día, los descendientes de aquellos matrimonios pueden cenar enchiladas al curry o frijoles vindaloo, pero rara vez se identifican como latinos. Los mexicanos punyabíes son una comunidad que se desvanece. Su número disminuye de una generación a otra a medida que se casan con otros indígenas, abandonando por completo su identidad latina. De este modo, historias enteras de un pasado latino pueden desaparecer en el éter, víctimas del impulso estadounidense de asignar una raza y borrar todas las demás. "Estoy orgullosa de mi herencia mexicana", dice Amelia Singh Netervala, hija de un matrimonio indo–mexicano que creció en una granja de alfalfa y algodón al sur de Phoenix. "Pero, si tuviera que elegir, me identificaría como india".

A sus veinte años, Isabella Do-Orozco adopta una postura opuesta. Criada en un hogar donde se hablaba español, pero de rasgos asiáticos, está decidida a cultivar las dos caras de su realidad bifurcada. No ha sido fácil. "Cuando visitaba a la mexicanísima familia de mi madre en El Paso, era muy consciente de que nosotros éramos los extraños", me cuenta. "No estábamos tan estrechamente ligados a ellos como ellos lo estaban entre sí". Aun así, se sentía más unida a la cultura hispana que a la vietnamita, quizá porque se había criado en un entorno hispanohablante. Con su familia vietnamita de California la dinámica era muy distinta. "No hablo vietnamita; tampoco mis primos vietnamitas. Allí hay un muro entre generaciones que no existe en mi familia mexicana". Otras diferencias culturales se interponían. "Los mexicanos tienden a ser vivaces, echados para adelante y ruidosos", dice, sonriendo, "y esos son rasgos que no esperas encontrar en un vietnamita".

De hecho, había muchas cosas de los latinos que incomodaban a sus parientes vietnamitas: nuestra inclinación a abrazarnos y besarnos incluso con los conocidos más lejanos, la forma desmedida en que compartimos nuestras emociones, nuestra manera desenvuelta de bailar. Pero la verdadera fuente de frustración para Isabella era más física que social. "La gente me mira y asume que soy asiática. No reconocen a la latina que hay en mí. Mi hermana parece latina. Mi hermano es racialmente ambiguo; en verano, puede que incluso sea medio negro. A mí, en cambio —quien más se identifica como mexicana— me hablan en inglés cuando me presentan a hispanohablantes. Nunca deja de sorprenderme. Me enorgullezco de mi identidad mixta, de mi español fluido, así que es duro cuando la gente no lo ve en mí. A veces los asiáticos incluso se toman la libertad de decirme cosas despectivas y racistas sobre los latinos. Eso duele". Si alguna vez tuviera la necesidad de compartir esos sentimientos con alguien que hubiera vivido experiencias similares la tendría difícil. Aparte de sus hermanos, nunca ha conocido a otro latino asiático.

Ser latino asiático puede ser un asunto complicado y solitario. Mekita Rivas, redactora adjunta de la revista *Cosmopolitan*, lo describe así: "Como latina asiática, he tenido que enfrentar el no sentirme lo 'suficientemente' asiática o latina, sobre todo en comunidades predominantemente asiáticas o latinas. Durante gran parte de mi vida pensé que ser mitad mexicana y mitad filipina implicaba algún tipo de carencia. Si no estaba 'del todo' en ninguna de las dos comunidades, ¿pertenecía realmente a ellas?". ¿Era la mitad de su identidad una usurpación de la otra mitad? ¿Se estaba apropiando de identidades que no podía asumir en su totalidad?

Luego está Lisa Murtaugh, de Atlanta, quien, como Isabella, es vietnamita-mexicana y no ve sino fuerza en la mezcla. "No voy a mentir", dice. "Ser latina asiática puede ser difícil, complicado y solitario, sobre todo si también eres estadounidense. Pero creo que vale la pena, porque hay mucha fuerza en ello. Mucha belleza. Y, pues ¡caramba, comida deliciosa!".

Hoy, con medio milenio de herencia en las Américas, los latinos asiáticos representan no sólo un acoplamiento de antípodas, sino también un vínculo único y vivo entre los dos grupos de inmigrantes más grandes y de más rápido crecimiento en Estados Unidos. Fusión incipiente de estas gigantescas poblaciones, puede que aún sean escasos en número, pero se han hecho un nombre en diversos campos, desde la música pop hasta la física del plasma. La galardonada novelista Sigrid Núñez es fruto del matrimonio entre una madre estadounidense de origen alemán y un padre panameño de origen chino. El popularísimo cantante Enrique Iglesias es hijo de español y filipina, nacionalizado estadounidense. Wallace Loh, descendiente de prósperos magnates de Shanghái, huyó de la China comunista con su familia y creció en Lima, Perú, para emigrar a Estados Unidos y convertirse en presidente de la Universidad de Maryland. Y luego está el científico estadounidense Franklin Chang-Díaz, hijo de inmigrante chino y madre costarricense. Chang-Díaz ha sido ampliamente homenajeado como "el primer astronauta latino". De hecho, es el primer astronauta *latino asiático*, el primero en la historia de la exploración espacial en flotar afuera de una nave espacial y mirar hacia la Tierra para ver qué mundo tan pequeño somos en realidad.

TERCERA PARTE

ALMAS

La latina que hay en mí es una brasa que arde por siempre.
—Sonia Sotomayor, magistrada de la Corte Suprema
estadounidense puertorriqueña, 1996

7

EL DIOS DE LA CONQUISTA

Dios existe. Y si no existe debería existir. Existe en cada uno de nosotros, como aspiración, como necesidad y, también como último
fondo, intocable de nuestro ser.

—Octavio Paz, poeta mexicano, 1914–1998

Si diferentes son los fenotipos latinos —y diversos los colores de la
piel—, nuestras vidas espirituales también son múltiples. La suposición fácil es que todos somos católicos romanos, como lo impuso España en sus colonias americanas y como lleva siglos luchando
el Vaticano por consolidar. Pero en el volátil y cambiante presente latino —con nuevas formas biológicas de explorar nuestras raíces, con el
descubrimiento de rastros de la erradicada judería española en nuestras
venas, con la deserción masiva hacia las iglesias protestantes o nuestra
inclinación a fusionar el cristianismo con las creencias indígenas, por no
mencionar una tendencia creciente a abandonar por completo la participación en la iglesia—, hacer suposiciones fáciles sobre la espiritualidad
latina es asunto peligroso.

La mayoría de los latinos se declara practicante de alguna religión
cuando se le pregunta. En comparación con los estadounidenses en general, somos más propensos a declarar una fe y asistir a servicios religiosos, incluso si hemos abandonado una fe por otra. Creer es el fondo
intocable de nuestro ser, como escribió el poeta Octavio Paz. Somos un

grupo decididamente religioso. Tanto, que a veces combinamos creencias y rituales para satisfacer nuestras necesidades espirituales. Según las
encuestas, más del noventa por ciento de los latinos dice creer en Dios.
No es de extrañar que Simón Bolívar, libertador de seis repúblicas en el
siglo XIX, afirmara que la religión era el cemento de América Latina y el
catolicismo, su roca. Según él, los dos rasgos que unían las Américas en
un cuerpo político unificado —desde el Caribe hasta la Antártida y desde
Panamá hasta los confines de los Andes— eran la fe y la lengua española.
Debemos agradecérselo a España. Nos unen, al parecer, los dos códigos
que se impusieron a nuestros antepasados durante la dominación colonial: los preceptos de Roma y la lengua de Cervantes.

Bolívar, que odiaba el dominio de España sobre las colonias, pero
sabía algo del caos que su revolución había dejado a su paso, estaba convencido de que una fe y una lengua comunes podían unir a Sudamérica,
resolver las pequeñas divisiones, crear unidad y hacer del continente una
gran nación panamericana, una fuerza poderosa y soberana. El sueño
de Bolívar podría haberse hecho realidad de no haber sido por los tira-
nos intolerantes que se interpusieron en su camino. Tras la violencia
inimaginable de las guerras de independencia, los vencedores emergie-
ron sin unidad de propósito, sin espíritu de compañerismo. En lugar de
unirse para crear una gran nación, los señores de la guerra se aferraron
a sus pequeños feudos, forjando sueños minúsculos a partir de visiones
minúsculas. Poco a poco, a lo largo de los siglos el paisaje espiritual de
América Latina fue cambiando. Los mitos indígenas se introdujeron en
el sacramento cristiano, surgieron repúblicas con sus propias variedades
de culto, los sacerdotes de la liberación adoptaron mentalidades guerre-
ristas, los evangelistas protestantes invadieron la región con un atractivo
tangible. Y, una vez que los latinos llegan a Estados Unidos, sus lealtades espirituales pueden llegar a transformarse por completo. Los inmigrantes de segunda generación se ven atraídos por nuevas religiones;
los inmigrantes de tercera generación a veces optan por no afiliarse a
ninguna religión. Esto último es cada vez más evidente con el paso de los
años: los latinos (sobre todo, los nacidos en Estados Unidos) se compor-
tan igual que el resto de los estadounidenses con relación al alejamiento

radical de los lugares de culto. En 2009, el quince por ciento se declaró "no creyente"; es decir, sin afiliación alguna. En 2022 la cifra había aumentado al treinta por ciento.

"Me criaron católica", responden las jóvenes latinas cuando les pregunto por sus creencias. Luego su voz se entrecorta, dejando abierta las preguntas de si siguen practicando o cómo educarán a sus hijos. Como dice Olga, estudiante universitaria: "Mi madre es muy católica [y por eso] fui a colegios católicos". Describe cómo, de niña, practicaba la fe para complacer a sus padres, "pero ahora", dice sin rodeos, "simplemente no lo hago". Luego se explaya: "No me lo cuestioné hasta que llegué a Estados Unidos, porque en México todo el mundo era católico. Allí la gente no te preguntaba: '¿Cuál es tu religión?' Todo el mundo daba por hecho que eras católico. Pero cuando llegué a Estados Unidos me encontré con tantas razas y religiones diferentes…". Fue entonces cuando se volvió más reflexiva, más consciente de su bagaje cultural y de su formación religiosa: la catequesis de su infancia. También le sorprendió la noción tan estadounidense de que la fe podía ser asunto de elección, y empezó a hacerse una idea más clara de lo autoritario que había sido el catolicismo en el mundo de donde había venido.

CÓMO CONQUISTÓ EL NUEVO MUNDO LA IGLESIA CATÓLICA

> Con la fe, el azote de Dios entró en el país.
>
> —"Relaciones de los jesuitas", Nueva
> Francia, América del Norte, 1653

El camino hacia el catolicismo latinoamericano —y, por consiguiente, latino— es largo y tortuoso. Comienza el 2 de enero de 1492 con la consolidación de España bajo la reina Isabel I y el rey Fernando II y la feroz expulsión de musulmanes y judíos de la península. Siete siglos antes, en 711 d. C., los moros habían llegado desde sus dominios conquistados en África, cruzado el estrecho de Gibraltar y engullido Hispania entera, convirtiendo el califato omeya en uno de los grandes imperios del mundo. A lo largo de los siglos, los ejércitos cristianos rechazaron a los ocupantes musulmanes, empujándolos cada vez más hacia el sur, pero dejándoles el control de una franja de tierra que se extendía a lo largo de la parte más meridional de Iberia. Fernando e Isabel, decididos a reconquistar esas tierras y librar la península no sólo de los musulmanes, sino también de los ricos mercaderes judíos, desencadenaron una guerra implacable contra los "infieles" que duró una década. Su ardiente ambición era establecer una España robusta y católica que defendiera a la Iglesia y a su Papa, y le sirviera de protección en sus guerras evangelizadoras.

España había despertado de siglos de dominación extranjera con un espíritu de cruzada, un compromiso apasionado con la forja de una nación poderosa, y la agresividad necesaria para lograrlo. Al final de las hostilidades, cien mil moros habían muerto, otros doscientos mil habían huido, y los doscientos mil que quedaban fueron sujetos a estrictas leyes de conversión. A los judíos también se les ofreció la opción de convertirse o marcharse, y cuando la Inquisición española —bendita por bula papal— empezó en serio, más de la mitad de la población judía fue expulsada, y varios miles ejecutados salvajemente. Atrocidades flagrantes —quemas en la hoguera, autos de fe, ahorcamientos— tenían lugar en las plazas de las ciudades en presencia de la realeza y un aire casi festivo. Los europeos que visitaban España en aquella época quedaban horrorizados por el entusiasmo del público ante las ejecuciones. Menos visibles fueron las precipitadas conversiones de los judíos, la prisa por ocultar sus tradiciones, la repentina y apasionada afirmación de que el catolicismo era la verdadera fe, y Jesús, el único profeta. La negación y la retractación estaban a la orden del día. Una nieta de judíos se convirtió y se transformó en Santa Teresa de Ávila, la famosa mística carmelita. Se dice que los antepasados de Miguel de Cervantes, autor de la obra maestra española por excelencia Don *Quijote de la Mancha*, habían sido judíos, y que "la mancha" se refiere de forma críptica a la herencia judía de Cervantes. Es muy probable que los antepasados de Cristóbal Colón, el "Almirante de la Mar Océana" de España, también fueran judíos. E, ironía del destino, el primer inquisidor general nombrado por la Corona, el cardenal Tomás de Torquemada, nació en el seno de una familia judía antes de que, animado por el celo que sólo una conversión radical puede infundir, llegara a dirigir la época más sangrienta de la Inquisición y a perpetrar escalofriantes crueldades contra su propio pueblo.

En abril de 1492, Isabel "La Católica" había logrado convencer a su marido de que, para financiar sus ambiciones, necesitaban ir más allá de los confines del mundo conocido —más allá de las legendarias Columnas de Hércules— y apostar por conquistas lejanas en continentes lejanos e inexplorados. Los monarcas no tardaron en firmar las Capitulaciones de Santa Fe, que le otorgaron a Cristóbal Colón el título de Gobernador de las Indias, y le concedieron autoridad para lanzar una expedición que prometía legiones de nuevas almas cristianas, abundancia de oro y fondos suficientes para emprender más guerras santas.

Colón abrió la puerta a las Américas, pero acabó encontrando más indígenas mansos y desamparados que príncipes cubiertos de piedras preciosas; más terreno salvaje y deshabitado que palacios reales; más papagayos que oro. Tomaría medio siglo —y el vertiginoso triunfo de Hernán Cortés en México junto a las victorias aún más provechosas de Francisco Pizarro en Perú— para llevar a España las vastas reservas de lucro que ansiaba. Hasta entonces, en la práctica se ignoraba la insistencia de la reina católica en que la evangelización fuera el núcleo de la conquista. La religión no era el objetivo inmediato de los ambiciosos conquistadores, sino el oro. Todos los soldados y marineros de las expediciones al Nuevo Mundo así lo entendían. Había bonanzas que aprovechar, fortunas que amasar. Uno de los fieles ayudantes de Cortés escribió que él y su cohorte habían venido a América "a servir a Dios y a Su Majestad, y a enriquecerse". Incluso los sacerdotes podían ver que la riqueza personal estaba en el corazón de la misión y, de hecho, algunos adquirieron su propia medida de ella.

La codicia entre los religiosos no era ninguna novedad. En el siglo XVI, la Iglesia católica se había convertido en una burocracia, una empresa de ventas, una vasta e insaciable red financiera. Precisamente en la época en que Cortés abría un camino de sangre a través de la península de Yucatán, el Papa León X, miembro de la poderosa familia Médicis, supervisaba la venta de dos mil oficios eclesiásticos al año por la redonda suma de 500 mil ducados (100 millones de dólares hoy en día), cifra asombrosa para la época. Abundaban las infracciones y las ganancias se embolsaban. Los sacerdotes aprendieron a mirar hacia otro lado. Una vez enrolados de lleno en el negocio de la conquista, los frailes acompañaron a los conquistadores en cada incursión. Una vez establecida, la yunta Iglesia y Estado, cruz y espada, sacerdote y soldado se mantendría por medio milenio.

Sin embargo, en ese pacto de "servir a Dios y enriquecerse" la Iglesia perdió una oportunidad mucho mejor. El Nuevo Mundo le ofrecía la posibilidad de redimir la fe, regresar a sus raíces, atraer la tabla rasa de almas frescas y separarse de la institución libertina y corrupta en que se había convertido la Iglesia europea. Hubo órdenes religiosas —los capuchinos, por ejemplo, fundados en 1209 por San Francisco de Asís— que, asqueados por la corrupción de la Era de los Descubrimientos, se separaron para dedicarse a una observancia más rigurosa de sus votos originales. O los dominicos, que se opusieron a la cruel dirección que estaba tomando la conquista. O fray Bartolomé de las Casas, que denunció las crueldades infligidas a los indígenas mexicanos. Pero, en conjunto, los representantes de la Iglesia en el Nuevo Mundo participaron de la rutina de los invasores, haciendo de la cristianización una conquista espiritual armada, mitad combate y mitad bálsamo bíblico para aplacar a su reina.

Comenzaba con el *requerimiento*, declaración leída en español a nativos que no entendían el idioma, donde se les explicaba el derecho divino de España a apropiarse de cualquier territorio que encontrara, a subyugar y esclavizar a sus habitantes y, de ser necesario, a hacer la guerra y matar. El pronunciamiento precedía a cada ataque, a veces gritado ante una multitud de rostros, a veces murmurado desde las cimas de colinas distantes sin que hubiera un alma a la vista. Un sacerdote sostenía en alto una cruz y un conquistador pronunciaba un preámbulo en apariencia inocuo, donde citaba a ángeles y hombres santos, incluidos Santiago y Pedro, que terminaba con una amenaza inequívoca: "Si no obedecéis, si os enfrentáis a mí, juro que con la ayuda de Dios emplearé todos mis poderes contra vosotros, os haré la guerra donde y como pueda, os someteré al yugo, os obligaré a obedecer a la Iglesia y a su Alteza, y os tomaré a vosotros, a vuestras mujeres y a vuestros hijos, y os haré esclavos para venderlos o disponer de ellos como su Alteza considere oportuno, y me llevaré todo lo que poseáis, y os infligiré todos los males y daños posibles".

Para los indígenas que lo oían, las palabras eran meros sonidos, balbuceos incomprensibles, tan desconcertantes como los ladridos de los perros. Algunos se rendían pacíficamente a la cruz y la espada; otros se resistían con violencia. Al final, ante un armamento superior —pistolas, cañones, caballos al galope, perros babeantes y una enfermedad furiosa y genocida—, un campo tras otro caía en manos de los soldados de Jesús. Y así fue como la Palabra de Dios llegó a las Américas.

Los sacerdotes no sólo se convirtieron en cómplices de la invasión, sino que también pasaron a formar parte integral de la ley en la medida en que a los obispos los nombraban los reyes, a los sacerdotes los virreyes y los monjes eran los encargados de los registros oficiales. Incluso mientras los conquistadores seguían abriendo audaces trochas de exploración, la Iglesia importó la Inquisición, transformándola en un reino de terror en el Nuevo Mundo. Al considerar las magníficas ciudades de los incas, aztecas y mayas vastos reinos de Satán, se dieron a la tarea de destriparlas y arrasarlas. Al igual que los romanos habían arrasado los templos de sus enemigos quince siglos antes, los invasores procedieron a enviar al olvido lo que antes era sagrado. Destrozaron ídolos, incendiaron reliquias sagradas, quemaron libros, redujeron a escombros las pirámides y su piedra se reconvirtió en muros de catedrales. Para que el triunfo fuera absoluto, las iglesias se construyeron sobre los cimientos de los templos, usurpando la santidad misma del suelo. Una vez completado el saqueo y arribados los colonos para hacer fortuna, los sacerdotes movilizaron a comunidades enteras de indígenas en reducciones forzosas, y se dedicaron a su cristianización. Las misiones franciscanas y jesuitas evangelizaron multitudes; con ese fin, crearon la máquina perdurable de América Latina para inculcar la fe: la escuela católica.

Por notable que pueda parecer, un siglo después de que Colón echara el ancla en La Española, la Eucaristía católica se ofrecía en altares construidos en un territorio que abarcaba desde los pantanos de La Florida hasta las pampas de Argentina. En cuanto Cortés aplastó el imperio de Moctezuma, comenzaron los bautismos. En una década, en México fueron bautizados cinco millones de indígenas. La cristianización e hispanización del Nuevo Mundo fueron tan rápidas e implacables como su derrota. Resulta difícil imaginar la velocidad con que España conquistó las almas del hemisferio. La única religión de la historia de la humanidad que adoptó conversos con tanta rapidez fue quizás el islam, aunque los mahometanos no forzaban la conversión ni les exigían a los creyentes que abandonaran sus creencias al adoptar la nueva.

Con todo, no era un catolicismo sin costuras o uniforme. La Iglesia no servía a la gente por igual, ni lo pretendía. Empleaba un tono y comportamiento diferentes con las personas de la raza más oscura, y la gente de las razas más oscuras lo comprendió. Aunque el proceso había empezado de forma modesta, con franciscanos, dominicos y jesuitas centrando su atención en los conquistados y atendiendo a las castas inferiores, pronto asumió la forma de conquista y chantaje. La evidencia estaba en todas partes: en la pompa, los atuendos, la manipulación de las castas inferiores, la complacencia con la aristocracia y, en última instancia, la inmaculada riqueza y magnificencia de las iglesias. El resultado fue que muchos de los conversos de las clases más humildes repudiaron la religión; sólo eran católicos de nombre. Muchos otros abrazaron la religión en serio, pero la adornaron con prácticas "paganas" de su pasado. Los santos cristianos fueron asociados con deidades nativas. Los rituales y bailes católicos tenían sus raíces en creencias anteriores. En otras palabras, la Iglesia estaba siendo conquistada por el Nuevo Mundo tanto como ella lo había conquistado a él. El resultado fue una forma de culto alterada y mestiza: una fe sincrética, tan heterogénea como los pueblos de las Américas.

Con el tiempo, muchos siguieron escrupulosamente las enseñanzas del catolicismo; se persignaban al pasar por una iglesia, construían santuarios en sus hogares, colgaban crucifijos sobre sus camas, llenaban sus bolsillos de amuletos y rosarios. Pero, para otros tantos, el catolicismo era una fe fluida y flexible, distinta del catolicismo europeo e impregnada de influencias indígenas o africanas: un católico andino podía erigirle un altar a la Pachamama; un católico yoruba podía recitar el rosario ante un orisha favorito o una deidad africana. Otros quizá quemaban incienso o salpicaban licor a los pies del crucifijo sin saber bien por qué. Un boliviano podía rezarle a una Virgen pintada en forma de montaña; un dominicano podía colocar una imagen de Jesús junto a la de un espíritu vudú; un mexicano, apreciar a la Virgen de Guadalupe por su color moreno. Incluso los creyentes católicos más estrictos podían llegar a tocar la fe de los antiguos, retornar a los dioses de este hemisferio antes del fuego infernal de la conversión forzada.

Pero la Iglesia también ha sido constructora; una fuerza enérgica a la hora de establecer el orden en el salvaje caos de la conquista y la colonización. Fue, sin duda, la institución más importante del mundo colonial. Dado que contaba a todos los habitantes del vasto Nuevo Mundo como miembros nominales, se afanó en organizar a su grey. En el proceso, controló y documentó cada aspecto de la vida humana, desde el nacimiento hasta el matrimonio y la tumba. Junto con el mandato de convertir a los nativos, empezó a tomar forma un pensamiento colectivo. La Iglesia era ahora la principal educadora de las masas, la entidad que velaba por la uniformidad de la doctrina y la curaduría del conocimiento y, por ende, la institución que podía garantizar la conformidad del pensamiento y una educación básica. Pero eso no era todo. A medida que acumulaba poder, se convirtió en la principal fuente de capital, en el banquero, el mayor empleador y el mayor propietario de América Latina, aumentando su considerable influencia con un vasto imperio de propiedades inmobiliarias y magníficos edificios, por no mencionar sus miles de haciendas ovinas, negocios textiles y granjas agrícolas.

Ese tipo de influencia no podría haberse conseguido sin el fuerte brazo de la Corona. Durante todo el dominio colonial español en América, la Iglesia siguió siendo sirvienta del poder político. En cada plaza importante se construía una casa cardenalicia junto a la catedral, y ésta, junto al palacio del gobernador. El mensaje era claro: no se admitía ninguna otra secta; no se permitía ningún otro dios. La élite blanca, nacida en América y descendiente de colonos españoles —la aristocracia criolla— mantenía una ferviente lealtad a la fe, ayudando a sostener esa estructura de poder. En el ocaso de la era colonial, el naturalista

Alexander von Humboldt observó que en México (Nueva España, en aquella época) los propietarios de minas y los comerciantes podían tener el control del comercio, pero al menos la mitad de los bienes raíces y fungibles de México pertenecían a la Iglesia, que controlaba todo lo demás mediante hipotecas. Servir a la Corona española había demostrado ser altamente remunerativo para las santas órdenes.

Incluso durante las guerras latinoamericanas de independencia, de 1808 a 1833, la Iglesia siguió apoyando a la Corona, pues temía que, si los rebeldes ganaban el poder y derrocaban a España, su autoridad desapareciera junto con los virreyes y gobernadores. Pero las cosas no salieron así. Una vez que conquistada la independencia, los blancos tomaron de inmediato el mando de las salas de gobierno y les arrebataron el poder a los ejércitos libertadores, en su mayoría de color, y las iglesias siguieron ocupando con orgullo su lugar como protectoras del *statu quo* de las élites. La Iglesia había dominado tan completamente los corazones y las mentes durante trescientos años que los fieles simplemente siguieron yendo a ella como antes. Puede que hubieran desalojado a España y enviado a casa a los sacerdotes leales, pero el catolicismo seguía gobernando. Los blancos ricos se instalaron en los palacios coloniales, y los más proclives al comercio se apropiaron de las haciendas. Y, aunque en principio se eliminó la esclavitud, en la práctica ésta seguía vigente. Quienes habían sido pobres y esclavos antes, seguirían siéndolo después. Las garantías de las Escrituras de que los sumisos heredarían el mundo —se les recompensaría en el reino de los cielos— tuvieron que bastarles por el momento.

Durante un tiempo —al menos hasta que se asentó el polvo de la revolución—, la Santa Sede se negó a reconocer las nuevas repúblicas, y las iglesias avanzaron a trompicones, sin timón, sin mando central. Pero, para sorpresa y regocijo de la Iglesia, aunque las nuevas naciones optaron por separar Iglesia y Estado, el catolicismo siguió siendo la institución más venerada por los ciudadanos recién independizados. El colosal sistema educativo que habían construido los sacerdotes y monjas españoles siguió siendo una fuerza forjadora de mentes y corazones católicos. Los gobiernos podían ir y venir; el poder, oscilar de tirano a rebelde; la gente, pasar bonanzas o hambrunas, pero la Iglesia siempre permanecería inamovible, como una roca para los poderosos, mientras los sumisos seguirían dando tumbos.

Ni si quiera en ese punto de inflexión tan crítico en la historia de América Latina la Iglesia moderó su papel de forma sustancial. Al igual que había pasado por alto las peticiones de justicia social de los frailes dominicos del siglo XVI y hecho oídos sordos a la indignación del obispo Bartolomé de las Casas por las crueldades infligidas a los indígenas, ahora ignoraba la oportunidad de forjar una nueva realidad para sí misma. Aceptó la estructura de poder de la élite blanca con la misma determinación con que se había aliado a los amos coloniales. Antes había bendecido la servidumbre y la esclavitud, y ahora bendeciría el clasismo y el racismo. De hecho, la Iglesia seguiría dándoles la espalda a sus fieles de piel más oscura durante 150 años más. Incluso entre los miembros del clero, la discriminación racial era descarada y rampante: en México, para servir como sacerdote un aspirante tenía que demostrar que más de tres cuartas partes de sus antepasados eran españoles. Así surgió toda una jerarquía de cocientes de sangre que dio lugar a que quienes se consideraban *castizos* —más españoles que indígenas— miraran con flagrante desprecio a quienes llevaban cocientes mayores de sangre mixta. Ese sistema se mantendría hasta el siglo XXI.

No fue sino hasta 2002, justo antes de la canonización de Juan Diego Cuauhtlahtoatzin —el humilde mexicano del siglo XVI que afirmó haber tenido una visión de la Virgen de Guadalupe—, que la Iglesia decidió reconocer a los "indios como pueblos". La palmadita institucional tardó más de quinientos años en llegar. Para muchos de los congregantes indígenas que se reunieron en México a conmemorar aquel momento histórico, el retrato de Juan Diego que se desveló resultó indignante: veían ante ellos a un hombre de piel clara y barba poblada, más parecido a un conquistador de los que usaban espada que a un nativo chichimeca. Aun así, la Iglesia reprodujo la imagen de ese hombre blanco en millones de carteles, sellos y estampas, ya que a nadie en la jerarquía eclesiástica le importó —en aquel momento, ninguno de los 132 obispos de México era indígena—. Y ¿por qué preocuparse? Durante cientos de años la Iglesia había disfrutado de un poder espiritual y político sin oposición en todas las repúblicas latinoamericanas que había ayudado a conquistar. El Vaticano había exigido fe ciega y su rebaño se la había otorgado sin chistar. Hasta 1960, más de noventa por ciento de los latinoamericanos se consideraba católico. Lo mismo ocurría, sin duda, con todos los latinos estadounidenses. Pero cuando los vientos de la teología de la liberación soplaron por las Américas y los evangelizadores protestantes les siguieron, el rebaño comenzó a desperdigarse. En la actualidad, la población de la región sólo pasa ligeramente el cincuenta por ciento de católicos. La necesidad de encontrar la salvación en otros lugares de culto se ha abierto paso en la fortaleza del catolicismo: el alma latinoamericana.

DRENAJE DE ALMAS

> América Latina es una región católica, pero no hay razón para suponer que siempre tenga que ser así. Creo que si Guatemala se convierte en la primera nación predominantemente evangélica de América Latina, se producirá un efecto dominó.
>
> —Planificador del crecimiento de la iglesia, evangélico, *Overseas Crusades Ministries*, 1984

La historia de la Iglesia católica latina en Estados Unidos empezó en serio en 1848, cuando Estados Unidos exhibió por primera vez su músculo imperialista al apropiarse de la mitad de la república mexicana. No les fue bien a quienes quedaron de este lado de la frontera y fueron engullidos por las fauces estadounidenses. Ello los llevaría a tener que redefinir la fe tanto como el concepto de patria, al verse obligados los mexicanoestadounidenses de nuevo cuño a formar parte de una Iglesia católica blanca, mayoritariamente irlandesa, que no estaba preparada para servirles. Hasta ese momento, los católicos estadounidenses eran un segmento minúsculo de la población de Estados Unidos —apenas el cinco por ciento— y representaban una amalgama de marginados: irlandeses, alemanes, polacos y eslavos. Pero, a pesar de su aparente diversidad, había una característica unificadora que servía bien a ese laicado católico: eran blancos. El gobierno de Estados Unidos había etiquetado oficialmente a los mexicanos como blancos a efectos electorales, pero, a los ojos de los estadounidenses, no lo eran. Al igual que los anglosajones habían rechazado a los irlandeses por su pobreza, ahora los irlandeses rechazaban a los mexicanos por su "raza".

Los sacerdotes mexicanos que habían atendido congregaciones en el territorio que alguna vez fuera de México fueron desalojados sumariamente de las iglesias, enviados al sur sin ceremonia alguna y sustituidos por clérigos irlandeses y alemanes. De la misma manera en que los estadounidenses habían entrado a lo grande y tomado posesión de la tierra, los católicos irlandeses y alemanes entraron y tomaron posesión de las iglesias. Unos letreros dirigían a los mexicanos a la parte trasera de los establecimientos, relegándolos como una subespecie de fieles, una raza de proscritos: "Las últimas tres filas para los mexicanos", podía leer en letras grandes quien entraba en la casa de Dios. "Según todo criterio racional, deberían de haber abandonado la iglesia en ese mismo momento", afirma el padre Virgilio Elizondo, historiador de la iglesia. Muchos lo hicieron, pero su fe prevaleció. Se limitaron a construir santuarios y altares en casa, donde podían rendir culto en privado con sus familias. A medida que pasaban las generaciones y crecía el número de latinos en el país, la Iglesia católica de Estados Unidos empezó a comprender que su futuro muy bien podía depender de ellos. ¿Por qué no? Desde luego, la presencia de la Iglesia de Roma en las patrias de los latinos abarcaba siglos.

Pero el catolicismo en esos países estaba empezando a cambiar. En la década de 1920, en el norte de México empresarios ricos que hacían campaña para adoptar las prácticas estadounidenses —muchos, conversos protestantes— crearon un movimiento para transformar México, divorciarlo de su pasado católico y convertirlo en un Estado rico y laico, un vibrante centro de expansión económica. El presidente mexicano Plutarco Elías Calles, el defensor más apasionado del movimiento, les impuso rígidas regulaciones a las iglesias católicas, inició la vigilancia de los sacerdotes y emitió la orden de cerrar las escuelas eclesiásticas. Indignada, la Iglesia mexicana organizó una huelga y suspendió todos los servicios religiosos. El pueblo —en particular, los pobres de las zonas rurales— reaccionó con pánico y su furia estalló en una rebelión a gran escala. Bajo el nombre de "cristeros", los insurgentes movilizaron una guerra de guerrillas para derrocar al gobierno. El resultado fue una sangrienta y prolongada batalla de tres años entre los creyentes militantes y el ejército mexicano, que contó con el suministro de rifles, municiones, aviones e incluso pilotos de Estados Unidos. Las hostilidades asolaron el corazón de México, arrasaron pueblos, afectaron granjas, provocaron hambruna y cobraron la vida de cien mil personas. El embajador estadounidense Dwight Morrow, que había mantenido una relación amistosa con el presidente Calles, intervino para negociar la paz. Se convenció al gobierno mexicano de que aflojara el control sobre la Iglesia y cambiara las leyes, pero en el resto de la muy católica América Latina la mancha de la traición se mantendría indeleble. México pasó a ser conocido como una nación que se atrevía a enfrentarse a Dios.

La rebelión cristera podría ser relegada a la historia local, ya que se desarrolló en una zona muy restringida de México, pero eso sería un error. Al igual que la Revolución Mexicana antes que ella y las guerras centroamericanas que le seguirían, la beligerancia se abrió camino hasta Estados Unidos, llenando los barrios mexicanos de todo el país con un diluvio de refugiados. En 1928, decenas de miles de peones desplazados, y más de dos mil monjas y sacerdotes exiliados habían cruzado la frontera, creando una diáspora que profesaba una lealtad absoluta a la Iglesia. Los nuevos emigrados se dedicaron a consolidar una red en apoyo a los cristeros, creando un poderoso sentimiento de unidad en torno a su fe. Algunos incluso se dedicaron al contrabando de armas, el reclutamiento militar, el espionaje y las revueltas armadas fronterizas para derrocar a un presidente que se había opuesto a la Palabra. Hoy, los hijos y nietos estadounidenses de aquella diáspora están diseminados por Estados Unidos, acuden a las iglesias y encarnan aquella historia. No es de extrañar que, entre los latinos, los mexicano-estadounidenses sean los más fervientes partidarios del catolicismo. Seis de cada diez dicen mantener fuertes lazos con la Iglesia.

• • •

Cuarenta años después, a finales de la década de 1960, la violencia volvería a surgir cuando una oleada de activismo marxista, inspirada en la revolución cubana, barrió América Latina y sacudió los cimientos de la Iglesia. Los sacerdotes latinoamericanos, cansados de las injusticias sociales que habían asolado la región durante siglos, empezaron a predicar una defensa más enérgica de los oprimidos, muchos de ellos dispuestos a luchar por ella con las armas de ser necesario. Los sacerdotes se desvincularon de las esferas del poder, incluso de sus propios obispos y de Roma, para dirigir a las congregaciones contra las fuerzas que las perseguían y explotaban. Bajo el nombre de teología de la liberación, esta vigorosa campaña por la justicia social —"opción preferencial por los pobres", especie de discriminación positiva para todo un segmento del orden socioeconómico— fue recibida por los severos, ascéticos y conservadores guardianes de la Santa Sede con la más absoluta desaprobación. Pero poco podían hacer para impedirla. La lucha por las libertades civiles estaba en pleno apogeo y animaba al clero tanto como a los líderes de los derechos civiles. Los sacerdotes empezaron a asistir y a intervenir en reuniones políticas, marchando con el Dr. Martin Luther King Jr., protestando contra la guerra de Vietnam, reclamando justicia para la gente de color. Los latinos pronto dirigieron su atención a las injusticias en sus países de origen, y los católicos estadounidenses se les unieron. Como una hilera de fichas de dominó, otras confesiones les siguieron. Mormones y evangélicos llegaron a los barrios más miserables de América Latina para salvar vidas y ganar almas. Allí donde iban las monjas y los misioneros católicos, los evangélicos les seguían. Al final de la calle donde se hallaba una iglesia destartalada cerca de las agrestes, anárquicas y venenosas minas de oro de La Rinconada, Perú —el asentamiento humano a mayor altura del mundo— había un letrero clavado precariamente en la puerta de una choza: "Entra, amigo. Estamos dejando huellas. Somos las Asambleas de Dios".

La proliferación fue viral: de 1960 a 1970, las iglesias evangélicas que predicaban la liberación en algunas zonas de América Latina crecieron un setenta y siete por ciento. En la década de 1970 el crecimiento alcanzó un asombroso 155 por ciento. Para entonces, los gobiernos militares latinoamericanos ya estaban hartos. La teología de la liberación se había convertido en tal anatema para las élites y los intereses estadounidenses que las apoyaban, que el exterminio parecía la única solución. Los generales del ejército y sus escuadrones de la muerte comenzaron a asesinar a sacerdotes y monjas. "¡Haz patria, mata un cura!" se convirtió en el grito de guerra de la extrema derecha salvadoreña. El 24 de marzo de 1980, el muy querido arzobispo Óscar Romero fue asesinado a bala mientras daba la comunión en una capilla del Hospital de la Divina Providencia, en San Salvador. Un francotirador salió de un Volkswagen rojo empuñando un rifle calibre 22, apuntó a la puerta abierta de la capilla y disparó por el pasillo central un solo tiro que dio en el corazón del santo varón. La noticia de la ejecución corrió por toda América Latina, inflamando a los fieles como una mecha encendida. Ciudades enteras se levantaron indignadas. ¿Qué podía haber hecho el arzobispo para merecer semejante asesinato a sangre fría? "El pecado de Romero fue haber enviado, pocos días antes de su muerte, una carta al presidente Jimmy Carter, rogándole que dejara de enviarle ayuda militar al gobierno reaccionario de El Salvador". Peor aún, la víspera de su muerte el buen obispo les había suplicado a los soldados que desobedecieran a sus generales, bajaran las armas y cumplieran el quinto mandamiento: no matarás.

Pero la matanza no se detuvo. En octubre de ese mismo año, cinco soldados de la Guardia Nacional salvadoreña secuestraron y violaron a tres hermanas Maryknoll estadounidenses y a un misionero laico, y luego los ejecutaron a punta de pistola, arrojando sus cadáveres a una fosa poco profunda. Los asesinatos de clérigos por parte de escuadrones de la muerte proliferaron por toda América Latina, desde el Triángulo Norte hasta los Andes. Y con demasiada frecuencia se descubrió que los verdugos habían sido entrenados y armados por Estados Unidos. En Nicaragua, tres monjas y un obispo fueron atacados por rebeldes de la contra —insurgentes apoyados por Estados Unidos— en una carretera, mientras se dirigían de Managua a la ciudad de La Rosita; los contras volaron su automóvil con una granada lanzacohetes y mataron a dos de las mujeres con disparos de fusil. En Bolivia, un sacerdote activista que se había sumado a una huelga de hambre contra el gobierno ultraderechista de Hugo Banzer fue secuestrado, torturado y luego despachado con diecisiete balazos, y su cadáver desnudo fue arrojado al borde de una carretera en un remoto rincón de la cordillera andina.

En Guatemala —cuyo presidente genocida Efraín Ríos Montt era uno de los favoritos de la Casa Blanca de Reagan— los militares se abatieron sobre el izquierdista Ejército Guerrillero de los Pobres, masacrando a rebeldes y sacerdotes, así como a miles de aldeanos indígenas. La guerra civil que envolvió esa nación destruyó 626 aldeas, desplazó a un millón y medio de personas, desapareció a cuarenta y dos mil, y mató a doscientas mil, la mayoría, mayas de las zonas rurales. Una sentencia de muerte especial fue dictada contra los pastores que visitaban a los aldeanos de casa en casa, rezaban con los fieles y eran sospechosos de avivar el espíritu rebelde. En Quiché, un escuadrón de la muerte asesinó a tres sacerdotes activistas españoles, y luego torturó y masacró a siete religiosos mayas, entre ellos un niño de doce años. El mensaje estaba claro: al unirse a la teología de la liberación, los sacerdotes habían traicionado su lealtad histórica al poder, el camino que sus antepasados habían seguido cuando caminaban con los conquistadores. Los generales de Ríos Montt, con la ayuda de millones de dólares de ayuda militar de Washington, se embarcaron en una campaña concertada para acabar con los curas y cualquier otra persona sospechosa de albergar ideas socialistas. Mientras tanto, el ejército estadounidense, acostumbrado a asociarse con dictadores latinoamericanos y empeñado en erradicar el marxismo del hemisferio, se vio envuelto en una incómoda guerra por poderes contra el clero rebelde, entrenando a juntas militares en técnicas de asesinato selectivo en la Escuela de las Américas de Fort Benning, en Georgia.

Debo aclarar, el ejército de Estados Unidos y la CIA no estaban matando, pero estaban facilitando el genocidio, subvencionando la aniquilación de un pueblo. Según el fundador peruano de la teología de la liberación, el padre Gustavo Gutiérrez, Estados Unidos se había convertido en el coco de América Latina. En su electrizante e influyente libro *Teología de la liberación: perspectivas*, el padre Gutiérrez explica que una luz se había encendido en las mentes latinoamericanas e iluminaba la realidad: no podía haber "auténtico desarrollo para América Latina" mientras estuviera dominada por "los grandes países capitalistas, especialmente por el más poderoso, Estados Unidos de América". Era natural que los millones de emigrantes que habían llegado a "El Norte" a causa de la inestabilidad de la región se vieron arrastrados al debate. ¿Estaba bien que los familiares que habían dejado atrás empuñaran las armas en defensa de Jesús? ¿Justificaban que sus familiares que habían sido reclutados por el ejército cazaran sacerdotes? Se produjeron encendidas discusiones entre los latinos de Estados Unidos que luchaban por darle sentido a la nueva fe guerrera que los sacerdotes de la liberación proclamaban en sus países de origen, y que Roma había vilipendiado unilateralmente.

En 1989, cuando un comando de élite masacró a seis sacerdotes jesuitas en el campus de una universidad de San Salvador, junto con el ama de llaves y su hija adolescente, algo pareció estallar entre los fieles de la región. El derramamiento de sangre había ido demasiado lejos. Los católicos, temerosos de entrar en las iglesias, empezaron a buscar comunidades de culto seguras en otros lugares. Y las iglesias protestantes estaban allí, en sus propios barrios —desde Utah hasta Paraguay— dispuestas a recibirlos con los brazos abiertos.

• • •

Hoy en día en Brasil, país que se jacta de tener la mayor población católica del planeta, la Iglesia pierde adeptos a paso acelerado. En dos generaciones ha perdido un tercio de sus fieles, que se han pasado al protestantismo. El ritmo ha sido asombroso, sobre todo para una religión que mantuvo el monopolio por más de quinientos años. La sangría de adeptos, que había comenzado como un goteo apenas perceptible en la década de 1980, creció de forma tan salvaje que en 2005 el recién investido Papa Benedicto XVI decidió hacer de Brasil su primera visita papal. Había que hacer algo para detener la hemorragia. Sin embargo, a pesar de la visita del Papa, la población católica de Brasil cayó en picada y el número de evangélicos protestantes se duplicó. En la actualidad, un tercio de la población brasileña es evangélica. Para 2032 se prevé que Brasil sea una nación en su mayoría protestante.

Los cambios sísmicos en la vida espiritual de América Latina han sido tan rápidos en los últimos años que resulta difícil describirlos con precisión. Pero el más importante comenzó, curiosamente, con un acontecimiento tectónico muy terrenal: el devastador terremoto de 1976 que sacudió Guatemala mató a veintitrés mil personas, hirió a otras setenta y cinco mil, arrasó docenas de aldeas en el altiplano y dejó a decenas de miles sin hogar. Las iglesias evangélicas se apresuraron a ayudar a las víctimas y ganaron muchos conversos agradecidos en el proceso. Cuando comenzaron las guerras civiles unos años después y los sacerdotes católicos se politizaron, muchos se consolaron con la promesa evangélica políticamente neutral de una vida mejor. Hoy, la tendencia es clara. En Nicaragua, El Salvador, Honduras y Guatemala —países asolados por el derramamiento de sangre durante décadas— uno de cada tres habitantes ha abandonado el catolicismo en favor del evangelicanismo del nuevo nacimiento. En 1990 Guatemala invistió al primer presidente evangélico elegido democráticamente en América Latina, y en 2020, con sus siete millones de evangélicos y otras denominaciones protestantes, se convirtió en el primer país latinoamericano de mayoría protestante. Una conversión protestante o evangélica habría sido impensable en la mayoría de las familias latinoamericanas hace sólo treinta años, pero hoy es rara la familia que no cuente con un evangélico en la mesa. De hecho, se calcula que casi el cuarenta por ciento de todos los pentecostales vive en América Latina. Casi todos comenzaron su vida como católicos. Casi todos proceden de las clases más humildes. No es de extrañar que los latinos estadounidenses con fuertes lazos en estos países estén abandonando la Iglesia y uniéndose a otras confesiones. Sus motivos no siempre son la guerra o la violencia. Al igual que sus homólogos angloestadounidenses, algunos han abandonado el catolicismo por simple desilusión: ya sea a causa del disgusto cada vez mayor ante los crecientes casos de sacerdotes corruptos y pedófilos, ya sea debido a la firme postura de la Iglesia contra el aborto y el matrimonio entre personas del mismo sexo. Pero la prueba está en los números: entre los latinos —para quienes la opresión, la pobreza y el racismo son la norma—, un número asombroso está siguiendo el ejemplo de sus países de origen y encuentra refugio en las mega iglesias evangélicas. No se trata de una aberración, sino parte de una tendencia más amplia, sobre todo en el Sur global. En la década de 1990, sólo el seis por ciento de los cristianos del mundo se declaraban pentecostales; una generación después, esa cifra supera el treinta por ciento. Hoy, la mayoría de los cristianos del planeta son pentecostales o evangélicos.

Sea cual sea el sistema de creencias que elijan, no hay duda de que los latinos gravitan en torno a la vida religiosa. Tres de cada cuatro latinos afirman ser buenos cristianos y asisten a la iglesia con regularidad. Algunos incluso van a misa todos los días. Pero menos de la mitad (el cuarenta y siete por ciento) de toda la población latina de Estados Unidos es católica, un descenso radical en comparación con el sesenta y siete por ciento que se declaraba católico hace sólo diez años. En todo el hemisferio, desde Dakota del Norte hasta el extremo sur de Chile, los creyentes aumentan en cantidades impresionantes, lo que hace que los templos evangélicos broten por millares, incluso cuando las iglesias católicas venden propiedades para sobrevivir. Los más católicos entre nosotros, al parecer, son los mexicanos y dominicanos, quizá porque sus países de origen fueron de los primeros en ser conquistados y evangelizados por España: el sesenta por ciento de estos son fieles miembros de la fe. Sin embargo, las cifras generales de los latinos cuentan una historia muy diferente: el veinticinco por ciento de los hispanos de este país se han convertido al evangelismo o al protestantismo. (Uno de cada tres salvadoreños es evangélico). Entre ellos figuran los latinos bautistas, cuya floreciente acumulación de siete mil iglesias está diseminada por todos los rincones de Estados Unidos. Si las cifras parecen imprecisas es porque algunas de las congregaciones eligen la sombra. Muchas empiezan como reuniones de oración en sótanos. Otras se reúnen por la noche, en tiendas cerradas. Se congregan en casas particulares, campos abiertos, estacionamientos. En lugar de sitios web, tienen páginas de Facebook o canales de YouTube. A veces la única forma de encontrarlas es por un letrero escrito a mano clavado en el jardín de una casa o pegado a una farola.

Según Richard Land, antiguo ejecutivo de la Convención Bautista del

Sur, "si uno saliera de Washington, DC, y manejara hasta Los Ángeles, no habría una sola ciudad por donde pasara que no tuviera una *Baptist church* con una iglesia bautista [filial en español] adjunta". A estas alturas, ya existe un ritual de reclutamiento: cuando una latinoamericana llega a la ciudad, se envía a un misionero bautista a recibirla. Éste llama a su puerta, comparte el Evangelio, corteja a la familia, le ayuda en su transición a una nueva vida y, en poco tiempo, nacen nuevos miembros de la iglesia. Estas congregaciones incipientes e improvisadas se presentan como un alejamiento deliberado de cualquier fe anterior, una forma de asumir una nueva identidad estadounidense, y sin embargo tienen un dejo claramente hispano. Los servicios de oración incluyen música salsa, fragantes montones de pan dulce, café fuerte y esa calidez latina familiar, abrazadora y entusiasta que las iglesias anglosajonas no ofrecen. Según un observador, estas pequeñas asambleas en rápida expansión "no se parecen en nada a las megaiglesias". Son íntimas, humanas, contagiosas, se reproducen de ciudad en ciudad. "Y se esconden a plena vista".

La elección no es sólo entre el catolicismo y el evangelicanismo. Ésta incluye también el alejarse de la fe. Uno de cada cinco latinos —por lo general, jóvenes nacidos en Estados Unidos— no está afiliado a ninguna religión, a pesar de haberse criado como católico, hecho que seguramente escandaliza a los abuelos y le pone los pelos de punta al Vaticano. Uno de cada veinticinco, es ateo declarado. Y uno de cada cien, es mormón, judío o musulmán practicante, aunque esa cifra también está cambiando. No cabe duda de que la población está tan dispuesta a zanjar los asuntos del alma como a renunciar al pasado y apostarle al futuro.

EL RELATO DE UN FRAILE

> Como me envió el Padre, así también yo os envío.
>
> —Juan 20:21

El padre Emilio Biosca es alto, de presencia imponente, barba canosa recortada, hombros anchos y pecho de toro. Con su vaporosa túnica marrón, un cordón que le rodea la cintura (sus tres pulcros nudos significan pobreza, castidad y obediencia) y una gran capucha puntiaguda, parece un monje medieval que deambula por las estrechas calles empedradas de Umbría ochocientos años atrás. Es capuchino, compañero espiritual de San Francisco de Asís, un loco por Dios o *Jongleur de Dieu*, como a San Francisco le gustaba llamar a sus sacerdotes. El padre Emilio, que ha hecho votos de pobreza y de llevar a cabo la obra de Cristo como el mismo Cristo la habría hecho, es un cubano-estadounidense que vio la luz terrenal por primera vez en Colorado Springs, creció en los frondosos suburbios de Virginia, sirvió a los capuchinos en lugares tan lejanos como las selvas tropicales de Papúa Nueva Guinea y ha venido a atender a la grey mayoritariamente hispana que acude al Santuario del Sagrado Corazón en el seno de la capital de la nación, veinte cuadras al norte de la Casa Blanca.

Sus padres habían sido testigos de la revolución de Fidel Castro a finales de la década de 1950 y, como la mayoría de los cubanos de la época, acogieron la nueva ola de esperanza que prometía el régimen. Pero, cuando empezaron las ejecuciones, les quedó claro que no tenían futuro bajo el régimen de Castro. Al padre de Emilio, un joven dentista con una mujer embarazada y dos hijas pequeñas, el nuevo gobierno le había dicho que, dadas sus valiosas habilidades, no podía emigrar; pero su hijita había desarrollado una rara forma de cáncer infantil, y él y su mujer estaban decididos a darle la mejor atención médica que pudieran encontrar. Cuando las autoridades les informaron que enviarían a la niña a la Checoslovaquia comunista para recibir tratamiento, decidieron partir, ilegalmente si fuera necesario. En 1964, el Dr. Biosca consiguió documentos falsos, preparó a su hija mayor y abandonó La Habana para siempre. Viajó a través de México, cruzando a Estados Unidos junto a multitud de personas que huían del caos de aquella isla. Ya había sacado de Cuba a su esposa embarazada y a su bebé enferma a través de las Bahamas, y conseguido que atendieran a la niña en un hospital de Colorado Springs. Cuando por fin llegó allí, su mujer lo recibió con un hijo nacido en Estados Unidos, Emilio, y la noticia de que su pequeña había comenzado el tratamiento que tan urgentemente necesitaba.

En la Cuba marxista, los Biosca habían sido personas de fe, pero no de los que elegían un perfil alto en la iglesia. No eran los únicos. Antes de la revolución, las iglesias católicas habían servido a los ricos, por lo que, una vez que los marxistas asumieron el poder, sus fieles no quisieron seguir asistiendo a misa y exponerse como miembros de la antigua oligarquía. Para quienes lucharon por sobrevivir aquellos duros años de adoctrinamiento comunista, los pasillos de la Iglesia eran más un peligro que un santuario. Algunos de los Biosca que permanecieron en la isla se aferraron a la fe; otros se unieron al Partido Comunista y se dedicaron a cambiar la sociedad tan dividida en que se había convertido Cuba.

Todo cambió cuando el doctor Biosca trasladó a su familia a Colorado y luego a Kansas para cursar estudios de medicina por segunda vez, y después a Arlington, Virginia, donde abriría su consulta. A medida que crecían en número sus pacientes y familia, el joven padre, hambriento de camaradería, volvió a unirse a la Agrupación Católica Universitaria, organización cubana que había conocido de joven. Sus miembros o *agrupados* abogaban por el desarrollo de jóvenes profesionales y defendían los principios jesuitas de fe, familia, excelencia educativa y apoyo mutuo. Se reunían oficialmente en "casas" repartidas por la costa este, y también de manera informal —en campamentos o asados—, donde charlaban en espanglish y establecían vínculos que durarían toda la vida mientras tomaban cafecitos y comían pan con lechón. Con una familia cada vez más numerosa y sufragando todos los gastos de su educación, el doctor Biosca estaba prácticamente sin un centavo, pero se las arreglaba para llegar a fin de mes surtiendo las estanterías en su Woolworth local o cargando gasolina en una gasolinera cercana. Para su fortuna, también contaba con el apoyo fraterno de sacerdotes y jóvenes profesionales de la Agrupación. Con el tiempo, y con siete hijos a cuestas —seis niñas y Emilio—, el doctor Biosca empezó a llevar a Emilio a excursiones con los agrupados, y en el muchacho nació la firme semilla de la espiritualidad. Emilio nunca se lo dijo a los sacerdotes que reclutaban en la escuela católica a que asistía, pero a los quince años ya anhelaba dedicarse a la vida como misionero. Era un paso inusual para un muchacho latino. Incluso hoy, de las decenas de miles de sacerdotes católicos que hay en el país, sólo el ocho por ciento son hombres de ascendencia hispana. Pero

Emilio estaba decidido, y su ambición fue creciendo. No sólo soñaba con servir en el extranjero, donde no quería destinos fáciles, sino que también anhelaba proseguir su misión en una isla lejana "más allá del orden estructural de las cosas". Tal vez, incluso, en la Cuba comunista, la tierra que sus padres habían abandonado para traerlo a Estados Unidos.

En 1994, el joven Emilio fue ordenado como sacerdote católico en el Santuario del Sagrado Corazón de Washington, DC, la misma iglesia que dirigiría veinticinco años después. Se había comprometido con los capuchinos, orden franciscana fundada en 1525 con el firme propósito de renovar los rigurosos votos originales de pobreza, devoción y servicio de San Francisco de Asís. Casi de inmediato, fue enviado a una misión que sin duda se situaba más allá del orden estructural de las cosas, en una isla lejana. Pero no era Cuba. Debía sustituir a un anciano sacerdote que acababa de regresar de su misión gravemente aporreado no sólo por la enfermedad, sino también por una lluvia de piedras que le habían lanzado los miembros de una tribu. Emilio fue enviado a una misión de diez años en las selvas tropicales y tierras altas de Papúa Nueva Guinea.

En 1955 la orden de los capuchinos de Pittsburgh, que había identificado a los remotos y aislados habitantes de Papúa Nueva Guinea como población madura para la evangelización, envió a sus primeros sacerdotes para iniciar la tarea. Habían decidido cristianizar a los isleños después de la Segunda Guerra Mundial, cuando los aviones estadounidenses que sobrevolaban el Pacífico observaron que Papúa Nueva Guinea —la segunda isla más grande del planeta— estaba plagada de asentamientos tribales desconocidos hasta entonces por el mundo civilizado. Los grupos de aldeas parecían no tener fin y, de hecho, cuando llegaron los primeros capuchinos, se enteraron de que en aquella densa maraña verde habitaban dos millones de almas que pertenecían a miles de tribus y hablaban más de ochocientas lenguas.

Al descender los capuchinos de los barcos y, más adelante, de aviones del siglo XX, comprendieron que se adentraban en un mundo de indígenas de la Edad de Piedra. En todo ese territorio salvaje, tormentoso e inexplorado —desde sus imponentes cumbres nevadas hasta sus valles de selva tropical húmeda— vivía un pueblo aún enzarzado en guerras tribales, que practicaba una poligamia ancestral y carecía de las herramientas más básicas y de educación para la salud. Cuando el padre Emilio bajó de un avión en 1994, la población se había más que duplicado hasta alcanzar los cinco millones. Y volvería a duplicarse en el transcurso de sus diez años de estadía. Traídos bruscamente a la modernidad por una multitud de iglesias cristianas que siguieron a los capuchinos y llenaron la isla de misioneros, los papúes neoguineanos darían un salto de diez mil años en el transcurso de una sola vida.

Más que nada, al joven Emilio le impactó lo que el cristianismo estaba llevando a esa aislada masa de tierra. Su misión parecía un incómodo espejo del pasado, un facsímil surrealista de la vanguardia franciscana que había penetrado en el Nuevo Mundo en el siglo XV con el febril objetivo de conquistar almas para Jesús. Encontró a los papúes cercanos a la tierra, cálidos, accesibles, muy perceptivos, con un aprecio por la comunidad poco común. Empezó a reflexionar sobre la experiencia terrenal de éstos, tan diferente de la suya: una esperanza de vida limitada a cuarenta años; una mentalidad cuyo único horizonte conocido era la siguiente hilera de árboles; la ausencia de cualquier noción de familia nuclear, mercado central o lugar de aprendizaje; la enorme brecha social entre hombres y mujeres, en que los varones de la tribu habitaban una única casa central grande mientras las mujeres vivían en su perímetro.

Con el tiempo, sus largas caminatas por el monte en busca de futuros cristianos se convirtieron en una experiencia singularmente gratificante. Tuvo éxitos deslumbrantes. Descubrió que la mayoría de los papúes se abrían con entusiasmo a los conocimientos occidentales: a las matemáticas, las ciencias, la lectura, la escritura y los principios básicos del cristianismo. Los más receptivos aprendían rápido y bien. "En un contexto estadounidense", conjetura, "podrían haber llegado a ser físicos o poetas". Pero enseñar el principio de la independencia individual en una cultura que valoraba la lealtad tribal era un asunto espinoso. Y predicar la monogamia en una sociedad polígama se convirtió en una revelación. Emilio se vio enseñando el significado del adulterio, incluso el concepto mismo de pecado. El pacto cristiano del matrimonio —un hombre, una mujer, una familia— como "célula original de la sociedad humana", y el tabú cristiano de la bigamia, ni hablar de la poligamia, parecían anómalos y extraños para los papúes. Al fin y al cabo, el matrimonio múltiple no consistía en que los hombres disfrutaran del sexo con un abanico de mujeres, implicaba relaciones tribales: el uso de un río, el establecimiento de relaciones diplomáticas, la capacidad de caminar con seguridad de un territorio a otro. Cuando un hombre tomaba a una esposa de otra tribu y se reproducía con ella, se ponía fin a guerras, se forjaban tratados, se establecían alianzas. ¿Qué repercusiones podría traer quitarle esas costumbres a esa antigua cultura tribal? Si le prohíbes la guerra a una nación guerrera, bien puedes acabar con una población de hombres desempleados. Tales eran los enigmas que este joven latino de los suburbios de Virginia se vio obligado a contemplar respecto a la evangelización de los pueblos del mundo. Sin embargo, los dividendos eran abundantes: una población de creyentes en alza, un vigoroso aumento de su esperanza de vida, un paso seguro a la modernidad.

Cuando terminó su misión en Papúa, diez años después, en 2004, Fray Emilio se sintió inclinado a profundizar en el estudio de la importancia del matrimonio cristiano. Pasó dos años en Washington, DC, consagrado al Pontificio Instituto Juan Pablo II para Estudios sobre el Matrimonio y la Familia. Regresar a un entorno estadounidense fue chocante, desorientador. Muchas cosas habían cambiado en diez años: Estados Unidos parecía más ruidoso, estridente y frenético. El escándalo sexual entre Bill Clinton y Monica Lewinsky y el posterior juicio político al presidente habían sacudido el país. En 2000, la elección de George W. Bush fue muy reñida, y un año después Al Qaeda atentó sin piedad contra el World Trade Center de Manhattan. Las acciones terroristas prepararon el terreno para dos guerras prolongadas en el extranjero, en Afganistán primero y luego, absurdamente, en Irak. La cacofonía hizo que Emilio deseara volver a la selva de Papúa a atender almas hambrientas, satisfacer sus necesidades espirituales y llevarlas a Jesús. Pero poco después, en 2007, fue llamado a servir en una isla que estaba experimentando lo contrario de la eflorescencia cristiana de Papúa Nueva Guinea. Lo enviaron a Cuba, donde el catolicismo había desaparecido del mapa. La fe católica apenas asomaba en La Habana, Santiago o Santa

Clara. Parecía inexistente. Cuando Fray Emilio llegó, sólo había cuatro frailes franciscanos capuchinos sirviendo en todo el país, y todos eran españoles. Sin duda, la supervivencia de la orden era incierta allí. Aún más apremiante para Emilio era el hecho de que, aunque el sesenta por ciento de la población cubana se identificaba como culturalmente católica, menos del 0,5 por ciento asistía a los servicios religiosos, y algunos utilizaban la Iglesia como trampolín para abandonar Cuba por completo.

El Partido Comunista de Cuba, claramente opuesto a la restauración de cualquier vestigio de catolicismo, observaba de cerca al clero extranjero; una vez admitidos los sacerdotes en la isla, todas sus acciones eran vigiladas. Por si eso no fuera suficiente reto, estaba la creciente prevalencia de la santería. Esta religión popular —mezcla sincrética del culto lucumí de África occidental y el catolicismo— había estado prohibida por la Iglesia y el gobierno antes de la revolución, pero ahora estaba floreciendo en Cuba, especialmente en La Habana, y más del setenta por ciento de los habitantes de la isla la practicaban en sus hogares.

Basada en mitos de dioses yorubas, rituales con sacrificios de animales y una profunda conexión con la naturaleza, la santería había sido firmemente implantada por los esclavos importados de África: los cientos de miles de africanos que habían sido secuestrados, encadenados y obligados a trabajar en las haciendas de caña de azúcar de los señores coloniales. Sumamente popular, impregnó la música, el arte y la cultura de Cuba, y el gobierno de Fidel Castro apenas pudo hacer nada para detenerla, aparte de intimidar, amenazar, criminalizar y detener a los sacerdotes que atendían a los fieles, los *babalawos* y *olorishas*. Durante doce largos años, el padre Emilio hizo lo que pudo, exorcizando a quienes querían liberarse de la santería, esforzándose por ganar almas para el redil cristiano y trabajando febrilmente para contrarrestar la fuga constante de católicos practicantes que año tras año abandonaba Cuba en busca de costas más amigables. Pero eran tiempos de vacas flacas para la evangelización y, cuando partió de la isla, Emilio sintió que había dejado mucho trabajo atrás.

Su recompensa llegaría en la siguiente misión, la oportunidad de dirigir el Santuario del Sagrado Corazón, una iglesia y escuela que atendía los barrios hispanos de Washington, DC: Mount Pleasant y Columbia Heights. Eran comunidades que durante años habían recibido un chorro de salvadoreños, hondureños y guatemaltecos refugiados de las guerras y calamidades que seguían azotando el Triángulo Norte. A diferencia de las débiles congregaciones de Cuba, aquí había una iglesia repleta de creyentes apasionados, rodeada de los rostros brillantes y expectantes de quienes habían oído hablar del Sagrado Corazón incluso antes de cruzar la frontera con El Norte. *"Vete al Sagrado Corazón"*, se aconsejaba a los desesperados que huían de sus pueblos natales para emprender el largo viaje hacia el Norte. Está ahí, en el mismo seno de la capital de Estados Unidos. "Te ayudarán".

Después de las improvisadas misiones del padre Emilio en el monte de Papúa Nueva Guinea y los ruinosos barrios de Cuba, su trabajo en este espléndido santuario bizantino, inspirado en la catedral de Rávena (Italia), parecía casi demasiado fácil. La iglesia y la escuela que la acompaña son un hervidero de actividad, máquinas bien engrasadas que funcionan solas. El noventa por ciento de los feligreses del Sagrado Corazón son centroamericanos de primera o segunda generación, comprometidos, enérgicos y ocupados en todas las tareas posibles. Dirigen reuniones de oración, cocinan para los hambrientos, atienden a cualquier peregrino que aparezca en la puerta, limpian las instalaciones, cuidan el jardín, construyen los muebles, arreglan lo que se rompe. La iglesia ofrece misas en inglés, español, vietnamita, portugués y criollo haitiano en docenas de servicios cada semana. Y hace todo eso con los fondos que aportan los devotos más humildes, en donaciones recogidas varias veces al día a través de los platos de la colecta. Ni un centavo proviene de la Iglesia. Cuando expresé mi sorpresa por esto, dadas las holgadas cuentas bancarias de las iglesias protestantes que cortejan a los latinos, el padre Emilio se limitó a sonreír. Al fin y al cabo, era capuchino y estaba comprometido con una vida de privaciones.

El Sagrado Corazón no siempre había sido una iglesia para hispanos. Empezó como iglesia para ricos y marginados de la ciudad. Prósperos ítaloestadounidenses la habían construido y fundado a principios del siglo XX; familias que a pesar de sus crecientes éxitos eran objeto de desprecio por parte de la élite angloestadounidense. Los italianos buscaban un lugar donde rendir culto y agradecerle a Dios sus buenas fortunas, y decidieron hacerlo en una de las avenidas más grandiosas de la ciudad: la calle 16, el elegante paseo que va de la Casa Blanca a las magníficas mansiones Tudor del noroeste de Washington.

Con ese objetivo compraron una gran extensión de tierra que se extendía a lo largo de la calle 16 y constituía una llamativa presencia católica en pleno corazón de la ciudad. Pero los líderes de las congregaciones angloestadounidenses asentadas en las majestuosas iglesias que bordeaban el bulevar, todas protestantes, se opusieron. Los prejuicios contra los católicos estaban tan extendidos en la capital de la nación a principios del siglo XX —al igual que en todo Estados Unidos— que estaba prohibida la construcción de iglesias católicas en ese codiciado tramo inmobiliario. Según los detractores, los católicos eran papistas, "comedores de ajo", adeptos del "ron, el romanismo y la rebelión", todo lo cual los hacía indignos de confianza. Para apaciguar a los protestantes, los cimientos del Sagrado Corazón se excavaron hacia un lado del terreno, dejando sólo un estrecho tramo —un camino de entrada— para separar la estructura de la avenida.

En la década de 1940 los miembros hispanohablantes del cuerpo diplomático internacional de Washington, que encontraban pocos establecimientos católicos o les parecían demasiado alejados, empezaron a asistir a la iglesia y, para acomodarse a éstos, la misa empezó a ofrecerse en ese idioma. La situación cambió radicalmente en la década de 1970, cuando una oleada masiva de centroamericanos, en su mayoría salvadoreños, empezó a afluir a los barrios "españoles" de la capital, provocando la proliferación de bodegas, taquerías y salones de baile en el corazón de la ciudad. Para la década de 1980, el noventa por ciento de los feligreses del Sagrado Corazón eran latinos, muchos, indocumentados. La escuela del Sagrado Corazón, que se había fundado en 1905 para atender a los niños de ascendencia europea, se convirtió en un centro español bilingüe: la única escuela católica de la ciudad que ofrecía un plan de estudios bilingüe —con el tiempo, ganaría numerosos elogios y premios—. Hoy, más de cuarenta años después, no es raro ver a tres generaciones de una familia latina en la misa en español de la iglesia o el desayuno que le sigue: los niños, estadounidenses, charlan en ambos idiomas. Los servicios en inglés también se llenan con fieles que se esfuerzan por comprender y asimilar el idioma de su nuevo hogar.

En casos como éste las estadísticas adquieren relevancia. Si el catolicismo está desapareciendo entre los blancos estadounidenses (uno de cada diez adultos estadounidenses dejó de ser católico), la disminución de esas congregaciones se ve compensada con creces por la afluencia constante de los hispanos y asiáticos que llegan a nuestras costas cada año. En la actualidad, la tercera parte de los católicos estadounidenses ha nacido en el extranjero y es muy probable que no sea blanca. De hecho, el catolicismo en todo el mundo se ha vuelto más moreno y amarillo. Esta tendencia puede constatarse en términos geográficos: en 1910, dos tercios de los católicos del mundo vivían en Europa; un siglo después, sólo una cuarta parte vive allí y dos tercios viven en el Sur global. Mientras que las parroquias de Europa y Estados Unidos asisten a una caída en picada, el catolicismo disfruta de la mayor expansión de su historia: en los últimos cien años sus fieles se han más que quintuplicado, pasando de 267 millones en 1900 a 1.360 millones en la actualidad. Ello se debe en gran medida a las misiones evangelizadoras de sacerdotes como Fray Emilio, que se han centrado en conquistar almas en lugares como Papúa Nueva Guinea, África subsahariana o Asia–Pacífico. Es lógico que el clero católico estadounidense se esté dando cuenta poco a poco de que su futuro depende de congregaciones exactamente iguales a la del padre Emilio en el barrio latino de Washington, DC.

Si Emilio, uno de los "locos por Dios" elegidos por San Francisco, había empezado su tarea sacerdotal rescatando a una grey impía en una lejana selva tropical para luego pasar a recristianizar almas en una isla poslapsaria, ahora atravesaba la tercera prueba de su destreza misionera. Esta vez se trataba de un reto estadounidense. Lo habían ubicado en Washington, DC, en la misma iglesia donde se había ordenado un cuarto de siglo atrás, para suceder al jefe de la parroquia, un sacerdote capuchino muy querido que, a pesar de todos sus méritos, no había castigado a un fraile acusado de abusar de niñas. Se trataba de una crisis espinosa que escandalizó a la ciudad, llevando a algunos a salir en defensa del acusado, y requería una mano tranquila, justa y conciliadora. Durante la investigación se presentaron seis acusadoras, dos mujeres y cuatro niñas de entre nueve y quince años, con diversas denuncias de abusos sexuales contra el fraile acusado, desde besos inapropiados hasta manoseos descarados en "partes íntimas". El párroco principal, que no informó a tiempo de esas acusaciones a la arquidiócesis, fue destituido de su cargo y trasladado a Puerto Rico. Emilio ocuparía su lugar.

Para el padre Emilio, hombre de Dios que había crecido con el deseo de servir en los lugares más difíciles del mundo, ésta era una prueba de otro tipo. No había tribus que educar ni ateos comunistas a quienes hacer volver a la fe. No se esperaba de él que vagara a ciegas por el monte ni que llamara a las puertas de extraños, sino que atendiera a una congregación de refugiados que habían acudido a los portales del Santuario en busca de seguridad y que en cambio habían encontrado peligro. No uno de los peligros conocidos del pasado —hambre desenfrenada o guerras civiles—, sino en la forma de un sacerdote libidinoso. De parte de la propia iglesia.

Pocos meses después de la llegada de Emilio a ese nadir espiritual, el virus COVID cayó como un azote, arrebatándoles la vida a muchos feligreses que trabajaban en la primera línea haciendo frente a la pandemia: camilleros, trabajadores sanitarios, niñeras, cuidadores de ancianos, ayudantes de cocina, camioneros, obreros de fábricas de alimentos, trabajadores del campo. De esa vorágine, y en virtud de la firme guía de Emilio, surgió una especie de orden: el sacerdote infractor fue puesto en prisión, y su superior fue trasladado a un puesto lejano; los profesores del Sagrado Corazón se unieron para atender a los niños; humildes voluntarios se encargaron de recorrer las instalaciones, dirigir los grupos de oración, duplicar el número de misas y atender a otros necesitados. Mario Andrade, un guatemalteco que había llegado a Estados Unidos veinte años antes, se levantaba a las cinco de la mañana los domingos para dirigirse a aquel templo centenario, desinfectar los bancos después de cada misa, cocinar la comida, fregar los suelos y atender a los peregrinos que llamaban a la puerta en busca de refugio. Como todos los demás, hacía lo que fuera necesario. Nadie abandonó el redil. "La gente ha hecho esta casa", me dice el padre Emilio. "En toda mi experiencia con la Iglesia y sus misiones, nunca he visto un compromiso tan total". Esta congregación de almas desplazadas, este ejército de fervorosos creyentes —y sus hijos estadounidenses— son ahora su grey. Cuando le pregunto por la posibilidad de volver a la ardua tarea de evangelizar a los descreídos, me corrige. "Descreídos no. Los seres humanos nunca son del todo descreídos. Son intrínsecamente creyentes", dice con convicción. "Cuando dicen que no creen, se están violentando". Evitar esa autoinmolación y sanar el espíritu es el trabajo de este fraile, dondequiera que Dios lo lleve.

8

LOS DIOSES ELEGIDOS

Si hay dos religiones en el país, se degollarán mutuamente; si hay treinta, vivirán felices en paz.

—Voltaire, *Cartas filosóficas*, 1733

Durante los cuatro primeros años de mi vida no tuve religión. Había nacido al mundo con el alma en disputa. Mi madre episcopal se había negado a capitular ante las costumbres peruanas y bautizarme católica. Todavía estaba furiosa porque mi abuela Rosa —mi adorada abuelita— se había llevado a mi hermana mayor, Vicky, a que la bautizaran en la capilla de la clínica a las pocas horas de nacer, mientras nuestra familia limeña estaba en el vestíbulo bebiendo champán y brindando por mi padre. Mi hermano George, en cambio, había nacido cuando mamá visitaba a sus padres en Wyoming, por lo que lo bautizaron protestante en la iglesia episcopal de Santo Tomás, en Rawlins, lo que suscitó una guerra sin cuartel con mi abuelita. Mi madre se alegró mucho de que, antes de que yo cumpliera veinticuatro días, nuestra pequeña familia se hubiera mudado lejos de Lima —y de su suegra—, a los campos cañeros que bordeaban la furiosa costa del Pacífico, justo al norte de Trujillo. Mamá decidió no bautizarme, mantenerme en terreno neutral, demasiado segura de que mi alma sería el próximo campo de batalla.

Para consternación de mi abuelita, pasaban los años y mi diminuto espíritu seguía en el limbo. Para ella, yo era una pagana excluida del cielo, y, de hecho, desde el punto de vista católico supongo que lo era. Toda la instrucción religiosa que recibí provino de los humildes peruanos que me rodeaban, aldeanos corrientes que iban y venían a nuestra casa, cuidaban los jardines, vendían frutas, nos daban de comer, me cuidaban cuando mis padres estaban fuera de casa, de fiesta con sus amigos. Fueron esos quechuas quienes me enseñaron nuestro cosmos terrenal, su panteón de dioses, sus maravillas naturales, sus demonios nocturnos. De ellos aprendí sobre la generosidad de la Pachamama, nuestra pródiga madre tierra, y sobre los *apus* que todo lo ven, dioses poderosos que miraban desde sus atalayas en las montañas, anunciando mis mañanas con cumbres brillantes e iluminadas por el sol. De vez en cuando, mi padre nos llevaba a Trujillo a que nos sentáramos en los bancos de la majestuosa catedral del siglo XVII, encendiéramos velas y nos dejáramos acariciar la cabeza por unos monjes de ojos dulces. Pero yo aprendía más sobre Inti, el gran dios sol, o Ai Apaec, el vengativo decapitador, que sobre Dios, el Hijo o el Espíritu Santo. Cada vez que mis abuelos nos hacían la visita anual desde Lima, bamboleándose hasta nuestra arenosa hacienda costera en sus galas de ciudad, abuelita se quejaba con mi padre de que se me estuviera haciendo tarde, destinada al fuego del infierno. ¿Qué clase de madre le haría eso a su hija?

Abuelita acabaría saliéndose con la suya cuando yo tenía cuatro años. Un día neblinoso de invierno, mis padres salieron a toda velocidad por la carretera de la costa para dejarme en casa de mis abuelos e irse de vacaciones cuatro meses con mi hermana y mi hermano. No pasó ni una hora antes de que abuelita empezara a tramar la salvación de mi alma. Durante mi estadía me enseñó a rezar, me cortó el pelo por encima de los hombros, me tomó las medidas y me confeccionó un elegante traje blanco con una falda plisada. Me llevó al centro de Lima, me condujo a la espléndida catedral, me dijo que todo aquello sería mío y me compró un par de relucientes zapatos de charol para santificar el momento. El día señalado para mi bautizo me bañó a conciencia, me vistió y me puso en la cabeza una blonda de encaje blanco, y luego fuimos todos a La Virgen Milagrosa, la imponente iglesia de piedra gris de la plaza de Miraflores donde me bendijeron, me ungieron con agua bendita y me pusieron en los brazos de Jesús.

Cuando mis padres regresaron, colorados por el rubicundo resplandor del verano estadounidense, los saludé con la feliz noticia de que era católica. Mi madre se puso furiosa, pero me pareció ver a mi padre guiñarle el ojo a abuelita. Ocho años más tarde, cuando ya era inmigrante en Estados Unidos de América, mi madre se alzó con la victoria final en aquella implacable guerra espiritual: me inscribió en el curso de confirmación de la Calvary Episcopal Church de Summit, en Nueva Jersey, con lo que no sólo me convertí en bilingüe y bicultural, sino también en biteísta: escindida hasta el alma.

LATINOS NACIDOS DE NUEVO

> Me dijo: "Aguanta, Selena, me duele cuando te duele. Lloro cuando lloras, pero *jamás de los jamases* me iré de tu lado. Trabaja conmigo, camina conmigo y mira cómo lo hago".
>
> —Selena Gómez, cantante mexicano-
> estadounidense, conversación con Jesús, 2019

Me había confirmado en la Iglesia Episcopal, pero con el paso de los años seguí siendo un alma bifurcada. Era católica y era protestante. Sentía que mi corazón era lo bastante grande —y abierto— como para albergar las creencias de las dos mujeres que más habían moldeado la persona adulta en que me había convertido. Hoy asisto a ambas iglesias y me siento en casa en ambas. Pero no es lo habitual. La mayoría de los latinos que han huido de la Iglesia católica para convertirse en protestantes o evangélicos nacidos de nuevo dejan decididamente de lado la lealtad a Roma, y lo hacen con gran convicción. Sus cifras son impresionantes: en 2007, casi la mitad de los estudiantes latinos de teología del país se identificaba como evangélica; los investigadores prevén que en 2030 la mitad de toda la población de latinos estadounidenses se identificará como evangélica protestante. Si combinamos esto con el crecimiento previsto de la población hispana en general, en menos de una década podríamos ver a cuarenta millones de latinos —una congregación del tamaño de California— acudir cada domingo a las iglesias evangélicas de Estados

Unidos. Puede que la Iglesia católica ya no les sirva, pero siguen siendo cristianos convencidos; un pueblo de fe, ante todo.

Hoy en día, la inmensa mayoría de estos protestantes de nuevo cuño son *millennials* o miembros de la Generación X. Las estadísticas nos dicen que en su mayoría son mujeres. La mayor parte son inmigrantes nacidas en el extranjero con estudios que no llegan al nivel secundario, y que viven en hogares que subsisten con menos de 30 mil dólares al año. Esa multitud de latinos de clase trabajadora nacidos de nuevo se unen a las iglesias evangélicas en gran medida porque se sienten atraídos por la calidez del abrazo y la promesa de progreso económico: de que una vez que asciendan en la escala del dinero podrán volver a definirse a sí mismos no ya como pobres, inferiores u objetos de prejuicios, sino como herederos del hermoso "reinicio" que está implícito en el sueño americano. Creen que, si alcanzan esa tierra prometida evangélica del nuevo nacimiento, conseguirán la esquiva y mitológica recompensa estadounidense de ser miembros de una democracia verdaderamente igualitaria. No les interesa necesariamente asimilarse y unirse a la corriente dominante —muchos inmigrantes latinos conservan el idioma español, se asientan en barrios latinos y mantienen sus tradiciones culturales—; tan solo aspiran a tener lo que creen que tiene cualquier otro estadounidense: reconocimiento y oportunidades.

En pocas palabras, los latinos dependen del Evangelicanismo para que les cumpla la promesa de movilidad vertical. A menudo, los modelos de éxito más convincentes son los propios líderes de las iglesias, directores generales como Samuel Rodríguez, galvánico y destacado director general de la Conferencia Nacional de Liderazgo Cristiano Hispano (NHCLC, por sus siglas en inglés), la mayor organización cristiana evangélica latina del mundo. El "Pastor Sam", como lo llaman sus cientos de miles de seguidores, no es un converso del catolicismo, sino de la ciencia. Su abuelo había sido un pionero de la iglesia pentecostal en Puerto Rico, el primer capellán evangélico de las Asambleas de Dios en la isla, y era famoso por tomarse en serio la parábola del Buen Samaritano. Llevaba a casa a desconocidos que necesitaban una buena comida o un lugar seguro donde dormir, y si alguien en la casa se oponía, les gritaba los versículos pertinentes de Lucas 10 para hacerlos callar. De niño, Sam conocía los principios básicos del pentecostalismo y asistía a los servicios todos los domingos con sus padres, pero dudaba de todo lo que oía. Se interesaba más por la física que por las parábolas, era más propenso a vivir como agnóstico que a seguir los pasos de su abuelo.

Había nacido en la antigua y legendaria ciudad siderúrgica de Bethlehem (Pensilvania), hijo de inmigrantes puertorriqueños de clase trabajadora cuyos antepasados exhibían cada uno de los fenotipos del tempestuoso pasado colonial de la isla. Sam era un niño gregario por naturaleza, con rasgos raciales ambiguos —no era del todo blanco, ni indígena ni negro—, que hacía amigos de cualquier raza con facilidad. Su padre era camionero, y su madre, ama de casa, pentecostales de pura cepa, fieles miembros de la Asamblea Central de Dios de Bethlehem. Las Asambleas habían echado raíces en 1914 como ramas blancas de una iglesia afroestadounidense, y tanto ellas como sus derivaciones pentecostales crecieron rápida y deliberadamente a lo largo de los años, de forma casi desapercibida. Desde el principio, el pentecostalismo fue concebido como una fe robusta y evangelizadora, siendo su objetivo primordial el de "sembrar" el mayor número posible de iglesias en todo el mundo. Su nombre proviene de *Pentecostés*, que es el momento —cincuenta días después de la muerte de Jesús en la cruz— en que el Espíritu Santo aparece y les concede a los apóstoles de Cristo la capacidad de hablar en lenguas extranjeras, lo que les permitió salir a cualquier parte del mundo y traer conversos a la fe.

Y así sucedió. En 1980, sólo el seis por ciento de los cristianos del mundo eran pentecostales, pero esos pocos salieron y captaron conversos, como exigía la fe. Como resultado, apenas una generación después uno de cada cuatro cristianos del mundo era miembro de esta iglesia. Con cada recluta evangelizado que se convertía en evangelizador, la misión continuó su poderoso algoritmo de crecimiento exponencial. Hoy, cada veinticuatro horas la iglesia pentecostal añade treinta y cinco mil fieles nacidos de nuevo a sus filas. Los pentecostales representan ahora unos seiscientos millones de creyentes en todo el mundo, siendo veinte millones en Estados Unidos y una abrumadora mayoría en América Latina y

África. Está claro que se trata de la religión que más rápido crece en la buena tierra de Dios, representando un tercio de los dos mil millones de cristianos del planeta. Para 2050, se espera que esta religión cuente con mil millones de creyentes. No es de extrañar entonces que, en vistas del entusiasmo con que los latinoamericanos se están convirtiendo, los latinos estadounidenses también lo hagan. La tasa de conversión entre este contingente es asombrosa, y el reverendo Rodríguez es un agente principal de ese cambio: uno de cada tres latinos que abandona la Iglesia católica en este país se une al pastor Sam como pentecostal.

Para el pentecostalismo, el edificio de la iglesia —algunos, del tamaño de un aeropuerto— es vital para la misión. Son como pueblos: parte estadio musical, parte sala de culto, parte escuela, parte estación de paso para cualquier necesidad imaginable. Los programas que ofrecen suelen orientarse a la educación, y se enfocan en los jóvenes. Ofrecen clases remediales para estudiantes con dificultades, clases de música para niños pequeños, cursos de inglés para inmigrantes, eventos para concertar citas entre jóvenes profesionales, asesoría financiera para pequeños empresarios, orientación para adolescentes con problemas e incluso curas de adicciones. Quienes necesitan ayuda para leer un documento legal en inglés, solicitar la tarjeta de residencia o encontrar la guardería adecuada, pueden encontrar en la iglesia la solución para todo. Tan sólo su red de apoyo es un poderoso imán. Se corteja a los latinos, les dan la bienvenida, se les invita a indagar por la ayuda que necesiten. Y éstos van. A medida que aumenta su número, también lo hace el poder político de la fe. Si a alguien le sorprende que los latinos —segmento de la sociedad de Estados Unidos que antaño se suponía liberal— hayan empezado recientemente a identificarse cada vez más con la doctrina conservadora, basta con estudiar la migración religiosa hacia el evangelicanismo para entender por qué.

Las razones de esas conversiones son muchas. Los inmigrantes latinos llegan a este país hartos de la corrupción, la violencia y la falta de oportunidades en sus países de origen. Sueñan con una economía mejor, mayor seguridad, una sociedad más regulada, personas autorreguladas, un sistema basado en principios que les abra la puerta a una vida mejor.

Los evangélicos ofrecen justo eso. Como dice el pastor Sam: "Todos hemos oído la vieja canción: la canción del odio, del pecado, del racismo, de la intolerancia, de la división, de la lucha, de la ruptura. Es hora de cantar algo nuevo". El culto en sus filas, dicen, ofrece una conversación directa con Dios, sin intermediarios entre el hombre y su Creador. Mientras que en una misa católica los fieles se sientan y escuchan, la Iglesia evangélica insta a los suyos a hablar, gritar, compartir la fe, abrazar a un desconocido, unirse a la familia. "Eso no se puede hacer en las iglesias católicas", dice el pastor Sam. "Les ofrecemos a los latinos mayor participación en el momento. Mayor unidad".

Es ese sentido de participación y avance que prometen las iglesias evangélicas lo que anhelan muchos latinos. Sus códigos éticos no sólo son rigurosos; a menudo son espartanos: en muchas iglesias se espera que un converso asista con regularidad a los servicios religiosos, se relacione con sus vecinos, rechace la homosexualidad, aborrezca la bebida, rechace el sexo antes del matrimonio, condene el aborto, repruebe el racismo y sitúe al hombre como pilar de su familia (aunque las mujeres se valoran como iguales en la iglesia). Para una cultura impregnada de machismo y cansada de la violencia, el atractivo es obvio. Pero hay otros alicientes. Para alcanzar la salvación, por ejemplo, no hace falta confesarse con un cura ni recorrer un viacrucis de culpabilidad: sólo la conversión y el bautismo pueden conseguirla. Tampoco es necesario morir pobre para heredar la tierra; la vida puede ser mejor aquí, en este mismo suelo. Los evangélicos lo llaman renacimiento espiritual, regeneración instantánea, la gracia de nacer de nuevo. Tal vez lo más atractivo del mensaje misionero sea la pura practicidad de estas religiones. El pentecostalismo —que se autoproclama "teología de la prosperidad"— promete un camino hacia la movilidad socioeconómica ascendente. No hay nada malo en desear la buena vida aquí y ahora, dicen sus pastores. No importa que Jesús predicara que no se puede servir a Dios y al becerro de oro. Para los inmigrantes latinos de cuello azul que luchan por alimentar a sus familias, mantener un techo sobre sus cabezas, mientras cargan con la roca de Sísifo por la pendiente proverbial, es una invitación tentadora. No todos los evangélicos pertenecen a las clases menos privilegiadas. Algunos son estrellas de Hollywood, como la cantante de pop rock Selena Gómez, que era fiel asidua de la iglesia Hillsong, en Los Ángeles, hasta que escándalos de infidelidad sacudieron a los dirigentes de su iglesia. Gómez, una mexicano-estadounidense de tercera generación, calificada en su día de acuerdo con Instagram como la persona viva más popular del planeta, no ha sido tímida a la hora de vincular su fe a su imagen pública. Sus publicaciones en las redes sociales, entrevistas e incluso canciones están llenas de referencias eufóricas a Dios, Jesús y la Biblia. "Estoy literalmente tumbada dándole las gracias a Jesús", escribió una noche en Twitter. "Allí donde mi Padre me ha llevado (…) es justo donde debo de estar". El cuarto de millón de ardientes fans que reaccionaron a ese tuit con "me encantó" podrían verse tentados de seguir a su heroína con cara de muñeca a Hillsong el domingo siguiente, sobre todo porque Selena ha incluido la banda de pop rock de Hillsong —y a su cantante y compositora de voz sedosa, Brooke Fraser— entre sus favoritas de todos los tiempos. La promoción por parte de estrellas como ésta puede tener un efecto exponencial en el reclutamiento. Hillsong celebra la música pop cristiana optimista y atractiva, y su mensaje de bienvenida a los jóvenes profesionales exitosos ha sido muy bien acogido por gente como Justin Bieber; Kourtney Kardashian; Bono, de U2, y la ex estrella de baloncesto de la NBA Tyson Chandler, por no hablar de los muchos fans latinos de Selena.

En los últimos treinta años ha aparecido una oleada de mega iglesias de lujo como Hillsong, sobre todo en el Oeste, y el movimiento evangélico ha emergido como un leviatán multimedia sofisticado y altamente comercial. En la congregación de Los Ángeles de la iglesia Mosaic, por ejemplo, el fundador y pastor principal, Erwin McManus, nacido en El Salvador, sale al escenario con jeans negros ajustados, zapatillas de cuero negras de caña alta, el pelo peinado hacia atrás con un corte moderno, y un aspecto —como dijo un observador— de estrella del pop entrando en el Chateau Marmont. Este se describe a sí mismo como un "líder del pensamiento cultural", parte empresario, parte diseñador de moda, cineasta y futurista. Rara vez se refiere a sus raíces latinas, pero cuando lo hace es franco. "Soy un inmigrante de El Salvador", dice a un entrevistador, "y el español fue mi primera lengua. Aprendí inglés aquí en Estados Unidos. Nunca conocí a mi verdadero padre, y mi madre se volvió a casar con alguien que estaba metido en lo que yo llamaría economías subterráneas creativas".

El apellido McManus, admite, es un alias. Su nombre de niño era Irving Rafael Mesa-Cardona, y tuvo una infancia difícil. Al llegar a Estados Unidos se sintió descentrado, confuso, y sus profesores lo clasificaron como "retrasado". Su ascenso al éxito fue duro y no habla mucho al respecto. Sus sermones son desenfadados, llenos de referencias populares. Erwin McManus compara las conversaciones con Dios con la plataforma de Waze: si pones como destino Dios, Él siempre te indicará el camino más fácil para llegar. Este pastor se pregunta por qué a Picasso y a Mozart se les llama genios, pero no a Cristo. Dice que fue un hombre imperfecto que tuvo que encontrarse con Jesús antes de poder escarbar y encontrar al ser humano valioso debajo de su propia piel. Sus feligreses, en su mayoría blancos, prósperos y *millennials* de medios urbanos —que incluyen desde vedettes hasta ingenieros— se sienten muy identificados con su historia. El mensaje de resurrección de Mosaic es contagioso y, al menos por el momento, cala entre los ambiciosos jóvenes latinos no sólo de California, sino también de Ecuador y México.

En el otro extremo del continente, en Orlando, Florida, ha surgido otra mega iglesia con nombre similar para servir a una clientela totalmente distinta. Irónicamente, se llama —en tono casi perentorio— This is Mosaic (*Ésta* es Mosaic). Uno de sus pastores, Javier Antique, veterano del ejército venezolano que trabaja como enfermero de urgencias entre semana, se ha comprometido a difundir el Evangelio los domingos. No a jóvenes *millennials* ricos, sino a latinos de clase trabajadora que luchan por ganarse la vida en los gigantescos parques de atracciones y hoteles turísticos que hay en los alrededores. Tal vez porque no tienen un sistema de ordenación o un verdadero órgano de gobierno, las iglesias evangélicas como This is Mosaic surgen de otras iglesias y proliferan *ad hoc*, según los caprichos de sus fundadores. Esta facilidad en la formación y el liderazgo ha hecho que los pastores latinos sean cada vez más comunes en el universo evangélico.

This is Mosaic pasó de convocar modestas reuniones de oración
en un gimnasio de aeróbicos de Clermont, Florida, a organizar grandes espectáculos musicales en el armazón reconfigurado de una antigua megatienda de electrodomésticos en Winter Garden, Florida. En
pocos años, la iglesia había recaudado suficiente dinero para comprar
otro edificio colosal cerca de Walt Disney World, en Orlando. Un domingo cualquiera, cuando las bandas de rock suben el volumen de los
altoparlantes y las paredes de la iglesia empiezan a temblar, miles de
fieles se agolpan en estos lugares para compartir el amor de Dios. El
pastor Antique comenzó su conexión con el evangelicanismo en Venezuela como traductor para Team Mania Ministries, misión evangélica
mundial orientada a jóvenes y comprometida a "formar un ejército
joven que cambiará el mundo para Cristo". Cuando emigró a Tyler,
Texas, en 2001 y comenzó a trabajar allí como enfermero de urgencias, Team Mania lo encontró. Inmediatamente identificaron a Antique
como un líder en potencia y, mientras hacía amigos en el circuito tejano de evangélicos, This is Mosaic lo reclutó. Llamado a hacer crecer
la iglesia recién implantada en Orlando, ahora es responsable de atraer
a los latinos al rebaño —cualquiera que necesite ayuda para adaptarse
a la vida y el trabajo estadounidenses—, en particular los aturdidos,
desorientados y dejados de la mano de Dios que llegan dando tumbos
desde países atribulados como el suyo.

"Llegan sin nada más que dos manos y ganas de trabajar", dice Antique. "Tenemos que ayudarlos. La Iglesia sola no puede hacerlo. Con
el tiempo aprendemos a vivir este trabajo, a llegar a ellos nosotros mismos. Somos el cuerpo de Cristo, ¿no? Intento ser cariñoso y amable, para
que la gente vea a Jesús en lo que hacemos". El credo de su iglesia es
parecido. "Somos como un mosaico", afirma su página web. "Un pueblo
quebrantado y destruido, redimido y juntado para mostrar la belleza de
Dios a los demás". De hecho, el quebrantamiento es la clave del mensaje
que resuena en todo el mundo evangélico. Salir de un mundo destruido
es el meollo del crecimiento explosivo de la fe en general, y la imagen
resuena profundamente en la experiencia latina. Cuando el reverendo
Samuel Rodríguez dice: "El tamaño de nuestra alabanza es directamente

proporcional a la magnitud del infierno del que Dios nos sacó", los latinos saben exactamente lo que quiere decir.

No cabe duda de que la estruendosa retórica del reverendo Rodríguez
es responsable del meteórico ascenso de la iglesia evangélica entre la población latina de Estados Unidos, y tal vez incluso de las cifras crecientes
de la cohorte de Javier Antique en Orlando. Como director ejecutivo de
la Conferencia Nacional de Liderazgo Cristiano Hispano (NHCLC), Rodríguez dirige una red de más de cuarenta y dos mil iglesias evangélicas
que atienden a hispanoamericanos. Entre las Américas del norte y del
sur, su rebaño cuenta con más de cien millones de almas. El pastor Sam,
que basa su ministerio en las enseñanzas del Dr. Martin Luther King
Jr. y de Billy Graham, ha sido asesor de tres presidentes de los Estados
Unidos que se ubican a ambos lados del espectro político: George W.
Bush, Barack Obama y Donald Trump. Ha pronunciado discursos en in-
vestiduras presidenciales y en la Casa Blanca, y ha disfrutado del singular
honor de ser el primer latino invitado a pronunciar el discurso inaugural
en las misas conmemorativas de Martin Luther King Jr. No es un acto
de equilibrismo fácil de resolver: pasar del reverendo King al presidente
Trump representa un impresionante salto ideológico, por no hablar de
estilo oratorio. Dínamo de energía tanto entre sus asociados como detrás del podio, con su cara de niño el alegre Rodríguez es, al menos por
el momento, el predicador evangélico más ecuménico, apolítico y solicitado del país. Es popular tanto en círculos espirituales como secu-
lares. El *Wall Street Journal* lo identificó como uno de los siete líderes
más influyentes de Estados Unidos, y en 2013 la revista *Time* lo incluyó
entre las cien personas más influyentes del mundo. Ha pronunciado sermones apasionados y elocuentemente inspiradores en Princeton, Yale
y en los salones del Congreso de los Estados Unidos. Ha hablado en
los principales medios de radiodifusión del país. Ha producido películas
rebosantes de su estilo evangélico. ¿Su mensaje? Los latinos son cristianos, ante todo, y somos un microcosmos en una América cada vez más
diversa. Sin embargo, somos incomprendidos, infravalorados y pasados
por alto en detrimento del país. Las repercusiones políticas, nos dice, nos
sorprenderán a todos.

Pero al margen de la política, el mensaje del pastor Sam es abrumadoramente positivo. Desde los dieciséis años predica un mensaje de reconciliación. Inspirado de niño por la conmovedora oratoria del Dr. King y el optimismo de Billy Graham, se convenció de que, si se unía espiritualmente, la población latina podía convertirse en una fuerza positiva para este país. Para él no fue tanto una epifanía del espíritu como del intelecto. Por extraño que parezca, tras haberse alejado de Dios de niño, lo encontró —de repente— en el laboratorio de física en sus días de juventud.

"Mi conversión se produjo en un entorno totalmente no religioso", cuenta. "Yo era un hombre de ciencia. Para mí, el telescopio Webb era lo más grande que hubiera escuchado. Pero, estudiando matemáticas y la probabilidad del azar en Penn State, y conociendo la complejidad detrás del Big Bang, no me quedó ninguna duda de que tenía que haber una inteligencia superior. ¿Cómo pasamos del nivel mitocondrial a los seres sensibles? Cuando descompuse la ecuación, no teníamos ninguna posibilidad de estar aquí sin un diseño superior. Fueron las matemáticas las que me revolucionaron. Mi creencia en Dios se basa en el cálculo".

El pastor Sam fue un estudiante brillante, avanzó tan rápido por el colegio y la universidad que a los diecinueve años se había casado con su novia del colegio y enseñaba historia en la escuela secundaria Liberty, en Bethlehem. Al día siguiente de mudarse con su novia a un barrio de blancos, se despertó y vio su casa embadurnada con huevos podridos que le habían lanzado. "En aquellos días, los supremacistas blancos marchaban por las calles de Pennsylvania", cuenta. "Era obvio que nosotros —las únicas personas de color de aquel barrio— nos habíamos adentrado en territorio hostil". Pero para él el racismo no era nuevo. Se lo había encontrado en las calles de Bethlehem, en las aulas escolares, en los campos deportivos. Mirando fijamente la puerta de su casa, decidió que era algo que podría aprovechar. Algo bueno saldría de allí.

Ese acto aislado de odio racial lo llevó a concentrarse en los hispanos. Quería crear un mecanismo que los legitimara, los elevara, no que abogara por un trato especial. "Siempre me he negado a que nos veamos como víctimas", me dice. "No queremos limosnas. Trabajamos.

Lideramos. Somos la cabeza, no la cola. Quiero que los latinos prosperen, que salgan adelante. Quiero que pasen de camareros a propietarios, de jornaleros a jefes. Vengan a mi iglesia, les digo, y empodérense".
Siendo profesor, empezó a dirigirse a grandes grupos: habló ante una
congregación multitudinaria de diez mil latinos tejanos el Día de Acción
de Gracias en San Antonio, por ejemplo, y a las audiencias gigantescas
de programas populares de televisión en México. Su discurso, ya fuera
en inglés o en español, era enérgico, humano y poderoso. "¿Por qué no
citas a César Chávez?", le preguntaban cuando recurría a los sermones
de King y Graham. Pero estaba decidido a seguir su propia visión de las
afinidades interraciales. "Hay un orden divino en esto", dice, reconociendo su confianza en el liderazgo espiritual de King. "Los latinos estamos profundamente conectados con la comunidad negra. Tenemos que
alejarnos de estos silos monocromáticos, de la disonancia cognitiva del
binario estadounidense, de 'la línea de color' artificial: lo blanco contra
lo negro. No son más que cajas de resonancia. La lucha por la justicia
social en este país no puede dividirse en colores. Tu lucha es mi lucha,
simple y llanamente".

Su pasión por la reconciliación racial es visible en el gigantesco vestíbulo de la iglesia que él llama suya, *New Season Worship*, en Sacramento,
California, donde los fieles se reúnen en un auditorio tal y como lo ha-
rían para un concierto de rock. Allí, el pastor Sam sirve a una vibrante
congregación multiétnica de muchas edades. "Mi iglesia me parece el paraíso", dice. Y, en efecto, es una representación fenotípicamente diversa
de los hijos de Dios. A diferencia de su enorme acumulación mundial
de fieles latinos, los seguidores de New Season son cuarenta por ciento
blancos, cuarenta por ciento afroestadounidenses y veinte por ciento latinos y asiáticos, y están repartidos en dos instalaciones. Entran jubilosos
en la sala, se saludan con cálidos abrazos y saltan de sus asientos cuando
una banda de músicos de rock con gorras de béisbol y crucifijos entona
a todo volumen su canción de apertura, "¡Despierten, dormilones!". De
repente, las manos se elevan sobre las cabezas de los asistentes, que empiezan a balancearse y a cantar con la banda mientras en una pantalla
gigante se lee la letra de la canción: "¿Ven lo que yo veo? ¡Ha resucitado!

2

¡Hemos resucitado con él! ¡Despierten, dormilones! Si ven lo que yo veo, ¡todo es posible!". Hay aplausos atronadores, vítores, bailes en los pasillos, una euforia salvaje que el pastor Sam llama el Espíritu Santo, y que surge de las tablas del suelo y recorre a la multitud.

En su servicio hay una hora entera de jolgorio antes que el pastor Sam aparezca en el escenario y llame al frente a una de las cantantes, luego a la otra; una es ucraniana, la otra rusa, y al menos durante un breve momento en la sala electrificada la guerra deja de existir. Las hostilidades se detienen. La ucraniana resulta ser hija de unos pastores evangelistas cristianos de Kiev. La rusa es una belleza de ojos húmedos nacida lejos de Moscú. Las mujeres se abrazan y Rodríguez proclama que el poder de Dios está vivo en la sala. Cuando por fin ofrece su mensaje a la congregación, resulta apasionado, real, conmovedor, basado enteramente en las Escrituras que cita libro a libro, versículo a versículo, íntegramente de memoria. Recorre los pasajes frase a frase, contextualizándolos. Cuando Jesús habla con la Virgen María, está "hablando con su mamá"; cuando Jesús reúne a sus discípulos, les dice: "Eh, muchachos, ahora que saben quién soy, tengo que decirles que voy a morir".

A estas alturas, Rodríguez se pasea por el escenario en su chaqueta de trabajo, *blue jeans* y zapatillas deportivas, lanzando puñetazos al aire, con el aspecto de cualquier joven vigoroso caminando por las calles de Sacramento. El efecto es galvanizador. El público empieza a corear "¡Jesús, Jesús!". El rostro angelical del pastor Sam se ilumina con una sonrisa contagiosa. "¡Díganlo otra vez! ¡Grítenlo otra vez!", les dice. Cuando los miembros abandonan la sala, están eufóricos, se dan palmadas en la espalda unos a otros, impulsados por el fuego del alma hacia una radiante mañana californiana.

El pastor Sam es ya tan conocido que les predica a personas de todas las tendencias, desde los bautistas blancos del sur hasta los grupos afroestadounidenses de defensa de los derechos civiles. Pero él cree que algo único está ocurriendo entre los creyentes hispanos. "Dondequiera que hay un incendio de espiritualidad, allí hay presencia hispana. La comunidad latina es una comunidad apasionada", afirma, y aquí utiliza como ayuda visual el propio crucifijo: "Nosotros, los latinos", me dice, "tendemos a acercarnos unos a otros lateralmente, de persona a persona, de grupo a grupo, como la barra horizontal en la cruz de Jesús. Pero, verticalmente", señala, "Dios se mueve a través de la Iglesia hispana por el poder del Espíritu Santo", es decir, de arriba hacia abajo, del Creador al individuo, directamente como en la pintura de Miguel Ángel que domina el techo de la Capilla Sixtina. Un contacto divino. Uno a uno.

El incendio al cual se refiere el reverendo Rodríguez es evidente en las miles de congregaciones pentecostales latinas que surgen cada año tanto en zonas urbanas como rurales. En todo Estados Unidos, gracias a las predicciones del censo, los pastores latinos están "sembrando" nuevas iglesias con más energía que nunca, ganando las almas latinas una a una. La Oficina del Censo ha proyectado que para 2060 los hispanos serán 111 millones, casi un tercio de la población de este país, y los evangélicos blancos están conscientes de la promesa de crecimiento inherente a ese cálculo. De hecho, desde 2006 las iglesias evangélicas blancas han experimentado una caída precipitada en su número, reduciéndose del 24 por ciento de la población estadounidense en 2006 al 14 por ciento en 2020. El pastor Sam entiende muy bien lo que significa esto. "Nosotros, los latinos, no les estamos tendiendo la mano a las denominaciones de mayoría blanca y preguntándoles: '¿Nos pueden ayudar a sembrar iglesias?' Nosotros nos dirigimos a ellos y les decimos: 'Tengan *nuestra* ayuda'. Le hemos dado la vuelta al guion". De seguro los evangélicos blancos tienen tan claro como él que los latinos representan el futuro de la Iglesia.

De hecho, según Rodríguez, entre pentecostales y carismáticos (ambos creen en encuentros directos y vivificantes con el Espíritu Santo) suman la mitad de la población latina de Estados Unidos. Es una cifra impresionante, que pone de manifiesto el éxito del mensaje evangélico para esta etnia. "Somos gente del Espíritu Santo", dice Rodríguez. "Quiero decir que, basándonos en las cifras, somos posiblemente la comunidad más centrada en el Espíritu Santo del planeta Tierra. Así que, si eres latino en este país, es muy probable que hayas tenido un encuentro directo con el poder del Espíritu Santo. Es una locura, ¿verdad?".

LOS MORMONES

Sé que mucha gente que llega aquí desde América Latina viene con un propósito. Estamos construyendo una Nueva Jerusalén aquí.

—Obispo Saúl Bramasco, mormón, Chicago, 2022

En la creciente periferia de Ciudad de México, en un distrito llamado Chimalhuacán, una estatua de doscientos pies de color rojo vivo —más evocadora de un descomunal y extravagante cascanueces que de un orgulloso guerrero azteca— se alza sobre uno de los barrios más indigentes de esa gran metrópolis. Construido a un costo de 1,5 millones de dólares, el *Guerrero Chimalli* o "Guerrero con escudo" domina los barrios que proliferan alrededor del mayor basurero de México, una afrenta obscena para quienes viven en la pobreza más absoluta. El escudo del titán, monstruosa lámina metálica de unos quince metros de diámetro que preside la estructura, es más una celebración del acero de los conquistadores que del valor azteca. A casi quinientas millas de distancia, enclavado en una exuberancia montañosa en el estado de Jalisco, se encuentra Chimaltitán, un pueblo olvidado donde en el siglo XV se forjaron los escudos. No eran de estridente acero rojo, desde luego, ni se fabricaban cerca de la resplandeciente ciudad de Moctezuma. Eran robustos escudos de palma trenzada —muy ornamentados, y rematados con plumas de vivos colores— construidos en los talleres que antaño poblaban las colinas de Chimaltitán para repeler la lanza más afilada. Hoy, ese armamento solo existe en las vitrinas de los museos. Chimaltitán es un soñoliento pueblito agrícola de seiscientos habitantes, con un escudo que le fue otorgado por los conquistadores y que tiene una vaca, una hilera de maíz y un crucifijo.

Fue ahí, en Chimaltitán —el fabricante de escudos— donde nació Saúl Bramasco, en el seno de una familia de once hijos, con un padre que alguna vez soñó con ser sacerdote católico. En cambio, su padre se casó y se convirtió en el maestro de la escuela del pueblo, y el joven Saúl, con sus propias aspiraciones, emprendió el largo camino a California, luego se trasladó a Utah y, por fin, hizo realidad el sueño de su padre. Pero le dio giro peculiar. Fue bautizado en la fe mormona y ordenado obispo de la Iglesia de los Santos de los Últimos Días.

Desde niño, Saúl dudaba de las historias que leía en la Biblia familiar. "No puedo creer en ninguna", le dijo a su madre, en confianza, un día mientras caminaban hacia la iglesia. "No creo que la Iglesia católica sea verdadera". La señora Bramasco quedó desconcertada, horrorizada. "¡No digas esas cosas!", le dijo a su hijo. "Sólo te traerán problemas". La vida ya era bastante dura para los creyentes; ¿cómo sería para un niño que rechazara la fe? Eran pobres, muy pobres. Eso era suficiente preocupación para cualquier madre. Lo que necesitaban no era un hijo rebelde, sino manos para trabajar el arado, comida que poner en la mesa. Como el blasón del conquistador, el paisaje de Chimaltitán había estado dominado por los maizales durante quinientos años, y los abuelos de Saúl —así como sus antepasados a lo largo de docenas de generaciones— habían trabajado en ellos. En 1985, habiendo más de una docena de bocas hambrientas en la familia, el joven Saúl decidió marcharse al norte por un tiempo y ver qué le deparaba el futuro allí. Quizá en El Norte fuera más útil a su familia. Tenía poco más de dieciséis años.

Saúl cruzó con sigilo la frontera una noche, no muy lejos de San Diego, y pronto se encontró a trescientas millas de distancia, recogiendo cerezas, uvas, limones y naranjas en las tierras de cultivo que dominan el condado de Fresno. Trabajando como jornalero a lo largo de la Ruta de la Fruta de Fresno pudo ver a estadounidenses sibaritas que disfrutaban de los festivales de temporada: las granjas de "recoge tu propia fruta", la celebración de la fruta de hueso, las excursiones en autobús que desparramaban visitantes sonrientes a lo largo de los fértiles campos. Eran familias felices, gente corriente, y la visión que proyectaban de su futuro estadounidense era tentadora. Saúl decidió quedarse. El Presidente Reagan acababa de aprobar la Ley de Reforma y Control de la Inmigración de 1986, que les concedía la residencia a los trabajadores agrícolas que pudieran demostrar que habían trabajado en Estados Unidos durante al menos noventa días. Saúl presentó la solicitud, lo aceptaron como residente permanente y por fin se mudó a Idaho para trabajar en la lucrativa industria de la papa, donde la paga era mejor, y las oportunidades, más numerosas.

Fue en Idaho Falls donde conoció a los misioneros mormones itine-rantes. Uno de ellos le entregó el Libro de Mormón en español y sólo le pidió que lo leyera, se familiarizara con su historia y le dijera lo que pensaba. Saúl ya le había confesado al hombre que había estudiado el Antiguo y el Nuevo Testamento y que no les creía ni una palabra. El misionero asintió comprensivo, e insistió. Saúl leyó. La noche en que pasó la última página, salió solo a los campos de papa. Era cerca de me-dianoche y la luna estaba llena, refulgente con un brillo que Saúl nunca había visto antes; la tierra brillaba con un resplandor poco común. Levantó los ojos hacia el cielo abovedado, cuya cúpula negra como la tinta relucía con mil estrellas, y le preguntó a Dios si lo que acababa de leer era cierto. "Fue como un renacimiento espiritual", me dice. "En ese momento, un sentimiento de bondad se disparó a través de mí. El Señor me estaba llevando al Evangelio". Saúl se sintió abrumado por la sensación de que el libro le había hablado directamente. Le había ex-plicado que la gente como él —mexicanos y otros latinos de zonas más meridionales— eran especialmente bendecidos. Eran los descendientes legítimos de la Casa de Israel y, un día, cruzarían en legiones la frontera y llegarían al lado estadounidense —su territorio ancestral— y poco po-drían hacer los angloestadounidenses para detenerlos. Volverían a casa, a la tierra que siempre habían habitado, al lugar adonde siempre habían pertenecido.

En Idaho Falls, Saúl fue bautizado en la Iglesia de los Santos de los Últi-mos Días y ese mismo año, según la costumbre, se fue de misión a México para reclutar más mormones. Al pasar por Chimaltitán le dijo a su padre: "Papi, he encontrado la verdadera iglesia". Su padre lo miró a los ojos, bus-cando al niño que alguna vez había conocido. "Vente para la casa", fue todo lo que le dijo. Pero la fe de Saúl era demasiado fuerte. "Mi papá es mi padre terreno", dice, "pero yo había encontrado a mi Padre Celestial. Eso nunca iba a cambiar". Tras su estadía misionera en México, regresó a Idaho Falls, hizo y aprobó el examen GED en español, y decidió solicitar plaza en la Universidad Brigham Young, la ciudadela de la educación mormona, para terminar sus estudios. Saúl apenas sabía inglés, pero incluyó una declara-ción especial en su solicitud: "Soy un convertido a la iglesia, estoy aquí solo, he cumplido mi misión, les ruego que me tengan en cuenta". Fue aceptado con beca completa.

No era el primer latino que cortejaba la Iglesia. Ya en 1920 los misioneros mormones perseguían agresivamente las conversiones de hispanos, pero desde 1990 la campaña se ha intensificado hasta alcanzar un tono febril, debido a la "necesidad crucial" entre las confesiones protestantes de atraer a la población latina, en rápido crecimiento. Para la Iglesia de los Santos de los Últimos Días, sin embargo, la necesidad es más profunda: sus esfuerzos misioneros pretenden devolver a todo un pueblo a un servicio y culto al cual, según la iglesia, siempre pertenecieron. Las enseñanzas mormonas afirman que los nativos americanos de hoy (y su descendencia mestiza) descienden de israelitas que emigraron al continente norteamericano en el año 600 a. C. y que, tras siglos de guerra, se dividieron en dos grupos: los nefitas, que fueron destruidos, y los lamanitas, que sobrevivieron, pero perdieron su fe en Dios. Los mormones creen que hasta que todos los lamanitas restantes no se conviertan a la fe, el reino milenario de Cristo no podrá comenzar. Están tan convencidos de eso que cuando se organizó la iglesia en 1830 los ancianos debatieron lo que el Señor tenía en mente para los remanentes de la población lamanita. En 1948, un uno de los ancianos afirmó cuáles eran los deseos del Señor:

Veo a los lamanitas entrar en esta Iglesia en grandes números, y en lugar de venir en grupos pequeños de diez o cien, serán miles. Los veo organizados en barrios y estacas [congregaciones de tres a cinco mil creyentes] compuestos de gente lamanita. Los veo llenar los templos y oficiar en ellos.

Así, a pesar de los pasajes condenatorios y racistas del Libro de Mormón, que arremeten contra "las pieles oscuras" de los lamanitas, las que consideran una marca "puesta sobre sus padres [...] una maldición sobre ellos a causa de su transgresión y rebelión contra sus hermanos" [blancos], el afán por reclutar a los latinos—la población indígena de las Américas—, presuntos descendientes de los lamanitas, se ha convertido en objetivo clave de las iglesias mormonas de costa a costa.

No es un objetivo fácil. Mientras que las iglesias evangélicas latinas han experimentado un crecimiento explosivo en el último medio siglo, reflejo de su enorme éxito en el Sur global, no puede decirse lo mismo de la Iglesia de los Santos de los Últimos Días. Hoy en día, los mormones son mucho más numerosos en América Latina que en Estados Unidos. De hecho, aunque la fe nació aquí, el sesenta por ciento de los mormones del mundo vive fuera de este país. Hay casi seis millones en Sudamérica —"bastión de mormones", en palabras de un obispo—, la gran mayoría, en México y Brasil. Pero en Estados Unidos los mormones latinos representan apenas el uno por ciento de la población hispana —unos seiscientos mil fieles—, mucho menos que el número de mormones en México o Brasil, o incluso Perú. Aun así, el impulso está en marcha y, a pesar de los retos, los latinos estadounidenses se han convertido en el grupo de más rápido crecimiento de la Iglesia. Cuando el obispo Bramasco dice que los mormones como él vienen de América Latina para construir una nueva Jerusalén, lo dice en serio. Muchos de los mormones latinos en Estados Unidos son trasplantes de México o Perú y, una vez aquí, su objetivo es traer a otros latinos al templo.

En 1999, cuando Saúl Bramasco llevaba ya tiempo de haberse graduado en Brigham Young y había comenzado en serio su labor misionera, la campaña mormona para ganar más lamanitas estaba en pleno apogeo. Iba de camino a visitar a un amigo de la universidad en Washington, DC, cuando se detuvo a medio camino para visitar el imponente templo de Chicago. Tras reclutar y bautizar a un nuevo miembro mientras estaba allí, convencieron a Saúl para que se quedara un poco más. Cuando conoció a su futura esposa en una reunión del programa de Jóvenes Adultos Solteros del templo, decidió echar raíces y desarrollar carrera y familia en Chicago. Con el tiempo, él y su esposa —que se había unido a la Iglesia en Guadalajara, México— tendrían seis hijos, todos mormones activos y todos con estudios universitarios. Hoy, en horario de oficina, Saúl trabaja como asistente social para el estado de Illinois, determinando qué solicitantes latinos pueden optar por ayudas públicas. Es un proceso de selección de otro orden. En su tiempo libre y fines de semana es obispo activo de la Iglesia, recluta a hispanos en la fe y se dedica al papel fundamental de sellador: es el sacerdote que "sella" los matrimonios y une a hombres y mujeres para la eternidad, más allá de los estertores de la muerte humana.

Saúl ya ha bautizado en la Iglesia a sus padres, abuelos y amigos, por no hablar de sus antepasados hasta la séptima generación. "Es mi plan de salvación", dice, y recita los principios mormones. "Antes de nacer vivíamos con nuestros Padres Celestiales, pero enviaron nuestras almas a la tierra con cuerpos de carne y hueso, lejos de ese reino celestial, para que nos probaran en todas las cosas. No venimos a hacernos ricos, sino a que nos pongan a prueba". Pero los mormones latinos sí prosperan. La última vez que Saúl regresó a su pequeña y pobre aldea de Chimaltitán quedó asombrado con lo que se encontró. "¡Todos los bautizados como mormones se estaban convirtiendo en ingenieros, abogados o médicos! Mis sobrinas son todas profesionales en Nueva York".

A diferencia del Santuario del Sagrado Corazón del Padre Emilio Biosca en Washington, DC, que sobrevive con lo que sus miembros de escasos recursos del Triángulo Norte pueden depositar en sus cestas de limosnas, la red mormona tiene lo que el obispo Barry Olsen de Virginia llama "fondos sagrados", reunidos a partir de las estrictas prácticas de diezmo aplicadas a todos sus miembros, ricos y humildes por igual. A menudo, esos fondos sirven para pagar la matrícula universitaria de un joven latino prometedor, o las necesidades médicas urgentes de una familia, o para abastecer las estanterías de la "bodega del obispo", destinada a alimentar a una familia inmigrante sin dinero, y ayudarla a salir adelante.

El obispo Olsen, el amigo de la universidad a quien Saul Bramasco fue a visitar antes de hacer una escala en Chicago que se volvió permanente, es un fornido estadounidense de origen escandinavo que habla español como nativo. De pie entre su grey de mormones latinos en Virginia, el obispo Olsen no pasa desapercibido debido a su estatura y su pelo amarillo como el lino. Su esposa, Julieta, es mexicano-estadounidense y recibió el bautismo en la Iglesia mucho antes de viajar a Utah a reunirse con sus parientes en Provo, y de decidirse a intentar conseguir cupo en Brigham Young. La familia de su padre, en México, es casi en su totalidad mormona, y lo ha sido por generaciones; fueron convertidos a la fe por misioneros de Estados Unidos a finales del siglo XIX. En aquella época, una nueva ley en Estados Unidos acababa de declarar ilegal el matrimonio polígamo, y la iglesia experimentó una división histórica a causa de esa disposición. Un contingente considerable de mormones estadounidenses huyó a México, donde no existían leyes contra la poligamia. Miles Romney, por ejemplo —el bisabuelo de quien fuera candidato a la presidencia de Estados Unidos, el senador Mitt Romney, de Utah—, tenía cuatro esposas y por ello se vio obligado a buscar refugio en una colonia mormona al otro lado del Río Grande; de hecho, el padre del senador Romney nació en la colonia que fundaron, la Colonia Dublán. Al igual que los Romney ancestrales, los mormones llevaron a sus múltiples esposas al interior de México, establecieron exitosas colonias y haciendas, y comenzaron a evangelizar a los lugareños.

Como resultado de esa migración inversa, y de la campaña de la Iglesia por ganar más almas, la República de México cuenta ahora con 220 "estacas" o grupos de iglesias, casi dos mil congregaciones, trece templos completos y más de un millón y medio de creyentes mormones. Es una representación de fieles latinos mayor que la que obispos diligentes como Saul Bramasco y Barry Olsen han podido reunir en este país. Los latinos representan la comunidad de mormones de más rápido crecimiento en Estados Unidos. De 2010 a 2020, por ejemplo, el número de templos hispanos en el país se duplicó. Uno de cada diez mormones es latino. Pero el éxito ha venido acompañado de dificultades de crecimiento: aunque numerosos templos de los Santos de los Últimos Días cuentan con una población lo suficientemente importante de mormones de habla hispana (tres mil miembros de la iglesia o más) como para justificar estacas propias con presidentes latinos, la iglesia ha tardado en crearlas. En el momento de escribir estas líneas sólo cuenta con una —en Santa Ana, California— donde el número de hispanos es tan abrumador que habría sido un insulto instalar un liderazgo blanco.

Aunque la Iglesia es consciente de que la población latina es la más prometedora para el reclutamiento de mormones, aún no ha acogido plenamente a los latinos.

Se trata de un prejuicio en la Iglesia que muchos luchan por contrarrestar, entre ellos el obispo Olsen y su esposa mexicana Julieta en Falls Church, Virginia, y con seguridad el obispo Bramasco en Chicago. Pero, como dice un intelectual mormón latino que permanece fiel a la Iglesia, la intolerancia tácita y subyacente sigue existiendo. No todos sus hermanos y hermanas blancos se sienten cómodos con su color, afirma, y existe una fastidiosa jerarquía de blancos a morenos que infesta a la Iglesia. Él lo describe así:

> El mormonismo siempre ha encontrado una salida a sus dilemas raciales porque la "solución" se encuentra en el Libro de Mormón, donde se afirma que los justos "de color" algún día se volverán "hermosos y encantadores" [cuando lleguen al cielo], o "se volverán blancos", como solíamos decir cuando yo me estaba criando como mormón moreno. Cuando un hermano peruano dice que quiere que la Resurrección llegue pronto porque quiere ser alto, rubio y de ojos azules, refleja la posición fundamental por defecto de muchos latinos que han comprado una teología blanca que, por incómoda que sea de discutir, sigue siendo indiscutible en su esencia. Pocos líderes mormones blancos se dan cuenta de lo insidiosa que es esa posición. Y no logran entender que, al menos desde el punto de vista de los mormones latinos, si la explicación de nuestro destino final es desigual, entonces todo lo que la Iglesia cree acerca del presente y de su historia es sospechoso, injusto, discriminatorio o, Dios no lo quiera, reflejo de un orden jerárquico celestial que no puede evitarse (colectivamente) a pesar de nuestra fe y nuestras obras.

En efecto, cuando asisto a la Fiesta de la Herencia Hispana en una iglesia local cerca de donde vivo, no hay ni una sola cara morena en la comitiva de bienvenida. Los educados jóvenes mormones que nos reciben en el estacionamiento, nos hacen pasar y nos guían en las celebraciones son todos blancos —rubios como un filamento de tungsteno encendido—, y, aunque nos hablan en perfecto español y sonríen alegremente, está claro que ésa es su casa, su dominio. Un vistazo superficial a los dirigentes mormones, desde la estaca más humilde hasta el Presidente y su Quórum de los Doce Apóstoles (máximo órgano de gobierno de la Iglesia), permite comprobar que los patriarcas de la Iglesia son precisamente eso, patriarcas: hombres, blancos, nababs de cierta edad. A diferencia de las parroquias católicas y evangélicas que dirigen personas como el padre católico Emilio Biosca o el reverendo pentecostal Samuel Rodríguez, en la gran mesa no hay ni una sola cara morena. Cuando le pido a la oficina de relaciones públicas de Salt Lake City el número de miembros latinos, obispos latinos y estacas latinas, me dicen que en la Iglesia de los Santos de los Últimos Días "No los contamos por raza". Respuesta poco sincera, ya que está claro que están muy interesados en ese grupo demográfico (que no es una "raza"). Sin embargo, hay un rasgo definitorio que sí comparten los templos católicos y mormones: pese a que las mujeres desempeñan un papel crucial como trabajadoras esenciales, en el momento de escribir estas líneas ninguna mujer ocupaba un cargo directivo.

JUDÍOS LATINOS

> Aunque muchos viven sin costumbres religiosas o ceremoniales relacionadas con su antigua herencia y tradiciones, mantienen viva su condición de judíos.
>
> —Harry O. Sandberg, historiador, *The Jews of Latin America*, 1917

Nuestra América, relato de Claude Lomnitz sobre la huida de su familia de los *shtetls* judíos de Rumanía a la cordillera de los Andes durante los convulsos días del siglo XX, es un triunfo del registro histórico. En él cuenta la historia de tres generaciones de judíos de Europa oriental y sus luchas por adaptarse y prosperar en los mundos radicalmente diferentes de Chile, Perú, Colombia y México. A medida que desarrolla la historia, provee una descripción detallada de la diáspora que depositó a comunidades enteras de judíos en América Latina, sobre todo durante esa época desgarradora.

Entre 1880 y 1925, cientos de miles de judíos que huían de las crueldades y depredaciones del antisemitismo en Europa o de las turbulencias socioeconómicas en Oriente Medio y el norte de África se apilaron en barcos rumbo a las Américas y se dispersaron desde Cuba hasta Argentina y desde Río de Janeiro hasta Yucatán. Sobre todo, después de 1920, cuando Estados Unidos restringió la inmigración y los judíos no tuvieron más remedio que dirigirse a costas más acogedoras. A medida que avanza la historia de la familia Lomnitz, Claude, de siete años, viaja de Chile a Berkeley, California, de la mano de su padre, profesor, científico y geofísico. Al poco tiempo la familia se ve desplazada de nuevo y Claude pasa su infancia en Ciudad de México antes de regresar a Estados Unidos como estudiante universitario. El trasplante de hogar, lengua e identidad no era nada nuevo para los Lomnitz. La guerra, la intolerancia y el exilio habían obligado a varias generaciones de la familia a dispersarse por los rincones más remotos de Sudamérica. Se habían trasladado del Viejo al Nuevo Mundo, y luego se dirigieron al norte, a Estados Unidos, adaptándose sobre la marcha, reinventándose en cada orilla.

Lomnitz escribe en un pasaje conmovedor que los judíos y los indígenas de América Latina tienen esto en común: han sobrevivido a desplazamientos, traumas y conquistas brutales y, sin embargo, sus religiones precristianas han logrado perdurar. Eso es cierto hasta cierto punto; pero no del todo. América Latina está llena de personas cuyos antepasados fueron judíos, pero —tras la implacable expulsión de España en el siglo XV y los duros prejuicios que le siguieron— no tuvieron más remedio que capitular ante la Iglesia, convertirse al catolicismo y enterrar para siempre su pasado ancestral.

¿Qué tiene eso que ver con los judíos latinos en Estados Unidos? Mucho. Desde el principio de la Era de los Descubrimientos, las Américas fueron un refugio para los judíos perseguidos en Europa. De hecho, en 1492, año en que Colón navegó por el Caribe creyendo que estaba en aguas asiáticas, la Inquisición española alcanzó su máximo frenesí. Miles

de judíos convertidos al catolicismo, así como criptojudíos —aquellos
que se vieron obligados a practicar su fe en secreto—, huyeron a América, uniéndose a la conquista como aventureros, marineros o sirvientes,
y saltándose las "leyes de limpieza de sangre" que tan meticulosamente
se les imponían a los dirigentes coloniales españoles. Algunos, como
Pedro Arias Dávila (Pedrarias), vástago de una de las familias judías más
influyentes de Castilla —casado con una íntima amiga de la reina Isabel—, enmascararon sus raíces sefardíes, se unieron a la conquista con
suma fruición y alcanzaron prominencia en tanto líderes despiadados en
el Nuevo Mundo. Otros conversos, como las familias Chaves y Montoya
—antepasados mexicanos de Linda Chavez, la mujer de más alto rango
en la Casa Blanca de Reagan— lograron eludir por completo la oficia-
lidad al alejarse tanto como pudieron de las oficinas de la Inquisición,
transformarse en cristianos y establecer prósperas haciendas en el continente norteamericano. El clan Chaves–Montoya edificó su hogar en el
pedazo de Nuevo México que hoy llamamos Albuquerque. Trescientos
cincuenta años después, Linda nació en la misma tierra adonde habían
llegado sus antepasados, sin saber en absoluto que se habían dirigido allí
para dejar atrás la mancha sefardí. No es la única. Las investigaciones
genéticas demuestran que casi una cuarta parte de los latinos o hispanos tenemos una importante carga de ADN judío, pero puede que no
lo sepamos. Muchos pueden tener vestigios que se remontan a medio
milenio atrás. Mis propias pruebas genéticas revelan un rastro de sangre asquenazí, probablemente de antepasados españoles que llegaron a
América a principios del siglo XVI. Hoy, los judíos latinos pueblan innumerables esferas de la cultura estadounidense y multitud de profesiones.
El artista Sammy Davis Jr., hijo de madre cubana y padre afroamericano
—y seguramente uno de los conversos religiosos más famosos del siglo
XX—, afirmó que se convirtió en la versión más auténtica de sí mismo
cuando se volvió judío. La periodista Gigi Anders, por su parte, no se
convirtió, sino que nació judía en La Habana; luego escribió sobre esa
colisión de culturas en sus indómitas memorias *Jubana! The Awkwardly
True and Dazzling Adventures of a Jewish Cubana Goddess* [*¡Jubana! Las in-
cómodamente ciertas y deslumbrantes aventuras de una diosa judía cubana*].

También está el célebre estadounidense de origen guatemalteco Francisco Goldman, cuya premiada novela autobiográfica *Monkey Boy* relata su infancia entre Boston y Ciudad de Guatemala y sondea la naturaleza fluctuante de su identidad judía. O el novelista y ensayista estadounidense de origen chileno Ariel Dorfman, autor de *La muerte y la doncella*, cuya profunda perspicacia sobre el hecho de vivir en múltiples culturas impregna su escritura.

Lucas Cantor Santiago, el hijo compositor de la novelista puertorriqueña Esmeralda Santiago, habla con franqueza de ser latino judío en una profesión mayoritariamente blanca y masculina. "Si me miras", dice Lucas, "no me ves blanco. Pero no hablo español. No compongo música salsa. No llevo la bandera de Puerto Rico. Soy el tipo equivocado de latino en muchas cosas. La gente simplemente no puede ubicarme. Los hago sentir incómodos". Es cierto. Lucas es estadounidense, pero fenotípicamente es difícil de ubicar: podría pasar por una persona de Oriente Medio, o de ascendencia negra, o hispano caribeña, como su madre.

La cepa judía no entró en el torrente sanguíneo estadounidense de forma perceptible hasta que los judíos latinos empezaron a llegar en gran número a finales del siglo XX. Antes, de los tres millones de judíos que llegaron a Estados Unidos entre 1880 y 1940, el noventa y cuatro por ciento procedía de Europa oriental y en su gran mayoría era asquenazí. Éstos habían sido condenados al ostracismo en Europa porque no eran considerados blancos, pero en Estados Unidos —dada la distinción entre blancos y negros— pasaban fácilmente por blancos. En la actualidad, los judíos con raíces en Europa oriental son considerados blancos, como aparece descrito en *How Jews Became White Folks and What That Says About Race in America* [*Cómo se convirtieron los judíos en blancos y qué dice eso sobre la raza en Estados Unidos*], de Karen Brodkin. No ocurre lo mismo con los judíos procedentes del sur, portadores de ADN latinoamericano. Los judíos latinos suelen tener piel más oscura y son en su mayoría sefardíes originarios de España, Italia, Portugal y el mundo árabe, o mizrajíes con raíces en el norte de África, Turquía, Grecia y Siria. Son, como los califican algunos estudiosos, "judíos de color". Tienen poco en común con los asquenazíes de Argentina o Chile, europeos que los gobiernos de esos países invitaron justo porque prometían una saludable infusión blanca. (En Argentina, a los judíos se les llama *rusos* debido a su piel blanca). Difícilmente se les confundiría con judíos de ascendencia mixta caribeña o centroamericana, latinos como Lucas Cantor Santiago.

Los judíos latinos suelen tener sus raíces en países latinoamericanos donde prosperan poblaciones judías: Argentina, México, Venezuela. Suelen ser urbanos, y emigran de Buenos Aires, Ciudad de México o Caracas a las ciudades de Miami, Los Ángeles o Nueva York. Cuando llegan, les sorprende la falta de familiaridad que encuentran en las comunidades judío estadounidenses; los judíos están mucho más unidos en Latinoamérica que en Estados Unidos —es difícil escapar de ser judío en Buenos Aires o Ciudad de México—. Sin embargo, cuando estos inmigrantes llegan al norte se muestran ansiosos por fundirse en el gran caldero estadounidense de la blancura, como tantos judíos hicieron antes que ellos. En su inmensa mayoría, se identifican como blancos en los formularios del censo de Estados Unidos, rara vez como hispanos. "¿Hispano?", me dice alarmado un inmigrante judío de Argentina. "¿Por qué iba a marcar hispano? Esa palabra se refiere a puertorriqueños o mexicanos, no a mí".

También suelen proceder de familias acomodadas, muy educadas y políticamente liberales, y si no disfrutan de un estatus económico alto cuando llegan, lo consiguen muy pronto. Una encuesta reveló que el sesenta y siete por ciento de los judíos latinos gana tres veces más que la renta media del país, mucho más que el típico hogar judío en Estados Unidos. Pero hay otras medidas del éxito además del dinero: el noventa y dos por ciento ha obtenido una licenciatura y el sesenta y ocho por ciento ha cursado estudios de posgrado; en promedio, disfrutan de considerable distinción empresarial y profesional, no sólo en Estados Unidos, sino también en los países de donde emigraron. En términos generales, están cómodamente alejados de la discriminación que sufre la inmensa mayoría de los latinos en Estados Unidos.

* * *

Ya no somos una minoría homogénea; venimos de todos los colores procedentes de todos los rincones del mundo.

—Ilan Stavans, crítico cultural mexicano-estadounidense, 2016

Ilan Stavans, autor prolífico, editor y distinguido escriba de la experiencia latina, es también un estudioso incansable —en el sentido más talmúdico— de lo que los latinos aportamos a Estados Unidos. Se le conoce sobre todo por su incansable rastreo de la multiplicidad de cepas que portamos, lo amorfo de nuestra llamada identidad latina. Nacido Ilan Stavchansky Slomianski en Ciudad de México, hijo de mexicanos de segunda generación cuyos antepasados habían huido de Polonia y Ucrania a principios del siglo XX, Stavans se crio en una hermética comunidad judía dentro de esa vasta y exuberante ciudad. "Fui a una escuela judía en Ciudad de México", cuenta. Y luego, casi con asombro, agrega: "Aprendí historia de México en yiddish".

Era una vida insular donde los inmigrantes judíos de Europa oriental no sabían mucho de la historia sefardí en ese mismo suelo: el hecho, por ejemplo, de que alguna vez hubieran quemado vivos a judíos sefardíes en la pintoresca plaza donde jugueteaban sus hijos y los enamorados iban a pasear. De hecho, para muchos asquenazíes los encuentros con los judíos sefardíes eran tan desconcertantes como los que tenían con los campesinos autóctonos de México. Tampoco sabían mucho del propio México. El padre de Stavans acabó rompiendo con ese aislamiento y se convirtió en actor, primero de teatro experimental y luego de telenovelas y películas. Su madre se había criado en el seno de una familia rabínica, pero dejó atrás sus restricciones para casarse con su padre, y fue a través de ella que Stavans se empapó de la riquísima tradición de las historias jasídicas.

"Crecí como judío mexicano o, mejor dicho, como judío en México", recuerda Stavans. "Allí pertenecía a una pequeña minoría, en cierto modo era un gueto, no vivía del todo en tiempo presente". Eso cambió cuando terminó el bachillerato, a finales de los años setenta, e ingresó en la Universidad Autónoma Metropolitana, la universidad pública donde el Subcomandante Marcos —Rafael Sebastián Guillén Vicente, el extravagante, enmascarado fumador de pipa y rebelde líder del Ejército Zapatista de Liberación Nacional (EZLN)— impartía clases de diseño gráfico con un toque de filosofía política. La experiencia fue galvanizadora para Stavans, reveladora. Fue ahí donde empezó a aprender lo que significaba vivir en México, habitar de verdad su lugar de nacimiento y participar en un momento político. Pero nada fue tan definitorio, quizá, como cuando Stavans se marchó a Israel, donde pretendía saborear lo que significaba ser "un judío feliz": vivir entre quienes se sentían cómodos con su judaísmo, rodeado de personas con una historia compartida y tradiciones establecidas. Allí comprendió que era hijo de una diáspora mayor —que vagaría siempre por las afueras, forastero por excelencia, siempre inmigrante— y forjó la convicción de que escribiría sobre la volátil condición de ser judío latinoamericano.

Decidió también trasladarse a Estados Unidos. Fue una elección caprichosa porque, aunque sabía español, yiddish y hebreo, no hablaba inglés. Sentado con un ejemplar de *Moby Dick* y un diccionario, se obligó a aprender el idioma. En Nueva York consiguió un empleo como reportero sobre Estados Unidos para un periódico mexicano, lo que lo obligó a salir y hablar con los estadounidenses, aprender sus costumbres. Acostumbrado a la familiaridad de Ciudad de México y Jerusalén, Nueva York le resultó extrañamente desorientadora. A nadie parecía importarle que fuera judío, una sensación inquietante dado el judaísmo circunscrito y cerrado de su vida en México y el judaísmo abierto de su experiencia en Israel. Nueva York parecía encogerse de hombros ante ese aspecto de su identidad, identificándolo sólo por su idioma y cultura. Era mexicano, hispano. "En México era judío", dice, todavía sorprendido por el cambio de clasificación. "Me convertí en mexicano cuando vine a Estados Unidos. Y me interesé por la cuestión de ser mexicano de una forma en que no podría haberme interesado en México".

En su carrera como escritor, crítico y profesor en Amherst College, en Massachusetts, Stavans ha sido un infatigable productor de antologías sobre la cultura latina. Llamado "el zar de la literatura latina", es a la vez empresario y árbitro, demostrando las muchas maneras en que se puede ser escritor latino —la riqueza de nuestra diversidad— y pronunciándose al respecto. Ha atacado duramente a ídolos como Sandra Cisneros, la querida autora chicana de *La casa en Mango Street*. Ha acusado a Pablo Neruda, venerado poeta chileno, de producir "propaganda roja barata". Ha tachado a Gabriel García Márquez de activista político "intolerable", aspirante a la alta sociedad, revolucionario de champaña. Stavans ha irritado a muchos intelectuales latinos que lo consideran un impostor, un forastero que "no proviene de la entraña de la cultura", un judío vestido de mexicano que juzga la latinidad sin vivirla en su propia piel. Un crítico del *Times Literary Supplement* dijo, a propósito de una de sus antologías: "Hay que preguntarse por qué Oxford University Press, que solía enorgullecerse de publicar antologías fiables, ha patrocinado esta colección en particular, editada por un no especialista". Tales son los peligros de ser el creador del canon de una etnia que es un guiso de múltiples partes. Pero la réplica de Stavans a sus críticos es igualmente mordaz: "Creo que se puede saber lo suficiente", dice, orgulloso de su condición de forastero. "Que vivas en dos o tres mundos no significa que no vivas en ninguno de ellos".

Eso de ser juzgado por ser más judío que latino resuena en Ruth Behar, escritora y antropóloga cubano-estadounidense que enseña en la Universidad de Michigan. Nació en La Habana, pero es hija de madre asquenazí y padre sefardí, híbrida de tribus europeas y de Oriente Medio, cada una con su propio idioma, sus propias tradiciones y sus fenotipos claramente identificables. La familia de su madre desciende de polacos y rusos, mientras que la de su padre tiene raíces en Turquía. Como Stavans, Behar también lucha contra el cuestionamiento de su autenticidad por parte de quienes preguntan: ¿eres más judía que latina? En los círculos académicos donde participan latinos se la cuestiona a menudo. ¿Es una latina de verdad, legítima? ¿Es una auténtica representante de una minoría? ¿O es una judía de la diáspora, una entrometida sin derecho a la latinidad? ¿Cuántas generaciones de su familia vivieron en Cuba?

"Es una noción retrógrada de la identidad", me dice. "Elegir entre esto o aquello —una elección en blanco y negro— cuando en realidad tantos de nosotros tenemos historias mucho más complicadas. Gracias a Dios estamos llegando a comprender mejor la interseccionalidad que implica ser latino estadounidense".

Ser latino y judío, como lo cuenta Stavans o lo ha vivido Behar, significa haberse aferrado ferozmente a la fe durante generaciones, en aislamiento o en secreto, a pesar del constante vaivén de prejuicios implacables. La conclusión, inesperada para muchos, es que resulta mucho más fácil vivir como judío en Estados Unidos que en cualquier otro lugar de América Latina.

Pero también hay latinos que se vuelven judíos después de llegar a esta América; que, cansados de la suposición de que un hispano debe ser católico, recorren el camino contrario al del converso para convertirse a la Torá. Al fin y al cabo, los judíos no sólo nacen, también se hacen, aunque el judaísmo no se dedica a reclutar nuevas almas, no es una fe proselitista. Al menos, no como el cristianismo, que desde el principio se basó en el concepto de difundir el Evangelio y redimir a los paganos. Según los historiadores de la religión, los judíos latinos —al igual que los musulmanes latinos (también una minoría en rápido crecimiento)— se forjan con mayor frecuencia en este país y por voluntad propia. Se calcula que entre cinco mil y diez mil personas se convierten en judíos por elección cada año en Norteamérica; buena parte de ellos es latina. La tasa es aún mayor en el caso de los musulmanes latinos, cuyo número se disparó de treinta y cinco mil a un cuarto de millón en el transcurso de una década, la mitad de ellos, conversos del catolicismo. Estos conversos proceden de cualquier lugar: desde México, Centroamérica y el Caribe hasta los confines de Argentina. Tal es el caso del rabino Eli Rafael de la Fuente, latino nacido en una familia católica tradicional de Perú, que emigró a este país como estudiante de posgrado, se enamoró del judaísmo estadounidense y abandonó todo lo demás en su búsqueda.

El rabino Eli no utiliza la palabra latino cuando habla de su identidad. Se ve a sí mismo como un judío estadounidense que casualmente habla español. "Nunca me he identificado con la cultura latina", me dice.

"No bailo cumbia. No como frijoles. Soy americano de América Latina, sí. Pero, ante todo, soy judío".

El rabino Eli fue criado en Arequipa por una madre católica devota. Hijo de divorciados en un país católico que no ve con buenos ojos las familias rotas, siguió la fe del Papa y se licenció en Finanzas por la Universidad Católica del Perú. En algún punto al final de su adolescencia empezó a sentirse fascinado por el judaísmo; quizá fuera el romanticismo de su historia, su exotismo, sus enigmáticas letras hebreas, sus valores; o quizá simplemente la hermosa joven judía peruana con quien salía en aquel momento. En cualquier caso, empezó a buscar libros sobre la historia y las tradiciones judías. Aprendió por su cuenta el alfabeto hebreo. En las clases de la universidad tomaba apuntes en hebreo, aunque sus profesores hablaran en español. A pesar de buscar más información sobre las prácticas religiosas judías, no se atrevió a asistir a los servicios del *shabat*. La única sinagoga de Perú —la Sinagoga 1870, que ocupaba una vieja mansión en un barrio tranquilo de la capital— era una institución asquenazí estrictamente conservadora que no admitía a extraños ni a nadie que no fuera hijo de madre asquenazí.

Dejaría atrás otros veinte años —así como un matrimonio católico— antes de cambiar de vida varias veces en Estados Unidos. Vivía en Columbus, Ohio —padre divorciado y "desubicado"—, y trabajaba en un banco cuando volvió a pensar en el judaísmo, la religión que antaño le había fascinado por su ecumenismo, su historia antigua y su carácter acogedor. "El judaísmo no se basa en el dogma, sino en la acción", explica el rabino. "No se centra en las creencias *per se*, sino en cómo las empleas. Se basa en los libros, en la tradición, en hacer de este mundo un lugar mejor". La fe católica en cambio te promete un mundo mejor en la otra vida. Me atrajo el judaísmo por su apertura a aceptarte como eres". Poco después, con cuarenta y tantos años y el anhelo de una vida con más sentido, Rafael de la Fuente se convirtió por fin al judaísmo y empezó a llamarse por otro nombre: Eli. "Esa fue mi segunda reinvención", me dice, "después de venir a Estados Unidos y adoptar un estilo de vida estadounidense". Al año siguiente buscó a la belleza judía con quien había salido décadas atrás, la encontró en Israel y le propuso matrimonio. "Como ves, me reinventé de nuevo como marido judío". Diez años más tarde se reinventaría por cuarta vez al descartar su carrera de banquero, ir a la escuela rabínica y ponerse el talit de rabino.

En la actualidad, Eli de la Fuente es el rabino jefe de un hospicio en un suburbio de una extensa metrópolis estadounidense. Es experto en tratar casos extremos porque, dice, el haber trabajado con profesionales de élite de todo el mundo le enseñó a estudiar a las personas, leerlas. "Ahora trabajo con seres humanos en situaciones extremas", explica. "Personas con recuerdos borrados, con Alzheimer, físicamente deterio-rados, ancianos, moribundos. Y sus familias". De todo el personal que atiende el hospicio, incluidos los médicos y enfermeras, el rabino Eli es el único hispanohablante, por lo que es llamado con regularidad para que atienda a dominicanos, puertorriqueños, mexicanos. "El español me recuerda todo el tiempo quién soy", dice, "lo cual es extraño. Mientras trabajaba en el sector financiero, rara vez hablaba español. Era el idioma de mi casa, no de mi trabajo. En aquella época, si me hubieran pedido que utilizara el español en el trabajo, habría sentido que me pedían que saltara con un banano en la cabeza. Ahora, como rabino, el español se ha convertido en un instrumento cotidiano de mi trabajo. Si puedo con-solar a los moribundos en español, lo hago encantado". Pero el español no es el único idioma que él, su mujer y sus hijos hablan en casa: en su hogar bulle generalmente una vertiginosa mezcolanza de español, inglés y hebreo.

"¿Podría haber ocurrido algo de esto en Perú?", pregunta retóri-camente para luego responder: "No lo creo. Sólo aquí. Sólo en Esta-dos Unidos. Tierra de reencarnaciones". En efecto, el joven Paco de la Fuente, uno de los hijos del primer matrimonio del rabino, se ha reinventado como un tipo diferente de estadounidense. Hispano de ojos brillantes, barba negra y muy filosófico como su padre, ha optado por llevar rastas e identificarse como afrolatino. Su círculo de amigos —como él, inmerso en estudios de identidad— está compuesto por afroestadounidenses y afrolatinos, al igual que las hijas de su pareja latina. "Paco se ve a sí mismo como negro", dice el rabino, sacudiendo la cabeza y encogiéndose de hombros amablemente. "El negro es su tema. Lo judío es lo mío. Mi América no es su América. Tenemos nuestras propias Américas".

CUARTA PARTE

CÓMO PENSAMOS, CÓMO TRABAJAMOS

Eres el narrador de tu propia vida y puedes crear tu propia leyenda, o no.

—Isabel Allende, escritora chilena-estadounidense, 2002

9

MENTALIDADES

Si queremos que se nos escuche y, lo más importante, ser eficaces, debemos definir lo que apoyamos. Esta tarea no se logrará en un día, ni siquiera en una generación, pero debemos ser lo bastante audaces para iniciar el debate.

—Raúl Yzaguirre, fundador del Consejo Nacional
de La Raza, mexicano-estadounidense, 2004

Mi padre peruano era bastante republicano, incluso antes de ser ciudadano de este país. Durante los primeros quince años de matrimonio de mis padres en Perú, sus opiniones sobre la política de Estados Unidos rara vez fueron tema de conversación familiar. Le preocupaban más las lealtades erráticas de sus propios compatriotas: la enorme brecha entre las élites y los pobres; la loca y desestabilizadora dinámica entre derecha e izquierda en América Latina; la perpetua oscilación entre opresión y revolución. Cuando emigraron a este lado de las Américas en busca de mejores oportunidades para sus hijos, un cambio profundo se estaba gestando en este país. Estados Unidos se había alejado de su complacencia idealista de los años cincuenta. Ya no era la Arcadia dorada y resplandeciente que mi madre estadounidense había prometido. El país que conocimos en la década de 1960 se había embarcado en la Guerra Fría, había cometido atrocidades contra los derechos humanos que ridiculizaban el sueño americano, había sufrido un montón de asesinatos

espeluznantes y experimentado un cambio radical en el color de sus inmigrantes. La enorme brecha entre las dos filosofías políticas de la mentalidad gringa se convirtió ahora en tema habitual de nuestras charlas de
sobremesa en Summit, Nueva Jersey.

"¿Cuál es exactamente la diferencia entre un republicano y un demócrata?", preguntó mi padre, como pudo haber hecho cuando el país
cambió de Eisenhower a Kennedy y a Johnson, para ahora dar un ban-
dazo en la otra dirección. Para mi padre, que había vivido las vicisitudes
de la política peruana, la línea que separaba a liberales de conservadores
era tajante, la misma que distinguía a un revolucionario comunista de
un terco dictador militar. "Bueno", respondió mi madre, descendiente
de generaciones que creían firmemente en la excepcionalidad estadounidense, "el republicano defiende la familia, la educación, el trabajo duro,
la oportunidad, la individualidad, el triunfar por sí mismo, la no interfe-
rencia gubernamental, y tiene la convicción de que una firme creencia
en Dios hace posible todo lo demás".

No hacía falta nada más. Puede que mi padre fuera conservador debido al catolicismo latinoamericano y la mentalidad colonial cuidadosa-
mente inculcada en la región, pero no era un republicano de vocación.
Jorge Arana Cisneros siempre había sido amante del progreso científico y sus derivados: la curiosidad individual, el compromiso colectivo,
la suerte. Procedía de una cultura que creía en la educación, el trabajo
duro y la fe en un ser supremo. Tenía la convicción de que el talento
podía superar cualquier barrera social; la noción de que la inteligencia,
la habilidad y las ganas —sin importar la posición social— podían ser la
salvación de una persona. Al igual que W. E. B. Du Bois, el sociólogo
afroamericano y activista de los derechos civiles de principios del siglo
XX, mi padre creía en el "décimo talentoso" que podía guiar a los demás
hacia un futuro mejor. Había defendido esos principios en rincones remotos de Sudamérica construyendo fábricas, improvisando soluciones,
convocando a los talentosos menos favorecidos, fundando pueblos dedicados a construir donde antes no existía nada: cañaverales en una árida
franja de desierto, azúcar a partir de caña, papel a partir del bagazo de
la molienda, bioplásticos a partir de los residuos del papel, electricidad

a partir de lo que quedara. Ése era el mundo que conocía, y ésos los valores que trajo consigo a Estados Unidos. Cuando mi madre describió el sentido de individualismo e independencia de un republicano, quedó convencido de que eso lo describía completamente. ¿Educación? ¿Trabajo? ¿Fe? ¿Que lo dejaran hacer en paz lo que tenía que hacer? Como anillo al dedo.

Pasaron muchos años —más de un cuarto de siglo de vida y trabajo en Estados Unidos, para ser exactos— para que mi padre se convirtiera en ciudadano, pero, cuando lo hizo, votó por los republicanos hasta el resto de su vida. Mi madre por fin rompió filas y votó por Barack Obama en 2008, ya cuando mi padre había dejado los afanes de este mundo. Yo, por mi parte, abandoné las filas republicanas de niña, en aquel desgarrador año de 1968 cuando asesinaron a Martin Luther King Jr. y a Bobby Kennedy. Mis padres no se opusieron. Unos años después, repelida tanto por el rígido binarismo de dos partidos y dos categorías raciales como por la polémica de "con nosotros o contra nosotros" de los defensores de la guerra de Vietnam, me convertí en independiente declarada, opción nada inusual para los hispanos como yo, insatisfechos con la falta de matices del sistema. Podemos ser conservadores sociales con una vena progresista, o al revés, progresistas con una vena conservadora. ¿Por qué no? Incluso Hillary Clinton, al confesar su deserción de Nixon a favor del senador demócrata antibelicista George McGovern, en 1972, declaró: "Soy liberal de corazón, pero de mente conservadora". También lo son los latinos. O al revés: son liberales de pensamiento con corazón conservador. A menudo rehúyen por completo las lealtades partidistas y votan tema por tema, candidato por candidato. Como dijo alguna vez Manny Díaz, exalcalde de Miami y presidente del Partido Demócrata de Florida: "El partido es lo de menos. Podemos pensar como demócratas hasta que nos inscribamos como republicanos. Trascendemos la filiación política".

Esa tendencia de los latinos a oscilar entre el azul y el rojo se ha hecho cada vez más frecuente en las últimas décadas. En 1960 John F. Kennedy recibió la inmensa mayoría del voto hispano; tras su asesinato, los hispanos se mantuvieron fieles a su propuesta, cuando el noventa por ciento del voto mexicano-estadounidense y el ochenta y seis por ciento del puertorriqueño garantizaron la reelección de su sucesor, Lyndon Johnson, en 1964. Asimismo, en 1968 los hispanos favorecieron al vicepresidente de Johnson, Hubert Humphrey. Sin embargo, en 1972 muchos cambiaron de rumbo y casi el cuarenta por ciento se decantó por Richard M. Nixon. El amor parece haber sido mutuo: en el transcurso de su primer mandato, el presidente Nixon nombró a unos cincuenta funcionarios hispanohablantes, en su mayoría mexicano-estadounidenses, para ocupar altos cargos en su gobierno. Nixon parecía entender lo que realmente querían los latinos. Cuando se les acercaba, les hablaba de los temas que más les importaban: educación, salud, pequeñas empresas, empleo.

Con el paso de los años, los latinos siguieron siendo en gran medida fieles a los demócratas, aunque la semilla de Nixon había echado raíces y las filas republicanas siguieron multiplicándose. Cuatro de cada cinco latinos de Florida (en su mayoría, cubanos) votaron para darle la presidencia a Ronald Reagan en 1980. George W. Bush también se ganó a los hispanos de Florida y a gran parte de los mexicano-estadounidenses de Texas, pese a que sólo consiguió migajas en la población latina (en su mayoría, puertorriqueña) de Nueva York. El encanto de Bill Clinton, por otra parte, le valió un arrollador triunfo latino en 1992, al conquistar el corazón del sesenta y cinco por ciento de nosotros; Barack Obama continuó esa tendencia, cosechando el sesenta y siete por ciento del voto latino cuando se presentó contra el senador republicano John McCain en 2008, y el setenta y uno por ciento contra Mitt Romney, cuatro años después.

Sin embargo, con el paso de los años el atractivo de la candidatura demócrata se ha erosionado y aproximadamente un tercio de los hispanos parecen votar ahora sistemáticamente por candidatos republicanos. Dicho esto, estoy segura de que, si mi padre hubiera estado vivo cuando el senador Obama se presentó a las elecciones, habría abandonado a los republicanos por la candidatura demócrata, como hizo mi madre, para votar por el primer presidente negro de Estados Unidos. De hecho, muchos republicanos latinos cambiaron de rumbo para apoyar a Obama. De modo que, a pesar de todas las conjeturas sobre las inclinaciones partidistas de los latinos y la suposición de que somos demócratas natos o republicanos de pura cepa, nuestra política tiene poco de predecible, al igual que nuestra raza, clase o creencias. Las encuestas Gallup indican que, en el mejor de los casos, somos demócratas débiles y republicanos poco firmes, y más de la mitad de nosotros afirma ser en el fondo independientes. Somos cada vez más una aglomeración inclasificable y variable de estadounidenses —una red de contradicciones— a la deriva en un mar púrpura.

EL MITO DEL VOTO LATINO

> Los hispanos son republicanos. Sólo que no lo saben. Amor a la familia, trabajo duro, patriotismo, fe en Dios. Todo lo que hay que hacer es comunicar el mensaje.
>
> —Ronald Reagan, 1978

Así llegamos al histórico enigma del "votante latino". Por muchas décadas, tanto la prensa como las "élites políticas" que hacen campaña electoral o se dedican a promover los intereses latinos nos han descrito como una comunidad política unificada. De hecho, durante el último medio siglo los latinos han tendido a votar por los demócratas. Pero los analistas también han observado que somos más propensos a tener menor participación electoral que cualquier otro bloque, lo que significa que cualquier proyección sobre la población hispana en su conjunto es inherentemente errónea. La mitad de una población no representa una voz unificada, un motor político robusto o siquiera —como algunos expertos imaginan— un voto oscilante fiable.

En algunos condados de Texas, por ejemplo, donde la población hispana es considerable, la participación electoral ha sido de apenas diecisiete por ciento. En las elecciones presidenciales de 2020 sólo la mitad de los hispanoamericanos con derecho a voto acudieron a las urnas, muy por debajo de la media nacional del setenta y dos por ciento, y muy inferior a la proporción de afroestadounidenses y asiático estadounidenses que votaron. Eso significa que la mitad de los latinos del país optan por renunciar a su derecho al proceso democrático, no hacen oír su voz. Por consiguiente, reciben menos servicios públicos de los que les corresponderían. A la larga, esta falta de participación cívica amenaza con profundizar el ciclo de obstáculos sistémicos que han asolado a los hispanos a lo largo de los años: pobreza, mala salud, viviendas de calidad inferior, educación deficiente, falta de oportunidades, marginación y, en definitiva, invisibilidad.

Para muchos, la falta de interés en el proceso electoral es consecuencia de la desilusión o la desconfianza. Quienes no participan pueden provenir de un país donde la supresión del votante es habitual. O temen votar, revelar su dirección y llamar la atención sobre la situación migratoria de alguien de su familia. O puede que sientan que ni el equipo rojo ni el azul los representan; que un sistema bipartidista sin espacios para los matices no se ajusta a su tajada del American Pie.

Sin embargo, en 2022 el registro de votantes hispanos aumentó, más que todo entre las mujeres. De repente, en previsión de las elecciones legislativas, los latinos añadieron cinco millones más de votantes a sus filas, el mayor aumento en cualquier sector del país. Quizá se deba a la histórica decisión de la Corte Suprema de desmantelar las garantías derivadas del caso *Roe vs. Wade* (setenta y cuatro por ciento de los votantes latinos están a favor del derecho de la mujer a decidir sus opciones reproductivas), o a que los hispanos más jóvenes decidieron dejar de seguir a sus padres y tomar el control. (La edad promedio del votante hispano hoy en día es treinta y nueve años, más de diez años más joven que el promedio del votante adulto estadounidense en general). O, quizás, el aumento del interés se debió al flujo constante de latinos que se unen cada día a las iglesias evangélicas, a quienes se anima a llevar su fe al lugar de votación. "No se limiten a rezar", le dice el reverendo Samuel Rodríguez a su congregación de millones de fieles, "inscriban a todas las personas de su iglesia para que voten por la vida, la libertad y la justicia bíblica"; en otras palabras, sean una fuerza política, un catalizador del cambio. Es obvio que algo galvanizó a la población latina.

Que nadie lo dude: el movimiento evangélico en la política estadounidense ha tenido un profundo efecto sobre la población hispana y está actuando como un incentivo eficaz. A pesar de su capacidad ca-maleónica para servir a las plataformas presidenciales y a los electores a ambos lados del espectro partidista, la retórica del pastor Sam se ha vuelto marcadamente conservadora. Cuando le preguntaron por sus inclinaciones previo a las elecciones legislativas de 2022, fue tajante: "No es que adopte los valores del Partido Republicano. Es que el Partido Republicano respalda más mis valores, mientras que el Partido Demócrata no sólo está en contra de ellos, sino que se opone vehementemente a lo que soy como evangélico". Las iglesias evangélicas como la del pastor Sam insisten en que no están comprometidas con ningún partido, pero defienden posturas conservadoras en cuestiones fundamentales como el aborto, el matrimonio entre personas del mismo sexo, la libertad religiosa y los valores familiares, y cada vez son más eficaces a la hora de llevar al electorado a las urnas. Recientemente, la red de cuarenta y dos mil iglesias del pastor Sam (la Conferencia Nacional de Liderazgo Cristiano Hispano, NHCLC) lanzó una campaña llamada "El Voto Hispano" para animar a los evangélicos a salir a votar.

Sea cual sea la causa, de 2010 a 2020 el registro de votantes latinos aumentó del cincuenta a más del sesenta por ciento, y la gran mayoría de los hispanos registrados acudió a las urnas y depositó su voto. Está claro que los latinos estadounidenses —actualmente el quince por ciento de los votantes de este país— representan ahora el grupo racial y étnico de más rápido crecimiento en el electorado. Aun así, los latinos siguen estando por detrás de otros grupos a la hora de hacerse oír. En el momento de escribir estas líneas, de los sesenta y tres millones que residen aquí, sólo treinta y cinco millones tienen derecho a votar en las próximas elecciones. Algunos no pueden porque no son ciudadanos; otros reculan porque se sienten intimidados por el proceso de registro o por el riesgo de acoso racial en las urnas, y otros, porque sencillamente no se sienten parte del proceso democrático. Pero lo que más parece desconcertar a los no hispanos (y atormentar a los grupos que dicen representar a los latinos estadounidenses) es que quienes votan no constituyen un bloque unificado.

Eso tiene su explicación. Al menos durante el último siglo, la lealtad de los latinos al sistema de partidos ha sido errática. De hecho, hubo un tiempo en que la mayoría de los latinos eran republicanos como mi padre. Como describe el reconocido académico Geraldo Cadava en su libro *The Hispanic Republican: The Shaping of an American Political Identity, from Nixon to Trump* [*Republicanos hispanos: la formación de la identidad política estadounidense, de Nixon a Trump*], los conservadores han formado parte de la comunidad hispana desde hace mucho tiempo. Hace un siglo, cuando los hispanoamericanos sumaban poco más de un millón y eran en su inmensa mayoría de origen mexicano, también eran —como la mayoría de los afroestadounidenses de la época— casi en su totalidad republicanos. Es decir, leales al partido de Abraham Lincoln, el partido de la Emancipación. Eso fue hasta que la Gran Depresión y el New Deal de Franklin Delano Roosevelt —con su audaz rescate de los pobres— empezaron a cambiar las mentalidades. En 1964, con la creciente efervescencia de la lucha por los derechos civiles, la transformación estaba firmemente en marcha: el Partido Demócrata, que había sido proesclavista, empezó a liberalizarse gracias a las iniciativas de Roosevelt. A medida que los afroestadounidenses huían de los republicanos para unirse al bando demócrata, el número de hispanos que votaban a favor de los republicanos empezó a aumentar. La razón era sencilla: los republicanos se habían puesto a trabajar en su favor. Conscientes de que estaban perdiendo votantes afroamericanos a raudales, el partido dirigió ávidamente su atención a la floreciente población de latinos. Al fin y al cabo, estábamos a principios de la década de 1970 —la población mexicano-estadounidense se había disparado, los puertorriqueños y cubanos afluían a la costa este— y candidatos republicanos como Nixon y Reagan aguzaron el oído y empezaron a contemplar la utilidad de un bloque de votantes latinos.

Fue entonces cuando nació el concepto de "hispano", y fue entonces cuando, a partir de una masa desgarbada y enormemente disímil de inmigrantes y sus descendientes, se creó la ilusión de una comunidad política unificada. Y así, durante la volátil década de 1970, incluso mientras los chicanos rebeldes defendían la idea de abandonar por completo el experimento estadounidense y los puertorriqueños descontentos abogaban por la abolición de su estatus colonial mediante la independencia o la estadidad, se produjo un cambio en la filiación latina. Los esfuerzos concertados por décadas del Partido Republicano para reclutar a hispanos empezaron a dar resultados y a partir de 1972 parte considerable del electorado latino —entre el treinta y el cuarenta por ciento— empezó a votar por candidatos republicanos. Estos crecientes baluartes del republicanismo latino se encontraban sobre todo en el suroeste, principalmente entre los mexicano-estadounidenses y los emigrantes de América Central, y en Florida, entre los cubanos ferozmente conservadores, anticomunistas y anticastristas. Por su parte, los puertorriqueños y dominicanos, cuyas comunidades dominaban el corredor Nueva York–Nueva Jersey hasta Boston, rara vez se han apartado del rebaño demócrata. El panorama que dibujan estas lealtades volubles puede resultar confuso, especialmente para los observadores de la esfera política. A veces ese panorama puede ser francamente contradictorio. Por ejemplo, a pesar de los escandalosos comentarios de Donald Trump sobre los mexicanos el primer día de su campaña presidencial (cuando los acusó de ser "criminales, narcotraficantes y violadores") y a pesar de sus austeras políticas antiinmigrantes (tales como enjaular a los niños migrantes y separar a sus familias), obtuvo casi el treinta por ciento del "voto latino" en 2016 y aumentó esa cifra en su fallida carrera hacia la reelección en 2020. Las cifras asombraron a los observadores demócratas, que habían confiado en que los latinos agraviados rechazarían al presidente en funciones y obtendrían una mayoría infalible. En cambio, casi dos millones se unieron en apoyo a Donald Trump, muchos de ellos concordando en que los impuestos y la inmigración ilegal se habían descontrolado. La febril esperanza de los demócratas de que los hispanos acabarían por fin con el Partido Republicano nunca llegó a materializarse; el esquivo "voto latino" mantenía con vida a los republicanos. Sin embargo, el mismo año electoral el voto hispano también ayudó a Joe Biden a ganar estados que Trump había ganado en 2016, incluyendo Wisconsin, Michigan, Pensilvania y, lo más notable, el bastión conservador de Arizona. El electorado latino se había hecho oír, pero la cacofonía que su voz había producido era chirriante.

¿QUÉ QUIEREN LOS LATINOS?

> En conjunto, estos grupos no constituyen una comunidad política. Coinciden claramente en algunos temas clave, pero discrepan en otros. De hecho, a veces un grupo concreto se parece más a los anglos que cualquiera de las demás poblaciones.
> —Encuesta Política Nacional Latina, Universidad de Texas, 1992

Cristina Beltrán, teórica política profundamente reflexiva que piensa mucho más allá de los confines de cualquier estrategia partidista, ha caracterizado a la población latina como casi imposible de asimilar como una entidad única, ya sea en lo social o en lo político. Según ella, durante mucho tiempo se nos ha descrito como una comunidad en la cúspide del poder político, sin haberlo podido alcanzar nunca. En consecuencia, se nos considera un grupo testarudo, políticamente pasivo, difícil de movilizar. Somos, por decirlo de un modo más preciso, un Leviatán dormido, un coloso narcoléptico que de vez en cuando se agita ligeramente y se asoma al mundo para volver a caer en la infortunada oscuridad. Sin embargo, la imagen de un gigante a punto de flexionar su músculo electoral y redefinir el paisaje social y político de este país presupone una conciencia colectiva, una identidad uniforme.

Desde luego, hay algunas realidades que compartimos. Es cierto que todos los latinos procedemos de algún lugar cercano o al sur del Río Grande. También es cierto que la mayoría reivindicamos el manto de la latinidad y lo decimos en el censo, nos llamemos o no hispanos, latinos, latinas, latines o latinx. A veces incluso hablamos igual. A menudo celebramos "nuestra herencia", "nuestra cultura", "nuestra música". Lo que podría llevar a algunos a creer que pensamos igual. Pero, como señala Beltrán, eso no es cierto. No existe una mentalidad latina. Aparte del hecho de que hasta cierto punto el idioma moldea nuestros cerebros, o de que una infancia católica puede influir en nuestras esperanzas y temores, o de que la desconfianza incontrolable engendrada por nuestro pasado colonial puede atormentarnos, no tenemos una filosofía unificadora. No hay credo ni pensamiento de grupo que una a un cubano-estadounidense con un mexicano-estadounidense, o a un dominicano con un argentino. Y no tenemos ambiciones colectivas que impulsen una perspectiva compartida, aparte de las puramente humanas y obvias de la supervivencia y el avance generacional. De hecho, existen con frecuencia marcadas diferencias de opinión entre los principales grupos de origen: los mexicano-estadounidenses y los cubanos aprueban menos las cuotas de discriminación positiva que los puertorriqueños, por ejemplo. Pero las alianzas cambian cuando se considera el aborto: la mayoría de los mexicano-estadounidenses y puertorriqueños se oponen a él, mientras que la mayoría de los cubanos lo permitirían sin importar el motivo. Desafiando estereotipos muy extendidos, los tres grupos, tan dinámicamente diferentes como son, no apoyan necesariamente los papeles tradicionales de la mujer, los tres están más de acuerdo que los anglos en que a una mujer le va mejor si tiene una carrera profesional.

¿Qué quieren los latinos? Los demócratas dicen que queremos una seguridad firme. Dicen que queremos que se proteja a nuestras familias inmigrantes, que se eduque a nuestros hijos, que se saque de la pobreza a los menos favorecidos, que el Estado gestione nuestros males. Los republicanos dicen que queremos libertad para abrirnos camino. Dicen que valoramos las familias fuertes, las libertades individuales, la elección religiosa, la seguridad y una escalera reluciente hacia la prosperidad económica. Es evidente que parte de lo que dice cada partido es cierto: los latinos que se inclinan hacia el lado demócrata se sienten seguros sabiendo que su partido simpatiza con los menos favorecidos, mientras que los latinos republicanos están muy seguros de que su partido les allanará el camino hacia una vida mejor. Ninguno de los dos bandos se equivoca en sus suposiciones. Puede que no queramos exactamente lo mismo de nuestro gobierno —lo que nos convierte en presa fácil para ambos partidos— pero las encuestas informan que nuestras prioridades están bastante claras. Por el momento, según el Pew Research Center, la principal preocupación de los latinos que se inclinan por el Partido Demócrata es una atención sanitaria asequible; sus demás prioridades son, en orden descendente, la seguridad económica (empleo), la educación, la seguridad frente al peligro de las armas de fuego y la necesidad de abordar el cambio climático. Por el otro lado, el tema candente para los latinos que se inclinan por los candidatos republicanos es la seguridad económica; otras preocupaciones, en orden descendente, incluyen los delitos violentos, la educación, la inmigración y las políticas electorales de la nación. Estas prioridades en su mayor parte coinciden con las líneas partidistas: los candidatos demócratas —y los latinos que votan por ellos— tienden a darle prioridad a la atención sanitaria; los candidatos republicanos —y los latinos que se inclinan por ellos— le dan prioridad a la seguridad económica. Pero también son cuestiones básicas y cotidianas que a todos nos preocupan como estadounidenses. Como sugiere Ritchie Torres, congresista latino del distrito más pobre de Nueva York, los hispanos del sur del Bronx quieren esencialmente lo mismo que los hispanos de Arizona: somos, como la mayoría de las poblaciones que luchan por subir al siguiente peldaño, "más pragmáticos que ideológicos. Las preocupaciones son el pan y la mantequilla, la salud y la vivienda, las escuelas y el empleo". Los latinos quieren, en otras palabras, lo mismo que cualquier otro estadounidense.

Los republicanos parecen entenderlo mejor que los demócratas. Aunque los latinos han sido en gran medida fieles a la propuesta demócrata, no hay duda de que el partido cree tenerlos en el bolsillo. Se ha asumido que, si son inmigrantes y pobres, los latinos necesitan servicios sociales y, por consiguiente, tienen que ser liberales, demócratas convencidos. Hace unos años, Harry S. Reid, líder de la mayoría del Senado por Nevada, resumió esa actitud cuando dijo ante una multitud de hispanos en Las Vegas: "No sé cómo *alguien* de herencia hispana puede ser republicano, ¿okey? ¿Necesito decir más?". La página editorial de *Las Vegas Review-Journal* le replicó: "Todos piensan igual, ¿verdad, senador Reid?". El periodista prosiguió: "De hecho, ¿cómo podrían los conceptos de gobierno limitado, libertad económica y libertad individual tener alguna relevancia para los hispanos?". El director de una organización latina conservadora se sumó al vapuleo: "Los votantes hispanos no tienen 'mentalidad de rebaño'. Ningún partido puede dar por sentado su voto".

El comentario del senador había sido torpe, incluso despistado. Pero también fue revelador: los demócratas se han sentido con derecho al voto latino durante mucho tiempo. No sin razón: la mayoría de los latinos creen que los liberales se preocupan más por ellos que los conservadores. Sin embargo, los republicanos se están aprovechando con avidez de un creciente segmento de latinos desencantados con esa presunción. Como lo describe Oscar Pollorena, agente de la patrulla fronteriza de Estados Unidos que asistió a una barbacoa del Partido Republicano en Laredo (Texas) "en reconocimiento a las fuerzas del orden", se supone que los demócratas —en quienes sus antepasados han invertido sus votos durante décadas— se ocupan de los mexicano-estadounidenses, mientras que los conservadores se perciben como gringos prósperos indiferentes a sus necesidades. "La gente de aquí ha crecido creyendo que el Partido Demócrata es el de las familias de bajos ingresos. Es la forma en que el partido se vende a sí mismo: 'Vota por nosotros y te daremos comida gratis, atención sanitaria gratis, todo gratis'. Y luego nunca lo cumplen". Esa desilusión llevó a un porcentaje considerable de latinos, sobre todo en los distritos más pobres del suroeste, a concluir que el partido de Franklin Delano Roosevelt no era para ellos. Es más, si las elecciones no les aportan nada concreto, ¿para qué preocuparse por ellas?

El hecho mismo de que casi la mitad de los hispanos se quede en casa el día de las elecciones ha resultado estimulante para los republicanos. Con un índice de participación tan bajo, la población se convierte en presa fácil del reclutamiento potencial. Como resultado, los donantes conservadores han invertido dinero en un esfuerzo organizado para atraer a los latinos a su bando. En la última década en particular la campaña republicana ha sido más que decidida: ha sido asertiva, dedicada, estratégica y masiva. Una de las empresas más enérgicas en esta labor es Libre, iniciativa financiada por los multimillonarios conservadores Charles y David Koch y comprometida a convencer a millones de latinos para que voten por los republicanos. El *New York Times* describe los esfuerzos de Libre como "guiados por una aplicación impulsada por i360, empresa de análisis de datos afiliada a Koch que se basa en datos de consumo e información electoral para predecir el comportamiento de los votantes. La aplicación divide los barrios en 'libros' que pueden recorrerse en una sola salida". En el transcurso de un fin de semana, los encuestadores pueden cubrir miles de hogares en un solo distrito, millones de casas en todo el país. El personal y los voluntarios de Libre llevan a cabo su labor no sólo como lo haría un comité político emergente, tocando timbres con el fin de recabar apoyos para unas elecciones concretas, sino también a largo plazo, brindando educación en inglés, cursos de GED, asesoramiento financiero, clases particulares para niños… aprendiendo del enorme éxito de las iglesias evangélicas que han cortejado a los latinos de la misma manera.

Según Daniel Garza, el simpático, trabajador y evangélico presidente de Libre, "las ideas del Partido Republicano son mejores" porque son "procrecimiento, proenergía, propaternidad y proavance". Por el contrario, cuando los activistas demócratas llaman a las puertas de los latinos, se detienen en asuntos que muchos consideran menos urgentes: la supresión de votantes, la diversidad, la desinformación de la derecha, el derecho al aborto. Esos temas pueden parecer convincentes para las élites liberales, pero son bastante secundarios en las listas de prioridades de los hispanos. Si las encuestas no se equivocan, los latinos en general quieren una economía en expansión, abundante empleo, mejor educación, salarios más altos y más opciones sanitarias, así como oportunidades de ascenso y la posibilidad de mantenerse a sí mismos y a sus familias. Por eso el mensaje republicano les puede resultar atractivo. De alguna manera, Libre, que afirma ser no partidista, se las ingenia para eludir el hecho de que el dinero de Koch financia propuestas que buscan impedir el aumento del salario mínimo o la expansión de la Ley del cuidado de salud a bajo precio (Affordable Care Act), dos resultados que la mayoría de los latinos desean. En cambio, Libre avanza en barrios latinos necesitados, regalando millones de dólares en alimentos y servicios, y recopilando información personal de los ciudadanos para futuros usos promocionales y movilización, para luego decir, de manera bastante incongruente, que los buenos conservadores no dependen de limosnas ni servicios gubernamentales. La senadora latina Catherine Cortez Masto, Demócrata por el estado de Nevada que acusa a Libre y a los Koch de "secuestrar la democracia para su propio beneficio", dice lo siguiente sobre esta organización y sus líderes:

"No existe el almuerzo gratis". Pero ¿y las otras cosas? ¿Qué hay de las clases gratuitas de educación vial en español? ¿De las mochilas, cuadernos, lápices y material escolar gratis un mes antes de que empiecen las clases? ¿De los talleres gratuitos de bienestar financiero? ¿De los pavos gratis la semana antes de Acción de Gracias? Todas esas cosas se regalaron en actos organizados por la iniciativa Libre, autodenominada organización de base dedicada a una "sociedad libre y abierta". Los actos tuvieron lugar en comunidades latinas de todo el país. Si uno sigue el rastro del dinero se entera de que Libre es una organización fantasma financiada por Charles y David Koch, dos de los hombres más poderosos de la política estadounidense. Los Koch creen en un mundo sin Medicare, sin seguridad social, sin salario mínimo federal, sin programas públicos que apoyen a las familias en tiempos difíciles y sin normas que les impidan a las industrias Koch contaminar el aire, el agua potable o las tierras públicas. Los hermanos Koch creen que pueden comprar el voto latino, como han comprado los votos del House Freedom Caucus [Caucus de la Libertad de la Cámara de Representantes] y de muchos políticos republicanos. Pero, a pesar de lo que dicen sus anuncios, los hermanos Koch no son defensores de la comunidad latina. Son defensores de más dinero para sus propios bolsillos. Nada más.

En resumen, parece haber una guerra sin cuartel por los corazones y las mentes de los latinos estadounidenses, y en el campo de batalla el bolsillo de los Koch se ha convertido en un formidable traficante de armas. Es como si un inmenso ejército conservador, ricamente equipado, llevara trabajando en silencio en las trincheras durante más de una década, y los demócratas acabaran de despertarse, frotarse los ojos y enterarse. "Tenemos que dejar de llevar el manual de políticas a lo que en realidad es una pelea a puñetazos", dice un analista político liberal, expresando su creciente preocupación con que el enfoque demócrata haya sido demasiado lánguido y sus ideas, demasiado flojas; con que las pérdidas sean cada vez mayores; con que los liberales sigan perdiendo sangre latina del mismo modo que la Iglesia católica la ha perdido frente a las megaiglesias evangélicas. Lo más preocupante para los demócratas es que se han dado cuenta de que los republicanos pueden tener un guion mejor y lo utilizarán para mermar un electorado que ahora es —y siempre debería ser— legítimamente suyo.

LECCIONES DE HISTORIA

> Mi mayor fuerza es saber quién soy y de dónde vengo.
>
> —Oscar de la Renta, diseñador de modas
> dominicano-estadounidense, 2002

A medida que los latinos asumimos un papel más importante en el colectivo estadounidense y empezamos a expresar lo que queremos —como individuos, como comunidades de origen común o como ciudadanos—, a menudo olvidamos mirar el arco de nuestra propia historia. A Julián Castro, exsecretario de Vivienda y Desarrollo Urbano de Estados Unidos bajo la presidencia de Obama, le preocupa que la generación más joven de latinos, que ahora se empina para reclamar un mínimo de atención en el escenario de Estados Unidos, no se conozca realmente a sí misma. Tampoco "tiene mucha idea del sacrificio, el activismo político, lo mucho que ha costado llegar hasta donde estamos". Su hermano gemelo, Joaquín Castro, actual representante demócrata de Texas, ha puesto en marcha una campaña unipersonal para educar a los estadounidenses —y especialmente a nuestros medios de comunicación— sobre las contribuciones culturales y económicas de los hispanos a lo largo de la historia de Estados Unidos.

Ciertamente, en las aulas públicas de este país ningún niño estadounidense aprende gran cosa sobre la larga y dura lucha que los latinos han tenido que librar para salir del anonimato. Puede que ahora tengamos sesenta y dos latinos en el Congreso de Estados Unidos (cincuenta y seis en la Cámara de Representantes; seis en el Senado) y un historial considerable de gobernadores y vicegobernadores estatales —además de, históricamente, seis tesoreros de Estados Unidos, dieciséis directores ejecutivos de corporaciones reconocidas en Fortune 500, más de quinientos presidentes de universidades, docenas de jugadores de béisbol legendarios, decenas de obispos católicos, más de una docena de ganadores del Premio Pulitzer, cinco ganadores del Premio Oscar e incluso un ganador del Trofeo Heisman—, pero los estadounidenses apenas son conscientes del largo y tortuoso camino que recorrieron esos latinos para alcanzar esos lauros. Los estadounidenses tampoco son conscientes de que esas cifras representan sólo un diminuto porcentaje del potencial real, teniendo en cuenta que somos sesenta y tres millones de latinos.

Dicha ignorancia revela cierta falta de interés en la psique de Estados Unidos por los inmigrantes del país y sus historias. Cuando estaba en la universidad, por ejemplo, nunca me preguntaron por mi origen latinoamericano o cómo había sido mi vida en Perú. Ni una sola vez. Durante meses, mi compañera de cuarto pensó que yo era de Beirut cuando decía que era de Perú. Nunca hizo nada por salir de dudas. Décadas más tarde, en una reunión universitaria, una amiga de mi juventud por fin hizo referencia a mi herencia. Me preguntó si llevaba "trajes típicos peruanos" cuando iba a visitar a mi familia en Lima. Parecía desconcertada cuando sonreí y le pregunté a qué vestido se refería, ¿mi pollera serrana?, ¿mi cushma de la selva?, ¿mis ojotas del desierto? Fue grosero de mi parte burlarme de ella, lo admito, pero me picó la ridiculez de su pregunta. Durante los años ochenta y noventa, cuando trabajé como redactora en jefe para dos importantes editoriales de Nueva York, ningún alto cargo se interesó en que yo pudiera contribuir con un trabajo que reflejara la creciente población hispanoamericana del país. Cuando intenté sugerir algo en ese sentido en las reuniones editoriales, me dijeron que los hispanos no leían.

Ese es el tipo de negligencia que Juan Sepúlveda —exdirector de la Iniciativa de la Casa Blanca para la Excelencia Educativa de los Hispanos, lanzada bajo la administración del Presidente Obama, y actual asesor de liderazgo latino del presidente de la Universidad Trinity de Texas— se esfuerza por corregir. Juan nació en Topeka, Kansas, y es un optimista incansable de pelo rizado y porte alegre que destila confianza y buen humor. Durante muchos años se ha dedicado a acercar a los jóvenes hispanos, a educarlos y a identificar entre ellos a posibles líderes. En sus diversas funciones como activista, innovador, educador y asesor político, no sólo ha destacado la importancia acuciante de nuestra historia, sino que él mismo ha formado parte de esa historia.

Juan es hijo de mexicanos estadounidenses. Sus padres se conocieron en Topeka a raíz de una campaña que duró sesenta años y que buscaba la contratación de mano de obra barata con el fin de impulsar la ciudad y construir en Estados Unidos el legendario ferrocarril de Atchison, Topeka y Santa Fe, empresa que tejió una enorme e intrincada red de acero desde las llanuras de Kansas hasta las costas rocosas de California. La empresa había comenzado a peinar México en busca de mano de obra desde 1902, mientras empezaba a hervir la indignación popular contra el férreo gobierno de tres décadas del general Porfirio Díaz, cuya presidencia se conoció como el Porfiriato. Astutamente, la empresa siguió transportando mano de obra migrante cuando aumentó el fervor revolucionario, estalló la violencia y los mexicanos se afanaron por abandonar los campos de exterminio. Los trabajadores se trasladaron a Estados Unidos con sus familias en una ola migratoria que llevó a miles de personas a vivir en vagones de tren abandonados en Kansas, y a decenas de miles más a fundar barrios junto a las aparentemente interminables vías que serpenteaban por el corazón del país. El abuelo de Juan, mexicano de nacimiento, había sido *traquero*, uno de los obreros encargados de tender las vías y montar a golpes de mazo las agujas y conexiones, tan vitales en aquella vertiginosa época de adquisiciones y fusiones. El padre de Juan también había nacido en México: un joven brillante con apenas educación básica, que había sido contratado por una oficina estatal de Kansas y que murió en un accidente automovilístico antes de poder cumplir lo que se había prometido. Juan era sólo un bebé cuando su madre enviudó, quedando a cargo de él y de su hermano mayor.

Cuando la madre de Juan volvió a casarse, éste tuvo la suerte de que lo criara un amable padrastro latino —"el único padre que he conocido", dice— que trabajaba como conserje en el Hospital de Veteranos de Topeka. La familia prosperó en su comunidad de mexicanos de clase trabajadora, ubicada junto al ferrocarril frente a sus vecinos afroestadounidenses, en la zona opuesta a donde vivían los blancos más prósperos de la ciudad. "Éramos pobres", dice Juan, sacudiendo la cabeza, "muy pobres. Pero yo no lo sentía así. En realidad, aquellos primeros tiempos fueron idílicos para mí. Con el tiempo, al llegar al colegio tuve una novia anglosajona. No me había dado cuenta de lo pronunciados que eran los prejuicios contra los hispanos en Topeka hasta que sus padres le manifestaron claramente que yo no les caía bien: era un mexicano de la parte mala de la ciudad. De alguna manera eso no me perturbó. Había tenido una infancia increíble gracias a la iglesia católica y a la poderosa cultura de ayuda mutua de nuestra comunidad". De hecho, era tan ubicua la presencia de su iglesia, Nuestra Señora de Guadalupe, que influyó en todos los aspectos de su vida: la escuela, el hogar, la fe, los deportes, los amigos. Más adelante le mostraría el camino hacia el futuro, cuando un joven sacerdote hispano radical que solía observar a los chicos jugar al baloncesto en el patio trasero de la iglesia le hizo comprender la importancia fundamental de la política en la vida estadounidense y las puertas que les podía abrir a los latinos.

Juan hizo caso. Mucho más tarde, cuando ya estaba bien encarrilado en su vida como analista político y promotor comunitario, le preguntaron a ese cura cómo era Juan de niño. "Un muchacho brillante", respondió. "Y lo sabíamos. Le formamos como líder desde muy pronto". Juan quedó atónito: ¿formación de liderazgo? Claro, replicaron el cura y sus profesores. Te hicimos jefe de los monaguillos, jefe del club de baloncesto, delegado de los jóvenes en la Conferencia de Asuntos Internos y Externos de los Colegios de Kansas, jefe de *esto* y de *aquello*". Habían practicado con él el tipo de tutoría y orientación que Juan desarrolla hoy en día con jóvenes hispanos prometedores de todo el país.

La motivación del sacerdote no quedó sin recompensa. Juan tenía sólo dieciséis años cuando se le presentó una oportunidad que marcó el rumbo de una larga carrera de activismo. El secretario de Estado de Kansas lo seleccionó y contrató para que se uniera a un grupo de estudiantes de posgrado mucho mayores que él, conociera al gobernador y aprendiera cómo funcionaban el laberinto de legisladores electos del estado y el arte de impulsar la legislación. Allí estaba él, hijo de inmigrantes con escasa educación, trabajando para el gobierno y tenido en cuenta para entrar en las mejores universidades del país. Pronto se vio en la Universidad de Harvard, donde fue uno de los pocos latinos admitidos en 1981. Allí Juan asistió a un curso sobre el registro de votantes hispanos que transformó por completo su forma de pensar. Lo dictaba William ("Willie") Velásquez, joven catedrático apasionado, carismático y brillante que había abandonado las airadas protestas del movimiento chicano para comenzar la labor práctica de aumentar el electorado latino y garantizar su participación. Fue Willie Velásquez quien convirtió a Juan Sepúlveda en el visionario apasionado que es hoy en día. Y fue Velásquez quien con el tiempo sacaría a toda la población latina de su letargo y la transformaría en el electorado potencialmente poderoso en que se ha convertido en el siglo XXI. Vale la pena preguntarse ¿cuántos estudiantes estadounidenses han oído hablar alguna vez de Willie? Como diría el congresista Joaquín Castro, ¿cómo es posible que una figura tan influyente sea desconocida por la mayoría: los profesores, los medios de comunicación, Hollywood, llegado el caso? En realidad, para muchos estadounidenses la lucha de los latinos por la justicia política en este país no figura en la conciencia colectiva de la nación, mucho menos en los libros de texto. ¿Qué tienen los héroes hispanos de Estados Unidos para que se les ignore tanto?

Henry Cisneros, antiguo beneficiario de la tutoría de Velásquez, se ha hecho a menudo la misma pregunta con relación a la niebla que eclipsa a su mentor y a otros latinos pioneros como él. Cisneros, alcalde de San Antonio entre 1981 y 1989, fue el primer latino al frente de una gran ciudad estadounidense en el siglo XX; también fue secretario del Departamento de Vivienda y Desarrollo Urbano durante el primer mandato de Clinton. Velásquez, dice, tuvo una idea genial a la cual dedicó toda su fuerza y energía. "Estaba convencido de que los latinos no estaríamos representados políticamente hasta que el número de votantes registrados igualara el de habitantes. Era una idea patriótica. Una idea *irrefutablemente* patriótica".

De hecho, pocos estadounidenses en los tiempos modernos han tenido tanta influencia sobre la participación electoral y la representación de las minorías en este país como Willie Velásquez. Pese a la desconfianza que los latinos habían albergado durante mucho tiempo sobre el trato estadounidense hacia las razas más oscuras luego de más de un siglo de exclusión, las habilidades de Willie como organizador político y constructor de comunidades ayudaron por fin a elevar la participación de los votantes latinos a un nivel acorde con su creciente número. Antes, los ciudadanos latinos eran acosados en las urnas, y sus distritos estaban delimitados y fracturados para que sus candidatos no pudieran ganar. Los empresarios les ordenaban descaradamente a sus empleados hispanos que votaran de determinada manera sobre pena de perder sus empleos. Willie comentó una vez: "Era como la vieja ley de Texas: 'Si sabes lo que te conviene, muchacho, estarás fuera del pueblo al anochecer'".

En San Antonio, ciudad natal de Willie, la discriminación era tan flagrante que Texas Rangers armados rodeaban los lugares de votación para intimidar a cualquiera que pareciera remotamente mexicano. Cuando se les preguntaba a los hispanos por qué no votaban, respondían: *"Pa' qué?"*. Sabían que sus votos serían bloqueados, manipulados, borrados. Pero Willie comprendió que el creciente número de latinos era su mejor munición. Con suficiente multitud, ninguna fuerza podría mantenerlos alejados. "¡Tu voto es tu voz!" se convirtió en su lema y grito de guerra. *Pa' eso, pues.*

"Es posible que su trabajo haya tenido más impacto a largo plazo en la política relacionada con las minorías en Estados Unidos que el de cualquier otra persona de su generación", afirma Cisneros. "Hoy en día, en gran parte gracias a los esfuerzos de Velásquez, los estadounidenses hispanos constituyen uno de los bloques de votantes más importantes en la política electoral de Estados Unidos, con un impacto creciente y cada vez más significativo en las elecciones de prácticamente todas las principales ciudades y estados del país, y una influencia estratégica cada vez mayor en las carreras presidenciales cuatrienales de la nación".

En otras palabras, Willie es uno de los titanes de la historia latina, tal vez la mayor fuerza individual para poner en pie al coloso dormido. El joven Juan Sepúlveda cayó de inmediato bajo su hechizo. Durante las vacaciones de veranos mientras estuvo en Harvard, Juan trabajó como voluntario para ayudar en la campaña de Willie a educar a los latinos sobre la importancia de su voto, no sólo por el bien de las comunidades latinas, sino también para lograr que la democracia estadounidense realmente lo fuera. Juan se unió a un grupo de estudiantes hispanos que se refugiaron en el garaje de Willie en San Antonio y trabajaron para crear un ejército nacional de activistas que corrieran la voz y convencieran a sus compatriotas latinos de acudir a las urnas.

La campaña de Willie resultó aún más ambiciosa y radical que la de César Chávez y Dolores Huerta, que habían cofundado la Asociación Nacional de Trabajadores Agrícolas en 1962 y movilizado a los jornaleros chicanos para exigir salarios más equitativos y condiciones de trabajo más seguras. Sin duda activistas pioneros, Chávez y Huerta despertaron la conciencia de las injusticias sufridas por miles de veteranos de guerra latinos que habían regresado a casa después de un heroico servicio en la Segunda Guerra Mundial sólo para descubrir que eran ciudadanos de tercera clase que tenían prohibido comer en las loncherías estadounidenses, utilizar los baños de los blancos y entrar a sus cines locales, y a quienes se les pagaba una fracción del salario mínimo. Pero fue un cambio repentino y drástico en las políticas para los trabajadores agrícolas lo que incitó a Chávez y Huerta a la acción. En 1964, el gobierno de Estados Unidos puso fin abruptamente al Programa Bracero, que durante veintidós años había contratado a cuatro millones de mexicanos por salarios muy bajos. De un momento a otro los jornaleros se vieron obligados a soportar las duras condiciones de los cultivadores y sus magros salarios sin el apoyo de un contrato con el gobierno de Estados Unidos. Enfurecidos por las desigualdades, Chávez y Huerta se dispusieron a fomentar una huelga. A pesar de todos los avances históricos que consiguieron para mejorar las condiciones generales de sus compañeros trabajadores agrícolas, ese segmento no era más que una fracción de la población hispana, y el acoso y la intimidación de los votantes continuaron.

Por el contrario, la campaña de Willie era de gran alcance y estaba dirigida a todo el país. Influida por una nueva generación de latinos de clase media con estudios universitarios, llegó a todos los hispanos del país. Inspirado en el movimiento afroestadounidense por los derechos civiles, las cruzadas antibelicistas de la era de Vietnam y el fervor chicano por una representación auténtica y enérgica, Willie se propuso sin la ayuda de nadie estimular el músculo electoral de las masas latinas. Empezó movilizando a la base chicana que tan bien conocía en su ciudad natal, San Antonio, y tras establecer el Proyecto de Educación para el Registro de Votantes del Suroeste (SVREP, por sus siglas en inglés) sus esfuerzos se extendieron por los barrios latinos como el fuego sobre la yesca. Pronto hubo estudiantes latinos de colegios y universidades en todo el país llamando a las puertas y poniendo carteles para informarles a las familias que se había eliminado las cuotas racistas de votación, que cada voto era crucial, que realmente podían influir en sus vidas y en las de sus vecinos, así como en sus circunstancias, sus consejos escolares y su gobierno, y que ese poder recién ganado no les costaría un centavo. Los resultados fueron fenomenales. Desde la creación del SVREP en 1974 hasta la prematura muerte por cáncer de Willie en 1988, a la edad de cuarenta y cuatro años, la organización duplicó el electorado latino, registrando a casi cuatro millones de votantes. En los años transcurridos desde entonces ha registrado cifras mucho mayores y dado lugar a una avalancha de ciudadanos políticamente comprometidos. Como resultado, el cuerpo político latino cuenta hoy con treinta y cinco millones de personas y representa la raza o grupo étnico de más rápido crecimiento en el electorado de Estados Unidos. Tenemos que agradecérselo a Willie Velásquez.

· · ·

A la postre, el sueño americano no es una carrera de velocidad, ni siquiera un maratón, sino una carrera de relevo. Nuestras familias no siempre cruzan la línea de meta en el lapso de una generación. Pero cada generación le transmite a la siguiente los frutos de su trabajo.
—Alcalde Julián Castro, Convención Nacional Demócrata, 2012

Cuando le pregunto a Juan Sepúlveda qué lo inspiró a tomar el camino de no sólo seguir a Willie y aprender de él, sino también impulsar el modelo un paso más allá —escoger jóvenes talentosos, potenciales cabecillas de ese electorado recién energizado, y mostrarles el camino hacia el liderazgo—, me responde: "Es la forma en que crecemos en nuestras comunidades católicas y latinas. Nos enseñan a permanecer unidos, a trabajar duro, a retribuir". Recuerda un intercambio sobre el tema con Robert Putnam, profesor de Harvard y autor de *Bowling Alone: The Collapse and Revival of American Community* [*Jugar bolos a solas: colapso y renacimiento de la comunidad estadounidense*], libro pionero que sostiene que los estadounidenses ya no conocen a sus vecinos, que hemos perdido el sentido de comunidad y que, como consecuencia, vamos mal. Según Putnam, la solidaridad es un capital social, y quienes participan de ella adquieren valiosas habilidades para la vida. Los que no, entrarán en una espiral cada vez más solitaria y distante que erosionará el espíritu mismo de la sociedad o, lo que es lo mismo, la democracia.

En 1997, después de que Juan finalizara su estancia como becario Rhodes, se licenciara en Derecho por la Universidad de Stanford e inaugurara una iniciativa hispana de la Fundación Rockefeller, Putnam lo invitó a unirse a un grupo de treinta académicos de diferentes ámbitos (incluido el entonces abogado en derechos civiles Barack Obama) para elaborar —en el plazo de tres años— un plan coherente para solucionar ese grave problema estadounidense. El resultado fue el informe *Better Together* [*Mejor juntos*], publicado en 2000 y destinado a restaurar el sentido de unidad que Estados Unidos había perdido.

En el transcurso de las mesas redondas, Putnam explicó sus temores: "¿Saben que la forma en que solían trabajar juntos los estadounidenses, rezar juntos, resolver juntos los problemas, ha desaparecido?", les dijo. Juan levantó la mano y dijo: "¡No en mi comunidad!". El grupo no le creyó. ¿Sería posible? ¿Un lugar en Estados Unidos donde todavía existían lazos de compañerismo y responsabilidad mutua? ¿Un lugar donde los ciudadanos de a pie se conocieran y velaran por los intereses de los demás? Juan les aseguró que en efecto un lugar así existía, y era en su antiguo barrio de mexicano-estadounidenses en Topeka, Kansas, separado del resto por las vías férreas. Para demostrarlo organizó y fue anfitrión de varios viajes para que los miembros del panel pudieran verlo por sí mismos. Allí, en el noreste de Topeka, entre la clase trabajadora latina, había un modelo de trabajo en equipo a la antigua usanza estadounidense. Juan les presentó la comunidad dinámica y unidísima que se agrupaba en torno a la iglesia de Nuestra Señora de Guadalupe y que desde entonces había crecido hasta alcanzar casi el dieciséis por ciento de la población de la ciudad. Por aquellos días las familias se preparaban con ahínco para la famosa Fiesta Mexicana, espectáculo anual de una semana de duración organizado por la comunidad, que desde hacía tres cuartos de siglo reunía a los habitantes de Kansas en torno a la auténtica barbacoa, el mariachi y el baile.

Durante más de tres generaciones, el principal objetivo de la Fiesta ha sido recaudar fondos para apoyar la escuela de Nuestra Señora de Guadalupe y educar a los niños del barrio. Eso se ha convertido en un acontecimiento de referencia para toda la población latina de Topeka, en torno al cual las familias organizan sus vacaciones, y donde participan jóvenes y viejos por igual que festejan los lazos comunitarios. Para los miembros del panel que observaban los preparativos, parecía como si todos los mexicano-estadounidenses de la ciudad, desde los niños en edad escolar hasta los abuelos, tuvieran algo que aportar. Y no sólo los latinos esperaban con ilusión La Fiesta. Como apuntó Juan, en serio y en broma: "Es la única semana del año en que la gente del otro lado de la ciudad se siente segura al venir a mi barrio".

Putnam y sus panelistas de Better Together estaban sorprendidos de que todavía hubiera enclaves como ése en Estados Unidos. En efecto, los hay. Existen en Paterson, Nueva Jersey, entre los dominicanos, puertorriqueños y cubanos que frecuentan los restaurantes y forjan colaboraciones duraderas. O en Rockville, Maryland, donde los peruanos de la sierra se ponen sus atuendos de vivos colores para bailar, organizar competencias deportivas y, de paso, vender tamales caseros con el fin de recaudar fondos para sus vecinos discapacitados. O en los conventillos de Chicago donde, en su escaso tiempo libre, las latinas que trabajan en las cocinas y baños de la ciudad se ayudan unas a otras a cuidar de sus hijos. O en una pequeña tienda de ultramarinos salvadoreña de San Diego, donde notas clavadas al azar en una pizarra de corcho informan a los clientes sobre reuniones vecinales, aniversarios, clases de inglés, tutorías para solicitar cupo en la universidad, círculos de oración o el inminente festejo de alguna quinceañera. De hecho, esos círculos de apoyo existen incluso en los barrios más elegantes del noroeste de Washington, DC, donde profesionales latinas de una docena de países de origen se reúnen a celebrar tertulias, cuyos temas pueden abordar desde la actualidad hasta los compositores del siglo XIX, al tiempo que se ayudan mutuamente a orientar a sus hijos, conseguir servicios domésticos, mantenerse al día sobre las noticias empresariales y culturales, y ascender en sus carreras.

Pregúntenle a cualquier latina o latino en la calle qué quiere, cómo piensa, y la respuesta será la misma, independientemente de la clase o el color: queremos encajar, que nuestros hijos prosperen como estadounidenses de pleno derecho. Queremos participar, trabajar, contar como ciudadanos. Pero también queremos conservar nuestras costumbres, nuestra lengua, nuestra idiosincrasia cultural, nuestro sentimiento de identidad patria. Y queremos que se nos valore y respete por ello. Esta es, pues, la mentalidad latina tal como yo la veo. Puede parecer contradictorio: ¿cómo puedo aspirar a ser un miembro plenamente asimilado de una cultura anglosajona si me aferro a mi identidad peruana? ¿Cómo puedo esperar que me consideren una estadounidense de pura cepa si me aferro obstinadamente a hablar español? No es una empresa fácil, y algunos —como la republicana mexicano-estadounidense Linda Chávez, cuya familia lleva casi medio milenio en Norteamérica y se considera blanca— creen que el proceso de asimilación total puede tomar algo más de tiempo en los latinos que en los europeos. Pero, añade, es algo que igualmente ocurrirá. "Estoy segura de que los hispanos seguirán el camino de otros inmigrantes", afirma, "y se disolverán en la gran población de estadounidenses [...]. Existe ese sentido aspiracional de querer estar en la corriente dominante".

Claro que sí. ¿Por qué querría alguien quedarse en una población que es prácticamente invisible? Como ha criticado el exsecretario del Departamento de Vivienda y Desarrollo Urbano Julián Castro, los jóvenes latinos no ven reflejada su historia en la corriente dominante. Las historias de sus antepasados permanecen en gran medida sin contar, inadvertidas. Naturalmente, hay quienes perderán su español, la conexión con su país de origen, su pertenencia a otra cultura, sobre todo si —como Linda Chávez— pueden pasar por blancos. Es un resultado que no perdemos de vista a medida que nuestros hijos desaparecen en la poderosa cultura de Estados Unidos que nos rodea, omnívora y lista para llevar. "Así que ahora eres estadounidense", me dijo una vez mi padre con un suspiro melancólico, felicitándome, aun cuando me rompía el corazón en pedacitos. "Ya no eres peruana".

¿Cómo pueden los jóvenes evitar perder su identidad latina cuando más allá de la puerta de su casa se les priva sistemáticamente de su herencia? Ésta es una preocupación de Joaquín Castro, cuya campaña sin cuartel para conseguir que los latinos reciban la atención que merecen por parte de los editores de libros de texto, los conglomerados de medios de comunicación, las corporaciones, las asociaciones de profesores e incluso Hollywood empieza a ganar terreno. El representante Castro cree que cuanto más puedan estos expertos en comunicación llevar la historia de los latinos a las páginas, las aulas y las pantallas, más comprenderán los jóvenes latinos —y todo el público estadounidense en general— quiénes son y el cambio radical de posibilidades que representan. La ignorancia tiene cura, pero el descuido es difícil de desmontar. La indiferencia es un enemigo formidable.

"Tuve la reunión más extraordinaria en mayo de 2020", me cuenta Castro. "Le pedí a un editor que nombrara a tres latinos que hubieran tenido impacto en la historia de Estados Unidos. ¡Sólo tres!". El congresista levanta tres dedos y los agita. "¡Tres! Ahora bien, entiéndeme, se trata de un editor muy culto y exitoso —¡director ejecutivo!— de una empresa de libros de texto, y no pudo. No pudo nombrar tres". La indignación de Castro es febril, contagiosa. Tanto así que mi propia rabia aumenta ahora. Me vienen a la mente las inexcusables omisiones de Willie Velásquez y Dolores Huerta.

"Me llamó mucho la atención", continúa Castro, "que si le hicieras la misma pregunta al público estadounidense, el noventa por ciento —¡o más!— te daría la misma respuesta. Hay un vacío en la narrativa. Aquí estamos, llegando a los setenta millones, y los estadounidenses no saben de qué está hecha su propia sociedad. No saben quiénes somos ni dónde encajamos. No nos ven". Esa ceguera engendra malentendidos y miedo, según Castro, y éstos, a su vez, no engendran nada más que un peligroso fanatismo. Por eso la caracterización descaradamente racista del gobernador de Texas, Greg Abbott, de los inmigrantes latinos como una "invasión" —la misma palabra que utilizó un asesino blanco después de masacrar en un Walmart de barrio a veintitrés latinos en el infame tiroteo de El Paso, en 2019— es tan incendiaria, tan aterradora, tan inaceptable, tan antiestadounidense, al punto que cuesta creer que cualquier funcionario del gobierno de una nación inmigrante recurra a semejante calumnia. A fin de cuentas, denota una ignorancia manifiesta de la historia, así como un racismo profundamente arraigado. Desde ese punto de vista, los inmigrantes blancos, como los antepasados ingleses y alemanes de Abbott, son un recurso, mientras que los inmigrantes de color son parásitos malignos. "Estereotipos abusivos como ésos son peligrosos", afirma Castro. Y no sólo para los inmigrantes inocentes. Son ahistóricos, difamatorios. "Infligen daños colaterales a todo el mundo".

CONVICCIONES

Intentaron enterrarnos. No sabían que éramos semillas.
—Eslogan en pancartas, grafiti en paredes, partidarios de DACA

El intento de borrar la historia latina de la psique de la nación —y, desde luego, de los libros de texto— no es nada nuevo. Comienza con la noción de que no deberíamos de formar parte del paisaje de Estados Unidos en primer lugar, como sin duda se pensó cuando los estadounidenses invadieron territorio mexicano, expulsaron a los lugareños y comenzaron a llamar suya esa tierra. O cuando Estados Unidos se apropió de Puerto Rico y les concedió la ciudadanía a los puertorriqueños para enviarlos al frente de guerra, pero les negó el derecho a tener representación en el Congreso o a votar en las elecciones presidenciales. El intento de erradicar la cultura latina continuó en el siglo XX con la exigencia de "¡sólo inglés!" incluso en distritos escolares donde los hispanos eran mayoría, y el español, omnipresente. Y persiste cuando un consejo estatal de educación rechaza libros sobre la historia latina o prohíbe clásicos de gigantes de la literatura como Isabel Allende, Sandra Cisneros y Elizabeth Acevedo, como ha venido haciendo Texas durante años. También está la flagrante indiferencia. En el área de Houston, por ejemplo, donde el sesenta y dos por ciento de la población y más de la mitad de los escolares son hispanos, hasta la fecha no hay material didáctico disponible para enseñar historia hispana. A veces prevalece la denigración, como ocurrió recientemente cuando un libro de texto propuesto para las aulas de las escuelas públicas de Texas no sólo consideraba a los mexicano-estadounidenses responsables de la crisis de drogas y delincuencia del país, sino que también los describía empeñados en la destrucción de la civilización occidental.

El esfuerzo de algunos funcionarios públicos por amordazar a los latinos es lo que ha inspirado a numerosos historiadores y académicos de talento —Kelly Lytle Hernández, Geraldo Cadava y Ed Morales, entre otros— a producir resonantes contribuciones al canon hispanoamericano. Hernández escribió un libro pionero sobre el papel de este país en la Revolución Mexicana de 1910; Cadava escribe sobre los republicanos hispanos y el medio siglo de historia de Estados Unidos que los explica; Morales ha escrito sobre el romance de quinientos años de los latinos con el mestizaje, y la cultura híbrida que ha engendrado. Pero producir obras que informen a los lectores sobre esta enorme población de estadounidenses es una tarea digna de Sísifo, a veces ingrata. A menudo queda relegada a la periferia de la conciencia estadounidense. Pese a que con toda legitimidad la historia de los latinos en este país debería de figurar en un estante junto a la "Historia de Estados Unidos", la primera queda arrinconada dentro de los "Estudios latinoamericanos".

El escaso material que se les ofrece a los estadounidenses en las instituciones públicas es lo que impulsó a la historiadora y activista Mariana Barros-Titus, investigadora de treinta años del History Center, en Washington, DC, a desenterrar la historia largamente sepultada de los hispanos en la capital de la nación. Su objetivo, me dice con rotunda convicción, es arrojar una luz muy brillante sobre ese grupo drásticamente infrarrepresentado y ofrecer una comprensión más matizada de cómo creció el área metropolitana de Washington, DC, y cómo contribuyeron los hispanos a ese crecimiento. Con demasiada frecuencia, explica, los relatos latinos quedan relegados a un segundo plano en las preocupaciones de la "Ciudad de Chocolate", una capital que sigue siendo mayormente afroamericana. En los raros casos en que las historias latinas son visibilizadas, son contadas por voces no hispanas que no conocen la población desde dentro. "Puede que las palabras hablen sobre nosotros, pero no proceden *de* nosotros", afirma esta investigadora. "Nos corresponde, como generación más joven, desenterrar las historias de quienes han experimentado de verdad la vida latina. Tenemos que expandir el lente".

Mariana es una estadounidense de origen colombiano cuyos padres tuvieron que huir de su cómodo hogar en el verde valle de Valledupar luego de que la guerrilla comunista identificara a su padre, un reconocido cirujano, como enemigo debido a su filiación política. Aterrorizada, desposeída, la familia llegó a Scranton, Pennsylvania, a ocupar el último peldaño del sueño americano. "Mi padre, doctor en medicina de piel morena y muy culto, educado en la cultura negra", relata, "tuvo que reinventarse como chofer y todero en Estados Unidos de América". Tras tomar clases de inglés, pudo encontrar un empleo en el ámbito médico, pero no en su nivel anterior. Se convirtió en asistente quirúrgico, y uno muy valioso dado que a menudo demostraba más experiencia que los cirujanos que estaban a cargo. "Mi familia había hecho un sacrificio enorme, un retroceso, una regresión, y todo de un día para otro, instantáneamente, con poco más que una escasa esperanza". Por el camino, como puede ocurrirles a los latinos en nuestra cultura racializada, la joven Mariana fue tomando conciencia de sus rasgos africanos y del estatus inferior que significaban. Esa repentina otredad la radicalizó, a la vez que la transformó en una aguda observadora de la clase baja estadounidense. "Habíamos llegado justo antes del 11 de septiembre, a tiempo para ver cómo el alcalde Rudy Giuliani ponía a trabajar a los inmigrantes de la ciudad en la limpieza de los escombros. Incluso siendo una niña, comprendí que los latinos le habían devuelto la vida a Nueva York". Desde entonces, trasplantada a Washington, se ha comprometido a exhumar las muchas capas que subyacen en la complicada historia de la capital. "Mi meta es llamar la atención sobre esa historia no contada, enriquecer la conversación. Quiero ahondar en los detalles olvidados. Hay mucho por ahí que se pasa por alto".

• • •

Ocurrió en la secundaria… En ese momento tenía dos opciones: asimilarme o, por el contrario, volver a mis raíces, profundizar, buscar en la historia, descubrirla en mí misma.
—Calista Correa, educadora chilena-estadounidense, 2023

Mariana no es la única apasionada por enderezar la historia en la conciencia estadounidense. Según informes gubernamentales, un treinta por ciento de la población latina de Estados Unidos participa de alguna manera en la vida cívica de sus comunidades, intentando corregir la forma en que se piensa y se entiende a los latinos. Una convicción similar por enderezar el rumbo impulsa a Calista Correa, joven estadounidense de origen chileno que se ha dado a la tarea de escolarizar a los jóvenes marginados de Washington: los niños negros, latinos y con necesidades especiales que, generación tras generación, se ven frenados a causa de estrategias erróneas y bajas expectativas. Calista es menuda —cabello negro, piel clara y aceitunada, manos de muñeca— y posee una belleza silenciosa que se enciende cuando sus ojos se entregan a una sonrisa radiante. Su determinación, como la de Mariana, proviene de un sentimiento de injusticia y marginación intensamente vivido. Nació en Fairfax, Virginia, hija de estadounidenses de origen chileno cuyas familias decidieron emigrar durante la dictadura del general Augusto Pinochet, en la década de 1980. Los padres de Calista se conocieron en Estados Unidos cuando eran adolescentes.

El padre de Calista era un muchacho muy inteligente, pero el sistema, que no dejaba de enviarlo a clases de recuperación, lo frustró. Al cabo de unos años abandonó los estudios para trabajar como obrero. La madre de Calista, en cambio, tenía ambiciones de oficinista, y luego de graduarse siguió la carrera de contadora. Cuando se casaron, lo único que parecían tener en común eran sus orígenes. Pero, por muy convincentes que fueran esas afinidades, empezaron a desvanecerse con el tiempo. "Mi madre y su madre son blancas, de ojos azules, chilenas de origen europeo muy conservadoras", dice Calista, "y muy racistas. Mi padre, en cambio, es de tez oscura, de ascendencia mapuche". Cuando

Calista sometió a análisis su ADN, resultó ser cuarenta y uno por ciento indígena. Su vida cambió radicalmente una tarde a sus diecisiete años, cuando al volver del colegio se enteró de que su padre se había ido de la casa para no volver. Había dejado a su regañona y quejumbrosa mujer para irse a vivir —y casarse— con su rica y liberal amante anglosajona. Nunca se dijo nada al respecto. Ni disculpas ni justificaciones. Simplemente se convirtió en la nueva realidad en la adolescencia de Calista. Poco después, para su consternación, su madre se fue a vivir con un hombre cuyas convicciones ultraconservadoras afianzaban las suyas.

Para entonces, las opiniones de Calista sobre la justicia social eran firmes, si bien todavía no decididas. Se habían manifestado algún tiempo antes, cuando cursaba el primer grado y empezó a cuestionar todo lo que le parecía injusto, incluido el mal carácter de su madre y su inclinación a gritar, quejarse, burlarse de ella. Calista le contó a un profesor que su madre le había gritado, ofendido, asustado e incluso azotado con un cinturón, y que había algo muy malo en ello. A las pocas horas los servicios sociales de Fairfax estaban en la puerta de la casa de los Correa, acusando a su madre de malos tratos físicos y psicológicos, y revisando a su hermanita en busca de lesiones. La joven Calista había tomado una decisión: se opondría, resistiría y se abriría camino hacia la justicia si era necesario; denunciaría a los culpables, al sistema, a la entropía. Los adultos se limitaban a negar con la cabeza y a chasquear la lengua ante la pequeña rebelde. "Cuando crezcas, Calista", le decían, "quizá lo vas a entender".

Pero nunca entendió. Siguió protestando contra cualquier conducta que le pareciera falta de principios. Y sus compañeros empezaron a verla como una líder. En sexto grado identificaron a Calista como alumna superdotada y la seleccionaron para realizar un examen de acceso a un codiciado cupo en la muy competitiva Escuela Superior de Ciencia y Tecnología Thomas Jefferson de Fairfax, a menudo considerada la mejor secundaria pública del país. Dos años más tarde, cuando obtuvo las mejores notas de su clase y la admitieron en Quest, el programa de preparación del condado de Fairfax para estudiantes de minorías de alto rendimiento, una de sus amigas refunfuñó: "¿Cómo es que ustedes pueden ir a Quest y no hay un programa así para nosotros los blancos?".

Era la primera vez que se enfrentaba a una ofensa abiertamente racista, y enseguida percibió su injusticia, la violencia que llevaba implícita. Ese fue el comienzo de la mentalidad decidida y activista que atraviesa como una barra de acero todo lo que Calista ha hecho desde entonces.

En la Thomas Jefferson abundaban los laboratorios de investigación y el hardware robótico, y su plan de estudios basado en STEM no tenía rival, pero los latinos escaseaban. Incluso hoy en día la escuela recibe críticas y hasta ha sufrido demandas, por su lentitud a la hora de admitir a negros e hispanos. Sin embargo, con el paso de los años los escasos latinos que allí estudiaban se las arreglaron para crear la Alianza Hispana, un minúsculo grupo destinado a reforzar la confianza de las minorías. En la Alianza los latinos compartían su cultura común, les ofrecían tutoría a los niños más pequeños y organizaban bailes y celebraciones. En su penúltimo año, Calista dirigía el grupo. Con el tiempo, lo animó a crear un convenio con la Unión de Estudiantes Negros de la escuela. "Siempre había sentido una cercanía inmediata con los negros", reflexiona. "Por supuesto, ellos habían sufrido un racismo más agudo que el mío, pero me sentía identificada. Ya en noveno grado me apasionaba la justicia social de todo tipo —contra el racismo, claro, pero contra todos y cada uno de los ismos, y me interesaba especialmente el poder de los números". "Mi pequeña socialista", la llamaba su madre. Una noche, mientras su madre cocinaba, Calista anunció que quería ir a una reunión de estudiantes LGBTQ+ de su instituto para saber cómo podía apoyarlos o incluso reclutarlos para su causa. Y ahí se armó. Su madre golpeó la sartén en la estufa, exigió saber si Calista era lesbiana y le prohibió tener nada que ver con el grupo.

Mucho más tarde, como exalumna, cuando el movimiento Black Lives Matter (Las vidas negras importan) entró en pleno auge, Calista decidió intentar persuadir a "TJ", como a veces se le llama a la escuela, para que cambiara su política de admisión y fuera más incluyente. Incluso con Quest allanando el camino para la representación de las minorías, en 2019 la escuela todavía no reflejaba ni de cerca la demografía del condado: mientras que los hispanos representaban aproximadamente el treinta por ciento de los estudiantes del condado, comprendían menos del seis por ciento de la clase entrante en Thomas Jefferson. En cuanto a los afroestadounidenses, su número era tan escaso que se les añadía un asterisco, lo que significaba que eran demasiado insignificantes para contabilizarlos estadísticamente. Sin embargo, cuando Calista organizó a un grupo de exalumnos para quejarse de esas cifras tan bajas, no tardó en probar el sabor de la política partidista. "La cosa se puso fea enseguida. Los grupos de derechas contraatacaron, y estaban muy bien financiados. Pagaban a gente para que argumentara contra nosotros. A nosotros nadie nos pagaba". Incapaz de hacer frente económica o emocionalmente a las demandas que le lanzaba la oposición, Calista acabó por desistir. Hoy, aunque el número de estudiantes asiáticos en TJ se ha disparado, las amargas quejas sobre la escasez de estudiantes latinos y negros siguen ensombreciendo los éxitos de la escuela.

Al graduarse de la secundaria, Calista tuvo que tomar algunas decisiones sobre su pasión por el activismo de las minorías. "En ese momento tenía dos opciones: asimilarme o, por el contrario, volver a mis raíces, profundizar, buscar en la historia, descubrirla en mí misma". Pero necesitaba aprender cómo hacerlo. Encontró respuesta a ese "cómo" cuando matriculó en la Universidad de Duke, donde se especializó en artes liberales. Duke tenía una representación de latinos más saludable que la de su secundaria, y una comunidad de hispanos aún más diversa asistía a las universidades estatales que la rodeaban. Se propuso involucrarlos, reunir a estudiantes con ideas afines, hacerlos políticamente más conscientes, más capaces de lograr un cambio real y duradero.

Calista se unió a Mi Gente, la principal organización latina de Duke. Su misión es hacer hincapié —según su propia descripción— en "temas culturales, políticos, educativos y sociales latinos". Parecía el tipo de grupo amplio, acogedor y con aspiraciones que ella había estado deseando toda la vida. Tenía grandes sueños para Mi Gente y lo impulsó para que fuera más político, más orientado a objetivos, pero había grandes divisiones. "Había tanta disparidad económica entre los extranjeros [que probablemente eran ricos] y los de aquí [que probablemente no lo eran]", dice. Acabó siendo un círculo social más cerrado de lo que ella esperaba. En cambio, encontró un nicho más cómodo como copresidenta de Unidos, organización que reúne a los latinos de Duke, la Universidad Estatal de Carolina del Norte y la Universidad de Carolina del Norte. Allí encontró a otros que se le parecían: hijos de latinos de clase trabajadora que pensaban como ella y tenían un claro sentido de su misión y una determinación apasionada. Empezaron a hacer política a partir de fantasías sueltas. ¿Y si creamos una beca para estudiantes indocumentados?, preguntó Calista. En pocos días pusieron en marcha una serie de festejos para recaudar fondos que ayudaran a pagar las matrículas universitarias. Era el tipo de cambio enérgico, audaz y de impulso colectivo que ella había deseado.

Sin embargo, a pesar de todas las oportunidades que Duke ofrecía en comparación con Thomas Jefferson, no era el lugar acogedor que Calista había imaginado. Las organizaciones latinas a que se unió no contaban con el respeto de la mayoría blanca del alumnado; de hecho, los blancos parecían ciegos ante los latinos que había entre ellos, indiferentes a sus necesidades o a los problemas que les preocupaban. Peor aún, un pronunciado racismo parecía hervir a fuego lento bajo la superficie de la vida universitaria. "¡Vuélvete a México!", gritaban los estudiantes y luego estallaban en burlas al paso de Calista. De pie frente a una fraternidad notoriamente racista, un estudiante blanco le arrojó una bebida a la cara.

Un estudiante se enfureció tanto por la creciente presencia de hispanos en el campus que afirmó que los quería muertos a todos. Cuando gritó esto ante un grupo de amigos de Calista, se volvió hacia ella y la señaló, diciéndole que iba a "pillarla". Tal vez fuera por su condición de líder, tal vez por su talante seguro, pero su animadversión era tan virulenta que en más de una ocasión amenazó con matarla, dándole patadas o puñetazos a quien mencionara su nombre. El marcado sentido de la justicia de Calista la llevó a buscar la intervención de la policía, pero, cuando llegó el informe, la universidad reculó, no queriendo expulsar al chico, avergonzarlo y arriesgarse a un episodio de violencia como acababa de producirse en el Instituto Politécnico y la Universidad Estatal de Virginia, donde un estudiante humillado protagonizó un tiroteo que asesinó gratuitamente a docenas de personas. Siempre parecía haber una razón para no arreglar las cosas cuando involucraba a latinos agraviados.

Al graduarse, tras una breve temporada como asistente legal, Calista aceptó una oferta para enseñar matemáticas en una escuela en una zona rural y empobrecida de Carolina del Norte. Siempre había sido buena en matemáticas, le fascinaban los números y se sentía cómoda en todas las ciencias, ya que las había aprendido muy bien en Thomas Jefferson. De allí pasó a trabajar en escuelas públicas de Washington, DC. Al menos podía cambiar vidas día a día y un aula tras otra. Llegó a ser profesora de STEM en secundaria y, por fin, miembro fundador de la primera secundaria Montessori de la ciudad. Por el camino tomó otra decisión: se casó con su novio afroestadounidense.

Para su abuela ultraconservadora fue como si hubiera cometido un crimen. Hacía tiempo que la mujer le había dado a conocer sus opiniones racistas, pero ahora no ocultaba su repugnancia. ¿Por qué "casarte con uno de *ellos*", preguntaba, llena de indignación, "en un país lleno de buenos hombres blancos?", Calista capeó el temporal familiar e intentó buscarse la vida a pesar del ostracismo. No había sido una buena decisión, tomada demasiado pronto tras una relación traumatizante, pero intentó que funcionara. Siempre se había sentido muy unida a la cultura negra, de modo que ése nunca fue el obstáculo. Con el paso de los años y tras el nacimiento de dos niñas —cuando empezó a sentirse atrapada en un matrimonio sin amor—, hizo lo que su padre había hecho quince años antes: rompió con su esposo y nunca regresó.

Hoy en día Calista es una joven madre soltera de dos niñas afrolatinas brillantes, vivaces e inquisitivas. Siempre creyente en el cambio positivo a través del poder de los números, dejó las aulas por un trabajo al servicio de la población estudiantil de Washington, DC. Actualmente estudia, diseña y dirige planes de estudios STEM para clases de educación especial en el sistema escolar público de DC, encontrando formas de lograr que la ciencia y las matemáticas despierten neuronas en jóvenes que de otro modo no imaginarían tener capacidades en esa dirección.

En eso, su decisión es firme. Calista hará avanzar generaciones. A pesar de todos sus estudios en las elitistas aulas estadounidenses, es posible que nunca se haya topado con el nombre de Willie Velásquez —el artífice del cambio que hizo más que nadie para garantizar que los latinos formaran parte del proceso democrático de Estados Unidos—, pero sus convicciones coinciden sin duda con las de él. Al igual que Willie, Calista está convencida de que los números marcan la diferencia, de que hay que despertar a los gigantes dormidos, de que las voces deben tener eco y representación. Más que nada, ambos comparten la idea de que los latinos deben tener la oportunidad de abrirse puertas, impulsar el cambio y crear un futuro mejor para sus hijos. En últimas, según Willie, inspirar el cambio es "pavimentar el camino". Se trata de darle a la gente las herramientas que necesitan, una educación en la cual puedan apoyarse, un progreso que se sienta tan real como el concreto bajo los pies. En el momento en que los latinos se levantan y dicen: "'Voten por mí y les pavimentaré las calles'", como le gustaba decir a Willie, "es cuando empieza la revolución". Eso es justo lo que Mariana Barros-Titus y Calista Correa tienen en mente hacer: reunir a los votantes, pavimentar las calles, desencadenar una revolución.

10

MÚSCULO

Hay que trabajar más duro. En todos los cargos que he ocupado, ha habido detractores que no creen que esté cualificada o que pueda hacer el trabajo. Y siento la responsabilidad especial de demostrarles que se equivocan.

—Sonia Sotomayor, magistrada de la Corte Suprema puertorriqueña estadounidense, 2014

Los hispanos han venido a trabajar. Han labrado esta tierra, construido sus ciudades, comerciado con sus riquezas, dirigido sus ejércitos, y la han defendido por tierra y mar desde mucho antes de que zarparan de Inglaterra los primeros barcos que trajeron a estas costas una nueva raza de conquistadores. De hecho, la primera colonia inglesa —fundada en 1585 y abandonada un año después, cuando España ya estaba bien asentada en el continente norteamericano— no pretendía ser un refugio para la libertad religiosa ni una base para empresas comerciales, sino un fuerte desde donde los rapaces mercenarios de la reina inglesa Isabel I pudieran interceptar los galeones españoles y saquear sus tesoros para una Inglaterra atrasada y mendicante. Incluso entonces, la América española era una exuberante fuente de productividad —un modelo capitalista para el futuro—, mientras que los héroes británicos de la época, Sir Walter Raleigh y Sir Francis Drake, eran piratas al servicio de una reina y le robaban a España lo que los españoles les habían robado a los indígenas.

La colisión del Nuevo Mundo había producido un vasto y rentable imperio donde España llevaba el látigo y los nativos aportaban el músculo. Desde entonces, los latinos estadounidenses, descendientes de aquella turbulencia —hijos tanto del amo como del trabajador—, nunca han dejado de ser industriosos. Para la mayoría el trabajo es una estrella polar, y el progreso generacional, un imperativo acuciante. De hecho, el sudor de los latinos ha contribuido en todos los aspectos de la vida estadounidense desde los inicios de esta nación, aunque los libros de texto rara vez hablen de su papel en la fundación y configuración de Estados Unidos. Los latinos suelen decir que nuestra historia se remonta a hace más de medio milenio, cuando lugares que ahora son la quintaesencia de Estados Unidos —California, Florida, Texas, Nueva Orleans— estaban dominados totalmente por la cultura hispana. Pero el secuestro histórico nada tiene que ver con contribuir con músculo. La verdadera participación hispana en la historia de Estados Unidos se remonta más bien a la época de la Revolución, a la pugnaz década de 1770, cuando los británicos de las colonias se volvieron cada vez más prósperos y, cansados de los depredadores jefes supremos, empezaron a imaginar su independencia. En aquella primera barahúnda de rebelión, los hispanos desempeñaron un papel activo y ayudaron a parir la nueva república.

GUERREROS

¡Diez mil patriotas latinos desconocidos lucharon en la Revolución Estadounidense! ¡Las cubanas de Virginia vendieron sus joyas para alimentar a los patriotas! ¡El general latino Gálvez le envió armas a George Washington!
—John Leguizamo, actor colombiano-estadounidense,
Cuatro de Julio, 2019

La participación hispana a gran escala en la historia de Estados Unidos comenzó cuando el primer vizconde de Galveston, Bernardo de

Gálvez, decidió que España podría beneficiarse si ayudaba a los valientes estadounidenses que se habían levantado para rebelarse contra los impuestos parasitarios de Inglaterra. Como ellos, Gálvez era un subversivo capaz de imaginar futuros alternativos. Cuando ascendió a gobernador de Louisiana, en 1777 —posteriormente lo fue de Florida—, debido al heroico servicio militar prestado a España decidió dedicarse a modernizar la colonia bajo su mando. Reformó el sistema legal, estableció la educación pública universal y trabajó para garantizar la plena inclusión de los negros y los indígenas como ciudadanos. Como todo buen guerrero español, también soñaba con frustrar el impetuoso intruso en las Américas, archienemigo de España: los ingleses. Poco a poco, Inglaterra había mordisqueado el Nuevo Mundo que España había construido. Empezó con los piratas ingleses que saqueaban los cargamentos de oro de España, continuó con la apropiación de toda la costa este del continente americano y se intensificó con sus asentamientos a lo largo de la costa nicaragüense de Mosquitia y Honduras. Eran abrojos que proliferaban rápidamente en los dominios de España y que el rey español se resistía a aceptar. Para colmo, los ingleses ya estaban invadiendo el río Mississippi, cruzándolo hacia el *non plus ultra* más allá del cual no debían ir. La animadversión española contra ellos creció hasta tal punto que incluso el bonachón, cara de niño y hogareño gobernador de Louisiana se vio obligado ante la provocación a dejar de lado sus tareas más pacíficas y volver a la guerra frontal.

Desde el principio de su nombramiento, Gálvez mostró gran simpatía por el general George Washington y sus compañeros insurgentes, que a la sazón luchaban por mantener viva su revolución. Para entonces, todos los puertos de la costa atlántica habían sido bloqueados por los británicos, lo que había reducido la cadena de suministros del general estadounidense hasta llevarla a un punto muerto, mermando también su voluntad hasta la incertidumbre. Los revolucionarios comprendieron que sólo había una forma de salir del atolladero: trasladar sus movimientos a los ríos Mississippi y Ohio. Cuando George Morgan, comandante del Fuerte Pitt, en Pittsburgh, envió una flotilla río abajo hasta Nueva Orleans con una carta para Gálvez, donde le solicitaba asistencia, éste no

lo dudó. "Prestaré toda la ayuda que pueda", respondió, "pero no debe
saberse". La flotilla regresó a Fort Pitt llena hasta el tope de armas, municiones y provisiones españolas.

Aquella dinámica y generosa respuesta inició una estrecha alianza
entre España y las fuerzas revolucionarias norteamericanas, sin la cual el
destino de Estados Unidos podría haber sido otro. Por supuesto, los británicos no tardaron en darse cuenta de que Gálvez no era inocente con
respecto a los éxitos fluviales que empezaban a cosechar los patriotas.
Gálvez había hecho un esfuerzo concertado para interrumpir las incursiones inglesas en el Golfo de México, así como para bloquear cualquier
barco inglés que osara aventurarse por el Ohio o el Mississippi. Había
permitido que los barcos americanos enarbolaran la bandera española y
eludieran así los ataques o capturas. Le había enviado suministros vitales
al ejército del general Washington en Virginia, así como financiado la
audaz expedición de George Rogers Clark a través del hielo y la tormenta para asegurar Illinois como frente occidental contra las invasiones
indias lideradas por los británicos. Finalmente, aportó grandes sumas
de su fortuna personal a la causa americana y persuadió a Madrid para
que comprometiera millones de reales españoles en ayuda financiera, así
como innumerables barcos y cañones. Muchos historiadores coinciden
en que fue en ese punto cuando Gálvez empezó a sentirse más americano que español, más hombre del Nuevo Mundo que del Viejo. Al fin y
al cabo, había pasado gran parte de su vida en América, se casaría felizmente en este continente y criaría a sus hijos en su suelo.

Con el apoyo de Gálvez, un prodigioso ejército de 7.500 hombres
que comprendían españoles, franceses, negros africanos, mexicanos y
cubanos se dirigió a Louisiana y río arriba para ayudar a los patriotas
en lo que hasta entonces parecía una guerra perdida contra Inglaterra.
La inquina hacia Inglaterra era tan grande en los territorios españoles
y caribeños del hemisferio que a Gálvez le resultó fácil reclutar soldados para el bando rebelde. Estos regimientos improvisados, que se
comprometieron libremente en cuerpo y alma con la independencia
americana, representaban el quince por ciento de las fuerzas revolucionarias. Podemos imaginar la Babel de idiomas que Gálvez tuvo que

dominar para llevar a cabo las históricas maniobras que siguieron. Pero el mayor obsequio de Gálvez fue su propio valor al dirigir las tropas en los principales campos de batalla de la Revolución. No es exagerado decir que, sin las victorias de Gálvez en las batallas de Pensacola, Baton Rouge, Natchez y Mobile, tal vez no se habría conseguido la independencia en 1776. Ese fue al menos el mensaje que se transmitió más de dos siglos después, en 2014, cuando el Congreso aprobó un proyecto de ley que proclamó póstumamente a Gálvez estadounidense honorario por desempeñar "un papel integral" en la lucha y por ser, en opinión de George Washington, "un factor decisivo" para asegurar la libertad de la nación. Bernardo de Gálvez, por quien la ciudad de Galveston (Texas) lleva ese nombre, puede considerarse el ciudadano latino más influyente en la historia de Estados Unidos.

Doscientos años después de los extraordinarios esfuerzos del vizconde en favor de la independencia americana, Juan Carlos I, rey de España, viajó a Washington, DC, a celebrar el bicentenario de la nación y dedicar la estatua de Gálvez que se alza en la Plaza del Libertador, no lejos del Departamento de Estado. "Mi ancestro, el rey Carlos III", dijo el rey, "quien mantuvo correspondencia e intercambió regalos con vuestro primer presidente, le concedió a Gálvez el derecho a usar un escudo de armas con el lema heráldico 'Yo solo'". Un hombre solo, lo cual significa que una sola voluntad humana había cambiado el curso de la historia. Y eso, dijo el Rey para terminar, puede decirse de cada hispano de América, de cada individuo de ascendencia latina que ha puesto otro ladrillo en la arquitectura en constante evolución de esta nación.

Algunos sostendrán que el hecho de recibir la ciudadanía honoraria no hace a un hispano estadounidense. Pero sólo hay ocho ciudadanos honorarios de Estados Unidos en toda la historia del país, entre quienes se encuentran Winston Churchill y la Madre Teresa. Y yo diría que Gálvez, quien llegó a gobernar Cuba y Nueva España, hizo mucho más que los otros siete para afianzar el país.

●   ●   ●

Los latinos que lucharon en la Guerra Civil estadounidense representan otra historia heroica, que involucra más que la voluntad de un hombre. A finales del siglo XIX, había una presencia modesta de hispanos en Estados Unidos. Sumaban más de cien mil —apenas un 0,5 por ciento del total de la población de Estados Unidos— y eran en su mayoría estadounidenses nacionalizados en las antiguas tierras mexicanas, a quienes se les había concedido la ciudadanía tras la guerra entre México y Estados Unidos. En la práctica, estos incipientes ciudadanos pasaron a quedar sujetos al servicio militar obligatorio. Una vez llamados a las armas por cualquiera de los bandos, se les unió una cohorte natural: voluntarios y mercenarios de naciones hispanohablantes. Al final de las hostilidades entre la Unión y la Confederación, veinte mil hispanos —estadounidenses y extranjeros— habían servido en ambos ejércitos y entraron en la refriega por diversas razones, desde la necesidad urgente de mejorar su suerte en la vida hasta el deseo apasionado de erradicar la esclavitud. Algunos eran latinos esclavistas acomodados con considerables intereses en el comercio del algodón y el tabaco, que, como otros miembros de la alta burguesía sureña, se alzaron para defender sus negocios familiares. Los más humildes, sin embargo, se vieron arrastrados a los mataderos de aquella espeluznante guerra en virtud de su disponibilidad.

De lejos, el guerrero hispano más célebre de la Guerra de Secesión, de quien casi nunca se reconocen sus raíces hispanas, fue el primer almirante de la Armada de Estados Unidos, David Glasgow Farragut. Su padre era Jorge (Jordi) Ferragut Mesquida, el único voluntario español de quien se tiene noticia que luchó bajo la bandera americana en la Guerra de la Independencia. Marino mercante nacido en la isla española de Menorca, Jordi Ferragut se había enamorado tanto del espíritu de libertad americano que cambió su nombre por el de George Farragut, se enlistó en la marina de Carolina del Sur como teniente primero y se dio a la tarea de proveer a Charleston de cañones, armas de fuego, pólvora y balas de cañón que traía de contrabando desde Puerto Príncipe, en lo que pronto se convertiría en Haití, afamada fuente de armas para el ejército patriota.

Jordi equipó eficazmente al ejército revolucionario para la batalla de la isla de Sullivan y la toma de Savannah, que culminó con el sitio de Charleston. Por el camino se casó con una mujer de Carolina del Norte que tenía raíces familiares en Escocia, de ahí el segundo nombre de su hijo, Glasgow. Cuando nació el pequeño Farragut, el padre había perdido un brazo en el conflicto, se había convertido en soldado de infantería y artillero, le había salvado la vida al coronel William Washington (primo lejano del general George Washington) en la batalla de Cowpens y había servido bajo las órdenes de Francis Marion, el Zorro del Pantano. En el transcurso de aquellos frenéticos acontecimientos su esposa murió de repente, dejándolo viudo, y el afligido Jordi Ferragut se vio obligado a confiarle su hijo de siete años a una familia americana, incapaz de luchar en una revolución y cuidar de un niño al mismo tiempo. Años más tarde, capitanearía una cañonera en el Mississippi durante la Guerra de 1812, mientras su hijo de once años servía como guardiamarina a órdenes de su padre adoptivo, navegando a lo largo de la costa de Chile a la caza de buques británicos. Por fin, al cabo de tres duras décadas de guerra, Jordi regresó a la vida civil completamente debilitado, la sombra del intrépido guerrero que había sido antaño. "La paz por la que luché", dijo con nostalgia, "dejó a mi país libre e independiente, pero a mí, sin un centavo". Murió antes del duodécimo cumpleaños de su hijo.

Mientras agonizaba, el español no podía imaginar que su hijo huérfano se convertiría en un almirante estadounidense altamente condecorado —el primero de la nación— y que desempeñaría un papel igualmente dramático, aunque mucho más resplandeciente, en la historia. De hecho, el joven David Farragut se curtiría en una serie de conflagraciones decisivas, desde escaramuzas con los británicos hasta pasar un período de servicio en la guerra mexicano-estadounidense. Pero su valor alcanzaría su máximo esplendor en la Guerra de Secesión, cuando defendió a la Unión dando magistrales pruebas de valor naval en la batalla de Nueva Orleans, el sitio de Vicksburg, el sitio de Port Hudson y la batalla de la bahía de Mobile, entre otros conflictos. Fue él quien pronunció una de las frases más pintorescas y memorables de la historia de las batallas estadounidenses cuando condujo a su escuadra hasta las aguas plagadas de minas del Golfo de México: "¡Malditos sean los torpedos, a toda máquina!". Sin embargo, a pesar de toda la gloria que pudo haberles traído a los hispanos entonces y ahora, las raíces latinas del almirante Farragut quedaron ocultas bajo la alfombra de la historia, tan descuidadas y olvidadas como las heroicidades revolucionarias de su padre. En cambio, los anales de la Guerra Civil tienden a ungirlo con la etnia de su padre adoptivo, el comodoro David Porter. Hay una razón para ello: durante la Guerra de 1812 el muchacho adoptó el nombre de pila del comodoro Porter como homenaje a su tutor. Hoy en día, su nombre anglosajón está grabado en muchos barcos de la marina de Estados Unidos, academias militares, estampillas de correo, plazas e incluso parques estatales, y rara vez se reconoce al Almirante Farragut latino.

De hecho, a nueve cuadras de donde vivo, en Washington, DC, una estatua de este valiente hispano estadounidense se yergue en la plaza Farragut, su aguda mirada dirigida hacia la Casa Blanca, que se encuentra a unas manzanas de distancia. Se trata de una imagen maciza y feroz, forjada a partir de una hélice del USS *Hartford*, buque insignia de Farragut en la Guerra Civil, donde vivió durante gran parte de aquellos peligrosos años y al que amaba entrañablemente. Durante la planificación de ese monumento se investigó la vida de Farragut y de su formidable destreza en la batalla, quedando todo ello minuciosamente registrado para la posteridad; un estudio similar se realizó cuando Augustus Saint-Gaudens diseñó y produjo la estatua de David Farragut que ahora se erige en Madison Square, en Nueva York. Sin embargo, en ninguno de los dos monumentos se mencionan sus orígenes.

No es el único caso. Los héroes militares hispanos que han servido honorablemente suelen permanecer obliterados, cuando no se les refunde como no hispanos. Al almirante Farragut se le identifica como escocés. De hecho, la biografía para niños más conocida de Farragut se refiere al almirante en todo momento como "Glasgow", y transforma a su padre, Jordi Ferragut Mesquida, en un angloestadounidense de pura sangre.

La misma invisibilidad le ha sido impuesta al brigadier general Stephen Vincent Benét, otro oficial hispano de alto rango, de considerable talla en la Guerra de Secesión. Nieto y sobrino de destacados españoles radicados en San Agustín, Florida, Benét se graduó con honores en la Academia Militar de West Point, donde se convirtió en uno de los más distinguidos especialistas en artillería. En muchos libros de historia se da por sentado que el general era anglosajón hasta la médula, aunque nació en San Agustín pocos años después de que Florida fuera adquirida por España, y tanto su padre (Pedro Benét) como su madre (Juana Hernández) eran originarios de la isla de Menorca, casualmente como Jordi Ferragut. El nieto de Benét, también de nombre Stephen Vincent Benét, se convertiría en uno de los grandes poetas estadounidenses de principios del siglo XX y ganaría un premio Pulitzer por su poema épico sobre la Guerra de Secesión, *El cuerpo de John Brown*. No es de extrañar que al diputado Joaquín Castro le indigne que tantísimos estadounidenses no sepan nombrar a tres hispanos ilustres, o tan siquiera a uno, cuando hombres como éstos se esconden a la vista de todos.

Dos años antes de sucumbir a un ataque al corazón, el almirante David Glasgow Farragut realizó un viaje triunfal a través del Atlántico en el USS *Franklin*, que enarbolaba la bandera de Estados Unidos además de la suya, siendo recibido y festejado por miembros de la realeza desde Madrid hasta San Petersburgo. En el transcurso de ese viaje, de un año de duración, David Glasgow Farragut decidió aceptar una invitación para visitar Ciutadella, la ciudad costera donde había nacido su padre. El día después de Navidad, el 26 de diciembre de 1867, una muchedumbre como nunca se había visto en la isla recibió al almirante. Visiblemente emocionado, éste observó a las multitudes que se agolpaban en las calles para ver al héroe pródigo. Nadie sospechaba que el fornido león de los mares, de sesenta y seis años, tuviera el corazón débil. Erguido y enérgico como siempre, llevaba el pelo de plata bien peinado hacia un lado y sus ojos de color castaño oscuros miraban penetrantes bajo el ceño arrugado. Su español —aprendido en la infancia y reforzado durante su servicio en México y el Caribe— era cortés, castizo y sumamente fluido. Siempre había tenido una rara habilidad para los idiomas y podía intercambiar bromas en al menos cuatro de ellos, que mucho le sirvieron en esa última y victoriosa gira de despedida.

La isla despachó veinte carruajes llenos de luminarias para recibirlo y lo llevaron ceremoniosamente de un monumento a otro: lo condujeron a la catedral donde su padre había sido bautizado más de un siglo antes; lo llevaron a conocer a la única descendiente viva de la madrina de su padre; le obsequiaron la historia grabada en oro de sus orígenes españoles y catalanes, y le mostraron las imponentes vistas del mar Balear que habían inspirado a sus antepasados a poner rumbo al horizonte. Desde su camarote a bordo del *Franklin*, el almirante Farragut telegrafió a su superior, el secretario de Marina de Estados Unidos, para comunicarle que no tenía intención de atender ningún asunto oficial en Menorca; la visita iba a ser estrictamente personal, íntegramente sentimental. Los historiadores españoles relatan la estadía con mayor dramatismo: para ellos, era un héroe local, un marino cuya "grandeza de carácter y bondad de corazón" lo habían llevado de regreso a casa. Un historiador llegó a sugerir que el almirante había ido expresamente a depositar sus laureles americanos ante la memoria de su padre menorquín.

• • •

Cuando mis antepasados confederados escucharon el llamado a las armas [en Cuba], acudieron. Verán, amigos míos: mi entrada de Cuba a Estados Unidos en 1971 se pagó hace mucho, mucho tiempo, con su sangre.

—John O'Donnell-Rosales, historiador
cubano-estadounidense, 2002

Que quede claro, el inventario de los hispanos que valientemente lucharon en la Guerra de Secesión es mucho más extenso que esos dos nombres: el almirante Farragut y el general Benét. Suman unos veinte mil e incluye batallones enteros de extranjeros. Tomemos, por ejemplo, a John O'Donnell-Rosales, el historiador citado arriba, que afirma reivindicar su derecho a la ciudadanía de Estados Unidos por nacimiento, a pesar de haber emigrado de Cuba a este país en 1971. ¿Su justificación? Sus antepasados zarparon de Cuba en la década de 1860, lucharon por la Confederación y murieron en este suelo cien años antes de que él lo pisara. No fueron los únicos. Hasta una cuarta parte de las tropas que lucharon por la Unión eran ciudadanos de otros países: mexicanos, españoles, cubanos, alemanes, polacos, irlandeses.

Los hispanos estaban ampliamente representados; la inmensa mayoría eran mexicano-estadounidenses que se enlistaron a instancias de Abraham Lincoln en el bando de la Unión.

Quizá los más famosos fueron los cuatro regimientos de Voluntarios de Nuevo México: cuatro mil combatientes cuyas familias habían habitado tierras mexicanas por cientos de años y conocían cada recodo de su disputada tierra. Fieros en la batalla, apreciados en los chaparrales abiertos debido a su destreza a caballo, los Voluntarios habían perfeccionado sus habilidades en las guerras contra los comanches, navajos, apaches y ute, aunque los oficiales anglosajones los despreciaban y maltrataban, tachándolos de "soldados grasientos". Reunidos por Henry Connelly, gobernador antiesclavista que tenía una aristocrática esposa mexicana, los Voluntarios estuvieron a la altura de las circunstancias y lucharon largo y tendido por la causa del Norte, a pesar de que gran parte del Suroeste se había adherido a la Confederación. No obstante el racismo rabioso, la escasa paga y los escasos suministros que se les proporcionaba, pronto demostraron ser indispensables para la victoria de la Unión en la decisiva batalla de Glorieta Pass.

La tradición describe a los soldados confederados blancos como la nieve, predominantemente escoceses e irlandeses protestantes. Pero la verdad es muy distinta. Buena parte eran caribeños de las Antillas o mexicanos de las costas de México; también había españoles canarios del noroccidente de África y rudos marinos que procedían de las Baleares, como los antepasados de Farragut y Benét. Tenían buenas razones para ello. Eran marineros de ajetreados puertos internacionales que mantenían fuertes vínculos diarios con puertos extranjeros. Y en el Sur —especialmente en los puertos de Louisiana—, en lugar de la tierra y la montaña la guerra se centró en las vías fluviales: los ríos, las bahías y el Golfo de México. Para proteger la ciudad de Nueva Orleans, su puerto y sus variados intereses comerciales, casi mil hispanos de todas las nacionalidades, tanto extranjeros como ciudadanos, se enlistaron en la Brigada Europea, fuerza de combate confederada muy eficaz, muchos de cuyos miembros procedían de familias aristocráticas que habían invertido en la economía esclavista del Sur.

Los hispanos también sirvieron en los famosos Tigres de Louisiana de la Confederación, desgreñada compañía de nacionalidades dispares arreada desde las agrestes tierras de ese territorio rebelde. Eran unos diez mil improvisados matones, casi todos nacidos en el extranjero —en gran parte irlandeses, aunque muchos eran españoles, cubanos, mexicanos, nicaragüenses—, una combinación impía de "ratas de muelle, degolladores y ladrones", como dijo algún escritor. A pesar de su falta de entrenamiento formal, los Tigres eran guerrilleros bravucones, dispuestos a emprender cualquier tarea y derrotar a cualquier enemigo, aunque sus desmanes generalizados también contribuyeron a difundir por todo el Norte la imagen ignominiosa que llegó a asociarse con los combatientes de Louisiana. A diferencia de los aristócratas de la Brigada Europea, la mayoría estaban llegando apenas al proyecto estadounidense: eran hombres humildes, trabajadores que se ganaban la vida en los diques o muelles, o que realizaban trabajos agotadores en las plantaciones. Pero también lucharon con lealtad y lograron avances trascendentales para el Sur.

Entre los soldados más insólitos se encontraban las latinas que en secreto se pusieron el uniformes, se hicieron pasar por hombres y lucharon tanto a favor del Norte como del Sur. Una de ellas fue Loreta Janeta Velázquez, estudiante cubana que con catorce años abandonó la suntuosa casa de su tía en Nueva Orleans para fugarse con un oficial del ejército de Texas. Cuando Texas se separó de la Unión en 1861, su marido se enlistó en el ejército confederado. Loreta le suplicó que la dejara unirse a él. Sin inmutarse por su negativa, se disfrazó de hombre, se enlistó contra la voluntad de él y luchó valientemente por la Confederación en numerosas batallas. Registrada como el jovencísimo teniente Harry Buford, Loreta empuñó las armas en Manassas, Ball's Bluff y Fort Donelson. A decir verdad, en aquellos años antes de que se establecieran protocolos estrictos, no era difícil que una mujer pasara por varón ya que los ejércitos de ambos bandos estaban tan necesitados de tropas frescas que a menudo admitían en sus filas a jóvenes imberbes. Además, los uniformes eran tan poco ajustados que ocultaban perfectamente el cuerpo femenino. Por lo general, las mujeres que luchaban como soldados pasaban desapercibidas, a menos que resultaran heridas, enfermaran, cayeran prisioneras o —como ocurrió en bastantes casos— dieran a luz en los campamentos.

Al regresar Loreta a Nueva Orleans se descubrió su género y sus superiores la reprendieron y licenciaron de inmediato. Impertérrita, volvió a enrolarse en Tennessee para luchar en el encarnizado conflicto de Shiloh, la mayor y más costosa batalla de la historia de Estados Unidos hasta ese momento. Desenmascarada por segunda vez, terminó su carrera bélica operando como espía confederada. Loreta escribió unas memorias que fueron un éxito de ventas y que revelaron el alcance de la presencia de mujeres hispanas en las primeras líneas de la Guerra de Secesión, aunque el ejército lo negara con vehemencia. Incluso las latinas más prudentes que se quedaron en casa, fuera de peligro, acabaron sirviendo al esfuerzo bélico de una forma u otra: como enfermeras, aguadoras, corredoras y agentes de inteligencia. Muchas les ofrecían comida, refugio y atención médica a los soldados que llamaban a sus puertas.

En todas las contiendas militares que sobrevinieron en los 150 años siguientes, los latinos contribuyeron poderosamente al esfuerzo bélico de Estados Unidos. Sirvieron por millares en la guerra hispano-estadounidense y cabalgaron con Theodore Roosevelt como parte de sus famosos Rough Riders. Dos batallones de voluntarios puertorriqueños formaron un regimiento que luego sirvió con distinción en todas las zonas de conflicto que surgieron, incluida la rebelión de los bóxers en China. Pero el mayor reclutamiento de hispanos tendría lugar durante la primavera de 1917, cuando unos doscientos mil hispanos, la gran mayoría, estadounidenses de origen mexicano, fueron movilizados para luchar en la Primera Guerra Mundial. Debido a que ante la ley contaban como estadounidenses blancos, se los integró a las fuerzas regulares a lo largo de los diferentes frentes de batalla. Asimismo, dieciocho mil puertorriqueños carentes de esa distinción racial se enlistaron en regimientos segregados de infantería que custodiaron instalaciones de importancia en el Caribe y la zona del Canal de Panamá, en espera de que los enviaran a los campos de batalla. Ese momento nunca llegó: antes de que pudieran embarcar hacia Europa, el 11 de noviembre de 1918 se alcanzó un armisticio que puso fin a todos los combates.

• • •

AMERICANS ALL! Let's fight for victory! ¡AMERICANOS TODOS! ¡Luchemos por la victoria!
—León Helguera, cartelista mexicano-estadounidense, 1942

Llegada la Segunda Guerra Mundial, momento en que la población hispana había crecido considerablemente, más de medio millón de latinos sirvió en el esfuerzo militar de Estados Unidos en el extranjero. Según algunas fuentes, el sesenta por ciento de los varones hispanos nacidos en Estados Unidos, de edades comprendidas entre los dieciséis y los veintidós años, sirvió en los campos de batalla. Sin embargo, nunca llamaron a filas a muchos que también estaban dispuestos a luchar: por ejemplo, los 350.000 puertorriqueños, todos ciudadanos estadounidenses, que se presentaron en las oficinas de reclutamiento en tiempo de guerra, de entre quienes sólo admitieron a filas a 65.000. En el continente, millones de latinos más, incluido mi padre ingeniero, trabajaron en fábricas que producían material de guerra: turbinas, bombas, paracaídas, instrumentos de navegación, adaptadores para bombas de racimo. De hecho, la imagen icónica que representa a Rosie la Remachadora como una mujer blanca es engañosa: la mayoría de las mujeres que trabajaba en turnos agotadores de ocho horas ininterrumpidas en las fábricas de guerra de Estados Unidos eran mujeres de color.

Las cifras exactas son difíciles de calcular, además de inexactas, ya que el subregistro era generalizado y el censo de Estados Unidos y el propio ejército estaban más preocupados por contar a los negros (con fines segregacionistas) que a una etnia tan diversa y confusa. Las opciones que ofrecían las listas militares eran: "Blanco", "Negro" y "Otro". A menudo los latinos marcaban "Blanco", considerando que lo eran. En su defecto, los empleados en el reclutamiento escribían lo que veían, dependiendo de sus propios prejuicios, marcando de vez en cuando "Otro" y registrando a alguien como "mexicano" de forma arbitraria. Las dificultades pueden constatarse en la experiencia de la familia Botello. Los cinco hermanos, tejanos que militaron en el ejército o la marina, cuyos fenotipos se registraron oficialmente en 1945 y 1946, tras ser dados de baja, de la siguiente forma: el primer hermano fue inscrito por el secretario como "mexicano"; los tres siguientes, como "blancos"; el quinto, como "español". Hoy en día, estas categorizaciones caprichosas siguen atormentando a demógrafos, responsables de políticas públicas, historiadores e incluso a los propios hispanos. Como dijo un veterano: "Nací estadounidense en Fort Stockton, Texas, pero me llamaban mexicano. Y cuando empezó la guerra me convertí en blanco".

A pesar de toda la confusión, los registros militares muestran que los soldados con apellidos hispanos estuvieron ampliamente representados tanto en el Pacífico como en Europa. Miles murieron en los campos de exterminio de Italia o en defensa de los territorios del Pacífico Sur. Valorados por sus habilidades lingüísticas, muchos acabaron sirviendo en Filipinas, donde se entendía el español. De hecho, los legendarios Bushmasters (158º de Infantería), batallón de combate que luchó contra los japoneses en Filipinas, eran en su mayoría mexicanos e indígenas de Arizona, entrenados en las selvas de Panamá para combatir en las junglas del sudeste asiático. Acabaron siendo una fuerza tan audaz que el general Douglas MacArthur dijo de ellos: "Nunca se ha desplegado para la batalla un mejor equipo de combate". Pero también hubo casos donde la diplomacia sirvió tanto como el valor: al infante de marina estadounidense Guy Gabaldon, desplegado en las islas Marianas, el japonés fluido que había aprendido en su barrio racialmente diverso —parte latino, parte asiático— del este de Los Ángeles le dio una ventaja vital cuando, sin ningún tipo de ayuda, atrajo, engatusó y capturó a 1.500 soldados japoneses con cigarrillos, caramelos y amenazas ficticias de que estaban rodeados por fuerzas de Estados Unidos, lo cual le valió a este joven de dieciocho años el apodo de "Flautista de Hamelín de Saipán".

Para el sargento primero Macario García, mexicano indocumentado que había trabajado junto a sus padres en los campos de algodón de Texas, el sentido del deber hacia su país adoptivo le valdría honores nunca antes alcanzados por un latino. A pesar de su estatus no oficial, García se enroló en el ejército, se unió a la compañía Bravo y lo enviaron a la guerra, pero resultó gravemente herido el Día D, 6 de junio de 1944, cuando las fuerzas aliadas desembarcaron en las bien defendidas playas de Normandía, Francia, dando inicio a la tan esperada invasión de la Europa ocupada por los nazis. Cuatro meses después, tras su recuperación, los médicos le aconsejaron prudencia, pero García insistió en servir como cualquier otro soldado. Cuando se le ordenó eliminar dos bases de ametralladoras enemigas mientras su regimiento avanzaba hacia Alemania, logró despejar el primero, pero el segundo abrió fuego y lo acribilló a balazos. A pesar de las heridas, García cargó él solo contra el segundo puesto, mató a la mitad de los alemanes que había en él y tomó prisioneros a los demás soldados. Por haber logrado alcanzar los objetivos de su unidad a pesar de las dificultades físicas, el presidente Harry S. Truman le concedió el Corazón Púrpura y la Estrella de Bronce, y lo convirtió en el primer mexicano en recibir la más alta condecoración militar de Estados Unidos, la Medalla de Honor del Congreso.

Cuando terminó la guerra, García intentó entrar en un restaurante en Richmond, Texas, pero se lo impidieron y le negaron el servicio. García respondió al insulto, se produjo una violenta pelea y el dueño del restaurante lo golpeó con un bate de béisbol. Gravemente herido, García fue trasladado a la comisaría local, acusado de agresión, encarcelado y puesto en libertad bajo fianza a la mañana siguiente. Sobrevivió a la indignidad, a pesar de que el estado de Texas lo señaló como agresor, y archivó el incidente como otro desaire racista. Cuando se convirtió en ciudadano estadounidense, García empezó a trabajar como asesor de la Administración de Veteranos en Houston. Pero la humillación le escocía.

Casi dos décadas después, García y varios veteranos hispanos de Houston fueron invitados a asistir a una elegante gala de derechos civiles en honor de John F. Kennedy. El presidente habló de las vibrantes contribuciones de los hispanos al país; la primera dama, Jacqueline Kennedy, agradeció a los veteranos en su fluido español. García se vio estrechándole la mano a un presidente por segunda vez y recibiendo de nuevo el reconocimiento por su servicio. Afirmó que nunca olvidaría el momento, pero no tuvo mucho tiempo para saborearlo: la tarde siguiente asesinaron a Kennedy en Dallas y el país se sumió en el luto. El propio García no llegó a la vejez; murió en un accidente automovilístico nueve años después. El ejército, que siempre había alabado su servicio, lo enterró con todos los honores militares. Con el tiempo, en los más ilustrados años ochenta, la ciudad de Houston, cuyas leyes habían prohibido terminantemente que personas como Macario García pusieran un pie en sus establecimientos "públicos", bautizó con su nombre un anodino tramo de calle del antiguo barrio mexicano.

• • •

Los hispanos lucharon en los campos de batalla de la Segunda Guerra Mundial en números sin precedentes, y un número similar luchó en la Guerra de Corea, conflicto mucho menor, lo que ilustra su continua proliferación en las zonas de guerra estadounidenses. Fueron 180.000 los soldados que defendieron los baluartes en aquella guerra olvidada, sobre la cual no se informó lo suficiente, y representaban un arco iris sorprendentemente diverso de estadounidenses: mexicano-estadounidenses cuyas familias habían vivido en el suroeste durante cientos de años, así como ciudadanos mexicanos que vivían y trabajaban en Estados Unidos. También había puertorriqueños, cubano-estadounidenses y otros muchos provenientes de lugares remotos del país. Los de origen mexicano representaron el diez por ciento de las fuerzas de combate, aunque en aquella época los estadounidenses de origen mexicano representaban menos del cuatro por ciento de la población del país. Siempre en primera línea, los hispanos solían sufrir el mayor número de bajas. Una décima parte de todas las bajas de Estados Unidos en la Guerra de Corea fueron soldados mexicano-estadounidenses, lo que los convirtió en el tercer grupo más numeroso —después de los surcoreanos y los estadounidenses no hispanos— en perder la vida o sufrir heridas calamitosas en aquella brutal guerra. De nuevo, es muy posible que esas cifras fueran incluso mayores, ya que muchos hispanos se enrolaron con nombres anglosajones —Raúl Álvarez Castillo, por ejemplo, firmó como Ralph Castle—, eludiendo la contabilización como hispanos.

• • •

Durante la guerra de Vietnam, un barrio mexicano-estadounidense de bajos ingresos en San Antonio sufrió 54 bajas, uno de los índices más altos registrados en un distrito escolar. Todos menos tres de los 54 eran latinos.

—Deborah Paredez, poeta mexicano-estadounidense,
hija de un veterano de Vietnam, 2018

Al estallar la guerra de Vietnam en los años sesenta, apenas una década después de los campos de exterminio de Corea, era evidente que la población hispana de hombres jóvenes se había convertido en un rico campo de reclutamiento para el ejército de Estados Unidos. El "conflicto de Vietnam", como se lo llamó eufemísticamente al principio, fue una guerra librada por los pobres y la clase trabajadora. Mientras que los hijos de las clases media y alta iban a la universidad y protestaban en manifestaciones contra la guerra, los hijos de los indocumentados, los desempleados, los vendimiadores, los pobres del gueto, los trabajadores del acero, los luchadores y los aparceros se inscribían en los centros de reclutamiento para que los enviaran a los arrozales de Indochina. En líneas generales, la población hispana era joven y de bajos ingresos. Asimismo, la mayoría de los soldados estadounidenses que lucharon en Vietnam eran muy jóvenes, con una edad media de poco más de diecinueve años, a diferencia de la edad media de los soldados participantes en la Segunda Guerra Mundial, que era de veintisiete años. Es importante señalar que la mayoría de los latinos reclutados se presentaron al llamado al servicio sin eludirlo, buscar aplazarlo o escabullirse cruzando la frontera con Canadá.

Según informes oficiales, ochenta y tres mil hispanos sirvieron en todas las ramas del ejército durante la guerra de Vietnam, aunque esa cifra resulta una burda subestimación dada la habitual dificultad del conteo. Una cosa sí sabemos: el Pentágono no se molestaba en contar a los hispanos, documentar dónde servían o contar cuántos estaban siendo sacrificados a la arrogancia política que prevalecía en la implacable trilladora de jóvenes estadounidenses de Washington. Aun así, las cifras existentes —por poco representativas que sean— dan cuenta de que los soldados latinos sufrieron más bajas que la proporción de su etnia en la población total. Esto no es una sorpresa. Sabemos que en los años sesenta y principios de los setenta las juntas directivas del Servicio Selectivo, compuestas en su mayoría por hombres blancos de clase media y mediana edad, se inclinaban por enviar a hombres de bajos ingresos (blancos pobres y personas de color) a la carnicería de aquella lejana guerra. En el suroeste, donde vivía la mayoría de los jóvenes latinos, apenas se concedieron aplazamientos al llamado al servicio. En primer lugar, porque éstos no eran una posibilidad para quienes abandonaban la escuela secundaria, usualmente mexicano-estadounidenses de bajos ingresos. Tampoco estaban disponibles para los jóvenes que no estuvieran matriculados en la universidad.

Dicho lo anterior, los hispanos *querían* servir en la guerra de Vietnam, y querían ir a los frentes más vulnerables de la guerra. Llamémoslo machismo o ingenuidad, pero éstos tendían a buscar la acción, la emoción de la batalla, poner a prueba su temple. Por esa razón, a menudo se enlistaban —como siguen haciendo hoy en día— en el Cuerpo de Marines de Estados Unidos, donde los peligros eran más extremos. Del mismo modo que los negros estadounidenses creían que su voluntad de servir en la Segunda Guerra Mundial les otorgaría una "doble victoria", al conseguir en su país todos los derechos de un ciudadano, los hispanos se enlistaron en la guerra de Vietnam voluntariamente —con entusiasmo— con la clara intención de demostrar su patriotismo y cuán estadounidenses podían llegar a ser. Un soldado mexicano contó que, cuando algún latino novato llegaba a un pelotón, los reclutas blancos se burlaban de él por ser tan cabeza hueca como para ofrecerse como *voluntario* para servir en aquella guerra perversa.

Uno de los más ansiosos por embarcarse hacia Indochina fue el sargento de primera clase Jorge Otero-Barreto, posteriormente conocido como el "Rambo puertorriqueño", el soldado más condecorado en la guerra de Vietnam. Otero nació en el pueblo de Vega Baja, en Puerto Rico, donde se graduó como bachiller, y estudió biología en la Universidad de Puerto Rico. Sin embargo, en 1959, justo antes de ingresar en la Facultad de Medicina en Madrid, cambió de opinión, se enroló voluntariamente en el Ejército de Estados Unidos y recibió entrenamiento en la Escuela de Asalto Aéreo, en Fort Campbell, Tennessee. Comenzó su servicio en 1961 como asesor, entrenando a las tropas de Vietnam del Sur, pero su experiencia y fervor acabaron por empujarlo a la zona de combate. Durante los cinco años que estuvo en tierras vietnamitas, de 1961 a 1966, cumplió el récord de cinco turnos de servicio, participó en doscientas misiones de combate y recibió treinta y ocho medallas por su valor y liderazgo. Era un hombre muy querido por sus tropas, universalmente reconocido como guerrero valiente y gran maestro, el tipo de comandante que predicaba con el ejemplo y se enfrentaba a los peligros antes de ordenarle a un soldado que se metiera en la brega.

El sargento "Rock", como también se le llamaba, alcanzó su mayor logro en la batalla de Phuoc Yen, en la primavera de 1968, cuando astutamente ideó y empleó la "maniobra del cordón" para rodear y atrapar a la Novena División, la unidad más temida y recalcitrante del ejército norvietnamita. Haciendo "hablar" a sus ametralladoras —disparando cartuchos desde numerosos puntos a lo largo de la periferia de una zona para sembrar el terror en el enemigo—, hizo retroceder a la Novena División hasta un callejón sin salida formado por un meandro del río Song Bo. Otero-Barreto siguió luego con fuego de artillería desde la orilla trasera. Un pelotón de unos cincuenta hombres enfrentó a una gigantesca fuerza de cerca de mil combatientes y al cabo de tres días de batalla logró, bajo las órdenes de Rock, la mayor rendición en masa de soldados vietnamitas en la historia de la guerra. A fin de cuentas, era puertorriqueño, boricua, "de la tierra de los señores valientes", según el vocablo taíno que designa a Puerto Rico.

En celebración de tan extraordinario valor e ingenio, veteranos y políticos presionan hoy para que se le otorgue a este anciano de ochenta y siete años la Medalla de Honor que debería haber recibido hace tiempo. Otros han hecho mucho menos para ganar esa presea. Pero Otero-Barreto desprecia las palabras bonitas. "Un guerrero no se ama a sí mismo", dice. "Un guerrero es alguien más allá de sí mismo, dispuesto a dar la vida por su pueblo". Hace una pausa y añade: "Yo era un *soldado* orgulloso de su pueblo". *Orgulloso de su pueblo.* Hablar con Otero-Barreto mientras está tumbado sin camisa en su hamaca en una calurosa y lánguida tarde puertorriqueña es un poco como hablar con un animal inquieto: un pájaro, quizás, o un zorro. Mira a un lado y a otro mientras su entrevistadora habla, condicionado como una fiera a estar alerta a cualquier sonido, cualquier sombra. Es también la quintaesencia del depredador, anticipando el olor de un enemigo más débil. "¿Lo ves? *¿Ves* eso? ¿Ves lo que estoy haciendo?", pregunta, súbitamente consciente de la inquietud que sus movimientos nerviosos producen en su interlocutora. "¿Ves mi mente? Si algo se mueve, me muevo yo. ¿Algún sonido? Lo oigo".

El Dr. Martin Luther King Jr., un líder también orgulloso de su pueblo, observó en una ocasión que "Vietnam fue una guerra de blancos, pero una lucha de negros", y las cifras militares —bastante exactas con relación a los negros— demuestran que el Dr. King estaba en lo cierto. Los afroestadounidenses ocuparon el treinta y uno por ciento de los batallones de combate terrestre en la guerra y representaron el veinticuatro por ciento de las víctimas mortales, a pesar de que sólo constituían el doce por ciento de la población. No pasó mucho tiempo desde que las estadísticas de muertes en Vietnam comenzaron a acumularse y el público empezara a darse cuenta de las diferencias raciales para que Ralph Guzmán, profesor de la Universidad de California en Santa Cruz, empezara a sospechar que el número de muertes entre los hispanos estaba infrarreportado, dada no sólo la propensión del sistema a desestimar a los mexicano-estadounidenses, sino también la confusión en cuanto al color de la piel entre los propios hispanos. Había que ampliar la sentencia del Dr. King: la guerra de Vietnam también fue una lucha de hombres morenos. Una ruleta mortal tanto para los latinos como para los negros. Tres cosas eran seguras: se echaba a los mexicanos en el mismo costal que a los blancos, se confundía a los afrolatinos con los negros y se relegaba al olvido la verdad sobre los índices de mortalidad hispanos. El profesor Guzmán se propuso demostrar que una contabilidad más científica y exhaustiva podría revelar los auténticos sacrificios que estaban haciendo los latinos estadounidenses.

En 1969 ya había calculado algunas verdades. El 8 de octubre de ese año, Edward R. Roybal, congresista mexicano-estadounidense por

California, introdujo la investigación de Guzmán en el *Registro del Congreso*. El representante explicó que, al no disponer de informes oficiales creíbles, Guzmán se había propuesto recopilar con meticulosidad los hechos por su cuenta. Enfocándose en las zonas donde los mexicano-estadounidenses, la mayoría de los latinos en ese momento, estaban más densamente concentrados: Arizona, Colorado, Nuevo México, Texas y California (como haría la Oficina del Censo un año después), Guzmán y su equipo de investigadores habían calculado el número de bajas registradas en esos estados en relación con su población hispana. La investigación concluyó en 1970, y en 1971 el Consejo Nacional de La Raza, que se había fundado cuatro años antes para luchar contra la discriminación de los hispanos estadounidenses y mejorar sus circunstancias, los publicó. Los hallazgos del profesor Guzmán revelaban algo muy distinto de lo que afirmaba el Pentágono.

El informe del profesor Guzmán indica que entre 1961 y 1969 las bajas en la guerra de Vietnam entre los mexicano-estadounidenses fueron más de un cincuenta por ciento superiores a la proporción que los mexicano-estadounidenses representaban en el conjunto de la población del país. Esto era algo que los barrios latinos del suroeste sabían demasiado bien. Se asesinaba a sus jóvenes en cantidades desproporcionadas. Podían verlo con sus propios ojos en sus comunidades: los constantes golpes en las puertas, los padres llorando, los ataúdes arropados en banderas. En aquella época, los latinos constituían tan sólo el doce por ciento de la población de Estados Unidos, pero, según Guzmán, sus hijos representaban el veinte por ciento de las víctimas mortales, muy superior a lo que afirmaba el Pentágono. Cuatro veces superior, de hecho. Guzmán había revelado que, en el trágico e imposible enfrentamiento de Estados Unidos con Vietnam del Norte, los negros y los latinos estaban siendo acribillados a un ritmo mucho mayor que el de cualquier otro estadounidense. Los ubicaban en las primeras líneas del frente de batalla, la carne de cañón, los desechables, y los sacrificaban en mayor número que al resto de la población. Los blancos, por su parte, contribuían menos de lo que les correspondía.

La situación tiene que estar muy mal cuando hay que demostrar lo que les era obvio a las familias hispanas; sin embargo, antes de que Roybal se lo dijera al Congreso, ya Guzmán lo había demostrado. Había recopilado las cifras, mostrado las discrepancias. Pero nadie pareció prestarle atención a ninguno de los dos, ni a Roybal ni a Guzmán. Casi treinta años más tarde, en 1995, una historia de las estadísticas militares en Indochina da cuenta de las desproporcionadas muertes de negros "y otras minorías" estadounidenses en Vietnam. Los muertos latinos habían sido borrados. Esa supresión se resume en las páginas finales del icónico y premiado relato de la guerra publicado en 1977 por Michael Herr, *Dispatches*. Herr cierra el libro con una descripción de él sentado en el vestíbulo principal del aeropuerto de Tan Son Nhat, en Saigón, a la espera de que termine un insoportable turno de servicio como reportero de guerra. Al alzar la vista, ve el grafiti de un soldado que se marcha en la pared frente a él. Dice: "Mendoza estuvo aquí. 12 Sept 68. Texas". Y al lado: "Píntame ausente". Es la única referencia de Herr a un hispano en su, por lo demás perspicaz, retrato de la guerra.

• • •

En la actualidad, casi el veinte por ciento del personal militar del país se identifica como latino; y entre las mujeres soldado las latinas representan una proporción aún mayor. El dieciocho por ciento del Cuerpo de Marines de Estados Unidos es hispano. El aumento de la representación ha sido especialmente dramático desde las guerras de Afganistán e Irak, donde todos los servicios militares reclutaron con avidez a personal latino. Sus esfuerzos se vieron recompensados. Los hispanos se enrolaron con ganas en turnos de servicio, empezando por la Operación Tormenta del Desierto, donde participaron veinte mil combatientes latinos en 1990. Diez años después, tras el efecto motivador del ataque de Al Qaeda en suelo estadounidense, el Cuerpo de Marines presentó un informe sobre su plan estratégico para reclutar más soldados de este segmento de la población. Presentado ante el personal de formación de todo el cuerpo, dicho informe es explícito con respecto al interés por el soldado latino:

A medida que la población hispana ha ido creciendo, también lo ha hecho su representación en el ejército, especialmente en el Cuerpo de

Marines. Los datos muestran que los hombres y mujeres jóvenes hispanos tienen una mayor propensión al servicio activo (es decir, dicen que les interesa enlistarse en el ejército) que los jóvenes no hispanos. El interés de los hispanos por el servicio militar y su altos índices de movilización han sido buenos para el Cuerpo de Marines. Los reclutas hispanos tienen más probabilidades que los reclutas de otras razas o etnias de completar el entrenamiento y el primer período de servicio, incluso después de controlar otras diferencias. Aunque no hemos investigado el éxito de los reclutas hispanos en otros servicios, no creemos que su comportamiento difiera significativamente del de los hispanos en el Cuerpo de Marines. Por lo tanto, los aumentos esperados en la joven población hispana deberían de ser una buena noticia para todos los Servicios.

Sin duda eran buenas noticias para los reclutadores. En 2004, sólo un año después de iniciada la "Guerra Global contra el Terror" y poco después de celebrar el 4 de julio, el presidente George W. Bush pudo declarar ante una audiencia mayoritariamente hispana: "Unos ochenta y cinco mil latinos sirvieron en la Operation Enduring Freedom [Operación Libertad Duradera] y en la Operation Iraqi Freedom [Operación Libertad Iraquí]. Más de cien dieron la vida. Más de cuatrocientos resultaron heridos en combate. Nuestra nación nunca olvidará su servicio y su sacrificio por nuestra seguridad y nuestra libertad". Unos años más tarde, en 2007, con el motor del reclutamiento del complejo militar–industrial resoplando a toda máquina, había casi doscientos mil soldados hispanos sirviendo al país en algún rincón del mundo, y casi un millón y medio de veteranos hispanos vivos, tras haber luchado en multitud de guerras y escaramuzas desde la Segunda Guerra Mundial. Aun así, catorce legisladores del 110° Congreso se lamentaban de que no se apreciara a los soldados hispanos. "Considerando que las contribuciones de los hispanos a las Fuerzas Armadas de Estados Unidos no han sido en gran parte reconocidas en la historia estadounidense", afirmaba la resolución del Congreso, ésta pedía que, "Ahora, por lo tanto, la *Cámara de Representantes Resuelve (con la aprobación del Senado)*

[...que] el Congreso reconozca a los miembros hispanos de las Fuerzas Armadas por su valor en el campo de batalla a lo largo de la historia de Estados Unidos, así como por su determinación, disciplina, servicio desinteresado y patriotismo".

La mirada de los militares siguió puesta en la carne de cañón, no en ascender a los latinos en la cadena de mando. Parecía que nadie buscaba líderes entre las multitudes de hispanos que se incorporaban al servicio, a pesar de que para entonces docenas de medallas de honor del Congreso engalanaban pechos hispanos. No. Aunque el Congreso alababa el valor, la dedicación y la excelencia de los militares latinos, sólo había cuatro altos oficiales hispanos en las fuerzas armadas. Entre 1995 y 2016, sólo uno ascendió a general de tres estrellas, a pesar de que el número de oficiales hispanos se duplicó hasta alcanzar varios miles durante el mismo periodo. En el momento de escribir este libro, casi dos décadas después de esa resolución del Congreso, no hay ni un solo general hispano de cuatro estrellas en servicio activo. Sólo hay cuatro oficiales hispanos en los peldaños superiores del Ejército de Estados Unidos. Y en los rangos superiores, por debajo de éstos, representamos un mísero dos por ciento. ¿A qué se debe? Algunos argumentarán que no hay suficientes profesionales titulados, requisito para el nombramiento y ascenso de la mayoría de los oficiales. Otros dirán que quienes ocupan los puestos más altos en la cadena de mando constituyen camarilla que tiende a atraer a sus amigos. Las estadísticas no mienten: la élite del ejército es abrumadoramente blanca. En realidad, casi el noventa y siete por ciento de los mandos de las fuerzas armadas es blanco, a pesar de que los blancos no hispanos representan poco más de la mitad de la población de Estados Unidos. A todos los estadounidenses debería de preocuparles que hayan tenido que pasar 246 años de historia para que el primer oficial no blanco del Cuerpo de Marines de Estados Unidos recibiera la cuarta estrella. Ese honor llegó por fin a finales de 2022, cuando el muy consumado general afroamericano de los Marines Michael E. Langley alcanzó ese hito histórico. Hoy en día, entre los casi mil soldados de Estados Unidos que han alcanzado la categoría de cuatro estrellas en todas las ramas del ejército de Estados Unidos a lo largo de la historia, podemos contar menos de veinte negros. Sólo un hispano ha recibido ese honor desde los albores de este país: el general del ejército estadounidense Richard E. Cavazos, que obtuvo dos Cruces de Servicios Distinguidos por su heroísmo durante las guerras de Corea y Vietnam y se convirtió en jefe del Mando de las Fuerzas Armadas de Estados Unidos (FORSCOM, por sus siglas en inglés) al ascender a la categoría de cuatro estrellas en 1982. Se retiró dos años después.

Otro argumento es que el mito del hispano lerdo y vago, impuesto a lo largo de la historia de Hollywood, está grabado en la mente de los estadounidenses. Sin duda estuvo presente en mi época, durante la guerra de Vietnam. Un coronel latino condecorado —el primer piloto estadounidense derribado sobre territorio del Vietcong, un Marine que estuvo prisionero por más de ocho años en el brutal "Hanoi Hilton"— cuenta que se empeñó en defender a latinos excepcionalmente brillantes, jóvenes y talentosos que los aviadores blancos de mayor rango habían rechazado. Mi propia observación a partir de los soldados que entrevisté para este libro es que los mismos atributos que hacen que los latinos sean útiles para el ejército —su lealtad, su voluntad de luchar en el frente y aceptar las tareas que se les asignan— son con demasiada frecuencia obstáculos para su propio ascenso. "Creo que forma parte de la mentalidad machista", afirma el general retirado Albert Zapanta, antiguo soldado de los Servicios Especiales en Vietnam. "Somos una cultura guerrera. Nunca queremos que nos vean débiles", así que como grupo los latinos se enfocan más en la acción que en escalar posiciones. "Saltamos de aviones", dice Zapanta, "nos metemos a Rangers, hacemos todo el trabajo duro, pero a la hora de la verdad no es así como te conviertes en general".

En resumen, los latinos no se incorporan al ejército para engrandecerse ni obtener beneficios personales. Puede que anhelen elevar su posición en el gran sueño americano, mejorar la vida de sus familias, llevar a sus hijos al siguiente peldaño, demostrar su lealtad al país, pero —quizás en detrimento propio— no tienden a elaborar estrategias para ascender a través del intrincado y sumamente politizado laberinto del complejo militar. Sólo una masa crítica puede cambiar esa situación.

PRODUCTORES

> La narrativa dominante es que quitamos puestos de trabajo, espacio,
> educación, etcétera. En realidad, somos dadores. Dimos nuestra tierra.
> Damos trabajo. Contribuimos. Le dimos nombre a gran parte de este
> país. Somos lo contrario de lo que ustedes creen que somos.
>
> —Mónica Ramírez, defensora de derechos humanos
> mexicano-estadounidense, Ohio, 2021

Los latinos son las personas con más empleo en Estados Unidos. El
trabajo es el aire que respiramos, el credo según el cual vivimos. Eso
no significa que tengamos los trabajos más envidiables ni los ingresos más altos. Más bien al contrario. Tenemos la mayor tasa de empleo —mayor que cualquier otra raza o etnia del país— precisamente
porque muchos estamos dispuestos a hacer el trabajo que nadie más
quiere. La mitad de los trabajadores del campo y del mar en este país
son hispanos, al igual que los obreros de la construcción, los equipos
de limpieza y mantenimiento, los trabajadores domésticos y los mi-
neros. Ocupamos más de una cuarta parte de los puestos de trabajo
en cocinas, servicios y transporte. En California, el estado que más
comestibles frescos produce en el país, el noventa y dos por ciento
de todos los trabajadores son latinos y latinas. Ponemos comida en la
mesa, alimentamos a la nación, construimos las ciudades y fregamos
hasta la última olla.

No siempre fue así. En 1990 la fuerza laboral latina activa era de unos
discretos once millones de personas. En 2020 se había triplicado hasta
casi treinta millones. La agitación política en América Latina contribuyó
sin duda a esa afluencia, tal como había sucedido desde los tiempos de la
Revolución Mexicana, pero la demanda de mano de obra en los campos
y ciudades de Estados Unidos ha sido un poderoso imán: colosal, irresistible, voraz. Incluso cuando disminuye el número de estadounidenses
blancos, asiáticos y negros dispuestos a trabajar en la construcción, el
apetito de los latinos por ese trabajo sigue en aumento, atrayendo a aspirantes a jornaleros desde el desierto de Sonora, los lejanos cañones del

valle peruano del Colca o las dispersas comunidades de exiliados venezolanos. Esta tendencia no hace más que crecer. Para 2030 se prevé que
los hispanos representen el ochenta por ciento de todos los nuevos trabajadores del país, y que su representación en la población activa ascienda
a casi cuarenta millones.

Sin embargo, aunque los latinos representen una mano de obra
estadounidense inmensa y muy empleada —algunos incluso con más
de un empleo para poder llegar a fin de mes—, no están tan empleados como podrían o querrían. Aunque parezca contradictorio, en la
última década muchos latinos registraron tasas de desempleo más elevadas que los blancos no hispanos. Hay razones para ello: en primer
lugar, la población se multiplica constantemente (sólo en la última
década los latinos han representado más de la mitad del crecimiento
demográfico global del país); en segundo lugar, la inmensa mayoría de
los hispanos que no forman parte de la población activa *quieren* trabajar, y muy posiblemente *están trabajando* en un nebuloso sector informal de empleos de baja categoría, transitorios y subreportados. Una
cosa es segura: se trata de una población joven, con un promedio de
veinticinco a treinta años de edad, momento óptimo para tener hijos.
Uno de cada cuatro niños estadounidenses es hispano y bastante más
de la mitad de los tejanos y californianos menores de dieciocho años
son hispanos. No sólo se trata de una gigantesca aglomeración de
seres humanos, sino que su número es cada vez mayor. Es una futura
fuerza laboral sin paralelo.

Gran parte de la población brega en las tierras de labranza. Los latinos
representan la mitad de todos los trabajadores agrícolas del país. Este simple hecho escapa en gran medida a la conciencia de los estadounidenses,
pero tiene enormes implicaciones para la nación. Históricamente hemos
sido una república capaz de alimentarse a sí misma, atributo vital en un
mundo donde de la noche a la mañana las fracturas políticas pueden
dejar a una población en la hambruna. Fijémonos en cómo la agresión
de Rusia a Ucrania, en pleno siglo XXI, provocó la escasez de alimentos
en todo el mundo y cómo, gracias a sus trabajadores agrícolas latinos,
Estados Unidos fue capaz de alimentar a las masas hambrientas. Esta

abundancia de alimentos es en muchos sentidos un pilar de la fuerza y resistencia de Estados Unidos, pero con demasiada frecuencia esa abundancia y su amplia gama de gestores se dan por sentadas. Sin duda, hace tiempo que el humilde peón agrícola debería de haber recibido su reconocimiento. Como declaró recientemente la revista *Foreign Policy*, los trabajadores del campo de este país —sea cual sea su nacionalidad— son los "héroes anónimos" de Estados Unidos.

La dependencia de la mano de obra latina se consolidó definitivamente durante la Segunda Guerra Mundial, cuando Estados Unidos firmó un acuerdo bilateral con México que les permitió a los mexicanos entrar libremente en el país, sustituir a los estadounidenses que se habían ido a la guerra y aliviar la escasez de mano de obra que estaba paralizando la agricultura y la industria de la construcción de Estados Unidos. El programa Bracero de "trabajadores invitados" atrajo a cuatro millones y medio de mexicanos en el transcurso de las dos décadas siguientes, resucitando con éxito la economía nacional y dejándole claro al mundo que este país no sólo estaba decidido a ser un arsenal de la democracia; también estaba empeñado en ser su despensa. Los braceros —voz que literalmente significa "los que ponen los brazos"— se consideraban precisamente eso: miembros que se podían tomar prestados a capricho de Estados Unidos, fácilmente desechables cuando resultaban inconvenientes. Los braceros desaparecieron hace tiempo; dejaron de poder cruzar la frontera legalmente en 1964, cuando la pasión por los derechos civiles alcanzó su punto álgido, la guerra de Vietnam estalló en su sangrienta ferocidad y el país volvió sus cansados ojos hacia otras preocupaciones. Con la misma rapidez con que el acuerdo había cobrado vida, llegó a su abrupto final. Sin embargo, los mexicanos, que llevaban siglos cruzando el Río Grande antes de que se pusiera en marcha el programa, siguieron llegando, y ellos y sus descendientes siguieron constituyendo el principal sustento de la abundancia y la provisión estadounidenses.

Incluso al ponerse el sol de aquellos días de los braceros, los trabajadores agrícolas del país eran en su mayoría cabezas de familia y gozaban de estatus legal en este país. Hoy son uniformemente jóvenes y en gran parte indocumentados. La mayoría son ciudadanos mexicanos, refugiados del Triángulo Norte o latinos que han vivido en el suroeste por generaciones. Tal es la cohorte que alimenta a Estados Unidos y a las muchas naciones que el país sustenta. Aun así, los trabajadores agrícolas y domésticos siguen soportando una animadversión que se remonta a la década de 1930, cuando por razones manifiestamente racistas las leyes laborales del New Deal les eliminaron la protección. Los prejuicios se han propagado a lo largo de décadas hasta llegar a nuestros días, no obstante todas las pruebas de la importancia vital de los latinos en la mesa estadounidense.

La intolerancia se hizo evidente en 2017, cuando el presidente Donald Trump les cerró bruscamente la frontera a los solicitantes de asilo. Sin embargo, su antipatía comenzó a parecer tonta y miope una vez que la pandemia de COVID-19 nos cayó encima. Trump se vio entonces obligado a declarar que los trabajadores agrícolas (y los sanitarios) formaban parte de la "infraestructura crítica y esencial" de Estados Unidos, sin mencionar que la mayoría de ellos eran migrantes e indocumentados. El cuadragésimo quinto presidente desencadenó una oleada antimigratoria como nunca se había visto en los últimos tiempos. "¿De quién es este país, en todo caso?", parecía ser su himno operativo. Sin embargo, esa frase podría haberse cantado hace mucho tiempo, en 1885, cuando uno de cada seis residentes en Estados Unidos era inmigrante. Hoy el porcentaje de nacidos en el extranjero en esta tierra es en realidad menor que entonces, aunque no se trata de cifras. Se trata del color de la piel. Los latinos, salvo unos pocos, no se parecen a los europeos del norte —las hordas, incluido el abuelo de Trump, Friedrich Heinrich— que asaltaron nuestras puertas en 1885. Pese a ello, los latinos están haciendo el mismo trabajo y más que los inmigrantes de entonces.

A estas alturas ya deberíamos de saber que fueron los trabajadores latinos quienes siguieron saliendo a hacer lo suyo durante la pandemia del COVID, manteniendo al país alimentado y servido, mientras el resto de nosotros nos encerrábamos en casa y visitábamos los bancos de alimentos cuando las estanterías de los supermercados quedaban vacías.

Enfrentados a un virus furioso, de cara a un torrente de productos fito-sanitarios, con equipos de trabajo reducidos y expuestos a grandes ries-gos laborales, los trabajadores hispanos mantuvieron a raya una crisis alimentaria en toda regla. Los enfermeros y auxiliares hispanos se en-cargaron de que funcionaran los hospitales, las clínicas y las unidades de vacunación. Y pagaron el precio por ello, al morir a causa del virus en cantidades sin precedentes. Mírese por donde se mire, esos trabajadores han demostrado ser tan esenciales para la seguridad nacional hoy como lo fueron los braceros en 1942. Sin embargo, hasta la fecha no han reci-bido el reconocimiento que merecen.

En cambio, la imagen más asociada a los mexicanos en el imaginario popular es el omnipresente "hombre dormido" que se echa una siesta debajo del sombrerote con una botella vacía a los pies. También lo son el huidizo personaje de dibujos animados, el poco fiable roedor Speedy Gonzales, y Frito Bandito, con sus dientes de oro y barba incipiente, que le roba comida a la gente a punta de pistola. Ni siquiera hace falta pre-guntarse por la mujer mexicana, que según Hollywood es una vampiresa hipersexuada o bien una anciana que friega el suelo de rodillas. No im-porta que estas fabricaciones populares estén en contraposición directa con el mexicano-estadounidense trabajador y honrado que a lo largo de la historia ha sido la fuente de sustento de Estados Unidos. El gurú de la comida Anthony Bourdain, en una entrada de su blog antes de su prematura muerte, resumió esta actitud estadounidense decididamente bifronte:

> Consumimos nachos, tacos, burritos, tortas, enchiladas, tamales y cualquier cosa que parezca mexicana en enormes cantidades. A pesar de nuestras actitudes ridículamente hipócritas hacia la inmigración, exigimos que los mexicanos cocinen un gran porcentaje de la comida que comemos, y cultiven los ingredientes que necesitamos para hacer esa comida. Como les dirá cualquier chef, toda nuestra economía de servicios —el negocio de los restaurantes tal como lo conocemos y la comida en la mayoría de las ciudades estadounidenses— se derrumba-rían de la noche a la mañana sin los trabajadores mexicanos.

CONSTRUCTORES

Trabajaban / Nunca llegaban tarde / Nunca replicaban / cuando los
insultaban / Trabajaban / Nunca se tomaban días libres /
Trabajaban... Trabajaron / y murieron/
Murieron arruinados / Murieron endeudados / Murieron sin nunca darse
cuenta

—Pedro Pietri, poeta nuyorican, 1973

El tema del héroe anónimo persiste en el sector de la construcción estadounidense, donde uno de cada tres trabajadores es hispano. Entre 2010 y 2020, cuando el mundo salía de la crisis financiera mundial, el número de latinos empleados en el sector de la construcción creció en más del cincuenta por ciento, una expansión tan exuberante que hoy lo más probable es que un trabajador de la construcción en Estados Unidos sea varón, hispano y nacido al sur del Río Grande. También tiene más probabilidades de que le roben el sueldo o de morir en el trabajo.

A principios de esta década había casi cuatro millones de hombres y mujeres latinos —indocumentados en gran medida— que prestaban su fuerza y arriesgaban sus vidas para forjar las ciudades y los suburbios, las autopistas y las carreteras rurales de Estados Unidos. En ciudades de todo el país, especialmente del suroeste, las zonas residenciales y los rascacielos construidos por manos latinas parecían proliferar de la noche a la mañana. Pero con ellos han surgido depredadores. Al igual que los trabajadores del campo, los obreros de la construcción suelen ser indocumentados y, por consiguiente, susceptibles de victimización, robo de salarios y malas condiciones de trabajo. Sólo en Texas, del medio millón de trabajadores de la construcción, la mayoría carece de papeles. Para poner esto en perspectiva, de los veintiún millones de inmigrantes de origen hispano recién llegados al país hoy en día, aproximadamente un tercio son indocumentados.

La mayoría de los indocumentados lleva más de quince años viviendo y trabajando aquí, pero son reacios a quejarse y temen solicitar un estatuto legal, ya que para ellos identificarse, incluso en una solicitud, puede ser motivo suficiente para la deportación. Por eso persiste el fenómeno de los trabajadores latinos sin papeles. Algunos son activos en sus comunidades, tienen hijos en las escuelas locales y encuentran trabajo estable con contratistas establecidos. Otros encuentran trabajitos a través de redes de intermediarios. Otros, los menos calificados, se reúnen en las esquinas para ofrecerse como jornaleros a quien quiera recogerlos, exponiéndose a accidentes y, con demasiada frecuencia, a abusos o explotación. Pero todos viven en un limbo legal, con escaso acceso a protección. Cuando las cosas andan mal, tienen muy pocos recursos para enmendarlas.

Cualquier habitante de una gran ciudad estadounidense puede ver a estos obreros, si se toma la molestia de mirar. Se les encuentra en las calles descargando bloques de cemento de altísimas grúas, sosteniendo taladros neumáticos saltarines, cargando pesados maderos al hombro como si fueran modernos atlas, abriéndose paso a lo largo de los tablones de algún rascacielos. En la capital del país, donde vivo, a menudo me sorprenden las jerarquías tan evidentes que se estructuran en estos escenarios: los hispanos recién llegados que hablan español realizan el trabajo pesado, los capataces afroestadounidenses dan las órdenes y los ingenieros blancos, con sus portapapeles, lápices y cascos relucientes, controlan el trabajo. Al mediodía los jefes se van a los restaurantes locales, mientras que los hispanos se apiñan alrededor del baúl de un carro donde un grupo de latinas emprendedoras vende tamales calientes y sirven con cucharones la sopa de una olla enorme.

Por contradictorio que parezca, no es raro que los trabajadores más veteranos de entre ellos vivan cómodamente en barrios de ingresos medios. Uno de cada tres hispanos indocumentados en Estados Unidos es propietario de su vivienda. En conjunto, pagan doce mil millones de dólares al año en impuestos locales y federales, por lo que no afectan los presupuestos gubernamentales, pues pagan tanto en impuestos como lo que consumen en prestaciones —a menudo, pagan incluso más. Sin embargo, el miedo a la deportación se traduce en timidez a la hora de protestar si un empleador inescrupuloso se niega a pagarles sus salarios, si son víctimas de abusos sexuales en el trabajo o si un familiar sufre un accidente —incluso mortal— debido a una negligencia en el lugar de trabajo. Los trabajadores hispanos en este país han enfrentado injusticias a lo largo de la historia, desde principios del siglo XX, cuando decenas de miles de mexicanos fueron traídos a trabajar en los campos de Estados Unidos o como *traqueros*, tendiendo vías para construir los ferrocarriles de la nación. La versión actual de la difícil situación de los obreros indocumentados de la construcción se refleja magistralmente en el impactante documental de Chelsea Hernández nominado a los premios Emmy, *Building the American Dream* (2019), una mirada a vidas que se encuentran en peligro —financiero y mortal— por el trabajo que realizan.

La película comienza con Roendy Granillo, un fornido obrero de veinticinco años mientras lo trasladan a toda velocidad a un hospital, con una temperatura de 110 grados (43 °C) y un fallo agudo de los órganos. Había estado levantando pesadas vigas en el calor extremo de un verano de Dallas cuando, un rato después de haber comenzado su turno de diez horas, le comunicó a su capataz que no se sentía bien. No le hicieron caso. Tras su muerte, sus padres, devastados, albergan el ardiente deseo de honrar su memoria y aclarar lo sucedido.

Unas semanas más tarde los Granillo, con un grupo de activistas, le ruegan al Ayuntamiento de Dallas que legisle lo que parecería lo mínimo en un entorno laboral humano: una pausa de diez minutos para beber agua cada cuatro horas. Pero el "milagro de Texas" está en marcha: un auge masivo de la construcción donde mandan las empresas, y el Estado les ofrece un campo de juego no regulado. Esa deferencia a favor de las empresas y en detrimento de los trabajadores da buenos resultados en Texas: el estado posee cuatro de las cinco ciudades de más rápido crecimiento del país. En el transcurso de la comparecencia del Sr. y la Sra. Granillo ante el consejo municipal, la pareja hace una apasionada súplica para que no se permita que lo que le ocurrió a su hijo le ocurra siquiera a un solo latino más; para que se haga algo por enmendar el atroz récord de Texas que registra la muerte de un trabajador de la construcción cada dos días. Sin un ápice de compasión, un miembro del consejo acusa a los atónitos señores Granillo de "charlatanes" y argumenta a favor de los multimillonarios que aportan el dinero: "¡Dejen de decirles no a las empresas!", increpa a los afligidos padres y a las organizaciones de justicia social que los apoyan.

Enseguida conocemos a Claudia Golinelli, electricista indocumentada de El Salvador que, junto con su marido, Alex, trabaja como contratista instalando sistemas eléctricos en las nuevas construcciones residenciales cerca de Roanoke, Texas. Se enorgullecen de su meticulosidad y, de hecho, a lo largo de muchos años consiguen encontrar mucho trabajo, vivir en un barrio agradable y mantener a sus dos hijos estadounidenses en edad de crecimiento. Pero comienzan a tener problemas cuando el supervisor de un edificio se niega a pagarles los once mil dólares que les debe. Los Golinelli se retrasan tres meses en el pago de la hipoteca y corren el riesgo de perder la casa. Cuando por fin el supervisor responde a sus súplicas y les propone una reunión, los Golinelli acuden contentos, pensando que por fin recibirán el pago que tanto les ha costado conseguir. Pero al llegar son acusados de robo y recibidos por la policía de Dallas y agentes del Servicio de Inmigración y Control de Aduanas de Estados Unidos (ICE). Los supervisores de la empresa habían pensado en delatarlos desde un principio. Sin embargo, ni siquiera los relatos más desgarradores pueden compararse con los estremecedores abusos que los niños migrantes no acompañados sufren hoy en Estados Unidos. Nada menos que un cuarto de millón de niños trabajadores hispanos procedentes en su mayoría del Triángulo Norte y empujados por la desesperación, que entraron en este país entre 2020 y 2022, trabajan hoy en campos y fábricas, alimentando lo que el *New York Times* llama la "nueva economía de la explotación" de Estados Unidos. Estos menores son el producto de un sistema de inmigración desalmado y disfuncional que desconoce la historia de este país y no ha tenido que responder por sus injusticias en casi cuarenta años. El sufrimiento de estos niños está a la vista de todos, sin que exista ninguna legislación que lo detenga; es como si el país hubiera hecho la vista gorda ante la afluencia de seres humanos desdichados, las caravanas de la desesperación, los niños enjaulados. Entre 1986 —la última vez que se aprobó una ley de inmigración— y hoy en día, la población hispana ha aumentado en cuarenta y cinco millones de personas, casi trescientos por ciento, más o menos la población de California. Y seguimos sin hacer nada. ¿Cómo podemos pensar que las leyes que estaban en vigor hace dos generaciones pueden abordar la magnitud del problema actual?

Como resultado, tenemos a Cristián, de catorce años, que trabaja en la construcción en North Miami desde los doce. Cuando cruzó solo la frontera de Texas, se presentó a las autoridades y lo enviaron a un oscuro patrocinador de Florida que lo puso a trabajar de inmediato. Tenemos a Kevin, de trece años, que llegó a Grand Rapids, Michigan, con su hermano de siete años y lo contrataron en el turno de noche de una fábrica local que fabrica piezas para Ford y General Motors. Tenemos a Carolina, de quince años, que trabaja en una cadena de montaje en una fábrica de alimentos del Medio Oeste, empaquetando Cheerios. En el cavernoso laberinto de concreto donde trabaja, los engranajes y poleas de la cinta transportadora han amputado miembros, arrancado dedos y a una mujer le desgarraron el cuero cabelludo. Otros niños trabajan con ella junto a hornos gigantescos, fabricando barritas de cereales Chewy y Nature Valley, o rellenando bolsas con Lucky Charms y Cheetos, generando ganancias para empresas como Frito-Lay, General Mills y Quaker Oats. En cientos de entrevistas realizadas en todo el país, los reporteros de investigación han descubierto a niños hispanos trabajando en fábricas que surten a algunas de las marcas más populares de Estados Unidos, como J. Crew, Walmart, Target, Whole Foods, Fruit of the Loom, Ben & Jerry's, Hyundai, Kia, así como en los mataderos de JBS Foods, el mayor procesador de carne del mundo.

Hoy en día, el número de niños inmigrantes no acompañados que trabajan en la construcción, en plantas manufactureras, en la industria avícola y en granjas, para poder enviar dinero a casa ha alcanzado cifras récord. Se los ve merodear frente a los lugares de trabajo: muchachos musculosos con torsos más desarrollados de lo que corresponde a su edad; muchachas encorvadas por el cansancio. Sólo en 2022, 130 mil menores no acompañados entraron a pie en Estados Unidos. El gobierno federal sabe que están aquí; el Departamento de Salud y Servicios Humanos es responsable de garantizar que esos jóvenes tengan patrocinadores, que reciban apoyo y que traficantes o cuidadores sin escrúpulos no los exploten. Pero a los recién llegados, casi la mitad de ellos procedentes de Guatemala, los han sacado a toda prisa de los centros de acogida, los han entregado a adultos al azar e inevitablemente acaban en aserraderos en Dakota del Sur, cocinas en Palm Beach (Florida), granjas lecheras en Vermont, actividades de techado en Florida, cuadrillas de pintores en Virginia, jardines en Tennessee y fábricas de automóviles en Alabama. "Es el nuevo trabajo infantil", declara un profesor de escuela pública de Michigan que ha visto cómo esos niños, algunos de tan sólo once años, se quedaban dormidos en sus pupitres o simplemente abandonaban la escuela, incapaces de seguir el ritmo de sus estudios. Estamos "tomando niños de otro país", dice con voz llena de indignación, "y poniéndolos casi en servidumbre".

Irónicamente, gracias a la implicación del gobierno, este ejército de niños trabajadores puede tener más posibilidades de quedarse en Estados Unidos que las familias indocumentadas que corren el riesgo diario y aterrador de que las deporten. Puede que pasen el resto de sus vidas como engranajes de la clase marginada de Estados Unidos, pero sus descendientes —con algo de coraje y determinación— podrían entrar en la rueda de oportunidades estadounidense y alcanzar el sueño americano.

Hay muchos ejemplos de latinos de éxito que proceden de comunidades de trabajadores humildes que han construido, fabricado y alimentado este país. Este libro recoge algunas de sus historias. Ralph de la Vega, el alto ejecutivo cubano que llegó de niño en uno de los aerotransportes de Pedro Pan, era hijo de trabajadores de una fábrica de zapatos. La célebre escritora chicana Sandra Cisneros era hija de un tapicero. La novelista puertorriqueña Esmeralda Santiago era hija de una camarera de hotel. El divertidísimo cómico mexicano-estadounidense George López fue criado por su abuela, trabajadora en una fábrica, y su padrastro, obrero de la construcción. Lee Trevino, uno de los mejores jugadores en la historia del golf, era mexicano y había trabajado de niño en los campos de algodón de Texas. Karla Cornejo Villavicencio, la exitosa escritora de memorias, estadounidense de origen ecuatoriano, es hija de un repartidor de una cafetería de Manhattan. El gran héroe del béisbol Roberto Clemente era hijo de un cortador de caña en Puerto

Rico. Y luego está Alejandro, un joven de dieciocho años con un futuro prometedor en ciencias, estudiante con matrícula de honor en un instituto público de Maryland, que es hijo de Tanita, limpiadora de casas nacida en El Salvador.

VENDEDORES

Desde el momento en que Juan Rodríguez, primer dominicano en llegar a Manhattan, abrió su emporio ambulante de armas y cuchillos en 1613, los negocios latinos han prosperado en este continente. Ya sea detrás de destartalados puestos de pupusas o de pulidos escritorios en las principales corporaciones de Estados Unidos, los ingeniosos latinos participan en todos los niveles de la economía, ansiosos por fabricar o vender lo que el público demande. Gran parte de ese espíritu mercantil ha sido vivaz durante siglos, empezando quizá cuando los vaqueros mexicanos, los primeros *cowboys* de Estados Unidos, empezaron a vender sillas de montar, sombreros de diez galones, chaparreras y riendas a una naciente cultura de vaqueros blancos. Cien años después, cuando los cubanos y puertorriqueños empezaron a llegar por decenas de miles en las décadas de 1960 y 1970, surgieron en la Costa Este bodegas, *paladares* y tiendas latinas especializadas que crearon un vibrante comercio nacional. En una generación, el crecimiento de los negocios latinos fue tan exuberante que los analistas de Wall Street —y un presidente de Estados Unidos— empezaron a tomar nota. En 2004, George W. Bush dejó muy en claro en un discurso ante una organización de activistas hispanos que esta comunidad tenía la atención de la Casa Blanca. "Según los datos más recientes", dijo, "las empresas de propiedad hispana emplean a cerca de 1,4 millones de estadounidenses y tienen una nómina de casi treinta mil millones de dólares. Y lo que quiero decirles hoy es que nuestra economía es más fuerte y nuestra sociedad está mejor porque esas empresas están prosperando y creando puestos de trabajo en todo Estados Unidos". La explosión del comercio latino en los veinte años siguientes ha sido asombrosa. Sólo en la última década, las empresas de propiedad hispana se han multiplicado un cuarenta y cuatro por ciento (frente al cuatro por ciento del sector no hispano). Es decir, que a pesar del acceso inadecuado al capital —a pesar de tener que financiarse por sí mismas—, las empresas de propiedad latina han crecido a un ritmo superior al de las empresas pertenecientes a cualquier otro grupo étnico: negros, blancos, asiáticos y todos los demás. Sorprendentemente, casi el noventa por ciento de estas empresas son propiedad de *millennials* (menores de cuarenta años) que llegaron a Estados Unidos siendo niños. En 2020 las empresas latinas generaron casi quinientos mil millones de dólares para la economía de Estados Unidos. Se trata de un aumento fenomenal desde los éxitos que Bush observó en los albores del siglo XXI. Ningún otro grupo empresarial de Estados Unidos ha experimentado tanto crecimiento.

En la actualidad hay casi cinco millones de empresas propiedad de hispanos en el país —medio millón de las cuales emplean a entre cinco y quinientos trabajadores— y aportan más de ochocientos mil millones de dólares anuales a nuestra economía. Y eso no es todo. Esas pequeñas empresas —las microempresas de limpieza, de construcción y de transporte de carga, los salones de belleza y los restaurantes étnicos que proliferan desde Manhattan hasta Los Ángeles— emplean a millones de trabajadores latinos, con una nómina anual de más de cien mil millones de dólares. Si añadimos eso a los millones de hispanos que trabajan para empresas de propiedad no hispana, no es de extrañar que en los últimos años este segmento de Estados Unidos tenga uno de los porcentajes más bajos de desempleados. Los economistas prevén que para 2050 los latinos podrían aportar la friolera de 1,4 billones de dólares a la economía de Estados Unidos, cifra difícil de imaginar, pero que equivale a cuarenta por ciento más *en un año* que lo que ha ganado Microsoft desde su fundación en 1975 y supera el producto interno bruto de todos los países del mundo menos los diez primeros. En la actualidad, la contribución hispana a la economía de Estados Unidos es mucho mayor que la del tan cacareado negocio del entretenimiento o la inmensa industria agrícola y de servicios alimentarios, y casi tanto como la del elogiado comercio tecnológico.

EL DÉCIMO TALENTOSO

Una porción sobrevive y persiste continuamente, aspira continuamente, se muestra continuamente en prosperidad, habilidad y carácter.
—W. E. B. Du Bois, "El décimo talentoso", 1903

El intelectual estadounidense W. E. B. Du Bois llamaba "el décimo talentoso" a los individuos que sobresalen dentro de una cohorte y se convierten en un modelo para su raza; esos poquísimos "leudos" que brillan con su ejemplo, abren puertas a la fuerza, ascienden a la cima de sus profesiones, lideran. Los latinos tienen su propio décimo talentoso: el contingente que dirige y gestiona equipos, negocios o empresas, y se une así al país de las maravillas del éxito estadounidense.

Vemos esa inclinación por el liderazgo en el refugiado cubano Desi Arnaz, que pasó de vivir en un garaje de Miami en los años treinta al estrellato cinematográfico en los cuarenta junto a su esposa Lucille Ball —en 1950, Arnaz accedió a la presidencia de Desilu Productions, que se convirtió en una entidad más poderosa en Hollywood que la Metro-Goldwyn-Mayer o la Twentieth Century-Fox—. O en Ralph de la Vega, que llegó a este país como menor no acompañado, empezó su carrera barriendo pisos en una fábrica de ropa de Miami y ascendió a fuerza de determinación hasta convertirse en uno de los principales ejecutivos del gigante de las comunicaciones AT&T. También la vemos en Carlos Gutiérrez, nacido en La Habana e hijo de un comerciante cubano de piñas, quien llegó a ser presidente del consejo de administración y director general de la empresa Kellogg, así como Secretario de Comercio durante la administración de George W. Bush y, como tal, el primer hispano en ocupar un cargo gubernamental de tan alto nivel. También está Óscar Muñoz, mexicano-estadounidense del sur de California, el mayor de nueve hijos de un carnicero de supermercado, que se convirtió en el primer director ejecutivo hispano de una gran aerolínea cuando asumió el mando de United Airlines en 2015.

Sólo unos pocos, selectos latinos alcanzan esas diáfanas alturas. La mayoría lucha en los peldaños medios o bajos del mundo empresarial; sólo el cinco por ciento tiene mentores o patrocinadores que los guíen por el laberinto de la vida corporativa. Hasta la fecha, pese a su continua entrada y progreso en todos los campos de los negocios, hay menos de veinte hispanos que ocupen la suite C —el despacho del director ejecutivo— de las empresas Fortune 500.

Hay muchas razones que explican la escasez de latinos en los puestos más altos de las grandes corporaciones, pero éstas se reducen al final a una sola: los prejuicios, la desconfianza general inculcada a lo largo de generaciones por Hollywood, los medios de comunicación, los políticos, los supremacistas blancos y un sinfín de leyendas urbanas. El mito enseña que somos pobres, indocumentados, desempleados, hipersexuales, poco fiables, y las organizaciones de noticias refuerzan esas imágenes todos los días. Nada podría ser más inexacto. El ingreso anual medio de un latino a nivel nacional ronda los sesenta mil dólares, muy por encima del nivel de pobreza (en algunas ciudades puede llegar a los 108 mil dólares), y la mitad de las familias latinas son propietarias de su vivienda desde hace al menos ocho años. Uno de cada cinco adultos hispanos tiene un título universitario o de postgrado, y el veinticinco por ciento ocupa puestos directivos o profesionales. Desde luego, la gama de logros educativos entre los hispanos refleja asombrosas disparidades, dado el espectro de orígenes que representan nuestras amplias cifras: uno de cada tres nunca terminó la escuela secundaria (mientras que la proporción para los blancos es de uno de cada dieciséis).

En resumen, somos una aglomeración de colores y clases en constante evolución, boyante, diversa y prolija. A menudo los más humildes de entre nosotros tienen hijos más acomodados, mejor educados y más ambiciosos; ése motor de movilidad ascendente ha convertido a los latinos en la población de hogares de altos ingresos que más rápido crece en Estados Unidos. A pesar de todos los mitos que se difunden sobre nosotros, no somos una raza extraña e indocumentada. Ocupamos puestos de trabajo de alto nivel y tenemos hogares de altos ingresos en cifras sin precedentes. La gran mayoría, el setenta por ciento, hemos nacido y crecido en Estados Unidos, y la presencia de algunos de nosotros se remonta en la historia de este país a decenas de generaciones. Casi el noventa por ciento somos ciudadanos estadounidenses o residentes legales. Entonces, ¿por qué hay tan pocos latinos en los puestos más altos del mundo empresarial? En 2004, los consejos de administración de todas las empresas de Estados Unidos (no sólo las que figuran en la lista Fortune 500) seguían siendo, como dijo un activista latino, "un mar de blancos", y sólo el nueve por ciento de los directores ejecutivos de esa estratosfera eran hispanos. Pero el panorama general de la diversidad empezó a cambiar en 2012: desde entonces, los estadounidenses de ascendencia asiática o del sureste asiático se han disparado drásticamente hasta ocupar el cuarenta y cinco por ciento de los puestos de CEO. El número de hispanos al timón no se acerca a esa cifra, aunque se ha duplicado hasta el veintiún por ciento. La presencia afroestadounidense, sin embargo, ha permanecido estática en el siete por ciento. No obstante, aunque la representación latina puede estar creciendo en la suite C, está muy por detrás de todos los demás géneros, razas y grupos étnicos cuando se trata de las juntas directivas de las empresas, donde los hispanos representan sólo el uno por ciento de esas augustas filas. Los negros, en cambio, representan el veintiocho por ciento. Los techos de cristal que anteceden a los puestos directivos de las grandes empresas son aún más impenetrables para las latinas. En el momento de escribir este artículo, sólo ha habido tres directoras ejecutivas latinas en la historia de las empresas de Estados Unidos, todas en los últimos cinco años: la primera ascendió en 2017, cuando la refugiada de origen cubano Geisha (Jiménez) Williams se convirtió en directora ejecutiva de Pacific Gas and Electric Company, la mayor empresa de servicios públicos de California, antes de dimitir dos años más tarde, con lo que el número volvió temporalmente a cero. En 2019, Cheryl Miller, de madre puertorriqueña, superó a una plantilla abrumadoramente masculina y se puso al frente de AutoNation, el mayor minorista automovilístico del país, antes de que los problemas financieros empezaran a afectar a la empresa, su salud se resintiera y acabara renunciando. La sustituyó un hombre blanco a quien le pagaban más de siete veces el salario de Miller. Más recientemente, Priscilla

Almodóvar, criada en un barrio obrero puertorriqueño de Brooklyn, llegó a dirigir la Federal National Mortgage Association (Fannie Mae, para abreviar), la mayor empresa hipotecaria de Estados Unidos. Los hispanos apenas representan el cuatro por ciento de los altos ejecutivos de las grandes empresas. Somos, al mismo tiempo, la mano de obra más dinámica y la que menos asciende en la jerarquía empresarial de Estados Unidos. La desconexión de los latinos con el poder empresarial es especialmente chocante dado que impulsan el crecimiento en todos los segmentos del mercado de consumo y añaden una fuerza hercúlea al mercado estadounidense. Así como el número de latinos ha aumentado en más de treinta millones de personas desde el año 2000, eclipsando a cualquier otra raza o etnia en el paisaje de Estados Unidos, el poder adquisitivo latino se ha disparado de quinientos mil millones de dólares a dos billones de dólares en el mismo periodo. Se prevé que alcance los 2,6 billones de dólares en 2025, superando a todos los demás segmentos de consumidores del país. Las repercusiones para la economía estadounidense son asombrosas. Los analistas financieros nos dicen que si Latinoland fuera un país independiente, su producto interno bruto sería el quinto mayor del mundo. Parece un grave e insensato error de cálculo, cuando no revela cortedad de miras, no admitir a hispanos prometedores en los puestos ejecutivos de empresas que en última instancia tendrán que tratar con ese vasto y prometedor sector de consumidores estadounidenses. Ese ajuste debería de haberse hecho hace más de cincuenta años, pero aún no se ha encarado plenamente a pesar de todas las evidencias. Habiendo sido directiva hispana en una institución grande y poderosa, comprendo la frustración de ser testigo de la creciente importancia de este segmento de los Estados Unidos y a la vez no tener los medios para llamar la atención sobre ello. Trabajar como única representante de una raza o etnia en una gran empresa puede ser una experiencia perturbadora.

Cuando fui vicepresidente y redactora en jefe de las editoriales Simon & Schuster y Harcourt Brace Jovanovich, en Nueva York en los años ochenta y noventa, yo era la única hispana con un cargo editorial, si no la única en toda la división de publicaciones comerciales. Y cuando pasé a ser redactora en jefe de Book World en el *Washington Post*, era la única hispana jefa de división en el periódico. A medida que pasaban los años y aumentaba la población hispana, la situación en esas oficinas seguía siendo la misma. Para cuando, diez años más tarde, me convertí en la directora literaria inaugural de la Biblioteca del Congreso, era la única hispana de alto nivel en la Oficina del Bibliotecario; de hecho, los hispanos representaban apenas un ocho por ciento en todas las oficinas del gobierno de Estados Unidos, y el seis por ciento era en gran parte personal de custodia. No había ningún ejecutivo latino de alto nivel que me sirviera de mentor, mucho menos alguien que estuviera por debajo de mí en mi línea de trabajo; no había latinos ni latinas que me acompañaran. A pesar de que el Bibliotecario del Congreso, James H. Billington, insistió en que ocupara el despacho contiguo al suyo y le asesorara en asuntos latinos, así como en cuestiones literarias, las ruedas se movían tan lentamente que el grupo de trabajo hispano que formé nunca fue realmente reconocido por el resto de la organización y desapareció cuando Billington se jubiló. Todavía no existe un esfuerzo serio, contundente y organizado para contratar, promover y orientar a los latinos en ninguna de las instituciones culturales importantes de la capital y, en consecuencia, la representación hispana en el entramado de poder de Washington es drásticamente baja.

Para mejorar la representación en un lugar de trabajo hace falta agencia. Mi más entusiasta defensor en el *Washington Post* a principios de la década de 2000 era en realidad un subdirector afroestadounidense que estaba profundamente comprometido en lograr que el periódico se pareciera a la ciudad a la cual servía. Puede que el corazón de Washington, DC, sea abrumadoramente afroestadounidense, pero el área metropolitana tiene diecisiete por ciento de latinos y sigue creciendo. Cuando Leonard Downie Jr., director ejecutivo del *Post*, se enteró de que yo era peruana y hablaba español con fluidez, me preguntó si el redactor en jefe podría enviarme de vez en cuando a informar sobre las comunidades latinas, además de mis funciones como jefa de la sección de reseñas de libros. Ya había pasado los cuarenta y, sin embargo, era la primera vez que alguno de mis supervisores me preguntaba si hablaba español y si estaba dispuesta a representar a mi pueblo. Acepté de buen grado y escribí varios reportajes para la primera página sobre los hispanos de la capital, así como sobre los trabajadores migrantes de los campos agrícolas que rodean la ciudad, lo que me marcó el rumbo que he seguido desde entonces: escribir libros sobre el mundo de los latinos. Tengo que darle las gracias al *Washington Post* y a Jim Billington por haber descubierto a la latina que hay en mí.

• • •

El mundo ha cambiado desde entonces. Hoy en día hay más de un editor latino en la edición de libros en Nueva York, y sin duda hay más voces nuestras en los medios de comunicación en general. Pero los latinos siguen estando lamentablemente infrarrepresentados en la cultura y las empresas estadounidenses. Entre 2000 y 2008, cuando los hispanos apenas representaban el diecisiete por ciento de la población, la probabilidad de ver una cara latina en cualquier medio de comunicación era del cinco por ciento. Incluso entonces, lo más probable era ver fugazmente en la pantalla estereotipos negativos. Un estudio de 2000 titulado *Latinwood and TV: Prime Time for a Reality Check* concluyó que la mayoría de los protagonistas latinos retratados en la televisión o en las pantallas de Hollywood eran niñeras, jardineros o sirvientes —generalmente, villanos o extras— irrelevantes en la trama. Ahora, una generación más tarde, a pesar de que representamos el veinte por ciento de la población estadounidense y vamos camino de convertirnos en nada menos que una cuarta parte en 2030, nuestra presencia en el cine es de un miserable cinco por ciento, y en los medios de comunicación populares sólo ha mejorado ligeramente, hasta el doce por ciento. Un repunte, sin duda, pero ni de lejos lo que nos corresponde proporcionalmente del pastel estadounidense.

Por suerte, entre nuestros décimos talentosos hay emprendedores de mentalidad fuerte y ambiciosa que combinan la inteligencia empresarial con la participación a alto nivel, y hacen lo que Du Bois esperaba que hicieran los excepcionales: romper el molde, elevarse, ser modelos e inspiración para el resto de nosotros. Una latina que ha hecho justo eso es la estadounidense de origen peruano Hilda Quispe, cuyo padre, sin un centavo, se abrió camino hacia el norte desde Cabanaconde —aquel remoto pueblito andino enclavado en el Cañón del Colca— hasta Rockville, Maryland, y encontró trabajo como conserje en una escuela católica. En la actualidad, Hilda, ciudadana estadounidense por nacimiento y licenciada en Derecho por la Universidad de Massachusetts, es abogada de inmigración con su propio bufete, una profesional emprendedora y con vocación social que entiende bien el laberinto legal al cual se enfrentan sus clientes.

Otra que encarna el espíritu del progreso es Suhaly Bautista-Carolina, afroindígena dominicana conocida como "Guerrera de la Tierra", quien —junto con su esposa, Naiema— es propietaria de Moon Mother Apothecary, una herboristería de Manhattan que ofrece curas tradicionales afroquisqueyanas. Suhaly es organizadora, educadora, herborista y artista visual. Nacida en Nueva York y licenciada en dos carreras por la Universidad de Nueva York, aprendió herboristería taína rudimentaria de su madre dominicana, quien siempre tenía una olla de plantas medicinales burbujeando en el fogón, junto al guiso y los fríjoles. Además de dirigir una empresa que receta pócimas para todo tipo de dolencias, desde migrañas hasta el desamor, Suhaly ha producido eventos de vanguardia para el Museo Metropolitano de Arte de Nueva York, donde ha ejercido como jefa ejecutiva de educación para la participación del público. Suhaly es el epítome de la creatividad irreprimible, una latina valorada por su capacidad para atraer a un público totalmente nuevo a una de las instituciones culturales más importantes de este país. "En algún momento, las personas pasaron a segundo plano con respecto a los objetos", me cuenta sobre su trabajo en el museo. "Aquí hay objetos taínos antiguos. ¿Por qué no contemporáneos? ¿Cuándo se convirtió en un depósito sin personas? Los descendientes de los taínos somos la prueba viviente de esa cultura indígena, pero hoy no existimos. ¿Quién nos borró? ¿Quién le dio el micrófono al colonizador? Mi valor es ser disruptiva, plantear esas preguntas. Interrogar sobre lo que debe de hacer un museo". Hoy, Suhaly es la directora de programas del recién creado American LGBTQ+ Museum de Nueva York, que abrirá sus puertas en 2027. Al igual que otros agentes de cambio que están impulsando a sus pares en la vanguardia de los negocios y la cultura estadounidenses, vive en el vértice de las tres fuerzas —innovación, ingenio y trabajo duro— que transformarán la forma en que pensamos sobre Estados Unidos.

QUINTA PARTE

CÓMO BRILLAMOS

¡Sí se puede! *Yes, we can!*

—Dolores Huerta, organizadora sindical chicana, 1972

11

AGENTES DE CAMBIO

Cada vez que tienes la oportunidad de marcar la diferencia en el mundo, y no lo haces, estás malgastando tu tiempo en la Tierra.

—Roberto Clemente, jugador de béisbol
y humanitario, puertorriqueño

Mi padre, Jorge Arana Cisneros, era un hacedor. Un ingeniero. Un *ingenioso*, un genio por definición, ya que la palabra *ingeniero* en español significa precisamente eso. No podía entender que alguien no se sintiera inclinado a cambiar sus circunstancias para mejorarlas. No importa si esa persona tenía que improvisar, arreglárselas como pudiera, rebuscar cualquier recurso disponible y salir al mundo y lograrlo. Estaba seguro de que la gente era capaz de hacer esas cosas, aunque no supiera que podía. Lo vi convencer a gente con menos ambición, humildes aldeanos que creían que sus aspiraciones eran demasiado elevadas para el mundo estrecho en que vivían, de que construyeran carreteras, escuelas, fábricas y ciudades enteras. Cuando miraban hacia atrás y veían lo que habían hecho, mi padre se sentía más feliz que nunca. La alegría de los demás era su recompensa.

Imagino que los avances decisivos logrados por Dolores Huerta y César Chávez en la década de 1960 surgieron de ese mismo impulso. Había que hacer algo. Había que impulsar cambios. La vida tenía que ser mejor para las multitudes de trabajadores agrícolas que faenaban junto a

Huerta y Chávez. ¿Quién corregirá las injusticias si no ustedes?, les preguntaban. Sus familias se encorvaban en los campos sembrando las sementeras, arrancando la fruta, cosechando la abundancia, alimentando a una nación hambrienta, pero se les hacía trabajar en condiciones feudales, vivir en tugurios y sucumbir ante los pesticidas, la pobreza, el desprecio y la enfermedad, sin ningún recurso legal para corregir las desigualdades. Si un propietario decidía rociar sus campos con DDT (insecticida cancerígeno actualmente prohibido en Estados Unidos), exponiendo a los trabajadores a malformaciones congénitas, cánceres y quemaduras químicas incapacitantes, no tenían forma de impedirlo. Si una trilladora mecánica les trituraba los dedos, no había cobertura médica para tratarles las heridas. Si un patrón corrupto llamaba a las autoridades y hacía deportar a sus trabajadores después de una temporada de trabajo para no tener que pagarles, pues de malas. En una tierra de abundancia, eran menos que humanos: sus hijos crecían hacinados en aulas destartaladas, sometidos a tasas de cáncer ochocientos por ciento superiores a la norma, y sus aportes al molino de la abundancia estadounidense eran silenciados, no remunerados, invisibles.

Podemos atribuirles a César Chávez y Dolores Huerta el mérito de haber dirigido la mirada estadounidense a estos abusos. En la década de 1960, los vendimiadores ganaban poco más de un dólar la hora. Estaban indefensos ante un empresariado depredador y eran vulnerables al acoso, las detenciones e incluso la deportación. No imaginaban que pudieran cambiar las cosas para mejor y catalizar el progreso hasta que Chávez y Huerta organizaron una huelga que animó a diecisiete millones de estadounidenses a solidarizarse, dejar de comprar uvas y arrodillar fiscalmente a los cultivadores abusivos.

César Chávez, joven veterano de la armada, oriundo de Arizona, cuyos antepasados llevaban casi un siglo en este país, recogía albaricoques en el valle de San Joaquín en 1952 cuando Fred Ross —consumado organizador a quien algunos han llamado "el pirómano social de Estados Unidos"— se le acercó para que organizara a los trabajadores agrícolas hispanos que realizaban labores agotadoras y serviles como la suya. Chávez, hombre pequeño y tímido, de penetrantes ojos negros y poco agudo al hablar, pronto descubrió que su actitud monástica, abnegada y similar a la de Gandhi inspiraba confianza y aglutinaba seguidores. Nunca había terminado el bachillerato: podía contar sesenta y cinco escuelas primarias a las cuales había asistido por un día, una semana, quizá un mes, mientras su familia recorría el camino de los migrantes. Cuando él y Huerta fundaron lo que se convertiría en el sindicato United Farm Workers, se le reconocía como asceta y vegetariano disciplinado y su salario de cinco dólares semanales representaba prácticamente un voto de pobreza. Pero con su aura de frugalidad e incorruptibilidad reunió el carisma necesario para llevar a miles de trabajadores agrícolas a poner de cabeza el poder, exigir mejores condiciones laborales y obtener lo que les correspondía.

Huerta, su compañera en esta búsqueda de justicia, había nacido en Nuevo México, hija de un trabajador agrícola y una minera cuyo matrimonio fallido la llevó a dar en casa de su abuelo a la edad de tres años. Joven brillante por naturaleza y sumamente elocuente —lectora—, una profesora prejuiciada la ofendió hasta la médula al acusarla de hacer trampas porque su vocabulario parecía demasiado sofisticado para una niña hispana. Divorciada dos veces y madre de siete hijos para cuando cumplió los veinticinco años, Huerta intentó reparar esa amarga experiencia en el aula convirtiéndose en maestra. Pero, después de ver a tantos niños llegar a su salón de clase enfermos y hambrientos, decidió que podía servirles mejor organizando a sus padres para exigir mejores salarios.

Huerta se convertiría en la principal negociadora del contrato colectivo de los trabajadores agrícolas surgido de las huelgas que organizó con Chávez. A lo largo de las décadas de 1970 y 1980 se dedicó a abogar por los trabajadores del campo, y sacó adelante leyes pioneras que traerían un cambio real. Pero en la década de 1980, cuando Chávez murió repentinamente mientras dormía en una habitación de hotel en Arizona, su sueño de forjar una organización fuerte y de alcance nacional ya había empezado a desvanecerse. Hoy en día, en Estados Unidos hay menos de siete mil miembros en el sindicato United Farm Workers, porcentaje minúsculo de la población total de dos millones y medio que se ocupa de nuestras tierras de cultivo. Y aun así, los obreros que siguen rellenando el cuerno de la abundancia estadounidense todavía bregan en condiciones escandalosamente primitivas. Algunos ganan ahora menos de lo que ganaban sus antecesores en la década de 1970, cuando Chávez y Huerta estaban en el apogeo de su militancia.

No obstante, ambos ocupan un lugar excepcional en el panteón de los agentes de cambio latinos. En 1968, el senador Robert F. Kennedy, de Nueva York, llamó a Chávez "una de las figuras heroicas de nuestro tiempo". Casi treinta años después, el presidente Bill Clinton le otorgó a título póstumo el más alto honor civil, la Medalla Presidencial de la Libertad. En 2012, medio siglo después de que Chávez y Huerta se sentaran uno frente al otro en la mesa de la cocina de ella e idearan su sindicato de trabajadores, Barack Obama honró a Huerta en la Casa Blanca con la Medalla de la Libertad, y confesó que había tomado el eslogan de su campaña presidencial —"¡Sí se puede! *Yes, we can!*"— de su legendario movimiento. "Conociéndola, me alegro de que me haya perdonado", bromeó Obama ante la multitud que abarrotaba la Casa Blanca, "porque con Dolores no se juega". Huerta, una mujer diminuta, pero dura como el pedernal, que había vivido toda su carrera sin que se hablara de ella mientras otros se atribuían el mérito de sus logros, por fin recibía su reconocimiento. Tenía ochenta y dos años.

Cuando mi padre tenía más o menos la misma edad, acabando de cumplir ochenta años, lo llevé en un largo viaje de ocho horas en carro desde Lima hasta la costa desértica a visitar algunas de las fábricas que él había hecho aparecer de la nada entre las dunas de arena, cincuenta años atrás. Una de ellas persistía especialmente en mi memoria, una planta que había visitado a menudo cuando era niña. De repente, allí estaba el colosal corazón de hierro de Paramonga, aun latiendo, resoplando, fabricando papel a partir del bagazo de caña de azúcar triturada. Uno de los antiguos compañeros de trabajo de mi padre, un viejo capataz jubilado también octogenario que había recorrido kilómetros desde otro pueblo para saludarlo, se paró a su lado mientras contemplaban la bestia de acero que habían construido juntos. "Señor ingeniero", dijo el hombre sacando pecho, "su obra sigue igual". "No, señor", respondió mi padre. "Lo que ve es *su* obra. De sus manos. Existe gracias a usted".

LOS ACTIVISTAS

Rechazo la noción de que no tenemos poder. Cada uno de nosotros tiene un poder inherente. Posicionalidad es lo que necesitamos: posicionar a las personas para que tengan poder.

—Mónica Ramírez, activista de derechos
mexicano-estadounidense, 2021

Puede que el sindicato United Farm Workers haya menguado en número, que su fuerza se haya visto muy mermada por el temor de los trabajadores a exigir demasiadas reivindicaciones, llamar la atención de las autoridades y propiciar la deportación. Pero eso no significa que los activistas hayan suspendido los esfuerzos en su favor. De hecho, han aflorado decenas de grupos de activistas latinos para hacer el trabajo que antes realizaban los sindicatos. Mónica Ramírez es un caso puntual. Es una abogada de derechos civiles a quien le apasiona que los jornaleros agrícolas del país obtengan lo que se merecen: un salario digno, derechos básicos y el recurso a la protección jurídica. Mónica, procedente de una familia de trabajadores agrícolas de Fremont, Ohio, es la fundadora y presidenta de Justice for Migrant Women, organización que se esfuerza por educar a funcionarios y legisladores sobre los problemas que enfrentan las mujeres migrantes y las barreras que les impiden alcanzar su pleno potencial. "El trabajo agrícola migrante es un universo en sí mismo", me dice. "Llegamos, no tenemos medios para volver a casa, perdemos la conexión con nuestros países de origen, tenemos hijos estadounidenses, nunca volvemos. Nos movemos con el trabajo sin arraigarnos en ningún sitio. Se aprovechan de nosotros constantemente. Hace falta una cierta capacidad de resistencia para encontrar alegría, paz y amor en ese modo de vida. Pero de algún modo lo hacemos".

Mónica es mexicano-estadounidense de tercera generación, de una larga estirpe de trabajadores migrantes. Su gente acabó estableciéndose en Ohio, pero estaban tan firmemente arraigados en la vida migrante, tan cómodos en su elemento, que ella nunca experimentó prejuicios hasta un día en el colegio cuando, en un desacuerdo, un compañero de clase le lanzó un apelativo despectivo. "Ese fue el estrellón de mi vida. El momento crucial", dice. ¿Tenía que regresar a México? No había estado allí en su vida. Sus bisabuelos habían llegado a este país casi un siglo antes. No pertenecía a ningún lugar que no fuera éste. El insulto caló hondo en su interior y despertó en ella un feroz deseo de cambiar las cosas, de hacerles comprender a los demás cuán estadounidense era su pueblo, cuánto le había aportado a Estados Unidos y cuánto había aguantado. "La narrativa dominante es que nos quedamos con todos los puestos de trabajo, el espacio, los pupitres en la escuela […] esto y lo otro", alega con la intensidad de una abogada defensora ante un tribunal. "En realidad, somos los *dadores*. *Dimos* nuestra tierra. *Damos* nuestro trabajo. Somos lo contrario de lo que ustedes creen que somos".

De joven, Mónica brilló en su desempeño escolar, cursó estudios en la Universidad Loyola, en Chicago, y se licenció en Derecho en la Escuela de Leyes Moritz, de la Universidad Estatal de Ohio. Decidió especializarse en acoso sexual a las trabajadoras inmigrantes; había sido testigo de primera mano de esos abusos de la forma más horrible, cuando de niña se vio obligada a ver cómo una banda de hombres violaba a alguien de su familia. El problema estaba muy extendido, lo sabía, y pocos comprendían su magnitud.

Al crecer, se dio cuenta de que las mujeres y niñas que trabajaban en el campo estaban constantemente expuestas a la victimización —todavía lo están—. Las agresiones son una realidad para las mujeres latinas que trabajan en el campo. Con algunos jefes pareciera que el favor sexual es un requisito del empleo, un *droit de seigneur*, un privilegio del empleador. También están las agresiones de los hombres que trabajan junto a las mujeres en los campos, y que superan en número a las mujeres en proporción de veinte a uno. En Salinas, California, los migrantes se refieren a cierta empresa agrícola como *"el fil de calzón"* —un verdadero *field* (campo) de calzones— porque los supervisores son tan descarados como para violar a las mujeres a plena luz del día. En Florida, algunas mujeres llaman a la hacienda frutícola donde trabajan "El Motel Verde", porque se espera de ellas que se tumben y ofrezcan entre las hileras de verde. Una trabajadora implicada en una demanda colectiva en Iowa estaba tan confundida por los abusos que había sufrido en su lugar de trabajo que le dijo a un abogado: "Pensábamos que en Estados Unidos era normal tener sexo para conservar el empleo".

Mónica Ramírez decidió que había que hacer algo contra esa explotación normalizada, ese círculo vicioso de flagrante lascivia y resignada aquiescencia. Tras cursar un máster en Administración Pública en la Escuela de Gobierno John F. Kennedy, de la Universidad de Harvard, se puso manos a la obra. A sus cuarenta años, Mónica ha fundado no menos de media docena de organizaciones dedicadas a erradicar esos abusos y concientizar a la opinión pública sobre el hecho de que las mujeres que ayudan a alimentar a Estados Unidos están siendo victimizadas y violadas en las granjas estadounidenses.

Mónica ha dirigido varias organizaciones de migrantes en Estados Unidos y México, y es cofundadora de la Alianza Nacional de Mujeres Campesinas. En 2017 impulsó la famosa carta "Queridas hermanas", firmada por setecientas mil trabajadoras agrícolas y publicada en la revista *Time*. La carta, que se hizo viral de inmediato, ofrecía solidaridad con las empleadas de Hollywood que habían dado un paso al frente para contar sus historias de acoso sexual tras el escándalo de Harvey Weinstein. "Su trabajo alimenta las almas", les decían las trabajadoras agrícolas a las divas de la gran pantalla, mientras que "nuestro trabajo nutre a la nación". Luego explicaban cómo, a pesar de las diferencias, el mundo laboral de una cosechadora de uvas puede tener algo en común con el de una estrella de cine:

Aunque trabajamos en entornos muy distintos, compartimos la experiencia común de que nos acosen individuos con poder para contratarnos, despedirnos, incluirnos en listas negras y amenazar de diferentes maneras nuestra seguridad económica, física y emocional. Como ustedes, tenemos pocos recursos a nuestro alcance, y denunciar cualquier tipo de daño o injusticia que se cometa contra nosotras no parece una opción viable. Denunciar cualquier cosa —incluso el acoso sexual— parece impensable porque hay demasiado en juego, incluso la capacidad de alimentar a nuestras familias y mantener nuestra reputación.

En 2021, justo después de que Mónica recaudara millones de dólares para ayudar a los trabajadores agrícolas esenciales que trabajaban jornadas agotadoras durante la pandemia del COVID, la revista *Time* la nombró entre las "100 personas más influyentes". A pesar de sus humildes comienzos como trabajadora migrante de tercera generación en Fremont, Ohio, ahora la aclamaban como una persona cuyo trabajo estaba "cambiando el mundo", el tipo de paladín que había reconocido la injusticia, aprovechado el momento, desafiado el *statu quo* y mejorado vidas con su ejemplo moral.

•　•　•

No tenemos tiempo para división. No tengo tiempo para esas tonterías. Consigue acceso, entra por la puerta. ¿Crees que puedes contar con que otro lo haga por ti? Sé realista. Ese otro somos *nosotros*.

　　　　　　　　　　　—J. Walter Tejada, activista y político
　　　　　　　　　　　salvadoreño-estadounidense, 2022

Mientras Mónica tomaba conciencia del alcance de los abusos contra cientos de miles de latinas que trabajaban en los verdes campos de Estados Unidos, un futbolista salvadoreño dirigía su pasión hacia las crecientes hordas de hispanos de su barrio que carecían de representación y voz con que reclamar sus derechos como ciudadanos y sus contribuciones al bien público. Su nombre es J. Walter Tejada y, a diferencia de Mónica, es un activista político menos comprometido con los problemas nacionales que con las necesidades inmediatas de su comunidad. El viejo aforismo de 1932 de que "toda política es local" podría muy bien ser su credo. "Impulso la participación cívica de los latinos que me rodean. No somos latinos tejanos. Somos latinos *de Virginia*. Hay una diferencia muy grande ahí. Tenemos exigencias distintas, formas de vida distintas, retos distintos".

Durante los últimos treinta años, Tejada ha sido un luchador por los derechos civiles y humanos de los inmigrantes en su amado condado de Arlington y su estado adoptivo de Virginia. Nació en 1958 en San Luis Talpa, diminuto pero hermoso pueblo costero habitado por pescadores pipiles, en la costa pacífica de El Salvador. La tribu pipil, originaria de México, aunque en el siglo XII emigró al sur, se reconocía por su cohesión social y feroz determinación, rasgos que quedaron de manifiesto cuando se opusieron resueltamente a la conquista española. Ambas características se encuentran presentes en el obstinado compromiso de Tejada con sus electores.

Aunque ahora es una fuerza poderosa en la política del norte de Virginia —es el primer latino del estado que es elegido para un cargo público—, pocos habrían previsto ese futuro en el chico de trece años que emigró a un barrio duro de Brooklyn en 1971, justo cuando la gran ola de inmigración latina se disparaba en este país. No hablaba inglés y jamás se había alejado de San Luis Talpa. Su mamá, madre soltera, dejó a sus tres hijos al cuidado de la abuela mientras ella se iba a Tucson, Arizona, a ganarse la vida como empleada doméstica. Cuando reunió suficiente dinero, juntó a sus hijos y se mudó a las bulliciosas calles de inmigrantes de Nueva York. El joven Walter aceptó un trabajo extraescolar en una fábrica local; leía en voz alta el *New York Times* para aprender inglés y cultivaba su pasión: jugar al fútbol en las calles asoladas por la delincuencia y la droga de Bedford-Stuyvesant. "Por aquel entonces, sólo conocía a otro chico salvadoreño en todo Estados Unidos", me cuenta, "y vivía como a diez millas de distancia". Sus amigos eran en su mayoría negros, puertorriqueños o judíos, "tan diferentes que no entendíamos lo que decían los demás. Pero nos llevábamos bien. Sobre todo, nos reíamos los unos de los otros". Y así, el fútbol se convirtió en su vida.

Las cosas empezaron a desmoronarse para Walter cuando su madre decidió mudarse a Trenton, Nueva Jersey, a mitad del curso escolar. Súbitamente se encontró lejos de sus compañeros de fútbol, en un estrecho apartamento de una habitación donde colgaron cortinas para crear la ilusión de privacidad. Asistió al colegio de Trenton a regañadientes y aceptó un empleo en la cercana fábrica Ocean Spray, trabajando desde las tres de la tarde hasta las once de la noche, lo cual lo obligó a plantearse abandonar los estudios por completo. Pero todo cambió cuando un amigo latino, cuya familia se había trasladado a Scranton, Pennsylvania, lo convenció de irse a vivir con ellos, asistir allí al colegio, unirse a su equipo campeón de fútbol y a lo mejor tener la suerte de entrar en el fútbol profesional. Aunque Walter aceptó la oferta de su amigo, el sueño de ganarse la vida practicando deporte nunca se hizo realidad. El destino lo llevaría en otra dirección: el entrenador del equipo lo animó a postularse para la universidad.

Walter se sentía inseguro. Nadie en su familia había tenido ambiciones más allá del octavo grado. Mientras luchaba por mantenerse barriendo suelos en Dunkin' Donuts después de la escuela y recogiendo basura en una librería de McGraw Hill, comprendió que no había futuro en el trabajo no cualificado; la educación universitaria era el siguiente paso. Se matriculó en el cercano Keystone College como estudiante-atleta y consiguió una beca. Fue allí donde surgió otro factor que le cambió la vida: se llamaba Robin. Era una gringa bonita con grandes ambiciones. Era extraordinariamente brillante y quería estudiar asuntos internacionales. También hablaba español con fluidez. Para él, era obvio que, si quería conquistarla, tenía que seguir estudiando.

Robin y él siguieron viéndose, incluso después de la graduación, cuando ella se marchó a Nueva York y Walter aceptó un trabajo como traductor de español en una oficina de abogados de oficio. El trabajo era fascinante y le ofreció una visión real del funcionamiento interno de la vida cívica estadounidense. Pero, al observar a sus colegas traductores, Walter empezó a preocuparse por las diferencias entre sus habilidades, disparidades que podían ser cruciales a la hora de juzgar y condenar a los hispanos. Un día, mientras traducía para un caso de pena capital con graves acusaciones y negociaba los entresijos en ambos idiomas, se convenció de sus dudas. Había que hacer algo para servir mejor a los latinos que estaban siendo encauzados descuidadamente —y con escasa comprensión de lo que les ocurría— a través del sistema judicial de Estados Unidos. Había que hacer frente a graves injusticias. Poco después abogaba por certificar a los traductores de español y dotar a los tribunales de profesionales cualificados y competentes. Con el tiempo ayudó a crear una asociación con ese fin.

Más adelante, al fijarse en cuántos jóvenes puertorriqueños y cubanos marielitos iban a juicio en causas criminales, empezó a interesarse por averiguar cómo podía el sentimiento antihispano afectar esos resultados. Entonces empezó a trabajar como investigador en defensa criminal y a ver cómo en efecto los prejuicios sistémicos subyacían en muchas de las sentencias. Era un trabajo apasionante, el tipo de compromiso cívico al que podía entregarse y en el cual podía creer. Mientras, su romance con Robin se profundizaba. Cuando ella se fue a completar su máster en la Universidad George Mason, en Arlington, Virginia, él empezó a visitarla allí.

La zona le gustó mucho a Walter. Era 1987, la guerra civil en El Salvador llevaba ocho años haciendo estragos y una inmensa población de salvadoreños se había asentado en la capital estadounidense o sus cercanías. Casi el veinte por ciento de los residentes del condado de Arlington eran como él, refugiados que habían huido de una patria en ruinas en busca de una oportunidad de vida mejor. La fragancia de las pupusas salvadoreñas llenaba el aire. De los porches salían conversaciones salvadoreñas. Para 1992 el área metropolitana de Washington, incluido Arlington, albergaba a la tercera mayor población de salvadoreños del mundo fuera de El Salvador. Gracias a la comida, el ambiente acogedor y la mujer que amaba, Walter pronto hizo de Arlington su hogar.

No pasó mucho tiempo antes que el sentido de la justicia de Walter y sus agudas facultades de observador vieran lo obvio: a pesar de todas sus vibrantes contribuciones a la zona, el pueblo salvadoreño —toda la comunidad latina e inmigrante, en realidad— no tenía voz en la administración. Vivían en un condado que se beneficiaba de su fuerza, sus impuestos y su ingenio, pero que apenas les prestaba atención a sus necesidades, invisibilizados y silenciados. Walter sintió la imperiosa necesidad de expresar una objeción, corregir la indiferencia. ¿Cómo podía ocurrir algo así a menos de cinco millas del corazón legislativo de la nación, de los salones que albergaban la Constitución y la Carta de Derechos, que proclamaban la igualdad de todos los ciudadanos estadounidenses? Lo había picado el gusanillo de la política.

Cuando se quejó de la negligencia a Eduardo Bretón, jefe argentino del capítulo de Virginia de la LULAC (Liga de Ciudadanos Latinoamericanos Unidos), Bretón simplemente clavó sus penetrantes ojos azules en Walter y le dijo: "Si tanto te importa, Walter, únete al consejo. ¡Tienes que involucrarte!". Eso hizo Walter. Se unió a LULAC, la mayor y más antigua institución que lucha por promover los derechos civiles de los latinos en Estados Unidos. En poco tiempo ya trabajaba para el Consejo de Revisión de Quejas Civiles de Washington, DC, escudriñando el modo en que las fuerzas policiales trataban a los hispanos en el transcurso de cualquier interacción: los numerosos casos de lenguaje discriminatorio, acoso racial o violencia descarada.

Walter se dio a conocer pronto como la persona que lograba que las cosas se hicieran, quien formulaba las preguntas difíciles, indagaba, eliminaba obstáculos y parecía capaz de reclutar a todos cuantos lo rodeaban para la tarea. En 2003, cuando se convirtió en la primera persona de origen latino elegida para formar parte de la Junta de Supervisores del condado de Arlington (o de cualquier otra junta de gobierno en Virginia), empezó a darle forma a su mensaje para los inmigrantes de Virginia, que no ha cambiado desde entonces: hazte ciudadano. Regístrate para votar. En un condado donde la vivienda unifamiliar media cuesta más de un millón de dólares, alza la voz e insiste en la necesidad de viviendas asequibles. En medio de un frenesí de construcción donde los proyectos comerciales amenazan con arrasar los campos de juego de tus hijos, acude, exige, defiende el territorio, haz lo correcto por ellos. En una época en que se sataniza a los inmigrantes, urge una reforma inmigratoria y los latinos permanecen tácitamente ignorados, pídele a tu condado que se distinga como modelo de democracia y sirva a quienes hacen que la comunidad funcione. Pese a todo el músculo que Walter dedica a elevar a los latinos, el inquebrantable respeto por sus electores —sin importar quiénes sean— es su principal instrumento.

Me cuenta de la vez en que estaba arreglando un parque de la zona para el festival anual salvadoreño y, de repente, recibió la noticia de que dos pandillas rivales se dirigían hacia allí para caerse a tiros en el evento. Walter no se inquietó. Había demasiado que hacer. Se concentró en los voluntarios, el montaje y el desafío físico que suponía acarrear suministros de un lugar a otro. Al ver pasar a un grupo de jóvenes, les gritó que lo ayudaran a mover el equipo. No se fijó en sus tatuajes, no le importaba mucho quiénes eran, salvo que parecían jóvenes salvadoreños fuertes y musculosos. Éstos empezaron a ayudar, a cargar cajas, a transportar el material del festival, a bromear y a divertirse como cualquier joven con una gran fiesta por delante. "Me enteré después de que eran los pandilleros que tanto preocupaban a todo el mundo", cuenta. "Tengo que reconocerlo. Trabajaron. Estaban allí como el resto de nosotros. Se habían convertido en parte del festival".

Esta breve anécdota, que cuenta con deleite, dice muchísimo de Walter Tejada. Es esa tenaz convicción de tratar con justicia a todo ser humano en su entorno, de darle a la gente una mano, una oportunidad, de guiar a sus electores para que ejerzan su poder cívico, lo que lo ha sostenido a lo largo de una extraordinaria carrera de liderazgo. A lo largo de los años ha dirigido o fundado una miríada de organizaciones políticas o de influencia, que les han dado a los latinos y a los inmigrantes en general una voz cada vez mayor en su gobierno. "Si tuviera un deseo para los latinos", dice, "sería que dejáramos de querer estar fuera del radar. Muchos me dicen: 'Oye, yo sólo quiero bajar la cabeza y trabajar. Que hable alguien más'. Y yo les respondo: 'Ese alguien tienes que ser tú. Tienes que participar. Tienes que ser la cara en su cara. *Tú*'".

• • •

A veces, quienes se toman a pecho el reto de Walter Tejada (si no soy yo, ¿quién?) no se consideran activistas —puede que ni siquiera sean conscientes de que fortalecen el poder latino—, pero lo son al fin y al cabo. El actor estadounidense de origen colombiano John Leguizamo es uno de ellos. "Soy un adicto a la historia", afirma. "Es lo mío, mi pasión, e intento pasarla de contrabando dondequiera que puedo". Ha creado una serie de televisión llamada *Leguizamo Does America*, programa de viajes que celebra las diversas culturas e historia latinas en este país. Ojalá lo viera el resto de Estados Unidos. Es la primera vez en la historia de la televisión que un hispano desarrolla y presenta una gran serie de viajes. Según Leguizamo, la única razón por la que NBC la aprobó es que César Conde, el presidente de NBC Universal, es latino. Conde comprendió la necesidad de elevar el perfil de este gran segmento de Estados Unidos, culturalmente ignorado.

"Vivo en Nueva York, donde igualamos a los blancos en población", refunfuña Leguizamo, "y, sin embargo, somos menos del uno por ciento de los periodistas del *New York Times*, menos del uno por ciento de las historias que se cuentan en el *New York Times*, el *New York Post*, el *New Yorker*, la revista *New York*. Esta es nuestra ciudad, y vivimos en un *apartheid* cultural". Añade que ése es el tipo de borrado que se produce cuando no hay suficientes ejecutivos hispanos en los medios de comunicación, o personas con poder que defiendan e impulsen la cultura latina. Aunque Leguizamo no se llama a sí mismo activista, siempre está defendiendo la cultura, promoviéndola, *impulsándola*. ¿Qué es un activista, si no una estrella de la televisión que defiende a su gente a través de un medio que llega al noventa y tres por ciento de los estadounidenses?

Hay cientos de miles de latinos en todo el país —y, por cierto, no siempre son latinos— como John Leguizamo, Walter Tejada y Mónica Ramírez, que trabajan para darles poder a los latinos. Puede que no se les conozca; puede que no busquen protagonismo. Pero poco a poco y con paciencia logran que se note el cambio en sus comunidades o en las de millones de personas que, como ellos, necesitan que se respeten sus derechos, se atiendan sus quejas y se reconozca su presencia. Pueden ser líderes cívicos como Julissa Gutiérrez, la estadounidense de origen colombiano, hija de una empleada doméstica y un chofer, que llegó a ser la primera jefa de diversidad latina del estado de Nueva York, donde se dedica a proteger a las pequeñas empresas latinas; o como la antigua compañera de cuarto de Julissa en la universidad, la afrodominicana Wendy García, que vela por los hispanos de la ciudad como comisionada adjunta para la equidad y la inclusión en el Departamento de Policía de Nueva York (NYPD). El primer comisario latino en la historia del NYPD, Edward A. Caban (de ascendencia puertorriqueña), tomó posesión de su cargo en julio de 2023.

También tenemos a Arturo Griffiths, activista cuyo padre antillano y madre panameña huyeron de la intolerancia en la zona del Canal para traerlo a Estados Unidos en su adolescencia. Esperaban eludir el racismo y acabaron metidos en su mismísimo epicentro. Arturo llegó a la mayoría de edad en los barrios cada vez más latinos del noroeste de Washington, DC, pocos años antes de que asesinaran a Martin Luther King Jr. y la capital estallara en una feroz revuelta racial. Afrolatino criado en la cultura predominantemente blanca de la zona del Canal de Panamá, Arturo creció sintiendo afiliación por todos los bandos; parecía tener antenas especiales para las sensibilidades raciales. Ya a los diecisiete años empezó a tener fama de conciliador, dicharachero, persona capaz de limar asperezas y lograr que grupos radicalmente diferentes se sintieran a gusto entre sí. Quizá su momento culminante llegó en 1991, cuando rondaba los cuarenta años y su barrio parecía un hervidero de hostilidades. Era una época de tirantez: el país luchaba por salir de la crisis financiera, poblaciones enteras habían vuelto a caer en la pobreza, el consumo de crack había alcanzado proporciones epidémicas y las tensiones raciales parecían electrizar el aire hasta el punto de estallar. Fue entonces, el Cinco de Mayo en 1991, que una conflagración racial muy distinta estalló en su barrio. Comenzó con un acto aislado: una policía afroestadounidense novata le disparó a un salvadoreño ebrio mientras él y sus amigos iban borrachos por la calle.

Los disturbios de Mount Pleasant fueron un momento aciago en la vida de la capital. Comenzaron una, por lo demás apacible, tarde de sábado de primavera, cuando la gente estaba en la calle disfrutando del espíritu de esa fiesta mexicano-estadounidense. Dos policías andaban de ronda. Cuando se toparon con los alegres salvadoreños que iban dando tumbos por Mount Pleasant Street, con botellas en la mano, uno de los policías les gritó que las dejaran en el suelo. Pero los hombres no hablaban inglés y no entendieron lo que les pedían. Se armó un alboroto. Los relatos de los testigos varían. Algunos afirman que el hispano, ya esposado, se abalanzó torpemente hacia adelante, suplicando en español que lo soltaran. Otros afirman que tenía las manos libres para quitarse el cinturón, reacción bastante habitual en Centroamérica donde los hombres suelen pelear con sus cinturones. El informe policial, muy controvertido, dice que empuñaba un cuchillo. Sea como fuere, la policía, claramente alterada por sus movimientos, le disparó a quemarropa en el pecho.

La ira fue fulminante y catastrófica. A lo largo de tres días y tres noches los latinos, molestos por la cruda brutalidad de la respuesta policial y aguijoneados por la violencia que los había llevado a huir de sus propios países, arremetieron con furia vengadora. Los negros, enardecidos por la presencia de un millar de agentes de policía, en su mayoría blancos y fuertemente armados, además de la horda de latinos en estampida, contraatacaron. Volaron botellas, se improvisaron armas, se lanzaron piedras y se escucharon disparos. Los jóvenes hispanos salieron de sus casas y volcaron patrullas de policía y les prendieron fuego a los vehículos con su propia gasolina. José Suero, director del periódico en español *El Diario*, relató: "Los polis estaban como '¡Guau! ¿Qué demonios es esto?' En una hora los muchachos habían organizado un ejército y sabían más de guerrilla urbana que la policía". Al segundo día, los disturbios se habían extendido al sector de Adams Morgan, destruyendo negocios, provocando saqueos y volviéndose más peligrosos cada hora. Al final, cuando el gas lacrimógeno se disipó en el cielo nocturno y la ciudad amaneció, docenas de carros de policía, buses y escaparates habían quedado reducidos a cenizas y escombros. Más de cincuenta personas resultaron heridas, algunas de gravedad. La capital de la nación estaba conmocionada, consumida por la rabia. Como dijo más tarde la alcaldesa afroestadounidense Sharon Pratt, los amotinados latinos no eran vistos favorablemente en la "Ciudad de Chocolate":

> Muchos washingtonianos, blancos y negros, estaban llenos de rencor y esperaban que manejara la situación con fuerza bruta. Querían que la policía de Washington revisara las tarjetas de residencia de los alborotadores. Querían que los alborotadores fueran deportados. El sentimiento era muy claro: ¿por qué los ciudadanos de una ciudad de mayoría negra —una ciudad sin voto en el Congreso y asolada por los disturbios, la pobreza y el VIH— debían de hacerse a un lado por alguien más?

Pero, a pesar de la amargura, se había abierto una puerta: la discriminación galopante, la asfixiante falta de oportunidades, la desigualdad de acceso a los servicios públicos... todo ello llevó a la Comisión de Derechos Civiles de Estados Unidos a convocar una audiencia sobre la situación de los hispanos en el área metropolitana de Washington, DC. Su sentencia final fue clara, mordaz, y mostró prueba tras prueba de la "espantosa" privación de derechos civiles básicos que esta población sufría. A pesar de las quejas de los no hispanos, el Distrito de Columbia comenzó a publicar documentos en los dos idiomas, le ordenó a la policía abrir dos sucursales de oficinas de relaciones con la comunidad latina y apoyó el equipo de trabajo latino que fue creado a raíz del informe de la Comisión. Fue como si se hubiera producido un llamado de atención y la ciudad hubiera abierto los ojos, mirado a su alrededor, madurado.

Arturo estaba en su elemento. Dio un paso al frente como representante de los negros y los hispanos para organizar una asamblea de conciliación donde estuvieran representados los inmigrantes de todos los colores que vivían en la ciudad. Llevaba aplicando ese tipo de bálsamo para las comunidades desde que tenía diecisiete años, y lo haría durante cincuenta más. Se necesita una fe poderosa en la promesa del cambio —la posibilidad de avanzar, la esperanza de un mundo nuevo más amable, la capacidad de construir algo mejor— para despejar los obstáculos y trabajar por un futuro más justo; pero eso es precisamente lo que haría un activista. Esa es la vocación de un optimista.

LOS EDUCADORES

Tengo un primo que tiene cuatro trabajos. Tengo familia indocumentada. Tengo familia que ha sido dividida, separada, deportada a Colombia. Ser optimista es una disciplina.

—Julissa Gutiérrez, jefa de diversidad, estado de Nueva York

Hace falta tener mente positiva —ser un soñador— para ser activista, sin duda, y el tipo de activismo más eficaz procede de quienes tienen la capacidad de imaginar que lo que es mejor para ti es mejor para mí. Y para todos los demás. Ésa es la base de la mayoría de las religiones del mundo, el fundamento de la democracia, el cimiento del ecologismo y la luz que guía una educación con un espíritu verdaderamente público. ¿Puede haber un agente de cambio mayor —un mayor promotor de mejores resultados— que la propia educación?

Gran parte del activismo que beneficia a las comunidades latinas procede de educadores, profesores, promotores del aprendizaje. Puede provenir de individuos de quienes uno jamás sospecharía que tengan algo en común con los latinos, excepto que entienden que la educación es el pilar central de la democracia y que la educación pública exige inclusión. Ni más ni menos. Los promotores de la educación les ofrecen agencia a los latinos no porque tengan familiares o amigos latinos —ni porque tengan intereses comerciales en el mundo latino—, sino porque no les queda más remedio. Porque creen que es lo correcto. Tal es el caso de Donald E. Graham, antiguo editor del *Washington Post*. Don Graham es vástago de una de las familias de los medios más influyentes en el mundo. Hijo de la legendaria Katharine Graham, la férrea editora del *Post* durante los angustiosos días del movimiento por los derechos civiles, la guerra de Vietnam, el escándalo Watergate y los Papeles del Pentágono, Don es también nieto de Eugene Meyer, quien compró el periódico en quiebra en plena Gran Depresión tras abandonar sus funciones como presidente de la Reserva Federal. Don creció como miembro de la realeza de los medios de comunicación. Se educó en la renombrada St. Albans School y en la Universidad de Harvard. Llegó a ser presidente del periódico de su universidad, el *Harvard Crimson*, y pasante del periodista más poderoso de su generación, James "Scotty" Reston, del *New York Times*. No hay duda de que Don gozó de todos los privilegios de los que puede presumir un miembro de la élite cultural de la costa este de Estados Unidos. Sin embargo, cuando se graduó de Harvard en 1966 no se fue a trabajar en un bufete de abogados, un banco o una editorial, como era de esperarse en aquella época. Optó por enlistarse como soldado raso en el ejército estadounidense y servir durante dos de los años más angustiosos de la guerra de Vietnam.

Dadas sus conexiones familiares, podía haber evitado esos campos de exterminio con un mínimo esfuerzo: obtener un aplazamiento, conseguir un puesto cómodo en la Guardia Nacional. Pero se dirigió a esas selvas lejanas con no poca convicción. A su regreso se incorporó al Departamento de Policía de Washington, DC, como patrullero ordinario en una época en que los alborotadores de las airadas calles de Estados Unidos gritaban "¡Fuera cerdos!" y el país sentía el efecto dominó de la "Guerra contra el crimen" de Lyndon B. Johnson, que había enviado policía militarizada a los barrios pobres. A pesar de todo, con su rostro abierto y amable, sus mejillas rubicundas, su imponente estatura y su andar ondulante, Don tenía el aspecto del policía bueno. Su intención, según le dijo entonces a su madre, era comprender mejor la ciudad que servía el periódico familiar. En 1971 se incorporó al *Post* como reportero municipal.

Treinta años después, tras ascender en el escalafón directivo —de la sala de impresión a la redacción, de ahí al departamento de distribución y, por último, yendo a parar a la oficina del editor—, se hizo a un lado para convertirse en presidente de la Washington Post Company. En septiembre de 2013, golpeado por siete años consecutivos de caída de ingresos y una febril recesión que había obligado a decenas de periódicos estadounidenses a cerrar sus puertas, Don le vendió la empresa familiar al titán de Amazon Jeff Bezos. Cinco meses después fundó un movimiento nacional para ofrecerles becas a jóvenes desatendidos, indocumentados y prometedores. Lo llamó TheDream.Us.

¿Qué pudo haber inspirado a Don Graham a dejar atrás los periódicos para sumergirse de lleno en un tema que impacta a los latinos más que a ningún otro grupo? El catalizador fue DACA, el programa Acción Diferida para quienes Llegaron en la Infancia que lanzó el presidente Obama el 15 de junio de 2012 con el fin de proteger a los niños indocumentados de la deportación y proporcionarles acceso a los elementos básicos que le permiten trabajar a un residente: un número de Seguro Social, la garantía de no ser deportados y una identificación con foto o licencia de conducir emitida por el estado. DACA, como ha sido descrito por la administración de Joe Biden, busca que esos niños —los

"Dreamers" o soñadores— puedan vivir y trabajar en paz "en el único país que conocen como hogar". Es evidente que Don tenía la intención de apoyar DACA desde tiempo atrás, pero no había tenido la libertad de hacerlo, siendo parte de la dinastía de las noticias en la capital de Estados Unidos, que alegaba neutralidad absoluta respecto a la política partidista.

Que Don se preocupara por la difícil situación de millones de jóvenes latinos fue una sorpresa para mí. Había trabajado para él durante diecisiete años en el *Washington Post* y nunca imaginé que se interesaría por los niños indocumentados —la gran mayoría, inmigrantes de América Latina— que viven en un limbo oficial, sin poder participar en los aspectos más rudimentarios de la vida estadounidense. De vez en cuando, cuando yo trabajaba en el *Post*, Don se dejaba caer por mi despacho para charlar amablemente, como solía hacer con todo el mundo en cualquier rincón de aquel edificio, ya fueras un pasante universitario que clasificaba el correo diario o un alto ejecutivo que se ocupaba de importantes asuntos financieros. Nuestra conversación versaba sobre una reseña que yo había publicado o un buen libro que él había leído, pero siempre se centraba en el trabajo que, para mí, eran los libros. En todo ese tiempo, Don nunca se refirió a mi condición de latina ni a mi experiencia como inmigrante. De hecho, durante todo el tiempo que trabajé para él se mostró admirablemente apolítico, atento a la óptica, receloso de apoyar cualquier institución que pudiera dar la impresión de estar "basada en resultados". Veinte años después, me encuentro sentada en su sala y le pregunto: "¿Qué te hizo interesarte por los *Dreamers*, Don?". Su respuesta es sencilla y va al grano: "Son los chicos más discriminados en Estados Unidos ahora mismo".

Cuando describe su nueva pasión es como un campo de energía. Hace más de una década que fundó TheDream.Us, pero la oleada de jóvenes que pasan por el proceso de solicitud —con sus múltiples historias sobre cómo llegaron, lo que han aguantado y lo ardientemente que creen en el futuro— la mantiene fresca para él. Antes de que pueda acribillarlo a preguntas, insiste en que escuche lo que tiene que decirme sobre TheDream.us, discurso que pronuncia con la calma y la claridad que lo caracterizan. Pero la emoción es palpable en su rostro, en el rosa encendido de sus mejillas, en la feroz intensidad de sus ojos. El suyo es un activismo casi mesiánico, subvencionado con la fortuna de su familia. Don está profundamente orgulloso, y también asombrado, de los miles de jóvenes indocumentados a quienes ayuda a ir a la universidad cada año. Se pregunta cómo esos niños, que han llegado tan lejos con tan poco —que llegaron con una edad aproximada de tres años y medio, sin ningún tipo de red de seguridad y con el sistema decididamente en su contra— pueden tener tanta fortaleza, trabajar con tanta diligencia y ser tan prometedores. "¿Cómo lo hacen?", se pregunta. "La motivación es tan fuerte que resulta casi absurda".

TheDream.US ayuda a más de mil prometedores estudiantes DACA e indocumentados a ir a la universidad cada año. Sus beneficiarios se reparten por todo el país, desde el suroeste de Texas hasta el norte de Nueva Jersey, y abarcan desde mexicanos hasta dominicanos y vietnamitas. Nueve de cada diez son latinos. Cuando se publique este libro, diez mil más habrán recibido sus títulos gracias a Don Graham. Lo habrán hecho con todas las ayudas —matrícula, alojamiento y comida— y sin tener que incurrir en deuda alguna. Además, la apuesta de Don resulta bien fundada: estos estudiantes superan sistemáticamente a sus compañeros. Las estadísticas que cita son impresionantes: el noventa y dos por ciento de los beneficiarios completan su primer año de universidad; el ochenta y dos por ciento se gradúa al cabo de cuatro años con una media de al menos 3,3 puntos. Quienes se graduaron en 2023, por ejemplo, lo hicieron con un promedio académico de 3,5, docenas de ellos con laureles y honores. Cuando obtienen su título, el noventa y tres por ciento encuentra trabajo de inmediato o cursa estudios de posgrado —frente al ochenta y cuatro por ciento de la media nacional— y la gran mayoría se convierte en trabajadores esenciales, en los campos de STEM (ciencia, tecnología, ingeniería y matemáticas) y la salud. Un tercio se dedica a negocios, educación o ciencias sociales.

Pero no tienen derechos. Ahora que DACA se tambalea, con su futuro en entredicho, la mayoría de estos jóvenes que han crecido aquí la mayor parte de sus vidas no pueden obtener un permiso de conducir. Tampoco pueden solicitar subvenciones federales para ayuda financiera, ni siquiera si son los mejores de su clase o de su escuela, incluso genios de la ciencia espacial. De hecho, se les prohíbe ir a la universidad y son relegados a una vida de trabajo servil y pobreza, como sus padres. En algunos estados, las universidades tienen prohibido admitirlos. Peor aún, no pueden solicitar la ciudadanía. Ingresar en el ejército de Estados Unidos o casarse con un estadounidense no les hará ganar ese premio: eso también les está prohibido. Algunos han obtenido las codiciadas becas Rhodes, pero siguen siendo indocumentados. Cientos han llegado a ser médicos o estudiantes de medicina, pero no ciudadanos. Se encuentran en una trampa virtual, en un punto muerto existencial. Sin embargo, noventa y ocho mil se gradúan cada año del colegio. "Me desconcierta que nadie entienda lo que como país les estamos haciendo a estos niños", me dice Don. "No hay *nada* que puedan hacer para cambiar su situación". Nada.

Además, estas personas viven con el miedo constante a la deportación. No se atreven a inscribirse en programas de salud, nutrición, asistencia financiera o formación laboral; tampoco se atreven a quejarse de la victimización ni de los delitos que se cometen contra ellos en sus escuelas o lugares de trabajo. Es más, en algunos círculos ideológicos encontrarán poca empatía, incluso se les despreciará, les dirán que vuelvan a casa, un lugar que no conocen, donde más de dos terceras partes de ellos ya no tienen parientes. En 2017, la administración Trump anunció que eliminaría gradualmente el programa DACA. Una de las primeras medidas de Joe Biden como presidente, en 2021, fue ordenar al secretario de Seguridad Nacional que revocara esa directiva y fortaleciera el programa; meses después, un juez federal de Texas declaró ilegal el programa DACA y bloqueó a todos los nuevos solicitantes en su estado. Cuando el republicano Kevin McCarthy se convirtió en presidente de la Cámara de Representantes en 2023, dejó claro que trabajaría para anular cualquier proyecto de ley de amnistía que se cruzara en su camino y, por supuesto, eso incluía a DACA. Mientras escribo este libro, el programa para proteger a los niños indocumentados está en peligro, al borde de la estrangulación, aunque un nuevo *Dream Act*, al que el Congreso sigue dándole vueltas incansablemente como un gato a un ratón herido, les permitiría a casi dos millones de *Dreamers* elegibles, incluido el aproximadamente medio millón de jóvenes a quienes ampara el proyecto de ley original, recibir protección permanente para vivir y trabajar en Estados Unidos, la nación por la cual sienten más lealtad. Desde luego, hay que decirlo: el país necesita desesperadamente asegurar sus fronteras, prevenir la inmigración ilegal y hacer cumplir nuestras leyes. Pero, como Don deja bien claro, también debe valorar a sus inmigrantes y proteger a los niños que ya están aquí.

Lo irónico es que necesitamos a esos niños. Como Don escribió en las páginas de opinión de su antiguo periódico:

> Nuestro país necesita a los soñadores. Necesitamos enfermeras y enfermeros con desesperación; desde 2005, más de 180 hospitales rurales han cerrado. Entre nuestros becarios [de The Dream.Us], la carrera número uno es enfermería y cuidados sanitarios. Los estudiantes de educación constituyen otro gran grupo, y Estados Unidos también necesita desesperadamente profesores. Otro importante empleador que necesita ayuda es el ejército, que sólo alcanzó un setenta y cinco por ciento de su meta de reclutamiento en el último año fiscal, incluso ofreciéndoles a los ciudadanos cincuenta mil dólares por enlistarse. ¿Por qué no permitir que los jóvenes inmigrantes educados desde el primer grado en escuelas estadounidenses se enlisten como un camino hacia la ciudadanía? El ejército llenaría sus filas con jóvenes dispuestos y capaces que aman este país.

Algunos de los donantes de alto perfil de Don —Bill Gates, Jeff Bezos, MacKenzie Scott— estarían de acuerdo. Pero quizá las experiencias de los jóvenes *"dream-dot"* lo expresan mejor. Cuando Don me invita a ir a Virginia a visitar a algunos de ellos, aprovecho la oportunidad. Allí, en los lujosos salones de una universidad católica local, conozco a Abby, una hondureña con un aplomo sobrenatural que gateó a través de la frontera hace dieciséis años cuando tenía cuatro, y que ahora es presidenta del consejo estudiantil de su universidad y aspira a estudiar medicina. Conozco a Andrea, una salvadoreña de gran rendimiento apasionada por la política, que trabajó como pasante para el congresista

Jamie Raskin (Demócrata por Maryland), a quien cortejaron dieciocho universidades y que, sin embargo, sufre ataques de pánico todos los días por su precaria situación cívica.

Y está Carlos, de México, un joven pálido y delgado como un látigo, de ojos amables, manos suaves y un resuelto apretón de manos. Su madre, empleada de aseo y cocina en un hotel cercano, está sentada en un rincón del bonito vestíbulo administrativo, observando a los jóvenes con mirada cansada. Cuando me acerco a ella, se desplaza en el sofá con una sonrisa amable para hacerme sitio. Me cuenta lo orgullosa que está de Carlos, estudiante sobresaliente de física, "muy exitoso e inteligente, pero más que todo una muy buena persona". Le pregunto cuánto tiempo lleva en este país. Diecisiete años, responde. Cruzó a nado el río Grande con Carlos cuando éste tenía tres años. Hoy viven en un apartamento de dos habitaciones, y señala a otras dos estudiantes *dream-dot* que están sentadas cerca: mujeres jóvenes, envueltas en una conversación tranquila, comparando cuadernos. "Vivimos con ellas", me dice. Las jóvenes levantan la vista, sobresaltadas. "Ha sido duro, muy duro para nosotros", continúa diciendo la madre de Carlos, "muy duro", dice sacudiendo la cabeza. "Pero, mírelo. Sé que hará grandes cosas. Por él, señora, ha valido la pena cada minuto". La mujer se inclina, me coge la mano y me insta a escribir sobre su hijo. No puedo dejar de notar la aspereza de sus palmas.

APOSTARLE A LA EXCELENCIA

En vías de última, el sueño americano no es una carrera de velocidad, ni una maratón, sino una carrera de relevos. Cada generación le transmite a la siguiente los frutos de su trabajo. [...]. Mi madre luchó duro por los derechos civiles para que, en lugar de un trapeador, yo pudiera sostener este micrófono.

—Julián Castro, alcalde de San Antonio
mexicano-estadounidense, 2012

Si algo he aprendido de los años de investigación y de los cientos de entrevistas que he realizado para este libro, es que existe una cohorte

de estadounidenses que trabajan incansablemente para apoyar a los latinos —sin importar su raza o clase— y elevarlos, educarlos, estudiar sus
costumbres, incorporarlos a la corriente dominante. Hay muchos Don
Graham. La inmensa mayoría, son también latinos.

Por desgracia, en los últimos años los latinx son víctimas de desinformación y reproches. Lo más alarmante es que las pedradas y los dar-
dos han provenido del más alto cargo del país. En la campaña de 2016
(repitiendo las falsedades en su carrera hacia las elecciones en 2024),
Donald Trump caracterizó al pueblo de México —la nación de origen
de la mayoría de los hispanos, incluido el *"dream-dot"* Carlos, el joven
prodigio de la física— como criminales lascivos y depravados. "Cuando
México envía a su gente", dijo, "no envía a los mejores […]. Envían a
gente que tiene muchos problemas y nos traen esos problemas. Traen
drogas. Traen delincuencia. Son violadores. Y algunos, supongo, son
buenas personas". Sus seguidores le creyeron. Aún le creen. Sin embargo,
no es cierto. La delincuencia hispana es en realidad proporcionalmente
menor que la proporción de hispanos en la población. De hecho, es más
probable que los latinos sean víctimas que victimarios en los delitos. La
violencia armada de Estados Unidos ha matado a muchos más latinos
en los últimos veinte años —setenta y cinco mil, para ser exactos— que
el número de estadounidenses muertos en Vietnam durante las casi dos
décadas que duró esa guerra equivocada.

Por fortuna, el ejército de agentes de cambio que hace frente a las ca-
lumnias contra los latinos es formidable. En lugar de lanzar al viento sus
objeciones, trabaja en las aulas, las oficinas de investigación, los laboratorios científicos, demostrando lo contrario. Los educadores se encuentran en todos los niveles del sistema pedagógico. Como resultado, los
jóvenes latinos experimentan una movilidad social ascendente. Mientras
que menos de la mitad de los estadounidenses cree que sus hijos estarán
mejor que ellos, más de dos tercios de la población hispana confía en que
la próxima generación prosperará como ellos no pudieron.

Cuando visito a Elise Heil, directora de la única escuela primaria
católica bilingüe de Washington, DC, está afuera, en el patio de recreo,
junto con el alumnado, que abarca desde preescolar hasta octavo grado.

Es un luminoso y cálido día de septiembre y me acerco a la casi centenaria Escuela del Sagrado Corazón para encontrarme con que un simulacro de incendio ha desperdigado a los niños bajo el sol. Con sus impecables camisas blancas, pantalones azul marino y faldas de cuadros escoceses, son un grupo heterogéneo —morenos, blancos, negros, asiáticos—, un auténtico espejo de los fenotipos que puede encarnar un latino. Los niños juegan al *kickball*; las niñas se apiñan en los escalones, compartiendo secretos; los de preescolar cantan. Los profesores miran, charlan entre ellos en español o inglés, se ríen de vez en cuando, sin perder de vista a sus pupilos. Los niños se sienten tan cómodos en ambos idiomas que los mezclan libremente, a veces en una misma frase. En su mayoría, son jóvenes estadounidenses de origen salvadoreño, hondureño o guatemalteco, la gran mayoría nacidos en Estados Unidos, aunque cada año la escuela incorpora a dos o tres inmigrantes recientes a cada clase. También hay un puñado de vietnamitas, etíopes y blancos de pelo rubio, fiel reflejo de la congregación que rinde culto en la iglesia del padre Emilio Biosca al final de la calle.

La directora Heil era una novel profesora de matemáticas en un colegio cercano cuando un día salió a pasear con su madre y pasaron por delante del imponente Santuario del Sagrado Corazón, donde el padre Emilio preside ahora su congregación multicultural de fieles. Les picó la curiosidad y entraron. Elise quedó encantada de inmediato por la población fiel, urbana y trabajadora que la iglesia servía, especialmente los niños de ojos brillantes y buen comportamiento. Cuando vio un cartel que anunciaba que la escuela asociada, ubicada en la misma calle, estaba contratando profesores, su madre se volvió hacia ella y le dijo: "¿Por qué no te presentas?".

Elise enseñó en la escuela durante cuatro años antes de ser nombrada directora, a los veintisiete años. Como era una estadounidense blanca y monolingüe —y muy joven—, su elección para el cargo llamó la atención, pero aprendió español y demostró su capacidad para dirigir ese establecimiento histórico y a su personal, mayoritariamente latino. En los doce años que lleva en el cargo, el Sagrado Corazón no ha dejado de ganar premios por ser una de las mejores escuelas de la capital; gracias a ello recibe generosas ayudas eclesiásticas y federales, lo que significa que dos tercios de sus alumnos cuentan con ayuda económica. El cien por ciento de su alumnado accede a los más prestigiosos colegios de la ciudad, y estudia en universidades de todo el país carreras en las áreas de negocios, medicina, educación, artes y derecho. Analistas que incluyen desde profesores de la Universidad de Harvard hasta monjas visitantes del Vaticano han venido a estudiar los notables triunfos de la escuela; lo que más llama la atención es su currículo español-inglés estrechamente entrelazado, diseñado para producir alta funcionalidad en cualquiera de los dos idiomas. A veces, incluso la directora se sorprende: "Tenemos alumnos que hablan vietnamita en casa, e inglés y español en la escuela", dice Elise. "Te deja boquiabierta". Pero, sobre todo, el Sagrado Corazón puede atribuir sus éxitos a una comunidad muy implicada y a su compromiso de enseñarles a los niños a valorar la comunicación a través de las lenguas, a que es un puente cultural.

Esa fluidez cultural es lo que David Bowles, autor mexicano-estadounidense de libros para jóvenes adultos que creció en el Valle del Río Grande, desearía haber tenido de niño. "No me di cuenta de quién era hasta la universidad", dice. "Hasta que asistí a una clase de literatura universal y me presentaron a Sandra Cisneros y *La casa en Mango Street*. Yo era latino por ambos lados, pero nunca había leído nada de un latino". Otra clase de antropología en la universidad le reveló más cosas sobre el pueblo del cual descendía, pero no conocía: se sumergió en los mitos y leyendas de las civilizaciones mesoamericanas —cuentos contados por los pueblos olmeca, zapoteca, maya, tolteca y azteca—. "Aunque era mexicano-estadounidense, aunque me había criado en la frontera, tan cerca de México, aunque me encantaban y había estudiado las leyendas de otras tierras, nunca había leído sobre las leyendas de mis propios antepasados. Habían borrado mi cultura. Me fascinaba lo que estaba aprendiendo y al mismo tiempo me enfurecía".

Si algo apasiona a David, es el resultado de esa rabia juvenil. "Me hizo pensar", me dice. "Necesitábamos recuperar lo que otros se habían esforzado tanto en erradicar. Decidí tratar de deshacer esa pérdida de lo indígena, recuperar lo indígena que nos conecta a todos: Perú, México, tú, yo". David llegó a ser profesor de literatura en la Universidad de Texas, pero su misión como escritor ha sido educar a los más jóvenes sobre la América real, la que ha existido siempre por debajo de la mirada de la corriente dominante. Su tema es el mundo de los orígenes que la colonización ha intentado borrar con toda su fuerza, desde que la Iglesia marchó con los conquistadores y fundó todas las escuelas, desde que el primer libro de texto estadounidense, el *New England Primer*, divulgó la noción de que esta tierra pertenecía —por voluntad de Dios y de la mayoría, y la excepcionalidad inglesa— a los blancos cristianos, quienes tenían la total libertad de apropiársela.

David Bowles ha escrito docenas de libros para jóvenes estadounidenses, desde niños pequeños hasta adolescentes, muchos de los cuales han sido premiados. Cada uno busca crear ese puente cultural que faltó a su propia educación temprana. Desde sus cuentos de inspiración azteca sobre *naguales* —humanos que cambian de apariencia para transformarse mágicamente en sus animales espirituales— hasta sus historias de bromistas mayas, pasando por novelas de terror sobre demonios del inframundo y dioses colibríes, son una guía para los escolares hacia el mundo mágico de los cuentos en que los antepasados de David, y posiblemente los de ellos, se sumergían. Es tanto una resurrección como una educación.

Aunque les separan casi dos mil millas, el escritor Bowles y el profesor de secundaria Topher Kandik coincidirían en que, para que la educación enganche, las historias que cuente tienen que interpelar a los niños. Topher es un galardonado educador de Washington, DC, que se vio atraído a las aulas por un encuentro casual en el metro. Un día, cuando trabajaba para el American Film Institute y se dirigía a su oficina, un imponente afroestadounidense a quien no reconoció lo paró al grito de "¡Topher! Topher Kandik". Kandik no sabía quién era, pero el hombre insistió: "¡Topher, soy yo! De los Proyectos del Sureste". De joven, cuando Topher había trabajado como publicista para la Shakespeare Theatre Company, se había ofrecido como voluntario para crear programas extraescolares para niños de sexto grado. Los niños escribían obras de teatro y Topher buscaba actores profesionales para representarlas. La cara sonriente que tenía delante en el metro de DC era la de uno de esos niños, ya crecido y empleado, que recordaba con cariño sus días escolares. En ese momento Topher decidió que quería volver a ese entorno moldeador de niños: un lugar donde se pudiera marcar la diferencia. Quería ser profesor. Encontró empleo como profesor de inglés en SEED, escuela chárter que atendía principalmente a niños afroestadounidenses. "Puedes imaginarte", dice ahora, "lo absurdo que era. Un chico blanco de Toledo, Ohio, enseñándoles literatura a los afroestadounidenses". Enseguida supo que quería que leyeran libros de escritores negros. De niño, en un colegio jesuita sólo para varones, había crecido viéndose reflejado en el clásico plan de estudios de "hombres blancos muertos". Sus alumnos no merecían menos, la posibilidad de verse reflejados en un plan de estudios propio. "Pero me incomodaba que me vieran como alguien que les 'traía' a los afroestadounidenses su propia cultura. Opté por adoptar la posición de *aprendiz* en lugar de la de *profesor*". Decidió que aprendería junto a sus alumnos, observaría cómo respondían a las grandes obras afroestadounidenses que leerían juntos y les transmitiría esas observaciones en clase.

Con el paso de los años, Topher fue ganando premios a la excelencia docente y aceptó un cargo en la escuela pública chárter E. L. Haynes, al otro lado de la ciudad. Allí se encontró con un reto diferente: la escuela, que había sido fundada por E. L. Haynes, de quien se decía que era la primera mujer negra estadounidense en obtener un doctorado en matemáticas, había comenzado como institución afroestadounidense, pero con el paso de los años las caras habían cambiado. En una década, el número de hispanos se había duplicado. Haynes era ahora predominantemente latina —casi el sesenta por ciento de los alumnos, para ser exactos—, pero seguía contratando a profesores negros e impartiendo un plan de estudios negro para un alumnado de mayoría hispanohablante. Topher se dio cuenta del déficit en la instrucción que David Bowles había visto: el borrado. Con una diferencia. En Texas, Bowles se había sentado en un aula mayoritariamente latina y había sido enseñado con un currículo blanco, con cero diversidad y sin ningún contenido latino. En cambio, a los alumnos hispanos de Topher se les estaba enseñando la gran literatura negra estadounidense en una escuela comprometida con la diversidad, pero *aun así* no tenían acceso a ninguna referencia a su propia cultura. En otras palabras, aunque la escuela se consideraba a sí misma un modelo de sensibilidad urbana —y lo era—, los niños latinos estaban experimentando el mismo abandono cultural con que Bowles se había topado dos generaciones atrás. El ilustrado enfoque "multicultural" de Haynes no tenía en cuenta a los latinos. Topher decidió enderezar la situación: enseñaría escritores hispanos —Junot Díaz, Sandra Cisneros, Jennine Capó-Crucet, Luis Alberto Urrea, Carmen María Machado, Javier Zamora, Karla Cornejo Villavicencio, Valeria Luiselli— y lo haría del mismo modo en que se había comprometido a enseñar a los afroestadounidenses en SEED: aprendiendo junto a ellos.

· · ·

Lamentablemente, incluso con profesores bienintencionados y escritores como Topher Kandik y David Bowles, las cifras no son promisorias para la mayoría de los estudiantes hispanos. Más de la cuarta parte —cifra que se acerca al tercio— de los cupos en las aulas de Estados Unidos están ocupados por latinos. Sin embargo, esos estudiantes a menudo pasan desapercibidos, son ignorados, quedan relegados al fracaso. Aunque los hispanos llegan a Estados Unidos con grandes expectativas respecto a la educación de sus hijos —el ochenta y siete por ciento afirma que espera que sus hijos vayan a la universidad—, siguen siendo uno de los grupos con menor nivel educativo del país. No hay suficientes profesores hispanos para enseñarles: mientras que casi el ochenta por ciento de los profesores estadounidenses son blancos de cualquier origen, sólo el nueve por ciento son hispanos, una exigua fracción de lo que debería de ser el porcentaje, y la gran mayoría se concentra en el suroeste y el oeste.

Aun así, sorprendentemente se han producido notables avances: en los últimos diez años la tasa de graduación en la enseñanza secundaria para los latinos ha aumentado más de 10 puntos porcentuales, alcanzando el ochenta y dos por ciento. El número de estudiantes hispanos matriculados en la universidad se ha disparado casi en cuatrocientos por ciento, llegando a los cuatro millones. (Sin embargo, es muy posible que las cifras de matriculación se reduzcan, dada la decisión del

Tribunal Supremo en 2023 de prohibir las cuotas de admisión basadas en la raza en las universidades estadounidenses). Asimismo, el número de inmigrantes latinos con al menos una licenciatura ha aumentado hasta el veintiséis por ciento, gracias al reciente aumento de la inmigración procedente de países con mayores niveles de estudios: España, Argentina, Venezuela, Colombia.

Según Janet Murguía, directora de UnidosUS, la mayor organización hispana de defensa y derechos civiles en el país, puede que exista una gran asimetría entre los latinos en lo que respecta a la educación, pero también hay muchos rasgos que nos unen. Por ejemplo: el noventa y cuatro por ciento de los estudiantes latinos menores de dieciocho años ha nacido en Estados Unidos. Muchos hablan español con fluidez y están familiarizados con sus tradiciones de origen, lo que promete una abundancia de estadounidenses en la futura fuerza laboral capaces de navegar entre lenguas y culturas. Una parte notable de esa juventud también representa una gama de identidades raciales y étnicas, incluidos tres millones que se autoidentifican como negros y, por consiguiente, prometen servir de puentes humanos, al igual que Arturo Griffiths, el activista comunitario afrolatino que se identifica con ambos lados de su herencia. Reforzando esa noción de diversidad dentro de la diversidad, Murguía dice que un porcentaje cada vez mayor de jóvenes adultos latinos —uno de cada cinco *millennials*— también se considera LGBTQ+, es decir, que una proporción creciente de jóvenes latinos estadounidenses está rompiendo el antiguo tabú machista contra la fluidez de género.

Como nos dice el vivificante intelectual Ed Morales, de la Universidad de Columbia, el hecho mismo de que los latinos no seamos monolíticos —que no se nos pueda empaquetar y vender como un solo sabor— es nuestro mayor regalo a Estados Unidos. En última instancia, lo que los niños hispanos le aportan a Estados Unidos es una perspectiva nueva. Somos más que maestros en pensamiento fronterizo, pensamiento diverso y multi posicionamiento, y por eso —porque practicamos una lógica que es más prolija que rígida— estamos equipados de forma única para darle la vuelta al binarismo y fusionar a Estados Unidos como nunca se ha fusionado. Somos, según nos describe Morales, como el pariente perdido hace mucho tiempo que visita tu casa, se sienta junto a la chimenea, te cuenta un par de cosas y te cambia la vida para siempre poniendo patas arriba todo lo que conocías.

A LA VANGUARDIA

Soy optimista. Soy positivo. Es posible hacer los cambios necesarios [para arreglar nuestro medio ambiente], pero no va a ser fácil. Habrá que trabajar muy duro. Confío mucho en los niños.

—Mario Molina, científico ganador del premio
Nobel, mexicano-estadounidense

Es alentador escuchar a Don Graham hablar de la legión de ambiciosos jóvenes latinos que acuden a su organización con la intención de estudiar carreras en ciencia, tecnología, ingeniería y medicina (STEM). Ésos son los optimistas, nuestros futuros agentes de cambio, los súper educadores, quienes formularán preguntas, estudiarán minuciosamente las respuestas y encontrarán un mejor camino. Pero, como todo lo demás en Latinoland, los científicos latinos apenas son tenidos en cuenta; incluso las luminarias apenas son visibles. Me parece oír quejarse a Joaquín Castro: "Cuando le digo a la gente: 'Menciona a algún latino famoso', ¿por qué no me contestan: 'Mario Molina'? El *ingenioso* que demostró que los compuestos químicos artificiales destruyen la capa de ozono, ¡por Dios!". En efecto, Molina es uno de los nombres fundacionales de la ciencia medioambiental, "explorador pionero del movimiento climático", como lo calificó Al Gore. Este estadounidense nacido en México que de niño hacía extravagantes experimentos en el baño auxiliar de sus padres llegó a ganar el Premio Nobel de Química.

Fue Molina quien demostró que los clorofluorocarbonos (CFC) que utilizamos en las lacas para el pelo y los frigoríficos, entre otros muchos productos de uso común, le estaban causando daños irreversibles a la capa de ozono, la parte de la estratosfera que impide que nos fríen los rayos ultravioleta. En 2020, el obituario de Molina que publicó el *New York Times* calificó de calamitosos los descubrimientos del químico: "Sin la protección del ozono, un aumento de la radiación ultravioleta pondría en peligro la salud de muchas especies, incluida la humana". Esos descubrimientos, que las industrias más poderosas atacaron —incluso una corporación lo acusó de haber sido "orquestados por el Ministerio de Desinformación de la KGB"—, condujeron a un tratado internacional histórico para eliminar progresivamente la fabricación de sustancias dañinas. Cuando el presidente Obama le otorgó a Molina la Medalla Presidencial de la Libertad, en 2013, lo hizo en agradecimiento. "Gracias al trabajo de Mario", dijo Obama, dejamos el planeta "más seguro y limpio para las futuras generaciones".

Otros latinos han abierto las puertas al progreso: Albert Báez, por ejemplo, probablemente más conocido por ser el padre de Joan Báez y Mimi Fariña, dos sensaciones de la música *folk*, nos dio dos inventos que transformarían nuestra forma de concebir la vida terrenal y el universo en su conjunto. Nacido en Puebla, México, Albert emigró a Estados Unidos con su padre, un pastor metodista, cuando tenía dos años. Aquí se casó con una escocesa, se convirtió al cuaquerismo y estudió física en la Universidad de Stanford donde, en 1948, se le atribuyó el mérito de haber codesarrollado el primer microscopio de reflexión de rayos X que aún hoy se utiliza en consultorios médicos para examinar células vivas; más adelante, esta tecnología se emplearía en telescopios para fotografiar galaxias. Durante la Guerra Fría, la industria de defensa de Estados Unidos le ofreció a Báez grandes sumas de dinero para desarrollar dispositivos similares destinados a la carrera armamentista nuclear, pero Albert rechazó esas propuestas alegando que sus votos de cuáquero y pacifista le impedían crear instrumentos de guerra o armas de destrucción masiva. En cambio, dedicó sus energías a la educación y al trabajo humanitario, enseñando física en prestigiosas universidades, trabajando en iniciativas de paz para la Organización de las Naciones Unidas para la Educación, la Ciencia y la Cultura (UNESCO), creando docenas de películas educativas para enciclopedias, y ganando premios por el camino.

Si examinamos cualquier campo de la ciencia, desde la vida de las plantas hasta la división de las células humanas o la óptica espacial, es inevitable encontrar a destacados latinos como Báez y Molina a la

vanguardia. Tomemos como ejemplo a Ynés Mexía, botánica mexicano-
estadounidense del siglo XX, ferozmente independiente, quien pese a
enfrentar considerable oposición machista viajó por las Américas prácticamente sola desde las montañas heladas de Alaska hasta los volcanes
en erupción de Colombia. Por el camino descubrió quinientas nuevas
especies de plantas y dos géneros completamente nuevos. Aguerrida, ob-
stinada y meticulosa, Ynés fue una fuerza extraordinaria en la documentación de la vida vegetal del hemisferio. Hoy en día, más de cincuenta
especies llevan su nombre.

O pensemos en el Dr. Alfredo Quiñones-Hinojosa, el neurocirujano conocido como "el doctor Q", quien nació en el seno de una
familia indigente de Baja California, a los diecinueve años empezó
a trabajar en Estados Unidos como vendimiador indocumentado en
Fresno y se abrió camino con muchos sacrificios a través del colegio
comunitario y la Universidad de California en Berkeley para luego
graduarse con honores en la Facultad de Medicina de Harvard. El
joven desesperado, con las manos en carne viva de arrancar malezas
en los viñedos, ahora es el ágil "samurái" de los tumores cerebrales
metastásicos, neurocirujano pionero, decano de investigación de la
Clínica Mayo, con más de una docena de innovaciones quirúrgicas
patentadas a su nombre.

O Ellen Ochoa, nieta de inmigrantes oriundos del desierto de Sonora, cuyo padre estaba tan decidido a protegerla de los prejuicios que
había sufrido de niño que se negó a enseñarle español. Ellen sobresalió
en la escuela, donde se destacó en ciencias, y decidió apuntar alto: tan
alto que de hecho se convirtió en ingeniera espacial y desarrolló innovaciones ópticas para los viajes espaciales. En 1993 se convirtió en la
primera astronauta latina de la NASA y voló en numerosas misiones a
bordo del transbordador espacial Discovery, estudiando los efectos del
sol en el medio ambiente de la Tierra, así como el daño que los humanos
le habían infligido a la capa de ozono. En 2013 fue nombrada directora
del Centro Espacial Johnson, de la NASA, centro neurálgico de todos
los vuelos espaciales tripulados, convirtiéndose en la primera persona
latina en ocupar ese cargo. Siete años más tarde llegó a la presidencia del

Consejo Nacional de Ciencia, que asesora al Congreso y al presidente de Estados Unidos en todo lo relacionado con las ciencias.

Si no reconoce esos nombres, no es de extrañar. No se suele enseñar sobre ellos, ni se les da publicidad, ni se les conmemora. De hecho, a los científicos latinos —y a sus antepasados latinoamericanos— no se les reconocen sus revolucionarios inventos. Incluso los mayas, aztecas e incas, de cuyas culturas descienden tantos latinos, fueron grandes químicos, ingenieros y astrónomos. Pero ¿se les enseña eso a los jóvenes estadounidenses? Es muy poco probable. Todos sabemos que Orville y Wilbur Wright inventaron, construyeron y pilotearon el avión; que el doctor Christiaan Barnard realizó el primer trasplante de corazón entre humanos, y que Benjamin Franklin inventó las lentes bifocales y la estufa Franklin. Pero, ¿alguien recuerda que Luis Miramontes desarrolló la píldora anticonceptiva a partir de una variedad de ñame mexicano que crecía en estado salvaje, y de este modo revolucionó la vida de las mujeres, así como la economía mundial? ¿O que Julio Palmaz, utilizando un trozo de metal del suelo de su garaje, inventó el *stent* y transformó por completo la medicina cardiovascular? ¿O que Guillermo González Camarena, a la edad de veinticuatro años, recibió la primera patente estadounidense para la televisión a color? ¿O que Ángela Ruiz Robles creó el precursor del libro electrónico décadas antes de que se atribuyera su invención a un estadounidense? ¿O que Víctor Ochoa inventó el freno eléctrico e hizo historia en el transporte?

Luego están los que llevan la ciencia un paso más allá. Eliseo Pérez-Stable, por ejemplo: un médico que estudia los factores culturales —las tensiones, incomodidades, hábitos y vicios— que pueden sesgar el bioma humano, alterar la biología de las personas y repercutir en su bienestar. Su objetivo es demostrar cómo las condiciones socioeconómicas de los pobres y marginados pueden afectar su salud. Pérez-Stable es director del Instituto Nacional de Salud de las Minorías y Disparidades Sanitarias (NIMHHD, por sus siglas en inglés), división de los Institutos Nacionales de Salud que realiza una labor pionera en la intersección entre raza, etnia y bienestar.

Nació en Cuba justo antes de la revolución castrista. Sus padres, asustados con el futuro de su país, lo enviaron a Miami a los ocho años a vivir con sus abuelos. Un año después aún no había aprendido inglés. Prácticamente mudo, Eliseo sufrió acoso y burlas. Sólo las paperas pudieron salvarlo de las indignidades del patio de la escuela, por lo que, mientras se recuperaba, hizo todo lo posible por retrasar su curación y evitar tener que regresar a los estudios. Las experiencias de Eliseo como niño inmigrante de lengua trabada resultaron decisivas una vez creció. Las matemáticas y ciencias se convirtieron en sus idiomas y nunca perdió de vista las humillaciones a que se enfrentan los inmigrantes cuando por fin eligió la profesión de su padre: la medicina.

Su investigación sobre las disparidades raciales y étnicas comenzó en la década de 1980, cuando era profesor en la Universidad de California en San Francisco. La composición racial de la ciudad le llamó la atención de inmediato; no se trataba de una comunidad latina con poder y movilidad ascendente como la que había conocido en Miami. Era pobre, luchadora y en muchos casos atascada. Estancada. Algunos nunca habían visto a un médico de color. La experiencia lo marcó profundamente. Según me cuenta Eliseo: "Cuando John Ruffin, el antiguo director afroestadounidense del NIMHHD, se jubiló, me puse a pensar mucho en la cuestión de la representación, así que presenté mi candidatura. Enseguida me di cuenta de que parecía haber un sesgo típico de la costa Este en el instituto. Cuando la gente de la costa Este piensa en raza y salud, piensa en los afroestadounidenses. Yo venía de dirigir una clínica en San Francisco, donde los latinos eran mayoría. Aquí en el Este no se reconocía a los latinos. Nombrarme director fue una declaración, creo".

Según Pérez-Stable, su división no se dedica en realidad a la ciencia. No a la de probeta. Lo que hace es llevar la ciencia a otro nivel. ¿Cómo afectan las presiones sociales y psicológicas, la pobreza, la educación y la falta de esta, las condiciones laborales y las modas y costumbres étnicas, el bienestar de las minorías en Estados Unidos? Para Eliseo, lograr que el Congreso de Estados Unidos reflexionara sobre cómo el entorno ha alterado físicamente a los latinos fue un gran logro; durante mucho tiempo la atención se había centrado en los problemas de los afroestadounidenses. No es que esas cuestiones no fueran también de urgente importancia, pero como director del NIMHHD Eliseo sintió que el respaldo institucional tenía que ser mayor y más robusto. Ambos grupos sufrían un racismo generalizado que tenía mucho en común; había mucho que estudiar en esa confluencia. Y mucho de lo que el NIMHHD estaba descubriendo podría aplicarse también a los asiáticos orientales, a los africanos continentales, a los indonesios. ¿Cómo afecta el racismo al corazón? ¿Cómo induce a contraer enfermedades? ¿Cómo influye en la pubertad? ¿En la salud infantil? ¿En la salud mental? ¿En la obesidad? Más concretamente, ¿debe de tenerse en cuenta la raza en la atención clínica? ¿Es racista hacerlo? ¿Es ciencia?

Resulta que bajo la dirección de Pérez-Stable el NIMHHD está descubriendo que el impacto de las condiciones de vida, la dieta e incluso el estrés generacional —junto con todo lo demás— pueden tener repercusiones reales y mensurables en la salud de los latinos. "Muchos científicos sociales se ponen muy nerviosos cuando hablamos de determinismo genético", dice Eliseo; pero si se estudia la población, las pruebas están ahí. Se puede ver, sentir, predecir y documentar si se observa cómo vive la gente. O la forma en que se les hace vivir.

En 1915, cuando los mexicanos que construían nuestros ferrocarriles eran perseguidos por ser portadores del tifus —vectores de la enfermedad, anatema de la nación—, nadie se molestó en considerar que se les hacinaba en espacios reducidos como a animales, expuestos a las enfermedades transmitidas por insectos y roedores, por no hablar de infecciones mortales, y a productos químicos y aguas residuales sin tratar, además de ser alimentados con carroña. Era obvio que contraerían el tifus. Era simple ciencia. Los abusos de sus amos era lo que les hacían enfermar.

Tiempo después, durante el Programa Bracero que floreció durante la Segunda Guerra Mundial hasta la década de 1960, los trabajadores mexicanos enfrentaron una situación muy parecida. Aunque el gobierno de Estados Unidos presentaba el programa como humanitario y prometía una buena vida y un sustento estable para los trabajadores, las condiciones en los campos de braceros eran espantosas. Se desnudaba a los hombres, se les rociaba con mangueras e insecticidas, y se les aplicaba

polvo blanco tóxico en el pelo, la cara y las ingles. La opinión pública de
Estados Unidos estaba preocupada por las plagas que podían traer los
trabajadores mexicanos. Pero eran el trabajo duro y la vida dura los que
estaban paralizando a toda una etnia. Como informó el *American Journal of Public Health* en 2011, "es sorprendente que estas preocupaciones
[sobre los braceros] involucraran un programa gubernamental, llevado a
cabo por el mismo gobierno que promulgaba leyes y políticas dedicadas
a erradicar las enfermedades engendradas por las condiciones en las que
obligaban a vivir a los trabajadores". Si se hubieran puesto en práctica
programas de salud básicos y de espíritu público, esas enfermedades habrían tenido menos incidencia, y las crueldades del fanatismo se habrían
atenuado.

Hoy no es diferente. Durante la pandemia de COVID la administración Trump acusó despectivamente a los mexicanos de propagar el
virus, y los trató de forma muy parecida a los trabajadores ferroviarios
de principios del siglo XX o a los braceros de mediados de siglo. Muchos
fueron detenidos en los hospitales, y deportados, a pesar de que alimentaban la nación, cuidaban de los enfermos, desinfectaban los hospitales y
trabajaban en industrias que mantenían disponibles servicios y productos esenciales, incluso a pesar de que el COVID afectó a los latinos de
forma desproporcionada, más que a otras minorías. Según la veterana
periodista del *New York Times* Deborah Sontag, la respuesta instintiva,
racista y profundamente antidemocrática de Estados Unidos deriva de la
antigua "colisión de dos sistemas estadounidenses viciados: el de inmigración y el de atención sanitaria". Eliseo Pérez-Stable va un paso más
allá y lo llama racismo estructural, el cual, según él, a lo largo de los años
ha tenido un marcado efecto en la salud de decenas de millones de personas. Los latinos son más vulnerables a la diabetes tipo 2, la hipertensión
y el cáncer, en gran parte debido a su dieta y estilo de vida. Pero estudiar los hábitos que ayudan a las personas a prosperar —y que las mantienen vivas— también es importante, dice. Nuestra cultura de mezclar
razas, por ejemplo, y fortalecer la especie. La energía que sacamos de la
riqueza de nuestra imaginación: la música, el arte, los cuentos, la danza.
Nuestros fuertes lazos familiares. Nuestra resistencia. Nuestra capacidad

de fe. Todos estos factores son un bálsamo, una medicina, y debería de estudiarse si también influyen en nuestra biología.

• • •

"La ciencia ha eliminado las distancias", pregonaba Melquíades. "Dentro de poco, el hombre podrá ver lo que ocurre en cualquier lugar de la tierra sin moverse de su casa".

—Gabriel García Márquez, *Cien años de soledad*, 1967

Pese a todos los latinos que han hecho avances revolucionarios en la ciencia —y los miles de estudiantes *"dream-dot"* que cursan estudios de STEM—, lo que preocupa a los activistas es por qué no hay más jóvenes hispanos que deseen emprender carreras en STEM. Los latinos están bien representados en algunas profesiones relacionadas con la salud, especialmente la enfermería, pero no tanto en ciencias físicas, ciencias de la vida, matemáticas, informática e ingeniería y, desde luego, rara vez se les ve en los peldaños superiores que ocupan personas como Eliseo Pérez-Stable. Para una población que representa casi el dieciocho por ciento de la fuerza laboral adulta, un escaso ocho por ciento ocupa puestos de trabajo que requieran de estos conocimientos científicos. Aunque el número de latinos está creciendo a un ritmo pocas veces visto en la demografía moderna de Estados Unidos, éstos están infrarrepresentados en las filas más importantes de la ciencia.

Las razones son varias: se ha demostrado que las escuelas albergan prejuicios muy arraigados y escasas expectativas para los estudiantes latinos, y los orientadores tienden a derivarlos hacia profesiones relacionadas con el trabajo manual, como le ocurrió a Ralph de la Vega, quien sin embargo decidió ignorar a su orientador del colegio y estudiar ingeniería, llegando a ser director ejecutivo de AT&T. Además, los jóvenes tienen pocos modelos a seguir, ya que pocos profesores hispanos están especializados en STEM. Cuando aparecen educadores latinos inspiradores, los resultados pueden ser sorprendentes: lo vimos con el famoso profesor Jaime Escalante, en quien se inspiró la película de 1988 *Stand and Deliver* (*Con ganas de triunfar*), que transformó milagrosamente una escuela de adolescentes mexicano-estadounidenses de bajo rendimiento

de los barrios pobres del este de Los Ángeles, que el sistema escolar daba
por perdidos, en uno de los motores de STEM más impresionantes que
la ciudad había conocido. "¡Los mayas inventaron el concepto del cero!",
les gritaba alegremente Escalante a sus alumnos. *You* burros *have math
in your blood!* ¡Llevan las matemáticas en la sangre!". Cuando algún chico
del instituto Garfield se encogía de hombros y no le creía —considerando que el cálculo estaba por encima de sus capacidades—, Escalante
le decía: "Haré un trato contigo. Te voy a enseñar matemáticas y ése será
tu idioma. Con eso lo vas a conseguir. Irás a la universidad y te sentarás
en primera fila, no al fondo, porque sabrás más que nadie". Y así sucedía.
Escalante creó lo que él llamaba su oleoducto, trabajando con escuelas
de secundaria básica para preparar en álgebra a los alumnos, de modo
que pudieran pasar a matemáticas cada vez más avanzadas en sus clases. En pocos años Garfield superaba a la prestigiosa Beverly Hills High
School en resultados de cálculo avanzado. Uno a uno, los alumnos de
Escalante fueron ganando becas en MIT, Harvard, Yale, UC-Berkeley, la
Universidad del Sur de California o UCLA para profundizar sus estudios
en STEM. Cuando Escalante se retiró de Garfield en 1991, el programa
se marchitó y el número de estudiantes hispanos que aprobaban los exámenes AP de cálculo cayó en ochenta por ciento.

La razón más obvia de la indecisión a la hora de dedicarse a la ciencia es la falta de rostros hispanos al frente de la clase, el hecho de que
los jóvenes latinos no se ven representados en ese campo. Escasean los
modelos y mentores como Jaime Escalante, y en las aulas nadie habla
de los innovadores hispanos que han logrado avances científicos impresionantes, como Mario Molina o Ynés Mexía. Las investigaciones también demuestran que los latinos no se sienten bienvenidos en las aulas,
laboratorios o instituciones científicas. En la lista de profesiones en
que los latinos se sienten rechazados —administradores de empresas,
abogados y oficiales del ejército—, las ciencias ocupan el cuarto lugar.
Por consiguiente, aunque los hispanos se matriculen en la universidad
en números sin precedentes, y aunque aspiren a carreras científicas,
muchos acaban sintiéndose sin apoyo y fuera de lugar, por lo que terminan pasándose a otras disciplinas.

Como provengo de una familia de al menos cinco generaciones de hombres y mujeres apasionadamente dedicados a la ciencia, comprendo el papel que pueden desempeñar los modelos y mentores a la hora de animar a los jóvenes. Mi abuelo Víctor Manuel Arana Sobrevilla —quien, a los quince años, viajó a la Universidad de Notre Dame para matricular en el plan de estudios de ciencias— llegó a ser ingeniero y profesor de ingeniería en Perú. También fue profesor de mi padre en el Colegio de Ingenieros de Lima. Desde niño mi abuelo puso a su primogénito a hacer experimentos, a menudo riesgosos, en su casa de la avenida La Paz. Empezó con lecciones sencillas: dejar caer huevos desde distintos niveles de la casa, por ejemplo, primero desde el tejado y luego desde una ventana del segundo piso, para medir la longitud relativa de las caídas; introducir cables eléctricos con corriente en agua salada para comprobar la conductividad. A los seis años, mi padre clavaba puntillas en el precioso suelo de madera de sus padres, construyendo vías de tren en miniatura que iban desde la puerta principal hasta la cocina. Su padre no se lo impidió. Su madre se horrorizaba.

Cuando mi padre se hizo ingeniero civil, nos llevaba a mi hermano y a mí de excursión a sus fábricas, donde íbamos y veníamos por los pasillos con nuestros cascos demasiado grandes, mientras el ruido de la maquinaria pesada nos hacía temblar las rodillas. O nos pedía que le ayudáramos en su taller, donde juntos hacíamos lo que parecían cosas maravillosas: árboles de navidad construidos con aros de hula-hula, ciudades enteras en miniatura —con casas, estaciones de tren y parques— hechas con trozos de madera de balsa, coloridas hojas de papel hechas de plantas secas, pulcras cajitas con bisagras de latón, con nuestros nombres grabados. De paso aprendíamos matemáticas, las maravillas del mundo hecho por el hombre y la importancia de la precisión. Más tarde, en el garaje de su casa de Maryland, mi padre le transmitiría su entusiasmo a mi hijo de ocho años, sacando tiempo todos los jueves por la tarde para crear elaborados artilugios móviles con cáscaras de pistacho, palitos de helado o pedacitos sueltos de cobre, con los que le enseñaba las leyes de la física, la mecánica y la ciencia del flujo. Mi hijo llegaría a ser ingeniero de innovación en una importante multinacional tecnológica.

Con el tiempo, mi hermano, que se hizo médico y llegó a ser administrador de hospital, les transmitiría su pasión por la ciencia a dos de sus hijas, una cardióloga y la otra médica de urgencias. Gracias a ese pase del batón —de una América a la otra—, mi nieto ha decidido estudiar ciberinteligencia con vistas a una carrera militar. Hemos sido afortunados. Se necesita apoyo, entusiasmo y, sobre todo, oportunidades para crear generaciones de científicos latinos. Muchísimas instituciones como TheDream.Us, Hispanic Heritage Foundation y UnidosUS están trabajando para garantizar que la escasez de latinos en STEM se corrija a medida que pasan los años. Juan Espinoza, presidente de una red de apoyo a los latinos en Virginia Tech, expresa: "Se trata de rodear a los estudiantes de personas que se les parezcan, que hablen como ellos: latinos con éxito y pasión. Fomentar esa confianza. Al principio los muchachos piensan que no pueden permitírselo, que no tienen la formación necesaria, que no tienen la documentación. Al final de nuestro programa, el cincuenta por ciento quiere hacer un doctorado".

12

PROTAGONISTAS

Regala tu tiempo, regala tu corazón, regala tu servicio. Regálale a alguien algo que hayas hecho tú.

—Lin-Manuel Miranda, actor, compositor y
dramaturgo puertorriqueño

Los mismos informes que arrojan que los latinos estadounidenses no se sienten invitados ni deseados en los campos de la ciencia muestran que se sienten bienvenidos y acogidos —incluso celebrados— en los deportes y la música. No es de extrañar, hay legiones de hispanos ejemplares en esos ámbitos, desde la leyenda del béisbol Roberto Clemente —que ganó más Guantes de Oro que ningún otro jardinero derecho en la historia— hasta Bad Bunny o Gloria Estefan, cuyos irresistibles ritmos han inspirado a generaciones de jóvenes músicos.

El romance hispano con el béisbol comienza a principios del siglo XX, en 1902, cuando los Philadelphia Athletics ficharon a Luis Manuel Castro —conocido como Lou, Louis, Judge o "el presidente de Venezuela"— para sustituir a Napoleon Lajoie, quien según los estudiosos del béisbol fue "la primera superestrella en la historia de la Liga Americana". Lou Castro había nacido en el seno de una acomodada familia de banqueros de Medellín, Colombia, en 1876, y lo enviaron a una escuela privada de Nueva York ocho años más tarde, justo cuando la agitación política empezaba a sacudir el panorama colombiano. A los trece años ya se había enamorado del béisbol y empezó a entrenarse en ese deporte. A los veinte jugaba en equipos semiprofesionales, y en 1902 llamó la atención de Connie Mack, entrenador de los Athletics. Nunca llegó a igualar el calibre de las hazañas de Lajoie para el club, pero su carrera fue un umbral del béisbol estadounidense. Lou Castro fue el primer latino que jugó en un equipo de las grandes ligas. También desempeñó un papel importante en la turbulenta historia del béisbol en relación con la raza.

Lou Castro cayó bien de inmediato y el público del béisbol lo recibió con entusiasmo. Desde el principio se lo describió como "un tipo tranquilo y reservado dentro y fuera del campo de béisbol, cuyo comportamiento caballeroso le ha granjeado amigos allá donde ha ido". Pero también era ingenioso, una especie de bufón de la corte. Según el *Atlanta Constitution*:

> No hay jugador en la (Asociación) Sureña hoy en día más querido por todos que el Conde Louis Castro, el jardinero central de Atlanta, y esa popularidad se debe en gran medida al incesante flujo de buen humor que tiene la suerte de poseer. Castro es uno de los jardineros más brillantes de la liga, y se sale con la suya con alguna jugada sensacional en cada partido. Es un jugador consistente, nunca defrauda, y es un gran hombre para un equipo de béisbol al que le aporta su chispa y desbordante locuacidad mientras está en acción. Es el comediante de la liga y prácticamente no pasa un día sin que salga con una ocurrencia graciosa en las líneas de entrenamiento o en el campo.

Lou Castro también era una especie de enigma. No se sabía a ciencia cierta si su apodo de "presidente de Venezuela" era una broma. Se hacía pasar por sobrino de Cipriano Castro, "el León de los Andes", déspota militar que gobernó Venezuela durante nueve años de corrupción en los cuales malversó enormes cantidades de dinero y llevó una vida disoluta, hasta que un dictador aún más despiadado lo derrocó. Muchos datos sobre Lou Castro parecían dudosos e inciertos.

En su certificado de defunción aparece la ciudad de Nueva York, que a veces reivindicaba, como lugar de nacimiento, pero en sus documentos de nacionalización aparece Medellín, lo que coincide con los registros colombianos. Cambiaba de nombre a voluntad: unas veces era "Louis Michael", otras, "Luis Manuel" o incluso "Jud", "Judge" o "Count". De hecho, no sabemos si el primer jugador hispano de las grandes ligas era colombiano o venezolano, ya que públicamente declaró ambas nacionalidades.

Había buenas razones para la incertidumbre, y esas razones apuntan a un problema más profundo dentro del béisbol: "la línea de color". Después de la Guerra Civil, los afroestadounidenses podían jugar en equipos de béisbol blancos, y así lo hizo un buen número, pero eso se acabó cuando, en un "pacto de viejos caballeros" en 1890, los propietarios de los equipos decidieron prohibir la entrada de jugadores negros a las ligas profesionales y menores, por motivos abiertamente racistas. Ello permitió que los empresarios deportivos de Cuba, México, Puerto Rico y otros lugares de Latinoamérica reclutaran a jugadores de béisbol afroestadounidenses de primer nivel para sus equipos nacionales, a quienes no se les permitía jugar en su propio país natal. Los jugadores latinos, sin embargo, vivían una situación más fluida, dado que su lugar en la jerarquía racial no era tan concluyente. Los directivos de los equipos empezaron a permitir que los latinos jugaran, siempre que parecieran blancos y no pudiera confundírseles con negros. Como explicó un periodista deportivo, los directivos "poseían el poder de construir las categorías raciales que consideraran necesarias", siempre que se atuvieran a "una línea de color que excluía a los afroestadounidenses".

Lou Castro pasó su carrera en un limbo de ambigüedad racial. Era de piel clara, descendiente de la élite de su país, y había asistido a un colegio privado y a una universidad de blancos. Pero también se hallaba en esa nebulosa zona intermedia de la no blancura, donde, en aquellos Estados Unidos de la regla de una sola gota, cualquier blanco podía ser tu juez. ¿De qué color eres realmente? Para Lou Castro, la identidad era una cuestión confusa. No es de extrañar que adoptara tantos nombres y reivindicara tantas historias. Al cabo, perdió la fortuna que había amasado debido a la Gran Depresión. Murió abandonado en el pabellón psiquiátrico del Hospital Estatal de Manhattan días antes de que Estados Unidos entrara en la Segunda Guerra Mundial.

● ● ●

La fluidez racial de Lou Castro —su habilidad para evadir las preguntas incómodas sobre su color— prefiguró las tribulaciones de otro jugador mucho más talentoso y de piel más oscura, la extraordinariamente dotada superestrella puertorriqueña Roberto Clemente. A pesar de todas las hazañas legendarias de Clemente en su carrera con los Piratas de Pittsburgh —su promedio vitalicio de bateo de .317, los doce Guantes de Oro que ganó, un premio al Jugador Más Valioso de la Liga Nacional y Jugador Más Valioso de la Serie Mundial, y los cuatro campeonatos de bateo de la Liga Nacional en que bateó exactamente tres mil hits—, fue su perfil público lo que lo distinguió. Su hispanidad. Era brillante, franco, tan irreprimible en sus comentarios como en su juego en el campo, y expresaba opiniones firmes sobre el racismo y la justicia.

También fue una persona humanitaria que dedicó incontables horas a ayudar a niños y latinoamericanos necesitados. "Tenía un toque de realeza", según Bowie Kuhn, el comisionado de béisbol de su época; era noble de alma. Sin embargo, pese a toda la veneración póstuma que lo ha retratado como un magnánimo bienhechor, no era un "gigante amable", según su biógrafo David Maraniss, sino "un crítico feroz tanto del béisbol como de la sociedad estadounidense". Su lengua afilada podía ser tan deslumbrante como la bola de demolición de su brazo.

Roberto Clemente nació en Carolina, Puerto Rico, municipio conocido hoy como Tierra de los Gigantes en honor de sus hijos más famosos: la célebre poeta Julia de Burgos; Jesús Piñero, el primer puertorriqueño que fue gobernador de la isla; Don Felipe Birriel Fernández, el puertorriqueño más alto de la historia (medía siete pies y once pulgadas, dos metros cuarenta y cinco centímetros), y, no menos importante, el héroe Clemente. Su padre fue cortador de caña, luego capataz en los campos azucareros que discurrían hacia el oeste y abrazaban la capital, San Juan. Su madre era viuda y tenía varios hijos cuando se casó con su padre. Su familia, tocada por la desgracia, sufrió la trágica pérdida de cuatro de los siete hijos, pero una fuerte fe era su baluarte. Los Clemente empezaban cada mañana dándose la bendición, costumbre que Roberto mantendría el resto de su vida.

El joven Roberto era un niño reflexivo a quien apodaron "Momen" porque siempre respondía "momentito, momentito" cuando le decían que se diera prisa; no se dejaba presionar, decidido como estaba a hacer las cosas a su manera. Creció obsesionado con el béisbol, demostrando una prodigiosa destreza física, incluso desde niño. No pasó mucho tiempo antes de que los cazatalentos estadounidenses dieran con él; primero lo ficharon los Dodgers de Brooklyn, pero lo asignaron a la Liga Internacional, donde jugó con los Reales de Montreal antes de que se lo arrebataran los Piratas de Pittsburgh. Menos de cuatro meses antes de su debut con los Piratas, regresaba en carro a su casa tras visitar a su hermano en Puerto Rico, enfermo terminal, cuando otro carro lo estrelló, dañándole la columna vertebral y dejándole una neuralgia de por vida y un cuadro incapacitante de insomnio. Pero un tipo diferente de molestia vendría después.

No había conocido el racismo, dijo Clemente una vez, hasta que llegó a Pittsburgh. Siempre se había sentido orgulloso de ser puertorriqueño y nunca había pensado dos veces en el color de su piel. Cuando llegó a Pittsburgh en 1955, tras una temporada en la reserva de los Infantes de Marina, le sorprendió la segregación que veía en Estados Unidos. No dudó en protestar cuando le dijeron que esperara hambriento en el bus del equipo mientras los jugadores blancos iban a comer a establecimientos para blancos, donde no se les permitía poner un pie a los de piel más oscura. Exigió que los negros y los latinos tuvieran su propio vehículo y se les condujera a lugares donde pudieran entrar y comer con dignidad. Se convirtió en cierto modo en la voz moral de su pueblo, en el defensor de su tribu. Era un excelente oyente, y escuchaba con la misma atención a cualquier niño puertorriqueño pobre con grandes sueños beisbolísticos como al doctor Martin Luther King Jr., quien se convirtió en su amigo. Clemente encarnó el movimiento por los derechos civiles —eco vivo del primer afroestadounidense que jugó en las grandes ligas, Jackie Robinson— y su impacto trascendió el propio deporte.

Le irritaba la forma en que los periodistas escribían sobre él, no porque criticaran su juego, sino porque lo menospreciaban como hispano: lo llamaban vago e insinuaban que fingía sus lesiones; utilizaban su origen étnico para proyectar el viejo tropo de la indolencia latina. Y lo hacían a pesar de que entre 1955 y 1972 Clemente jugó más partidos que nadie en la historia de los Piratas. "Mickey Mantle es Dios", dijo Clemente sobre el jardinero central de los Yankees de Nueva York, el niño mimado de Oklahoma que a menudo se lesionaba. A Mantle nunca se le acusó de hipocondría, señaló Clemente, "pero si un latino o un negro se enferma, dicen que está mal de la cabeza". El racismo se extendía a los nombres que los periodistas deportivos utilizaban para él —Bobby o Bob—, pese a que él les había dejado claro que se llamaba Roberto. Todavía estaba aprendiendo inglés cuando empezó a jugar con los Piratas, y los locutores se burlaban de él, de su acento, de sus errores gramaticales. Ponían los ojos en blanco cuando Clemente se detenía a buscar la palabra correcta. Los defensores de Clemente señalaban que cuando los jugadores blancos cometían errores de gramática, los editores los corregían antes de que se publicara en los periódicos; sin embargo, cuando los latinos los cometían, se convertían en objetos de burla en los medios de comunicación.

A menudo se le criticaba por insolente y gruñón, por cantarles la tabla a los periodistas deportivos. Pero los prejuicios se cebaban con él en aquellos días, y tanto los medios como el público insultaban libremente a negros y latinos. "¡Ustedes los que escriben son todos iguales!", le gritó a un periodista que lo escarnecía por sus orígenes. "No saben una maldita cosa sobre mí". Lo que le enfurecía era el doble rasero. A los blancos siempre los dejaban pasar, no les hacían preguntas groseras; los negros y los latinos tenían que ganarse su sitio, y más. "Creo que todos los seres humanos son iguales", dijo casi al final de su vida, "pero hay que luchar mucho para mantener esa igualdad. Siempre dicen que hay que ser como Babe Ruth. Pero Babe Ruth era un jugador estadounidense. Lo que necesitábamos era un jugador puertorriqueño a quien pudieran admirar". Él fue esa persona. En 1970, la mitad de la plantilla de los Piratas era negra, latina o hispanohablante. Clemente también había logrado eso.

Había mucho que admirar en él. "Caminaba un poco más erguido que la mayoría de los hombres", declaró Willie Stargell, su compañero en los Piratas y en el Salón de la Fama. "Era como un artista", escribió un locutor tras su muerte. "Su cuerpo era su catedral". Ese cuerpo, que algún escritor comparó con el *David* de Miguel Ángel, se engalanaba con su postura única, su piel de ébano, sus grandes manos y un rostro ancho y apuesto que nunca llegaría a encanecer. El 31 de diciembre de 1972, días después de que Nicaragua sufriera un catastrófico terremoto que mató o mutiló a treinta mil personas, Clemente dejó su casa en Puerto Rico y abordó un pequeño avión para llevarles alimentos y provisiones a las víctimas. No confiaba en nadie más que en sí mismo para entregarlos; la administración Nixon estaba demasiado cómoda con el régimen corrupto del dictador Anastasio Somoza Debayle, que desviaba toda la ayuda que llegaba al país. A los pocos minutos de despegar, el avión de Clemente se precipitó al mar frente a la costa de San Juan. Su cuerpo nunca fue recuperado. Tenía treinta y ocho años.

El Pirata del Caribe se fue de repente, en pleno apogeo de su gloria. Meses después se convirtió en el primer latino en entrar en el Salón de la Fama del Béisbol; Nixon le concedió a título póstumo la primera Medalla Presidencial al Ciudadano; George W. Bush le otorgó la Medalla Presidencial de la Libertad. No sabemos si Clemente hubiera apreciado las manos que le otorgaron estas dos últimas condecoraciones, pero habría estado extasiado con las manos que tomaron el bate después de él: los cerca de dos mil latinos que han ocupado las listas de las ligas mayores desde entonces, muy probablemente inspirados por su ejemplo. Hoy constituyen casi un tercio de los jugadores de las Grandes Ligas.

LOS ARTISTAS

Mi madre vivía con agallas y corazón. Así toco la guitarra.
—Carlos Santana, músico mexicano-estadounidense

Pregúnteles a los latinos que encuentre por la calle sobre la música latina y seguro que obtendrá una respuesta diferente cada vez: si está en Nueva York, le dirán "¡Salsa! ¡Merengue! ¡Dembow! ¡Bachata! ¡Hip-hop! ¡Reggaetón!". Tiene sentido, esos estilos musicales son tan caribeños como los puertorriqueños y dominicanos que viven en Nueva York. Los legendarios cantantes que hicieron famosa la salsa —Celia Cruz, Willie Colón, Rubén Blades y Marc Anthony, entre otros— representan una mezcolanza de países caribeños, lo cual también tiene sentido, porque la salsa es una gran cacerola de ingredientes, como la propia palabra de donde proviene el nombre de esa música: salsa. "¡Échale salsita!", dice la clásica canción cubana —¡Échale picanteponle!!!— para que los bailarines cojan el ritmo. Y lo cogen, quienes escuchan el estribillo.

Si, por el contrario, se hace la pregunta en Miami, seguro escuchará "¡Mambo! ¡Rumba! ¡Bembé! ¡Son! ¡Chachachá! ¡Guaguancó!". Porque estos son los ritmos cubanos, fuertemente impregnados de ritmos africanos, más familiares para los cubanos que residen en Florida. Pero haga la pregunta en Texas o en el sur de California, donde la población es predominantemente mexicana, y la música que escuchará será completamente distinta. Si es tradicional, no necesariamente oirá bongós, congas o timbales, los instrumentos afrolatinos indispensables en los ritmos caribeños. Aquí, como dice la sabiduría popular, se canta más que se baila. La música tradicional mexicano-estadounidense es la ranchera, el corrido o el mariachi —el tipo de música con que creció la cantante Linda Ronstadt en su familia sonorense— y se interpreta con violines, trompetas y guitarras. Llena de pasión, despecho y desengaño, esa música indica que los mexicanos prefieren un buen llanto a saltar de la silla y bailar.

Al menos eso es lo que parece. La verdad sobre la música latina, sin embargo, es mucho más rica y compleja de lo que cualquier resumen pueda mostrar. Los cubanos sacuden las pistas de baile, pero también producen boleros románticos desgarradores y ya clásicos. Además de cantar, los mexicanos bailan polcas y tapatías, por no mencionar *La bamba*, y nadie diría que no saben bailar. Por mucho que estos géneros parezcan exclusivos de sus culturas, son producto de más de quinientos años de fusión desde la colonización del hemisferio por España y Portugal.

Con el transcurrir de la historia —a medida que avanzaban la conquista, la esclavitud y la migración—, los músicos de diversas culturas descubrieron instrumentos que nunca habían oído tocar: los indígenas aportaron sus flautas de caña y maracas de calabazas secas; los españoles,

sus guitarras y violines; los africanos, una prodigiosa variedad de tambores; los alemanes, su característico *bandoneón*; los chinos, el cuerno agudo
que llamaban *suona*. Combinando esos sonidos mientras mezclaban sus
razas, las colonias españolas desarrollaron géneros que empezaron a
tipificar sus regiones. Incluso los instrumentos mutaron: los indígenas
andinos fabricaron una guitarra diminuta, el *charango*, con caparazones
de armadillos; en los puertos del Pacífico peruano los esclavos africanos
fabricaron el *cajón* con cajas de fruta. En Estados Unidos hoy nos sorprende que el *bluegrass* se mezcle con el *heavy metal*, pero ése es el tipo
de amalgama radical que los latinoamericanos han forjado desde que
los misioneros jesuitas recorrieron el Amazonas en la década de 1630.
En la actualidad, los latinos de Estados Unidos han cruzado y fusionado
su música hasta tal punto que el originalísimo prodigio del *rock and roll*
Carlos Santana mezcla con total libertad su característica guitarra eléc-
trica con congas, bongós y tambores batá africanos para crear un sonido
nuevo y transportador que es inconfundiblemente latino. No hay más
que escuchar "Smooth", "Black Magic Woman" o "Put Your Lights On"
para darse cuenta de que el Caribe está de repente muy presente en las
calles de Los Ángeles.

Los latinos venimos con banda sonora. Vivimos y respiramos música.
Cantar y bailar están en nuestra naturaleza. Así como los andinos que
llegan desde Cabanaconde bailan huititi, los porteños de Buenos Aires
bailan tango y los costeños de Cartagena, cumbia. Y todos esos ritmos se
bailan en Latinoland interpretados por artistas hispanos. Los buenos músicos profesionales de bodas y *disc-jockeys* saben que deben tener cada uno
de estos ritmos de baile en su repertorio, y músicos como ésos no serán
difíciles de encontrar. Uno de cada ocho músicos profesionales de este país
es latino. Al igual que el deporte, la música es una profesión tan amplia
en su atractivo, y tan accesible, que cualquier joven de barrio puede aspirar a sus panteones. A veces, lo que parece una amalgama de culturas es
en realidad algo más profundo. El jazz latino nació en 1947, por ejemplo,
cuando Dizzy Gillespie buscaba un baterista y conoció a Chano Pozo, el
fanfarrón maestro yoruba de las congas, que acababa de llegar de Cuba.
El encuentro fue providencial y dio lugar a una nueva forma de arte que

inspiraría al saxofonista Paquito D'Rivera, al compositor Chico O'Farrill y al trompetista Arturo Sandoval. Cuando le preguntaron a Dizzy cómo era posible que él y Chano, dos monolingües, pudieran comunicarse entre sí, respondió: "Yo no hablo español y Chano no habla inglés, pero los dos hablamos africano". Lo que en realidad tiene mucho sentido. Hay muchos puristas del jazz que no quieren admitirlo, dice Chico O'Farrill, pero "el jazz y el *Latin* son el mismo tronco del mismo árbol". Puede que ese árbol proceda de una semilla africana, pero no podría haber echado raíces en ninguna parte más que en las Américas.

A veces los músicos que más se destacan proceden de otras disciplinas. El carismático estadounidense de origen panameño Rubén Blades, por ejemplo, se doctoró en Derecho Internacional por la Universidad de Harvard antes de convertirse en uno de los más grandes compositores y cantantes de salsa de todos los tiempos; tan grande, que incluso regresó a Panamá para presentarse a las elecciones presidenciales de 1994. Tito Puente, el rey puertorriqueño del mambo, prestó servicio en la Marina de Estados Unidos durante la Segunda Guerra Mundial y luego fue a la prestigiosa Juilliard School gracias a la G. I. Bill o Ley de Reajuste de Militares para estudiar dirección de música clásica, antes de cambiar el ritmo y hacer historia en la música con "Oye Como Va". Hay cientos de latinos famosos en la música popular, pero también hay directores de música clásica, estrellas de la ópera y el rap, compositores de música de cámara y de cine. Es un tapiz tan grande y variado que desafía un resumen fácil.

MÚSICA CLÁSICA

> Mi madre y mi abuela eran criadas cuando tenían ocho años [...]. Detrás de todas estas campanas de celebración sigue existiendo una especie de lucha.
>
> —Tania León, compositora cubano-estadounidense,
> al ganar el Premio Pulitzer, 2021

En 1862, catorce años después de que Estados Unidos se apropiara de la mitad de México, María Teresa Carreño, prodigio musical de ocho años cuya familia había huido del caos de la guerra civil en su Venezuela natal, debutó en un escenario de Nueva York. Poco después actuó para el presidente Abraham Lincoln en la Casa Blanca. Era una virtuosa diminuta con el ceño fruncido, ataviada con vestidos blancos de volantes — un fenómeno genial, una sensación casi carnavalesca— que más tarde se convirtió en "la valquiria del piano", una gran dama con pecho de gallo que tocó bajo la batuta de muchos compositores distinguidos, incluidos Edvard Grieg y Gustav Mahler. El hecho de que fuera prima de la esposa de Simón Bolívar, María Teresa Rodríguez del Toro, cuya trágica muerte a los veintiún años dejó al Libertador —según el propio Bolívar— sin más alternativa que la revolución, le confería a la pianista cierto atractivo. Hasta le debía su nombre.

De niña, Teresa fue discípula del deslumbrante músico criollo de Nueva Orleans Louis Moreau Gottschalk, compositor de "Bamboula", quien rara vez recibía alumnos pero encontraba irresistible la destreza artística de la niña; a su vez, cuando Teresa fue adulta se convirtió en maestra del compositor estadounidense romántico por excelencia Edward MacDowell. Un director de orquesta británico, enamorado de su talento, escribió sobre ella: "Es difícil expresar adecuadamente lo que todos los músicos sentían por esta gran mujer que parecía una reina entre las pianistas y tocaba como una diosa. En cuanto subía al escenario, su firme dignidad cautivaba al público [...]. Su vigor masculino en el tono y el toque, y su maravillosa precisión en la ejecución de pasajes de octava cautivaban a todo el mundo". Con el tiempo, Teresa dedicó sus formidables dotes a la composición, y su famoso vals "Mi Teresita", escrito para su hija, se convirtió en un elemento básico del repertorio hispano. En 1916 el Presidente Woodrow Wilson, admirador de su música, la invitó a la Casa Blanca para una segunda actuación, medio siglo después de la primera.

A lo largo de los siglos XIX y XX, la música clásica latina —que había gozado de una rica tradición en sus países de origen, desde el compositor mexicano Manuel Ponce hasta el argentino Astor Piazzolla— empezó a calar en la conciencia estadounidense de la mano de inmigrantes dotados como Teresa, muchos de ellos desplazados por la guerra. Ernesto

Lecuona, el gran compositor cubano que escribió sus exitosísimas "Malagueña" y "Siboney" en La Habana en la década de 1930, se vio obligado por la revolución castrista a abandonar su amado país. Enfermo de tristeza, emigró a Tampa en la década de 1960 y se dedicó a escribir magníficos temas de tintes cubanos para el cine y la radio de Estados Unidos. Su compatriota, el también emigrado Desi Arnaz, director de orquesta y marido de la comediante Lucille Ball, les dio a conocer a los estadounidenses gran parte de su música, de gran riqueza melódica.

La agitación política también trajo a nuestras costas al afropanameño Roque Cordero, antiguo plomero, cuya majestuosa oda a su país —la *Segunda obertura panameña*— se estrenó en Minneapolis en 1946, al mismo tiempo que liberaban a dos mil latinoamericanos de ascendencia japonesa de los campos de internamiento de Estados Unidos en Panamá y los enviaban a casa con un futuro incierto. Cordero era muy leal a su tierra natal y muy consciente de las formas en que Estados Unidos la había definido, pero como en Panamá apenas encontraba apoyo para su música se vio obligado a pasar el resto de sus días en Estados Unidos, componiendo obras revolucionarias que combinaban los ritmos populares caribeños de la cumbia, el tamborito y el pasillo con una técnica hipermoderna de doce tonos. Atrapado en un dilema típicamente hispano, ya que necesitaba este país para trabajar, pero no quería renunciar a su nacionalidad, pasó de una facultad universitaria del medio Oeste a otra —de Indiana a Illinois, y de Illinois a Ohio— mientras creaba un extraordinario corpus de obras clásicas afrolatinas.

Otra pionera hispana que empujó las fronteras de la música estadounidense fue Pauline Oliveros, una de las voces más innovadoras de la composición moderna: tejana abiertamente *queer* de Houston, falleció en 2016 a los ochenta y cuatro años dejando tras de sí un notable tesoro musical y una institución apoyada en la ciencia de última generación. Oliveros, maestra de las composiciones electrónicas de vanguardia, comenzó sus aventuras musicales cuando recibió de sus padres un acordeón infantil a los nueve años. Siempre había sido una niña curiosa, atenta a la exuberante música del mundo natural que la rodeaba en Texas. "Oía todos esos insectos, pájaros y animales [...]. Era casi como una selva tropical, y *ése* se convirtió en el sonido que me interesaba. Me fascina escuchar desde que tengo memoria". Así empezó a tratar de capturar esos sonidos aleatorios con su acordeón, con otros instrumentos musicales, con una grabadora. Si no podía reproducir un sonido con el instrumento que tenía a la mano, inventaba otro. Tras una larga y distinguida carrera en la música experimental, y después de muchos elogios y premios, Pauline fundó el Centro de Escucha Profunda del Instituto Politécnico Rensselaer, donde se centró en las cualidades curativas y meditativas del sonido.

Desde la magia de Teresa Carreño en el siglo XIX hasta el genio auditivo de Pauline Oliveros en el XXI, los compositores latinos han dejado una huella indeleble en la música clásica estadounidense: Ernesto Lecuona fue amigo de toda la vida de George Gershwin, y el compositor mexicano Carlos Chávez bien pudo inspirar la obra maestra de Aaron Copland *El Salón México*. Pero el escenario musical clásico de este país no ha sido un terreno acogedor para los latinos en general. Sólo el cuatro por ciento de los miembros de orquesta de Estados Unidos son negros o hispanos, lógico si se tiene en cuenta los pocos que se entrenan en ese ámbito. Sin embargo, hay notables excepciones a esta regla. Una excepción gloriosa fue Martina Arroyo, una afrolatina nativa de Harlem que se aventuró en los enrarecidos salones de ópera para convertirse en una de las primeras hispanas negras en destacarse en ese arte. Los padres puertorriqueños de Martina tenían los medios económicos suficientes para enviarla de niña a un sinfín de clases de música —primero de piano y luego de ballet—, hasta que en 1958 encontró la vocación en su voz potente y emotiva. Arroyo se convirtió en la primera de una serie de cantantes de ópera negras modernas que ocuparían puestos destacados en la escena internacional: las divas afroestadounidenses Leontyne Price, Grace Bumbry, Jessye Norman y Denyce Graves.

Aun así, la música clásica ha resultado difícil de transitar, especialmente para las mujeres hispanas. Dominada durante tantos años por hombres blancos —que siguen ocupando más del ochenta por ciento de los puestos de trabajo en la música—, el sector deja poco espacio para una aspirante latina. Cuando alguna consigue romper el techo de cristal, es una victoria de todas. Ejemplo de ello es Lina González-Granados, una colombiana que emigró a este país en 2008 para estudiar en la Juilliard School. Comenzó su incursión en la música cuando era una niña de cinco años que cantaba y bailaba en grupos folclóricos de su ciudad natal, Cali. Luego estudió piano y por fin encontró su verdadera vocación cuando, siendo estudiante universitaria en Bogotá, se subió al podio y dirigió una orquesta juvenil. Fue entonces cuando decidió dedicarse plenamente a ello. Lina llegó a Estados Unidos en busca de oportunidades, como cualquier aspirante a obrero. Su cálculo había sido sencillo: aquí una mujer directora de orquesta podía vivir de su trabajo; en Colombia, no. Esa decisión le trajo buenos resultados. En 2020 Lina obtuvo la ciudadanía de Estados Unidos. En 2023, cuando fue nombrada directora de la Ópera de Los Ángeles, un gran clamor de aprobación la recibió en esa ciudad latina.

Los angelinos admiran a Lina por su pasión y precisión, y su dominio absoluto del arte operístico, pero la aprecian aun más por su coraje y espíritu. Esta estadounidense de nuevo cuño domina su posición sin dudar en absoluto de que tiene todo el derecho a estar ahí. Soy hispana, nos dice, y soy mujer, fíjense bien. "Así es como se ve Estados Unidos".

ROCK AND ROLL

> Es algo así: "No es lo suficientemente negro. No es lo suficientemente blanco. No habla español. ¿A quién le vendemos esto? ¿Estás haciendo música urbana? ¿Música pop? ¿Qué tipo de música estás haciendo?"
>
> —Bruno Mars (Peter Hernández), músico
> de rock puertorriqueño-filipino

A estas alturas, la estrella de rock latina es una figura familiar, pero no siempre fue así. Al menos en la conciencia estadounidense la historia comienza con un muchacho de cara alegre de Pacoima, California, llamado Ritchie Valens, y culmina con un disco de 45 RPM superventas de "doble cara A": "La bamba" y "Donna".

Ritchie fue inscrito al nacer, en 1941, como Richard Steven Valenzuela. Sus padres eran obreros mexicano-estadounidenses que por aquel entonces trabajaban para el esfuerzo bélico, en una fábrica de municiones cercana. Cuando tenía tres años, sus padres se separaron y él se quedó con su papá, que desempeñó un rosario de trabajos manuales aleatorios —agricultor, podador de árboles, minero, adiestrador de caballos—, pero que consiguió inculcarle a su hijo una única pasión: la canción.

Joseph Valenzuela amaba la guitarra y cantar, sobre todo canciones tradicionales mexicanas. El pequeño Ritchie creció tocando un minúsculo ukelele mientras su padre cantaba, y pronto empezó a tocar la guitarra, la armónica, la trompeta mexicana y la batería. Cuando el padre murió de complicaciones debidas a la diabetes, Ritchie sólo tenía once años. Su madre se mudó de nuevo a la modesta casa familiar con su tercer marido y otros tres hijos, y Ritchie lloró a su padre perdiéndose en su música. En secundaria ya era famoso en su barrio por su cara dulce, carácter duro, voz potente y canciones pegadizas. Junto con su banda de adolescentes, los Silhouettes, compuso un tema muy animado, *Come On, Let's Go*, y se dispuso a convencer a su madre de que aplazara el pago mensual de la hipoteca y alquilara el local Pacoima Legion Hall para poder interpretarlo en vivo. De alguna manera ella accedió. Si incumplió el pago de la hipoteca o vendió entradas para pagar es algo que todavía se discute, pero el resto pertenece a la historia del *rock and roll*. Bob Keane, propietario de lo que se convertiría en Del-Fi Records, asistió a la actuación y, reconociendo la calidad de lo que escuchaba, contrató a Ritchie. Ritchie tenía dieciséis años.

Keane le cambió el nombre al chico por el de Valens, temiendo que los estadounidenses no fueran capaces de pronunciar un nombre tan foráneo como Valenzuela, le contrató acompañantes profesionales y grabó "Come On, Let's Go", que tuvo bastante buena acogida a principios de 1958, pensando lanzar en el verano un sencillo que promocionaría con más cuidado. Una cara, la A, conocida como la cara del "éxito", llevaría una canción de amor lenta y soñadora, "Donna", que Ritchie le había compuesto y cantado a su novia por teléfono. La otra canción, que Keane decidió poner en la cara B —la menos importante—, era una interpretación acelerada de una canción de boda mexicana del siglo XVIII,

"La bamba", cantada en español, idioma que Ritchie podía pronunciar bastante bien, pero que en realidad no hablaba. Keane sospechaba que nadie le prestaría atención.

El disco salió a la venta el 15 de noviembre de 1958. El éxito fue inmediato y se reflejó en el número de ventas, que dispararon el incipiente disco a lo más alto de las listas. De la noche a la mañana, Ritchie Valens se convirtió en la primera estrella latina del rock y, para asombro de Keane, "La bamba" se convirtió en un éxito millonario. "¡Bai-la-la, baila la bamba!". De repente, los estadounidenses de todo el país la cantaban y bailaban. Incluso quienes no sabían una palabra de español y nunca habían visto a un mexicano saltaban alegres al ritmo de la incontenible canción de bodas, balbuceando la letra. En plena efervescencia de aquella euforia se planeó una gran gira de conciertos. Ritchie hizo su equipaje para unirse a otras estrellas del rock en la esperada Winter Dance Party —recorrido de veinticuatro días por el Medio Oeste— y comenzar su primera gira nacional unas semanas más tarde, en enero.

El 3 de febrero de 1959, en una gélida madrugada antes de romper el día en Mason City, Iowa, en lugar de subir al autobús fletado para la gira, que tenía problemas mecánicos, Ritchie Valens abordó una avioneta junto con Buddy Holly y J. P. "Big Bopper" Richardson, con la esperanza de pasar una noche entera con ropa limpia y una tibia cama de hotel en lugar de traquetear por la carretera hasta Minnesota durante toda la noche. Se suponía que Waylon Jennings iría a bordo de ese avión, pero lo echaron a suerte lanzando una moneda al aire y Ritchie ganó el asiento. Y encontró su destino. El avión cayó tres minutos después de despegar y se estrelló contra un maizal, matando a todos los pasajeros y regando sus restos por la nieve. Big Bopper tenía veintiocho años; Buddy Holly, veintidós, y Ritchie, diecisiete. Doce años después, en su épica canción "American Pie", Don McLean recordaría aquella sombría mañana de febrero como el día en que murió la música.

· · ·

El nombre de Ritchie Valens perdura como el del chico latino que le abrió la puerta y dio a luz a una nueva clase de estrella del rock estadounidense. Alguien que podía tomar prestado de su herencia con prodigalidad, alguien que incluso podía cantar en español si se sentía inspirado. Aunque no lo hablara del todo bien. Los músicos de talento empezaron a llegar a la profesión —primero a cuentagotas, luego en una saludable estampida—, algunos deleitándose con su latinidad, otros simplemente actuando como estadounidenses con talento. Dos músicos que encarnaron ese abanico fueron el dúo panhispánico formado por Jerry García, de los Grateful Dead —quien nunca habló ni cantó en español, aunque sus antepasados habían emigrado a California desde el norte de España—, y Enrique Iglesias —nacido en Madrid, pero criado en Miami—, quien comenzó su carrera cantando sólo en español para luego pasar al inglés y convertirse en un cantante bilingüe y llegar a ser uno de los cantantes románticos latinos de más éxito en nuestros días.

Pero hay más. Aparte de las ricas expresiones mexicanas y españolas presentes en el suroeste de Estados Unidos desde hace medio milenio, la afluencia caribeña de los años sesenta y setenta trajo nuevas infusiones al torrente musical estadounidense. Los ritmos cubanos y puertorriqueños que empezaron a florecer en las ciudades donde se asentaron esos inmigrantes —Nueva York, Philadelphia, Miami— abrieron las vías auditivas estadounidenses a un sonido completamente nuevo.

A ese florecimiento musical llegó Gloria Estefan, fenómeno del *dance-pop* nacida en La Habana, cuyo padre, José Manuel Fajardo, había sido guardaespaldas personal de Marta Fernández Miranda, esposa del infame dictador Fulgencio Batista. Gloria tenía catorce meses cuando las fuerzas rebeldes de Castro irrumpieron en la capital, en 1959, y su padre, manchado por su relación con la familia presidencial, se vio obligado a huir de Cuba y establecerse en Miami. Fajardo pasó a servir como comandante de una división de tanques en la milicia financiada por la CIA que dos años más tarde llevó a cabo la fallida invasión de Bahía de Cochinos. Capturado en las playas de Cuba —de forma bastante providencial— por su propio primo, soldado comunista, Fajardo estuvo encarcelado en La Habana durante dos años. Cuando lo liberaron se reunió brevemente con su familia en Miami antes de enrolarse voluntariamente como soldado de infantería en la guerra de Vietnam. Poco después de su regreso del servicio empezó a manifestar síntomas de esclerosis múltiple, probablemente como consecuencia de la exposición al agente naranja. Es aquí donde comienza la historia de Gloria Estefan, quien desde los once hasta los dieciséis años, mientras cuidaba de su padre postrado en cama y de su hermana pequeña para que su madre pudiera trabajar, Gloria se volcó en su música. "Me encerraba en mi cuarto durante horas y me dedicaba a cantar", dice. "No lloraba, me negaba a llorar. La música era el único camino". Cuando, siendo adolescente, conoció a Emilio Estefan, líder de los Miami Latin Boys, y cantó para él, éste reconoció al instante el poder de su voz. El resultado fue la Miami Sound Machine (MSM), de la cual Gloria fue la principal atracción. También se convirtió en la esposa de Emilio.

El paso al estrellato nunca es fácil y desde luego no lo fue para ella. Una y otra vez a los Estefan les decían que su grupo no era lo bastante latino para los latinos, ni lo bastante estadounidense para los gringos. Sin embargo, el grupo perseveró y acabó sorprendiéndose a sí mismo con un éxito tras otro: "Conga", "Rhythm Is Gonna Get You", "Don't Wanna Lose You Now", alternando un ritmo enérgico y rotundamente afrocubano con baladas románticas y la inimitable y rica voz de contralto de Gloria. Nadie sabía muy bien cómo etiquetar lo que estaban haciendo. ¿Por qué mezclan bongós con trompetas?, querían saber los profesionales del sector. ¿Por qué combinan inglés y español en un mismo espectáculo? ¿Quién es su público? Pero los Estefan persistieron desafiantes con lo que sabían hacer. Cuando contrataron a Gloria como telonera de los American Music Awards, en 1988 —la primera artista latina que accedía a esas alturas—, los directores intentaron convencerla de que llevara frutas en la cabeza. "¿Como Carmen Miranda?", respondió ella. "¿Como Chiquita Banana?" Se negó. "No soy quien ustedes creen", les dijo. "Yo sé quién soy".

Los Estefan sólo seguían su instinto: mezclaban idiomas, combinaban el bembé con la conga, presentaban baladas desgarradoramente hermosas junto con fogosos bailes. La amalgama se hizo tan popular en todo el mundo que en 2015 el Presidente Obama galardonó a

Gloria y a Emilio con la Medalla Presidencial de la Libertad. Al llevar una distintiva expresión latinoamericana al público estadounidense, el reconocimiento de la Casa Blanca les confirmaba a los Estefan que "el poder de la música trasciende las fronteras culturales, sociales y económicas". La música cubano-estadounidense —con su insistencia, espontaneidad y ritmo— se había convertido en parte de la canción americana.

· · ·

También los puertorriqueños, fieles a sus ricas raíces afroindígenas, han tenido un gran impacto en la música popular estadounidense. Tal vez el músico más emblemático del sonido boricua sea el cantante nuyorican Marc Anthony, quien nació en el Harlem hispano en los años sesenta, empezó como vendedor ambulante de entradas al rodeo y hoy es famoso en el mundo entero como el cantante de salsa con más ventas de todos los tiempos.

Anthony vino al mundo bajo el nombre de Marco Antonio Muñiz; su padre, trabajador de la cafetería de un hospital de día y guitarrista de noche, le había puesto el nombre del baladista mexicano más famoso de la época. El menor de ocho hermanos, el pequeño Marco aprendió a cantar subiéndose a la mesa de la cocina y actuando para el resto de la familia, comprendió muy pronto que su futuro estaría en la música. Ya adolescente se cambió el nombre por el de Marc, abandonó su apellido y empezó a trabajar como vocalista en clubes especializados en *freestyle* o hip hop, forma de música electrónica bailable que estaba arrasando en Nueva York y Philadelphia, sobre todo entre negros e hispanos. Anthony llegó a ser tan conocido en los círculos del hip hop que en 1992 fue telonero del legendario músico puertorriqueño Tito Puente en el Madison Square Garden. Sin embargo, seguía sin querer dedicarse por completo a la música latina, al menos no profesionalmente. Un día en un trayecto en taxi por Manhattan, escuchó en la radio una balada melancólica del cantautor mexicano Juan Gabriel y se convenció al instante de que debía probar la canción. Decidió cantarla a ritmo acelerado. A ritmo de salsa. Unos meses más tarde, incluyó "Hasta que te conocí" en su álbum de estudio debut, "Otra nota". La grabación era una interpretación completamente nueva y alegre de la sentimental canción de amor. Se convirtió en un éxito de ventas instantáneo.

Todo pareció cambiar cuando Marc empezó a cantar salsa; sobre todo, cuando la cantaba en español. "La salsa me abrió un mundo nuevo", afirma, "y quise aprender acerca de ella. Mi español era horrible. En algunas de mis primeras entrevistas no sabía conjugar ni un verbo. Pero me puse manos a la obra y aprendí solo. Fue como ver la luz por primera vez. La salsa me dio una voz, una plataforma y una identidad. Había encontrado mi cultura y no estaba dispuesto a abandonarla". Con una voz extraordinariamente versátil que podía virar repentinamente de un timbre dolorosamente romántico a un electrizante ritmo de salsa, Marc Anthony se convirtió en la leyenda mundial de la música que su padre siempre esperó que fuera. En 2000, 2002 y 2013, obtuvo el Récord Mundial Guinness por producir "la mayor cantidad de álbumes más vendidos a fin de año" en el mundo latino por un artista en solitario.

Marc Anthony ascendió de sus humildes raíces hasta convertirse en uno de los músicos más ricos de Estados Unidos, incluso después de los costosos divorcios de sus varias exesposas, incluida la superestrella de Hollywood Jennifer López. Quizá lo más importante de su carrera sea que Marc Anthony ha sido un unificador. Se trata de un artista que consigue atraer a un público latino muy diverso, dispuesto a promocionar al rapero cubano "Pitbull" Pérez o a actuar con el reggaetonero colombiano Maluma, la estrella española de la ópera Plácido Domingo o el también rockero boricua Bad Bunny. Querido por tres generaciones de boricuas, cubanos y mexicanos, Marc Anthony es conocido en todo el mundo, desde Río de Janeiro a Tokio. "Fue extraño", dice cuando le preguntan cómo se siente actuando para sus fans en lugares tan lejanos. "Vas a esos festivales y hay cuarenta mil personas cantando contigo. ¿Cómo ha llegado mi música hasta aquí?".

· · ·

A partir de mediados de los años sesenta —es decir, desde Ritchie Valens hasta Marc Anthony y Gloria Estefan—, a medida que aumentaba el número de latinos en Estados Unidos las secciones de "música latina" en las tiendas de discos empezaron a crecer para satisfacer a esa población, y la influencia latina se extendió a todos los géneros de la industria musical, incluso a algunos que aparentemente no tenían nada que ver con los latinos. Al mismo tiempo, se produjo un furor por la samba y la bossa nova, liderado por Brasil '66, con Sérgio Mendes a la cabeza y Antônio Carlos Jobim al centro, que inspiró al imponente talento de Stan Getz a alcanzar nuevas cotas con el saxofón. Pero Getz no era el único bajo su influencia: las ramificaciones parecían no tener fin. El cantante de *rockabilly* Freddy Fender (cuyo verdadero nombre era Baldemar Garza Huerta) llevó "Before the Next Teardrop Falls" al número uno de las listas de éxitos en 1975, y de pronto la música latina también fue música *country*. El ritmo latino parecía impregnar los más lejanos recovecos de aquella época exuberante. Incluso el trompetista y productor Herb Alpert, hijo de judíos ucranianos, sucumbió a su contagio, con un efecto asombroso. Había crecido en el este de Los Ángeles, donde absorbió el ambiente mexicano, y fue bienvenido al redil junto con su banda de trompetas, la Tijuana Brass, que sonaba marcadamente mexicana. Herb parecía latino y, por consiguiente, para millones de fans pasaba por uno de ellos. En 1966, Tijuana Brass superaría a los Beatles, al vender más de trece millones de discos y ganando legiones de fans a su "sonido".

¿Qué tiene ese sonido medio mexicano, medio africano —ese ritmo latino— que te mueve?, le preguntó una vez un periodista a Carlos Santana, posiblemente el rockero latino más creativo de nuestro tiempo, un artista a quien se le atribuye el mérito de "darles voz a los invisibles". "Porque es ciento cincuenta por ciento espiritualidad", respondió sin dudar. "Está pensado para domar a la bestia que llevamos dentro, glorificar la luz que hay dentro de ti. Eso es lo que me encanta de ese sonido: la intensidad del espíritu. Y la alegría".

EL SÉPTIMO ARTE

> Los latinos constituyen uno de los mayores grupos demográficos consumidores de cine [el veinticinco por ciento de todas las ventas de taquilla] [...]. El hecho de que no se nos vea en pantalla a pesar de las enormes contribuciones que hacemos es devastador.
>
> —Gina Alexis Rodríguez, actriz de cine, puertorriqueña

En cuanto al cine y la televisión, los latinos siguen esperando una representación que corresponda a su presencia en suelo estadounidense y a su influencia en la cultura en general. Las cifras son tan anémicas como para provocar un paro cardíaco. Sólo el cinco por ciento de los actores principales de Hollywood son latinos, y lo mismo puede decirse de los coprotagonistas. Sólo el tres por ciento de los guionistas son hispanos, lo que dice mucho sobre la falta de historias latinas en el cine, y hay aún menos directores. Aunque los latinos representan casi una cuarta parte del público asiduo al cine, sólo cuarenta de los 1.335 directores empleados en este país son hispanos, y sólo una es mujer. La directora de la iniciativa de inclusión que realizó la investigación que arrojó estos resultados en 2019 quedó atónita con ellos. En todas las áreas de la industria cinematográfica, concluyó, "los latinos están muy subrepresentados". Y lo que es peor, a pesar de que la población hispana ha crecido en los últimos diez años, esas cifras porcentuales no se han movido, y en algunos casos han bajado. Tal vez se deba a que no hay ni un solo presidente ejecutivo, alto ejecutivo o jefe de unidad latino en todo el sector, uno de los más grandes e influyentes de Estados Unidos y el mundo. La situación no es mucho mejor en la televisión estadounidense convencional, donde sólo el tres por ciento de los actores principales son latinos, y un mísero uno por ciento son *showrunners*, ejecutivos que controlan las series. La ausencia es alarmante. Según un profesor de UCLA que ha estudiado esta falta de inclusión, la razón es que los ejecutivos de la industria ven a los latinos —así como a los asiático estadounidenses— como extranjeros. "Existe un malentendido sobre la comunidad y lo que quiere ver el público", afirma. Cabe preguntarse si ese prejuicio no llevaría a cualquier

actor latino a reconocer que sería mejor cambiarse el nombre e identificarse como blanco o negro. El dibujante chicano Lalo Alcaraz alegaría
que el problema afecta todas las artes, no sólo el mundo del cine: "Re-
cibo muchos mensajes de odio", confesó en su discurso de aceptación
del prestigioso Premio Herblock a la excelencia en la caricatura editorial,
porque "sigue existiendo esa actitud en la sociedad estadounidense de
que somos extranjeros". Otro estudioso señala que, cuando aparecen
hispanos en pantalla, es muy probable que se deba a su raza o aparente
"extranjería". En otras palabras, la identidad étnica es lo que les consigue
el papel, no la calidad actoral. Por qué, se pregunta el profesor, no se les
ve como "personas": el hombre de la calle, el niño que juega a la pelota
o la mujer ejecutiva.

La relación de los hispanos con Hollywood es una historia larga y
tirante, y su disfuncionalidad se remonta a principios del siglo XX. Las
primeras películas mudas estadounidenses, estrenadas en plena Revolución Mexicana, presentaban al mexicano como el personaje más vil de la
pantalla: un villano que robaba, asesinaba, saqueaba, violaba, engañaba,
jugaba, mentía y personificaba todos los vicios imaginables. Luego,
las películas "greaser" —Tony the Greaser (1911) y The Greaser's Revenge
(1914)— convirtieron la palabra greaser en sinónimo de "mexicano" o
"latino" en Estados Unidos. México se opuso enérgicamente a ese veja-
men, lo que llevó a los guardianes de la industria a llamar la atención
sobre estas caracterizaciones flagrantemente racistas, pero en lugar de
cambiar de actitud Hollywood se aferró al prejuicio. Los guionistas y
directores empezaron a ambientar las películas en tierras mediterráneas
imaginarias que evocaban una inconfundible atmósfera mexicana, con
personajes cercanos a los viejos tópicos racistas —uno llegó a llamarse a
sí mismo "the bes' damn caballero" (el mejor maldito caballero) de la ciudad. No engañaron a nadie.

Más tarde, Hollywood moderó sus representaciones, pero sólo ligeramente. Bordertown (1935) presentó a Paul Muni (cuyo verdadero nombre era Meshilem Meier Weisenfreund) como un joven latino licenciado
en Derecho, cuya verdadera y salvaje naturaleza latina estalla en una violenta escena judicial que hace que lo expulsen del colegio de abogados,

lo rechacen y lo confinen a espacios donde supuestamente pertenecen los latinos: los sórdidos salones de juego. De hecho, Paul Muni se convirtió en el latino residente de Warner Bros., junto con Ricardo Cortez (cuyo verdadero nombre era Jacob Krantz). Estos seudolatinos se llevaban todos los papeles, y la creciente población mexicano-estadounidense tenía que quedarse a recoger los prejuicios. Las cosas mejoraron algo antes de la Segunda Guerra Mundial, cuando agentes del gobierno de Estados Unidos persuadieron a Hollywood para que suavizara la situación: Estados Unidos necesitaba la buena voluntad de sus vecinos sudamericanos. Pero la imagen permaneció, vívida e inquebrantable. Cuando mi padre viajó desde Perú para ingresar en MIT como estudiante de posgrado durante aquella guerra, su arrendador estadounidense le preguntaba si usaba plumas y andaba por ahí descalzo.

En la década de 1950, sin embargo, hubo un breve destello de esperanza. Varios hispanos empezaron a interpretar papeles hispanos sin ocultar su origen étnico. Por cada Marlon Brando que actuaba en ¡Viva Zapata! había un Ricardo Montalbán o un Fernando Lamas que realizaban sólidas interpretaciones. El primer papel protagónico de Montalbán fue en Border Incident (Incidente fronterizo, 1949), película de cine negro sobre un mexicano que se propone desbaratar una banda criminal que pasa trabajadores agrícolas de contrabando al país. Montalbán causó tal impresión que se convirtió en el primer actor hispano en aparecer en la portada de la revista Life. "Fui rey por una semana", comentó más tarde. "Pensé que me lloverían las ofertas, pero al cabo de una semana… nada". Así ha sido durante los setenta años siguientes. Todos los avances que se hicieron en la década de 1950 se borraron cuando los estereotipos volvieron a aparecer en películas como The Good, the Bad, and the Ugly (El bueno, el malo y el feo, 1966) y Bring Me the Head of Alfredo García (Tráiganme la cabeza de Alfredo García, 1974). Incluso los verdaderos esfuerzos por atraer a los hispanos al cine con Walk Proud (1979) o Boulevard Nights (1979) fracasaron cuando los hispanos observaron que se centraban en la violencia de las pandillas urbanas.

Algunos dirán que esos estereotipos se reforzaron con West Side Story, de Leonard Bernstein, que se estrenó en Broadway en 1957 con gran éxito y siguió cautivando al público estadounidense durante décadas, tras ser estrenada la versión cinematográfica cuatro años más tarde. El musical no había ayudado con su crudo retrato de los puertorriqueños armados con cuchillos, hipertribales y paranoicos. Como señala *Los Angeles Times*, cuatro judíos (Leonard Bernstein, Stephen Sondheim, Jerome Robbins y Arthur Laurents) idearon el argumento, la música y el guion, y uno de ellos llegó a admitir que desconocía por completo la cultura. "¡Nunca he sido tan pobre!", exclamó Sondheim. "¡Y nunca he conocido a un puertorriqueño!". Como resultado, los personajes representados eran un cliché ofensivo: tenían acentos marcados, piel oscura y una propensión a la violencia. Para colmo, sólo había una actriz puertorriqueña en el reparto, Rita Moreno, y, para su consternación, la pintaron de marrón. Cuando se opuso y le dijo al maquillador que había puertorriqueños de todos los colores, la llamaron racista. Los demás personajes latinos fueron interpretados por un surtido aleatorio de actores no hispanos vestidos de morenos: la estadounidense de origen ruso Natalie Wood, el estadounidense de origen griego George Chakiris y el filipino José de Vega. No es de extrañar que los puertorriqueños se enfurecieran.

Toda la ira volvió de golpe con *Fort Apache, el Bronx* (1981), protagonizada por Paul Newman como el policía bueno que se abre paso entre los empobrecidos puertorriqueños del sur del Bronx, todos delincuentes, prostitutas y asesinos. Incluso su novia latina es drogadicta. Cuarenta años después del revuelo que causó aquella película, poco ha mejorado. "El Hollywood blanco no quiere contar las historias reales de los latinos", dijo el veterano actor Edward James Olmos en una audiencia del Comité Judicial del Senado de Estados Unidos en 2020. De hecho, los latinos "ahora están en un lugar peor", afirmó, que en 1964, cuando comenzó su carrera y a estrellas como Raquel Welch (Jo Raquel Tejada) se les hacía sentir que tenían que purgar cualquier vestigio de latinidad de sus currículos como actores, cuando las cadenas de televisión no mencionaban que Lynda Carter, la actriz que le dio vida a Wonder Woman (La Mujer Maravilla), era medio mexicana y estaba orgullosa de ello. "El hecho de que haya varios actores latinos de éxito no significa que los latinos triunfen en Hollywood", añadió Olmos. A estas alturas, el desaire, más que un tema delicado para los hispanos, provoca una apasionada indignación.

En 2022, cuando Hollywood estrenó *In the Heights*, de Lin-Manuel Miranda y Quiara Alegría Hudes, sobre un barrio mayoritariamente dominicano de Nueva York, los afrolatinos se quejaron de que la película tergiversaba la verdadera realidad del lugar al utilizar actores afroestadounidenses o hispanos de piel clara cuando de hecho gran parte de la población de los Heights es como ellos: ni negros ni hispanos blancos, sino afrolatinos hispanohablantes. Ni siquiera Miranda y Hudes, puertorriqueños ambos —la estrella de *Hamilton*, el éxito de Broadway que arrasa por su conciencia racial—, pudieron acertar con las etnias. ¿Por qué? Algunos dirán que se debe a la falta de latinos en la cúspide de la industria cinematográfica, la escasez de representación en la silla del director; pero ahí estaba Miranda, un latino en la cumbre de su oficio y que, sin embargo, según muchos caribeños, estaba haciendo las cosas mal. Somos complicados, parecían decir los hispanos; no nos reduzcan a generalidades, no nos retraten como "latinos blanqueados". Entiendan bien el barrio.

La infrarrepresentación y el vilipendio son perjudiciales no sólo para los latinos, sino también para los estadounidenses en general. Como forma de arte, el cine es un instrumento poderoso; quizás el más poderoso de todos. "Nada ataca más al subconsciente", dice Olmos. "Te sientas ante una pantalla de cine, en una sala oscura, sin visión periférica. Todo entra en el subconsciente y ahí se queda". El efecto acumulado es asombroso: somos, en lo que respecta a los medios de comunicación más poderosos de Estados Unidos, grasientos, mentirosos, ladrones, criminales, e incluso cuando nos limpian y envían a la facultad de Derecho somos susceptibles de tropezar y desquiciarnos. Esa es la imagen de los latinos que el expresidente Trump ha utilizado con efectos perniciosos. "Por eso enjaulan a nuestros niños", ha comentado un activista. Por eso un supremacista blanco con un rifle de asalto y la mente puesta en matar mexicanos puede entrar a zancadas en un Walmart de El Paso y acabar con la vida de veintitrés, hiriendo a dos docenas más. El desprestigio y el olvido de los hispanos estadounidenses es, según *Los Angeles Times*, "una de las mayores heridas abiertas de Hollywood".

ESCRITORES

Un reportaje de prensa dijo que fui un éxito de la noche a la mañana.
A mí me pareció la noche más larga de mi vida.
—Sandra Cisneros, poeta y novelista chicana

Como latina que se ha labrado una vida cómoda en el mundo de los medios de comunicación y los libros, es fácil engañarme y creer que todo va bien en este rincón de las Américas. Después de todo, he conseguido trabajo. También me han publicado. Muchos de mis amigos, de hecho, han sido publicados y acogidos con entusiasmo.

La verdad es que esta minúscula y relativamente nueva población de escritores ha sido muy difícil de constituir. El difunto gran novelista chicano Rudolfo Anaya, cuya obra *Bless Me, Última* (*Bendíceme, Última*), considerada hoy en día la primera gran novela latina, sufrió el rechazo de un sinnúmero de editoriales convencionales antes de lograr publicarla con gran éxito en 1972 por un diminuto y efímero grupo chicano de la Universidad de California en Berkeley: Quinto Sol. A Anaya se le unió más tarde la prodigiosamente talentosa escritora mexicano-estadounidense Cecile Pineda, cuya brillante y alucinante *Face* fue la primera novela de una latina que atrajo la atención de un editor convencional. Fue un logro extraordinario, tan poderoso como *La metamorfosis*, de Franz Kafka, o *El extranjero*, de Albert Camus. Sin embargo, por desgracia a Pineda apenas la conocen los lectores estadounidenses fuera del mundo académico.

No obstante, se había abierto una puerta. Richard Rodríguez no tardó en echar por tierra las suposiciones sobre nuestro origen étnico con sus vigorizantes memorias *Hunger of Memory* (*Hambre de memoria*), que destruyeron la falsa narrativa de que todos los hispanos —o incluso todos los mexicano-estadounidenses— son iguales y claramente definibles. La discriminación positiva era un insulto, decía Rodríguez, y la educación bilingüe, un agravio. Él era tan estadounidense como cualquiera, la asimilación lo había hecho así, y se negaba a responder a las expectativas de nadie sobre lo que debía ser un hispano. No mucho más tarde, en 1985, la supernova chilena Isabel Allende arrasó entre los lectores de Estados Unidos con su gran éxito internacional *La casa de los espíritus*. Aquí estaba Latinoamérica en toda su explosiva gloria, que Allende nos trajo una y otra vez en español, al escribir el resto de sus libros en estas tierras, pero en su lengua nativa. Tras obtener la ciudadanía estadounidense, Allende pudo reivindicar sus numerosos éxitos de ventas como parte del canon literario latino.

Los últimos años de la década de 1980 también nos trajeron al novelista cubano-estadounidense Óscar Hijuelos, cuya vibrante y rítmica *Los reyes del mambo tocan canciones de amor*, ganadora del Premio Pulitzer, pintó un retrato profundamente realista de las esperanzas perdidas y las fortunas dilapidadas en esta tierra de sueños americanos. Su novela fue la primera que le ganó a un hispano el Premio Pulitzer. Cosechó una legión de lectores y fue un éxito de taquilla como película, pero no tardaron en llegar las quejas sobre el reparto: los personajes de Hijuelos, inolvidablemente cubanos en su libro, habían sido interpretados por un italiano y un español en la película, y los acentos estaban todos mal, además de que el lenguaje corporal era incorrecto. Una vez más, las vacas sagradas de la cultura estadounidense no habían comprendido cuán variada podía ser nuestra tribu.

En la década de 1990 las editoriales empezaron a interesarse por los escritores hispanos, aunque sólo fuera porque unos pocos parecían atraer la atención. Pero nada había sido fácil. Incluso los pioneros acumulan historias sobre lo difícil que fue conseguir que los publicaran, ni hablar de entrar a una editorial neoyorquina. Pero poco a poco las filas fueron creciendo. He tenido la suerte de asistir a esta germinación a lo largo de mi carrera editorial. De hecho, muchos de los autores que aquí se mencionan son amigos míos y han contribuido generosamente con sus ideas a este libro. Rodeada de tan gloriosa acumulación de talento, podría engañarme pensando que todo va bien en el campo de las letras latinas.

Pero me equivocaría: entre 1972, cuando Rudolfo Anaya, hijo de un pastor de ovejas de Nuevo México, publicó *Última* y fundó el canon, y 2008, cuando Junot Díaz, hijo de la República Dominicana y de las malas calles de Nueva Jersey, publicó su novela lírica e impetuosa, sublime y profana, *La breve y maravillosa vida de Óscar Wao*, el éxito ha estado restringido a unos pocos privilegiados. No había editores latinos en las principales editoriales, mucho menos directores de editoriales, y se consideraba que los libros escritos por hispanos —incluso los que conseguían escalar hasta las portadas de las secciones de crítica de libros— tenían poco potencial de ventas —en el lenguaje de los editores, les "faltaban piernas". Esas eran de hecho las palabras que se utilizaban en las reuniones editoriales durante los años en que formé parte de ese mundo, cada vez que se presentaba un libro de un autor latino. ¿Quién iba a comprarlo? Se consideraba a la población latina indigente, con problemas lingüísticos, no un mercado natural para los libros. Con sus historias de inmigrantes, los escritores latinos estadounidenses se diferenciaban mucho del deslumbrante *boom* latinoamericano, las estrellas "exóticas" que nos llegaban del extranjero: Gabriel García Márquez, Jorge Luis Borges, Mario Vargas Llosa, Carlos Fuentes. Para la mayoría de los hispanos estadounidenses que aspiraban a convertirse en escritores, las cosas habían cambiado muy poco a principios del siglo XXI. Las editoriales eran abrumadoramente blancas, al igual que sus gustos. Los pocos editores interesados en libros "hispanos" parecían preferir historias sobre hispanohablantes en el extranjero, traducidas del español, no las que los latinos estaban escribiendo en inglés. Mientras tanto, en 2005 la población latina de este país se había disparado hasta los cuarenta y dos millones. Una de cada siete estadounidenses era hispano, y probablemente dominaba el inglés.

Tomó más de una década, pero en 2018 el ambiente —aunque no el paisaje— empezó a mejorar. Uno a uno, algunos latinos fueron incorporándose al mundo editorial. Gracias a la narrativa sobre el "capital social" y al creciente movimiento por la diversidad, la equidad y la inclusión (DEI, por sus siglas en inglés), que se originó en la era de los derechos civiles de la década de 1960, pero comenzó a aplicarse en 2019, los editores comenzaron a hacer cuentas: ¿cuántos en sus filas eran latinos? ¿Qué proporción de la población lectora era latina? ¿Cuál era el mercado potencial y cuál la mejor manera de abordarlo, desarrollarlo, servirlo y obtener beneficios de él? Creció entonces la esperanza, pero había que mirar por encima del hombro. El auge de la inclusión significaba también una mayor representación de afroestadounidenses, nativos americanos, asiáticos del sur, personas de Oriente Medio y Lejano Oriente, africanos negros, la comunidad LGBTQ+ y las personas con discapacidad. DEI significaba todo el mundo, y era difícil evitar una sensación de competencia en las contrataciones.

Hoy en día, a pesar de todo el alboroto sobre la diversidad, la equidad y la inclusión, la aguja apenas se ha movido. Un informe de la Oficina de Rendición de Cuentas del Gobierno de Estados Unidos revela que el número de latinos en los medios de comunicación de Estados Unidos apenas ha aumentado un uno por ciento en los últimos diez años. Todo el buen periodismo sobre los latinos que hacen Ray Suárez, proveniente de la televisión pública, o María Hinojosa, de *Latino USA*, o los esfuerzos de locutores en español muy carismáticos como María Elena Salinas y Jorge Ramos, parecen no servir de nada en lo que respecta a la vasta maquinaria mediática estadounidense. Los avances han sido minúsculos. En la actualidad, sólo el ocho por ciento de la industria de los medios de comunicación es hispano, y en el mundo de la edición de libros —negocio gigantesco que vendió 800 millones de unidades impresas el año pasado— sólo el siete por ciento de los trabajadores (entre autores, personal editorial y publicistas) son latinos. "Esta invisibilidad", declaró el diputado Joaquín Castro, "significa que los estadounidenses no saben quiénes somos los latinos ni cómo hemos contribuido al éxito de nuestra nación". Lo que se necesita, añadió, es un llamado a la acción que les permita a los latinos ser finalmente parte de la narrativa estadounidense más amplia. Desde cualquier punto de vista es triste que una quinta parte de la población del país tenga que responder a esta exigencia, una población que en sí misma equivale al tamaño de muchos países soberanos. De hecho, somos una población mayor que la de Colombia o Argentina, y más de la mitad de México.

Sin embargo, a pesar de la escasez de representación, un pequeño pero decidido ejército de autores latinos sigue contribuyendo a la narrativa, contando historias penetrantes —reales o de ficción— sobre nuestros estadounidenses invisibles. Quizá las más reveladoras sean aquellas que tratan sobre la vida *queer*, contadas por Cheríe Moraga, Gloria E. Anzaldúa, Benjamín Alire Sáenz y Carmen María Machado, que dan cuenta de la fuerte presencia de la comunidad LGBTQ+ entre nosotros. El siete por ciento de todos los hispanos se identifican con dicha comunidad —y la cifra sería mayor si sólo contamos a los menores de veinticinco años—. Casi el doce por ciento de los latinos de la Generación Z (nacidos entre 1997 y 2012) —es decir, más del doble que en la población blanca o negra— se reconoce como LGBTQ+. La causa puede estar en el hecho de que toda la población de latinos es joven, y "salir del clóset" es un fenómeno más común entre la juventud. O tal vez se deba a que siempre ha sido así, pero nuestra cultura machista prepotente lo tenía amordazado. Sea como fuere, son los escritores quienes nos traen estas noticias, y haríamos bien en prestarles atención.

A diferencia de Lou Castro, el primer jugador de béisbol latinoamericano, quien tuvo innumerables alias e identidades y dijo pocas verdades sobre sí, en general no tenemos miedo de hablar con franqueza sobre nosotros mismos. Autores como la mexicano-estadounidense Reyna Grande y la ecuatoriano-estadounidense Karla Cornejo Villavicencio han dado un paso al frente para describir la atroz —a la vez humillante y emocionante— experiencia de cruzar la frontera hacia una nueva vida estadounidense indocumentada. La inmensa mayoría de los estadounidenses a lo largo de los siglos ha llegado por esta ruta —atropelladamente, pisando las rampas de desembarco, sin papeles—, forme o no parte de la memoria colectiva. En los puertos de entrada se les ha inspeccionado y admitido, a menos que pertenecieran a alguna de las categorías excluidas: asiáticos, polígamos, indigentes, anarquistas, "débiles mentales", pervertidos, dementes o portadores de "una enfermedad repugnante y contagiosa". Sin embargo, a los latinx nos quieren hacer creer que entrar sin documentación es algo nuevo, con relación a lo cual debemos sentir culpa.

Quizá nos sirvan más los escritores como el estadounidense de origen peruano Carlos Lozada, el brillante comentarista editorial del *New York Times* que, al escribir sobre Estados Unidos en general —las glorias y excentricidades del experimento estadounidense— se asegura de que formemos parte de su historia. La mexicano-estadounidense Linda Chávez, exasesora de la Casa Blanca, insiste en que lo mejor que podría ocurrir en Latinoland —de hecho, lo que seguramente ocurrirá— es que por fin nos asimilemos en silencio, con confianza, en el tejido de Estados Unidos. Que nos convirtamos en ese hombre de la calle, ese niño que juega a la pelota, esa mujer ejecutiva. Puede que haga falta una acción concertada. Puede que nuestros conciudadanos de Estados Unidos se den cuenta de repente de que somos una población buena y leal. Puede que sea necesario que los historiadores argumenten que ésta es una tierra a la cual siempre hemos pertenecido.

• • •

Pocos latinos han hecho más por cautivar la imaginación estadounidense que la escritora Sandra Cisneros, cuya obra *La casa en Mango Street*, publicada en 1983, representó un hito en el canon literario nacional. El suyo fue uno de los primeros libros de una chicana publicado por una editorial convencional, y el primero en ganar millones de lectores y convertirse en lectura obligatoria en las aulas de todo el país. Cisneros siguió publicando más obras que resonaron entre sus compatriotas hispanos e interpelaron con fuerza a los marginados, entre ellas *Woman Hollering Creek*, *A House of My Own* y *Caramelo*. Hoy, más de cuarenta años después de la aparición de esa primera obra fundamental, se la considera un modelo de identidad latina y una curandera del alma de esta comunidad. Buscando la manera de cerrar este libro —cuyo título ella me ayudó a escoger—, recuerdo una conversación telefónica que mantuvimos no hace mucho.

Hablábamos de algunos temas acuciantes: la conmoción de los miles de menores no acompañados que claman en la frontera; la peligrosa caja de resonancia de las redes sociales que incitan al odio; la falta de amor, cariño y ternura aquí, en El Otro Lado; el vacío de liderazgo entre los latinos (nos falta un Gandhi, un Jesse Jackson, un Martin Luther King, Jr.). ¿Quién será lo bastante valiente para levantarse y liberarnos de esta niebla de invisibilidad?

"Soy anfibia", me dijo en aquella conversación —tan a gusto en el agua como en la tierra—, "una criatura de las Américas, del norte y del sur". Cisneros es nieta de inmigrantes, estadounidense de segunda generación nacida en Chicago, y lo que más le interesa es la danza entre culturas. Me contó del interminable repiqueteo del martillo tapicero de su padre mientras trabajaba para llevar algo a la mesa, alimentarla a ella y a sus seis hermanos, y de la afición que ha desarrollado ella a grabar sonidos similares, sonidos cotidianos como el chasquido seco de una puerta que se cierra, el zumbido del cuchillero o afilador del pueblo cuando pasa por delante de su ventana, el rápido *plic-plic-plac* de las patas del perro sobre el suelo. Oyente por naturaleza, puede entrenar su oído en los lugares comunes. Pero se ha mudado tantas veces que se siente más unida a aquello que se entromete en lo habitual: los que interrumpen, los recién llegados, los inmigrantes que nunca acaban de salir de *Nepantla*, ese reino de lo intermedio.

Ahora, instalada en San Miguel de Allende, pintoresco pueblo enclavado en lo más profundo de las montañas de México, Cisneros vive en una casa bañada por el sol, llena de reliquias multicolores, abundantes plantas verdes y cuatro perritos alegres, a pocos kilómetros de la ranchería que sus abuelos dejaron atrás hace casi un siglo. La inspiración para volver a esas tierras ancestrales le llegó de repente cuando vivía en San Antonio, Texas, y se despertó en mitad de la noche con una voz resonándole en la cabeza que decía: No estás en tu casa. "Enseguida entendí lo que significaba ese mensaje", dice. "Comprendí que tenía que confiar en mi intuición, volver atrás, aprender algo más sobre quién era".

La escritora seminal de la experiencia latina vive ahora entre las vertiginosas calles empedradas de esa diminuta ciudad del siglo XVI, escuchando sonidos de un pasado lejano, "intentando comprender [su] multiplicidad".

Mi multiplicidad. De algún modo, la frase engloba lo que quiero decir. Cómo comprender al indígena, el africano, el europeo, el asiático, el judío, el español y el árabe que llevamos dentro. El alto y el bajito. El vertiginoso caleidoscopio que somos. Es una búsqueda que abarca toda la vida. "Presta atención", nos decimos la una a la otra. Podemos hacerlo.

EPÍLOGO

Unidad

Ojalá podamos tener el coraje de estar solos, y la valentía de arriesgarnos a estar juntos.

—Eduardo Galeano, escritor y periodista uruguayo, 2010

Hay quienes creen que Latinoland es un constructo mítico, no un lugar real con gente real que comparte una fuerte identidad y un sentimiento de pertenencia. Sin duda yo habría estado entre esos escépticos hace más de medio siglo, cuando llegué al norte de Nueva Jersey y no vi ninguna Latinoland más allá de las cuatro paredes de mi casa. También hay quienes no sólo dudan de Latinoland, sino de la propia existencia de Latinoamérica como lugar de origen, argumentando que es un concepto demasiado nebuloso, una región sin el rigor de la lógica ni parámetros concretos. No ocupa un espacio continental ni una región geográfica, porque ¿qué hacemos con Brasil, Haití o Jamaica? No es tampoco una región lingüística, porque ¿qué hay del quechua, el náhuatl o el guaraní? Tampoco puede describirse de manera científica o exhaustiva. Para quienes dudan, América Latina es una noción falaz, no una región genuina con una civilización y una cultura únicas, bien definidas. En todo caso, sería una extensión equívoca en algún lugar al sur de los muy reales Estados Unidos. Por tanto, la supuesta prole de Latinoland es poco más que un limbo de almas aleatorias y provisionales que esperan mutar algún día en auténticos estadounidenses.

Raúl Yzaguirre, fundador y expresidente del Consejo Nacional de la Raza (NCLR) —una de las mayores organizaciones nacionales dedicadas a promover políticas que sirvan a los intereses latinos— describió una vez a los hispanos como "una comunidad nacional con un pasado compartido, una agenda común y un futuro unido". Retratar a la inmensa multitud de decenas de millones de latinos de Estados Unidos como un conjunto de intereses comunes es una presunción poderosa, incluso si existen flagrantes contradicciones internas en la afirmación. ¿Cómo es posible mezclar los intereses de los cubanos de Florida, blancos, conservadores y en su mayoría acomodados, con los de los mexicanos del sur de Texas, morenos, liberales y en su mayoría de bajos ingresos, y los de los afrocaribeños de Nueva York, urbanitas y luchadores? ¿Cómo osaría alguien representar las esperanzas y ambiciones de los sudamericanos educados profesionales y los refugiados del Triángulo Norte que viven a fuerza de sudor y músculo?

De hecho, las aspiraciones de La Raza parecían tener más sentido en 1968, cuando el consejo era pequeño y restringido al suroeste, y la gran mayoría de los nueve millones de "hispanoamericanos" de este país eran de ascendencia mexicana. Sin embargo, en 2004, casi cuarenta años después, cuando Janet Murguía se hizo cargo de la organización, ya eran más de cuarenta millones —casi cinco veces más— y grandes oleadas de recién llegados entraban de países distintos. Murguía dirigió La Raza durante trece años hasta que en 2017 decidiera —en su misión de representar a todos los latinos, se consideraran o no parte de "la raza"— cambiar el nombre de la organización a UnidosUS. La unidad se convirtió en su credo y marca registrada. Durante el mandato de Murguía la población latina se ha duplicado una vez más, lo que significa que UnidosUS se encarga ahora de servir y unificar a todos los colores y culturas de esta colosal muchedumbre.

Lo mismo ha ocurrido con la Liga de Ciudadanos Latinoamericanos Unidos (LULAC), la organización más antigua al servicio de los latinos, fundada en 1929 para "mejorar la situación económica, los logros educativos, la influencia política, la vivienda, la salud y los derechos civiles" de los mexicano-estadounidenses. En un país cada vez más racista, el objetivo de la Liga, que abogaba por leyes de inmigración estrictas, el rechazo de cualquier lealtad residual a México y la asimilación total y absoluta, era recalcar que sus miembros eran blancos y por consiguiente merecían la plena igualdad. La influencia de la organización osciló entre años buenos y malos, incapaz de establecer una base financiera firme, y con algunos mexicanos tildándola de banda de vendidos lacayos sin escrúpulos que habían tranzado con los mismos anglosajones que les habían robado sus tierras. En 1970, cuando los inmigrantes de otros países empezaron a llegar en mayor número, LULAC cambió su enfoque de los mexicano-estadounidenses a los "hispanos", y luego a los "latinos". Hoy, bajo la dirección de Domingo García, político aguerrido, intrépido y astuto, cuenta con 135 mil empleados en cuarenta y ocho estados. Al igual que UnidosUS, LULAC se ha visto obligada, en virtud de la naturaleza siempre cambiante de la población, a abrirles las puertas a gran variedad de culturas. Sin embargo, al enfrentarse a la creciente diversidad, el reto ha sido cómo definirse. Etiquetas que nunca elegimos por nuestra propia cuenta —hispano, latino, latinx, latine— han sido adoptadas, rechazadas y vueltas a adoptar una tras otra, provocando serias dudas sobre su validez y reflejando el alcance de nuestra crisis de identidad, en un esfuerzo por presentarnos como un todo fuerte y unificado.

Ha habido objeciones por el camino. Los sociólogos se burlaban de la idea de combinar tantas identidades dispares, insistiendo en que un único descriptor no podía captarnos a todos. Hubo quien dijo que la etiqueta "hispano" era un brebaje estadístico defectuoso que "apenas tiene relación con el mundo real". Y añadió: "Hablar de fertilidad 'hispana', hábitos de crianza, salud, subcultura, patrones migratorios, etcétera, es, en el mejor de los casos, cháchara vacía o estereotipada". Para ella, en otras palabras, el departamento de estudio que Eliseo Pérez-Stable llegaría a dirigir en los Institutos Nacionales de la Salud para analizar los problemas médicos comunes que enfrentan los latinos es una tontería.

A medida que avanzaba el siglo XXI y se profundizaba la división ideológica en Estados Unidos, la floreciente población latina se convirtió en un grupo en el cual confiar o uno al cual cortejar, en dependencia de si el aspirante político era liberal o conservador. Contar las lealtades se convirtió en una preocupación primordial, y para ello se creó la Encuesta Política Nacional Latina. En 1992 se propuso recoger datos básicos sobre los valores, actitudes y comportamientos políticos de los estadounidenses de origen mexicano, puertorriqueño y cubano en las regiones donde residen. Según los investigadores, los resultados fueron sorprendentes. En conjunto, "los latinos *no* se veían a sí mismos con preocupaciones comunes". Menos del catorce por ciento de cada grupo consideraba tener algo en común con los demás. Podían ser "algo similares" en algunos aspectos, admitían los encuestados, pero las diferencias superaban a las similitudes. Además, en general preferían que se les identificara por su origen nacional, no por ninguna etiqueta impuesta artificialmente; muchos insistían en que se les llamara, simplemente, "estadounidenses". Además, tal vez debido a la falta de contacto entre los subgrupos —después de todo, vivían en lados opuestos del continente—, es sorprendente lo poco que sabían unos de otros. Los mexicano-estadounidenses dijeron que sentían más afinidad por los angloestadounidenses o los afroestadounidenses que por los cubanos o los puertorriqueños. No es que tuvieran una percepción negativa de esas poblaciones, sino que no las conocían. Los mexicanos tenían un contacto más regular con angloestadounidenses y negros que con sus supuestos hermanos latinos. Asimismo, los cubanos afirmaron estar más cerca de los blancos y de la élite sudamericana que de sus supuestos parientes del suroeste o el nordeste. Los informes concluyen que no se podían hacer suposiciones sobre la cohorte más amplia: los latinos simplemente no constituían un bloque comunitario o político. Pero la encuesta de 1992 también dejaba muy en claro que sus investigadores consideraban a los latinos una comunidad *potencial*. Podría muy bien ocurrir que, a medida que avanza el siglo XXI, los latinos lleguen a abrazar esa identidad y a convencerse de que tienen valores comunes, historias afines y un destino compartido. Por el momento, el mensaje era muy claro: las idiosincrasias eran demasiado apremiantes, la unidad era un espejismo lejano.

Murguía, hija de un obrero siderúrgico mexicano-estadounidense y con seis hermanos que, como ella, crecieron en condiciones de hacinamiento, cursaron estudios de posgrado y se destacaron en sus respectivos campos, no se deja intimidar por esas conclusiones. "Estamos *juntos*", me dice, no sin convicción. "Juntos no significa que seamos *iguales*". Señala que a otros estadounidenses —de origen alemán o anglosajón, afrodescendientes— no se les pregunta si constituyen un bloque político, ¿por qué habría de esperarse que nosotros lo conformáramos? "Somos afines. Tenemos cosas en común: una poderosa ética del trabajo y un profundo aprecio por la familia, la fe, el patriotismo, la cultura, la comida, la música y el arte", continúa diciendo decidida, impávida como si necesitara convencerme.

Si Janet Murguía está obsesionada con el Santo Grial de la unidad —con reunir a nuestro indisciplinado rebaño bajo la bandera de UnidosUS—, Mark Hugo López, del Pew Research Center, se aferra a los números. López se describe a sí mismo como chicano, de una familia que ha vivido en este país por generaciones. La división que dirige en el Pew ha dedicado años y considerable fuerza de trabajo a determinar lo que los informes del censo no pueden ofrecer: cómo criamos a nuestros hijos, dónde acudimos a rezar, cuánto ganamos, qué hemos aprendido, cómo bailamos, cómo nos sentimos, hacia dónde nos dirigimos. Según López, la unidad "potencial" mencionada fugazmente en la encuesta de 1992 y perseguida con pasión por gente como Murguía se está haciendo realidad.

A medida que nos adentramos en el nuevo siglo y los medios de comunicación centran su atención en nuestra creciente presencia —a medida que la comunidad empieza a ser más consciente de su naciente poder—, ha surgido un sentimiento de filiación. Da la impresión de que la atención de los medios de comunicación por sí sola hubiera disparado algo en el subconsciente latino. Un reciente informe de Pew sobre "panetnicidad" afirma que casi el cuarenta por ciento considera que los latinos de distintos países tienen "mucho en común", mientras que otro cuarenta por ciento cree que comparten al menos "algunos" rasgos. Es decir, nada menos que ocho de cada diez latinos se sienten parte de un grupo más amplio. De ellos, los salvadoreños fueron los más entusiastas respecto a nuestros puntos en común; los puertorriqueños, los menos. Quienes hablan español en casa son más de la opinión de que los latinos, sean de donde sean, tienen mucho en común. Tampoco cabe duda de que los inmigrantes de la élite blanca educada de América Latina, independientemente del país, se sienten muy a gusto entre ellos.

Sin embargo, como señala López con cautela, también se da el fenómeno de la deserción étnica: a medida que pasan las generaciones, los descendientes de latinos pueden dejar de sentirse parte de la comunidad. Eso puede ocurrir a una velocidad pasmosa, sobre todo si los descendientes son producto de matrimonios mixtos. De hecho, mi hermana, que nació en Lima, Perú, no marca la casilla Hispano/Latino en los cuestionarios. Ella se considera una estadounidense blanca. Aunque nos criamos bajo el mismo techo, con los mismos padres, tenemos nociones opuestas de lo que somos. Cuando, en una comida informal, me atrevo a preguntar: "¿Cuántas amigas latinas tienes, Vicky?", para mi gran sorpresa, me responde: "Ninguna", y añade, después de una pausa: "Aparte de ti".

Quedo tan atónita con su respuesta que apenas logro tragar saliva. Esa ausencia, esa privación, desencadena algo en mí. He aquí a una mujer que habla perfecto español, lee con avidez en su lengua paterna, pinta conmovedores paisajes de su infancia peruana y tiene una carrera académica tan exitosa que las listas de latinos se beneficiarían de contar con ella. Y, sin embargo, me considera su única amiga latina. De pronto quiero que conozca a todos mis conocidos. Vivo en un amplio y feliz mundo de latinidad, poblado por muchos colores y tipos de amigos que comparten mi herencia latinoamericana. Ahora, a nuestra avanzada edad, me preocupo por mi hermana mayor.

Pero pronto me doy cuenta de que la reticencia a considerarse hispano es aun mayor en nuestros hijos. Ya todos son adultos, en su mayoría casados con no hispanos, y trabajan duro en exigentes carreras profesionales. Cuando le hago la misma pregunta a esta generación más joven —¿Se identifican como latinos en algún documento, ya sea en la cabina de votación, en el lugar de trabajo o en el consultorio médico? ¿Tienen amigos latinos cercanos?—, mis sobrinas y sobrino responden negativamente. No y no. Por supuesto, en tanto médicos, abogados y arquitectos que se relacionan con el público, se encuentran con muchos latinos en su trabajo, pero no se identifican como latinos en la documentación. Puede que alguna vez hayan declarado su hispanidad —en las postulaciones escolares, por ejemplo— cuando vivían en casa con un progenitor latino con fuerte filiación. Pero no de adultos. No en sus propios hogares. Sienten que hacerlo sería presuntuoso, rayano en la mentira; algo así como apropiarse de una identidad que ya no sienten suya. Así lo ve mi hija, casada con un estadounidense de ascendencia eslava e irlandesa. Mi hijo, casado con una mexicano-estadounidense que nunca ha hablado español y que procede de una familia que ha vivido en Texas por generaciones, dice lo mismo. De pronto caigo en cuenta de que se trata de una población no contabilizada e indocumentada, pero de otra manera.

La deserción étnica es real. El problema, según la Academia Nacional de Ciencias, es que no podemos limitarnos a utilizar las estadísticas de los ciudadanos nacidos en Estados Unidos que se autoidentifican como hispanos para formarnos una imagen exacta del conjunto, ni —ante patrones de respuesta tan desiguales— podemos medir de forma científica el proceso de asimilación. La ciencia puede tener en cuenta las respuestas aleatorias, pero no las selectivas. Cualquier encuesta se toparía con una familia como la mía, donde algunos optamos por identificarnos con orgullo y vehemencia como latinos, mientras que otros no declaran su origen étnico. Si no somos capaces de contarnos a nosotros mismos con precisión, con rigor, ¿cómo podemos esperar medir la población? La latinidad se presenta entonces como una condición resbaladiza y esquiva. Por ejemplo, si les preguntamos a esos mismos familiares si creen que existe unidad entre los latinos, la respuesta abrumadora es *sí*. Hay unidad, dicen, está ahí fuera. ¿Existe poder potencial en esa unidad? Otro *sí* rotundo. El asunto de la identidad puede ser complicado, la filiación política puede ser inestable, pero, por contradictorio que suene, la unidad latina es sorprendentemente robusta y fuerte.

Lo compruebo cuando le tomo el pulso a mi cohorte para este libro de mil voces. "Sí, todos somos diferentes", dice el premiado novelista dominicano-estadounidense Junot Díaz. "La latinidad es una aspiración. Tal vez, incluso, un porvenir. Pero di una mala palabra sobre un mexicano y verás cómo todos nos formamos en fila". Nadie, quizás, ha unido más a los latinos que Donald Trump cuando, en su campaña de 2016 para ganar la Casa Blanca, soltó una letanía de viles acusaciones contra los mexicanos. Así como no hay ateos en las trincheras, no hay latinos indiferentes cuando nos atacan. Como escribió el gran escritor uruguayo Eduardo Galeano, hace falta valentía para unirse.

A veces ese reflejo se activa cuando menos lo esperamos. Antonio Tijerino, un extremamente talentoso estadounidense de origen nicaragüense que dirige la Hispanic Heritage Foundation —grupo dedicado a impulsar el liderazgo de jóvenes latinos con talento— cuenta un incidente que transformó su carácter normalmente afable en una furia al rojo vivo. Estaba paseando por el sendero de los jardines de un lujoso club campestre en los suburbios de Maryland, en dirección a las canchas de tenis, para recoger a su hijo, cuando de repente el sonido de unos gritos airados lo sacó de su ensueño: "¡Eh, tú! ¿Qué crees que estás haciendo?". Cuando se da la vuelta, ve a un señor mayor que agita un dedo furioso. "¿Qué estoy haciendo?", dice Antonio. "Estoy dando un paseo".

"¡Pues a trabajar!", le grita el blanco. Ahora es Antonio quien se indigna y le grita al hombre: "¿Ves allí? Mi hijo está tomando clases. No pertenecería a tu club de mierda aunque me pagaras".

En ese momento aparece el gerente del club y corre hacia ellos. Cuando escucha a Antonio y comprende que se trata de un padre con un hijo en el campamento de verano del club, se disculpa. También el hombre mayor. Pero Antonio no se calma tan fácilmente; está furioso por la arrogancia, la afrenta, el racismo. Señala al jardinero hispano que trabaja la tierra a cierta distancia. "¿Lo ves?", brama Antonio. "Esa es la persona a quien le debes una disculpa. Trabaja más duro de lo que tú o yo hemos trabajado en nuestras vidas". Cuando le pregunto a Antonio de dónde era el jardinero, responde: "No tengo ni idea. ¿De El Salvador? ¿Nuevo México? ¿Bolivia? No me importó ni por un instante. Ese hombre éramos *nosotros*".

No hay nadie más centrado en la cuestión del "nosotros" en estos momentos que el latino encargado de infundir nuestra identidad colectiva en el futuro Museo Nacional del Latino Estadounidense, que abrirá

sus puertas en el National Capital Mall en 2035. Se trata de Jorge Zamanillo, un cubano de Miami que pensó que de adulto sería trompetista en
un grupo de salsa hasta que, siendo estudiante de secundaria, recorrió
Washington y, mientras caminaba a través de medio metro de nieve y
visitaba un museo tras otro, se enamoró de la arqueología. Hoy, encargado de elaborar el retrato de un pueblo y su historia, se muestra firme
y decidido. "No somos tan diferentes", dice, sin inmutarse ante mi pregunta. "Por difícil que sea describir ese 'nosotros', compartimos un vínculo común". Puede que esté incrustado en el pasado: en la colonización
española de las Américas, en la crudeza de nuestro choque cultural, en
nuestra costumbre de mezclar razas, en la influencia del catolicismo,
en el choque de la inmigración, en el hecho de compartir una lengua
ancestral; o puede que esté en la propia sangre. Como un verdadero
arqueólogo, Zamanillo habla del modo en que las pruebas de ADN le
permitieron escarbar a través de los siglos para revelar que, aunque se
consideraba cubano-estadounidense, compartía ADN con personas de
México, Argentina, Colombia y Perú. Asiento enérgicamente cuando
me lo cuenta: yo también descubrí que tengo parientes de ADN vivos
en México, Nicaragua, Cuba, Chile y España. Zamanillo me dice que
puede que no reconozcamos, o siquiera percibamos, el vínculo que nos
une; que quizás éste permanece enterrado en lo más profundo de nuestra historia. "Pero se siente en los huesos. Lo saboreas en la comida. Lo
sientes en la música".

Sólo tienen que ir a una fiesta, me dice. Ahí está.

AGRADECIMIENTOS

Debo este libro a cientos de voces, recogidas a lo largo de toda una vida y durante los tres intensos años que me llevó su investigación y escritura. Hay 237 entrevistas reflejadas en estas páginas. A veces esas voces llegan inesperada y fortuitamente, cuando menos las espero. He aprendido a aguzar el oído, detenerme en seco y escuchar.

Una de esas voces llegó en una llamada telefónica no hace mucho, mientras bajaba a toda velocidad en un taxi por la Sexta Avenida de Manhattan, apresurándome para llegar a una reunión. Mi teléfono móvil no revelaba quién era la persona que llamaba, pero atendí la llamada de todos modos y una voz familiar me saludó en español. Era Harold Forsyth Mejía, el alto, amable y distinguido político y diplomático peruano, embajador en un puñado de países, entre ellos Estados Unidos. Llamaba para preguntarme si podía presentarme a una periodista. Acepté. Me preguntó en qué estaba trabajando. "¿En serio? ¡La población latina de Estados Unidos!", exclamó cuando le conté, sin ocultar su alegría. Y entonces me contó esta historia.

Corría el año 2014. Diplomático curtido durante treinta y siete años, Harold había sido embajador en Estados Unidos durante tres, durante la presidencia de Barack Obama. En el transcurso de su mandato se había anunciado que la población latina de Estados Unidos había superado los cincuenta millones y ascendía vertiginosamente hacia mayores cotas. Fue una revelación asombrosa, me dice Harold, un momento decisivo. En una reunión de directores generales latinoamericanos organizada por la embajada de México, Harold le dijo al presidente: ¿Sabe lo que significan esos cincuenta y cinco millones, señor Presidente? Y procedió a explicar con cuidado: "Por supuesto, el país donde más se habla español es México", dice, rememorando la conversación. "Es el país hispanohablante más grande del mundo. El *número uno*. Pero, adivine cuál es el segundo. El segundo es Estados Unidos". Harold hace una pausa para que lo asimilara.

Así es. Lo que se me viene a la cabeza mientras vuelo por la avenida en mi taxi neoyorquino con el teléfono pegado a la oreja es que hace una década —cuando éramos cincuenta y cinco millones— los latinos de este país ya representaban una población mayor que la de Colombia, Argentina o Perú, incluso que la de España. Ahora, con casi diez millones más, somos una multitud alucinante. Un país en sí mismo. Una nación monumental. Y, como cualquier nación, tiene sus liberales, sus conservadores, su espectro de colores, su panoplia de tradiciones, sus inevitables contradicciones. Pero es una entidad, no obstante, unida por la lengua y la historia. "Lo que me parece más importante", añade el embajador, matizando su mensaje, "es que Estados Unidos aún no ha despertado a esa realidad. Ya lo dije en su momento. Todavía tiene que mirar a su alrededor y desarrollar ese potencial. ¿Sabe lo que significa albergar tal mayoría de latinos? Sólo puede significar que Estados Unidos se ha convertido en parte de Latinoamérica". Aquí casi podía ver el brillo en los ojos del embajador, la sonrisa juguetona, el puro deleite en la enrevesada visión de mundo que le estaba ofreciendo al presidente de Estados Unidos.

De perspectivas como ésa nació este libro. Sería imposible enumerar a todos sus precursores, a cada una de las voces —vivas o ya fallecidas— que le aportaron puntos de vista, matices. Sin embargo, estoy en deuda con aquellos que, como Harold, me informaron, aunque no aparezcan en este retrato tan personal de Latinoland. Esas personas saben quiénes son.

Aparte de los generosos entrevistados que menciono en el texto, quiero darles las gracias a los siguientes, ya sea por sus indispensables obras, nuestras conversaciones, sus referencias o nuestra amistad: Rolena Adorno, Daniel Alarcón, Isabel Allende, Noé Álvarez, Cecilia C. Alvear, Quique Avilés, Irma Becerra Hernández, Geraldo Cadava, Ángel Cano, Francisco Cantú, Marta Casals Istómin, Patricia Cepeda, Raquel Chang-Rodríguez, Milton Coleman, Benji de la Piedra, Roxane Dunbar-Ortiz, Isabel y Ricardo Ernst, Kali Fajardo-Anstine, América Ferrera, Gabriela Flores, Eduardo Galeano, Cristina García, Domingo García, Mildred García, Henry Louis Gates, Dagoberto Gilb, Debra Gittler, Laura E. Gómez, Clara y Stephanie González, Juan González, Donald Graham, Greg Grandin, Micael Guzmán, John Hemming, Cristina Henríquez, Daisy Hernández, Juan Felipe Herrera, María Hinojosa, Sandra Jordan, Luz Lazo, John Leguizamo, Mirella y Daniel Levinas, Ada Limón, Carlos Lozada, Kelly Lytle-Hernández, Clara Martínez, Rubén Martínez, Juan Mateo, G. Cristina Mora, Ed Morales, Luis Alberto Moreno, Moisés Naím, Hilda Ochoa-Brillembourg, Ismael (Smiley) Ortiz, Alejandra Pizarro-Romann, Don Podesta, Maricel Quintana-Baker, Erika Quinteros Lucas, Jorge Ramos, Andrés Reséndez, Tomás Rivera, Ana Patricia Rodríguez, Richard Rodríguez, David Rubenstein, María Elena Salinas, Suzanne M. Schadl, Lacey Schwartz, Michael Shifter, Natalia Sobrevilla, Ray Suarez, Mauricio Tenorio-Trillo, Héctor Tobar, Sergio Troncoso, Luis Alberto Urrea, Patricia Veliz Macal, Marcela Valdés, Mario Vargas Llosa, Helena María Viramontes, Jorge Zamanillo y el círculo de lectura bilingüe *Literary Gypsies*.

En el ámbito institucional, tengo una enorme deuda de gratitud con Mark Hugo López, director de Investigación Hispana del Pew Research Center, quien me proporcionó gráficos en bruto al comienzo de este proyecto y me guio a través del laberinto de estadísticas en constante evolución que supervisa en el Pew; Kevin Butterfield, director del John W. Kluge Center, y sus colegas Daniele Turello y Travis Hensley, quienes me ofrecieron un santuario muy necesario en sus oficinas de la Biblioteca del Congreso; Jeffrey Walsh, fundador y director ejecutivo de sooth. fyi, quien me permitió acceder desde el principio a su formidable motor de investigación, basado en fuentes de información en Internet estrictamente fiables; a los cientos de familias de Cabanaconde City Colca USA, que me acogieron calurosamente en su entrañable comunidad del condado de Montgomery, Maryland, y, por último, a las numerosas organizaciones comprometidas con nuestra superación, entre ellas UnidosUS, Hispanic Heritage Foundation, Congressional Hispanic Caucus Institute, el Museo del Latino Estadounidense y la Liga de Ciudadanos Latinoamericanos Unidos (LULAC).

No podría haber escrito *Latinoland* sin el apoyo constante e incondicional de mi querida amiga y agente, Amanda (Binky) Urban, quien durante casi treinta años me ha guiado por el mundo de la escritura como un sherpa de pies seguros, y me ha proporcionado valiosas y agudas ideas y observaciones a lo largo del camino. Le debo la luna.

Este es mi tercer libro para el veterano editor ejecutivo Bob Bender, quien fue mi colega en Simon & Schuster antes de convertirse en mi editor. Su cerebro enciclopédico, su pluma infalible y su paciencia digna han sido un regalo del cielo para esta humilde escritora. Otro editor de Simon & Schuster, Yahdon Israel, quien guio el libro con pericia hasta su materialización en rústica en inglés, merece una profunda reverencia. También le estoy agradecida a mi editor, Jonathan Karp, por su apoyo incondicional, y a todo el personal de Simon & Schuster que respalda a Jon y Bob, especialmente a la asistente de Bob durante muchos años, la talentosa Johanna Li, a mis maravillosas publicistas Julie Prosser y Cat Boyd, y a mi perspicaz corrector, Philip Bashe. Gracias también a Phil Metcalf, editor de producción de Simon & Schuster, y a las talentosas diseñadoras Jackie Seow y Ruth Lee-Mui.

Le estoy especialmente agradecida al extraordinario equipo de Primero Sueño, que produjo la edición en español de este libro: la muy talentosa Michelle Herrera Mulligan, su comprometida editora; la avispada María Cabrera Arus; y María Mann, mi incansable publicista. Sobre todo, tengo una enorme deuda de gratitud con mi brillante y multilingüe traductor, Mateo Cardona Vallejo, quien tan hábilmente vertió mis palabras a mi lengua materna. Este es nuestro segundo libro juntos, ya que también tradujo mi reciente biografía de Simón Bolívar.

He tenido la suerte de contar con familiares con visiones vivazmente idiosincrásicas de la latinidad. Ellos me han aportado mucha sabiduría a lo largo de los años: mis difuntos padre y madre, Jorge Enrique Arana Cisneros y Marie Elverine Campbell Clapp, quienes tenían puntos de vista opuestos sobre cómo estar en este mundo y, sin embargo, fueron mis mejores maestros en la vida; mis muy reflexivos y brillantes hermanos, Rosa Victoria Arana-Robinson y el Dr. George Winston Arana, quienes afinan mis recuerdos con los suyos propios, y mis queridos y muy perspicaces hijos, Hilary (Lalo) Brooks Walsh y Adam Williamson Ward.

Una vez más, por sus muchas contribuciones a mis labores, le debo a mi leal esposo, Jonathan Yardley, una montaña de buenas cenas, meses de animadas conversaciones acerca de H. L. Mencken y el jazz de Estados Unidos, y otros veinticinco años de dicha.

NOTAS

vii   *"Yo sé quién soy, y sé que puedo ser"*: Miguel de Cervantes Saavedra, *Don Quijote de la Mancha* (Leipzig: F.A. Brockhaus, 1866), 21. "Yo sé quién soy", respondió D. Quijote, "y sé que puedo ser no solo los que he dicho, sino todos los doce Pares de Francia".

vii   *"Tú métete en tus asuntos"*: Pedro Pietri, "Ode to a Grasshopper", *Selected Poetry* (San Francisco: City Lights, 2015).

NOTA DE LA AUTORA: NOSOTROS, LOS SIN NOMBRE

xi   *"No somos una raza"*: This is a paraphrase of José Carlos Mariátegui from the first issue of the journal *Repertorio Hebreo*, edited in Lima in 1929. Mariátegui was a Peruvian philosopher and radical thinker who understood and appreciated the transformational contributions of Jewish thought (Freud, Marx, Einstein, and so on). The original quote refers to Israel, but the words are so apt in describing the American Latino/Hispanic/Latinx that I am taking the liberty of lending it that meaning and giving it precedence here. With great thanks to Claudio Lomnitz and his magnificent memoir, *Nuestra América: My Family in the Vertigo of Translation,* which quotes this passage in its original form, but translated into English (New York: Other Press, 2021), 21.

xii   *se prevé que lideremos el crecimiento demográfico*: Jie Zong, "A Mosaic, Not a Monolith: A Profile of the U.S. Latino Population, 2000–2020", UCLA Latino Policy and Politics Institute online, last modified October 26, 2022, https://latino.ucla.edu/research/latino-population-2000-2020/.

xii   *Cuando le pregunto a… Cherríe Moraga:* Cherríe Moraga, author interview, June 14, 2021.

xiii   *Buena parte de nosotros prefiere no utilizar:* Of US adults with Hispanic ancestry, 89 percent identify as Hispanic or Latino; 11 percent do not consider themselves either of those labels. Mark Hugo Lopez, Ana Gonzalez-Barrera, and Gustavo López, *Hispanic Identity Fades Across Generations as Immigrant Connections Fall Away*, Pew Research Center online, last modified December 20, 2017, https://www.pewresearch.org/hispanic/2017/12/20/hispanic-identity-fades-across-generations-as-immigrant-connections-fall-away/.

xiii   *"Aún no hemos encontrado un nombre":* Junot Díaz, author interview, June 18, 2021.

xiii   *somos sesenta y tres millones:* 62.6 million, according to the US Census Bureau, "Hispanic Heritage Month 2022", press release CB22-FF.09, September 8, 2022, https://www.census.gov/newsroom/facts-for-features/2022/hispanic-heritage-month.html.

xiii   *el diecinueve por ciento del total de la población de Estados Unidos:* 18.9 percent as of 2021. Census Bureau, "Hispanic Heritage Month 2022".

xiii   *la Oficina del Censo prevé que en 2060 los estadounidenses de ascendencia hispana sumarán 111,2 millones:* and 27.5 percent of the greater population. US Census Bureau online, "Projections for the United States: 2017–2060", last modified September 2018, https://www.census.gov/data/datasets/2017/demo/popproj/2017-popproj.html. Larger projections are found elsewhere. The organization Hispanic Star, for instance, projects the number to be 132 million by 2050, or 30.2 percent of the overall population. "Hispanics in the U.S. 2022", Hispanic Star, 5, online, accessed July 13, 2023, https://hispanicstar.org/wp-content/uploads/2022/04/2022-Hispanics-in-the-US-30-MIN-.pdf.

xiv   *rescatar a los seres humanos del común del "enorme desdén de la posteridad":* The phrase is taken from Edward P. Thompson's *The Making of the English Working Class* (London: Victor Gollancz, 1963), 12. The full phrase is: "I am seeking to rescue the poor stockinger, the Luddite cropper, the 'obsolete' hand-loom weaver, the 'utopian' artisan (. . .) from the enormous condescension of posterity".

PRIMERA PARTE: HISTORIAS DE ORIGEN

1   *"Las historias de origen importan":* Annette Gordon-Reed, "Estebanico's America", *Atlantic*, June 2021.

CAPÍTULO 1: LLEGADAS

3   *"Ya estamos en el bus":* Juan Felipe Herrera, "Borderbus", *Notes on the Assemblage* (San Francisco: City Lights, 2015), 59.

3   *Era la primera de mis llegadas:* The scene is described briefly in my memoir. Marie Arana, *American Chica: Two Worlds, One Childhood* (New York: Dial Press, 2001), 172–74.

3   *Había escasos cuatro millones de latinos:* "Hispanics in the United States, 1850–1990", Brian Gratton and Myron P. Gutmann, *Historical Methods* 33, no. 3 (Summer 2000), http://latinamericanstudies.org/immigration/Hispanics -US-1850-1990.pdf. In 1950 there were 3,558,761 Hispanics, or 2.36 percent of the total US population. In 1960, due largely to the Puerto Rican and Cuban migrations, there were 5,814,784, or 3.24 percent. This influx of Puerto Ricans became known as their "Great Migration".

4   *En el transcurso de..., tres cuartos de millón de puertorriqueños:* Terrence Haverluk, "The Changing Geography of U.S. Hispanics, 1850–1990", *Journal of Geography* 96, no. 3 (May-June 1997): 139–40.

4   *A lo largo de mi vida... se dispararía a más de sesenta y tres millones:* Jens Manuel Krogstad, Jeffrey Passel, Mohamad Moslimani, and Luis Noe-Bustamante, "Key Facts About U.S. Latinos for National Hispanic Heritage Month", Pew Research Center online, September 22, 2023.

4   *Había oído a los indígenas peruanos hablar de... los* pishtacos, *degolladores blancos:* Growing up in Peru, far from Lima, I was well acquainted with stories of the *pishtacos* (literally, "beheaders" in Quechua) from the locals in our vicinity. I had heard them whisper that my mother—who was fair, blonde, with very light blue eyes—was a *pishtaco,* or *kharisiri,* a white-skinned ghoul who marauds the streets and murders Indians in order to steal their fat to grease their machinery. More detailed information can be found in Andrew Canessa, "Fear and Loathing on the *Kharisiri* Trail: Alterity and Identity in the Andes", *Journal of the Royal Anthropological Institute* 6, no. 4 (May 30, 2003).

6   *Cuando grandes oleadas de chinos llegaron al continente:* "The Chinese Community in Latin America", Observatorio Parlamentario, Asia Pacífico, Biblioteca del Congreso Nacional de Chile online, last modified November 11, 2008, https://www.bcn.cl/observatorio/asiapacifico/noticias/chinese-commu nity-latin-america.

7   *"Tengamos presente que nuestro pueblo no es el Europeo, ni el Americano del Norte":* Simón Bolívar, "An Address of Bolívar at the Congress of Angostura", February 15, 1819 (repr., Washington, DC: Press of B. S. Adams, 1919). Quoted in Arana, *Bolívar: American Liberator* (New York: Simon & Schuster, 2013), 223.

7   *una sociedad tan binaria que acata la "regla de una sola gota":* In the South, the "one-drop rule" meant that a single drop of "black blood" makes a person black. It is also known as the "one black ancestor rule". Courts call it the

"traceable amount rule". Anthropologists call it the "hypo-descent rule", which means that racially mixed people are automatically assigned the status of the subordinate group, or the darkest quotient in their mix. It is a rule accepted by blacks and whites, and found only in the United States—nowhere else in the world. See F. James Davis, *Who Is Black? One Nation's Definition* (Philadelphia: Penn State University Press, 1991).

7   *Elaboraron un cuadro de posibles mezclas raciales:* The most famous of these is probably the *Las Castas* painting by an anonymous eighteenth-century artist; oil on canvas, Museo Nacional del Virreinato, Tepotzotlán, Mexico, https://lugares.inah.gob.mx/es/museos-inah/museo/museo-piezas/8409 -8409-10-241348-cuadro-de-castas.html?lugar_id=475.

9   *Su primera visita fue fugaz, e incluyó a un conquistador africano:* This was Juan Garrido, born on the coast of West Africa circa 1487. He joined the Spanish conquest as a soldier and served under Poncé de León for many years before he took part in Hernán Cortés's conquest of Mexico. See Ricardo E. Alegría, *Juan Garrido: el conquistador negro en las Antillas, Florida, México, y California* (San Juan: Centro de Estudios Avanzados de Puerto Rico y el Caribe, 1990), 12.

9   *En 1524, Giovanni da Verrazzano... trepó por la costa:* Edwin G. Burrows and Mike Wallace, *Gotham: A History of New York City to 1898* (New York: Oxford University Press, 1999), 11.

Los primeros habitantes blancos (y negros) de América

10   *"Todos son flecheros":* Álvar Núñez Cabeza de Vaca, *Relación de los naufragios y comentarios de Álvar Núñez Cabeza de Vaca. Tomo 1,* ed. Roberto Ferrando Pérez (Madrid: Dastin, 2000), 70.

10   *Era 12 de abril de 1528:* Núñez Cabeza de Vaca, *Relación de los naufragios.* All details of this section are taken from Cabeza de Vaca's own account in this chronicle, written for Holy Roman Emperor King Charles V (referred to as Charles I in Spain).

10   *"¡Tierra!":* "*Tierra a la vista!*" was the standard cry of sailors in the Age of Discovery.

10   *había rumores acerca de un "Rey Blanco":* Marie Arana, *Silver, Sword, and Stone: Three Crucibles in the Latin American Story* (New York: Simon & Schuster, 2019), 75, 80.

11   *Un fraile franciscano, que difundía la palabra de Jesús:* This was Marcos de Niza, the first explorer to claim to have seen the Seven Cities of Cíbola. He traveled to what is now New Mexico with Estebaníco, the slave who survived the Narváez expedition with Cabeza de Vaca. "Marcos de Niza", *Encyclopedia*

Britannica online, last modified March 21, 2023, https://www.britannica.com /biography/Marcos-de-Niza.

11 *Con tales ilusiones… zarparon en cinco naves de las playas de Sanlúcar de Barrameda:* Núñez Cabeza de Vaca, *Relación de los naufragios*, 53.

12 *el encargo del rey a Narváez:* Milagros del Vas Mingo, *Las Capitulaciones de Indias en el siglo XVI* (Madrid: Instituto de Cooperación Iberoamericana, 1986). Quoted in Andrés Reséndez, *A Land So Strange* (New York: Basic Books, 2007), 44.

12 *el odio extremo de Narváez hacia Cortés:* Hernán Cortés, *Hernán Cortés: Letters from Mexico*, trans. and ed. Anthony R. Pagden (New York: Grossman, 1971), 113–27. Narváez had been charged with chasing down Hernán Cortés when Cortés disobeyed his governor and sailed for Mexico without approval. Narváez landed on the coast of Mexico with an army meant to take Cortés under arrest, but Cortés put up a battle and repulsed the operation. When Cortés was victorious, the insubordination was forgotten. Narváez, foiled in his efforts to reprimand Cortés, harbored a bitter resentment against the conquistador ever after. So, there was much irony (and incentive on Narváez's part) when he was engaged to conquer the lands north of Cortés's realm of influence. I wrote about this in *Silver, Sword, and Stone*, 67–70.

13 *Los líderes de la expedición de Cabeza de Vaca habían supuesto que… habían navegado las novecientas millas que los separaban de ese lugar:* Reséndez, *Land So Strange*, 77–81.

13 *En el transcurso de su viaje… conocería una extraordinaria diversidad de pueblos indígenas:* Roberto Ferrando, introduction to Núñez Cabeza de Vaca, *Relación de los naufragios*, 20–27.

14 *Cuando por fin el destacamento llegó adonde los apalachee:* Núñez Cabeza de Vaca, *Relación de los naufragios*, 67–72.

14 *Los españoles agradecieron saciar el hambre, aunque la realidad era ineludible:* I owe much of the following interpretation of the events to Andrés Reséndez's splendid account in Reséndez, *Land So Strange*, 96–106.

14 *Desesperados, desilusionados y exhaustos, vadearon aguas que les llegaban hasta el pecho:* Reséndez, *Land So Strange*, 103.

14 *Todo lo que los sobrevivientes podían hacer ahora era… construir balsas rudimentarias:* Núñez Cabeza de Vaca, *Relación de los naufragios*, 72–75.

15 *El mismo argumento que la España católica había utilizado:* Arana, *Silver, Sword, and Stone*, 139.

15 *Quiso el destino que se fuera a la deriva:* I owe this colorful image to Reséndez, *Land So Strange*, 131.

15   *En el transcurso de ese atroz periplo, los indígenas los dominaron, esclavizaron y obligaron a trabajar:* Núñez Cabeza de Vaca, *Relación de los naufragios*, 91–106.

16   *Con el paso de los años… parecían tener sorprendentes poderes chamánicos:* Núñez Cabeza de Vaca, *Relación de los naufragios*, 107–18.

16   *En algún momento de abril de 1536… divisó a un indígena que llevaba un collar con una hebilla europea :* Núñez Cabeza de Vaca, *Relación de los naufragios*, 139–40.

17   *con collares de acero alrededor del cuello:* Reséndez, *Land So Strange*, 208.

17   *los hombres a caballo pudieron ver… una barba anudada que le colgaba hasta el pecho:* Ibid.

Nacidos aquí

17   *"Y cuando Colón descubrió América, ¿nosotros dónde estábamos?":* Ronald Wright, *Stolen Continents: The Americas Through Indian Eyes Since 1492* (Boston: Houghton Mifflin, 1992), 48. Ignacio Ek is identified as a Maya.

18   *acabó desplazando a cinco millones de indígenas:* Andrés Reséndez, *The Other Slavery: The Uncovered Story of Indian Enslavement in America* (Boston: Houghton Mifflin Harcourt, 2016).

18   *en 1990 casi diez millones de latinos estadounidenses se identificaban como mestizos:* In 1990, 9,721,221 Latinos identified as mestizo (other) or Native American out of a total population of 22,354,059 (43 percent). In 2020, 48,001,278 Latinos identified as mestizo or Native American out of 62,080,044 (77 percent). For 1990: US Census Bureau, *Population by Race and Hispanic or Latino Origin for the United States: 1990 and 2000*, report PHC-T-1, last modified April 2, 2001, https://www.census.gov/data/tables/2000/dec/phc-t-01.html. For 2020: Nicholas Jones et al., "2020 Census Illuminates Racial and Ethnic Composition of the Country", US Census Bureau online, last modified August 12, 2021, https://www.census.gov/library/stories/2021/08/improved-race-ethnicity-measures-reveal-united-states-population-much-more-multiracial.html.

18   *Nadie se refiere a nosotros como nativos americanos:* Roxanne Dunbar-Ortiz argues in her book *Not an Immigrant Nation* (Boston: Beacon Press, 2021), 113: "Racializing identity to be about blood quantum is another way of eliminating Indigenous nations whose indigeneity is not based in genetics but in their citizenship in a Native nation based on ancestry, not race. . . . Tribal citizenship is a legal category". Of course, in the Latino world, where the original people were largely rooted in the land, not in nomadic tribes, we think of our indigenous very differently.

18   *un porcentaje abrumadoramente elevado de latinos en Estados Unidos lleva sangre de*

los pueblos originarios de América: A complete report on the Latino descendants of the original peoples of Latin America can be found in: Kim Parker, Juliana Menasce Horowitz, Rich Morin, and Mark Hugo Lopez, chap. 7, "The Many Dimensions of Hispanic Racial Identity", in *Report: Multiracial in America,* Pew Research Center online, last modified June 11, 2015, https://www.pew research.org/social-trends/2015/06/11/chapter-7-the-many-dimensions-of -hispanic-racial-identity/.

20 *"cruce de razas":* I put these words in quotes, as "miscegenation" is now considered to have white supremacist overtones. Although used by scholars freely in the past, it is now seen as a pejorative—and therefore racist—term. I employ it with that caveat, and only in contexts that seem appropriate to that usage.

20 *una de las agresiones más violentas contra la población nativa:* José Manuel García Leduc, in his brief history of Puerto Rico, *Apuntes para una Historia Breve de Puerto Rico* (San Juan: Editorial Isla Negra, 2007), makes this point about the indigenous in the larger hemisphere and their inability to propagate the race in that first century of the Spanish conquest.

20 *Para 1600… había reducido la población indígena hasta en un noventa por ciento:* Alexander Koch et al., "Earth System Impacts of the European Arrival and the Great Dying in the Americas After 1492", *Quaternary Science Review* 207 (March 1, 2019): 13–36.

21 *intensa trata de esclavos en el Atlántico, que trajo a más de diez millones de esclavos africanos a la América española:* A total of 12.5 million slaves were shipped from Africa by (in order of magnitude) Portuguese, English, French, Spanish, Dutch, American, and Danish ships in more than thirty-six thousand crossings. Only 10.7 million of the captives survived the journey. All but the 388,000 destined for North America were delivered to what is now Latin America. Henry Louis Gates Jr., "How Many Slaves Landed in the U.S.?", *The African Americans: Many Rivers to Cross*, PBS, accessed July 13, 2023, https://www.pbs.org/wnet/african-americans-many-rivers-to-cross/history/how -many-slaves-landed-in-the-us//. Posted originally on the Root. See also "Trans-Atlantic Slave Trade—Estimates", *SlaveVoyages*, accessed July 13, 2023, https://www.slavevoyages.org/assessment/estimates.

21 *Casi dos tercios de nosotros somos mestizos:* Francisco Lizcano Fernández, "Composición étnica de las tres áreas culturales del continente americano", *Revista Argentina de Sociología* 38 (May–August 2005): 218; Parker et al., "Many Dimensions of Hispanic Racial Identity", which claims that more than half of Latinos identify as multiracial.

21   *En ningún otro lugar del mundo se ha forjado… un pueblo de tal complejidad étnica:*
     J. L. Salcedo-Bastardo, *Bolívar: A Continent and Its Destiny,* ed. and trans. An-
     nella McDermott (Richmond, UK: Richmond, 1977), 16.

21   *la raza cósmica:* This term was coined by the Mexican philosopher-politician
     José Vasconcelos in his famous 1925 essay "La Raza Cósmica".

21   *"Ver en calma un crimen, es cometerlo":* José Martí, *Cuba,* vol. 2 (Habana: Gon-
     zalo de Quesada, 1901), 182.

22   *como hizo Argentina cuando instigó —incluso institucionalizó— la supremacía*
     blanca: Article 25 of the 1853 Constitution of Argentina (reinstated in 1983)
     states: "The Federal Government shall foster European immigration; and
     may not restrict, limit or burden with any tax whatsoever, the entry into the
     Argentine territory of foreigners who arrive for the purpose of tilling the soil,
     improving industries, and introducing and teaching arts and sciences". This is
     explained in Austin F. MacDonald, "The Government of Argentina", *Hispanic*
     American Historical Review 5, no. 1 (February 1922): 52–82; G. Romagnolli,
     Aspectos jurídicos e institucionales de las migraciones en la república argentina (Ge-
     neva: International Organization for Migration, 1991), 4.

22   *O como hizo Chile en los siglos XIX y XX al purgar de forma sistemática sus raíces*
     indígenas: The largest influxes were from Switzerland, Germany, England,
     and Yugoslavia. "On average, over 52.5 percent of total foreigners residing in
     Chile between 1865 and 1920 were Europeans". Quoted from Cristián Doña
     and Amanda Levinson, "Chile: Moving Towards a Migration Policy", Migra-
     tion Policy Institute, last modified February 1, 2004, https://www.migration
     policy.org/article/chile-moving-towards-migration-policy.

22   *O, para el caso, como Uruguay, que celebró su declaración de independencia en 1831*
     con un genocidio: The desirable immigrant population was drawn largely from
     Basques, Italians, Swiss, Russians, Jews, Armenians, and Lebanese. Felipe
     Arocena and Sebastián Aguiar, eds., *Multiculturalismo en Uruguay* (Montevi-
     deo: Trilce, 2007).

22   *los fantasmas siguen vivos:* The phrase in Mapuche is *"la chi mapuche mongeleka-*
     kei", or, translated literally, "el Mapuche que muere, sigue viviendo". Tomás
     Guevara, "Folklore Araucano" (Santiago de Chile: Imprenta Cervantes,
     1911), available online at https://benmolineaux.github.io/bookshelf/Re
     franes.html.

23   *Si veinte mil años de historia de la humanidad se resumieran en una semana:* Com-
     puting years into weeks, the Beringians arrived approximately 1,040,000
     weeks (or 20,000 years) ago. The conquistadors arrived 26,000 weeks ago.
     The English pilgrims, 12,792 weeks. Converted to hours and collapsed into a

single week, the percentages work out to: one week, four hours, and less than two hours, respectively.

Los antiguos que caminan entre nosotros

23 *"¿Cómo habré de llamarme cuando sólo me quede recordarme, en la roca de una isla desierta?"*: Julia de Burgos, "Poema para mi muerte", *Amor y soledad* (Madrid: Ediciones Torremozas, 1994). For a good summary of de Burgos's life, see Maira Garcia, "Overlooked No More: Julia de Burgos, a Poet Who Helped Shape Puerto Rico's Identity", *New York Times*, May 2, 2018, https://www.nytimes.com/2018/05/02/obituaries/overlooked-julia-de-burgos.amp.html.

23 *así le ocurrió a Sandra Guzmán:* Sandra Guzmán, interviewed via telephone by the author, May 27, 2021.

24 *"El color era el elefante en la sala":* Lori L. Tharps, *Same Family, Different Colors: Confronting Colorism in America's Diverse Families* (Boston: Beacon Press, 2016), 78.

24 *unos tenían anchas narices nubias:* Tharps, *Same Family, Different Colors.*

25 *"No puede caber duda alguna que confunda a cualquier mente razonable":* Amos K. Fiske, "Puerto Rico as a Permanent Possession", *New York Times,* July 11, 1898, 6; Carmen Teresa Whalen, "Colonialism, Citizenship, and the Making of the Puerto Rican Diaspora: An Introduction", in *The Puerto Rican Diaspora: Historical Perspectives,* eds. Carmen Teresa Whalen and Víctor Vásquez-Hernández (Philadephia: Temple University Press, 2005), https://web.archive.org/web/20131105195921/http://www.temple.edu/tempress/chapters_1400/1523_ch1.pdf.

26 *como dijo el presidente Woodrow Wilson, hacer del mundo un lugar seguro para la democracia:* "The world must be made safe for democracy", President Thomas Woodrow Wilson, "April 2, 1917: Address to Congress Requesting a Declaration of War Against Germany (Transcript)", University of Virginia Miller Center online, accessed July 13, 2023, https://millercenter.org/the-presidency/presidential-speeches/april-2-1917-address-congress-requesting-declaration-war. By the time the United States entered the conflict, the war in Europe had been raging for three years. On March 2, 1917, Wilson had signed the Jones-Shafroth Act, granting statutory citizenship to Puerto Ricans and thereby making them subject to compulsory military service. In his April 2 speech, he asked Congress to send troops against Germany. "1917: Puerto Ricans Become U.S. Citizens, Are Recruited for War Effort", *History.com*, last modified April 26, 2023, https://www.history.com/this-day-in-history/puerto-ricans-become-u-s-citizens-are-recruited-for-war-effort.

26　*los puertorriqueños… pagan impuestos y cumplen servicio militar en Estados Unidos*: The Boricuas, as they call themselves, have served in every war since World War I and in every branch of the service.

26　*Muchos puertorriqueños… consideran a Puerto Rico una nación soberana:* Sandra Guzmán, author interview via email, December 14, 2021.

27　*Tras la Segunda Guerra Mundial, el gobernador de Puerto Rico… puso en marcha la Operación Manos a la Obra:* This was Governor Luis Muñoz Marín. The industrialization's effects on migration are studied in José Vasquez Calzada, *La poblactón de Puerto Rico y su trayectoria histórica* (Rio Piedras, Puerto Rico: Escuela Graduada de Salud Pública, Recinto de Ciencias Médicas, Universidad de Puerto Rico, 1988); "Puerto Rican Emigration: Why the 1950s?", Lehman College, CUNY, accessed July 13, 2023, https://lcw.lehman.edu /lehman/depts/latinampuertorican/latinoweb/PuertoRico/1950s.htm.

27　*acabó trayendo a este país al doble de los puertorriqueños:* As of 2018, there were almost six million Puerto Ricans in the United States, whereas the population of Puerto Rico is three million. Pew Research data files, "Latino Population by Nativity and Origin, 2018" and "Puerto Rico Island Population Change, 1910–2019".

27　*Los sistemas municipales estaban en caída libre:* Andrew Jacobs, "A City Whose Time Has Come Again; After Years of Deprivation, Jersey City, an Old Industrial Powerhouse, Is Remaking Itself", *New York Times*, April 30, 2000, sec. NJ, 14.

28　*La naturaleza invadía las obras de construcción:* Photos of Jersey City by Andy Blair document the decay. An example: *Abandoned Factories and Wild Sunflowers,* 1977, Flickr, https://www.flickr.com/photos/wavz13/32579111090/in /photostream/.

28　*Sabía por su tío paterno, un anciano griot :* Sandra Guzmán, author interview, December 14, 2021.

28　*En 2009, Sandra, que era editora del* New York Post, *había sido seleccionada con otros tres sujetos para participar en un reportaje:* Guzmán, author interview, December 14, 2021.

29　*su ADN mitocondrial indicaba que todos sus antepasados maternos dominantes eran mujeres precolombinas:* According to a study funded by the National Science Foundation, 61 percent of all Puerto Ricans have Amerindian mitochondrial DNA; 27 percent have African; and 12 percent, Caucasian. Rick Kearns, "Indigenous Puerto Rico: DNA Evidence Upsets Established History," Indian Country Today (ICT), last modified September 13, 2018, https://indiancoun trytoday.com/archive/indigenous-puerto-rico-dna-evidence-upsets-estab lished-history.

29   *son portadores de genes de civilizaciones que pueden haber prosperado hasta hace nueve mil años:* From studies conducted by geneticist Juan Martínez-Cruzado, quoted in Kearns, "Indigenous Puerto Rico"; J. C. Martínez-Cruzado et al., "Mitochondrial DNA Analysis Reveals Substantial Native American Ancestry in Puerto Rico", *Human Biology* 73, no. 4 (August 2001): 491–511.

29   *la población actual puede contener más ADN antiguo de ese tipo que en 1491:* According to geneticists, the Caribbean's current population of forty-four million contains more Taíno DNA than it did in pre-Columbian times. Carl Zimmer, "Ancient DNA Shows Humans Settled Caribbean in 2 Distinct Waves", *New York Times,* December 23, 2020, sec. D, 4. Archeologist Ricardo Alegría calculated that in 1508 there were about 33,000 Taíno on the island of Boriken. By 1520, the Taíno presence had almost vanished. Governor Francisco Manuel de Lando's census in 1530 reports the existence of only 1,148 remaining. See Russell Schimmer, "Puerto Rico", Yale University: Genocide Studies Program, accessed July 13, 2023, https://gsp.yale.edu/case-studies/colonial-genocides-project/puerto-rico.

29   *el genocidio desatado por la Conquista:* Koch et al., "Earth System Impacts of the European Arrival", 13–36.

29   *de la tierra del gran cacique Agüeybaná:* Gonzalo Fernández de Oviedo y Valdés, *Historia general y natural de las Indias,* vol. 1, ed. José Amador de los Ríos (Madrid: Imprenta de la Real Academia de la Historia, 1851), 467, 474.

30   *sembraba placentas en las profundidades de la tierra:* Sandra Guzmán, "Rituals in the Time of the Rona," Shondaland, Hearst Young Women's Group, last modified August 12, 2020, https://www.shondaland.com/live/body/a335 66305/rituals-in-the-time-of-the-rona/.

CAPÍTULO 2: EL PRECIO DE LA ENTRADA

31   *"En suma, la cuestión del origen":* Octavio Paz, *El laberinto de la soledad* (México, DF: Fondo de Cultura Economica, 1981), 84.

33   *Ralph de la Vega, un niño cubano:* All information about Ralph de la Vega and his family was taken from interviews (in person or via email) conducted between September and December 2021 or from his memoir: Ralph de la Vega with Paul B. Brown, *Obstacles Welcome: How to Turn Adversity into Advantage in Business and in Life* (Nashville: Thomas Nelson, 2009).

34   *"el burdel del hemisferio occidental":* Quoted in "American Comandante, Pre-Castro Cuba," *The American Experience,* PBS, 2005, https://www.pbs.org/wgbh/americanexperience/features/comandante-pre-castro-cuba/.

34   *el voluble y autoritario senador de Colorado:* This was Republican Henry Moore

Teller, a former secretary of the interior who authored the 1898 Teller Amendment preventing the annexation of Cuba. The historian who claims the sugar beet industry was a driving factor in the decision is Gregory Bart Weeks, in *U.S. and Latin American Relations* (New York: Pearson, 2008), 56.

34 *En 1950, una cuarta parte de la riqueza cubana estaba en manos de bancos estadounidenses:* US Department of Commerce, Bureau of Foreign Commerce, Investment in Cuba (Washington, DC, 1956), 10; Leland L. Johnson, "U.S. Business Interests in Cuba and the Rise of Castro" (monograph, RAND Corporation, Santa Monica, CA, 1964).

35 *"Luchamos por el hermoso ideal de una Cuba libre":* Fidel Castro, "Sierra Maestra Manifesto," July 12, 1957, available at Latin American Studies, accessed July 13, 2023, http://www.latinamericanstudies.org/cuban-rebels/manifesto.htm.

35 *"Nuestra lucha más dura es contra los monopolios norteamericanos":* Che Guevara, quoted in the *New York Times,* February 2, 1960, 1. Cited in Johnson, "U.S. Business Interests in Cuba".

35 *"Quitaremos y quitaremos":* Fidel Castro, quoted in the *New York Times,* August 21, 1960, sec. 3, 1. Cited in Johnson, "U.S. Business Interests in Cuba".

Disidentes

35 *"Mira, David. Como se agitan los corceles finales":* María Elena Cruz Varela, "El Ángel Caído", in *El Ángel Agotado* (Madrid: Fundación Liberal José Martí, 1992). Also available at https://adncuba.com/noticias-de-cuba-cultura/literatura/los-prohibidos-seleccion-de-poemas-de-maria-elena-cruz-varela.

35 *Castro anunció que nacionalizaría todos los servicios públicos:* Alistair Cooke, "Castro in Control of Cuba: President Urrutia Declares General Strike", *Guardian* (UK edition) online, last modified January 3, 1959, https://uploads.guim.co.uk/2016/12/05/Castro_in_control_-_3_Jan_1959.jpg.

36 *Cientos de agentes de Batista… ejecutados sumariamente por pelotones de fusilamiento:* Alistair Cooke, "Fading Legend of Castro the Idealist: Rebels Taking Their Revenge", *Guardian* (UK edition) online, last modified January 15, 1959, https://uploads.guim.co.uk/2016/12/05/Castro_-_fading_legend_-_15_Jan_1959.jpg.

36 *Los aviones se llenaron súbitamente de asustados miembros del clero:* María de los Angeles Torres, author interview, January 10, 2022; and María de los Angeles Torres, *The Lost Apple: Operation Pedro Pan, Cuban Children in the U.S., and the Promise of a Better Future* (Boston: Beacon Press, 2003). I owe much of the information about Operation Pedro Pan that follows to the excellent research conducted over many years by Illinois University professor María de los Angeles Torres and published in *The Lost Apple.*

36 *O tal vez a la Unión Soviética, donde borrarían integramente su identidad anterior a Castro:* Torres, *The Lost Apple*. Catholic organizations referred to this as "coercive regimentation," 62.

36 *"¡Vamos a crear al hombre del siglo XXI!":* "Che Guevara, Living Presence Beyond a Symbol," Representaciones Diplomáticas de Cuba en el Exterior, October 8, 2020, http://www.cubadiplomatica.cu/en/articulo/che-guevara -living-presence-beyond-symbol; Torres, *Lost Apple*, 255.

36 *Se le ordenó informar a su maestro cualquier comentario negativo:* de la Vega with Brown, *Obstacles Welcome*, 6.

37 *"la revolución traicionada":* de la Vega with Brown, *Obstacles Welcome*.

37 *En la mañana del lunes 1° de julio de 1961:* de la Vega, author interviews, and de la Vega with Brown, *Obstacles Welcome*.

Volar

38 *"¡Madres de Cuba!":* Radio Swan reports, 1960, from the personal archives of Ramón Torreira Crespo. "La Operación Peter Pan en la memoria histórica del pueblo cubano" (Miami: University of Miami, Cuban Historical Collection). *Materialismo* refers to dialectical materialism, the theory most closely associated with Karl Marx and Friedrich Engels.

39 *La Operación Pedro Pan:* Torres, *Lost Apple*, especially chapters 3, 5, and 7.

39 *James Baker, director de la Ruston Academy:* This was the Ruston Academy, established in 1920 by Hiram and Martha Ruston, and considered the premiere American college preparatory school in Latin America. See James D. Baker, *Ruston: From Dreams to Reality* (Palmetto Bay, FL: Ruston-Baker Educational Institution, 2007), available online at https://www.rustonacademy.net/bak erbook.pdf.

39 *Uno de ellos había ayudado a reasentar a mil adolescentes no acompañados:* This was Monsignor Bryan Walsh, who was central to the work of Operation Pedro Pan. Baker, *Ruston*.

39 *Kindertransport:* Torres, *Lost Apple*, 4.

39 *una operación similar evacuó a cuatro mil niños vascos:* Ibid.

39 *al gobierno conservador británico no le hizo demasiada gracia:* Daniel Vulliamy and Simon Martinez, "The Reception of Basque Refugees in 1937 Showed Britain at Its Best and Worst", letters to the editor, *Guardian* (US edition) online, last modified May 22, 2017, https://www.theguardian.com/world /2017/may/22/the-reception-of-basque-refugees-in-1937-showed-britain-at -its-best-and-worst.

39 *un proyecto favorito del personal de la Agencia Central de Inteligencia (CIA):* Torres,

Lost Apple, 43, 47, 89–92, 136, 138, 179, 242. See also Rick Jervis, "Operation Pedro Pan: DePaul Prof's Personal Journey," *Chicago Tribune,* August 15, 2003: "Midway through her research [María de los Angeles Torres] filed a lawsuit against the intelligence agency to try to declassify documents. The case was ultimately dismissed, but the suit awarded her three documents, with some parts blacked out, she says were good pieces to the [CIA] puzzle". See also Deborah Shnookal, "The Dark Side of Neverland", in *Operation Pedro Pan and the Exodus of Cuba's Children* (Gainesville: University of Florida Press, 2020).

40   *"Me llamo Carmen Gómez":* Jean Marbella, "Quiet Cuban Airlift Altered 14,000 Lives", *Baltimore Sun,* January 23, 2000.

40   *No era la primera vez en la historia que se hacía uso político de la situación de los niños:* Torres dedicates her first chapter in *The Lost Apple* to the political philosophy behind shaping children to suit regimes, especially as relates to the Cold War contest for young minds.

40   *"ferrocarril subterráneo aéreo":* Torres, *Lost Apple*, 8.

41   *Tal vez un alto ejecutivo de la aerolínea le había hecho señas para que pasara :* This was Tony Comellas, who had the power to issue visa waivers to the children. Torres, *Lost Apple,* 132.

41   *los agentes de Pan American World Airways en La Habana llevaban mucho tiempo colaborando en las labores de rescate:* Torres, *Lost Apple,* 81.

41   *Muchos padres creían que el nuevo gobierno cubano podría encarcelarlos:* Silvia Pedraza, "Cuba's Revolution and Exodus," *Journal of the International Institute 5,* no. 2 (Winter 1998).

42   *Otros… separados de sus familias por hasta dieciocho años:* One example of this is Eduardo Rabel, who was age sixteen when he arrived at Camp Matecumbe in Miami and was sent on to an orphanage in Kentucky. It would be eighteen years before he was reunited with his mother and brothers; his father had died in the interim. See Glenda Meekins, "'Pedro Pan' Documentary Debuts in Central Florida", *Florida Catholic,* Archdiocese of Miami, March 1, 2018, www.miamiarch.org/CatholicDiocese.php?op=Article_pedro-pan-documentary-debuts-in-central-florida.

42   *Algunos no volverían a ver a sus padres:* María de los Angeles Torres recounts that in a reunion of fifty Pedro Pans in 2001, six had never seen their parents again. *Lost Apple,* 223.

42   *Otros eran trasladados… en rincones remotos de Estados Unidos:* The Catholic Welfare Bureau (Catholic Charities) worked with foster families in two hundred cities throughout forty-eight states. Meekins, "'Pedro Pan' Documentary Debuts".

42 *otros fueron tratados como propiedad y obligados a trabajar:* Torres, *Lost Apple*, 163–65.

42 *algunos sufrieron abusos sexuales:* One example is Dulce María (Candi) Sosa, who was transferred from the receiving facility in Miami to a foster home in California at the age of twelve. The father of the family abused her. When she reported the abuse, the social workers in charge did not believe her and refused to remove her from his care. Dulce María (Candi) Sosa, interviewed by the María de los Angeles Torres, June 6, 1996; Torres, *Lost Apple*, 175–77.

42 *Muchos de los niños enviados a orfanatos... salieron con cicatrices :* Torres, *Lost Apple*, 163–65.

42 *En Miami se informó que algunos niños... vagaban por las calles de la ciudad:* Joint report of James Hennessey, INS, Al McDermitt, Department of Labor, John Hurley, "Cuban Refugee Situation in Dade County", Miami, November 8, 1960. Eisenhower Presidential Library, Confidential Files, box 42, Subject Series, Mutual Security Assistance, 1960–1963; cited in Torres, *Lost Apple*, 61.

42 *Un niño de trece años fue trasladado de Miami a Costa Rica:* This was Rafael Ravelo, a young seminary student who left Cuba in May 1961 and returned in 1982. His parents were divorced by then, his family almost unrecognizable. Torres, *Lost Apple*, 118–19, 162–63, 223–26.

42 *248 mil inmigrantes cubanos inundaron Estados Unidos:* Jorge Duany, "Cuban Migration: A Postrevolution Exodus Ebbs and Flows", Migration Policy Institute, migrationpolicy.org, July 3, 2017.

43 *Muchos se convirtieron al crecer en exitosos:* Numbering among the children most notably are: Senator Mel Martinez of Florida, Ambassador Eduardo Aguirre, artist Ana Mendieta, president of Miami Dade College Eduardo Padrón, National Institutes of Health Dr. Eliseo Pérez-Stable, singer-songwriter Willy Chirino, Miami real estate developer Armando Codina, Florida judge Margarita Esquiroz, Sunshine Gasoline founder Maximo Alvarez, author and Yale professor Carlos Eire, and, of course, AT&T chief executive officer Ralph de la Vega.

43 *Algunos han conjeturado que los manifiestos de vuelo... constituían una guía para identificar a la población activa en la clandestinidad anticastrista:* Torres, *Lost Apple*, 50.

43 *"Escoria", los llamó:* "Boat People, Launched," editorial, *New York Times*, May 18, 1983, A-26.

44 *Consideraban que los cubanos eran ruidosos:* María de los Angeles Torres, *In the Land of Mirrors* (Ann Arbor: University of Michigan Press, 1999), 182.

44 *"No se admiten niños. No se admiten mascotas. No se admiten cubanos":* María de

los Angeles Torres, author interview, January 10, 2022; Torres, *Land of Mirrors*, 73.

44 *"cambiaba la tez de la ciudad"*: The quote is from Arthur Patten, Dade County commissioner, reporting to the US Congress: "Cuban Refugee Problem," Hearings Before the Subcommittee to Investigate Problems Connected with Refugees and Escapees of the Committee on the Judiciary, United States Senate, part 1, December 6, 7, 13, 1961, 49; Torres, *In the Land of Mirrors*, 73.

44 *varios periódicos empezaron a informar que el creciente número de niños cubanos había supuesto una grave presión para las escuelas de Miami:* Jean Abroad, "No te dejes quitar a tu hijo!: Operation Pedro Pan and the Cuban Children's Program" (PhD thesis, Duke University, Department of History, Durham, NC, April 2008).

45 *acabaron abriendo una tienda de muebles:* All information here about the Báezes and Ralph's grandmother are taken from the author's interview with Ralph de la Vega, September 1, 2021.

45 *se convirtió en alto ejecutivo de una de las corporaciones de telecomunicaciones más dinámicas:* Roger Cheng, "AT&T Vice Chairman Ralph de la Vega to Retire December 31", December 8, 2016, cnet.com. Ralph de la Vega took on the CEO and vice chairman positions in February 2016. He retired eleven months later. One of his most notable achievements was working with Steve Jobs to make AT&T the official carrier of the iPhone.

El camino del diablo

46 *"Pensé que ya había superado las fronteras"*: Reyna Grande, "Crossing Borders", November 17, 2021, reynagrande.com/crossing-borders.

46 *Hasta el día de hoy, Julia Mamani no está del todo segura del nombre:* For obvious reasons, given her undocumented status, I've given this informant an alias to protect her identity. The details about her voyage to the United States and her arrangements with countless individuals are taken from numerous personal interviews and telephone conversations with her. The information was corroborated by the informant's daughter and members of Cabanaconde City Colca USA.

46 *Era marzo de 2005 y diez millones de inmigrantes indocumentados:* Jeffrey S. Passel, "Unauthorized Migrants: Numbers and Characteristics", Pew Research Center online, last modified June 15, 2005, https://www.pewresearch .org/hispanic/2005/06/14/unauthorized-migrants/; Mark Hugo Lopez, Jeffrey S. Passel, and D'Vera Cohn, "Key Facts About the Changing U.S. Unauthorized Immigrant Population", Pew Research Center online, last modified

April 13, 2021, https://www.pewresearch.org/short-reads/2021/04/13/key
-facts-about-the-changing-u-s-unauthorized-immigrant-population/.

46 *justo cuando los glaciares empezaban a desaparecer:* Astrid B. Stensrud, "Harvest-
ing Water for the Future: Reciprocity and Environmental Justice in the Politics of Climate Change in Peru", *Latin American Perspectives* 43, no. 4, Climate
Change in Latin America (July 2016): 64–65.

47 *Primero huyeron a las ciudades costeras peruanas: Transnational Fiesta: Twenty
Years Later*, documentary produced by Wilton Martinez and Paul H. Gelles,
2014.

47 *el principio de ayuda mutua y reciprocidad, o* ayni: Bruce Mannheim, "The Language of Reciprocity in Southern Peruvian Quechua", *Anthropological Lin-
guistics* 28, no. 3 (Fall 1986): 267–73.

48 *Si un cabanacondino… enviudaba:* Information on Cabanaconde City Colca
USA is taken from the author's three interviews between November 15 and
November 30 with the president of the organization, Ángel Cano, as well as
with three other officers of his executive committee.

48 *Se hicieron llamar Cabanaconde City Colca USA (CCC–USA):* The organization's
Facebook page is at https://www.facebook.com/ccc.usa.oficial/?ref=page
_internal.

49 *En 2005… había superado con creces el millar:* Ángel Cano, author interviews.

50 *En julio de 2021, CCC–USA compró un pintoresco terreno:* BlockShopper, Maryland, Montgomery County: https://blockshopper.com/md/montgomery
-county/poolesville/property/3-001-03449993/18450-cattail-road.

50 *una fisura terrestre dos veces más profunda que el Gran Cañón:* Brendan Sains-
bury, "Exploring Peru's Epic Colca Canyon", *BBC Travel* online, last modified
October 15, 2012, https://www.bbc.com/travel/article/20121012-exploring
-perus-epic-colca-canyon. The Colca Canyon's depth is second only to the
nearby Kutawasi Canyon, also in Peru.

50 *"Los gringos abundan en nuestros viejos lugares": Transnational Fiesta.*

52 *La historia de Julia comienza en los barrios marginales de Lima:* Mamani, author
interviews.

53 *"Nos iremos cuando haya cenado":* Mamani, author interviews.

53 *todos al servicio del infame cártel del Golfo, alias "La Mano":* See "Mexico Cartels: Which Are the Biggest and Most Powerful?", *BBC News* online, last
modified October 24, 2019, https://www.bbc.com/news/world-latin-amer
ica-40480405; Seth Harp, "The Coyote Cartel", *Rolling Stone,* June 14, 2021.

53 *multimillonario negocio del tráfico de migrantes y drogas ilegales:* Investigators
have projected, for instance, that a million unauthorized migrants arrived in

the United States in 2021. If each was able to pay a minimum of $7,000 to the smuggling network, that's $7 billion of black-market cash. Harp, "Coyote Cartel".

53 *"la carretera de la muerte"*: Diana García, "Familiares de desaparecidos en 'carretera de la muerte' no frenan su lucha", *La Voz*, azcentral.com, Ciudad de México, November 18, 2021, https://www.azcentral.com/story/noticias/2021/11/18/familiares-de-desaparecidos-en-carretera-de-la-muerte-no-frenan-su-lucha/5456978001/.

53 *se habían convertido en presa fácil de los cárteles de la droga:* See the following, especially for the situation in 2005, when Julia Mamani was making her voyage: Ginger Thompson, "Rival Drug Gangs Turn the Streets of Nuevo Laredo into a War Zone", *New York Times*, December 4, 2005. Also, in reference to the rivalries, see "Mexico Cartels".

53 *los coyotes de las inmediaciones de la frontera… suelen golpear, mantener cautivos o matar de hambre a los viajeros:* Thompson, "Rival Drug Gangs Turn the Streets of Nuevo Laredo into a War Zone".

54 *agentes fronterizos de Estados Unidos esculcaron un remolque cisterna vacío:* Ibid.

54 *los fragmentos de hueso quemado que yacían esparcidos entre la maleza:* Associated Press, "Mexican Government Says It Found Body Disposal Site Near Border", BorderReport.com, last modified September 30, 2021, https://www.borderreport.com/regions/mexico/mexican-government-says-it-found-body-disposal-site-near-border/.

54 *las desapariciones habían sido tan frecuentes desde 1964:* There were more than eleven thousand reported disappearances on the Monterrey–Nuevo Laredo Highway since 1964. Diana García, "Familiares de desaparecidos", azcentral.com.

54 *el fétido río cargado de aguas residuales:* Neena Satija, "Despite Efforts, the Rio Grande Is One Dirty Border", Special Series: 20 Years of NAFTA, *All Things Considered*, NPR, October 22, 2013.

55 *"Corran mientras el campo esté oscuro":* Mamani, author interviews.

55 *Se sabía de milicias de lugares tan lejanos como Wisconsin:* Patrick Strickland, "The U.S.-Mexican Border Has Long Been a Magnet for Far-Right Vigilantes", *Time*, February 17, 2022.

CAPÍTULO 3: PRECURSORES

60 *"Vivo upside down, al revés":* Sandra Cisneros, "Jarcería Shop", in Sergio Troncoso, *Nepantla Families* (College Station: Texas A&M University Press, 2021).

60 *cuarenta tribus indígenas siguen ocupando ambos lados de la actual frontera:*

Michelle Chen, "Defying US Borders, Native Americans Are Asserting Their Territorial Rights", *Nation*, February 22, 2019.

61 *El espíritu anglosajón... incluso antes de que los fundadores soñaran con la indepen-dencia:* Greg Grandin, *The End of the Myth: From the Frontier to the Border Wall in the Mind of America* (New York: Metropolitan Books, 2019), 3.

61 *"apetito insaciable, o bulimia, de ampliar su dominio":* Thomas Hobbes, *Levia-than* (Cambridge: Cambridge University Press, 1904), 242.

62 *Jefferson imaginó... arrebatándole toda Latinoamérica "a pedazos":* Jefferson to Archibald Stewart, Paris, January 25, 1786, *The Works of Thomas Jefferson*, vol. 4, ed. Paul Leicester Ford (New York: G. P. Putnam & Sons, 1904–5), 4; quoted in Arana, *Bolívar*, 74.

62 *el Tratado de Guadalupe Hidalgo de 1848, negociado a punta de pistola:* John S. D. Eisenhower, "Occupation," in *So Far from God: The U.S. War with Mexico 1846–1848* (New York: Random House, 1989).

62 *Hubo que esperar hasta 1904 para que cincuenta guardias montados se apostaran en El Paso:* The Chinese Exclusion Act, passed in 1882, made Chinese immigra-tion illegal in the United States. The "mounted guards" were also known as Chinese Inspectors. Bill Broyles and Mark Haynes, *Desert Duty: On the Line with the U.S. Border Patrol* (Austin: University of Texas Press, 2010), 5.

62 *Y no fue sino hasta 1924 que se promulgaron leyes de inmigración:* The US Border Patrol was founded by Congress on May 28, 1924. The modern-day Immigra-tion and Naturalization Service (INS) was founded in the same year. Broyles and Haynes, *Desert Duty*, 8.

63 *"estupidez, obstinación, ignorancia, doblez y vanidad":* This was Charles Bent, the first civil governor under American rule in the newly claimed territory of New Mexico. William H. Wroth, "Charles Bent, Biographical Sketch", New Mexico History online, accessed July 13, 2023, https://newmexicohistory.org /2012/06/28/charles-bent-bio/.

63 *"La raza de gente con peor aspecto que jamás haya visto":* Captain Lemuel Ford of the First Dragoons, US Army, quoted in Charles Kenner, *A History of New Mexico–Palins Indian Relations* (Norman: University of Oklahoma Press, 1969), 83; Rox-anne Dunbar-Ortiz, *Not a Nation of Immigrants* (Boston: Beacon Press, 2021), 88.

63 *El destino quiso que mi propio abuelo cruzara a Estados Unidos:* I tell this story briefly in my memoir, *American Chica*, 22, 41.

63 *Su vicepresidente, el reverendo John Augustine Zahm:* Brendan O'Shaughnessy, "Way Out Front", *Notre Dame* online, Spring 2018, accessed July 13, 2023, https://magazine.nd.edu/stories/way-out-front/.

64 *Casi medio siglo después:* O'Shaughnessy, "Way Out Front".

La gente de en medio

65 *"Los mexicanos que viven en las zonas fronterizas":* This is paraphrased from the introduction of Sergio Troncoso's *Nepantla Familias: An Anthology of Mexican American Literature on Families in Between Worlds* (College Station: Texas A&M University Press, 2021), 1–3. Nepantla is the Nahua concept of living in a space in which you belong to neither one side or the other—literally in-between. Modern-day writers such as Gloria E. Anzaldúa, Sandra Cisneros, Reyna Grande, and others have been eloquent on the subject.

66 *Los estadounidenses se opusieron a la idea de incluir a los mexicanos:* This was President Herbert Hoover's announcement of a national program of "American jobs for real Americans". See Phillip B. Gonzales, Renato Rosaldo, and Mary Louise Pratt, eds., *Trumpism, Mexican America and the Struggle for Latinx Citizenship*, School for Advanced Research Seminar Series (Albuquerque: University of New Mexico Press, 2021), xiv.

66 *Se calcula que… detuvieron y deportaron a casi dos millones de mexicanos durante la década de 1930:* The most recent figures put it at 1.8 million. Alex Wagner, "America's Forgotten History of Illegal Deportations", *Atlantic,* March 6, 2017. For the two million figure, see Ramón A. Gutiérrez, "Mexican Immigration to the United States", *Oxford Research Encyclopedias,* July 29, 2019; Francisco E. Balderrama and Raymond Rodríguez, *Decade of Betrayal: Mexican Repatriation in the 1930s* (Albuquerque: University of New Mexico Press, 2000 6), 149, 195, 334.

66 *Una familia de granjeros de Idaho acababa de sentarse a desayunar cuando los* sheriffs *locales irrumpieron en su casa:* Francisco E. Balderrama told this story on NPR's *Fresh Air with Terry Gross,* September 10, 2015. It was an anecdote from his and Rodríguez's *Decade of Betrayal,* 149, 195, 334.

67 *"Todos sabemos de la reclusión de 145 mil japoneses":* Former senator Joseph Dunn (D-CA), quoted in Diane Bernard, "The Time a President Deported 1 Million Mexican Americans for Supposedly Stealing U.S. Jobs", *Washington Post,* August 13, 2018.

67 *Cuatro millones y medio de trabajadores cruzaron la frontera:* Ramón A. Gutiérrez, "Mexican Immigrants".

67 *la administración Eisenhower puso en marcha la Operación Espalda Mojada:* Gonzales, Rosaldo, and Pratt, *Trumpism,* 61–62.

67 *Hasta un millón trescientas mil personas… fueron arrancadas de sus hogares:* Ramón A. Gutierrez, "Mexican Immigration"; José Angel Gutiérrez, *FBI Surveillance of Mexicans and Chicanos, 1920–1980* (Lanham, MD: Lexington Books, 2020); Erin Blakemore, "The Largest Mass Deportation in American

History", History.com, last modified June 18, 2019, https://www.history .com/news/operation-wetback-eisenhower-1954-deportation.

67 *"Lo que importaba era el color de la piel"*: Dunn, quoted in Bernard, "The Time a President Deported".

68 *Los puertorriqueños en Estados Unidos eran un millón en 1960*: Carmen Teresa Whalen and Victor Vásquez-Hernández, *The Puerto Rican Diaspora: Historical Perspectives* (Philadelphia: Temple University, 2000 5), 3.

68 *Los cubanos… apenas llegaban a 163 mil residentes en 1960*: Pew Research files and notebooks, "Latino Population by Nativity and Origin in, 2021". For 1980 figure, see Silvia Pedraza-Bailey, "Cuba's Exiles: Portrait of a Refugee Migration", *International Migration Review* 19, no. 1 (Spring 1985): 4–34.

68 *una población igual a la de Virginia*: Virginia's population on July 1, 2021, was 8,642,274. US Census, QuickFacts, Virginia, accessed February 18, 2022.

68 *casi la mitad de los puertorriqueños en Estados Unidos se identifica como no blancos*: Sharon R. Enis, Merarys Ríos-Vargas, and Nora G. Albert, "The Hispanic Population: 2010", table 6, 2010 Census Briefs, US Census Bureau online, https://www.census.gov/prod/cen2010/briefs/c2010br-04.pdf. In the 2004 US census, 86 percent of all Cubans in the United States claimed to be white. "Cubans in the United States: Fact Sheet", Pew Research Center online, last modified August 25, 2006, https://www.pewresearch.org/hispanic/2006/08 /25/cubans-in-the-united-states/.

69 *"No creo que haya habido nunca una guerra más perversa"*: Ulysses S. Grant to journalist John Russell Young (1879), quoted by Young in *Around the World with General Grant* (Baltimore: John Hopkins University Press, 2002), 376–77.

69 *En 1848… se encontraron de repente en suelo extranjero en virtud de una traicionera incursión estadounidense*: Two good (and very different) sources for the Mexican-American War in general are Peter Guardino, *The Dead March: A History of the Mexican-American War* (Cambridge, MA: Harvard University Press, 2017), and Eisenhower, *So Far from God*.

69 *Winfield Scott… mató a miles de mexicanos*: Taking the sum of the casualties from numerous battles as Major General Scott made his way west toward the capital, Mexican casualties counted more than four thousand. "The Conquest of Mexico City", encyclopedia.com.

70 *el congresista Abraham Lincoln, de Illinois*: Guardino, *The Dead March*, 205.

70 *en 1848… habían muerto veinticinco mil mexicanos*: Micheal Clodfelter, *Warfare and Armed Conflicts: A Statistical Encyclopedia of Casualty and Other Figures, 1492–2015*, 4th ed. (Jefferson, NC: McFarland, 2017), 249. In contrast, almost 90 percent of American deaths in the war were due to dysentery.

70 *quedaba una escasa población de cien mil sobrevivientes mexicanos:* Enrique Krause, "Will Mexico Get Half of Its Territory Back?", *New York Times*, April 6, 2017; Richard L. Nostrand, "Mexican Americans Circa 1850", *Annals of the Association of American Geographers* 65, no. 3 (1975): 378–90.

70 *en el término de un siglo ese mismo territorio se convertiría en el hogar de tres y medio millones de mexicano-estadounidenses:* Arnoldo de León, "Mexican Americans", Texas State Historical Association Handbook of Texas, December 3, 2020; "Persons of Spanish Surname", Subject Report, US Census of Population: 1960, Final Report PC(2)-1B, US Department of Commerce, 1961, and Campbell Gibson and Kay Jung, "Historical Census Statistics on Population Totals by Race and Hispanic Origin, 1790 to 1990" (working paper no. 56, US Census Bureau, September 2002), https://www.census.gov/content/dam /Census/library/working-papers/2002/demo/POP-twps00056.pdf.

Tener y no tener

71 *"Nos tomamos la libertad de quitarle el pie derecho en nombre de nuestros hermanos y hermanas":* Cited in Roxanne Dunbar-Ortiz, *Not a Nation of Immigrants* (Boston: Beacon Press, 2021), 112.

71 *Entre los primeros recuerdos de Linda Chávez:* Much of the material on Linda Chavez is taken from interviews with the author (particularly on September 6, 1921), her memoir *An Unlikely Conservative: The Transformation of an Ex-Liberal (Or, How I Became the Most Hated Hispanic in America* (New York: Basic Books, 2000 3), and my decades-long acquaintance with Linda.

72 *Iban a toda velocidad por una autopista:* Chavez, *An Unlikely Conservative*, 38–39.

72 *Hijo de un contrabandista de alcohol, había sufrido la humillación de ver cómo se llevaban a su padre, Ambrosio Chávez:* Chavez, *An Unlikely Conservative*, 36–37.

73 *Nunca explicó por qué, pero ya había huido de un marido:* Chavez, *An Unlikely Conservative*, 34–35.

73 *Velma se mudó con Rudy, Cecily y su hija pequeña:* Chavez, author interview; Chavez, *An Unlikely Conservative*, 37–38.

74 *Sus antepasados, las familias Chávez y Armijo:* Chavez, *An Unlikely Conservative*, 36–39.

74 *la expedición de Oñate:* All information on the Oñate expedition is taken from George P. Hammond, "Don Juan de Oñate and the Founding of New Mexico", *New Mexico Historical Review* 1, no. 4 (October 1, 1926): 459–62, and Carrie Gibson, *El Norte* (New York: Grove Press, 2019), 64–69.

74 *"de buen porte y agradables facciones:* "About Don Pedro Gómez Durán y Chávez", Geni entry, last modified July 25, 2020, https://www.geni.com /people/Don-Pedro-Gomez-Duran-y-Chavez.

75   Con el tiempo, el clan abandonaría el apellido Durán: "About Don Pedro Gómez Durán y Chávez".

75   ""[L]as familias Armijo, Chávez, Perea y Ortiz son por excelencia los ricos de Nuevo México": George F. A. Ruxton, Adventures in Mexico and the Rocky Mountains (New York: Harper & Brothers, 1848), 186–87; Janet LeCompte, "Manuel Armijo's Family History", New Mexico Historical Review 48, no. 3 (July 1, 1973): 252.

75   "Siempre me he sentido orgullosa del papel [de Armijo]": Chavez, An Unlikely Conservative, 36–37.

75   Según su madre, la familia ha hablado inglés desde la década de 1870: MacArena Hernandez, "Conservative and Hispanic, Linda Chavez Carves Out Leadership Niche", New York Times, August 19, 1998.

76   "A todo inmigrante se le debería exigir": This was made in a statement to the Kansas City Star in 1918, not long before he died; quoted in Michael Cronin, Translation in the Digital Age (Abingdon, UK: Routledge, 2013), 141. Other sources date it to January 3, 1919; see K. L. Katz, "Did Theodore Roosevelt Really Say That?", Patriot-News (Harrisburg, PA) online, last modified, March 3, 2007, https://www.pennlive.com/americanhistory101/2007/03/did_theodore_roosevelt_really.html.

76   se convirtió en la mujer de más alto rango en la Casa Blanca de Reagan: Steven Ginsburg, "Linda Chavez, Formerly the Highest-Ranking Woman in the Reagan White House", March 5, 1986, UPI, available at UPI Archives online, https://www.upi.com/Archives/1986/03/05/Linda-Chavez-formerly-the-highest-ranking-woman-in-the-Reagan/4871510382800/.

76   George W. Bush la nombró al frente de la Secretaría de Trabajo: Steven A. Holmes and Steven Greenhouse, "Bush Choice for Labor Post Withdraws and Cites Furor of Illegal Immigrant Issue", New York Times, January 10, 2001.

76   se supo que había acogido a una guatemalteca indocumentada: Holmes and Greenhouse, "Bush Choice for Labor Post Withdraws"; Eric Schmitt with Renwick McLean, "Onetime Illegal Immigrant Sheltered by Chavez Recalls Painful Past", New York Times, February 8, 2001.

76   siente poco apego por la población latina de este país: Chavez, author interview.

76   prefieren retratar a "los hispanos como víctimas": Chavez, An Unlikely Conservative, 224–25.

77   su madre le había prohibido "jugar con 'mescanos'": Ibid., 40–41, and author interview.

77   "No me siento parte de la comunidad latina": Chavez, author interview.

77   Seleccionada en 2012 para aparecer en la serie genealógica de PBS de Henry Louis

Gates Jr.: Linda Chavez's genealogical roots are featured in *Finding Your Roots*, season 1, episode 10, aired on May 20, 2012.

78 *Documentos españoles del ejército colonial:* These are the records of Governor Diego de Vargas, assigned with task of reconquering New Mexico for Spain in 1691. *Finding Your Roots*, May 20, 2012.

El búmeran de la historia

78 *"La frontera entre Estados Unidos y México es una herida abierta":* Gloria Anzaldúa, *Borderlands/La Frontera: The New Mestiza* (1987, 4th ed. repr.: San Francisco: Aunt Lute Books, 2012).

78 *Napoleón Bonaparte… se quejó amargamente de que la historia era poco más que una sarta de mentiras consensuadas:* Attributed to Napoleon Bonaparte, "l'histoire est une suite des mensonges sur lesquels on est d'accord". Purportedly, this line was said to Emmanuel, Comte de las Cases in an interview, but it is not recorded in *Mémorial de Sainte Hélène: Journal of the Private Life and Conversations of Emperor Napoleon at Saint Helena*, which was translated into English in 1823.

79 *"no por dinero ni por posesiones o fama":* David McCullough, *The Pioneers: The Heroic Story of the Settlers Who Brought the American Ideal West* (New York: Simon & Schuster, 2019), 258.

79 *"Ningún mito en la historia de Estados Unidos ha sido más poderoso":* Grandin, *End of the Myth*, 2.

79 *"un horizonte donde el cielo infinito se encuentra con el odio infinito":* Ibid.

79 *el doctor George Gilson Clapp:* Dr. Clapp and his descendants are listed in Ebenezer Clapp, *The Clapp Memorial: Record of the Clapp Family in America* (Boston: David Clapp & Sons, 1876), 283–314.

80 *el "gran experimento de la libertad":* John L. O'Sullivan, "Annexation", *Democratic Review*, July/August 1845. The full sentence is as follows: "And that claim is by the right of our manifest destiny to overspread and to possess the whole of the continent which Providence has given us for the development of the great experiment of liberty and federated self-government entrusted to us."

80 *El Abuelo Doc… se hizo famoso por ofrecer sus servicios de forma gratuita a los indígenas de Estados Unidos:* I refer to his Indian patients in my memoir, *American Chica*, 186–87.

80 *pronto sentí todo el ardor del veneno racista de sus vecinos:* Arana, *American Chica*, 192.

81 *Arturo García, trabajador mexicano indocumentado en Austin:* Given this informant's undocumented status, I use a pseudonym here. García is indeed

currently in Texas, born in Veracruz, Mexico, and a descendant of Acoma Pueblo Indians. The information here is taken from the author's multiple interviews on June 8 and 9, 2021, and April 3, 2022.

81 *Tan oscura es su piel:* I owe this description and the comments on Arturo's physical bearing to my friend Mexican American writer Dagoberto Gilb, who has known him for many years.

81 *resultado de un vínculo perverso entre el gobierno y los cárteles: Veracruz: Fixing Mexico's State of Terror*, Report no. 61/Latin America & Caribbean, International Crisis Group, February 28, 2017, https://www.crisisgroup.org /latin-america-caribbean/mexico/61-veracruz-fixing-mexicos-state-terror; "'A Brutal Complicity': The Roots of Violence in Veracruz", Mexico Violence Research Project online, last modified September 22, 2020, https://www.mex icoviolence.org/post/a-brutal-complicity.

82 *"En Veracruz, una alianza entre grupos criminales y los más altos niveles del poder político local": Veracruz: Fixing Mexico's State of Terror.*

82 *Veracruz se había convertido en el centro de casi el noventa y cinco por ciento de todos los delitos no denunciados:* Ibid.

82 *se había convertido en la zona más letal para los periodistas en todas las Américas:* Ibid.

83 *el presidente James Polk ordenó una invasión anfibia a gran escala de Veracruz:* K. J. Bauer, *The Mexican War, 1846–1848* (New York: Macmillan, 1974), 233.

83 *devastadora guerra civil catalizada en parte por la injerencia de Estados Unidos:* "The Mexican Revolution and the United States in the Collections of the Library of Congress: U.S. Involvement Before 1913", Library of Congress online, accessed July 14, 2023. See especially "U.S. Arms Trade with Villa Prior to World War I", www.loc.gov/exhibits/mexican-revolution-and-the-united -states/us-involvement-before-1913.html#obj013.

83 *el presidente Woodrow Wilson ordenó la ocupación de Veracruz porque... se había vuelto ingobernable:* "Officials in Washington, D.C., met with Huerta, and supported the Reyes-Díaz rebellion, because US Ambassador Henry Lane Wilson believed Huerta could better protect U.S. interests in Mexico", in "U.S. Arms Trade with Villa Prior to World War I".

84 *Juan Antonio "Sonny" Falcón, "rey de la fajita de Austin":* Michael Barnes, "1938–2019: Austin's 'Fajita King,' Juan 'Sonny' Falcon Has Died", *Austin (TX) American-Statesman*, December 20, 2019.

84 *Sonny había empezado su carrera como carnicero en el popular mercado de comida latina de los padres de Lupe:* Sonny and Lupe Falcon's store, which was originally Lupe's parents', was Guajardo's Cash Grocery & Market. See "Zoning

Change Review Sheet", City of Austin online, accessed July 14, 2023, https://www.austintexas.gov/edims/document.cfm?id=202613.

84   *se hizo famoso por inventar la clásica fajita de Austin:* Michael Barnes, "Austin's Fajita King", *Austin (TX) American-Statesman,* September 25, 2019.

85   *Desde 2010, dos tercios de los inmigrantes no autorizados… volaron cómodamente a aeropuertos de Estados Unidos:* Imelda García, "As Illegal Border Crossings Drop, the Face of Unauthorized Immigration in the U.S. Has Changed", *Dallas Morning News,* April 27, 2021; Robert Warren, "US Undocumented Population Continued to Fall from 2016 to 2017 and Visa Overstays Significantly Exceeded Illegal Crossings for the Seventh Consecutive Year", *Journal on Migration and Human Security* 7, no. 1 (March 2019): 19–22, https://journals.sagepub.com/doi/full/10.1177/2331502419830339.

85   *Los analistas del Pew Research Center:* Jens Manuel Krogstad, senior editor, Pew Research Center, quoted in García, "As Illegal Border Crossings Drop".

86   *poco más del 1,2 por ciento de los cincuenta y seis millones de visitantes en Estados Unidos:* In 2015 Homeland Security reported 44,928,381 visitors; of that number, 482,781 (or 1.07 percent) overstayed their visas, "Entry/Exit Overstay Report, Fiscal Year 2015," iv. In 2021 those figures were: 55,928,990 legal entries and 676,422 (1.21 percent) people who stayed, ignoring their expiration dates. García, "As Illegal Border Crossings Drop".

86   *La gran mayoría de ellos era canadiense:* There were 99,906 Canadians who overstayed their visas that year as opposed to 45,272 Mexicans. "Entry/Exit Overstay Report", 14.

SEGUNDA PARTE: TIERRA Y PIEL
CAPÍTULO 4: POR QUÉ SE MARCHARON, ADÓNDE FUERON

89   *"Voy a cantar ¡América!":* From Julia Álvarez's unpublished poem "I, Too, Sing America". See "Dominican-American Author Julia Álvarez Reading from Her Work" (audio recording, 31:57), Archive of Hispanic Literature on Tape (Library of Congress), 2015, https://www.loc.gov/item/2016686124/.

89   *El primer latino que vivió en lo que habría de ser la ciudad de Nueva York:* Sam Roberts, "Honoring a Very Early New Yorker", *New York Times,* October 2, 2012.

90   *Juan había nacido de una mujer africana y un marinero portugués:* A comprehensive description of Juan Rodriguez (also known as Jan Rodrigues) can be found in Anthony Stevens-Acevedo, Tom Weterings, and Leonor Álvarez Francés, *Juan Rodriguez and the Beginnings of New York City* (New York: CUNY Dominican Studies Institute, 2013).

90 *aprendido su lengua munsee:* Most Lenape spoke Munsee, a dialect of the Delaware language. Edwin G. Burrows and Mike Wallace, *Gotham: A History of New York City to 1898* (New York: Oxford University Press, 1999), 5.

90 *la rica Manahatta:* Ibid.

91 *Juan y su cohorte, se convirtieron en la primera población "afroamericana" libre de Manhattan:* "Juan Rodriguez, an Original New Yorker", janos.nyc. https://janos.nyc/history/juan-rodriguez-an-original-new-yorker/.

91 *Son trece mil:* Hansi Lo Wang, "New York City Bodegas and the Generations Who Love Them", *All Things Considered*, NPR, March 10, 2017.

Los estadounidenses de origen dominicano

91 *"Somos una familia dominicanísima":* Elizabeth Acevedo, "How to Keep Stirring", *Bon Appetit*, December 2021–January 2022, 47.

92 *Aunque se amañan en los barrios negros:* Lance Freeman, "A Note on the Influence of African Heritage on Segregation: The Case of Dominicans", *Urban Affairs Review* 35, no. 1 (1999): 137–46.

93 *"Es posible ser demasiado blanca en la República Dominicana":* Julia Álvarez, author interview, May 17, 2021.

93 *"Los dominicanos en Estados Unidos tenemos la tasa más alta de reivindicación de la negritud":* Junot Díaz, author interview, May 14, 2021.

93 *Trujillo había empezado su carrera como humilde guardia de una hacienda de caña de azúcar:* Michele Wucker, *Why the Cocks Fight: Dominicans, Haitians and the Struggle for Hispaniola* (New York: Hill & Wang, 1999). See Wucker's article, "The River Massacre", *Tikkun*, November 1998.

93 *Trujillo ordenó el genocidio en masa de todos los residentes de piel negra:* Robert Crassweller, *The Life and Times of a Caribbean Dictator* (New York: Macmillan, 1966), 156.

95 *"pigmentocracia":* Jeremy Tarbox, "Racist Massacre in the Dominican Pigmentocracy", *Eureka Street* 22, no. 19 (October 1, 2012).

95 *los generales de Trujillo presionaron a conocidos criminales para que se enrolaran:* Richard Lee Turrets, "A World Destroyed, a Nation Imposed: The 1937 Haitian Massacre in the Dominican Republic", *Hispanic American Historical Review* 82, no. 3 (2002): 589–635.

95 *La matanza fue masiva, despiadada:* Turrets, "A World Destroyed, a Nation Imposed".

95 *Los dominicanos de todas las clases sociales… estaban demasiado acobardados:* René Fortunato, *Trujillo: El Poder del Jefe*, documentary, Edison Rivas, producer. Dominican Republic: 1991.

95   *habían masacrado a casi treinta mil negros:* Fortunato, *Trujillo.* The documen-
      tary cites as many as fifty thousand. Generally, the figures cited a range from
      fifteen thousand to fifty thousand. See also Philip L. Martin, Susan Forbes
      Martin, and Patrick Weil, *Managing Migration: The Promise of Cooperation*
      (Lanham, MD: Lexington Books, 2006), 163.

95   *"Sé que es un hijo de puta":* George Lopez and Michael Stohl, *Liberalization and
      Democratization* (New York: Greenwood, 1987), 258. This quote is variously
      attributed to Secretary of State Cordell Hull about Trujillo, or to Franklin
      D. Roosevelt about Nicaragua's Anastasio Somoza. It is also claimed to have
      been said by FDR about Generalissimo Francisco Franco of Spain. The con-
      jecture by many historians and journalists is that it was probably a phrase
      used generally in the day about dictators and strongmen whom the United
      Sates supported. Kevin Drum, "But He's Our Son of a Bitch", *Washington
      Monthly*, May 16, 2006.

96   *la CIA comenzó a maniobrar para derrocar a Trujillo:* James Wilderotter (associ-
      ate deputy attorney general), memo for the file, January 2, 1975, "skeletons in
      closet", item (11), "CIA apparently 'plotted' the assassination of foreign lead-
      ers, including Trujillo", https://nsarchive2.gwu.edu/NSAEBB/NSAEBB222
      /family_jewels_wilderotter.pdf.

96   *"el ejercicio de un poder policial internacional":* This is known as the Roosevelt
      Corollary to the Monroe Doctrine. See Mark Neocleous, "Under the Sign of
      Security: Trauma, Terror, Resilience", in *War Power, Police Power* (Edinburgh:
      Edinburgh University Press, 2014); Salvador E. Gomez, "The US Invasion of
      the Dominican Republic: 1965", *Sincronía* 2, no. 2 (Spring/Primavera 1997) on-
      line, accessed July 14, 2023, http://sincronia.cucsh.udg.mx/dominican.html.

96   *ese gran "lago americano":* Ransford W. Palmer, ed., *U.S.-Caribbean Relations:
      Their Impact on Peoples and Culture* (Westport, CT: Praeger, 1998), 11.

96   *Johnson ordenó a veintidós mil infantes de marina:* McNamara cites at least
      twenty-one thousand. Robert McNamara, US secretary of defense, to Lyn-
      don Johnson, president of the United States, "Draft Memorandum: Courses
      of Action in Vietnam", November 3, 1965, available at US Department of
      State Office of the Historian online, accessed July 14, 2023, https://history
      .state.gov/historicaldocuments/frus1964-68v03/d189; Glenn Hastedt, *En-
      cyclopedia of American Foreign Policy* (New York: Facts on File, 2004). Other
      sources cite as many as 42,0000marines and airborne troops.

97   *"su independencia destruida":* William R. Shepherd, "The Caribbean Policy
      of the United States", *Journal of International Relations* 11, no. 1 (July 1920):
      87–108, https://www.jstor.org/stable/29738383.

97 *"¡Se sorprenderían! ¡Son todos países distintos!":* Lou Cannon, "Latin Trip an Eye-Opener for Reagan", *Washington Post*, December 6, 1982.

97 *entre 1960 y 1980 la población de dominicanos residentes en Estados Unidos pasó de sólo doce mil a setecientos mil inmigrantes:* Ralph Salvador Oropesa and Leif Jensen, "Dominican Immigrants and Discrimination in a New Destination: The Case of Reading, Pennsylvania", *City & Community* 9, no. 3 (September 1, 2010): 274–98, doi: 10.1111/j.1540-6040.2010.01330.x.

98 *El padre de Álvarez, médico:* Julia Álvarez, author interview. See also Julia Álvarez Biography, Chicago Public Library, www.chipublib.org/julia-alvarez -biography/.

98 *"Tuve un padre que estaba en el aparato militar postrujillo":* Olga Segura, "Junot Díaz Talks Dominican Identity, Immigration and the (Complicated) American Dream", *America: The Jesuit Review* online, last modified, May 4, 2017, https:// www.americamagazine.org/arts-culture/2017/05/04/junot-diaz-talks-do minican-identity-immigration-and-complicated-american; Jordi Gassó, "Dominican author displays depth", *Yale Daily News*, January 26, 2010. "Díaz . . . involves himself in liberal causes like immigration reform, which he accredits to growing up with a 'fascist, trujillista, right-wing lunatic of a father'".

98 *"luchó del lado de los estadounidenses durante la invasión de 1965":* Nicholas Wroe, "Junot Díaz: A Life in Books", *Guardian* (US edition) online, last modified August 31, 2012, https://www.theguardian.com/books/2012/aug/31 /life-in-books-junot-diaz.

98 *una ciudad mediana de chicos duros puertorriqueños, cubanos y negros:* There were hardly any Dominicans in Paterson at the time. Díaz, quoted in Segura, "Junot Díaz Talks Dominican Identity".

98 *En la actualidad, más de un tercio de los residentes de Paterson son dominicanos:* Jayed Rahman, "Paterson's Largest Hispanic Community Celebrates Renaming Park Avenue to Dominican Republic Way", *Paterson (NJ) Times,* October 8, 2016; "Paterson, New Jersey, Population 2023", World Population Review online, https://worldpopulationreview.com/us-cities/paterson-nj-population.

98 *la mayoría de los dominicanos de primera generación, que tienen menos probabilidades de recibir educación:* Max J. Castro, *The Dominican Diaspora Revisited: Dominicans and Dominican Americans in a New Century* (Miami: Dante Fascell North-South Center, 2002).

99 *"Fundamentalmente, casi nadie que venga de la República Dominicana a Estados Unidos":* Senator Jeffrey Sessions, quoted in Sam Stein and Amanda Terkel, "Donald Trump's Attorney General Nominee Wrote Off Nearly All Immigrants from an Entire Country", *Huffington Post*, last modified November 19,

2016, https://www.huffpost.com/entry/jeff-sessions-dominican-immigrants _n_582f9d14e4b030997bbf8ded. Sessions became attorney general of the nation under President Trump, tendered his resignation at Trump's request for recusing himself from any legal investigation into Trump's Russian dealings, then ran to reclaim his old Senate seat in 2020, but lost.

99   *Shirley Collado, por ejemplo:* Shirley Collado, author interview, June 10, 2021.

100 *la Universidad de Vanderbilt... ese bastión de blancura:* Lisa Benavides, "How VU Tackles Tough Job of Lassoing More Diversity", *Tennessean* (Nashville), Metro, November 19, 1995.

100 *Mario es un joven simpático de cara redonda:* Mario Álvarez, author interview, August 9, 2021, and April 22, 2022.

100 *"Hacíamos nuestras necesidades en el patio":* Álvarez, author interview, August 9, 2021, and April 22, 2022.

101 *La idea de Prep for Prep fue revolucionaria:* Vinson Cunningham, "Prep for Prep and the Fault Lines in New York's Schools", *New Yorker*, March 9, 2020.

102 *"Los niños blancos ricos se reían":* Mario Álvarez, author interviews.

102 *"Podría haberme unido a la mayoría de mis compañeros de promoción":* Álvarez, author interviews.

Los estadounidenses de origen hondureño

103 *"La Historia de Honduras se puede escribir en un fusil":* Roberto Sosa, "Secreto Militar", https://circulodepoesia.com/2010/06/la-trayectoria-poetica-de-ro berto-sosa/.

103 *Raymundo Paniagua es un biólogo marino:* Because of this individual's status as an undocumented resident of the United States and because of the obvious dangers to him, I have given him and his brother (Alex) pseudonyms. His story is based on more than a dozen personal and telephone interviews from June 2021 through June 2023.

105 *Juan Ramón Matta Ballesteros, el narcotraficante más famoso de Honduras:* Steven Dudley, "Honduras Elites and Organized Crime: Juan Ramón Matta Ballesteros", April 9, 2016, insightcrime.org, Honduras.

106 *Su hermano Tony fue condenado a cadena perpetua:* United States Drug Enforcement Administration (DEA), "DEA Announces Arrest of Former Honduran Congressman and Brother of Current President of Honduras for Drug Trafficking and Weapons Charges", press release, November 26, 2018.

106 *a lo largo de su carrera de diputado a presidente:* Hernández was first elected to the Honduran Congress in 1997, the year of Raymundo's car accident involving his brother. United States Department of Justice, "Juan Orlando

Hernández, Former President of Honduras, Indicted on Drug-Trafficking and Firearms Charges, Extradited to the United States from Honduras", press release, April 21, 2022, https://www.justice.gov/opa/pr/juan-orlando -hern%C3%A1ndez-former-president-honduras-indicted-drug-trafficking.

107   *Ambientalistas y periodistas… eran acribillados en las calles:* Olivia Le Poidevin, "Environment Activists: 'I Got Death and Rape Threats'", *BBC News* online, last modified September 17, 2020, https://www.bbc.com/news/av/science -environment-54165868.

107   *Berta Cáceres, activista indígena:* "Berta Cáceres: Ex–Dam Company Boss Guilty of Planning Honduran Activist's Murder", *BBC* online, last modified July 5, 2021, https://www.bbc.com/news/world-latin-america-57725007; "The Death of the Guardian", *Revistazo*, Asociación para una Sociedad Más Justa, November 30, 2018.

107   *iniciaron acciones legales contra Standard Fruit de Honduras, SA:* Poder Ejecutivo: Decreto Ejecutivo Número PCM-059-2015. The $5 million suit was brought on behalf of the Asociación de Ex Trabajadores Bananeros de Norte de Hon- duras (ASEXTBANH), claiming that Standard Fruit had inflicted harm by employing dibromocloropropane (DBCP), a potent pesticide that had caused severe and extensive psychological, physical, and genetic damage to its Hondu- ran workers. "Alex" is a pseudonym used to protect his brother "Raymundo", given Raymundo's current unauthorized status in the United States.

107   *Alex terminó muriendo en un hospital de Tegucigalpa:* Paniagua, author interviews.

El triángulo norte

108   *H. R. 3524, Proyecto de ley:* 116th Congress, "H.R.3524 - Northern Triangle and Border Stabilization Act," Sponsor: Representative Zoe Lofgren (D-CA), introduced June 27, 2019, https://www.congress.gov/bill/116th-congress /house-bill/3524/text?r=3&s=1.

108   *grew exponentially in the first decade:* "The Hispanic Population: 2010," 2010 Census Briefs, census.gov/history/pdf/c2010br-04-092020.pdf.

108   *la tasa de asesinatos más alta del mundo:* Amelia Cheatham, "Central America's Turbulent Northern Triangle", Council on Foreign Relations, last modified July 1, 2021.

108   *capitaliza más de 150 mil millones de dólares anuales:* Beau Kilmer, "Ameri- cans' Spending on Illicit Drugs Nears $150 Billion Annually; Ap- pears to Rival What Is Spent on Alcohol", RAND Corporation, news release, August 20, 2019, https://www.rand.org/news/press/2019/08/20 .html#:~:text=Researchers.

108   *supera el PIB de la inmensa mayoría de los países:* worldometers.info lists the
      GDP of 189 countries the world over; 138 of them have GDPs less than
      $150 billion.

108   *el poder de un capo de la droga en el Triángulo Norte puede superar al de un pres-*
      idente: Michael Sinclair, "The Wicked Problem of Drug Trafficking in the
      Western Hemisphere", Brookings online, last modified January 15, 2021,
      https://www.brookings.edu/blog/order-from-chaos/2021/01/15/the
      -wicked-problem-of-drug-trafficking-in-the-western-hemisphere/.

108   *La región fluctúa entre la sequía y el diluvio:* Sarah Bermeo and David Leblang,
      "Climate, Violence, and Honduran Migration to the United States", Brook-
      ings online, last modified April 1, 2021, https://www.brookings.edu/blog
      /future-development/2021/04/01/climate-violence-and-honduran-migra
      tion-to-the-united-states/.

109   *uno de cada seis migrantes… era un niño sin acompañante:* To be precise,
      116,280 of the nearly 684,000 migrants. "Central American Migration: Root
      Causes and U.S. Policy", In Focus, Congressional Research Service, Updated
      March 31, 2022; Nick Miroff, Andrew Ba Tran, and Leslie Shapiro, "Hundreds
      of Minors Are Crossing the Border Each Day Without Their Parents. Who
      Are They?", *Washington Post*, March 11, 2021.

109   *los dos millones de personas que se dirigieron a Estados Unidos entre 2014 y 2021:*
      Cheatham, "Central America's Turbulent Northern Triangle".

109   *En los tres últimos meses de 2022, la Patrulla Fronteriza de Estados Unidos detuvo*
      a un promedio de 240 mil migrantes: "Southwest Land Border Encounters", US
      Customs and Border Protection, accessed July 5, 2023, https://www.cbp.gov
      /newsroom/stats/southwest-land-border-encounters.

109   *hace treinta años sólo medio millón de estos centroamericanos vivían en Estados*
      Unidos: 460,000, to be exact. D'Vera Cohn, Jeffrey S. Passel, and Ana Gon-
      zalez-Barrera, "1. Recent Trends in Northern Triangle Immigration", in *Rise*
      in U.S. Immigrants from El Salvador, Guatemala and Honduras Outpaces Growth
      from Elsewhere, Pew Research Center online, December 7, 2017, https://www
      .pewresearch.org/hispanic/2017/12/07/recent-trends-in-northern-triangle
      -immigration/.

110   *Solo en 2017, los migrantes del Triángulo Norte enviaron a sus países dieciséis mil*
      millones de dólares: "Remittance Flows Worldwide in 2017", Pew Research
      Center online, last modified April 3, 2019, https://www.pewresearch.org
      /global/interactives/remittance-flows-by-country/.

110   *En 2019, los fondos enviados a casa por los salvadoreños… impulsaron el PIB de*
      El Salvador en casi un veintidós por ciento: Piotr Plewa, "Migration from El

Salvador to the U.S.: A Background Brief", Duke University Center for International & Global Studies, April 14, 2021.

111 *"No siento ningún vínculo con un cubano o un argentino":* Dagoberto Gilb, author interview, June 7, 2021.

Los estadounidenses de origen salvadoreño

111 *"Soy lo que llega después de la guerra civil":* Yesika Salgado, "Diaspora Writes to Her New Home", *Hermosa* (Los Angeles: Not a Cult, 2019).

111 *Tanita es una salvadoreña de baja estatura y enérgica:* Tanita, author interviews, May 13, 20, 27, June 3, 10, 17, 2021. The informant has elected to use her first name only. I use the same approach with her family.

112 *el salario promedio de una maestra de escuela local:* "Salaries San Miguel (El Salvador)", BDEEX, accessed July 14, 2023, https://bdeex.com/el-salvador/san-miguel/.

113 *las prácticas depredadoras de varias empresas estadounidenses —en particular, las compañías United y Standard Fruit:* Much has been written about the predatory practices of these companies in Latin America, not least by journalist-novelist Gabriel García Márquez and diplomat-poet Pablo Neruda. For a more comprehensive history, see Steve Striffler and Mark Mobler, eds., *Banana Wars: Power, Production and History in the Americas* (Durham, NC: Duke University Press, 2003).

113 *poseía... un estatus semicolonial:* John Weeks, "An Interpretation of the Central American Crisis", *Latin American Research Review* 21, no. 3 (1986): 35.

113 *en los cinco países al menos un gobierno había sido destituido o instalado por presión directa de Estados Unidos:* Ibid.

113 *democracias de fachada:* Ibid., 40.

113 *"Solía creer en la democracia":* Paniagua, author interview, April 16, 2021.

114 *una brutal represalia por parte de los soldados del Batallón Atlácatl:* For a harrowing, meticulous description of these events, see Mark Danner, *The Massacre at El Mozote* (New York: Alfred A. Knopf, 1994).

114 *una cuarta parte de la población nicaragüense:* "Displacement in Central America", The United Nations Refugee Agency, https://www.unhcr.org/en-us/displacement-in-central-america.html.

115 *un genocidio del pueblo maya:* Billy Briggs, "Secrets of the Dead", *Guardian* (US edition) online, last modified February 1, 2007, https://www.theguardian.com/theguardian/2007/feb/02/features11.g2.

115 *Honduras era una zona de maniobras de la administración Reagan:* Julia Preston, "Honduras: Sandinistas Bombed", *Washington Post*, December 8, 1986.

115 *"¡Nosotros no! Vivíamos entre la ira del volcán y la guerra":* Tanita, author interviews.

115 *Guerrillas rebeldes o tropas del ejército... para obligar a niños hasta de apenas doce años a enrolarse:* Jocelyn Courtney, "The Civil War That Was Fought by Children: Understanding the Role of Child Combatants in El Salvador's Civil War, 1980–1992", *Journal of Military History* 74, no. 2 (2010): 525.

115 *setenta y cinco mil salvadoreños muertos:* Mike Allison, "El Salvador's Brutal Civil War: What We Still Don't Know", *Al Jazeera*, March 1, 2012.

115 *los Acuerdos de Paz de Chapultepec:* United Nations Security Council, *Report of the UN Truth Commission on El Salvador*, S/25500, April 1, 1993, 192, http://www.derechos.org/nizkor/salvador/informes/truth.html.

116 *"extranjeros delincuentes":* Jennifer M. Chacón, "Whose Community Shield?: Examining the Removal of the Criminal Street Gang Member", *University of Chicago Legal Forum*, vol. 2007, Article 11, 324.

117 *una tasa de homicidios que supera en un quinientos porciento lo que la Organización Mundial de la Salud considera proporciones epidémicas:* "Central American Youth Programs Threatened as Department of Labor Funding on the Line", Catholic Relief Services, El Salvador, April 13, 2017; "The Central America Migration Crisis", Catholic Relief Services: www.crs.org. For 700 percent, see *"Global Study on Homicide",* United Nations Office on Drugs and Crime (UNODC), Vienna, 2019.

117 *En 2021... casi cuatrocientos mil aspirantes a asilo procedentes de Honduras y Guatemala fueron expulsados:* "Central American Migration: Root Causes and U.S. Policy", Congressional Research Service, updated March 31, 2022.

117 *clasificación denominada Estatus de Protección Temporal:* "Temporary Protective Status: An Overview", American Immigration Council, May 20, 2022.

118 *el TPS no es un estatus legal:* Carolyn Gallaher, "This Region Has One of the Largest Salvadoran Communities. A Federal Program Puts That in Jeopardy", Greater Greater Washington online, last modified August 23, 2017, https://ggwash.org/view/64531/dc-has-one-of-the-nations-largest-salvadoran-communities.-a-federal-program.

118 *más de medio siglo después, hay casi cuatro millones —cuarenta y cuatro veces esa cifra—:* Erin Babich and Jeanne Batalova, "Central American Immigrants in the United States", Migration Policy Institute, Migration Information Source, August 11, 2021.

El santuario de las segundas oportunidades

119 *"Este país es la madre de las segundas oportunidades":* Jorge Ramos, in "Jorge Ramos, Time's 100 Most Influential People, Keynote Speech at UCLA Graduation", UCLA Extension video, June 19, 2015.

119 *Raymundo Paniagua logró por fin encontrar una habitación de alquiler en Arlington:* Paniagua, author interviews.

CAPÍTULO 5: MATICES DE LA PERTENENCIA

121 *"Imagina que tienes que decirle constantemente a la gente que estás hecha de dos colores":* Cindy Y. Rodriguez, "Which Is It, Hispanic or Latino?", *CNN* online, last modified May 3, 2014, https://www.cnn.com/2014/05/03/living/hispanic-latino-identity/index.html.

121 *en la década de 1850, los mexicanos... decidieron resueltamente ponerse del lado del privilegio e identificarse como "blancos":* "Until 1930, Mexicans, the dominant Hispanic national origin group, had been classified as white". Kim Parker et al., "Race and Multiracial Americans in the U.S. Census" (1790–2010), *Report: Multiracial in America*, Pew Research Center online, last modified June 11, 2015, https://www.pewresearch.org/social-trends/2015/06/11/chapter-1-race-and-multiracial-americans-in-the-u-s-census/.

122 *cuando en 2021 Disney presentó la película optimista de Lin-Manuel Miranda:* Aja Romero, "The Backlash Against *In the Heights,* Explained", *Vox*, last modified June 15, 2021, https://www.vox.com/culture/22535040/in-the-heights-casting-backlash-colorism-representation.

123 *la extraña laguna jurídica que permitía a un mulato comprar la "blancura":* This was the ability, granted by Spain's *Cedulas de Gracias al Sacar* for mulattos or mestizos with influence and money to buy rights granted to whites that were unavailable to the colored races. See James F. King, "The Case of José Ponciano de Ayarza: A Document on Gracias al Sacar", *Hispanic American Historical Review* 31, no. 4 (November 1951): 640–47.

124 *"Según las historias contadas, yo debería ser 100% blanco":* Javier Lizarzaburu, "Quién diablos soy?", *BBC Mundo*, Lima, 1 julio 2013. Although I have known Javier Lizarzaburu for decades and we have spoken of this often, all material on him recounted here is taken from his series for BBC, which ran from July 1–5, 8–12, 19, 2013, https://www.bbc.com/mundo/noticias/2013/07/130701_serie_adn_quien_diablos_soy_1_historias_sacadas_de_un_cajon.

126 *la feroz Leyenda Negra antiespañola:* According to scholar George Mariscal of the University of California, the Black Legend represents 450 years of European writings that have "cast Spain as the cruel, arrogant, irrational southern neighbor of the continent". Mariscal, "The Role of Spain in Contemporary Race Theory", *Arizona Journal of Hispanic Cultural Studies* 2 (1998): 7.

126 *"De todas las naciones bajo el cielo":* Edmund Spenser, "A View of the Present State of Ireland", http://www.luminarium.org/renascence-editions/veue1.html.

126   *"África empieza en los Pirineos"*: This phrase is often attributed to Alexandre
      Dumas, but historians agree it was probably French ambassador Dominique
      Dufour de Pradt who said essentially the same in his 1816 account of the Pen-
      insular War. K. Meira Goldberg, *Sonidos Negros* (New York: Oxford University,
      2019), 92.

Matices de la invisibilidad

127   *"No cruzamos la frontera, la frontera nos cruzó"*: This was a popular activist chant
      in protests throughout the American southwest and elsewhere in the United
      States. It was thought to have been inspired by the Chicano Movement of the
      1960s. Neil Foley, *Mexicans in the Making of America* (Cambridge, MA: Belknap
      Press, 2014), 147.

127   *los mexicano-estadounidenses se convirtieron en blancos a través de la ley:* Cybelle
      Fox and Irene Bloemraad, "Beyond 'White by Law': Explaining the Gulf in
      Citizenship Acquisition between Mexican and European Immigrants, 1930",
      Social Forces 94, no. 1 (September 2015): 183.

128   *Antes no tenían semejantes ambiciones:* Brandon Morgan, "The Border Crossed
      Us", section of chapter 8, "U.S. Conquests of New Mexico", in *The History of
      New Mexico* (Albuquerque: Central New Mexico Community College, 2015).

128   *un artículo publicado en 1839 en La Luna:* Quoted in Anthony Mora, *Border Di-
      lemmas: Racial and National Uncertainties in New Mexico, 1848–1912* (Durham,
      NC: Duke University Press, 2011), 47.

128   *entre los mexicanos había funcionado durante mucho tiempo la regla de una gota,
      pero al revés:* Laura E. Gómez, *Inventing Latinos: A New Story of American Rac-
      ism* (New York: New Press, 2020), 151.

128   *Al exigir la ciudadanía, exigían la blancura:* Neil Foley, "Mexican Americans and
      the Faustian Pact with Whiteness", in *Reflexiones, 1997: New Directions in Mexi-
      can American Studies,* ed. Neil Foley (Austin, TX: Center for Mexican Ameri-
      can Studies, 1998), 53–70; Laura E. Gómez, *Manifest Destinies: The Making of
      the Mexican American Race* (New York: New York University Press, 2007).

129   *los angloestadounidenses:* I am using the definition Brandon Morgan uses in
      his digital notes for *The History of New Mexico*, but applying it to Mexican
      Americans in general: "Although the term 'Anglo' broadly refers to anyone
      of British or Anglo-Saxon linguistic descent, in New Mexico history the term
      refers to people from the Eastern United States who first migrated to the area
      in the 1820s. Following the US-Mexico War, more and more Anglo Americans
      arrived in New Mexico in search of economic and political power during the
      territorial period."

129   *empezaron a culpar a los mexicanos de quitarles el trabajo:* Erin Blakemore, "The Brutal History of Anti-Latino Discrimination in America", History.com, last modified September 27, 2017.

129   *Estados Unidos expulsó por la fuerza a dos millones de personas de ascendencia mexicana:* Gómez, *Inventing Latinos*, 29.

129   *en 1930, la palabra "mexicano" apareció de repente en el cuestionario del censo:* Julie Dowling, quoted in Gene Demby, "On the Census, Who Checks 'Hispanic,' Who Checks 'White,' and Why", *Code Switch*, NPR, June 16, 2014.

129   *la verdadera asimilación era poco más que una esperanza hueca:* I am using Laura E. Gómez's characterization here. Gómez, *Inventing Latinos*, 179.

129   *Franklin D. Roosevelt... utilizó el censo de 1930 para reunir a los estadounidenses de origen japonés:* Dowling, in "On the Census, Who Checks 'Hispanic,' Who Checks 'White,' and Why".

129   *"Me acuerdo", dice:* "Drafted to Fight for the Country That Hurt Him", *Morning Edition*, NPR, April 5, 2013.

130   *"A la vuelta de la esquina":* Ibid.

130   *"Una cosa que nos pareció realmente fascinante fue ir a lugares como Medicine Bow":* University of Arizona professor David Taylor and Mexican artist Marcos Ramirez set out in July of 2014 to mark the original US border with Mexico (that is, the one with the Viceroyalty of New Spain before 1821 and the subsequently independent republic). See "Delimitations: A survey of the 1821 border between Mexico and the United States", https://delimitationsblog .tumblr.com/. Also: Carolina Miranda, "Why two artists surveyed the U.S.-Mexico border . . . the one from 1821", *Los Angeles Times*, July 22, 2016.

130   *más de uno de cada nueve estadounidenses es de origen mexicano:* There are more than 40 million people of Mexican origin in this country. Against a population of 330 million, they represent 12 percent.

130   *en 1940 la mayor parte de los mexicano-estadounidenses eran nativos:* Mario T. García, quoting the U.S. Census, *The Latino Generation* (Chapel Hill, NC: University of North Carolina Press, 2014), 14.

130   *más del setenta por ciento de los estadounidenses de origen mexicano ha nacido en Estados Unidos:* US Census, B05006, "Place of Birth for the Foreign-Born Population in the United States, 2019 American Community Survey 1-Year Estimates". United States Census Bureau, July 1, 2019.

130   *un tercio de ellos afirma que sufre racismo a diario:* T. H. Chan, "Poll finds one-third of Latinos say they have experienced discrimination in their jobs and when seeking housing", Harvard School of Public Health Press Release, November 1, 2017.

130 *encontró finalmente su expresión contraria en el movimiento chicano:* Marita Hernandez, "Chicano Movement: Generation in Search of Its Legacy", *Los Angeles Times,* August 14, 1983.

131 *"Nos movía una ira ardiente y apasionada":* Ibid.

131 *el chicano William C. Velásquez quien, tras años de encabezar marchas de protesta:* For the full story of Willie Velásquez, see Juan A. Sepúlveda Jr.'s excellent biography, *Life and Times of Willie Velásquez* (Houston: Arte Publico Press, 2006). Also useful is Hector Galán's documentary on Velásquez, "Willie Velásquez: Your Vote Is Your Voice", which premiered on PBS in 2016.

132 *los chicanos adelantaron en gran medida la adopción plena y participativa de la latinidad:* Marlene Santos, "How the Roots of the Chicano Movement Are Present Today", Nueva Verdad Publicación (NUVE), November 7, 2019.

El censo y la latinidad

132 *"El pecado original de la Constitución":* Gómez, *Inventing Latinos,* 143.

132 *masacró hasta trescientos hombres, mujeres y niños:* Myles Hudson, "Wounded Knee Massacre", *Encyclopedia Britannica,* https://www.britannica.com/event/Wounded-Knee-Massacre. There would be more skirmishes after Wounded Knee; the Indian Wars began in 1622 with the Jamestown Massacre and lasted until 1924.

132 *El censo… proclamó que la frontera "indeterminada" ya no existía:* US Census, "Following the Frontier Line", 1880s, 1890s, September 6, 2012, https://www.census.gov/dataviz/visualizations/001/.

133 *En 1850, año histórico, los funcionarios empezaron a registrar algo más que los hombres blancos cabeza de familia y el número de esclavos:* US Census figures, 1850.

133 *en 1860… el censo empezó a contar a los indígenas:* US Census figures, 1860.

134 *"una forma de vigilancia":* Naomi Mezey, "Erasure and Recognition: The Census, Race, and the National Imagination", *Northwestern University Law Review* 97 (2003): 1730.

134 *el inventario de indígenas de 1860 registró apenas cuarenta mil nativos americanos:* US Census figures, 1860.

134 *la cifra real era casi diez veces mayor:* 340,000 to be exact. James P. Collins, "Native Americans in the Census, 1869–1890", *Prologue* 38, no. 2 (Summer 2006), https://www.archives.gov/publications/prologue/2006/summer/indian-census.html.

134 *Los afroamericanos… se negaron a cooperar:* Richard Reid, "The 1870 United States Census and the Black Undernumeration", *Histoire sociale/Social History,* York University, Canada, file://Users/aranam/Downloads/admin,+hss h28n56_reid%20(4).pdf.

134 *midiendo no sólo a indígenas, chinos, hindúes, coreanos y japoneses:* This was the 1890 census. US Census figures, 1890.

134 *Hacia 1900, cuando ya había un mínimo de medio millón de personas de origen hispano-americano:* James Gregory, "Latinx Great Migrations", *America's Great Migration Project*, Civil Right and Labor History Consortium, University of Washington, https://depts.washington.edu/moving1/latinx_migration.shtml.

135 *la Liga de Ciudadanos Latinoamericanos Unidos:* Dowling, in "On the Census, Who Checks 'Hispanic,' Who Checks 'White,' and Why".

135 *la Revolución Mexicana... empujó a entre seiscientos mil y más de un millón de mexicanos hacia el norte:* "Immigration and Relocation in U.S. History: A Growing Community", Library of Congress online, https://www.loc.gov/classroom-materials/immigration/mexican/a-growing-community/;"Revolution and War, 1910 to 1921," *Mexican Emigration to the United States 1897–1931: Socio-Economic Patterns*, https://open.uapress.arizona.edu/.

135 *unos Estados Unidos que eran blancos en un noventa por ciento:* The exact figure was actually 89.8 percent. D'Vera Cohn, "The 1940 Census: A Few FAQs", Pew Research Center online, last modified April 3, 2012, https://www.pewresearch.org/social-trends/2012/04/03/the-1940-census-a-few-faqs/.

136 *"Por supuesto, sería una exageración atribuir la racialización":* Kenneth Prewitt, "A Nation Imagined, A Nation Measured: The Jeffersonian Legacy", in *Across the Continent: Jefferson, Lewis & Clark, and the Making of America,* ed. Douglas Seefeldt, Jeffrey L. Hantman, and Peter S. Onus (Charlottesville: University of Virginia Press, 2004), 152.

136 *En 1960, el número oficial de personas "de apellido español":* "Table 1. Nativity, Parentage, and Country of Origin of White Persons of Spanish Surname, by Sex, for Five Southwestern States, Urban and Rural: 1960", US Census online, https://www2.census.gov/library/publications/decennial/1960/population-volume-2/41927938v2p1a-1ech04.pdf.

136 *también aparecían como "blancos" en el censo:* Camilo Vargas and Marlon Bishop, "The Invention of Hispanics", *Latino USA*, Futuro Media, May 22, 2015.

El nacimiento de "lo hispano"

136 *"Nixon nos encontró. Él nos hizo conocidos y famosos":* Henry M. Ramirez, *A Chicano in the White House: The Nixon No One Knew* (self-pub., Maryland, 2014), 19.

137 *"Sé quiénes son ustedes los mexicanos":* Quoted by Henry Ramirez, director of the Cabinet Committee on the Opportunities of Spanish Speaking People, "Nixon Now Podcast—Henry Ramirez on Richard Nixon and the Mexican Diaspora", Nixon Foundation, May 19, 2018, nixonfoundation.org.

137 *"Esta nación está especialmente en deuda con la cultura hispana"*: President Richard M. Nixon, Proclamation, September 12, 1969, quoted in "Richard Nixon and Hispanic Heritage", Richard Nixon Foundation, September 15, 2014.

138 *"Cuenten con nosotros. Inviertan en nosotros"*: Henry Ramirez, "Nixon Now Podcast".

138 *Hagámoslo. Todo. Iniciemos el papeleo:* Ibid.

138 *Se consagró al obispo mexicano-estadounidense Patricio Flores:* Flores was consecrated on May 5, 1970. Adrian Chavana, "Flores, Patricio Fernández", *Texas State Historical Association*, TSHA handbook online.

139 *con los años, le seguiría una serie de tesoreras latinas:* After Nixon appointed Romana Acosta Bañuelos, Latina US treasurers would be appointed by presidents from both parties: Katherine Davalos Ortega, appointed by Ronald Reagan and then by George H. W. Bush; Catalina Vasquez Villalpando, a George H. W. Bush appointee; Rosario Marin, appointed by George W. Bush; Anna Escobedo Cabral, appointed by George W. Bush; Rosie Rios, appointed by Barack Obama; and Jovita Carranza, appointed by Donald Trump.

139 *Nixon escogió a más hispanos para altos cargos que John F. Kennedy, Lyndon B. Johnson:* Jessie Kratz, "President Nixon and the Hispanic Strategy", National Archives, Pieces of History, October 3, 2014.

139 *la Casa Blanca empezó a presionar a la Oficina del Censo para que contara a las "personas de origen español"*: Cristina Mora, author of *Making Hispanics: How Activists, Bureaucrats, and Media Created a New American*, in an interview with Shereen Marisol Meraji, "Who Put the 'Hispanic' in Hispanic Heritage Month", *Code Switch*, podcast, NPR, September 23, 2017.

139 *Nixon creó la primera campaña integral para ganar el "voto hispano"*: Mora, in Meraji, "Who Put the 'Hispanic' in Hispanic Heritage Month?".

139 *clubes Viva Kennedy:* See Ignacio M. García, *Viva Kennedy: Mexican Americans in Search of Camelot* (College Station: Texas A&M University Press, 2000).

139 *Y aunque Lyndon Johnson era muy consciente de la existencia de los mexicanos en Texas:* Julie Leininger Pycior, "Mexican Americans and Lyndon Johnson in 1967", *Western Historical Quarterly* 24, no. 4 (November 1993): 469–94.

139 *Nixon… había conseguido aumentar el voto hispano del cinco al cuarenta por ciento:* Kratz, "President Nixon and the Hispanic Strategy".

140 *el proyecto de ley para conceder la amnistía a dos millones de mexicanos estadounidenses indocumentados:* Ramirez, "Nixon Now Podcast".

140 *la "Estrategia Hispana de Nixon"*: Kratz, "President Nixon and the Hispanic Strategy".

140 *la población latina se había más que duplicado, pasando de nueve a diecinueve*

millones : 18.9 million, to be exact. C. Denavas and M. A. Hall, *The Hispanic Population in the United States, Current Population Reports* (series P-20, Population Characteristics) 434 (December 1988): 1–89, https://pubmed.ncbi.nlm .nih.gov/12158799/.

Salida del sótano de una ciudad de acero

141 *"Esta tarde ella ha hecho historia"*: President Bill Clinton, speech on affirmative action at the National Archives, July 19, 1995, quoted in US Department of State Archive (2001–2009), Biography: Carolyn Curiel, Ambassador to Belize.

141 *Carolyn Curiel, mexicano-estadounidense de tercera generación:* Carolyn Curiel, author interviews, both in person and via email, June 2–12, 2021 and May 22–28, 2023.

141 *"En East Chicago, Indiana, donde mi padre trabajaba en las acerías"*: For background on East Chicago, the Rust Belt, and Latinos, see Emiliano Aguilar, "East Chicago's Failed Utopian Visions", *Belt Magazine*, July 1, 2021.

142 *"Nos trataban como a inferiores"*: A good source on Mexican schools in general can be found in Vicki L. Ruiz, "South by Southwest: Mexican Americans and Segregated Schooling, 1900–1950", *OAH Magazine of History* 15, no. 2 (Winter 2001): 23–27.

142 *un México azotado por el hambre y ciclos mortales de tifus:* There were twenty-two large-scale typhus epidemics in Mexico between 1655 and 1918. For more information on this, see Jordan N. Burns, Rudolfo Auna-Soto, and David W. Stahle, "Drought and Epidemic Typhus, Central Mexico, 1655–1918", *Journal of Emerging Infectious Diseases* 20, no. 3 (March 2014): 442–47.

142 *Entre 1900 y 1930, decenas de miles de trabajadores mexicanos inundaron el estado:* "The History of Kansas Railroads", Kansas Department of Transportation, https://www.ksdot.org/bureaus/burRail/rail/railroads/history.asp.

144 *acabó convirtiendo a Inland en el mayor empleador de mexicanos del país:* Benjamin Turpin, "Inland Steel", *Clio: Your Guide to History,* May 4, 2020, accessed July 5, 2022, https://www.theclio.com/entry/98191.

144 *"Cuando contrato a mexicanos en la puerta"*: Ibid.

145 *El padre de Sylvia… arrendatario de una huerta cercana:* Mendez had leased a farm from a Japanese family who was being sent off to an internment camp. Laura E. Gómez describes the Mendez case amply in *Inventing Latinos*, 107–8, 125.

145 *las leyes de California permitían la segregación de determinados grupos raciales:* The *Mendez* case would have unexpected blowback, however. Arguing that it was unlawful for Mexican children to be barred from white schools because

they were not listed as one of the undesirable races—and thus maintaining that they were legally "white"—would thrust Latino-black relations into an awkward position. Gómez, *Inventing Latinos*, 94–96, 100–103.

146 *Entre 1914 y 1931 se habían presentado y juzgado casos similares:* For an excellent summary of these cases see Ruben Donato and Jarrod Hanson, "Mexican-American resistance to school segregation", *Phi Delta Kappan* 100, no. 5 (January 21, 2019): 39–42.

148 *Méndez contra Westminster:* Caitlin Yoshiko Kandil, "Mendez vs. segregation: famed case isn't just about Mexicans. It's about everyone coming together", *Los Angeles Times,* Daily Pilot, April 17, 2016.

148 *"fomentar antagonismos en los niños":* This was Judge Paul J. McCormick, as quoted in "BRIA 23 2 c *Mendez v Westminster:* Paving the Way to School Desegregation", *Bill of Right in Action* 23, no. 2 (Summer 2007), https://www.crf-usa.org/bill-of-rights-in-action/bria-23-2-c-mendez-v-westminster-paving-the-way-to-school-desegregation.

148 *el gobernador Earl Warren:* "BRIA 23 2 c *Mendez v Westminster*".

El virus del colorismo latino

149 *"Cuando comprobemos que ninguno de nosotros es puro":* Carlos Fuentes, *The Buried Mirror* (New York: Houghton Mifflin, 1992), 193.

149 *no somos sólo la raza que vemos en el espejo:* The difference is called racial identity versus street race. Luis Noe-Bustamante et al., "4. Measuring the Racial Identity of Latinos", in *Majority of Latinos Say Skin Color Impacts Opportunity in America and Shapes Daily Life,* Pew Research Center online, last modified November 4, 2021, https://www.pewresearch.org/hispanic/2021/11/04/measuring-the-racial-identity-of-latinos/.

150 *"Todos somos de La Mancha":* Fuentes, *The Buried Mirror*, 192.

150 *Somos gente de la mancha:* A direct quote from my book *Silver, Sword, and Stone,* 345.

150 *en 2010, más del cincuenta por ciento de los latinos… afirmaron que eran blancos:* Noe-Bustamante et al., "Measuring Racial Identity of Latinos".

150 *el ochenta por ciento incluso describió que su piel ocupaba el lado más claro del espectro:* Yadon/Ostfeld Test Scale, quoted in Noe-Bustamante et al., "Measuring Racial Identity of Latinos".

150 *ser de "alguna otra raza", una categoría "excluyente" que ha empezado a tener graves consecuencias en el procesamiento de datos:* Hansi Lo Wang, "1 in 7 People Are 'Some Other Race' on the US Census. That's a Big Data Problem", *Weekend Edition Sunday,* NPR, September 30, 2021.

150 *De repente, sólo veinte por ciento dijo que era blanco:* "Hispanic or Latino Origin by Race: 2010 and 2020", Table 4. United States Census, https://www2.cen sus.gov/programs-surveys/decennial/2020/data/redistricting-supplemen tary-tables/redistricting-supplementary-table-04.pdf.

150 *surgió una tercera gran categoría para los latinos: "dos o más razas":* "Hispanic or Latino Origin by Race: 2010 and 2020", Table 4.

150 *En apenas una década, el número de latinos mestizos había aumentado casi un seiscientos por ciento:* Ibid.

151 *"Hasta que llegué a Nueva York, no sabía que era negro":* Chiqui Vicioso, as quoted in Earl Shorris, *Latinos: A Biography of the People* (New York: W. W. Norton, 1992), 146.

151 *"Internet no llegaba a los negros y algunos hispanos":* Michel Marriott, "Digital Divide Closing as Blacks Turn to Internet", *New York Times*, March 31, 2006.

151 *"siguen existiendo diferencias de rendimiento entre los estudiantes blancos, negros e hispanos": Fox News*, as quoted in Amitai Etzioni's "Don't 'Brown' the Hispanics", *Nieman Reports*, September 15, 2006.

151 *Marco A. Davis, actual presidente del Congressional Hispanic Caucus Institute:* Marco A. Davis interview, July 19, 2021. Davis's father is a Cuban-born Jamaican; his mother, a Mexican, was born in Guadalajara.

152 *los hispanos desaparecen por completo del panorama:* This point is made very firmly in Etzioni's piece "Don't 'Brown' the Hispanics".

152 *"Estamos aquí para forjar un nuevo camino, luchar contra lo binario":* Junot Díaz, author interview, June 18, 2021.

152 *"cambiaremos inevitablemente América desde dentro":* Ed Morales, *Latinx: The New Force in American Politics and Culture* (New York: Verso, 2018), 26.

152 *Cuando José Vasconcelos, el filósofo de los años veinte, llamaba a los mexicanos* la raza cósmica: The argument, written and published in Mexico in 1925 before Vasconcelos ran for the presidency in 1929, can be read in translation: Juan Vasconcelos, *The Cosmic Race* (Baltimore: Johns Hopkins University Press, 1997).

153 *"¡La población no tardará en unificarse completamente en una nueva y hermosa raza blanca!":* Argentina, Second National Census 1895, 48.

El color del idioma

153 *"Mi padre tomó la decisión de privarme de un idioma":* Cecile Pineda, in "Imagining a Community: An Interview with Cecile Pineda, Francisco Lomeli, Mission Beach, California, February 23, 1996, from Cecile Pineda, *Face* (San Antonio, TX: Wings Press, 2013), 166.

153 *Los latinos no sólo empiezan a perder en este país su dominio del español en la tercera*

generación: Two interesting articles on the loss of centuries-old dialects or the creation of peculiar varieties of Spanglish: Simon Romero, "New Mexico is Losing a Form of Spanish Spoken Nowhere Else on Earth", *New York Times*, April 9, 2023; and Richard Luscombe, "'Get Down from the Car': Unique Miami Dialect Traced to Cuban Influence", *Guardian*, June 19, 2023.

154 *En la cuarta generación, sólo la mitad de las personas con ascendencia hispana dicen ser hispanas:* Mark Hugo Lopez, Ana Gonzalez-Barrera, and Gustavo López, *Hispanic Identity Fades Across Generations as Immigrant Connections Fall Away*, Pew Research Center online, last modified December 20, 2017, https://www.pewresearch.org/hispanic/2017/12/20/hispanic-identity-fades-across -generations-as-immigrant-connections-fall-away/.

154 *Mientras que en las décadas de 1980 y 1990 el número de latinos aumentaba:* Jens Manuel Krogstad and Mark Hugo Lopez, *Hispanic Nativity Shift*, Pew Research Center online, last modified April 29, 2014, https://www.pewresearch.org /hispanic/2014/04/29/hispanic-nativity-shift/.

154 *Entre 2000 y 2010 se registraron casi diez millones de nacimientos hispanos:* To be exact, it was 9.6 million Hispanic births and 6.5 million immigrant arrivals during that decade span. Krogstad and Lopez, *Hispanic Nativity Shift*. See also Lopez, Gonzalez-Barrera, and López, *Hispanic Identity Fades Across Generations.*

154 *el número de inmigrantes recién llegados de América Latina disminuyó:* Ibid.

154 *Un cuarenta por ciento de los latinos nacidos en este país se casa con no latinos:* Gretchen Livingston and Anna Brown, "1. Trends and Patterns in Intermarriage", in *Intermarriage in the U.S. 50 Years After Loving v. Virginia*, Pew Research Center online, last modified May 18, 2017, https://www.pewresearch.org /social-trends/2017/05/18/1-trends-and-patterns-in-intermarriage/.

154 *la mitad de los hispanos con una licenciatura se casan fuera de la comunidad:* Livingston and Brown, "1. Trends and Patterns in Intermarriage."

154 *Lo más probable es que lo hagan con blancos:* Brittany Rico, Rose M. Kreider, and Lydia Anderson, "Growth in Interracial and Interethnic Married-Couple Households", United States Census, July 9, 2018.

155 *aunque casi veinte por ciento de todas las personas de este país se identifican abiertamente como hispanos, un once por ciento de los estadounidenses con ascendencia hispana por una u otra razón se resisten a asumirla:* Lopez, Gonzalez-Barrera, and López, *Hispanic Identity Fades Across Generations.*

CAPÍTULO 6: LA "LÍNEA DE COLOR"

156 *"Están los mexicanos de ojos verdes":* Sandra Cisneros, *Caramelo* (New York: Alfred A. Knopf, 2003), 353.

Blancura

156 *"La eterna pregunta a que me enfrento: '¿Eres hispano?'"*: Don Podesta, "When Language and Culture Are More Telling Than Race", *Washington Post*, May 16, 1997. The quote is edited for clarity.

156 *Valeria Meiller seguía indignada por la caracterización que el periodista hizo del tema en cuestión:* Valeria Meiller, author interview, September 16, 2021.

157 *"La argentina Taylor-Joy es la primera mujer de color que gana esta categoría"*: I cite the original quote from *Variety*, February 28, 2021, before the article was pulled and edited. "Anya Taylor-Joy Classified as Woman of Color in *Variety* Magazine", *Marca: Cinema* (English version), Madrid, March 3, 2021. The edited version and its note: "Taylor-Joy is the first Latina to win in this category. Updated: This story has been updated. A previous version identified Anya Taylor-Joy as a person of color. She has said she identifies as a white Latina". Danielle Turchiano, "Queen's Gambit Wins Golden Globes for Best Limited Series, Actress for Anya Taylor-Joy", *Variety*, February 28, 2021.

157 *"Soy consciente del hecho de que no parezco la típica persona latina"*: Anya Taylor-Joy, quoted in Perez Hilton, "Variety Calls Anya Taylor-Joy the 'First Person of Color' to Win That Golden Globe Since Queen Latifah", https://perezhilton.com/anya-taylor-joy-variety-golden-globes-person-color-latina/.

158 *En el siglo que separó 1850 de 1950, seis millones de europeos llegarían a Argentina:* Figures run anywhere from 5.8 to 6.6 million. Benjamin Bryce, "Paternal Communities: Social Welfare and Immigration in Argentina", *Journal of Social History* 49, no. 1 (Fall 2015): 215–16.

158 *el general Julio Argentina Roca… ordenó el genocidio a sangre fría del pueblo mapuche:* Rory Carroll, "Argentinian Founding Father Recast as Genocidal Murderer", *Guardian*, January 13, 2011.

158 *En Estados Unidos viven menos de quinientos mil latinos procedentes de estos países:* Argentine, 278,240; Chilean, 173,787; Paraguayan, 24,217; total 476,244. Pew Research Center figures, 2020.

158 *"país blanqueado"*: Valeria Meiller, interviews.

158 *el noventa y siete por ciento de sus compatriotas argentinos son blancos:* "Argentina: Demographics Profile", Index Mundi, July 2021, https://www.indexmundi.com/argentina/demographics_profile.html.

158 *a principios del siglo XIX los negros representaban un tercio de los habitantes:* Lyman J. Johnson, "The Afro-Argentines of Buenos Aires, 1800–1900", *Hispanic American Historical Review* 61, no. 4 (November 1, 1981): 731–33, https://doi.org/10.1215/00182168-61.4.731; Cristina Olulode, "Argentina's Forgotten African Roots", *Buenos Aires Times*, June 13, 2020.

159 *"Como latinos, nuestra relación con la blancura es nuestra tragedia y nuestra comedia"*: Hector Tobar, *Our Migrant Souls: A Meditation on Race and the Meanings and Myths of "Latino"* (New York: Farrar, Straus and Giroux, 2023), 89.

159 *"Es una situación donde todos ganan"*: Francisco Perdomo, interview, January 4, 2022.

159 *los hispanos morenos han visto que los empleos más cotizados… iban a parar a manos de sus hermanos y hermanas más blancos:* "Majority of Latinos Say Skin Color Impacts Opportunity in America and Shapes Daily Life", Pew Research Center, November 4, 2021, https://www.pewresearch.org/hispanic/wp-content/uploads/sites/5/2021/11/RE_2021.11.04_Latinos-Race-Identity_FINAL.pdf.

159 *"Por supuesto que Yale acepta a hispanoamericanos"*: Nelson Agelvis, international educational consultant and college counselor, *Quora*, #551078153, November 27, 2018.

159 *Antonio Banderas, español y blanco:* Lucía Benavides, "Why Labeling Antonio Banderas a 'Person of Color' Triggers Such a Backlash", *NPR* online, last modified February 18, 2020, https://www.npr.org/2020/02/09/803809670/why-labeling-antonio-banderas-a-person-of-color-triggers-such-a-backlash.

160 *"el único otro latino en la mesa era un argentino rubio"*: Curiel, author interviews.

160 *Carolina Santa Cruz, empresaria latina blanca de éxito:* Carolina Santa Cruz, interviews for a front-page feature: Marie Arana, "Three Marielitos, Three Manifest Destinies", *Washington Post*, July 19, 1996.

160 *desde 1966 hasta 2017, los agentes fronterizos que tramitaban las entradas les concedían privilegios especiales a los cubanos blancos:* All that stopped in January 2017. During the very last days of his presidency, Barack Obama announced an abrupt end to the policy. Cubans began to be turned away at the Mexican border and treated like any other immigrant without a visa. It didn't mean they didn't come in anyway—illegally—to cast their fortunes among the undocumented. President Trump did not change the policy, although Cuban Americans—who largely supported him—thought he would. At this writing, President Biden has taken a more lenient stance. Mariakarla Nodarse Venancio, "The Biden Administration Takes Constructive First Steps on Cuba Relations", WOLA: Advocacy for Human Rights in the Americas, May 19, 2022, https://www.wola.org/analysis/biden-administration-takes-positive-steps-on-cuba/.

160 *Los funcionarios de inmigración los hacían pasar a toda prisa por delante de los centroamericanos o los negros caribeños:* Julia Preston, "Cuban Migrants Cross into the U.S.", *New York Times*, February 12, 2016.

161 *El comienzo en Estados Unidos de Lissette Méndez fue un viaje caótico:* Lissette Méndez, interviews, July 22, 2021.

161 *"Éramos pobres":* Méndez, interviews, July 22, 2021. All the quotes that follow are from these interviews.

162 *el ochenta y cinco por ciento de los cubano-estadounidenses de Miami son blancos:* Arturo Dominguez, "Anti-Blackness in the Cuban Diaspora", *Latino Rebels*, July 30, 2021, latinorebels.com.

162 *La Cuba que ha quedado... es ahora mayoritariamente negra:* Arturo Dominguez, "Anti-Blackness in the Cuban Diaspora." The four migrant waves from Cuba are as follows: 1959–1962, flight by upper- and upper-middle class Cubans of high economic station; 1965–1974, in orderly migrations known as the "freedom flights"; 1980, with the helter-skelter arrival of the Marielitos; 1989 to the present, in *balseros* (improvised rafts), border crossings from Mexico, and a visa lottery system organized by both countries.

163 *dos terceras partes de la población de Cuba son de raza negra:* US Department of State, Archive, "Cuba: Country Information", People, Ethnic groups: 51 percent mulatto, 11 percent black, 37 percent white, 1 percent Chinese. Information released January 20, 2009, to present. See also Julia Cooke, "Amid sweeping changes in US relations, Cuba's race problem persists", *Al Jazeera America*, August 13, 2015.

163 *Algunos estudiosos afirman que el porcentaje probablemente se acerque al setenta y dos por ciento:* Esteban Morales Domínguez, *Desafíos de la problemática racial en Cuba* (Havana: Fundación Fernando Ortiz, 2007); "Cuba Briefing Sheet", afrocubaweb.com/cuba-racial-talking-points.pdf.

163 *Ni siquiera el abandono blanco de Sudáfrica tras el apartheid puede compararse:* Since 1995, some eight hundred thousand whites have left South Africa out of a population of four million. At more than double that number, the Cuban exodus has been vastly greater. Scott C. Johnson, "South Africa's New White Flight", *Newsweek*, February 13, 2009.

163 *Como lo ha documentado la historiadora Ada Ferrer:* I owe a debt of gratitude to this clear-eyed book, which won the Pulitzer Prize in 2022. Ada Ferrer, *Cuba: An American History* (New York: Scribner, 2021), 416. For information on blackness of Marielitos, see Monika Gosin, "The Mariel Boatlift, Haitian Migration, and the Revelations of the 'Black Refugees'", *Anthurium: A Caribbean Studies Journal* 17, no. 2 (2021): 7, doi: http://doi.org/10.33596/anth.457.

164 *hay unos dos millones y medio de residentes de origen cubano en Estados Unidos:* "Latino Population by Nativity and Origin: Total Cuban-Origin Population", Pew Research Center raw Excel charts, 2018 figures.

164 *Representan más de una cuarta parte de la población de Cuba:* The population of Cuba in 2021 was approximately eleven million.

165 *casi el ochenta por ciento habla española en casa:* Gustavo López, "Hispanics of Cuban Origin in the United States, 2013", Pew Research Center online, last modified September 15, 2015, https://www.pewresearch.org/hispanic/2015/09/15/hispanics-of-cuban-origin-in-the-united-states-2013. Also Brittany Blizzard and Jeanne Batalova, Migration Policy Institute, June 11, 2020, and "Profile: Hispanic/Latino Americans", US Department of Health and Human Services Office of Minority Health, https://minorityhealth.hhs.gov/omh/browse.aspx?lvl=3&lvlid=64. Only the Central Americans register as higher use of Spanish language at home, and that is because they are more recent immigrants.

165 *poseen más empresas que cualquier otro subconjunto de latinos:* Miguel Angel Centeno, lecture notes, "Sociology 338: Latinos in the US, Cubans in Miami", Princeton University.

165 *Casi el cuarenta por ciento de los nacidos aquí tienen título universitario o de posgrado:* López, "Hispanics of Cuban Origin in the United States, 2013."

165 *Sammy Davis Jr.:* Davis claimed all his life that he was Puerto Rican, but his biographer Will Haygood wrote that his mother was born in New York City to Cuban parents. Davis may have feared that anti-Cuban sentiments would hurt his record sales. Will Haygood, *In Black and White: The Life of Sammy Davis Junior* (New York: Alfred A. Knopf, 2003).

Negros como nosotros

166 *"Según los medios de comunicación hechos por nosotros":* Karla Cornejo Villavicencio, "The Spectacle of Latinx Colorism", *New York Times*, July 30, 2021.

166 *Cuando Antonio Delgado tomó juramento como vicegobernador de Nueva York:* Jeffery C. Mays and Luis Ferré-Sadurni, "Hochul's Lt. Governor Pick Says He is Afro-Latino. Some Latinos Object", *New York Times*, May 21, 2022.

167 *"Me parece curioso que a aquellos de nosotros con la piel negra":* Mays and Ferré-Sadurni, "Hochul's Lt. Governor Pick".

167 *"Llevamos demasiado tiempo influidos por la 'visión de la élite'":* Junot Díaz, author interview, May 14, 2021.

168 *Estos hermanos y hermanas tienden a concentrarse en la costa este y en el sur:* Ana Gonzalez-Barrera, "About 6 Million US Adults Identify as Afro-Latino", Pew Research Center online, last modified May 2, 2022; Gustavo López and Ana Gonzalez-Barrera, "Afro-Latino: A Deeply Rooted Identity Among U.S. Hispanics", Pew Research Center, March 1, 2016.

168　*Más de dos tercios sufren "doble discriminación":* Gonzalez-Barrera, "About 6 Million US Adults Identify as Afro-Latino."

168　*la gran mayoría de los afrolatinos se describe a sí misma como blanca:* López and Gonzalez-Barrera, "Afro-Latino".

168　*Sólo uno de cada cuatro afrolatinos se autodenomina negro:* Gonzalez-Barrera, "About 6 Million US Adults Identify as Afro-Latino".

168　*2 percent of the entire American population:* Gonzalez-Barrera, "About 6 Million US Adults Identify as Afro-Latino."

168　*Para algunos, eso conlleva al aterrador prospecto del borramiento:* Grace Asiegbu, "Blackness in Puerto Rico", *Medill Reports*, Medill School, Northwestern University, Winter 2020.

168　*"Al ritmo actual":* Christopher Rodriguez, "Statistical Genocide in Puerto Rico", "Sobre el proceso de blanqueamiento en PR", *Colectivo-Ilé*, posted on January 7, 2008. See also: Natasha S. Alford, "Why Some Black Puerto Ricans Choose 'White' on the Census", *New York Times*, February 9, 2020.

169　*Colectivo Ilé:* "Sobre Ilé", Colectivo Ilé, https://colectivo-ile.org/?page_id=8.

169　*en 2020... el cómputo de negros descendió drásticamente entre los puertorriqueños:* Alford, "Why Some Black Puerto Ricans Choose 'White' on the Census"; Associated Press, "Surprised by Census Results, Many in Puerto Rico Reconsider Views on Race," NBC News online, last modified October 15, 2021, https://www.nbcnews.com/news/latino/surprised-census-results-many-puerto-rico-reconsider-views-race-rcna3101.

169　*"Cuando estoy en la República Dominicana soy blanco":* Mario Álvarez, author interview, August 9, 2021.

170　*De los diez millones de cautivos que sobrevivieron al viaje:* "Trans-Atlantic Slave Trade—Database, Year Range 1501–1875", https://www.slavevoyages.org/voyage/database#tables.

170　*"Lo que me trajo al Nuevo Mundo fue mi negritud":* Junot Díaz, author interview, May 14, 2021.

170　*"Estados Unidos está tan obsesionado con las etiquetas":* Esmeralda Santiago, author interview, June 1, 2021.

170　*"La conquista de América fue cruel":* Mario Vargas Llosa, Nobel Prize acceptance speech, December 7, 2010, nobelprize.org.

Latinos asiáticos

171　*"A veces, los asiáticos se toman la libertad de decirme cosas despectivas":* Isabella Do-Orozco, author interview, December 2021.

171　*Isabella Do-Orozco, nacida en Wichita:* All information on the Do and Orozco families are taken from the author's interviews and correspondence with Isabella Do-Orozco (December 4, 2021, August 16, 2021, and August 2–9, 2022), and Sylvia Orozco (August 16, 2021).

171 *Los estudiantes que habían partido… eran en su mayoría blancos de Nueva Inglaterra:* "Robert R. Taylor: First Black Student at MIT", MIT Black History, https://www.blackhistory.mit.edu/story/robert-r-taylor.

171 *tres de cada cuatro estudiantes universitarios en el MIT son estadounidenses no blancos:* "Enrollment Statistics", MIT Facts, 2021–2022, https://facts.mit.edu/enrollment-statistics/; "MIT Racial/Ethnic Diversity of Undergraduates", College Factual, Massachusetts Institute of Technology, accessed August 2, 2022, https://www.collegefactual.com/colleges/massachusetts-institute-of-technology/student-life/diversity/.

171 *un minúsculo subconjunto de apenas seiscientas mil personas:* The last time the US Census Bureau counted Asian Latinos appears to have been in 2010, and their figure was 598,000. UnidosUS confirms that they amount to 3 percent of the total Asian American population (22 million total), which is 660,000. "Understanding the Diverse Origins and Experiences of Asian Latinos", Progress Report, UnidosUS, August 22, 2021; "Overview of Race and Hispanic Origin: 2010", 2010 Census Briefs, March 2011, 14, https://www.census.gov/content/dam/Census/library/publications/2011/dec/c2010br-02.pdf. It cites the figure as 1.2 percent of the total US population.

172 *"dar por perdido Vietnam del Sur como una mala inversión":* This was Major General John E. Murray in a cable, George Veith, *Black April: The Fall of South Vietnam, 1973–75* (New York: Encounter Books, 2012), 59.

172 *Más de un millón de personas desesperadas abandonaron Vietnam del Sur:* See Nghia M. Vo, *The Vietnamese Boat People, 1954 and 1975–1992* (Jefferson, NC: McFarland, 2006), 193.

172 *los barcos oxidados se convirtieron en blanco fácil de los piratas tailandeses:* Vo, *The Vietnamese Boat People,* 146–47.

172 *Unos cuatrocientos mil vietnamitas murieron en la travesía:* Estimates range from 250,000 to 400,000 dead; others say as many as 70 percent of the 2 million who fled Vietnam between 1975 and 1990 died at sea. Vo, *The Vietnamese Boat People,* 167; R. J. Rummel, "Statistics of Vietnamese Democide: Estimates, Calculations, and Sources", "Statistics of Democide", Table 6.1B, http://www.hawaii.edu/powerkills/SOD.CHAP6.HTM.

172 *la marina no había recibido órdenes militares de salvar a vietnamitas que se encontraran a la deriva en altamar:* The rules of rescue can be found in the "International Convention on Maritime Search and Rescue, Adoption: 27 April 1979;

Entry into force: 22 June 1985", International Maritime Organization, imo .org.

174 *El mito predominante en Estados Unidos:* Andrew Van Dam, "Today's Immigrants Rise Right on Par with Ellis Island Arrivals", *Washington Post* online, July 10, 2022, accessed July 12, 2022, https://www.washingtonpost.com /business/2022/07/01/ancestry-genealogy-immigration/. I owe some of the phrasing to this excellent article.

175 *"Los mexicanos de hoy tienen la misma movilidad ascendente que los ingleses y noruegos":* Census Bureau via IPUMS, Leah Boustan (Princeton University) and Ran Abramitzky (Stanford University); Van Dam, "Today's Immigrants Rise Right on Par with Ellis Island Arrivals".

175 *Los primeros asiáticos que habitaron el Nuevo Mundo fueron marineros filipinos:* This history is amply described in Erika Lee's fine book *The Making of Asian America* (New York: Simon & Schuster, 2015).

176 *cuando Castro ascendió al poder, muchos emigraron a Nueva York, generando una proliferación de restaurantes chino–cubanos:* Robert Sietsema, "New York Just Lost La Caridad 78, One of Its Last Cuban-Chinese Restaurants", *Eater New York,* August 3, 2020.

176 *Hoy hay más de seis millones de latinoamericanos de ascendencia asiática:* Spanish speaking Latin America has more than four million. See "Los 10 países con más población Asiática de América Latina", Intercambio Cultural, *Bendito Extranjero,* April 12, 2021. Brazil Has 1.9 million Japanese Brazilians; see Gabriel Leão, "I Fear for Asian Communities in Brazil", *Al Jazeera,* April 2, 2021.

176 *Perú, la única nación fuera del Lejano Oriente que ha elegido a un presidente asiático:* Alberto Fujimori, a Japanese Peruvian, was president of Peru from 1990 to 2000 and was convicted for human rights abuses and embezzlement in 2009. His daughter Keiko has since run for the presidency more than once.

176 *la familia de Kelly Huang Chen:* "Understanding the Diverse Origins and Experiences of Asian Latinos".

176 *Amalia Chamorro, peruana de origen chino:* "Understanding the Diverse Origins and Experiences of Asian Latinos."

176 *Los descendientes de Valentina Álvarez y Rullia Singh:* Benjamin Gottlieb, "Punjabi Sikh–Mexican American Community Fading into History", *Washington Post,* August 13, 2012.

176 *"para preservar el ideal de homogeneidad estadounidense":* "The Immigration Act of 1924 (The Johnson-Reed Act)", Milestones 1921–1936, Office of the Historian, Department of State, history.state.gov.

177 *"subversivos" o "asquerosamente enfermos":* Felipe Fernández-Armesto, *Our*

America: A Hispanic History of the United States (New York: W. W. Norton, 2014), 246.

177 *El caso de Thind llegó hasta la Corte Suprema:* Sidin Vadukut, "Déjà View: Aryans in America", *Mint* online magazine, July 10, 2015, https://www.livemint.com/Opinion/xXujja7aZkNg5XSc8w8jJL/Aryans-in-America.html.

177 *"persona blanca de buen carácter":* H. R. 40, Naturalization Bill, March 4, 1790, Records of the US Senate, National Archives and Records Administration.

177 *"la mayor parte de nuestro pueblo rechaza instintivamente la idea de la asimilación":* United States vs. Bhagat Singh Thind, January 11, 1923–February 19, 1923. Justia, U.S. Supreme Court, https://supreme.justia.com/cases/federal/us/261/204/.

177 *Los asiáticos se convirtieron en los primeros inmigrantes ilegales:* Lee, *Making of Asian America*.

178 *En 1871... el mayor linchamiento colectivo de la historia de Estados Unidos:* Seventeen Chinese men were killed by a mob of five hundred, purportedly instigated by city leaders and unstopped by the Los Angeles police. John Johnson Jr., "How Los Angeles Covered Up the Massacre of 17 Chinese", *LA Weekly*, March 10, 2011.

178 *agentes conocidos como "cazadores de chinos":* Karan Mahajan, "The Two Asian Americas", *New Yorker*, October 21, 2015.

178 *la "línea de color":* The phrase is taken from Du Bois's writings: "the problem of the Twentieth Century is the problem of the color-line." W. E. B. Du Bois, *The Souls of Black Folk* (New York: Oxford University Press, 2007), 3.

178 *Franklin D. Roosevelt hizo un apasionado llamamiento para corregir ese "error histórico":* "Repeal of the Chinese Exclusion Act, 1943", Milestones: 1937–1945, Office of the Historian, history.state.gov/milestones.

178 *El racismo se convirtió en el factor unificador de la experiencia asiático estadounidense:* I owe these insights to the novelist Karan Mahajan, "Two Asian Americas".

178 *el presidente Franklin D. Roosevelt inició la derogación de las leyes de exclusión:* Franklin Roosevelt was the impetus behind Congress's reform in 1943. The laws weren't truly abolished until the 1965 Immigration Law, which loosened the strictures for Asian and Latin American immigrants. Nor did Congress acknowledge or apologize for the US government's blatantly racist views until Senate Resolution 201 (October 6, 2011), in which the US Senate expressed regret for the discriminatory practices against Chinese immigrants in the various acts.

179 *Orden Ejecutiva 9066:* Entered February 19, 1942; General Records of the United States Government; Record Group 11; National Archives.

179   *1.800 peruanos:* "Hearing before the Subcommittee on Immigration, Citizenship, Refugees, Border Security and International Law", Committee on the Judiciary, House of Representatives, 111th Congress, March 19, 2009, Serial No. 111-13, testimony of the witness Daniel M. Masterson, US Naval Academy.

179   *Alegando "seguridad hemisférica":* Erika Lee, "The WWII Incarceration of Japanese Americans Stretched Beyond U.S. Borders", *Time,* December 4, 2019.

179   *habían encerrado tras alambre de púas 120 mil estadounidenses de origen japonés:* Ibid.

179   *quemaba sus casas, escuelas y negocios:* According to Stephanie Moore, a scholar at the Peruvian Oral History Project, six hundred Peruvian houses, schools, and businesses were torched in the anti-Asian racism provoked by the war. Jaime Gonzalez de Gispert, "The Japanese-Peruvians interned in the US during WW2", *BBC Mundo,* Los Angeles, February 22, 2015.

179   *El niño japonés de cinco años que algún día sería presidente de Perú:* Two Alberto Fujimoris, both father and son, are cited in the Masterson testimony, "Hearing before the Subcommittee on Immigration".

179   *Una vez terminada la guerra, a la mitad de esas desventuradas familias latinoamericanas se les negó el regreso a sus países de origen:* Gispert, "Japanese-Peruvians interned in the US during WW2".

180   *a los estadounidenses de origen japonés que fueron internados a la fuerza durante la Segunda Guerra Mundial les ofrecieron 20 mil dólares de compensación:* Gispert, "The Japanese-Peruvians interned in the US during WW2."

180   *"Estoy orgullosa de mi herencia mexicana":* Gottlieb, "Punjabi Sikh–Mexican American Community Fading into History".

180   *"Cuando visitaba a la mexicanísima familia de mi madre en El Paso":* Author's interviews and correspondence with Isabella Do-Orozco, December 4, 2021, August 16, 2021, and August 2–9, 2022.

181   *"La gente me mira y asume que soy asiática":* Author's interviews and correspondence with Isabella Do-Orozco.

181   *"Como latina asiática, he tenido que":* Mekita Rivas, "5 Asian Latines Open Up About Their Cultural Identity", Remezcla, August 20, 2021.

181   *"No voy a mentir":* Lisa Murtaugh, quoted in Rivas, "5 Asian Latines Open Up About Their Cultural Identity".

182   *los latinos asiáticos… los dos grupos de inmigrantes más grandes y de más rápido crecimiento en Estados Unidos:* "By race and ethnicity, more Asian immigrants than Hispanic immigrants have arrived in the U.S. in most years since 2009", according to Abby Budiman, "Key Findings About U.S. Immigrants", Pew

Research Center online, last modified August 20, 2020, https://www.pewre
search.org/short-reads/2020/08/20/key-findings-about-u-s-immigrants/;
Abby Budiman and Neil G. Ruiz, "Asian Americans Are the Fastest Growing Immigrant Group in the U.S.", Pew Research Center online, last modified April 9, 2021, https://www.pewresearch.org/short-reads/2021/04/09
/asian-americans-are-the-fastest-growing-racial-or-ethnic-group-in-the-u-s/.

TERCERA PARTE: ALMAS

183   *"La latina que hay en mí es una brasa que arde eternamente"*: Sonia Sotomayor,
      in a speech to law students at Long Island's Hofstra University in 1996, as
      reported by the *Washington Post* and cited by Jolie Lee, "Sotomayor Said It:
      Notable Quotes from Supreme Court's First Latina Justice", *USA Today*, Au-
      gust 8, 2014.

CAPÍTULO 7: EL DIOS DE LA CONQUISTA

185   *"Dios existe"*: Octavio Paz, *Primeras letras, 1931–1943* (Madrid: Seix Barral,
      1988), 96.

185   *En comparación con los estadounidenses en general, somos más propensos a de-
      clarar una fe:* Paul Taylor et al., "V. Politics, Values and Religion", in *When
      Labels Don't Fit: Hispanics and Their Views of Identity*, Pew Research Center
      online, last modified April 4, 2012, https://www.pewresearch.org/hispanic
      /2012/04/04/v-politics-values-and-religion/. See also chap. 1, "Report:
      Exploring Catholic Identity," in U.S. Catholics Open to Non-Traditional
      Families", Pew Research Center online, last modified September 2, 2015,
      https://www.pewresearch.org/religion/2015/09/02/chapter-1-exploring
      -catholic-identity/.

186   *Simón Bolívar... afirmara que la religión era el cemento de América Latina:* See
      Arana, *Silver, Sword, and Stone*, 6.

186   *los inmigrantes de tercera generación a veces optan por no afiliarse a ninguna religión:*
      According to Taylor et al., "Politics, Values and Religion", almost 70 percent
      of foreign-born Latinos identify as Catholic. By the second generation, that
      figure drops to almost 60 percent. By the third generation, only 40 percent of
      Latinos identify as Catholic.

187   *"Me criaron católica"*: Numerous interviews with youths in college as well as
      high schoolers from Latino immigrant homes, 2021–2022. These same sen-
      timents were expressed, interestingly enough, in R. Stephen Warner, Elise
      Martel, and Rhonda E. Dugan, "Islam Is to Catholicism as Teflon Is to Vel-
      cro: Religion and Culture Among Muslims and Latinas", in *Sustaining Faith*

Traditions, ed. Carolyn Chen and Russell Jeung (New York: New York University Press, 2012), 50.

187 *"Mi madre es muy católica"*: Olga is a pseudonym for a student at the University of Illinois. See also Warner, Martel, and Dugan," "Islam Is to Catholicism", 51.

Cómo conquistó el nuevo mundo la iglesia católica

187 *"Con la fe, el azote de Dios entró en el país"*: Francesco G. Bressani, *Jesuit Relations* (1653), vol. 39, no. 141 (New York: Pageant 1959).

188 *España había despertado de siglos de dominación extranjera:* Much of this is taken from my own work and research in Arana, *Silver, Sword, and Stone*, 280–82.

188 *Santa Teresa de Ávila, la famosa mística carmelita:* Alonso Cortés, "Pleitos de los Cepeda", *Boletín de la Academia Española* 25 (1946): 85–110.

188 *los antepasados de Miguel de Cervantes:* Marion Fischel, "Did Cervantes's Family Have Jewish Roots?", *Jerusalem Post*, July 11, 2013; Jean Canavaggio, "Acerca de Cervantes", *Cervantes* (Madrid: Casa de Velázquez, 1997); "Miguel de Cervantes (1547–1616): Life and Portrait," Texas A&M University, tamu.edu. Cervantes was the "son of a surgeon who presented himself as a nobleman, although Cervantes's mother was a descendant of Jewish converts to Christianity".

188 *los antepasados de Cristóbal Colón:* Aron Hirt-Manheimer, "Did Columbus Have Jewish Roots", *Reform Judaism*, October 8, 2015, reform judaism.org.

188 *el cardenal Tomás de Torquemada:* His grandmother was a Jew, according to James Reston, *Dogs of God: Columbus, the Inquisition, and the Defeat of the Moors* (New York: Doubleday, 2005), 19.

189 *"a servir a Dios y a Su Majestad, y a enriquecerse"*: Bernal Díaz del Castillo, *The Conquest of New Spain* (1632), trans. John Ingraham Lockhart, vol. 1 (London: J. Hatchard & Son, 1845), Project Gutenberg online, accessed July 15, 2023, https://www.gutenberg.org/files/32474/32474-h/32474-h.htm.

189 *En el siglo XVI, la Iglesia católica se había convertido en una burocracia:* Arana, *Silver, Sword, and Stone*, 303–306.

189 *el Papa León X… supervisaba la venta de dos mil oficios eclesiásticos al año:* Pope Leo X was Giovanni de' Medici. See Klemens Loffler, "Pope Leo X", in *Catholic Encyclopedia*, available on Catholic Answers, accessed July 15, 2023, https://www.catholic.com/encyclopedia/pope-leo-x.

190 *los representantes de la Iglesia en el Nuevo Mundo participaron de la rutina de los invasores:* Arana, *Silver, Sword, and Stone*, 280.

190 *"Si no obedecéis, si os enfrentáis a mí"*: El Requerimiento. *(Ficción jurídica: Texto completo)*, Monarquía Española, 1513, redactado por Juan López de Palacios, Scribd, accessed May 21, 2023, www.scribd.com/document/125487670.

191   *a los obispos los nombraban los reyes:* John Crow, *The Epic of Latin America* (Garden City, NY: Doubleday, 1971), 164.

191   *un siglo después de que Colón echara el ancla en La Española:* The Cathedral of St. Augustine (Florida) was begun in 1565, only sixty-seven years after Columbus's landing; the one at Córdoba (Argentina) in 1582.

192   *En una década, en México fueron bautizados cinco millones de indígenas:* Germán Arciniegas, *Latin America: A Cultural History* (New York: Alfred A. Knopf, 1967), 139–41.

192   *los mahometanos no forzaban la conversión:* Guadalupe Carrillo, "Stanford fellow delves into archival materials that shed new light on the early days of Islam", *Stanford News*, March 3, 2015.

192   *muchos de los conversos de las clases más humildes repudiaron la religión:* Kyle Hagelden, "Death of a Myth", in *Protestantism and Latinos in the United States* (New York: Arno Press, 1980), 22.

192   *Los santos cristianos fueron asociados con deidades nativas:* Arciniegas, *Latin America*, 50.

193   *Fue, sin duda, la institución más importante del mundo colonial:* John F. Schwaller, "The Church in Colonial Latin America", *Latin American Studies*, March 31, 2016.

193   *se convirtió en la principal fuente de capital, en el banquero:* Arciniegas, *Latin America*; Roger A. Kittleson, David Bushnell, "History of Latin America: Capitalism and Social transitions", *Encyclopedia Britannica*, https://www.britannica.com/place/Latin-America/New-order-emerging-1910-45.

194   *el naturalista Alexander von Humboldt observó que en México:* Alexander von Humboldt, Book II, Chapter VII, in *Political Essay on the Kingdom of New Spain* (London: 1811), 22.

195   *para servir como sacerdote un aspirante tenía que demostrar que más de tres cuartas partes de sus antepasados eran españoles:* Felipe Fernández-Armesto, *Our America* (New York: W. W. Norton, 2014), 118.

195   *quienes se consideraban castizos… miraran con flagrante desprecio a quienes llevaban cocientes mayores de sangre mixta:* J. E. Officer, *Hispanic America, 1536–1856* (Tucson: University of Arizona Press, 1987), 41. Quoted in Fernández-Armesto, *Our America*, 246.

195   *la Iglesia decidió reconocer a los "indios como pueblos":* This was in a pastoral letter issued by Catholic bishops in advance of the canonization. Richard Boudreaux, "Latin America's Indigenous Saint Stirs Anger, Pride", *Los Angeles Times*, July 30, 2002.

195   *Para muchos… el retrato de Juan Diego que se desveló resultó indignante:* Ibid.

195 *ninguno de los 132 obispos de México era indígena:* Boudreaux, "Latin America's Indigenous Stirs Anger, Pride".

196 *Hasta 1960, más de noventa por ciento de los latinoamericanos se consideraba católico:* Alan Cooperman, quoted in "Religion in Latin America", Event Transcript, Pew Research Center online, last modified November 20, 2014, https://www.pewresearch.org/religion/2014/11/20/event-transcript-reli gion-in-latin-america/.

196 *En la actualidad, la población de la región sólo pasa ligeramente el cincuenta por ciento de católicos:* "Latin America Is Becoming More Secular", *Economist* online, last modified April 16, 2022, https://www.economist.com/the-americas /2022/04/16/latin-america-is-becoming-more-secular.

Drenaje de almas

196 *"América Latina es una región católica":* Statement by a church growth planner, as quoted in David Stoll, *Is Latin America Turning Protestant?: The Politics of Evangelical Growth* (San Francisco: University of California Press, 2023), 1.

196 *al verse obligados los mexicano-estadounidenses de nuevo cuño a formar parte de una Iglesia católica blanca:* Julio Moran, "Latinos Renewing Bonds with Religion", *Los Angeles Times*, August 8, 1983.

197 *"Según todo criterio racional, deberían de haber abandonado la iglesia":* Father Virgilio Elizondo, quoted in "Latinos Renewing Bonds".

198 *el ejército mexicano, que contó con el suministro… de Estados Unidos:* Jean A. Meyer, *The Cristero Rebellion: the Mexican People Between Church and State, 1926–1929*, E-book (Cambridge: Cambridge University Press, 2008), 18–20.

198 *En 1928, decenas de miles de peones desplazados:* Julia Young, *Mexican Exodus: Emigrants, Exiles, and Refugees of the Cristero War* (New York: Oxford University Press, 2019), 5–8.

199 *Seis de cada diez dicen mantener fuertes lazos con la Iglesia:* Jens Manuel Krogstad, "Mexicans, Dominicans Are More Catholic Than Most Other Hispanics", Pew Research Center online, last modified May 27, 2014, https://www.pewresearch.org/short-reads/2014/05/27/mexicans-and-dominicans-more -catholic-than-most-hispanics/.

199 *"Entra, amigo":* I wrote about this sign, which I saw for myself, in my book *Silver, Sword, and Stone*, 337. Assemblies of God is a Pentecostal church.

200 *de 1960 a 1970, las iglesias evangélicas que predicaban la liberación… crecieron un setenta y siete por ciento:* David Stoll, *Is Latin America Turning Protestant?*, 80.

200 *el muy querido arzobispo Óscar Romero fue asesinado:* Holly Solar, *Washington's War on Nicaragua* (Cambridge, MA: South End Press, 1988), 51.

200   *Un francotirador salió de un Volkswagen rojo:* Juan José Dalton, "Una bala en el corazón de monseñor Romero", *El País*, 23 mayo 2015; "Salvador Archbishop Assassinated By Sniper While Officiating at Mass", *New York Times*, March 24, 1980.

200   *"El pecado de Romero fue":* Dalton, "Una bala en el corazón de monseñor Romero".

200   *cinco soldados de la Guardia Nacional salvadoreña secuestraron y violaron a tres hermanas Maryknoll:* Stephanie M. Huezo, "The Murdered Churchwomen in El Salvador", *Origins: Current Events in Historical Perspective*, December 2020, osu.edu.

200   *los verdugos habían sido entrenados y armados por Estados Unidos:* See Lesley Gill, *The School of the Americas: Military Training and Political Violence in the Americas* (Chapel Hill, NC: Duke University Press, 2004), 137–62.

200   *En Nicaragua, tres monjas y un obispo fueron atacados:* The nuns killed were Sister Maureen Courtney of Wisconsin and Sister Teresa Rosales, a Miskito Indian from Guatemala. The wounded cleric was Bishop Paul Schmitz of Wisconsin, and the wounded nun was Sister Francisca Colomer, also a Miskito Indian. Mark Uhlig, "2 Nuns, One from U.S., Are Slain in Raid Tied to Nicaraguan Rebels", *New York Times*, January 3, 1990.

200   *En Bolivia, un sacerdote activista… fue secuestrado:* This was Luis "Lucho" Espinal—a Catalan priest, poet, journalist, and filmmaker. "El cuervo de Espinal tenía 17 orificios de bala", *El Deber* (Bol.), January 1, 2017. See also Arana, *Silver, Sword, and Stone*, 334.

201   *Efraín Ríos Montt:* Douglas Farah, "Papers Show U.S. Role in Guatemalan Abuses", *Washington Post*, March 11, 1999. President Reagan met with Montt in 1982, offered him support, called him "a man of great personal integrity," and claimed he was "getting a bum rap on human rights". Lou Cannon, "Reagan Praises Guatemalan Military Leader", *Washington Post*, December 5, 1982. Montt was later tried and convicted of genocide against the Ixil, a Mayan people who were almost entirely exterminated in the wars. See also Stephen Kinzer, "Efraín Ríos Montt, Guatemalan Dictator Convicted of Genocide, Dies at 91", *New York Times*, April 1, 2018.

201   *los militares se abatieron sobre el izquierdista Ejército Guerrillero de los Pobres:* "El caso de genocidio en Guatemala," *The Center for Justice & Accountability*, online, cja.org. For the general persecution of the church in Guatemala, see also Sergio Palencia-Frener, "Memory and Forgetting in Guatemala", Open Democracy, June 6, 2021.

201   *La guerra civil que envolvió esa nación destruyó 626 aldeas:* Truth Commission

Report (United Nations, Historical Clarification Commission), reported by Mireya Navarro, in "Guatemalan Army Waged Genocide, New Report Finds", *New York Times*, February 26, 1999. The report also confirmed that the CIA aided the Guatemalan military. See also "Genocide in Guatemala", Holocaust Museum Houston, https://hmh.org/library/research/genocide-in-guatemala-guide/.

201   *En Quiché, un escuadrón de la muerte asesinó a tres sacerdotes activistas españoles:* "Los beatos mayas y el juicio político". See also Frener, "Memory and Forgetting in Guatemala"; "Ten Martyrs of Quiché Beatified in Guatemala", *Vatican News*, April 23, 2021.

201   *con la ayuda de millones de dólares de ayuda militar de Washington:* Farah, "Papers Show U.S. Role". "As the Cold War raged in the 1960s and '70s, the United States gave the Guatemalan military $33 million in aid even though U.S. officials were aware of the army's dismal track record on human rights, the documents show".

201   *entrenando a juntas militares en técnicas de asesinato selectivo en la Escuela de las Américas:* See Gill, *School of the Americas*; Clinton Fernandes, "Remembering US-Funded State Terror in Central America", Crikey News Service, November 22, 2019.

202   *no podía haber "auténtico desarrollo para América Latina":* Fr. Gustavo Gutierrez, *A Theology of Liberation*, quoted in Michael Novak, "The Case Against Liberation Theology", *New York Times*, October 21, 1984.

202   *En 1989, cuando un comando de élite masacró a seis sacerdotes jesuitas:* Associated Press, "Salvadoran Court Reopens Inquiry into Killing of Six Jesuit Priests", *Los Angeles Times*, January 6, 2022; "30th Anniversary Commemorative Gathering at Fort Benning, November 15–17, 2019", *School of Americas Watch*, Memoria y Resistencia (founded by Fr. Roy Bourgeois, Maryknoll), October 17, 2019.

202   *Hoy en día en Brasil... la Iglesia pierde adeptos a paso acelerado:* Report: Brazil's Changing Religious Landscape, Pew Research Center online, last modified July 18, 2013, https://www.pewresearch.org/religion/2013/07/18/brazils-changing-religious-landscape/.

202   *Para 2032 se prevé que Brasil sea una nación en su mayoría protestante:* Mariana Zilberkan, "Evangelicos devem ultrapassar católicos no Brasil a parter de 2032", *Veja news*, Brasil, February 4, 2020.

203   *En 1990 Guatemala invistió al primer presidente evangélico elegido democráticamente:* Jorge Serrano Elías, a leader in the neo-Pentecostal Elim church, won the presidential election with 67 percent of the vote. "Historical Overview

of Pentecostalism in Guatemala, Origins and Growth", in *Spirit and Power—A 10-Country Survey of Pentecostals*, Pew Research Center online, last modified October 5, 2006, https://www.pewresearch.org/religion/2006/10/05/historical-overview-of-pentecostalism-in-guatemala/. President Efraín Ríos Montt, who was also an Evangelical, was never elected. (He was a member of the Iglesia El Verbo, affiliated with the Gospel Outreach Church in Eureka, California.) Montt was part of the three-man military junta that assumed rule via a coup in March 1982; by June of that year, Montt had forced the other two members to resign, becoming the de facto head of state.

203   *se convirtió en el primer país latinoamericano de mayoría protestante:* "Religion Affiliation in Guatemala as of 2020, by Type", survey time period October 26–December 15, 2020, based on 1,000 respondents, Statista, 2021, https://www.statista.com/statistics/1067082/guatemala-religion-affiliation-share-type/#statisticContainer. Protestants total 44.7 percent; Catholics, 41.2 percent; no affiliation or atheist, 13.7 percent. (Protestants consist of: Evangelists, 41.5 percent; Mormon, 1.5 percent; Adventist, 0.7 percent; Protestant, 0.6 percent; Jehovah's Witness 0.4 percent; Methodist evangelist 0.2 percent.) 41.5 percent of the total population of Guatemala (about 16,860,000 in 2020) is seven million.

203   *casi el cuarenta por ciento de todos los pentecostales vive en América Latina:* "Christian Movements and Denominations", in *Global Christianity: A Report on the Size and Distribution of the World's Christian Population*, Pew Research Report online, last modified December 19, 2011, https://www.pewresearch.org/religion/2011/12/19/global-christianity-movements-and-denominations/.

203   *una generación después, esa cifra supera el treinta por ciento:* As of this writing, 31.9 percent of the world's Christians are Pentecostals. "Status of Global Christianity—2022", *Center for the Study of Global Christianity*, Gordon-Conwell Theological Seminary, gordon-conwell.edu.

203   *la mayoría de los cristianos del planeta son pentecostales o evangélicos:* Evangelicals represent 19.2 percent of the world's Christians; Pentecostalists, 31.9 percent. Between them, they account for 51.1 percent of the Christian population of the globe. "Status of Global Christianity—2022".

204   *menos de la mitad (el cuarenta y siete por ciento) de toda la población latina de Estados Unidos es católica:* "Report: Exploring Catholic Identity", https://www.pewresearch.org/religion/2015/09/02/chapter-1-exploring-catholic-identity/.

204   *el veinticinco por ciento de los hispanos de este país se han convertido al evangelismo o al protestantismo: Report:* "Changing Faiths: Latinos and the Transformation of American Religion", Pew Research Center online, April 25, 2007, https://

www.pewresearch.org/hispanic/2007/04/25/changing-faiths-latinos-and -the-transformation-of-american-religion/; and *"Report: The Shifting Religious Identity of Latinos in the United States"*, Pew Research Center online, May 7, 2014, https://www.pewresearch.org/religion/2014/05/07/the-shifting-reli gious-identity-of-latinos-in-the-united-states/.

205   *"si uno saliera de Washington, DC, y manejara hasta Los Ángeles"*: Richard Land, quoted in Elizabeth Dias, "The Rise of Evangélicos," *Time* online, last modi- fied April 15, 2013, https://nation.time.com/2013/04/04/the-rise-of-evan gelicos/. This statement may seem an exaggeration, but might not be for long. Just recently, *Christianity Today* reported a nationwide campaign to plant Hispanic Baptist churches throughout North America. Of ten thousand new churches across the country, more than one thousand are Hispanic. But even the regular churches are hosting Spanish language services. Livia Giselle Seidel, "More than 1 in 10 New Southern Baptist Churches Are Hispanic", *Christianity Today*, October 28, 2022.

205   *"no se parecen en nada a las megaiglesias"*: Seidel, "More than 1 in 10 New Southern Baptist Churches Are Hispanic".

205   *Uno de cada cinco latinos… no está afiliado a ninguna religión:* Jens Manuel Krog- stad, Joshua Alvarado, and Besheer Mohamed, "Among U.S. Latinos, Ca- tholicism Continues to Decline but Is Still the Largest Faith", Pew Research Center, April 13, 2023.

El relato de un fraile

205   *"Como me envió el Padre, así también yo os envío":* John 20:21, *King James Bible*.

205   *El padre Emilio Biosca:* The information on Father Emilio Biosca's life and work is taken from a number of interviews with him and his colleagues in Washington's Shrine of the Sacred Heart (Santuario del Corazón Sagrado), September–October 2022.

206   *En 1964, el Dr. Biosca consiguió documentos falsos:* Ashleigh Kassock, "Dentista jubilado ahora repara estatuas", *Arlington Catholic Herald en Español*, March 18, 2022.

207   *Incluso hoy, de las decenas de miles de sacerdotes católicos… sólo el ocho por ciento son hombres de ascendencia hispana:* Mary L. Gautier and Thu. T. Do, "The Class of 2019: Survey of Ordinands to the Priesthood, Report to the Center of Clergy, Consecrated Life & Vocations, United States Conference of Cath- olic Bishops", Center for Applied Research in the Apostolate, Georgetown University, Washington, DC, March 2019, 12. See also "Hispanic/Latino Ministry in the United States: Media Kit" Secretariat for Cultural Diversity,

Subcommittee on Hispanic Affairs, V Encuentro, Missionary Disciples: Witnesses of God's Love, 2020, vencuentro.org.

211   *más del setenta por ciento de los habitantes de la isla la practicaban en sus hogares:* Kirsten Lavery, "The Santería Tradition in Cuba", *Factsheet: Santería in Cuba*, United States Commission on International Religious Freedom, February 2021.

211   *el gobierno de Fidel Castro apenas pudo hacer nada para detenerla, aparte de intimidar, amenazar, criminalizar:* Lavery, "The Santería Tradition in Cuba".

212   *Eran comunidades que durante años habían recibido un chorro de salvadoreños:* Wilson Chapman, "Why Certain Immigrant Communities Thrive in Washington, D.C.", *U.S. News & World Report*, August 26, 2019.

213   *los católicos eran papistas, "comedores de ajo":* Mark Rotella, "It's a Wonderful (Italian-American) Life", Pop Culture Happy Hour, *NPR*, December 20, 2012.

213   *adeptos del "ron, el romanismo y la rebelión":* Peter Roff, "1884, Grover Cleveland defeats James G. Blaine", Constituting America, Essay 52, constitutingamerica.org, 2016.

214   *En la década de 1940 los miembros hispanohablantes del cuerpo diplomático internacional de Washington:* "The Shrine of the Sacred Heart", Grace Meridian Hill, October 20, 2011, gracemeridianhill.org.

215   *para suceder al jefe de la parroquia, un sacerdote capuchino muy querido:* Elise Heil, director, Sacred Heart School, interview, September 19, 2022.

215   *un fraile acusado de abusar de niñas:* This was Father Urbano Vazquez, a four-year veteran of the church. A woman claimed he had groped her breasts and asked inappropriate questions during confession; two schoolgirls accused him of kissing them on the mouth during church services; an eleven-year-old claimed he had touched her inappropriately for years; and a fifteen-year-old accused him of touching her thigh in the confessional. Michelle Boorstein, Marisa Iati, and Peter Hermann, "Three Teens Allege Abuse by Catholic Priest in D.C., Court Papers Say", *Washington Post*, November 8, 2018; Natalie Delgadillo, "Columbia Heights Catholic Priest Arrested on Two Additional Counts of Sexual Abuse", *DCist*, December 12, 2018; Margaret Barthel, "D.C. Priest Convicted of Sexually Abusing a Woman During Confession", *DCist*, November 30, 2021, dcist.com.

215   *manoseos descarados en "partes íntimas":* Paul Duggan, "Girl Testifies She Was Repeatedly Kissed and Groped by D.C. Catholic Priest", *Washington Post*, August 7, 2019.

215   *fue destituido de su cargo y trasladado a Puerto Rico:* Yo Soy Capuchino, Facebook entry, "Fray Moisés Villalba, OFM Cap., sacerdote salvadoreño que sirve en Puerto Rico", April 21, 2020, 3:16 p.m.

215 *surgió una especie de orden:* "Statement on Child Protection Matter at Shrine of the Sacred Heart Parish", Press Release, Media Portal, Roman Catholic Archdiocese of Washington, November 7, 2018.

215 *Mario Andrade, un guatemalteco:* Andrea Acosta, "Santuario del Sagrado Corazón cumple cien años cobijando a inmigrantes", *El Pregonero*, June 14, 2021.

216 *Nadie abandonó el redil:* Elise Heil, interview.

216 *"La gente ha hecho esta casa":* Fr. Emilio Biosca Aguero, interview, September 17, 2022.

CAPÍTULO 8: LOS DIOSES ELEGIDOS

217 *"Si hay dos religiones en el país, se degollarán mutuamente":* Voltaire, quoted in Ernest Dilworth, *Philosophical Letters* (Upper Saddle River, NJ: Prentice-Hall, 1961), 22–26.

Latinos nacidos de nuevo

219 *"Me dijo: 'Aguanta, Selena...'":* Selena Gomez, Twitter, October 22, 2019, 10:10 p.m. Gomez was a faithful member of Hillsong Church, an Evangelical Pentecostal church that began in Australia and has proliferated in the United States. According to *Christian Post*, Gomez and her ex-partner Justin Bieber were close to the co-founder of Hillsong, Brian Houston. She left the church when Pastor Lentz was accused of cheating on his wife. Jeannie Ortega Law, "Selena Gomez Describes What Jesus Said to Her After Releasing Her Latest Song", *Christian Post*, October 25, 2019; Natasha Reda, "The Real Reason Selena Gomez Is Leaving Hillsong Church", Nicki Swift, updated, August 24, 2021.

219 *en 2007, casi la mitad de los estudiantes latinos de teología del país se identificaba como evangélica:* Edwin I. Hernández et al., "A Demographic Profile of Latino/a Seminarians", *Latino Research ND* 4, no. 2, March 2007.

219 *los investigadores prevén que en 2030 la mitad de toda la población de latinos estadounidenses se identificará como evangélica protestante:* Mark T. Mulder, Aida I. Ramos, and Gerardo Martí, *Latino Protestants in America: Growing and Diverse* (Lanham, MD: Rowman & Littlefield, 2021); Terry Mattingly, "Axios looks at the hot political (of course) trend of Latinos becoming evangelical voters", *Get Religion*, August 11, 2022.

220 *un pueblo de fe, ante todo:* Jennifer Medina, "Latino, Evangelical, and Politically Homeless", *New York Times*, October 11, 2020.

220 *la inmensa mayoría de estos protestantes de nuevo cuño son* millennials *o miembros*

de la Generación X: "Latinos Who Are Evangelical Protestant", in *Religious Land-scape Study*, Pew Research Center online, accessed on July 15, 2023, https://www.pewresearch.org/religion/religious-landscape-study/religious-tradition/evangelical-protestant/racial-and-ethnic-composition/latino/.

220   *No les interesa necesariamente asimilarse:* Medina, "Latino, Evangelical, and Politically Homeless".

220   *Samuel Rodríguez, galvánico y destacado director general de la Conferencia Nacional de Liderazgo Cristiano Hispano:* The information on Pastor Sam's life and beliefs is from my interview with him, September 16, 2022.

221   *Las Asambleas habían echado raíces en 1914 como ramas blancas de una iglesia af-roestadounidense:* The Church of God in Christ in Memphis was founded by bishop Charles Harrison Mason, the son of former slaves, after he returned from the Azuza Revival (1906–1915) speaking in unknown tongues. When the white contingent of the congregation split off from the CGC's group of churches, those members formed the Assemblies of God. Associated Press, "Bishop Mason: Founder of Largest Pentecostal Denomination", *NBC News* online, last modified September 16, 2019, https://www.nbcnews.com/news/nbcblk/bishop-mason-founder-largest-pentecostal-denomination-n1054946.

221   *En 1980, sólo el seis por ciento de los cristianos del mundo eran pentecostales:* Elle Hardy, "How Pentecostalism Took Over the World", *London Times*, November 14, 2021; Richard Vijgen and Bregtje van der Haak, "Pentecostalism: Massive Global Growth Under the Radar", Pulitzer Center, March 9, 2015, https://pulitzercenter.org/stories/pentecostalism-massive-global-growth-under-radar; *The Shifting Religious Identity of Latinos in the United States*, Pew Research Center online, last modified May 7, 2014, https://www.pewresearch.org/religion/2014/05/07/the-shifting-religious-identity-of-latinos-in-the-united-states/.

221   *Hoy, cada veinticuatro horas la iglesia pentecostal añade treinta y cinco mil fieles:* Vijgen and van der Haak, "Pentecostalism".

222   *uno de cada tres latinos que abandona la Iglesia católica en este país se une al pastor Sam como pentecostal: Shifting Religious Identity.*

223   *"Todos hemos oído la vieja canción":* Samuel Rodriguez, "America: It's Time for a New Song", sermon, 2016 National Hispanic Christian Leadership Conference.

223   *"Eso no se puede hacer en las iglesias católicas":* Samuel Rodriguez, author interview.

223   *Algunos son estrellas de Hollywood, como la cantante de pop rock Selena Gómez:*

Kenzie Bryant, "Hillsong Is Reportedly Losing Selena Gomez, Prominent Member of Its Flock", *Vanity Fair,* December 15, 2020.

224 *"Estoy literalmente tumbada dándole las gracias a Jesús":* Selena Gomez, Twitter, October 22, 2019, at 10:10 p.m., @selenagomez.

224 *Selena ha incluido la banda de pop rock de Hillsong... entre sus favoritas de todos los tiempos:* Jeannie Ortega Law, "Selena Gomez Opens Up About First Time Leading Worship at Hillsong Concert to Perform 'Nobody'", *Christian Post,* March 29, 2016.

224 *el movimiento evangélico ha emergido como un leviatán multimedia sofisticado y altamente comercial:* Hardy, "How Pentecostalism Took Over".

227 *Rodríguez dirige una red de más de cuarenta y dos mil iglesias evangélicas:* "Rev. Samuel Rodriguez", National Hispanic Christian Leadership Conference (NHCLC) online, nhclc.org/rev-samuel-rodriguez/.

227 *su rebaño cuenta con más de cien millones de almas:* Taylor Berglund, "Rev. Sam Rodriguez: How a Prophetic Word Launched a Major Miracle Film", *Charisma News,* May 2019, 20.

227 *El* Wall Street Journal *lo identificó como uno de los siete líderes más influyentes:* "Samuel Rodriguez", The Oak Initiative, Board Member—Bio, theoakinitiative.org.

227 *en 2013 la revista* Time *lo incluyó entre las cien personas más influyentes:* "Time Magazine Cover Story Features Rev. Samuel Rodriguez", CISION, PR Newswire, April 10, 2013.

227 *Ha producido películas:* Rodriguez has been executive producer of several inspirational feature films, among them *Breakthrough* (2019), *My Brothers' Crossing* (2020), *A Walking Miracle* (2021), and *Flamin' Hot* (2023).

228 *Desde los dieciséis años predica un mensaje de reconciliación:* Samuel Rodriguez, author interview.

228 *"Mi conversión se produjo en un entorno totalmente no religioso":* Samuel Rodriguez, author interview.

228 *"En aquellos días, los supremacistas blancos":* Samuel Rodriguez, author interview.

228 *"Siempre me he negado a que nos veamos como víctimas":* Ibid.

229 *"Mi iglesia me parece el paraíso":* Berglund, "Rev. Sam Rodriguez", 22.

229 *los seguidores de New Season son cuarenta por ciento blancos, cuarenta por ciento afroestadounidenses y veinte por ciento latinos y asiáticos:* Berglund, "Rev. Sam Rodriguez", 22.

230 *"Dondequiera que hay un incendio de espiritualidad":* Berglund, "Rev. Sam Rodriguez". Quote edited for grammar and confirmed.

231   *para 2060 los hispanos serán 111 millones:* "Projections for the United States: 2017–2060", US Census Bureau, revised September 2018; Meaghan Winter, "The Fastest Growing Group of American Evangelicals", *Atlantic*, July 26, 2021.

231   *"Nosotros, los latinos, no les estamos tendiendo la mano":* Winter, "Fastest Growing Group". Quote edited for grammar and confirmed. See also Samuel Rodriguez, "The Latino Transformation of American Evangelicalism", *Reflections*, Yale University Divinity School, Fall 2008.

231   *entre pentecostales y carismáticos... suman la mitad de la población latina de Estados Unidos:* Berglund, "Rev. Sam Rodriguez."

231   *"Somos gente del Espíritu Santo":* Cited originally in Berglund, "Rev. Sam Rodriguez". Quote edited for grammar and approved for this book.

Los mormones

232   *"Sé que mucha gente que llega aquí desde América Latina":* Saul Bramasco, author interview September 21, 2022.

232   *Saúl Bramasco, en el seno de una familia de once hijos:* Bramasco, author interview.

233   *"No puedo creer en ninguna":* Ibid.

234   *"Fue como un renacimiento espiritual":* Ibid.

234   *"Papi, he encontrado la verdadera iglesia":* Ibid.

235   *la "necesidad crucial" entre las confesiones protestantes:* Robert D. Knight, "A Study of the Role of the Episcopal Diocese of Los Angeles in Meeting the Psychosocial Needs of Hispanics" (MA thesis, University of California, Long Beach, 1989); Enrique Zone-Andrews, "Suggested Competencies for the Hispanic Protestant Church Leader of the Future" (PhD diss., Pepperdine University, 1996); Jorge Iber, *Hispanics in the Mormon Zion: 1912–1999* (College Station: Texas A&M University Press, 2000), 25.

235   *Los mormones creen que hasta que todos los lamanitas restantes no se conviertan a la fe:* Tyler Balli, "LDS Hispanic Identity and Laminates", Brigham Young University Religious Studies Center, *Religious Educator* 19, no. 3 (2018).

235   *"Veo a los lamanitas entrar en esta Iglesia":* This was the Mormon church's elder Spencer W. Kimball of the Council of Twelve in a speech to Spanish-speaking members in 1947. Eduardo Balderas, "Northward to Mesa", *Ensign*, Church of Jesus Christ of Latter-Day Saints, September 1972.

235   *arremeten contra "las pieles oscuras" de los lamanitas:* Alma 3:6, *Book of Mormon*, quoted in Iber, *Hispanics*, 37–38.

236   *el sesenta por ciento de los mormones del mundo vive fuera de este país:* Brittany

Romanello, "Mormon Church's Celebration of Latino Cultures Puts Spotlight on Often-Overlooked Diversity", *The Conversation*, November 4, 2022.

236 *Hay casi seis millones en Sudamérica:* Facts and Statistics, Church of the Latter Day Saints, https://newsroom.churchofjesuschrist.org/facts-and-statistics.

236 *"bastión de mormones":* Interviews with Bishop Barry Slaughter Olsen, Church of Jesus Christ of Latter Day Saints, McLean, VA, August 23 and October 15, 2022.

237 *"Es mi plan de salvación":* Bramasco, author interviews.

237 *"fondos sagrados":* Bishop Olsen, interviews, August 23 and October 15, 2022.

237 *la "bodega del obispo":* Julieta Olsen, author interview, Church of Jesus Christ of Latter Day Saints, McLean, VA, October 26, 2022.

238 *La familia de su padre, en México:* Ibid.

238 *la iglesia experimentó una división histórica:* Ruth Wariner, "History Behind the Sound of Gravel", a memoir about growing up in a polygamist Mormon colony as her father's thirty-ninth child, https://www.ruthwariner.com/the-sound-of-gravel/history/.

238 *Miles Romney:* Nick Miroff, "In Besieged Mormon Colony, Mitt Romney's Mexican Roots" *Washington Post*, July 23, 2011.

238 *la República de México cuenta ahora con 220 "estacas" o grupos de iglesias:* Facts and Statistics: Mexico, Newsroom, Church of Jesus Christ of Latter-Day Saints, retrieved November 14, 2022.

238 *De 2010 a 2020… el número de templos hispanos en el país se duplicó:* Kim Bojorquéz, "The Rise of Latino Latter-Day Saints," *Axios*, August 25, 2022, axios.com.

238 *Uno de cada diez mormones es latino:* The total population of Mormons in the USA as of November 2022 was 6,763,019, newsroom, Church of Jesus Christ of Latter-Day Saints, November 14, 2022, churchofjesuschrist.org; the population of Latino Mormons is roughly calculated at about 675,000.

238 *En el momento de escribir estas líneas sólo cuenta con una —en Santa Ana, California—:* New Stakes and Stake Presidencies Announced in August 2020, newsroom, Church of Jesus Christ of Latter-Day Saints, August 31, 2020.

239 *existe una fastidiosa jerarquía de blancos a morenos que infesta a la Iglesia:* There is much written about this, but see, for instance, Armando Solórzano, "Latino Education in Mormon Utah, 1910–1960", *Latino Studies* 4, no. 3 (Autumn 2006): 282–301.

239 *"El mormonismo siempre ha encontrado una salida a sus dilemas raciales":* Ignacio M. García, "Thoughts on Latino Mormons, Their Afterlife, and the Need for a New Historical Paradigm for Saints of Color", *Dialogue* (Winter 2017),

https://www.dialoguejournal.com/wp-content/uploads/sbi/articles/Dialogue_V50N04_12.pdf.

240 *Quórum de los Doce Apóstoles:* Leadership and Organization, newsroom, Church of Jesus Christ of Latter-Day Saints, accessed November 14, 2022.

240 *"No los contamos por raza":* Email correspondence with Irene Caso, media manager at the Church of Jesus Christ of Latter Day Saints, Salt Lake City: November 14–28, 2022.

Judíos latinos

240 *"Aunque muchos viven sin costumbres religiosas":* Harry O. Sandberg, "The Jews of Latin America: Including South and Central America, Mexico, the West Indies, and the United States Possessions", *The American Jewish Year Book* 19 (September 17, 1917, to September 18, 1918), 39.

241 *Lomnitz escribe en un pasaje conmovedor:* Lomnitz, *Nuestra América,* 3.

242 *Algunos, como Pedro Arias Dávila (Pedrarias):* Seymour B. Liebman, "Sephardic Ethnicity in the Spanish New World Colonies," *Jewish Social Studies* 37, no. 2 (Spring 1975): 141–62; Norman Roth, *Conversos, Inquisition, and the Expulsion of the Jews from Spain* (Madison: University of Wisconsin Press, 1995).

242 *Otros conversos, como las familias Chaves y Montoya:* Patrilineal records of Elijo Chaves and Pedro Duran Chaves (ancestors of Linda Chavez) in Linealist: New Mexico History and Archive Projects, linealist.wordpress.com/patrilineal.

242 *Las investigaciones genéticas demuestran que casi una cuarta parte de los latinos o hispanos tenemos una importante carga de ADN judío:* Ashley Perry, "Genetic Research: Almost 25 percent of Latinos, Hispanics Have Jewish DNA", *Jerusalem Post*, March 8, 2020.

242 *se convirtió en la versión más auténtica de sí mismo cuando se volvió judío:* Rebecca L. Davis, "'These Are a Swinging Bunch of People': Sammy Davis Jr., Religious Conversion, and the Color of Jewish Ethnicity", *American Jewish History* 100, no. 1 (January 2016): 26–27.

243 *"Si me miras":* Lucas Cantor Santiago, author interview, June 8, 2021.

243 *el noventa y cuatro por ciento procedía de Europa oriental:* Laura Limonic, *Kugel and Frijoles: Latino Jews in the United States* (Detroit: Wayne State University Press, 2019), 28–30.

243 *"judíos de color":* Ilana Kaufman and Ari Kelman, "Jews of Color and Who Counts in the Jewish Community", *Times of Israel*, May 21, 2019.

244 *En Argentina, a los judíos se les llama* rusos: "Argentina Virtual History Tour", Jewish Virtual Library: A Project of AICE, https://www.jewishvirtuallibrary.org/argentina-virtual-jewish-history-tour.

244   *el sesenta y siete por ciento de los judíos latinos gana tres veces más que la renta media:* Two-thirds of Latino Jews earn $100,000 a year or more, whereas the median American income is $31,000. Only 30 percent of total American Jewish households reach that salary level. "AJC Survey of Latino Jews in the United States", AJC/Global Voice, American Jewish Committee, April 7, 2016.

245   *"Ya no somos una minoría homogénea":* Ilan Stavans quotes, BrainyMedia, BrainyQuote.com, 2022, accessed November 27, 2022, https://www.brainyquote.com/quotes/ilan_stavans_770036.

245   *"Fui a una escuela judía en Ciudad de México":* Ilan Stavans, author interview, June 22, 2021.

245   *para muchos asquenazíes los encuentros con los judíos sefardíes eran tan desconcertantes:* "Ilan Stavans, a Mexican-Born Descendent of Shtetl-Dwellers", interview with Lesley Yalen, Wexler Oral History Project, Yiddish Book Centers, May 31, 2013.

245   *"Crecí como judío mexicano":* Sarah F. Gold, "PW Talks with Ilan Stavans", *Publishers Weekly*, July 2, 2001.

246   *pretendía saborear lo que significaba ser "un judío feliz":* Stavans, author interview.

246   *"En México era judío":* Ibid.

247   *Ha atacado duramente a ídolos como Sandra Cisneros:* Lynda Richardson, "How to Be Both an Outsider and an Insider; 'The Czar of Latino Literature and Culture' Finds Himself Under Attack", *New York Times*, November 13, 1999.

247   *"propaganda roja barata":* Ezra Glinter, "Seduced by Stavans", *Forward* online, December 9, 2009, https://forward.com/culture/120549/seduced-by-stavans/.

247   *Ha tachado a Gabriel García Márquez de activista político "intolerable":* Ilan Stavans, "The Master of Aracataca", *Michigan Quarterly Review* 34, no. 2 (Spring 1995): 149–71.

247   *un forastero que "no proviene de la entraña de la cultura":* This is Tey Diana Rebolledo, a professor of Spanish at the University of New Mexico at Albuquerque, in defense of Sandra Cisneros. See also Richardson, "How to Be Both an Outsider and an Insider".

247   *"Hay que preguntarse por qué Oxford University Press":* Richardson, "How to Be Both an Outsider and an Insider".

247   *"Creo que se puede saber lo suficiente":* Ibid.

247   *"Es una noción retrógrada de la identidad":* Ruth Behar, author interview, December 7, 2022.

248   *entre cinco mil y diez mil personas se convierten en judíos por elección:* Roberto

Loiederman, "Latinos Discover a Deep Affinity for Judaism That Leads Them to Convert", *Jewish Journal*, December 3, 2009.

248   *La tasa es aún mayor en el caso de los musulmanes latinos:* These numbers are from the Pew Research Center, reported in Aqilah Allaudeen, "U.S. Latino Muslims Speak the Language of Shared Cultures", *U.S. News & World Report* online, last modified July 2, 2020, https://www.usnews.com/news/best-countries /articles/2020-07-02/numbers-of-us-latino-muslims-growing-rapidly.

248   *rabino Eli Rafael de la Fuente:* Rafael de la Fuente is a pseudonym for a Latino professional who converted from Catholicism to Judaism in the 1980s and then became a rabbi thereafter. For personal family reasons, he has chosen to remain anonymous here. Based on author interviews, November 10, 2022, and May 26 and 28, 2023. All facts are accurate except for his name, his son's name, and his current location.

248   *"Nunca me he identificado con la cultura latina":* de la Fuente, author interview, November 10, 2022.

249   *"El judaísmo no se basa en el dogma":* Ibid.

250   *"Ahora trabajo con seres humanos en situaciones extremas":* Ibid.

250   *"¿Podría haber ocurrido algo de esto en Perú?":* Ibid. In fact, conversion to Judaism is alive and well in Peru. Graciela Mochkofsky's recent book, *The Prophet of the Andes*, tells of a group of mestizo and indigenous Peruvians from a village in the wilds of the hills that surround Cajamarca who became fascinated with the story of Moses, the Old Testament, and the Torah, and decided to convert to Judaism. Being of the humble classes, they were turned away by the Jewish temple in Cajamarca. But one Sephardic rabbi listened. Eventually their faith was so strong and their own proselytizing message so effective that a group of families formed their own Orthodox temple and named themselves the Beni Moshe ("Children of Moses"). In 2003, they emigrated to Israel, where they joined a small settlement near Nablus. Hundreds of Peruvian Jewish converts—"Inca Jews"—followed. They are still coming. See Graciela Mochkofsky, *The Prophet of the Andes* (New York: Alfred A. Knopf, 2022).

250   *Paco de la Fuente:* Francisco (Paco) de la Fuente is a pseudonym. To protect his identity, his father, Eli de la Fuente, has chosen to give him anonymity in this book. The rabbi's son was interviewed numerous times in 2021 and 2022 as a potential subject himself.

CUARTA PARTE: CÓMO PENSAMOS, CÓMO TRABAJAMOS

253   *"Eres el narrador de tu propia vida":* Isabel Allende, quoted in Kiko Martínez, "'Spectacular in Her Simplicity': Actress Daniela Ramírez Reflects On

Portraying Isabel Allende", *Remezcla*, last modified April 9, 2021, https://
remezcla.com/features/film/interview-actress-daniela-ramirez-hbo-max
-miniseries-isabel-allende/.

CAPÍTULO 9: MENTALIDADES

255 *"Si queremos que se nos escuche"*: Raul Yzaguirre, foreword from National
Council of La Raza's *State of Hispanic America, 2004*, iii.

257 *"Soy liberal de corazón, pero de mente conservadora"*: Hillary Clinton, president
of the Wellesley College Young Republicans in 1965, quoted in "The Crist
Switch: Top 10 Political Defections", *Time*, https://content.time.com/time
/specials/packages/article/0,28804,1894529_1894528_1894517,00.html.

257 *Como dijo alguna vez Manny Díaz, exalcalde de Miami:* "The Latino Vote", a
conference hosted by the National Council of La Raza in Miami on July 24,
2002, featuring Lisa Navarrete, Alex Penelas, Manny Díaz, Orlando Sánchez,
Antonio Villaraigosa, and Fernando Ferrer, https://www.c-span.org/video
/?171448-1/latino-vote.

257 *En 1960 John F. Kennedy recibió la inmensa mayoría del voto hispano:* 85 percent,
to be exact. John P. Schmal, "Electing the President: The Latino Electorate
(1960–2000)", *La Prensa San Diego*, April 30, 2004. Ibid for percentages below.

258 *muchos republicanos latinos cambiaron de rumbo para apoyar a Obama:* Mark
Hugo Lopez and Paul Taylor, *Latino Voters in the 2012 Election*, Pew Research
Center online, last modified November 7, 2012, https://www.pewresearch
.org/hispanic/2012/11/07/latino-voters-in-the-2012-election/.

259 *Las encuestas Gallup indican:* Frank Newport, "Hispanic Americans' Party ID:
Updated Analysis", Gallup News, January 27, 2022.

El mito del voto latino

259 *"Los hispanos son republicanos"*: Ronald Reagan, quoted by his Hispanic advi-
sor, Lionel Sosa, in Stacey L. Connaughton, *Inviting Latino Voters: Party Messages and Latino Party Identification* (New York: Routledge, 2005), 42.

259 *las "élites políticas"*: This is a term used often by Cristina Beltrán in her excellent scholarly inquiry into the question of Latino homogeneity: *The Trouble
with Unity* (New York: Oxford University Press, 2010), 7.

259 *En algunos condados de Texas:* Voter turnout in Tom Green County was 16.9
percent in 2012, to be exact. Shawn Morrow, "Causes of Low Voter Turnout
of the Hispanic Population in Southwest Texas" (PhD diss., Walden University, August 2015), 11.

259 *En las elecciones presidenciales de 2020 sólo la mitad de los hispanoamericanos con*

derecho a voto acudieron a las urnas: According to the Brennan Center for Justice, in 2020, 70.9 percent of white voters cast ballots while only 58.4 percent of nonwhite voters did. The nonwhite numbers: 62.6 percent of Black American voters, 53.7 percent of Latino American voters, and 59.7 percent of Asian American voters cast ballots. Kevin Morris and Corn Grange, "Large Racial Turnout Gap Persisted in 2020 Election", Brennan Center Analysis, August 6, 2021, brennancenter.org.

260   *los latinos añadieron cinco millones más de votantes a sus filas:* Anusha Natarajan and Carolyne Im, "Key Facts About Hispanic Eligible Voters in 2022", Pew Research Center online, last modified October 12, 2022, https://www .pewresearch.org/short-reads/2022/10/12/key-facts-about-hispanic-eligible -voters-in-2022.

260   *setenta y cuatro por ciento de los votantes latinos están a favor del derecho de la mujer a decidir sus opciones reproductivas:* "Latino Voters Hold Compassionate Views on Abortion", Lake Research Partners for National Latina Institute for Reproductive Justice, November 30, 2011. Figures on this can vary wildly. Some polls place this percentage as high as 84 percent: "Comprehensive National Survey of Latino Voters Finds Widespread Support for Reproductive Freedom", prochoiceamerica.org, Press Release, October 11, 2022. On the other hand, a survey of Hispanic millennials (ages eighteen to thirty-five) conducted by the Public Religion Research Institute in 2015, revealed that 54 percent said abortion should be illegal in most or all cases.

260   *(La edad promedio del votante hispano hoy en día es treinta y nueve años):* Natarajan and Im, "Key Facts About Hispanic Eligible Voters in 2022."

260   *"No se limiten a rezar":* Samuel Rodriguez, quoted in Cindy Carcamo, "Latino Evangelicals Used to Shun Politics. Will They Now Become a Right-Wing Force?", *Los Angeles Times*, March 4, 2022.

261   *"No es que adopte los valores del Partido Republicano":* Samuel Rodriguez, quoted in Carcamo, "Latino Evangelicals."

261   *de 2010 a 2020 el registro de votantes latinos aumentó del cincuenta a más del sesenta por ciento:* "Latino Voter Registration Rates Reached an All-Time High in the 2020 Presidential Election", The Center for Latin American, Caribbean, and Latino Studies, City University of New York, clacls.gc.cuny.edu, May 7, 2021. The point is also made here that 88 percent of the 61 percent (of registered Latino voters) went to the polls in 2020.

262   *Como describe el reconocido académico Geraldo Cadava:* Geraldo Cadava's *The Hispanic Republican* (New York: Ecco, 2020) is essential reading for anyone who would understand the diverse politics of Latinos in different corners of this country.

262 *Hace un siglo, cuando los hispanoamericanos sumaban poco más de un millón:* "We the American . . . Hispanics", US Bureau of the Census Report, Ethnic and Hispanic Statistics Branch, September 1993.

262 *como la mayoría de los afroestadounidenses de la época:* Cadava, *The Hispanic Republican,* x.

263 *los puertorriqueños y dominicanos… rara vez se han apartado del rebaño demócrata:* In fact, three of the most prominent Puerto Ricans in Washington, DC, are Democrats—Supreme Court Justice Sonya Sotomayor, Representative Nydia Velázquez, and Representative Alexandria Ocasio-Cortez—all of them from New York.

263 *"criminales, narcotraficantes y violadores":* Donald Trump, interview on *Media Buzz,* Fox News, July 5, 2015.

263 *obtuvo casi el treinta por ciento del "voto latino":* Cadava, *Hispanic Republican,* xiii.

263 *casi dos millones se unieron en apoyo a Donald Trump:* 12.65 million Latinos voted in the 2016 election. However, 16.6 million voted in the 2020 election. Trump's support went from 28 percent of 12.65 million in 2016 to 32 percent of 16.6 million in 2020. The difference is 1.77 million people. See "Latino Voters Were Decisive in 2020 Presidential Election", UCLA Latino Policy and Politics Initiative, January 19, 2021, newsroom.ucla.edu. The 12.65 million number is from Jens Manuel Krogstad and Mark Hugo Lopez, "Black Voter Turnout Fell in 2016, Even as a Record Number of Americans Cast Ballots", Pew Research Center online, last modified May 12, 2017, https://www.pewresearch.org/short-reads/2017/05/12/black-voter-turnout-fell-in-2016-even-as-a-record-number-of-americans-cast-ballots/; Julio Ricardo Varela, "New Census Data Says 2016 National Latino Voter Turnout Did Not Increase," Latino USA, May 15, 2017.

263 *el voto hispano también ayudó a Joe Biden:* Cadava, *Hispanic Republican,* xi.

¿Qué quieren los latinos?

264 *"En conjunto, estos grupos no constituyen una comunidad política":* Latino National Political Survey, University of Texas, 1992.

264 *un Leviatán dormido:* Beltrán, introduction to *The Trouble with Unity.*

265 *existen con frecuencia marcadas diferencias de opinión:* Rodolfo O. de la Garza et al., "Latino National Political Survey", Inter-University for Latino Research, Ford Foundation, New York, December 1992, https://files.eric.ed.gov/fulltext/ED354281.pdf.

265 *la principal preocupación de los latinos que se inclinan por el Partido Demócrata es una atención sanitaria asequible:* Jens Manuel Krogstad, Khadijah Edwards, and Mark Hugo

Lopez, "3. Latinos and the 2022 Midterm Elections", in *Most Latinos Say Democrats Care About Them and Work Hard for Their Vote, Far Fewer Say So of GOP*, Pew Research Center online, last modified September 29, 2022, https://www.pewresearch.org /race-ethnicity/2022/09/29/latinos-and-the-2022-midterm-elections/.

266   *"más pragmáticos que ideológicos"*: Ritchie Torres, quoted in Bret Stephens, "New York's Superstar Progressive Isn't AOC", *New York Times*, September 21, 2021.

266   *"No sé cómo* alguien *de herencia hispana puede ser republicano"*: Stephanie Condon, "Conservatives Blast Harry Reid for Remark About Hispanic Voters", CBS News online, last modified August 11, 2010, https://www.cbsnews.com /news/conservatives-blast-harry-reid-for-remark-about-hispanic-voters/.

266   *"Todos piensan igual, ¿verdad, senador Reid?"*: "They All Think Alike, Right?", Opinion, *Las Vegas Review-Journal*, August 11, 2010.

266   *"Los votantes hispanos no tienen 'mentalidad de rebaño'"*: Condon, "Conservatives Blast Harry Reid".

267   *"La gente de aquí ha crecido creyendo que el Partido Demócrata es el de las familias de bajos ingresos"*: Oscar Pollorena, quoted in Story Hinckley, "The New Swing Vote: More Latino Voters Are Joining the GOP", *Christian Science Monitor*, October 21, 2022.

267   *"guiados por una aplicación impulsada por i360"*: Marcela Valdes, "The Fight to Win Latino Voters for the GOP" *New York Times Magazine*, November 23, 2020.

268   *Según Daniel Garza:* In the ongoing information on Libre, I have relied especially on Valdes's excellent portrait of Garza in "The Fight to Win Latino Voters for the GOP"

269   *Libre, que afirma ser no partidista:* Valdes, "The Fight to Win Latino Voters for the GOP."

269   *"'No existe el almuerzo gratis'"*: Catherine Cortez Masto, US senator from Nevada, "Kochs' Dark Web of Money Flows Through the Libre Initiative to Deceive Latinos", press release, April 24, 2018, https://www.cortezmasto. senate.gov/news/press-releases/cortez-masto-kochs-dark-web-of-money -flows-through-the-libre-initiative-to-deceive-latinos.

269   *"Tenemos que dejar de llevar el manual de políticas a lo que en realidad es una pelea a puñetazos"*: Political strategist Chuck Rocha, quoted in Geraldo L. Cadava, "Latino Voters Are Key to 2024, and They're Not Always Buying What Democrats Are Selling", *New York Times*, January 18, 2022.

Lecciones de historia

270   *"Mi mayor fuerza es saber quién soy"*: Oscar de la Renta, 2002 interview in *World Investment News*, as quoted in Isabella Herrera, "Oscar de la Renta y

la transnacionalidad: lo que significa hoy ser inmigrante y celebridad, y el impacto de Oscar en esa definición", *Acento*, República Dominicana, 24 de marzo, 2022.

270   *A Julián Castro… le preocupa que la generación más joven de latinos:* Julian Castro, in the documentary *Willie Velásquez: Your Vote Is Your Voice*, PBS, September 8, 2016.

270   *Joaquín Castro:* Representative Joaquín Castro, author interview, July 6, 2021.

270   *cincuenta y seis en la Cámara de Representantes; seis en el Senado:* In the 118th Congress, there are fifty-six Latino members of the House of Representatives (thirty-eight Democrats and eighteen Republicans), six Latino senators (four Democrats and two Republicans), including two delegates and a resident commissioner. These numbers include two House members who are also of Asian descent, and two House members who are also of African ancestry. Nineteen are women. "Membership of the 118th Congress: A Profile", Congressional Research Service, updated June 6, 2023, https://crsreports.congress.gov/product/pdf/R/R47470#; Katherine Schaeffer, "U.S. Congress Continues to Grow in Racial, Ethnic Diversity", Pew Research Center online, last modified January 9, 2023, https://www.pewresearch.org/short-reads/2023/01/09/u-s -congress-continues-to-grow-in-racial-ethnic-diversity/.

270   *un historial considerable de gobernadores y vicegobernadores estatales:* Currently there is only one: Michelle Lujan Grisham, the Democratic governor of New Mexico. But over the years, there have been more than forty. A basic outline of the numbers over the years and corresponding ethnicities can be found on Wikipedia, "List of minority governors and lieutenant governors in the United States"

270   *seis tesoreros de Estados Unidos:* "Treasurers of the United States", US Department of the Treasury, home.treasury.gov.

270   *dieciséis directores ejecutivos de corporaciones:* Michael Volpe, "Meet the 16 Hispanic CEOs of Top S&P 500 Companies", *Al Día*, February 3, 2021.

270   *más de quinientos presidentes de universidades:* There are 3,667 presidents of colleges or universities in the United States. Fourteen percent are Hispanic. For the number of presidents, see Inside Higher Ed and Gallup's 2019 Survey of College Presidents, nit.edu/university-council/reports, 9. For the number of Hispanics, see Zippia, "College President Demographics and Statistics in the U.S.", https://www.zippia.com/college-president-jobs/demographics.

271   *un ganador del Trofeo Heisman:* This was quarterback Jim Plunkett of Stanford University (1970), the son of two Mexican Americans. Paul Goldberg, "Spotlighting Jim Plunkett in Honor of National Hispanic Heritage Month", Heisman Trophy Trust online, last modified September 21, 2022, https://

www.heisman.com/articles/spotlighting-jim-plunkett-in-honor-of-national -hispanic-heritage-month/.

271 *largo y tortuoso camino:* It's worth noting that there is also a Latino at the head of the infamous Proud Boys, the male chauvinist group with ties to white nationalism that was charged with instigating the January 6, 2021, riots at the nation's Capitol. That Latino is Enrique Tarrio, the Proud Boys' Cuban American chairman. Tarrio uses his Afro-Latino heritage to dismiss accusations that his organization advocates for white supremacy. Fidel Martinez, "Latinx Files: The Proud Boys Hispanic Face", *Los Angeles Times,* June 16, 2022.

272 *Juan es hijo de mexicanos estadounidenses:* Juan Sepúlveda, author interview, August 20, 2021.

272 *La empresa había comenzado a peinar México en busca de mano de obra:* Jan Biles, "Mexicans Who Worked at Santa Fe Among Topics at Ancestor Fair", *Topeka (KS) Capital-Journal,* October 5, 2014.

272 *"el único padre que he conocido":* Juan Sepúlveda, author interview, January 17, 2023.

273 *"Éramos pobres," says Juan:* Ibid.

273 *"Un muchacho brillante":* Ibid.

274 *Como diría el congresista Joaquín Castro:* Joaquín Castro, author interview, July 6, 2021.

274 *"Estaba convencido de que los latinos":* Henry Cisneros, in the documentary *Willie Velásquez: Your Vote Is Your Voice.*

275 *"Era como la vieja ley de Texas":* Willie Velásquez, in *Willie Velásquez: Your Vote Is Your Voice.*

275 *"Pa' qué?":* Jane Velásquez, in *Willie Velásquez: Your Vote Is Your Voice.*

275 *"Es posible que su trabajo haya tenido más impacto":* Henry Cisneros, in *Willie Velásquez: Your Vote Is Your Voice.*

276 *Programa Bracero:* "1942: Bracero Program", *A Latinx Resource Guide: Civil Rights Cases and Events in the United States,* Library of Congress.

277 *la organización duplicó el electorado latino:* Juan A. Sepúlveda, Jr., *The Life and Times of Willie Velásquez: Su voto es su voz* (Houston: Arte Publico Press, 2003), location 154 Kindle edition.

277 *el cuerpo político latino cuenta hoy con treinta y cinco millones de personas:* 34.5 million in October 2022, to be exact. Natarajan and Im, "Key Facts About Hispanic Eligible Voters".

277 *"A la postre, el sueño americano no es una carrera de velocidad":* Julian Castro, at the Democratic National Convention, 2012, quoted in Kevin Cirilli, "Julian Castro's 5 notable lines", *Politico,* last modified September 4, 2012, https:// www.politico.com/story/2012/09/julian-castros-5-compelling-lines-080709.

277 *"Es la forma en que crecemos en nuestras comunidades católicas":* Sepúlveda, author interview, January 17, 2023.

277 *Putnam lo invitó a unirse a un grupo de treinta académicos:* Robert D. Putnam's Saguaro Conference led to the "Better Together" panel. See: *Better Together: The Report of the Saguaro Seminar,* reprint of the 2000 report, http://robertd putnam.com/wp-content/uploads/2016/04/bt_1_29.pdf.

278 *"Saben que la forma en que solían trabajar":* Juan Sepúlveda, recalling Putnam's words, author interview, January 17, 2023.

279 *"Es la única semana del año":* Sepúlveda, author interview, January 17, 2023.

279 *Putnam y sus panelistas de Better Together estaban sorprendidos:* Ibid.

279 *O en Rockville, Maryland, donde los peruanos:* See chapter 2, where I describe Julia Mamani and this very unified community of Maryland Peruvians from Cabanaconde, a tiny village in the remote canyons of the Colca Valley.

279 *quinceañera:* This is a pan–Latin American tradition, celebrating a girl's fifteenth birthday and her passage into womanhood.

280 *profesionales latinas de una docena de países de origen se reúnen:* I'm fortunate enough to belong to one of these—Las Gitanas Literarias (The Literary Gypsies) of Washington, DC—a bilingual book club, founded by economist Hilda Ochoa Brillembourg and the late art collector Mirella Levinas.

280 *"Estoy segura de que los hispanos seguirán el camino de otros inmigrantes":* Linda Chavez, author interview, September 6, 2021.

280 *Como ha criticado el exsecretario del Departamento de Vivienda y Desarrollo Urbano Julián Castro:* In *Willie Velásquez: Your Vote Is Your Voice.*

281 *Joaquín Castro, cuya campaña sin cuartel:* Joaquín Castro, author interview, July 7, 2021; David Remnick, "Joaquin Castro: 'Americans Don't Know Who Latinos Are'", *The New Yorker Radio Hour,* September 24, 2021.

281 *"Tuve la reunión más extraordinaria en mayo de 2020":* Joaquín Castro, author interview, July 7, 2021.

282 *la misma palabra que utilizó un asesino blanco después de masacrar:* Associated Press, "El Paso shooting suspect said he targeted Mexicans, police say", published in *Los Angeles Times,* August 9, 2019.

282 *"Estereotipos abusivos como ésos son peligrosos":* Joaquín Castro, author interview, July 7, 2021.

Convicciones

282 *"Intentaron enterrarnos":* This is variously thought to be a Mexican proverb and a line from a work by the Greek poet Dinos Christianopoulos. It has been used often in protests defending the rights of Dreamers and DACA. See

Mairead McArdle, "Protesters demanded Congress find a legislative fix for Dreamers", *National Review*, March 5, 2018.

282   *les negó el derecho a tener representación en el Congreso:* Charles R. Venator-Santiago, "Yes, Puerto Ricans are American citizens", *Encyclopaedia Britannica*, updated February 4, 2020; "Statutory Citizenship", Puerto Rico Citizenship Archives Project, University of Connecticut.

282   *un consejo estatal de educación rechaza libros sobre la historia latina:* Aliya Swaby, "Texas education officials reject another Mexican-American studies text-book", *Texas Tribune*, November 8, 2017.

282   *prohíbe clásicos de gigantes de la literatura como Isabel Allende:* Angela Bonilla, "Books Written by Latino Authors Among Those Banned in Texas, Nation-wide", KWTC, Waco, Texas, September 22, 2022.

283   *el sesenta y dos por ciento de la población y más de la mitad de los escolares son hispanos:* Mary Tuma, "SBOE Passes Mexican-American Studies, but White-washes the Name", *Austin (TX) Chronicle*, April 13, 2018.

283   *no hay material didáctico disponible para enseñar historia hispana:* Instead, teach-ers are given lists of related books, rather than any textbook or concrete course. Cameron Langford, "Outrage Over Anti-Latino Textbook in Texas", Courthouse News Service, May 26, 2016.

283   *los describía empeñados en la destrucción de la civilización occidental:* Yanan Wang, "Proposed Texas Textbook Says Some Mexican Americans 'Wanted to De-stroy' U.S. Society", *Washington Post*, May 25, 2016; Langford, "Outrage Over Anti-Latino Textbook in Texas".

283   *Kelly Lytle Hernández, Geraldo Cadava y Ed Morales:* Hernández's books, *Bad Mexicans* and *City of Inmates*, are indispensable histories, as are Cadava's *His-panic Republicans*, and Morales's *Latinx* or *Living in Spanglish*. There are many other notable historians and chroniclers of the Hispanic experience I could name here, including Gloria Anzaldúa, Eduardo Galeano, Carrie Gibson, Laura E. Gómez, Juan González, Greg Grandin, María Hinojosa, Cherríe Moraga, Paul Ortíz, and Ray Suarez.

283   *Mariana Barros-Titus, investigadora de treinta años del History Center:* Mariana Barros-Titus, author interviews, August 20, 2021, and October 28, 2022.

284   *"Habíamos llegado justo antes del 11 de septiembre":* Ibid. Barros-Titus is certainly entitled to her opinion on this, and there is some corroboration of her claims. Regarding the 9/11 cleaning crews being largely peopled by immigrants: "These mostly Latino crews cleaned up after Sept. 11", Associated Press, Sep-tember 9, 2021. Regarding Latinos bringing the city back to life: Diane Ciro et al., "Acculturation, coping and PTSD in Hispanic 9/11 rescue and recovery

workers", *Psychological Trauma* 13, no. 1 (January 2021), 84–93; "NYC Latino 9-11 Collecting Initiative: September 11, 20 Years Later", National Museum of American History Behring Center, Smithsonian Institution, September 11, 2021, https://americanhistory.si.edu/topics/september-11/pages/nyc-latino -9-11-collecting-initiative.

285 *Ocurrió en la secundaria:* Calista Correa, author interview, January 24, 2023.

285 *un treinta por ciento de la población latina de Estados Unidos participa de alguna manera en la vida cívica:* Louis DeSipio, "Demanding Equal Political Voice . . . and Accepting Nothing Less", American Latino Theme Study: Struggles for Inclusion, National Park Service, July 10, 2020.

285 *Calista Correa, joven estadounidense de origen chileno:* Calista Correa is a pseudonym. Given the intimate details of my subject's life and family relationships revealed here, she has chosen to keep her identity private. All facts about institutions and places, however, are real.

285 *El padre de Calista era un muchacho muy inteligente:* Calista Correa, author interview, April 6, 2022.

285 *"Mi madre y su madre son blancas":* This quote and all others that follow from Correa are from my 2022 and 2023 interviews with her.

286 *la mejor secundaria pública del país:* "Thomas Jefferson High School for Science and Technology, #1 in National Rankings", *US News and World Report*, 2022. According to *US News*, "Thomas Jefferson High School for Science and Technology uses a STEM-focused curriculum that culminates with a technical lab project for seniors. The school offers courses like DNA science, advanced marine biology, automation and robotics, architectural drawing and design, research statistics and AP calculus. TJHSST boasts 15 specialized research labs, ranging from astronomy and astrophysics to oceanography and geophysical systems".

287 *Incluso hoy en día la escuela recibe críticas:* Emma Brown, "Jefferson H.S., Fairfax Schools, Shut Out Blacks and Latinos, Complaint Alleges", *Washington Post*, July 23, 2012; "Thomas Jefferson High School for Science and Technology Hit with Civil Rights Discrimination Suit", HuffPost, last modified July 25, 2012, https://www.huffpost.com/entry/thomas-jefferson-high-sch_n_1700247; Amy Howe, "Court Allows Elite Virginia High School to Keep Admissions Policy While Legal Challenge Continues", SCOTUSblog, April 25, 2022.

287 *los hispanos representaban aproximadamente el treinta por ciento de los estudiantes: 2005 Fairfax County Youth Survey*, Fairfax Country, Virginia and Fairfax County Public Schools, June 13, 2006.

287 *comprendían menos del seis por ciento de la clase entrante en Thomas Jefferson:* Tyler

Currie, "The Quest", *Washington Post*, August 7, 2005. Curiously enough, by 2020, the Thomas Jefferson School had supposedly addressed its problem by building up to an almost 70 percent Asian student body, but the African and Hispanic representation remained grievously low.

288   *Su misión es hacer hincapié:* "Mi Gente", Duke University, sites.duke.edu/migente/.

291   *según Willie, inspirar el cambio es "pavimentar el camino":* Burt A. Folkart, "Obituaries: Willie Velásquez; Leader of Latino Political Movement", *Los Angeles Times,* June 16, 1988.

CAPÍTULO 10: MÚSCULO

292   *Hay que trabajar más duro:* Sonia Sotomayor, as quoted in an interview with Terry Gross, *Fresh Air*, NPR, January 13, 2014.

292   *la primera colonia inglesa —fundada en 1585:* Michael Farquhar, "The Lost Colony of Roanoke" *Washington Post*, April 9, 1997.

Guerreros

293   *¡Diez mil patriotas latinos desconocidos lucharon en la Revolución Estadounidense!:* John Leguizamo, American actor, in a tweet on July 4, 2019, https://twitter .com/JohnLeguizamo/status/1146856069416783872. Leguizamo makes the error of calling the weapons provider General Valdez. It should be General Gálvez. But his enthusiasm is very real.

293   *el primer vizconde de Galveston, Bernardo de Gálvez:* He was not given this title until 1783, just before the signing of the Treaty of Paris, which ended the American Revolutionary War. For information on Gálvez, see Erick Trickey, "The Little-Remembered Ally Who Helped America Win the Revolution", *Smithsonian*, January 13, 2017; "Bernardo de Gálvez y Madrid: What Do the American Revolution, a Spanish Governor, and Cattle Drives Have in Common?", Galveston, Texas: History Guide, *Galveston Unscripted*, 2023.

293   *asentamientos a lo largo de la costa nicaragüense de Mosquitia y Honduras:* Gonzalo M. Quintero Saravia, *Bernardo de Gálvez: Spanish Hero of the American Revolution* (Chapel Hill: University of North Carolina Press, 2018), 14.

295   *Gálvez empezó a sentirse más americano que español:* "Read the Revolution: Bernardo de Gálvez", Museum of the American Revolution, September 8, 2021; Saravio, *Bernardo de Gálvez*, 7.

295   *un prodigioso ejército de 7.500 hombres:.* Trickey, "The Little-Remembered Ally."

295   *La inquina hacia Inglaterra era tan grande:* Manuel Cencillo de Pineda, *David Glasgow Farragut: Primer Almirante de los Estados Unidos de América e hijo de un menorquín* (Madrid: Editorial Naval, 1950), 27.

296 *en 2014, cuando el Congreso aprobó un proyecto de ley que proclamó póstumamente a Gálvez estadounidense:* House Joint Resolution 105, Conferring honorary citizenship of the United States on Bernardo de Gálvez y Madrid, Viscount of Galveston and Count of Gálvez. Representative Jeff Miller (R-FL-1), sponsor; 113th Congress Public Law 229. US Government Publishing Office, 2014.

296 *"un factor decisivo":* The following are the exact words in House Joint Resolution 105: "Whereas Bernardo de Gaalvez's [sic] victories against the British were recognized by George Washington as a deciding factor in the outcome of the Revolutionary War", House Joint Resolution 105.

296 *"Mi ancestro, el rey Carlos III":* Juan Carlos I, King of Spain, Bernardo de Gálvez, Foreword, in *Yo Solo: The Battle Journal of Bernardo de Gálvez During the American Revolution,* trans. E. A. Montemayor (New Orleans: Polyanthos, 1978), ix.

296 *sólo hay ocho ciudadanos honorarios de Estados Unidos:* House Joint Resolution 105.

297 *Sumaban más de cien mil:* James Gregory, "Mapping the Latinx Great Migration", America's Great Migrations Project, Civil Rights and Labor History Consortium, University of Washington.

297 *veinte mil hispanos... habían servido en ambos ejércitos:* "Hispanics and the Civil War: From Battlefield to Homefront", National Park Service booklet, US Department of the Interior.

297 *Jorge (Jordi) Ferragut Mesquida, el único voluntario español:* He fought under the American flag, as opposed to those who fought alongside Bernardo de Gálvez under Spanish colors. Jaume Sastre Moll, "George Farragut: The Epitome of an American Colonial", Patriots, People, the War Years (1775–1783), *Journal of the American Revolution,* last modified June 18, 2019, https://allthingsliberty.com/2019/06/george-farragut-the-epitome-of-an-american-colonial/. Jordi Ferragut was a descendant of Don Pedro Ferragut, a thirteenth-century nobleman who had fought under King Jaime I of Aragon to expel the Moors from the island of Mallorca as well as the citadel of Valencia.

297 *Marino mercante nacido en la isla española de Menorca:* "David Farragut, Primer Almirante Estadounidense", *Revista Española de Defensa* 345, diciembre 2017, https://www.defensa.gob.es/Galerias/gabinete/red/2017/red-345-farragut.pdf.

298 *le había salvado la vida al coronel William Washington:* This is claimed by Loyall Farragut, biographer and son of Admiral David Glasgow Farragut, who lays out Jordi Ferragut's career as well as the names and careers of many generations of Ferraguts in Spain. Loyall Farragut, *The Life of David Glasgow*

Farragut, First Admiral of the United States Navy: Embodying His Journal and Letters (New York: D. Appleton, 1879), 5. See also Marshall DeLancey Haywood, "Major George Farragut", *The Gulf States Historical Magazine* 2, no. 1 (July 1903): 89.

298   *navegando a lo largo de la costa de Chile a la caza de buques británicos:* For more on this, see Frank Donovan, *The Odyssey of the Essex* (New York: McKay, 1969); David F. Long, *Nothing Too Daring: A Biography of Commodore David Porter, 1780–1843* (Annapolis, MD: Naval Institute Press, 1970); Frances B. Robotti and James Vescovi, *The USS Essex and the Birth of the American Navy* (Holbrook, MA: Adams Media, 1999).

298   *"La paz por la que luché":* Jordi Ferragut Mesquida (George Farragut), as quoted in Cencillo de Pineda, *David Glasgow Farragut*, 30.

298   *"¡Malditos sean los torpedos, a toda máquina!":* The actual wording, according to biographers, is: "Damn the torpedoes! Four bells! Captain Drayton, go ahead. Jouett, full speed!". Loyall Farragut, *Life of David Farragut*, 416–17; John Randolph Spears, *David G. Farragut* (Philadelphia: G. W. Jacobs, 1905), 359.

299   *Durante la planificación de ese monumento se investigó la vida de Farragut:* "Stick to the Flag: Saint-Gaudens' Farragut Monument", Saint-Gaudens National Historical Park, National Park Service, nps.gov. Saint-Gaudens was the sculptor, but Stanford White was the architect and codesigned the pedestal on which the description of the man, his background, and his accomplishments are inscribed.

299   *la biografía para niños más conocida de Farragut:* Jean Lee Latham, illustrated by Paul Frame, *David Glasgow Farragut: Our First Admiral* (Champaign, IL: Garrard, 1967).

299   *se refiere al almirante en todo momento como "Glasgow":* David Porter, his adoptive father, apparently addressed him as Glasgow, too. See David Porter to David Glasgow Farragut, St. Stephano de Constantinople, June 20, 1835, in Loyall Farragut, *The Life of David Glasgow Farragut*, 121.

300   *tanto su padre (Pedro Benét) como su madre (Juana Hernández) eran originarios de la isla de Menorca:* "Counting down to the 450th Anniversary of St. Augustine: Jan. 22, 1827, Benet Birth", St. Augustine Historical Society, *St. Augustine Record*, January 21, 2015.

300   *El nieto de Benét, también de nombre Stephen Vincent Benét:* The poet Stephen Vincent Benét (a namesake of his grandfather) published *John Brown's Body, a book-length narrative poem* memorializing the Civil War, in 1928. He was also the author of the famous short story "The Devil and Daniel Webster" (1936).

300 *enarbolaba la bandera de Estados Unidos además de la suya:* Mark Grossman, "David Glasgow Farragut", *World Military Leaders: A Biographical Dictionary* (New York: Facts on File, 2007).

300 *El día después de Navidad:* The entire account of his time in Menorca relies on Cencillo de Pineda, *David Glasgow Farragut,* chapter 7.

300 *podía intercambiar bromas en al menos cuatro de ellos:* Farragut was tutored in languages by the famous educator Charles Folsom—librarian of Harvard University, editor at Harvard's university press, and noted linguist—who spent years as a chaplain aboard the USS *Washington*, where Farragut served as a young midshipman. Kenneth E. Carpenter, "Charles Folsom", *American National Biography*, February 2000. By his own claim, Farragut could speak Spanish, Italian, and French, apart from English. Farragut to James Dobbin, secretary of the navy, Norfolk, Virginia, April 12, 1854, in Loyall Farragut, *The Life of David Glasgow Farragut*, 166. It is mentioned elsewhere that he had a passing familiarity with Arabic and Turkish as well ("David Glasgow Farragut", www.nndb.com).

301 *el almirante Farragut telegrafió a su superior, el secretario de Marina de Estados Unidos:* This was Gideon Welles, who was appointed by President Lincoln and served as a cabinet member from 1861 to 1869.

301 *"grandeza de carácter y bondad de corazón":* Cencillo de Pineda, *David Glasgow Farragut*, 80.

301 *Un historiador llegó a sugerir que el almirante había ido:* Cencillo de Pineda, *David Glasgow Farragut*, 86.

301 *"Cuando mis antepasados confederados escucharon el llamado a las armas":* John O'Donnell-Rosales, "Preface", *Hispanic Confederates* (Baltimore: Clearfield, by Genealogical, 2002), v.

301 *Hasta una cuarta parte de las tropas que lucharon por la Unión eran ciudadanos de otros países:* "Who Fought?", American Battlefield Trust, https://www.battle fields.org/learn/articles/who-fought.

302 *se enlistaron a instancias de Abraham Lincoln en el bando de la Unión:* In 1861, Mexican Americans in California, New Mexico, and Texas responded to President Lincoln's call for seventy-five thousand volunteer fighters. Zaragosa Vargas, *Crucible of Struggle: A History of Mexican Americans* (New York: Oxford University Press, 2010), 127.

302 *cuatro regimientos de Voluntarios de Nuevo México:* Colonel Gilberto Villahermosa, "America's Hispanics in America's Wars" *Army Magazine,* September 2002, https://valerosos.com/HispanicsMilitary.html.

302 *"soldados grasientos":* Vargas, *Crucible of Struggle*, 129.

302   *Henry Connelly, gobernador antiesclavista:* This was Governor Henry Connelly
      of New Mexico, who rallied thousands of Hispanics to the Union cause. His
      wife, Dolores Perea, was the widow of Don Mariano Chaves, who, as it hap-
      pens, was a descendant of Pedro Durán y Chaves, the ancestor of politician
      Linda Chavez, who is profiled earlier in this book.

302   *el racismo rabioso, la escasa paga y los escasos suministros:* Vargas, *Crucible of
      Struggle,* 129.

303   *"ratas de muelle, degolladores y ladrones":* Terry L. Jones, "Wharf-Rats to Cut-
      throats to Thieves", *Louisiana History: The Journal of the Louisiana Historical
      Association* 27, no. 2 (Spring 1986): 147–65.

303   *Una de ellas fue Loreta Janeta Velázquez:* "Loreta Janeta Velázquez", Ameri-
      can Battlefield Trust, https://www.battlefields.org/learn/biographies/lo
      reta-janeta-velazquez; *The Woman in Battle: The Civil War Narrative of Loreta
      Velazquez, Cuban Woman & Confederate Soldier* (Madison: University of Wis-
      consin, 2003), reprint of the 1876 edition.

304   *la mayor y más costosa batalla de la historia de Estados Unidos:* David J. Eicher,
      The Longest Night: A Military History of the Civil War (New York: Simon &
      Schuster, 2001), 230.

304   *doscientos mil hispanos, la gran mayoría, estadounidenses de origen mexicano:* Vil-
      lahermosa, "America's Hispanics in America's Wars".

304   *dieciocho mil puertorriqueños:* Ibid.

305   *"AMERICANS ALL! Let's fight for victory":* The poster from which these words
      came was created for the Office of War Information, the agency responsible
      for wartime propaganda in World War II. The artist, Leon Helguera (1899–
      1970), born in Chihuahua, Mexico, was a naturalized US citizen working as a
      commercial artist at a Manhattan agency. In 1942 he joined with other artists
      to offer their talents to the government on behalf of the war effort. Dan-
      iel Dancis, "Americans All by Leon Helguera: Appealing to Hispanics on the
      Home Front in World War II", *The Text Message* (blog), National Archives,
      October 11, 2018.

305   *más de medio millón de latinos sirvió en el esfuerzo militar:* Villahermosa, "Amer-
      ica's Hispanics in America's Wars". Also approximately 350,000 Mexican
      Americans and 53, 000 Puerto Ricans, according to the US Army numbers,
      although many with more ambiguous names or whiter features were not
      counted at all. "*Los* Veteranos—Latinos in WWII", National WWI Museum,
      New Orleans, los-veteranos-fact-sheet.pdf.

305   *el sesenta por ciento de los varones hispanos nacidos en Estados Unidos:* Karl
      Eschbach and Maggie Rivas-Rodriguez, "Preface: Navigating Bureaucratic

Imprecision in the Search for an Accurate count of Latino/a Military Service in World War II", in Maggie Rivas-Rodriguez and B. V. Olguín, eds., *Latina/os and World War II: Mobility, Agency, and Ideology* (Austin: University of Texas Press, 2014), ix–xix.

305 *350.000 puertorriqueños, todos ciudadanos estadounidenses:* Villahermosa, "America's Hispanics in America's Wars".

305 *la imagen icónica que representa a Rosie la Remachadora como una mujer blanca es engañosa:* Patricia Portales, "Tejanas on the Home Front: Women, Bombs, and the (Re)Gendering of War in Mexican American World War II Literature", in Rivas-Rodriguez and Olguín, *Latina/os and World War II*, 178.

305 *la experiencia de la familia Botello:* Eschbach and Rivas-Rodriguez, in Rivas-Rodriguez and Olguín, *Latina/os and World War II*, ix–xi.

306 *"Nací estadounidense en Fort Stockton, Texas":* Ibid, xi.

306 *los legendarios Bushmasters (158° de Infantería):* General Paul E. Funk II, *Army History and Heritage* (Washington, DC: Center of Military History, United States Army, 2022); Jim Lankford, "158th Infantry Regiment"; *On Point 23*, no. 3 (Winter 2018): 23–26. Note that the Bushmasters were largely Mexicans and Native Americans.

306 *"Nunca se ha desplegado para la batalla un mejor equipo de combate":* General Douglas MacArthur, as quoted in Funk, *Army History and Heritage.*

306 *Guy Gabaldon, desplegado en las islas Marianas:* Collin Hoeferlin, "Guy Gabaldon", MarineParents: Life in the Marine Corps, September 1, 2016, https://marineparents.com/marinecorps/guy-gabaldon.asp; Gregg K. Kakesako, "'Pied Piper' returning to Saipan"; Honolulu *Star Bulletin*, June 6, 2004, starbulletin.com.

306 *Para el sargento primero Macario García:* Jen S. Martínez, "Soldier, Mexican Immigrant Earned Medal of Honor During WWII", US Army, September 6, 2018, https://www.army.mil/article/210759/soldier_mexican_immigrant_earned_medal_of_honor_during_wwii.

308 *bautizó con su nombre un anodino tramo de calle del antiguo barrio mexicano:* Honoree record, "CSM Marcario García", Medal of Honor Recipient, World War II, Military Hall of Honor, militaryhallofhonor.com. Unfortunately, García's first name, Macario, is often misspelled, as it is here, in the Congressional Medal of Honor website.

308 *Fueron 180.000 los soldados que defendieron los baluartes en aquella guerra olvidada:* Alejandra V. Contreras, "'Estaba seguro de que me iban a matar': mexicano recuerda paso en Guerra de Corea", *El Universal*, December 7, 2020, https://www.eluniversal.com.mx/mundo/estaba

-seguro-de-que-me-iban-matar-mexicano-recuerda-paso-en-guerra-de
-corea/.

308   *Los de origen mexicano representaron el diez por ciento de las fuerzas de combate:*
      Bruno Figueroa and Martha Barcena, "Mexicans: Forgotten Soldiers of 1950–
      53 Korean War", *Korean Times,* June 22, 2020.

308   *Una décima parte de todas las bajas de Estados Unidos en la Guerra de Corea fueron*
      soldados mexicano-estadounidenses: Villahermosa, "America's Hispanics in
      America's Wars"

308   *Raúl Álvarez Castillo, por ejemplo:* Secretaría de Relaciones Exteriores (1951).
      Expediente III/580.2(73)/19221-A-20 CASTLE, Ralph A (Acervo Histórico).

309   *"Durante la guerra de Vietnam":* Deborah Paradez, "Vietnam '67: Soldiers in la
      Guerra", *New York Times,* January 5, 2018. Edited slightly for clarity.

309   *los hijos de las clases media y alta iban a la universidad:* I owe much of this phras-
      ing to Micheal Clodfelter, *Vietnam in Military Statistics: A History of the Indo-*
      china Wars, 1772–1991 (Jefferson, NC: McFarland, 1995), 243.

309   *una edad media de poco más de diecinueve años:* Ibid.

309   *la mayoría de los latinos reclutados se presentaron al llamado al servicio sin eludirlo:*
      Freddie Valenzuela, *No Greater Love: The Lives and Times of Hispanic Soldiers*
      (Austin, TX: Ovation Books, 2008), 4–5, 40. For more general information,
      see also Adam McGlynn and Jessica Lavariega Monforti, *Proving Patriotismo:*
      Latino Military Recruitment, Service, and Belonging in the US (Lanham, MD: Lex-
      ington Books, 2021).

309   *las cifras existentes —por poco representativas que sean—:* The official numbers
      claimed that Latinos represented 4.5 percent of the US population and 5.5
      percent of the soldiers killed in Vietnam. The true figures, as reported by
      Ralph Guzman in the study put before the US Congress on October 8, 1969,
      were as follows: Latinos represented 11.9 percent of the overall population
      and 20 percent of the Vietnam fatalities.

310   *compuestas en su mayoría por hombres blancos de clase media y mediana edad:* Va-
      lenzuela, *No Greater Love,* 65.

310   *apenas se concedieron aplazamientos al llamado al servicio:* Ibid., 126.

310   *Llamémoslo machismo:* Charley Trujillo, quoted in "The Chicanos of Viet-
      nam", YouTube, posted by The Daily Chela, 2019.

310   *a menudo se enlistaban… en el Cuerpo de Marines:* Tom Philpott, "Marines Begin
      to Reverse Sharp Drop in Black Recruits", Philadelphia Veterans Multi Ser-
      vice and Educational Center, October 25, 2007.

310   *les otorgaría una "doble victoria":* "Double Victory: The African American Military
      Experience" National Museum of African American History, nmaahc.si.edu.

310   *Un soldado mexicano contó:* This was Charley Trujillo, a Mexican American from Corcoran, California. "The Chicanos of Vietnam", YouTube.

310   *el "Rambo puertorriqueño":* Henry Howard, "Compassionate Rambo", American Legion, October 20, 2016; Bryce Mallory, "The Real Rambo SFC Jorge Otero Barreto, Vietnam War Medal of Honor Petition", YouTube, posted by Blue Falcon 420, November 26, 2022.

311   *alcanzó su mayor logro en la batalla de Phuoc Yen:* Jon Simkins, "'Puerto Rican Rambo' Went On over 200 Combat Missions in Vietnam", *Military Times*, July 26, 2019.

311   *"Un guerrero no se ama a sí mismo":* Jorge Otero Barreto, interviewed by Bryce Mallory in "The Real Rambo SFC Jorge Otero Barreto, Vietnam War Medal of Honor Petition".

312   *"Vietnam fue una guerra de blancos":* Martin Luther King, Jr., quoted in "American Minority Groups in the Vietnam War: A Resource Guide", Library of Congress, September 12, 2022.

312   *Los afroestadounidenses ocuparon el treinta y uno por ciento de los batallones de combate:* "American Minority Groups in the Vietnam War" Library of Congress.

312   *Ralph Guzmán, profesor de la Universidad de California en Santa Cruz:* Paradez, "Vietnam '67".

312   *El 8 de octubre de ese año:* "Mexican American Casualties in Vietnam", entered by Hon. Edward R. Roybal of California, House of Representatives, October 8, 1969, "Extensions of Remarks", 29292.

313   *el Consejo Nacional de La Raza:* The organization founded in 1968 was actually called the Southwest Council of La Raza. In 1970, it moved its offices to Washington, DC, and claimed a national membership. In 1973 it changed its name to the National Council of the La Raza.

313   *muy superior a lo que afirmaba el Pentágono:* The Department of Defense claimed that Hispanics represented only 5.5 percent of the fatalities, whereas Guzman put that figure at 20 percent. See "American Minority Groups in the Vietnam War", Library of Congress.

313   *Los blancos, por su parte, contribuían menos de lo que les correspondía:* The ratio of whites in the population at the time was 88.6 percent. "1960 Census of the Population: Supplementary Reports: Race of the Population of the United States, by States: 1960", US Census, Report Number PC(S1)-10, September 7, 1961. The ratio of white fatalities in the Vietnam War was 86 percent, according to "American Minority Groups in the Vietnam War", Library of Congress.

314   *"Mendoza estuvo aquí. 12 Sept 68":* Michael Herr, *Dispatches* (New York: Alfred

A. Knopf, 1977), 250. Deborah Paredez makes reference to the irony of the graffiti in "Vietnam '67"

314 *casi el veinte por ciento del personal militar del país se identifica como latino:* 21.39 percent of active-duty enlisted women are Hispanic; 17.9 percent of the men are Hispanic. "Distribution of active-duty enlisted women and men in the U.S. Military in 2019, by race and ethnicity", *Statista*, statista.com, 2019. An online recruitment service counted 19 percent of military personnel as Hispanic in 2021, "Military Jobs, Demographics", Zippia.

314 *especialmente dramático desde las guerras de Afganistán e Irak:* "Hispanics in the U.S. Army" United States Army, https://www.army.mil/hispanics/history.html.

314 *la Operación Tormenta del Desierto:* Ibid.

314 *"A medida que la población hispana ha ido creciendo":* Anita U. Hattiangadi, Gary Lee, and Aline O. Quester, *Recruiting Hispanics: The Marine Corps Experience, Final Report* (Alexandria, VA: Center for Naval Analysis, January 2004).

315 *"Unos ochenta y cinco mil latinos sirvieron en la Operation Enduring Freedom":* George W. Bush, "Satellite Remarks to the League of Latin American Citizens Convention", as archived in The American Presidency Project, University of California, Santa Barbara, July 8, 2004, presidency.ucsb.edu.

315 *había casi doscientos mil soldados hispanos sirviendo al país en algún rincón del mundo:* "FY 2007 Population Represented in the Military Service", Executive Summary, Department of Defense, 2007, prhome.defense.gov.

315 *catorce legisladores del 110° Congreso:* The fourteen members of Congress who sponsored the bill were: Charles B. Rangel (D-NY), Joe Baca (D-CA), Xavier Becerra (D-CA), Jim Costa (D-CA), Luis Fortuño (NP-Puerto Rico), Raúl Grijalva (D-AZ), David Ortíz (D-CO), Ed Pastor (D-AZ), Ciro Rodriguez (D-TX), Silvestre Reyes (D-TX), José E. Serrano (D-NY), Hilda Solis (D-CA), Albio Sires (D-NJ), and Nydia Velázquez (D-NY).

315 *"Considerando que las contribuciones de los hispanos a las Fuerzas Armadas de Estados Unidos":* Hispanic American Heroes Resolution, H. Con. Res. 253, 110th Congress (2007–2008).

316 *docenas de medallas de honor del Congreso engalanaban pechos hispanos:* Of the sixty Hispanics on the current list of Medal of Honor recipients, fifty-three had received the medal (either living or posthumously) by 2008. Hispanic Medal of Honor Society, http://hispanicmedalofhonorsociety.org/recipients.html; Raul A. Reyes, "Military Veterans: We Need to Recognize Latinos' Long History of Service", NBC News online, last modified November 11, 2022, https://www.nbcnews.com/news/latino/latinos-military-role-history-veterans-day-rcna56434.

316 *sólo había cuatro altos oficiales hispanos en las fuerzas armadas:* "FY 2007 Population Represented in the Military Service", 26.

316 *Entre 1995 y 2016, sólo uno ascendió a general de tres estrellas:* Rafael Bernal, "Latinos Aren't Reaching Top Military Positions, Study Shows", *Hill*, July 22, 2018.

316 *Sólo hay cuatro oficiales hispanos en los peldaños superiores del Ejército de Estados Unidos:* "Active Component Demographics", data as of June 30, 2022, US Army, api.army.mil, 4.

316 *representamos un mísero dos por ciento:* This is the percentage for general/flag officers. Table 6, "Race and Ethnic Representation in the Active Component and U.S. Population", *Diversity, Inclusion, and Equal Opportunity in the Armed Forces,* Congressional Research Service, Library of Congress, June 5, 2019, https://sgp.fas.org/crs/natsec/R44321.pdf, 21. In the following, the figure is 3 percent: Carlos E. Martinez, "The US Military Has Failed Latinos", *Hispanic Executive*, September 27, 2022.

316 *Algunos argumentarán que no hay suficientes profesionales titulados:* "While Hispanics Represent 18 Percent of the U.S. Population, They Account for Roughly 8 Percent of all Post-Secondary Degree Holders", in "Race and Ethnic Representation in the Active Component and U.S. Population", 20.

316 *constituyen camarilla que tiende a atraer a sus amigos:* This claim is made by Major General Alfred A. ("Freddie") Valenzuela in his book *No Greater Love,* 65. It is repeated by retired army general Albert Zapanta and Edward Cabrera, president of Casaba Group, a Hispanic veterans organization, in Bernal, "Latinos aren't reaching top military positions"; Christopher S. Chivvis, "Diversity in the High Brass", Carnegie Endowment for International Peace, September 6, 2022.

316 *casi el noventa y siete por ciento de los mandos de las fuerzas armadas es blanco:* 96.5 percent, to be exact. Chivvis, "Diversity in the High Brass".

316 *los blancos no hispanos representan poco más de la mitad de la población de Estados Unidos:* "Race and Hispanic Origin", QuickFacts, United States, US Census, 2023.

316 *el muy consumado general afroamericano de los Marines Michael E. Langley:* Helene Cooper, "After 246 Years, Marine Corps Gives Four Stars to a Black Officer", *New York Times*, August 6, 2022.

316 *podemos contar menos de veinte negros:* "The Commanders: Admirals and Generals in the United States Military, 1940–", African American History, BlackPast, blackpast.org/special-features.

317 *el general del ejército estadounidense Richard E. Cavazos,:* For more information on the general, see "Richard E. Cavazos", Biographies, National Museum, United States Army, thenmusa.org.

317 *el primer piloto estadounidense derribado sobre territorio del Vietcong:* This is Colonel Everett Alvarez, Jr. of the US Navy, as told in the film *Hispanic American Veterans Share Their Experiences in Vietnam*, The United States of America Vietnam War Commemoration, YouTube video, PBS KVIE, 2019.

317 *"Creo que forma parte de la mentalidad machista":* General Albert Zapanta, quoted in Bernal. "Latinos aren't reaching top military positions".

317 *los latinos no se incorporan al ejército para engrandecerse:* This is certainly the argument that Major General Valenzuela makes in *No Greater Love*, 64. It is repeated by Zapanta, in Bernal, "Latinos aren't reaching top military positions".

Productores

318 *La narrativa dominante es que quitamos puestos de trabajo:* Mónica Ramírez, author interview, September 10, 2021.

318 *Los latinos son las personas con más empleo en Estados Unidos:* Rose Chatter, Jessica Vela, and Lorena Roque, "Latino Workers Continue to Experience a Shortage of Good Jobs", fig. 1, Center for American Progress, July 18, 2022; "Employment rate in the United States in 2021, by ethnicity, Economy & Politics", *Statista*, statista.com, accessed March 14, 2023.

318 *En 1990 la fuerza laboral latina activa era de unos discretos once millones de personas:* Kevin Dubina, "Hispanics in the Labor Force: 5 Facts", US Department of Labor Blog, September 15, 2021, blog.dol.gov.

319 *se prevé que los hispanos representen el ochenta por ciento de todos los nuevos trabajadores:* "Hispanics in the Labor Force: 5 Facts".

319 *en la última década muchos latinos registraron tasas de desempleo más elevadas:* The highest unemployment numbers are being registered by Dominicans, Puerto Ricans, Hondurans, Salvadorans, Mexicans, and Paraguayans. Chatter, Vela, and Roque, "Latino Workers Continue to Experience a Shortage of Good Jobs".

319 *los latinos han representado más de la mitad del crecimiento demográfico global del país:* Hispanics made up 52 percent of total US population growth from 2010 to 2021.

319 *un nebuloso sector informal de empleos de baja categoría, transitorios y subreportados:* For more information on this, see Michael J. Pisani, "New Age Informality: Hispanics and the Sharing Economy", *Administrative Sciences* 11, no. 1 (March 1, 2021), https://doi.org/10.3390/admsci11010023.

319 *se trata de una población joven:* The average age of Latinos is thirty, as compared to thirty-five for blacks, and forty-three for whites. But it is also a highly

multiracial population, and the multiracial are the youngest population of all, with an average age of twenty-five. Zong, "A Mosaic, Not a Monolith", fig. 6; Jens Manuel Krogstad, Jeffrey S. Passel, and Luis Noe-Bustamante, "Key Facts About U.S. Latinos for National Hispanic Heritage Month", Pew Research Center online, last modified September 23, 2022, https://www.pewresearch .org/short-reads/2022/09/23/key-facts-about-u-s-latinos-for-national-his panic-heritage-month/.

319 *Uno de cada cuatro niños estadounidenses es hispano:* Latino children (ages eighteen and under) numbered 18.6 million in 2019, making up 26 percent of the nation's total child population. While Latino children reside disproportionately in the Southwest, they comprise a sizable share of the child population in all fifty states—and at least 25 percent of the child population in twelve states. Yiyu Chen and Lina Guzman, "Latino Children Represent Over a Quarter of the Child Population Nationwide and Make Up at Least 40 Percent in 5 Southwestern States", National Research Center on Hispanic Children & Families, September 15, 2021. The five states are California, Texas, New Mexico, Nevada, and Arizona.

319 *bastante más de la mitad de los tejanos y californianos menores de dieciocho años son hispanos:* For California, the exact figure in 2020 was 51.6 percent; 2020 Census Profiles, California, Naleo Educational Fund, naleo.org, 4. For Texas, it's 49.3 percent; Alexa Ura, "Hispanic Texans may now be the state's largest demographic group, new census data show", *Texas Tribune*, September 15, 2022.

319 *su número es cada vez mayor:* Zong, "A Mosaic, Not a Monolith", fig. 14.

319 *Gran parte de la población brega en las tierras de labranza:* "Hispanics and Latinos in industries and occupations", TED: The Economics Daily, Bureau of Labor Statistics, US Department of Labor, October 9, 2015, https://www.bls.gov /opub/ted/2015/hispanics-and-latinos-in-industries-and-occupations.htm.

319 *Esta abundancia de alimentos es en muchos sentidos un pilar de la fuerza y resistencia de Estados Unidos:* I owe this insight and language to Antonio De Loera-Brust, "Mexican Farmers Are U.S. Heroes", *Foreign Policy*, October 18, 2022.

320 *"héroes anónimos":* De Loera-Brust, "Mexican Farmers Are U.S. Heroes".

320 *El programa Bracero de "trabajadores invitados":* "1942: Bracero Program", A Latinx Resource Guide: Civil Rights Cases and Events in the United States, Library of Congress Research Guides, guides.loc.gov.

321 *las leyes laborales del New Deal les eliminaron la protección:* "The Road to Sacramento: Marching for Justice in the Fields—Thirty Years of Farmworker Struggle", National Park Service, accessed March 6, 2023, nps.org.

322   *Enfrentados a un virus furioso, de cara a un torrente de productos fitosanitarios:* More information on the dangers Hispanic farmworkers face can be found in Federico Castillo et al., "Environmental Health Threats to Latino Migrant Farmworkers", *Annual Review of Public Health* 42 (April 2021): 257–76.

322   *al morir a causa del virus en cantidades sin precedentes:* "Hispanics are disproportionately affected by COVID-19, experiencing significantly higher rates in positive cases and increased mortality from the virus than other ethnicities". Quoted in "COVID-19 Impact on Agricultural Workers", National Center for Farmworker Health, updated May 2022, ncfh.org.

322   *han demostrado ser tan esenciales para la seguridad nacional:* De Loera-Brust, "Mexican Farmers Are U.S. Heroes".

322   *"Consumimos nachos, tacos, burritos":* Anthony Bourdain, "Under the Volcano", *Anthony Bourdain, Parts Unknown*, blog on Mexico, May 3, 2014; "Mexico City", Season 3, Episode 4, May 4, 2014.

322   *"exigimos que los mexicanos cocinen un gran porcentaje de la comida que comemos":* In fact, they provide our daily bread. The owners of the largest baked goods company in the United States, Bimbo, are Mexican. Among the products this multibillion-dollar corporation owns: Arnold, Brownberry, Freihofer's, Stroehmann, Weston, Sara Lee, Entenmann's, Thomas's, and Lender's.

Constructores

323   *"Trabajaban / Nunca llegaban tarde":* Pedro Pietri, excerpt from "Puerto Rican Obituary", from *Selected Poetry* (San Francisco: City Lights, 2015), 3. Permission granted by City Lights.

323   *uno de cada tres trabajadores es hispano:* Bureau of Labor Statistics, US Department of Labor, 2015. See also Na Zhao, "One in Three Workers in Construction is Hispanic"; *Eye on Housing*, June 23, 2022; Lynda Lee, "Minority Business Ownership Differs by Sector", United States Census Bureau Library, January 4, 2023.

323   *el número de latinos empleados en el sector de la construcción creció en más del cincuenta por ciento:* "Construction Statistics", National Institute for Occupational Safety and Health (NIOSH), accessed March 7, 2023.

323   *or die on the job:* Samantha Brown et al., "Fatal Injury Trends in the Construction Industry," Center for Construction Research and Training (CPWR) Data Bulletin, February 2021.

323   *tiene más probabilidades... de morir en el trabajo:* Brown et al., "Fatal Injury Trends in the Construction Industry".

323   *En ciudades de todo el país:* Samantha Sharf, "Building Is Booming in These 30

Cities, but Don't Expect It to Last", *Forbes*, March 15, 2019; Associated Press, "Latino Construction Workers Have Enabled Construction Boom, but at a Cost, Documentary Shows", *NBC News* online, last modified September 14, 2020, https://www.nbcnews.com/news/latino/latino-construction-workers -have-enabled-construction-boom-cost-documentary-shows-n1240027.

323 *del medio millón de trabajadores de la construcción, la mayoría carece de papeles:* Jeffrey S. Passell and D'Vera Cohn, *Unauthorized Immigrant Population: National and State Trends*, 2010 (especially "II. Current Estimates and Trends"), Pew Research Center online, last modified February 1, 2011, https://www .pewresearch.org/hispanic/2011/02/01/unauthorized-immigrant-popula tion-brnational-and-state-trends-2010/. Also, for 2021: Evin Millet and Jacquelyn Pavilon, *Demographic Profile of Undocumented Hispanic Immigrants in the United States*, Center for Migration Studies online, last modified October 14, 2022, https://cmsny.org/wp-content/uploads/2022/04/Hispanic_undocu mented.pdf. To be precise, in 2022 the number was seven and a half million undocumented.

323 *La mayoría de los indocumentados lleva más de quince años viviendo y trabajando aquí:* Millet and Pavilon, *Demographic Profile of Undocumented Hispanic Immigrants in the United States.*

324 *Uno de cada tres hispanos indocumentados en Estados Unidos es propietario de su vivienda:* Frank Gogol, "Can an Illegal Immigrant Buy a House?", *Stilt* (blog), last modified May 26, 2023, https://www.stilt.com/blog/2018/08/can-ille gal-immigrants-buy-house.

324 *pagan doce mil millones de dólares al año en impuestos:* $3 billion alone is collected from undocumented Hispanics in California. "Undocumented Immigrants' State & Local Tax Contributions", Institute on Taxation and Economic Policy, March 1, 2017, itep.org.

324 *no afectan los presupuestos gubernamentales:* Alex Nowrasteh, "The Most Common Arguments Against Immigration and Why They're Wrong", Cato Institute, as quoted in "15 Myths About Immigration Debunked", Carnegie Corporation of New York, September 27, 2021.

325 traqueros, *tendiendo vías para construir los ferrocarriles:* See Jeffrey Marcos Garcilazo, *Traqueros: Mexican Railroad Workers in the United States, 1870–1930* (Denton: University of North Texas Press, 2012).

325 *La película comienza con Roendy Granillo:* Chelsea Hernandez, *Building the American Dream*, a PBS "Voces" documentary. See: "Building the American Dream", Film Review/ SXSW 2019, *Hollywood Reporter,* March 11, 2019.

325 *la muerte de un trabajador de la construcción cada dos días:* The precise statistic

is one dead construction worker every 2.5 days. In 2007 alone, 142 construction workers were killed in Texas. Michael King, "Three More Casualties of Austin's Growth", *Austin Chronicle*, June 19, 2009.

326 *Enseguida conocemos a Claudia Golinelli:* Hernandez, "Building the American Dream".

326 *un cuarto de millón de niños trabajadores hispanos:* Hannah Dreier, "Alone and Exploited, Migrant Children Work Brutal Jobs Across the U.S.", *New York Times*, February 25, 2023; Hannah Dreier, "Migrant Children Worked as U.S. Ignored Warnings", *New York Times*, April 18, 2023.

326 *"nueva economía de la explotación":* Dreier, "Alone and Exploited".

326 *la población hispana ha aumentado en cuarenta y cinco millones:* The Hispanic population in March 1985 totaled about 17 million; today it is 62.5 million. The difference is 45.5 million. Carmen DeNavas, "The Hispanic Population in the United States: March 1985", *Current Population Report*, no. 422 (March 1988), 1.

327 *Como resultado, tenemos a Cristián, de catorce años:* Most information that follows on Hispanic child migrant labor in the United States today is taken from Dreier, "Alone and Exploited". Also useful: Mica Rosenberg, Kristina Cooke, and Joshua Schneyer, "Child Workers Found Throughout Hyundai-Kia Supply Chain in Alabama", A Reuters Special Report, December 16, 2022.

328 *"Es el nuevo trabajo infantil":* This is Rick Angstman, a social studies teacher at Union High School in Grand Rapids, Michigan. Dreier, "Alone and Exploited".

Vendedores

329 *Juan Rodríguez, primer dominicano en llegar a Manhattan:* See Rodriguez's story, as told in chapter 4 of this book. Also: Stevens-Acevedo, Weterings, and Álvarez Francés, *Juan Rodriguez.*

329 *los vaqueros mexicanos, los primeros* cowboys *de Estados Unidos:* "Vaqueros: Teaching the World to Rope and Ride", The Story of Texas, Bullock Museum, Austin, TX, www.thestoryoftexas.com.

329 *"Según los datos más recientes":* George W. Bush, in a speech to the League of United Latin American Citizens (LULAC), "LULAC Celebrates 75th Anniversary in San Antonio", *LULAC News*, July/August 2004, 27. Bush was the first US president to publicly congratulate Hispanic Americans for their contributions to the economy.

329 *las empresas de propiedad hispana se han multiplicado un cuarenta y cuatro por ciento:* Neil Hare and Arturo Cazares, "New State of Latino Entrepreneurship Report Shows Strong Growth in Tech Sector", *Forbes*, April 14, 2022.

330 *casi el noventa por ciento de estas empresas son propiedad de* millennials: Kerry A. Dolan, "What's Fueling Latino Entrepreneurship—and What's Holding It Back", Stanford Business online, last modified February 7, 2018, https://www.gsb.stanford.edu/insights/whats-fueling-latino-entrepreneurship-whats-holding-it-back; J. Jennings Moss, "By the Numbers: Latinx-Owned Small Businesses Show Rapid Growth", *Silicon Valley Business Journal*, April 1, 2022.

330 *hay casi cinco millones de empresas propiedad de hispanos en el país:* "Hispanic-Owned Small Businesses Are Starting at Record Rates, but Access to Funding Remains a Stark Challenge", CISION, PR Newswire, September 15, 2022; "The SBA Looks to Help Hispanic-Owned Small Businesses Build on Their Historic Momentum", US Small Business Administration, September 13, 2022.

330 *uno de los porcentajes más bajos de desempleados:* The unemployment rate of Latinos has gone from lowest to median; it is 4.0 percent at this writing. The other sectors are more volatile: Blacks are 5.9 percent. Asian are 2.5 percent, Whites are 3.3 percent. "Unemployment rate 3.6 percent in June 2023", TED: The Economics Daily, U.S. Bureau of Labor Statistics, July 12, 2023.

330 *para 2050 los latinos podrían aportar la friolera de 1,4 billones de dólares a la economía:* "Latino-Owned Businesses May Be the U.S. Economy's Best Bet", J.P. Morgan Chase, accessed March 14, 2023.

330 *la contribución hispana a la economía de Estados Unidos es mucho mayor:* It is projected that the Hispanic business industry will contribute 8 percent to the US economy by 2050. The entertainment industry contributes 6.9 percent; the agriculture and food industry (including food services), 5.4 percent; the tech industry, 10 percent. Sources: For entertainment, Zippia Team, June 28, 2022. For agriculture and food, "Ag and Food Sectors and the Economy", US Economic Research Service, US Department of Agriculture, accessed March 14, 2023. For tech, "Industry Overview, Software and Information Technology Industry", SELECT USA, trade.gov, accessed March 14, 2023. A very good overview of the Hispanic labor force can be found in "Table A-3. Employment status of the Hispanic or Latino population by sex and age", Economic News Release, U.S. Bureau of Labor Statistics, modified on August 4, 2023.

El décimo talentoso

331 *"Una porción sobrevive y persiste":* W. E. B. Du Bois, "The Talented Tenth", in *The Negro Problem: A Series of Articles by Representative American Negroes of Today* (New York: James Pott, 1903), 31–75.

331 *Los latinos tienen su propio décimo talentoso:* Management, business, and finan-
cial leaders among Hispanics numbered about 11 percent in 2022. In professional occupations they represent about 14 percent. "Labor Force Statistics
from the Current Population Survey", Household Data, Annual Averages,
employed persons by occupation, race, Hispanic or Latino ethnicity, and sex.
US Bureau of Labor Statistics, bis.gov/.

331 *Carlos Gutiérrez, nacido en La Habana:* "Profile: Secretary of Commerce Carlos
Gutierrez", *ABC News*, no date, https://abcnews.go.com/Politics/Inaugura
tion/story?id=289793.

331 *Óscar Muñoz, mexicano-estadounidense del sur de California:* Luc Chenier, "Oscar
Muñoz—CEO, United Airlines", accessed on May 30, 2023, dad.ceo.

332 *sólo el cinco por ciento tiene mentores o patrocinadores:* Celia T. Before, "It Takes
a Village to Make It to the C-Suite", The Center for Association Leadership
(ASAE), September 27, 2021.

332 *hay menos de veinte hispanos que ocupen la suite C:* Theresa Agovino, "Closing
the Gap: As the Hispanic population booms, workers in this demographic
seek better representation in C-suites and corporate boardrooms", Society
for Human Resource Management, shrm.org.

332 *la escasez de latinos en los puestos más altos de las grandes corporaciones:* This
prejudice is tidily summarized in Suzanne Gamboa's "Americans way off on
number of Latinos they think are undocumented, poll finds", *NBC News*, September 30, 2021. Americans of all backgrounds incorrectly believe that the
number of Latinos in the United States who are undocumented is two to
three times larger than it actually is. Asians and Blacks hold most of the exag-
gerated views.

332 *El ingreso anual medio de un latino a nivel nacional ronda los sesenta mil dólares:*
The median income for white households in 2022 was $78,000, for Latinos
in 2021, it was $58,015: "Income and Wealth in the United States: An Over-
view of Recent Data", *Annual Social and Economic Supplement (ASEC) 2022*, as
quoted in Peter Peterson Foundation, November 9, 2022, pgpf.org. In certain
cities—Chicago, Dallas, Gilbert (AZ)—the median income of Hispanics can be
as high as $108,000. Arturo Conde, "Where Hispanics and Latinos Fare Best
Economically—2022 Edition", Smart Asset, smart asset.com/data-studies/.

332 *la mitad de las familias latinas son propietarias de su vivienda:* "2022 State of Hispanic Homeownership Report", National Association of Hispanic Real Es-
tate Professionals (NAHREPP), accessed March 18, 2023.

332 *Uno de cada cinco adultos hispanos tiene un título universitario:* Lauren Mora,
"Hispanic Enrollment Reaches New High at Four-Year Colleges in the U.S.,

but Affordability Remains an Obstacle", Pew Research Center online, last modified October 7, 2022, https://www.pewresearch.org/short-reads/2022 /10/07/hispanic-enrollment-reaches-new-high-at-four-year-colleges-in-the -u-s-but-affordability-remains-an-obstacle/; "Labor force characteristics by race and ethnicity, 2019", *BLS Reports*, Chart 2; J. Oliver Schak and Andrew Howard Nichols, "Degree Attainment for Latino Adults: National and State trends", *The Education Trust*, accessed March 20, 2023. And "College Graduates Statistics," ThinkImpact, accessed March 20, 2023, https://www.thin kimpact.com/college-graduates-statistics/.

332   *uno de cada tres nunca terminó la escuela secundaria:* "Labor force characteristics by race and ethnicity", Chart 2.

332   *los latinos… la población de hogares de altos ingresos que más rápido crece en Estados Unidos:* Pamela Danzinger, "Hispanic Americans Are Rapidly Accumulating Wealth: What It Means for Luxury Brands", *Forbes*, September 22, 2022.

332   *el setenta por ciento, hemos nacido y crecido en Estados Unidos:* The exact percentage is 68 percent. Zong, "A Mosaic, not a Monolith", fig. 8.

332   *Casi el noventa por ciento somos ciudadanos estadounidenses o residentes legales:* 13 percent of Hispanics in the United States are undocumented; 87 percent are here legally. Suzanne Gamboa, "Americans way off on the number of Latinos they think are undocumented, poll finds".

333   *"un mar de blancos":* Jeff Green, Esther Aguilera, chief executive officer of Latino Corporate Directors Association, speaking at the Bloomberg Equality Summit, as reported in Jeff Green, "'Sea of White': Latino Leaders Fight to Reshape U.S. Boardrooms", *Bloomberg News*, last modified March 22, 2022, https://www.bloomberg.com/news/articles/2022-03-22/-sea-of-white-la tino-leaders-fight-to-reshape-u-s-boardrooms#xj4y7vzkg.

333   *los estadounidenses de ascendencia asiática o del sureste asiático se han disparado:* "Crist Colder Associates Volatility Report of America's Leading Companies, 2022", July 31, 2022; "Share of Companies in the United States with Racially and Ethnically Diverse of CEOs from 2004 to 2022", *Statista*, last modified February 23, 2023, https://www.statista.com/statistics/1097600/racial-and -ethnic-diversity-of-ceos-in-the-united-states/.

333   *cuando se trata de las juntas directivas de las empresas, donde los hispanos representan sólo el uno por ciento:* "5 Companies with Hispanic and Latino CEOs", Resources, AboveBoard, September 14, 2022.

333   *Los negros, en cambio, representan el veintiocho por ciento:* "Percentage of New African American Directors on Fortune 500 Boards from 2009 to 2021", *Statista*, accessed June 19, 2023, statista.com.

333 *sólo ha habido tres directoras ejecutivas latinas:* Victoria Arena, "Why There Are So Few Latina CEOs in Fortune 500 Companies", Latinas in Business, last modified August 16, 2022, https://latinasinbusiness.us/2022/08/16/why -there-are-so-few-latina-ceos-in-fortune-500-companies/. On Geisha Williams: "FIRSTS: The Engineer: Geisha Williams, First Latina CEO of a Fortune 500 Company", *Time*, accessed March 20, 2023. On Cheryl Miller: Marcia Heroux Pounds, "How Deal-Maker Cheryl Miller Rose to Become Auto-Nation's New CEO", *South Florida Sun Sentinel*, August 2, 2019. On Priscilla Almodovar: "Enterprise Names Priscilla Almodovar CEO", *Real Estate Weekly*, June 19, 2019, accessed March 20, 2023. Also: Marina E. Franco, "Despite Growth, Latinos Are Missing from Boardrooms", *Noticias Telemundo*, Axios, October 6, 2022.

333 *La sustituyó un hombre blanco a quien le pagaban más de siete veces el salario:* Cheryl Miller's annual compensation at AutoNation was $2.6 million, accessed March 20, 2023, https://www.comparably.com/companies/autonation /cheryl-scully-miller. When she left, her replacement's—Mike Jackson's— compensation was $18,288,250. AutoNation, Inc., Executive Compensation, Mike Jackson, accessed March 20, 2023, salary.com.

334 *el número de latinos ha aumentado en más de treinta millones de personas desde el año 2000:* "The 2022 Hispanic Market Report: The New American Mainstream", Claritas, 5, accessed March 20, 2023.

334 *el poder adquisitivo latino se ha disparado de quinientos mil millones de dólares a dos billones de dólares:* "Buying power of Hispanic consumers in the United States from 1990 to 2020", *Statista*, statista.com, accessed March 20, 2023; Jingqiu Ren, "Hispanic consumers drive US population and spending growth", Insider Intelligence, October 6, 2022.

334 *su producto interno bruto sería el quinto mayor del mundo:* Carmen Sesin, "U.S. Latino economic output would rank 5th in world GDP, according to new study", *NBC News*, September 22, 2022.

335 *Mi más entusiasta defensor en el* Washington Post: This was Milton Coleman, assistant managing editor of the newspaper, known in the media industry as a force in diversity hiring and minority representation.

336 *Un estudio de 2000 titulado* Latinwood and TV: Heidi Denzel de Tirado, "Media Monitoring and Ethnicity: Representing Latino Families on American Television" (2000–2013), *Nuevo Mundo, Mundos Nuevos*, December 16, 2013.

336 *nuestra presencia en el cine es de un miserable cinco por ciento:* Allison Michelle Morris, "A History of Hispanic and Latinx Representation in Film", September 15, 2022, allisonmichellemorris.com.

337 *la estadounidense de origen peruano Hilda Quispe: Transnational Fiesta: Twenty Years Later*, documentary produced by Wilton Martinez and Paul H. Gelles, 2014.

337 *"En algún momento, las personas pasaron a segundo plano con respecto a los objetos":* Suhaly Bautista-Carolina, author interview, August 5, 2021.

QUINTA PARTE: CÓMO BRILLAMOS

339 *"¡Sí se puede!":* Dolores Huerta, at a 1972 farmworkers' rally.

CAPÍTULO 11: AGENTES DE CAMBIO

341 *"Cada vez que tienes la oportunidad de marcar la diferencia":* Roberto Clemente, quoted in Nick Anapolis, "Clemente Elected to Hall of Fame Only Months After Crash", National Baseball Hall of Fame, accessed May 15, 2023, base ballhall.org.

341 *los avances decisivos logrados por Dolores Huerta y César Chávez:* For thorough coverage of Huerta's and Chavez's careers, see Miriam Pawel, *The Union of Their Dreams* (New York: Bloomsbury, 2010), and Stacey K. Sowards, *¡Sí, Ella Puede!: The Rhetorical Legacy of Dolores Huerta and the United Farm Workers* (Austin: University of Texas Press, 2019).

342 *tasas de cáncer ochocientos por ciento superiores a la norma:* "Pesticides in the Fields", Walter P. Reuther Library, Wayne State University, reuther.wayne edu/ex/exhibits/fw/pesticide.html#.

342 *César Chávez, joven veterano de la armada:* Robert Lindsey, "Cesar Chavez, 66, Organizer of Union for Migrants, Dies", *New York Times*, April 24, 1993.

342 *Fred Ross:* See Gabriel Thompson, *America's Social Arsonist: Fred Ross and Grassroots Organizing in the 20th Century* (Oakland: University of California Press, 2019).

343 *Huerta, su compañera:* Jessica M. Goldstein, "Dolores Huerta Is Done Being Edited Out of Her Own Story", ThinkProgress, last modified September 5, 2017, https://archive.thinkprogress.org/dolores-huerta-documentary-a688e5b f1ebb; Debra Michals, ed., "Dolores Huerta: (1930–), National Women's History Museum, 2015, accessed April 5, 2023.

343 *hay menos de siete mil miembros en el sindicato United Farm Workers:* Melissa Montalvo and Nigel Duara, *CAL Matters*, January 18, 2022, calmatters.org; Miriam Pawel, "How Cesar Chavez's Union Lost Its Way", *New York Times*, September 4, 2022.

343 *la población total de dos millones y medio que se ocupa de nuestras tierras de cultivo:* "Ag and Food Sectors and the Economy", US Department of Agriculture Economic Research Service, accessed April 5, 2023.

344 *el senador Robert F. Kennedy, de Nueva York, llamó a Chávez "una de las figuras heroicas de nuestro tiempo":* Lindsey, "Cesar Chavez, 66, Organizer of Union for Migrants, Dies".

344 *"Conociéndola, me alegro de que me haya perdonado":* Barack Obama speaking at the White House Medal of Freedom ceremony, May 29, 2012, "Dolores Huerta Receives Medal of Freedom", 23 ABC News, youtube.com.

344 *"Señor ingeniero":* These quotes are taken from my notes on a return trip to Peru with my father in 1998, as I was writing my memoir, *American Chica*.

Los activistas

345 *"Rechazo la noción de que no tenemos poder":* Mónica Ramírez, author interview, September 10, 2021.

345 *Mónica Ramírez es un caso puntual:* Much of the material that follows on Ramírez is from my interview with her.

345 *"El trabajo agrícola migrante es un universo en sí mismo":* Ramírez, author interview, September 10, 2021.

346 *"Ese fue el estrellón de mi vida":* Ibid.

346 *"La narrativa dominante es que nos quedamos con todos los puestos de trabajo":* Ibid.

346 *se vio obligada a ver cómo una banda de hombres violaba a alguien de su familia:* Ibid; Rebecca Clarren, "Field of Panties: Immigrant Workers", *Marie Claire* online, accessed on July 23, 2021, https://www.marieclaire.com/politics/news/a1444/esperenza-sexual-assault/.

346 *las mujeres y niñas que trabajaban en el campo estaban constantemente expuestas a la victimización:* Bernice Yeung and Grace Rubenstein, "Female Workers Face Rape, Harassment in U.S. Agriculture", The Center for Investigative Reporting, *Frontline*, PBS, June 25, 2013.

346 *los migrantes se refieren a cierta empresa agrícola como "el fil de calzón":* Mónica Ramírez, "Sexual Violence in the Workplace Against Farmworker Women: An Overview of the Problem, the Protections, and the Movement to End It", 2nd ed., Southern Poverty Law Center, 2008, accessed on July 15, 2023, https://www.alabamapublichealth.gov/alphtn/assets/042309_01.pdf; Clarren, "Field of Panties".

347 *Mónica ha fundado no menos de media docena de organizaciones:* Mónica Ramírez served as deputy director of the Centro de los Derechos del Migrante—the Center for Migrant Rights—a transnational organization based in Mexico. She returned to the United States to lead the Labor Council for Latin American Advancement and co-found the Alianza Nacional de Campesinas (the

National Farmworker Women's Alliance). Even as a fledgling law student she founded a project called Esperanza (literally "hope"), a legal initiative under the Southern Poverty Center. She also founded the Bandana Project to raise awareness of the abuses that female workers were facing on American farms. Mónica is also the founder of The Latinx House, an organization that celebrates excellence in film.

347 *En 2017 impulsó la famosa carta "Queridas hermanas":* "700,000 Female Farmworkers Say They Stand with Hollywood Actors Against Sexual Assault", *Time,* November 10, 2017.

348 Time *la nombró entre las "100 personas más influyentes":* Kinsey Schofield, "How Does Time Magazine Pick Their 100 Most Influential People—Harry & Meghan", *Time,* September 15, 2021.

348 *"No tenemos tiempo para división":* Walter Tejada, founder, Virginia Latino Leaders Council; founder, statewide Virginia Coalition of Latino Organizations; and former Arlington County Board Member, author interview, July 5, 2022.

348 *El viejo aforismo de 1932 de que "toda política es local":* Byron Price, an Associated Press columnist who went on to win a Pulitzer Prize, wrote in the *Sarasota (FL) Herald,* on February 16, 1932: "In its last essence all politics is local politics, and every ward and township politician is looking for the combination which will help him at home". Congressman Tip O'Neill, Speaker of the House from 1977 to 1987, was inaccurately attributed with coining the phrase. Entry Government/Law/Military/Religion/Health, Barry Popik, June 13, 2009, https://www.barrypopik.com/index.php/new_york_city/entry/all_poli tics_is_local/.

348 *"Impulso la participación cívica de los latinos que me rodean":* Tejada, author interview. A good introduction to the work and philosophy of Tejada can be found in the Spanish-language video "Debate with Gaspar Rivera-Salgado, J. Walter Tejada and Kate Brick: Immigration: Social and Cultural Capital, The Hispano/Latin experience in North America", Centre de Cultura Contemporània de Barcelona (CCCB), April 16, 2009, https://www.cccb.org/en /multimedia/videos/debate-with-gaspar-rivera-salgado-jose-walter-tejada -and-kate-brick-immigration-social-and-cultural-capital-the-hispano-latin-ex perience-in-north-america/211615.

349 *el primer latino del estado que es elegido para un cargo público:* "Oral History: J. Walter Tejada: Community Activist", Arlington Public Library, September 23, 2021, library.arlingtonva.us.

349 *emigró a un barrio duro de Brooklyn en 1971:* Most of what follows, unless

specified, is taken from my four-hour interview with Tejada in Arlington, Virginia, on July 5, 2022.

351 *el área metropolitana de Washington, incluido Arlington, albergaba a la tercera mayor población de salvadoreños:* "El Salvador: Salvadoran Population in the Washington, DC, and Baltimore Metro Areas", Institute for Immigration Research, George Mason University, iir.gmu.edu.

352 *"Si tanto te importa, Walter, únete al consejo":* Eduardo Bretón, quoted by Walter Tejada, author interview; "League of United Latin American Citizens (LULAC) Virginia State Councils Hold 1993 Training and Planning Retreat", *El Eco de Virginia* 3, no. 12 (December 1, 1993), archive in Virginia Chronicle, Library of Virginia.

352 *la vivienda unifamiliar media cuesta más de un millón de dólares:* Jeff Clabaugh, "Want a House in Arlington?", *WTOP news*, January 17, 2022, https://wtop.com/business-finance/2022/01/want-a-house-in-arlington-1-3-million-should-do/.

353 *"Me enteré después de que eran los pandilleros":* Tejada, author interview.

353 *"Si tuviera un deseo para los latinos":* Ibid.

353 *"Soy un adicto a la historia":* John Leguizamo, quoted in Jahaura Michelle, "John Leguizamo Supports the Term 'Latinx' And Doesn't Get Why It Is So 'Contentious': 'I Feel It's Inclusive'", *Yahoo!*, last modified April 17, 2023, https://www.yahoo.com/lifestyle/john-leguizamo-supports-term-latinx-144512897.html.

354 *"Vivo en Nueva York, donde igualamos a los blancos en población":* Michelle, "John Leguizamo Supports the Term 'Latinx'".

354 *un medio que llega al noventa y tres por ciento de los estadounidenses:* According to NBC Universal's website, "The NBCU portfolio reaches 226 million adults every month—that's 93% of America", Reaching Audiences at Scale, together.nbcuni.com.

354 *Julissa Gutiérrez, la estadounidense de origen colombiano:* Most of the information on Julissa Gutierrez, unless noted otherwise, is taken from my interview with her, September 19, 2021.

354 *se dedica a proteger a las pequeñas empresas latinas:* Ibid; Megan McGibney, "NYC Awarded Less Than 4% of Contracts to Minority- and Women-Owned Businesses", City & State: New York, March 15, 2022. It was increased to 30.5 percent, to be exact.

354 *la afrodominicana Wendy García:* Raquel Batista, in video interview with Julissa Gutierrez and Wendy García, "City and State Diversity", Critica NYC, *MNN El Barrio Firehouse Presents,* www.youtube.com; "Equity and Inclusion: Deputy

Commissioner for Equity and Inclusion: Wendy García", New York City Police Department, https://www.nyc.gov/site/nypd/bureaus/administrative/equity -inclusion.page; "Wendy Garcia, Highest Ranking Dominican-American in the NYPD", *World Today News*, May 24, 2022, world-today-news.com.

355 *También tenemos a Arturo Griffiths:* Most of the information on Arturo Griffiths comes from my personal correspondence with him, papers he provided, and a three-hour interview in Mount Pleasant, December 6, 2022. See also "Arturo Griffiths, Statehood-Green Candidate for City Council at Large, September 12, 2000 Primary", flyer July 2000, DCWatch.com.

355 *Otros afirman que tenía las manos libres para quitarse el cinturón:* The police initially claimed the intoxicated Salvadoran, thirty-five-year-old Daniel Enrique Gómez, brandished a knife, but this claim was dismissed repeatedly by witnesses on the scene of the shooting. Emily Friedman, "Mount Pleasant Riots: May 5 Woven into Neighborhood's History", WAMU radio, Local News, wamu.org, May 5, 2011; Bill Miller, "Jury Rejects Suit in Police Shooting", *Washington Post*, May 19, 1995; David Nakamura, "District Officials Make 20th Anniversary of Mount Pleasant Protests", *Washington Post*, May 6, 2011.

356 *un millar de agentes de policía, en su mayoría blancos y fuertemente armados:* Rene Sánchez, "Curfew Leaves Mount Pleasant Area Quieter", *Washington Post*, May 8, 1991.

356 *"Los polis estaban como '¡Guau! ¿Qué demonios es esto?'":* José Suero, editor of El Diario de la Nación, quoted in Friedman, "Mount Pleasant Riots".

356 *Más de cincuenta personas resultaron heridas:* Friedman, "Mount Pleasant Riots".

356 *"Muchos washingtonianos, blancos y negros":* Sharon Pratt, mayor of the District of Columbia from 1991 to 1995, in an editorial about the 2011 London riots, "Lessons from a D.C. Riot", *Washington Post*, August 12, 2011.

357 *todo ello llevó a la Comisión de Derechos Civiles de Estados Unidos a convocar una audiencia:* Friedman, "Mount Pleasant Riots"; Griffiths, author interview.

357 *el Distrito de Columbia comenzó a publicar documentos en los dos idiomas:* Pratt, "Lessons from a D.C. Riot".

Los educadores

357 *"Tengo un primo que tiene cuatro trabajos":* Julissa Gutierrez, author interview, September 19, 2021.

359 *podía haber evitado esos campos de exterminio:* Hendrik Hertzberg, "Young Don Graham", *New Yorker*, August 6, 2013.

359 *Su intención, según le dijo entonces a su madre:* Don Graham, author interviews, January 13 and January 23, 2023.

359   *siete años consecutivos de caída de ingresos:* David Remnick, "Donald Graham's Choice", *New Yorker*, August 5, 2013.

359   *fundó un movimiento nacional para ofrecerles becas a jóvenes desatendidos:* "Press Release: TheDream.US Launch", February 4, 2014, thedream.us/news.

359   *El catalizador fue DACA:* As it happened, there may also have been a more personal stimulus. Don Graham was well aware that there had been at least one undocumented young reporter in the newsroom he had just sold. José Antonio Vargas's story of his illegal "overstay" on a childhood visit from the Philippines had been publicized widely in a cover article for *Time* magazine in the very year that DACA was announced. Indeed, just after it, Vargas had been part of the *Washington Post* team that won the 2008 Pulitzer Prize for Breaking News Reporting for their coverage of the Virginia Tech shooting. See "Breaking News Reporting", Pulitzer Prizes, retrieved on April 25, 2023; José Antonio Vargas, "Jose Antonio Vargas' Life as an Undocumented Immigrant", *Time*, June 25, 2012.

359   *DACA, como ha sido descrito por la administración de Joe Biden:* "Fact Sheet: President Biden Announces Plan to Expand Health Coverage to DACA Recipients", White House statement, April 13, 2023.

360   *"¿Qué te hizo interesarte por los Dreamers, Don?":* Graham, author interviews.

361   *"¿Cómo lo hacen?":* Donald Graham, "What Abolishing DACA Would Mean for Thousands of Admirable 'Dreamers'", *Washington Post,* November 8, 2019.

361   *TheDream.Us ayuda a más de mil prometedores estudiantes DACA:* Graham, author interviews. Current statistics can be found on https://www.thedream.us/about-us/our-work/.

361   *Nueve de cada diez son latinos:* 89 percent, to be exact, thedream.us.

362   *Algunos han obtenido las codiciadas becas Rhodes:* Donald Graham, "Congress Could Act on the Border and 'Dreamers' This Year", *Washington Post*, November 28, 2022.

362   *noventa y ocho mil se gradúan cada año del colegio:* "Driven, resilient, and moving our country forward: A letter from our founders", *2021 Impact Report*, thedream.us.

362   *"Me desconcierta que nadie entienda lo que como país les estamos haciendo a estos niños":* Graham, author interviews.

362   *No se atreven a inscribirse en programas de salud:* Tanya Border and Gabrielle Lessard, "Overview of Immigrant Eligibility for Federal Programs", National Immigration Law Center (NILC), March 2023.

362   *un lugar que no conocen, donde más de dos terceras partes de ellos ya no tienen*

parientes: As many as 75 percent don't have remaining relatives in their country of origin. Graham, author interviews.

362 *la administración Trump anunció que eliminaría gradualmente el programa DACA:* This and the information that follows in this paragraph are corroborated in the constantly updated guide, "Deferred Action for Childhood Arrivals (DACA)", Sandra Day O'Connor College of Law, Arizona State University, https://libguides.law.asu.edu/DACA/history#.

362 *Cuando el republicano Kevin McCarthy se convirtió en presidente de la Cámara de Representantes:* Kevin McCarthy, Twitter post, 12:55 p.m., June 22, 2022.

362 *un nuevo* Dream Act: "Bill Summary: Dream Act of 2023", National Immigration Forum, February 10, 2023.

363 *"Nuestro país necesita a los soñadores":* Graham, "Congress Could Act on the Border and 'Dreamers' This Year".

363 *Algunos de los donantes de alto perfil de Don:* Graham, author interviews.

363 *en los lujosos salones de una universidad católica local:* The accounts are taken from personal conversations on January 23, 2023, with Marymount University's "dream dot" students at a meeting with about twenty DACA and undocumented individuals who are supported by TheDream.US. The conversations followed two larger meetings hosted by Don Graham and the president of Marymount, Dr. Irma Becerra. Marymount is now almost a quarter Latino, making it Virginia's first (and only, at this reckoning) Hispanic Serving Institution.

Apostarle a la excelencia

364 *"En vías de última, el sueño americano":* Julian Castro was the mayor of San Antonio when he made this keynote speech at the 2012 Democratic National Convention. Kevin Cirilli, "Julian Castro's 5 notable lines", *Politico*, last modified September 4, 2012, https://www.politico.com/story/2012/09/julian-castros-5-compelling-lines-080709. He became the Secretary of Housing and Urban Development under President Barack Obama in 2014.

365 *"Cuando México envía a su gente":* Donald Trump, quoted by Katie Reilly, "Here Are All the Times Donald Trump Insulted Mexico", *Time*, August 31, 2016.

365 *La delincuencia hispana es en realidad proporcionalmente menor:* Allen J. Beck, "Race and Ethnicity of Violent Offenders and Arrestees, 2018", Statistical Brief, NCJ 255969, US Department of Justice, January 2021. The question is further parsed to consider the undocumented population, at least in Texas, which is the only state that keeps such records: Michael T. Light, Jingying He,

and Jason P. Robey, "Comparing crime rates between undocumented immigrants, legal immigrants, and native-born US citizens in Texas", *Proceedings of the National Academy of Sciences of the United States of America (PNAS)*, December 7, 2020.

365   *es más probable que los latinos sean víctimas que victimarios:* Allison Jordan, "Gun Violence Has a Devastating Impact on Hispanic Communities", Center for American Progress, November 1, 2022.

365   *La violencia armada de Estados Unidos ha matado a muchos más latinos:* 74,522 Latinos died by gun violence from 1999 to 2022. In 2020 alone, 5,003 Latinx were killed in gun violence, a record number that averages thirteen people a day. In contrast, 58,220 Americans were killed in the twenty years of the Vietnam War (1955–1975), according to the Defense Casualty Analysis System (DCAS) Extract Data Files, Military Records, National Archives, April 29, 2008.

365   *más de dos tercios de la población hispana confía en que la próxima generación prosperará:* Paul Taylor et al., *IV: Latinos and Upward Mobility*, Pew Research Report online, last modified January 26, 2012, https://www.pewresearch.org/hispanic/2012/01/26/iv-latinos-and-upward-mobility/.

365   *Elise Heil, directora de la única escuela primaria católica bilingüe de Washington, DC:* Most of the following information about the school is from the author's interview with Elizabeth (Elise) Heil, Sacred Heart School, September 19, 2022.

367   *El cien por ciento de su alumnado accede a los más prestigiosos colegios de la ciudad:* "Our Graduates", Sacred Heart School, accessed April 27, 2023, https://sacredheartschooldc.com/our-graduates.

367   *estudia en universidades de todo el país:* Here is an excellent article describing two 1959 graduates, African American Rohulamin Quander and Latina Carmen Torruela, who met as small children at Sacred Heart, eventually married, and went on to successful careers in law and the fine arts: Mark Zimmermann, "'One Blessing upon Another' for Trailblazing Couple Who Were Among First Students to Integrate Sacred Heart School in 1950", *Catholic Standard*, July 1, 2022.

367   *"Tenemos alumnos que hablan vietnamita en casa":* Elise Heil, interviewed by Michael Sean Winters, "Dual Immersion Schools Put Kids Ahead of the Curve", *U.S. Catholic*, March 14, 2017.

367   *"No me di cuenta de quién era hasta la universidad":* All the quotes that follow from David Bowles are taken from the author's interview with him, August 26, 2021.

368 *Topher es un galardonado educador de Washington, DC:* Information on Topher Kandik as well as his quotes are from email correspondence and the author's interview with him, August 27, 2021. See also "SEED DD Educator Topher Kandik Named DC's 2016 Teacher of the Year!", The Seed Foundation, December 16, 2015, seedfoundation.com.

369 *"Puedes imaginarte":* Kandik, author interview. For more information on the Haynes School, see Matthew S. Schwartz, "D.C. Charter School Uses Tough Love to Erase Achievement Gap", Metro Connection, American University Radio WAMU online, last modified July 3, 2015, https://wamu.org/story/15/07/03/with_tough_love_and_encouragement_dc_charter_school_seeks_to_erase_achievement_gap/.

369 *En una década, el número de hispanos se había duplicado:* Topher Kandik, "Writing Home: Text Choice and Latinx Representation in the Classroom", E. L. Haynes School, Office of the State Superintendent of Education, District of Columbia, osse.dc.gov.

370 *las cifras no son promisorias para la mayoría de los estudiantes hispanos:* Most of the numbers cited here are from Luis Noe-Bustamante, "Education Levels of Recent Latino Immigrants in the U.S. Reached New Highs as of 2018", Pew Research Center online, last modified April 7, 2020, https://www.pewresearch.org/short-reads/2020/04/07/education-levels-of-recent-latino-immigrants-in-the-u-s-reached-new-highs-as-of-2018/.

370 *el ochenta y siete por ciento afirma que espera que sus hijos vayan a la universidad:* "Hidden in Plain Sight: A Way Forward for Equity-Centered Family Engagement", Learning Heroes, June 2022.

370 *casi el ochenta por ciento de los profesores estadounidenses son blancos:* "Race and Ethnicity of Public School Teachers and Their Students", Data Point, National Center for Education Statistics, US Department of Education NCES, 020-103 September 2020.

370 *la gran mayoría se concentra en el suroeste y el oeste:* "Higher Rate of Hispanic or Latino Teachers Teach in Public School with Majority-Minority Student Body", New NCES Data Show, National Center for Education Statistics, March 3, 2022.

370 *la tasa de graduación en la enseñanza secundaria para los latinos ha aumentado:* This refers specifically to the on-time graduation rate. 81.6 percent, as compared with almost 90 percent for whites; almost 80 percent for blacks; 93 percent for Asian. "Building a Grad Nation", *Civic and Everyone Graduates Center,* School of Education, John Hopkins University, October 6, 2021.

370 *El número de estudiantes hispanos matriculados en la universidad se ha disparado:*

Lauren Mora, "Hispanic Enrollment Reaches New High at Four-Year Colleges in the U.S., but Affordability Remains an Obstacle", Pew Research Center online, last modified October 7, 2022, https://www.pewresearch.org /short-reads/2022/10/07/hispanic-enrollment-reaches-new-high-at-four-year-colleges-in-the-u-s-but-affordability-remains-an-obstacle/.

371 *Según Janet Murguía, directora de UnidosUS:* All the statistics in this paragraph are taken from "Latino Student Success: Advancing U.S. Educational Progress for All", UnidosUS (Washington, DC, 2022).

371 *Como nos dice el vivificante intelectual Ed Morales:* As is obvious, I'm a great admirer of Ed Morales's beautifully argued *Latinx: The New Force in American Politics and Culture* (New York: Verso, 2018); here I rely on pages 296–99.

A la vanguardia

372 *"Soy optimista. Soy positivo.":* Mario Molina, as quoted in Elisabeth Alvarado, "Mario Molina: Famous Mario Molina Quotes and Biography", Spanish Mama, last modified November 11, 2021, https://spanishmama.com/fa mous-mario-molina-quotes-and-biography/.

372 *"explorador pionero del movimiento climático":* John Schwartz, "Mario Molina, 77, Dies; Sounded an Alarm on the Ozone Layer", *New York Times*, October 13, 2020.

372 *llegó a ganar el Premio Nobel:* Molina shared the 1995 prize with his colleague at the University of California, Irvine, F. Sherwood Rowland.

372 *el* New York Times *calificó de calamitosos los descubrimientos del químico:* Schwartz, "Mario Molina, 77, Dies".

373 *"orquestados por el Ministerio de Desinformación de la KGB":* Ibid.

373 *"Gracias al trabajo de Mario":* President Barack Obama, "Remarks by the President at Presidential Medal of Freedom Ceremony", White House, Office of the Press Secretary, November 20, 2013.

373 *Nacido en Puebla, México, Albert emigró a Estados Unidos:* Associated Press, "Albert Baez, 94, Scientist and Singers' Father, Dies", *New York Times*, March 27, 2007; Peter Fimrite, "Albert Baez, Scientist, Author, Father of Joan Baez", *San Francisco Chronicle*, March 25, 2007.

374 *Ynés Mexía, botánica mexicano-estadounidense:* "Ynes Mexia", National Park Service, ops.gov/people/yenes-mexia.htm, accessed May 2, 2023; "Ynés Mexía: Explorer Extraordinaire", World of Women in Stem, April 8, 2022, https://www.wowstem.org/post/ynes-mexia.

374 *descubrió quinientas nuevas especies de plantas:* "Ynés Mexía—Plant Species", World of Women in Stem, https://www.wowstem.org/post/ynes-mexia -plant-species.

374 *Dr. Alfredo Quiñones-Hinojosa, el neurocirujano conocido como "el doctor Q":* Alfredo Quiñones-Hinojosa, M.D., "Terra Firma—A Journey from Migrant Farm Labor to Neurosurgery", *New England Journal of Medicine* 357, no. 6 (August 9, 2007); "Alfredo Quiñones-Hinojosa: From fieldworker to brain surgeon", Haas Jr., accessed May 2, 2023, https://www.haasjr.org/perspectives/first-person-stories/dr-quinones; Alfredo Quiñones-Hinojosa, *Becoming Dr. Q: My Journey from Migrant Farm Worker to Brain Surgeon* (Oakland: University of California Press, 2011).

374 *decano de investigación de la Clínica Mayo:* "Dr. Alfredo Quiñones-Hinojosa", accessed May 2, 2023, doctorqmd.com.

374 *O Ellen Ochoa, nieta de inmigrantes:* "Life Story: Ellen Ochoa (1958–): The story of a scientist who became the first Latina in space", New-York Historical Society: Women & the American Story, accessed May 5, 2023; "Ellen Ochoa: American astronaut and administrator", *Encyclopedia Britannica*, accessed May 4, 2023, britannica.com.

375 *Luis Miramontes… Julio Palmaz… Guillermo González Camarena:* All these scientists, Latino and Latin Americans alike, are listed in Christopher McFadden, "17 Greatest Hispanic Inventors That Dramatically Transformed the World", Interesting Engineering, September 27, 2022. On González Camarena, see also "Who Invented the Color TV?", July 25, 2022, Facts.net. John Logie Bard is often attributed as having invented it in 1941, but a year before, in 1940, Camarena created a color TV called the Trichromatic Sequential Field System.

375 *Ángela Ruiz Robles creó el precursor del libro electrónico:* Michael S. Hart is often credited with inventing the e-book and founding Project Gutenberg, which made e-books freely available on the internet. But Robles, who invented the mechanical book decades before Hart's Project Gutenberg, is credited by many as the true inventor. McFadden, "17 Greatest Hispanic inventors".

375 *Víctor Ochoa inventó el freno eléctrico:* "The Electric Brake: The Inventor", Smithsonian Education, smithsonianeducation.org.

375 *Eliseo Pérez-Stable, por ejemplo:* Much of this information is taken from the author's interview with Dr. Eliseo Pérez-Stable, October 12, 2021. See also "About the Director", National Institute on Minority Health and Health Disparities, accessed May 1, 2023, nimhd.nih.gov; Kimbriell Kelly, "This Doctor Breaks Down Language and Cultural Barriers to Health Care", *Washington Post*, September 6, 2016.

376 *"Cuando John Ruffin, el antiguo director afroestadounidense del NIMHHD":* Pérez-Stable, author interview.

376 *Según Pérez-Stable, su división no se dedica en realidad a la ciencia:* Pérez-Stable, author interview.

377 *En 1915, cuando los mexicanos que construían nuestros ferrocarriles eran perse-guidos:* Natalia Molina, "Borders, Laborers, and Racialized Medicalization: Mexican Immigration and US Public Health Practices in the 20th Century", *American Journal of Public Health* 101, no. 6 (June 2011): 1024–31, as accessed through the National Library of Medicine, ncbi.nim.nih.gov.

377 *Tiempo después, durante el Programa Bracero:* Molina, "Borders, Laborers, and Racialized Medicalization".

378 *"es sorprendente que estas preocupaciones [sobre los braceros] involucraran un pro-grama gubernamental":* Ibid.

378 *Durante la pandemia de COVID la administración Trump acusó despectivamente a los mexicanos:* Antonio De Loera-Brust, "As the U.S. Exports Coronavirus, Trump Is Blaming Mexicans", *Foreign Policy* online, last modified July 14, 2020, https://foreignpolicy.com/2020/07/14/as-the-u-s-exports-coronavirus-trump-is-blaming-mexicans/.

378 *el COVID afectó a los latinos de forma desproporcionada:* Latoya Hill and Samantha Artiga, "COVID-19 Cases and Deaths by Race/Ethnicity", Figure 1: "Cumulative COVID-19 Age-Adjusted Mortality Rates by Race/Ethnicity, 2020–2022", Kaiser Family Foundation, August 22, 2022; "What Is the Impact of the COVID-19 Pandemic on Immigrants and Their Children?", OECD Policy Responses to Coronavirus, Organization for Economic Co-operation and Development, October 19, 2020, oecd.org.

378 *"colisión de dos sistemas estadounidenses viciados":* Deborah Sontag, quoted in Molina, "Borders, Laborers, and Racialized Medicalization".

379 *lo llama racismo estructural:* Pérez-Stable, author interview.

379 *"'La ciencia ha eliminado las distancias'":* Gabriel García Márquez, *One Hundred Years of Solitude*, trans. Gregory Rabassa (New York: Harper & Row, 1970), 2.

379 *por qué no hay más jóvenes hispanos que deseen emprender carreras en STEM:* The question is covered superbly by Cary Funk and Mark Hugo Lopez, *Hispanic Americans' Trust in and Engagement with Science*, Pew Research Center online, last modified June 14, 2022, https://www.pewresearch.org/science/2022/06/14/hispanic-americans-trust-in-and-engagement-with-science/, esp. "5. Many Hispanic Americans See More Representation, Visibility as Helpful for Increasing Diversity in Science", https://www.pewresearch.org/science/2022/06/14/many-hispanic-americans-see-more-representation-visibility-as-helpful-for-increasing-diversity-in-science/.

379 *un escaso ocho por ciento ocupa puestos de trabajo que requieran de estos conocimientos*

científicos: Funk and Lopez, *Hispanic Americans' Trust in and Engagement with Science.*

379   *los jóvenes tienen pocos modelos a seguir:* Funk and Lopez, *Hispanic Americans' Trust in and Engagement with Science.* See also Rachelle M. Pedersen et al. "Similarity and Contact Frequency Promote Mentorship Quality Among Hispanic Undergraduates in STEM", *CBE—Life Sciences Education* 21, no. 2 (June 1, 2022), https://www.lifescied.org/doi/10.1187/cbe.21-10-0305.

379   *el famoso profesor Jaime Escalante:* 90 percent of the student body at Garfield High School in East Los Angeles during the 1970s and 1980s was Mexican American. Escalante's story was told in the 1987 film *Stand and Deliver*, starring Edward James Olmos. In 1978 the dropout rate at Garfield was 55 percent. In 1980 there were 32 calculus students in A.P. courses, only 10 passed the final exam. In 1988, 570 A.P. students took the exam and hundreds of them passed. Jerry Jessness, "Stand and Deliver Revisited", *Reason* magazine, July 2002; Ron la Brecque, "Something More Than Calculus", *New York Times*, November 6, 1988.

380   *los latinos no se sienten bienvenidos en las aulas, laboratorios o instituciones científicas:* Funk and López, *Hispanic Americans' Trust in and Engagement with Science.*

382   *Juan Espinoza, presidente de una red de apoyo a los latinos en Virginia Tech:* Juan Espinoza is the Bolivian American director of undergraduate admissions at Virginia Tech; he is also president of the Virginia Latino Higher Education Network (VALHEN), which supports numerous colleges and universities in the effort to advance the education of Latinos. Based on personal interviews with Juan Espinoza, September 17, 2021, and Maricel Quintana Baker (founder of VALHEN), July 27, 2021.

CAPÍTULO 12: PROTAGONISTAS

383   *"Regala tu tiempo, regala tu corazón":* Lin-Manuel Miranda, quoted in quotecatalog.com, accessed May 11, 2023.

383   *"la primera superestrella en la historia de la Liga Americana":* Stephen Constantelos and David Jones, "Nap Lajoie", Society for American Baseball Research, accessed on July 15, 2023, https://sabr.org/bioproj/person/nap-lajoie/.

383   *Lou Castro había nacido en el seno de una acomodada familia de banqueros:* Laura Angélica Reyes, "The First Hispanic Major League Player in History", The Hispanic Heritage Baseball Museum Hall of Fame, October 12, 2021; Rhiannon Walker, "On This Day in Latinx History: Louis Castro, First Latino in Major League Baseball, Dies", *Andscape*, September 24, 2017, andscape.com.

384   *"un tipo tranquilo y reservado dentro y fuera del campo de béisbol":* This newspaper

clipping, titled "South American Infielder of Portland", is probably from 1904, when Castro played for the Portland Browns; it is pictured in Reyes, "The First Hispanic Major League Player in History".

384 *"No hay jugador en la (Asociación) Sureña hoy en día más querido"*: Quote from *Atlanta Constitution*, 1907. Brian McKenna, "Luis Castro", Society for American Baseball Research, accessed May 6, 2023, sabr.org.

385 *un "pacto de viejos caballeros" en 1890*: "Gentlemen's Agreement", Glossary of Terms, Negro Leagues Baseball Museum, accessed May 6, 2023, nlbemuseum.com.

385 *"poseían el poder de construir las categorías raciales que consideraran necesarias"*: Adrian Burgos Jr., *Playing America's Game: Baseball, Latinos, and the Color Line* (Berkeley: University of California Press, 2007), 85.

385 *Pero también se hallaba en esa nebulosa zona intermedia de la no blancura*: McKenna, "Luis Castro".

385 *Murió abandonado en el pabellón psiquiátrico del Hospital Estatal de Manhattan*: Ibid.

386 *"Tenía un toque de realeza"*: Bowie Kuhn, baseball commissioner, as quoted in Larry Schwartz, "Clemente quietly grew in stature", Special to ESPN.com, http://www.espn.com/sportscentury/features/00014137.html.

386 *la célebre poeta Julia de Burgos*: "Julia de Burgos", accessed May 11, 2023, poetryfoundation.org.

386 *Jesús Piñero, el primer puertorriqueño que fue gobernador de la isla*: See "Jesús Piñero", Hispanic Americans in Congress, Library of Congress, accessed May 11, 2023, loc.gov.

387 *Don Felipe Birriel Fernández, el puertorriqueño más alto de la historia*: "Felipe Birriel Fernández: La historia memorable del Gigante de Carolina", *El Adoquín Times*, August 27, 2020.

387 *costumbre que Roberto mantendría el resto de su vida*: David Bennett, "'Almost a Saint': Roberto Clemente Is as Influential as Ever 50 Years After His Death", *Los Angeles Times*, December 29, 2022.

387 *apodaron "Momen"*: Scott Holleran, "Roberto Clemente in Retrospect", *Pittsburgh Quarterly*, September 27, 2021.

387 *Exigió que los negros y los latinos tuvieran su propio vehículo*: Faith Lapidus and Steve Ember, "Roberto Clemente, 1934–1972: First Latino in Baseball Hall of Fame", *Voice of America News*, August 27, 2006.

387 *como al doctor Martin Luther King Jr., quien se convirtió en su amigo*: Bennett, "'Almost a Saint'".

388 *"Mickey Mantle es Dios"*: McKenna, "Luis Castro".

388 *"¡Ustedes los que escriben son todos iguales!"*: Joe Posnanski, "A Legacy Cherished:

Remembering Roberto: Hall of Fame Synonymous with Heroism Thanks to Charitable Spirit, Baseball Feats", Major League Baseball, last modified December 28, 2017, https://www.mlb.com/news/roberto-clemente-s-legacy -still-resonates-c264059654.

388 *"Creo que todos los seres humanos son iguales"*: "Beyond Baseball: The Life of Roberto Clemente", Smithsonian Institution, accessed May 11, 2023, www .robertoclemente.si.edu.

388 *"Caminaba un poco más erguido que la mayoría de los hombres"*: Holleran, "Roberto Clemente in Retrospect".

389 *"Era como un artista"*: Nellie King, quoted in Holleran, "Roberto Clemente in Retrospect."

389 *Ese cuerpo, que algún escritor comparó con el* David *de Miguel Ángel*: Ibid.

389 *su piel de ébano, sus grandes manos y un rostro ancho y apuesto*: Holleran, "Roberto Clemente in Retrospect".

389 *Hoy constituyen casi un tercio de los jugadores de las Grandes Ligas*: Anthony Castrovince, "Overall MLB diversity up; effort to increase Black participation continues", Major League Baseball news, April 14, 2023, mlb.com.

Los artistas

389 *"Mi madre vivía con agallas y corazón"*: Carlos Santana, quoted in Angie Romero, "Billboard Latin Music Conference: 10 Inspirational Quotes from Carlos Santana's 'Legends Q&A'", *Billboard*, April 29, 2015.

390 *"¡Échale salsita!"*: The song "¡Échale salsita!" was written by rumba and *son* legend Ignacio Piñeiro (1888–1969) on a train to Chicago in 1930 and recorded by Cuarteto Machín in 1933. Piñeiro met George Gershwin when visiting the United States and it is said that this song influenced George Gershwin's "Cuban Overture".

391 *Uno de cada ocho músicos profesionales de este país es latino*: "Professional Musician Demographics and Statistics in the US", Zippia: The Career Expert, accessed May 12, 2023.

392 *"Yo no hablo español y Chano no habla inglés"*: Dizzy Gillespie, quoted in Ed Morales, "75 Years Ago, Latin Jazz Was Born. Its Offspring Are Going Strong", *New York Times*, January 10, 2023.

392 *"el jazz y el* Latin *son el mismo tronco del mismo árbol"*: Chico O'Farrill, quoted in Morales, "75 Years Ago, Latin Jazz Was Born".

392 *Rubén Blades, por ejemplo, se doctoró en Derecho Internacional por la Universidad de Harvard*: Anthony Depalma, "Ruben Blades: Up from Salsa", *New York Times Magazine*, June 21, 1987, 24.

392 *Tito Puente... fue a la prestigiosa Juilliard School:* "Tito Puente: American Musician", *Encyclopedia Britannica*, accessed May 12, 2023.

Música clásica

392 *"Mi madre y mi abuela eran criadas":* Tania León, quoted in Zachary Woolfe, "Tania León Wins Music Pulitzer for 'Stride'", *New York Times*, June 11, 2021.

392 *Maria Teresa Carreño:* Elise K. Kirk, "Music in Lincoln's White House", White House Historical Association, accessed May 12, 2023, whitehousehistory .org.

393 *"la valquiria del piano":* "Teresa Carreño's Death Ends a Notable Career", *Musical America* 13–14 (June 23, 1917).

393 *prima de la esposa de Simón Bolívar:* Clorinda García de Sena y Rodriguez del Toro, the mother of María Teresa Carreño, was a cousin of María Teresa Rodríguez del Toro, the wife of Simón Bolívar. Violeta Rojo, *Teresa Carreño* (Caracas: Biblioteca Biográfica Venezolana, 2011).

393 *"Es difícil expresar adecuadamente lo que todos los músicos sentían":* Henry Joseph Wood, *My life of music* (London: Victor Gollancz, 1949), 147–48.

393 *En 1916 el Presidente Woodrow Wilson:* "Carreño, Teresa (1853–1917)", Encyclopedia.com.

394 *Su compatriota, el también emigrado Desi Arnaz... les dio a conocer a los estadounidenses gran parte de su música:* "When Cuban music hit American living rooms thanks to Desi Arnaz—a look at the music of Ernesto Lecuona", *The New Classical FM* (blog), July 31, 2019, classicalfm.ca.

394 *Roque Cordero:* Cordero's "Panamanian Overture" premiered in Minneapolis in 1946 at about the time when nine hundred out of the two thousand Japanese from Latin America were interned in the American internment camp in Panama. "Japanese Latin Americans", *Densho Encyclopedia*, accessed May 12, 2023, encyclopedia.densho.org.

394 *Pauline Oliveros, una... tejana abiertamente queer de Houston:* Sara Skolnick, "A Tribute to Pauline Oliveros, the Queer Tejana Who Revolutionized Experimental Music", accessed May 12, 2023, remezcla.com.

394 *"Oía todos esos insectos":* Pauline Oliveros, in a radio recording, *Red Bull Music Academy*, hosted by Hanna Bächer, Montreal, 2016, accessed July 15, 2023, https://www.redbullmusicacademy.com/lectures/pauline-oliveros-lecture.

395 *fundó el Centro de Escucha Profunda del Instituto Politécnico Rensselaer:* "About the Center for Deep Listening", The Center for Deep Listening, accessed May 12, 2023, deeplistening.rpi.edu.

395 *Ernesto Lecuona fue amigo de toda la vida de George Gershwin:* "The Gershwin of

Cuba: Ernesto Lecuona", Songwriters Hall of Fame, inducted 1997, accessed July 15, 2023, https://www.songhall.org/profile/Ernesto_Lecuona.

395　*Carlos Chávez bien pudo inspirar la obra maestra de Aaron Copland:* Robert L. Parker, "Copland and Chávez: Brothers-in-Arms", *American Music* 5, no. 4 (Winter 1987): 433–44.

395　*Sólo el cuatro por ciento de los miembros de orquesta de Estados Unidos son negros o hispanos:* Vivien Schweitzer, *The Strad*, June 15, 2021; Marina E. Franco, "Classical music's rising Latin American stars", *Notices Telemundo* for Axios, March 19, 2022, https://www.axios.com/2022/03/19/classical-music-rising -latin-american-stars.

395　*Martina Arroyo, una afrolatina nativa de Harlem:* Andrew Martin-Weber, "Martina Arroyo", Flatt Features: Made in America, accessed May 12, 2023, http:// flattmag.com/features/martina-arroyo/.

396　*"Así es como se ve Estados Unidos":* Catherine Womack, "Meet Lina González-Granados, L.A. Opera's New Resident Conductor", *Los Angeles Times*, October 7, 2022.

Rock and roll

396　*"Es algo así: 'No es lo suficientemente negro'":* Bruno Mars (né Peter Hernández), "Latin Music Quotes", https://quotlr.com/quotes-about-latin-music.

396　*Ritchie fue inscrito al nacer, en 1941, como Richard Steven Valenzuela:* Material on Ritchie Valens is based on Gregg Barrios, "Ritchie Valens' Roots", *Los Angeles Times*, July 19, 1987; David Allen, "Childhood Pal recalls Ritchie Valens as 'Sweet,' 'Tough' from Murrieta Home", *Press-Enterprise* (Riverside, CA), February 18, 2021; Barbara McIntosh, "The Reveries of Valens' Donna", *Washington Post*, September 4, 1987.

397　*pensando lanzar en el verano un sencillo que promocionaría con más cuidado:* Rolando Arrieta, "La Bamba", *All Things Considered*, NPR, July 15, 2000, https:// www.npr.org/2000/07/15/1079558/npr-100-la-bamba.

397　*El 3 de febrero de 1959… Ritchie Valens abordó una avioneta:* Desiree Kocis, "Mysteries of Flight: The Day the Music Died", *Plane and Piloting Magazine*, February 4, 2020.

399　*Gloria Estefan:* "Gloria Estefan", Biography: History and Culture, biography. com, updated September 12, 2022. Here, among other *cubano* rock singers, I shouldn't fail to add Celia Cruz, Jon Secada, and Armando "Pitbull" Pérez.

399　*había sido guardaespaldas personal de Marta Fernández Miranda:* Steve Dougherty, "One Step at a Time", *People*, June 25, 1990.

399 *Capturado en las playas de Cuba:* Richard Harrington, "Miami Voice", *Washington Post*, July 17, 1988.

400 *empezó a manifestar síntomas de esclerosis múltiple:* Ibid.

400 *"Me encerraba en mi cuarto durante horas":* Gloria Estefan, quoted in Ibid.

400 *¿Por qué mezclan bongós con trompetas?:* A paraphrase of Gloria Estefan's words about being told that trumpets and percussion were unsuitable in Latin music, as quoted in Carolina Kucera and Maria Elena Salinas, "Gloria Estefan Says She Fought to Have 'Conga' Become a Single", 93.5/1430 WCMY, September 15, 2022, accessed on July 31, 2023.

401 *"el poder de la música trasciende las fronteras culturales, sociales y económicas":* Citation read at the White House on November 24, 2015, "President Obama presents the Presidential Medal of Freedom to Emilio and Gloria Estefan", Gloria Estefan Official FAN TV, accessed on July 31, 2023.

401 *También los puertorriqueños... han tenido un gran impacto en la música popular estadounidense:* There are myriad Puerto Rican as well as Mexican American popular musicians who deserve a fuller mention than I am able to give them. Among the Puerto Ricans: Bad Bunny, José Feliciano, Luis Fonsi, Jennifer Lopez, Ricky Martin, Daddy Yankee. Among the Mexican Americans: Joan Baez, Vikki Carr, Jimmy Crespo of Aerosmith, Zach de la Rocha of Rage Against the Machine, Trini Lopez, Dave Navarro of the Red Hot Chili Peppers, Vince Neil of Mötley Crüe, Selena (Quintanilla), Linda Ronstadt, Robert Trujillo of Metallica, and the Mexican American bands Los Lobos, the Midniters, Malo (Jorge Santana), and Maná.

401 *el cantante nuyorican Marc Anthony:* Larry Rohter, "A Master of Crossover Relives '70s Ballads", *New York Times*, June 18, 2010.

402 *el cantante de salsa con más ventas de todos los tiempos:* Lea Veloso, "Marc Anthony's Net Worth Makes Him the Highest Selling Salsa Artist Ever—Richer Than His Ex J-Lo", *Stylecaster*, stylecaster.com, January 31, 2023.

402 *Un día en un trayecto en taxi por Manhattan:* Enrique Lopetegui, "Marc Anthony's Putting a Real Kick in His Salsa", *Los Angeles Times*, May 1, 1996.

402 *"La salsa me abrió un mundo nuevo":* Leila Como, "Marc Anthony's 30-Year Odyssey: 'When Did My Life Become This Interesting?'", January 19, 2021.

402 *"la mayor cantidad de álbumes más vendidos a fin de año":* Sofia Rocher, "Guinness World Records honors Marc Anthony with Tropical album charts title", *Guinness World Records*, February 9, 2016.

403 *a quien se le atribuye el mérito de "darles voz a los invisibles":* Carlos Santana quoting rock promoter Bill Graham, in conversation with Jeffrey Brown, *PBS Newshour*, December 6, 2013, www.pbs.org.

403   *"Porque es ciento cincuenta por ciento espiritualidad"*: Carlos Santana, in conversation with Jeffrey Brown, *PBS Newshour*.

El séptimo arte

404   *"Los latinos constituyen uno de los mayores grupos demográficos consumidores de cine"*: Actress Gina Alexis Rodríguez, "Gina Rodriguez: The Fact That Latinos Are Not Seen on Screen Is Devastating", *Variety*, January 24, 2018.

404   *Las cifras son tan anémicas como para provocar un paro cardíaco*: Vanessa Martínez and Aida Ylanan, "Long Underrepresented in Film and TV, Latinos Are Falling Further Behind", *Los Angeles Times*, June 13, 2021.

404   *Sólo el cinco por ciento de los actores principales de Hollywood son latinos:* All the statistics quoted are from Inclusion Initiative reports issued by the University of Southern California's Annenberg Institute. Reported in Associated Press, "Latino Characters Only Make Up 4.5 Percent of Hollywood Speaking Roles, Study Finds", *USA Today*, August 26, 2019. The adjusted 5 percent figure comes from the *2022 Latino Donor Collaborative—Latinos in Media Report*, as quoted in Sara Fischer, "Representation of Latinos in shows and films, 2022", Axios, September 27, 2022.

404   *Sólo el tres por ciento de los guionistas son hispanos:* Associated Press, "Latino Characters Only Make Up 4.5 Percent of Hollywood Speaking Roles, Study Finds".

404   *"los latinos están muy subrepresentados"*: USC Annenberg Inclusion Initiative founder and director Stacy L. Smith, who coauthored the study, Associated Press, "Latino Characters Only Make Up 4.5 Percent of Hollywood Speaking Roles, Study Finds".

404   *La situación no es mucho mejor en la televisión estadounidense convencional:* Associated Press, "Latino Characters Only Make Up 4.5 Percent of Hollywood Speaking Roles, Study Finds".

404   *"Existe un malentendido sobre la comunidad y lo que quiere ver el público"*: Ana-Christina Ramón, director of Research and Civic Engagement of the Division of Social Sciences at UCLA, as quoted in Lara Rosales, "The Importance of Accurate Latinx Representation in the Media", USA Wire, August 10, 2022.

405   *El dibujante chicano Lalo Alcaraz alegaría que:* D. D. Degg, "CRT [Caucasian Replacement Theory] Hits The Herblock Prize (Lalo Alcaraz Won)", *Daily Cartoonist*, May 18, 2022, accessed on July 15, 2023, https://www.dailycartoonist.com/index.php/2022/05/18/crt-hits-the-herblock-prize-lalo-alzcaraz-won/.

405   *Por qué, se pregunta el profesor, no se les ve como "personas"*: Charles Ramírez Berg, professor at the University of Texas and author of *Latino Images in*

Film: Stereotypes, Subversion, and Resistance, as quoted in Martínez and Yla-nan, "Long Underrepresented in Film and TV, Latinos Are Falling Further Behind".

405 *La relación de los hispanos con Hollywood es una historia larga y tirante:* I have borrowed here from an excellent and thorough article by Allen Woll, "How Hollywood Has Portrayed Hispanics". *New York Times*, March 1, 1981, sec. 2, 17.

405 *"the bes' damn caballero":* Woll, "How Hollywood Has Portrayed Hispanics".

406 *"Fui rey por una semana":* Ricardo Montalbán, quoted in Paul Henninger, "Ricardo Montalban Quite a Character—in Many Roles", *Los Angeles Times*, January 25, 1967.

407 *Como señala* Los Angeles Times*:* Ashley Lee, "Spielberg Tried to Save 'West Side Story.' But Its History Makes It Unsalvageable", *Los Angeles Times*, December 12, 2021.

407 *uno de ellos llegó a admitir que desconocía por completo la cultura:* This was Stephen Sondheim. Quotes are from Lee, "Spielberg Tried to Save 'West Side Story'".

407 *"El Hollywood blanco no quiere contar las historias reales de los latinos":* Edward James Olmos, as quoted in Daniel Hernandez, "Hollywood's Treatment of Latinos Is an Open Wound. Healing It Requires a Reckoning", *Los Angeles Times*, June 13, 2021.

407 *estrellas como Raquel Welch:* Other Latino actors who masked their identities to avoid discrimination from directors and public alike: Margarita Rita Cansino, who became superstar heartthrob Rita Hayworth; Ramón Antonio Gerardo Estévez, who became Martin Sheen; and Manuel Antonio Rodolfo Quinn Oaxaca, who became Academy Award winner Anthony Quinn. Wonder Woman's actual birth name was Lynda Jean Córdova Carter.

407 *"El hecho de que haya varios actores latinos de éxito no significa que los latinos triunfen en Hollywood":* Hernandez, "Hollywood's Treatment of Latinos Is an Open Wound".

408 *los afrolatinos se quejaron de que la película tergiversaba la verdadera realidad:* Julia Jacobs, "Lin-Manuel Miranda Addresses 'In the Heights' Casting Criticism", *New York Times*, June 21, 2021.

408 *la falta de latinos en la cúspide de la industria cinematográfica:* When Steven Spielberg tried his hand at *West Side Story* in his film released in 2021, the cast was far more representative of Latinos than the 1961 version. But the story, the lyrics, and the prejudice were still in place and Latinos, especially Puerto Ricans, continued to be offended.

408   *no nos retraten como "latinos blanqueados"*: Jacobs, "Lin-Manuel Miranda Addresses 'In the Heights' Casting Criticism".

408   *"Nada ataca más al subconsciente"*: Hernandez, "Hollywood's Treatment of Latinos Is an Open Wound".

408   *"Por eso enjaulan a nuestros niños"*: Ibid.

409   *"una de las mayores heridas abiertas de Hollywood"*: Ibid.

Escritores

409   *"Un reportaje de prensa dijo que fui un éxito de la noche a la mañana"*: Sandra Cisneros, accessed on July 15, 2023, https://www.brainyquote.com/quotes/sandra_cisneros_589108.

411   *movimiento por la diversidad, la equidad y la inclusión (DEI, por sus siglas en inglés)*: Danielle Beavers, "Diversity, Equity and Inclusion Framework" Greenlining Institute, March 2018.

412   *el número de latinos en los medios de comunicación de Estados Unidos apenas ha aumentado un uno por ciento*: Workforce Diversity report, Government Accountability Office, September 21, 2021, cited in Jalen Brown, "Latino Representation in Media Industry Grew by Only 1 Percent in the Past Decade, a New Report Finds", *CNN* online, last modified October 5, 2022, https://www.cnn.com/2022/10/05/us/latino-media-underrepresentation-goa-report-reaj/index.html; Sara Fischer, "New Report Calls Out U.S. Media for Lack of Latino Representation", *Axios*, last modified September 27, 2022, https://www.axios.com/2022/09/27/latino-representation-media-film-tv-study.

412   *sólo el ocho por ciento de la industria de los medios de comunicación es hispano*: The exact number of print units sold in 2022 was 788.7 million. Ella Ceron, "For Latinx Authors, How Quickly Is Change Happening?", *Bloomberg*, April 6, 2023.

412   *"significa que los estadounidenses no saben quiénes somos los latinos"*: Joaquín Castro, quoted in Brown, "Latino Representation in Media Industry Grew by Only 1 Percent in the Past Decade".

413   *El siete por ciento de todos los hispanos se identifican con dicha comunidad*: Astrid Galván, "Poll: LGBTQ-Identity Is Higher Among Latinos Than Other Groups", *Axios*, last modified March 15, 2022, https://www.axios.com/2022/03/15/latinos-lgbt-poll-gen-z.

413   *Casi el doce por ciento de los latinos de la Generación Z*: Ibid.

413   *nuestra cultura machista prepotente*: A prevailing prejudice against homosexuality still exists in conservative Latino households throughout the country and especially in the American South and Southwest. Author interview with

Tomás Rivera, Puerto Rican-Mexican American, San Antonio, Texas, September 15, 2022.

413 *En los puertos de entrada se les ha inspeccionado y admitido:* "Did My Family Really Come Legally?", American Immigration Council, Fact Sheet, August 10, 2016.

413 *el estadounidense de origen peruano Carlos Lozada:* I've been privileged to know Carlos since the 1990s, when he reviewed books for me at the *Washington Post*. He later became the book critic of the *Post* and, most recently, a columnist for the *New York Times*. I'm indebted to him for an excellent, insight-rich interview for this book (August 10, 2021).

414 *la escritora Sandra Cisneros:* This section on Sandra Cisneros is taken from a telephone interview with her in San Miguel de Allende, Mexico, on June 17, 2021. The conversation was resumed in person in Washington, DC, on September 15, 2022, and by email on July 13, 2023.

414 *El suyo fue uno de los primeros libros de una chicana publicado por una editorial convencional:* The House on Mango Street was published in 1984 by Arte Publico but went on to be republished by Viking in 1991. The other Chicana to have this distinction is Cecile Pineda, whose novel *Face* was published by Viking in 1985, a year after Cisneros's original publication of *House*.

EPÍLOGO: UNIDAD

417 "*Ojalá podamos tener el coraje de estar solos*": Eduardo Galeano, Stig Dagerman Prize acceptance speech, Sweden, September 12, 2010, in "Homenaje a Eduardo Galeano" delenguayliteratura.com. The full quote is: "Ojalá podamos tener el coraje de estar solos y la valentía de arriesgarnos a estar juntos, porque de nada sirve un diente fuera de la boca, ni un dedo fuera de la mano".

417 *dudan… de la propia existencia de Latinoamérica como lugar de origen:* Mauricio Tenorio-Trillo, *Latin America: The Allure and Power of an Idea* (Chicago: University of Chicago Press, 2017).

418 "*una comunidad nacional con un pasado compartido, una agenda común y un futuro unido*": National Council of La Raza, Foreword, in *State of Hispanic America 2004*, iii.

418 *nueve millones de "hispanoamericanos":* Anna Brown, "The U.S. Hispanic Population Has Increased Sixfold Since 1970", Pew Research Center online, last modified February 26, 2014, https://www.pewresearch.org/short-reads/2014/02/26/the-u-s-hispanic-population-has-increased-sixfold-since-1970.

418 *más de cuarenta millones:* "The American Community—Hispanics: 2004", US

Census Report Number ACS-03, February 1, 2007, https://www.census.gov/library/publications/2007/acs/acs-03.html.

418 *cambiar el nombre de la organización a UnidosUS*: Suzanne Gamboa, "National Council of La Raza Changes Name to UnidosUS", *NBC News* online, last modified July 10, 2017, https://www.nbcnews.com/news/latino/national-council-la-raza-changes-name-unidosus-n781261.

418 *Durante el mandato de Murguía la población latina se ha duplicado:* Latinos numbered about thirty-five million in 2004 and sixty-three million in 2023. Brown, "U.S. Hispanic Population Has Increased Sixfold Since 1970", and "Hispanic Heritage Month 2022", Press Release CB22-FF.09, September 8, 2022, US Census Newsroom, census.gov.

418 *"mejorar la situación económica, los logros educativos":* "Mission", League of United Latin American Citizens (LULAC), https://lulac.org/about/mission/.

419 *abogaba por leyes de inmigración estrictas:* Benjamin Márquez, "The Politics of Race and Assimilation: The League of United Latin American Citizens, 1929–1940", *Western Political Quarterly* 42, no. 2 (June 1989): 355–75; Laura E. Gómez, *Inventing Latinos: A New Story of American Racism* (New York: New Press, 2020); Cristina Beltrán, *The Trouble with Unity* (New York: Oxford University Press, 2010).

419 *algunos mexicanos tildándola de banda de vendidos lacayos sin escrúpulos:* "LULAC History—All for One and One for All", League of United American Citizens, lilac.org/about/history/.

419 *Hubo quien dijo que la etiqueta "hispano" era un brebaje estadístico defectuoso que "apenas tiene relación con el mundo real":* This (along with the quotes that follow) is from Beltrán, *Trouble with Unity*, 107.

420 *En conjunto, "los latinos no se veían a sí mismos con preocupaciones comunes":* Rodolfo O. de la Garza et al., Latino National Political Survey, Inter-University Program for Latino Research (New York: Ford Foundation, December 1992), 8; also quoted in Beltrán, *Trouble with Unity*, 114.

420 *muchos insistían en que se les llamara, simplemente, "estadounidenses":* This was later corroborated in Mark Hugo Lopez, "4. Pan-Ethnicity: Shared Values Among Latinos", Pew Research Report online, October 22, 2013, https://www.pewresearch.org/hispanic/2013/10/22/4-pan-ethnicity-shared-values-among-latinos/.

420 *Los mexicano-estadounidenses dijeron que sentían más afinidad por los angloestadounidenses:* LNPS, 1992, Louis DeSipio, *Counting on the Latino Vote: Latinos as a New Electorate* (Charlottesville: University of Virginia Press, 1996), 177; Beltrán, *Trouble with Unity*, 113.

420 *sus investigadores consideraban a los latinos una comunidad* potencial: Rodolfo O. de la Garza et al., *Latino Voices: Mexican, Puerto-Rican, and Cuban Perspectives on American Politics* (Boulder, CO: Westview Press, 1992), 14–16; Beltrán, *Trouble with Unity*, 114.

421 *"Estamos* juntos": Janet Murguía, author interview, June 9, 2021.

421 *López se describe a sí mismo como chicano:* Mark Hugo Lopez, author interview, September 8, 2021.

421 *la unidad "potencial" mencionada fugazmente en la encuesta de 1992:* López, "Pan-Ethnicity: Shared Values Among Latinos".

421 *casi el cuarenta por ciento considera que los latinos de distintos países tienen "mucho en común":* Ibid.

421 *también se da el fenómeno de la deserción étnica:* López, author interview.

422 *"¿Cuántas amigas latinas tienes, Vicky?":* Rosa Victoria Arana-Robinson, author interview, September 14, 2022.

422 *mis sobrinas y sobrino responden negativamente:* Isabel Arana DuPree, Ashley Arana Waring, Julia Arana West, and Brandon Robinson (Arana), author interviews via text messages, March 27, 2023.

423 *mi hija… Mi hijo:* Lalo Walsh and Adam W. Ward, author interviews via email, May 3, 2023.

423 *El problema, según la Academia Nacional de Ciencias:* Alex Nowrasteh, "Ethnic Attrition: Why Measuring Assimilation Is Hard", *Cato at Liberty*, CATO Institute, December 8, 2015; Brian Duncan and Stephen J. Trejo, "Ethnic Identification, Intermarriage, and Unmeasured Progress by Mexican Americans", in *Mexican Immigration to the United States*, ed. George J. Borjas (Chicago: University of Chicago Press, 2007), 229–64; Nate Cohn, "Pinpointing Another Reason That More Hispanics Are Identifying as White", *New York Times*, June 2, 2014.

423 *"Sí, todos somos diferentes":* Junot Díaz, author interview, May 21, 2021.

424 *"¡Eh, tú! ¿Qué crees que estás haciendo?":* All Antonio Tijerino quotes here are from the author's interview with him, July 28, 2021.

424 *"No tengo ni idea. ¿De El Salvador? ¿Nuevo México?":* All Jorge Zamanillo quotes here are from the author's interview with him, April 7, 2022.

424 *"No tengo ni idea. ¿De El Salvador? ¿Nuevo México?":* Ibid.

ÍNDICE

11 de septiembre, 284, 510–11

A

Abbott, Greg, 282

Abby (*dreamer* hondureña), 363

aborto, 203, 223, 261, 265–68

abuso, 324, 348

  de mujeres, 215, 348

  de niños, 215, 326, 447

  sexuales, 42, 50–51, 215, 324–26, 346

Academia Nacional de Ciencias, 423

acción afirmativa, 75–76, 370–71

Acevedo, Elizabeth, 91, 103, 282–83

Acoma Pueblo, 74, 81, 457

acoso sexual, 346, 347–48

Acosta Bañuelos, Romana, 139, 472

activismo, 199, 273–74, 277, 288, 345–58, 361, 371

  Movimiento 26 de Julio, 36

  movimiento Black Lives Matter (Las vidas negras importan), 287

  movimiento chicano, 127, 130–32, 262, 274, 276–77

movimiento por la diversidad, la equidad y la inclusion (DEI, por sus siglas en inglés), 411–12

movimiento por los derechos civiles, 131, 199, 262, 320, 352, 387, 411–12

actores, 404–9, 550. *Véase también actores específicos*

adelantamiento, 12, 15

Administración de Veteranos, 307

Afganistán, 210, 314

africanos, 377, 391, 439

afrocaribeños, 164, 400, 418

afrocubanos, 164, 400

afroestadounidenses, 250–51, 272, 288, 324, 420. *Véase también* derechos civiles, movimiento por

  derechos civiles y, 230–31, 276–77, 387

  disparidades raciales y étnicas y, 376

  divas afroestadounidenses, 395

  elecciones y, 259

  en disturbios de Mount Pleasant, 355–56

  en SEED, 369–70

  guerra de Vietnam y, 312

afroestadounidenses (*cont.*)
  inclusión y, 412
  "la línea de color" y, 385
  música clásica y, 395–96
  partidos políticos y, 262
  reconciliación racial y, 229–30
afroindígenas, 337, 401
afrolatinos, 122–23, 166–70, 251, 395, 408,
    508. *Véase también grupos específicos*
  infrarrepresentación y, 408
  raza y, 166–68
  vilipendio y, 408
Agencia Antidroga de Estados Unidos
    (DEA), 106
agente naranja, 400
Agüeybaná, 29–30
Aguilar, Rubén, 129–30
Aguirre, Eduardo, 447
Ai Apaec, 218
Alamosa, CO, 146
Alcaraz, Lalo, 405
Alejandro (hijo de Tanita), 111–12
alemanes, 158, 301
Alemania, 22, 39, 441
  nazi, 39, 64
Alianza Hispana, 287
Alianza Nacional de Campesinas, 347,
    532–33
Alire Sáenz, Benjamín, 413
Allende, Isabel, 253, 282–83, 410
Almodóvar, Priscilla, 333–34
Alpert, Herb, 403
Al Qaeda, 210
Álvarez, Julia, 89, 92–93, 98, 99, 123
Álvarez, Mario, 100, 125, 150, 169
Alvarez, Maximo, 447
Álvarez, Valentina, 176
Álvarez, Yordan, 165
Álvarez Castillo, Raúl (Ralph Castle), 308

Álvarez de Pineda, Alonso, 9
ambientalistas, 107
América Latina, xii–xiii, 9, 62, 175, 244,
    385, 410, 417, 422, 428. *Véase también
    países específicos*
American Film Institute, 368
American LGBTQ+ Museum, 338
American Music Awards, 400
"*Amigo* buses", 139
Anaya, Rudolfo, 409
Anders, Gigi, 242
Andes, 63
Andrade, Mario, 215–16
Andrea (*dreamer* salvadoreña), 363–64
"Anglo", uso del término, 129, 468
antepasados, 23–30
Anthony, Marc, 390, 401–3
anticastristas, 37, 263
anticomunista(s), 37, 40, 161–62, 263
Antique, Javier, 225–27
Anzaldúa, Gloria, 78, 413, 452, 510
apaches, 13, 16, 302
apalachee, 14
apus, 218
Arana, George, 4, 5–6, 217, 218, 381,
    382
Arana, Marie
  carrera de, 334–36
  familia de, 3–6, 124, 155, 217–18, 381,
      382, 423
  hijos de, 155, 381, 423
  inmigración de, 5–6
Arana Cisneros, familia de, 3–6, 124,
    217–18, 381, 382
Arana Cisneros, Jorge Enrique, 3–6,
    141, 154–55, 218–19, 281, 305, 341,
    344–45, 371
  casamiento de, 125
  experiencia de, 31–33, 64–65, 406

la política y, 256–57, 258, 262
a MIT, 171, 179, 406
Arana Sobrevilla, Víctor Manuel, 381
arawak, 18
Árbenz, Jacobo, 41
Arenas, Gilbert, 165
Arequipa, 47, 249
Argentina, 9, 22, 29, 60, 125, 153, 191,
    241, 371, 412, 425, 428, 440
    censo en, 153
    como "país blanqueado", 157–59, 168–69
    conversos en, 248
    judíos en, 244, 248–49
Argentina Roca, Julio, 158
argentinos, 31, 158–59, 160, 265, 352, 393
Arlington, Va, 119, 207, 349, 351, 352
Armijo, familia de, 74, 75–76, 77, 78
Armijo, Manuel, 77, 78
Armijo, Petra, 74
Arnaz, Desi, 165, 331, 394
Arroyo, Martina, 395
arroz *chaufa* (arroz frito), 176
artes, contribuciones latinas a, 389–92.
    Véase también artistas específicos
Arthur, Chester, 178
Asamblea Central de Dios de Bethlehem,
    221
Asambleas de Dios, 199, 220, 221, 496
asesinatos, 62, 93, 96, 107, 114, 158, 200,
    201, 257
asiáticos, 377
    inmigración y, 62, 133–34, 178
    latinos asiáticos, 171–82, 482–86
asilo, aspirantes a, 117, 321
asimilación, 77, 129, 177, 280, 410, 419, 423
Asociación Nacional de Trabajadores
    Agrícolas, 276
astronautas, 182, 374
AT&T, 45, 165, 331, 379, 447, 448

Atahualpa, 11
Atchison, Topeka y Santa Fe, ferrocarril
    de, 272
ateos, 205, 215, 424
Atlanta Constitution, 384
atletismo, contribuciones latinas a,
    383–89
AutoNation, 333, 530
ayni, 47
aztecas, 9, 10, 12, 13, 74, 110, 131, 173,
    191, 232, 367, 368, 375
Aztlán, 131

B

Baca, Joe, 520
bachata, 389
Bad Bunny, 383, 548
Báez, Ada, 43–44
Báez, Albert, 373–74
Báez, Arnaldo, 43–44
Báez, familia de, 43–45, 448
Báez, Joan, 373–74, 548
Bahía de Cochinos, 37–38, 41, 399
Baker, James, 39, 445
Balaguer, Joaquín, 96, 100–101
Baleares, 302
Ball, Lucille, 331, 394
"La bamba", 396, 398
"Bamboula", 393
Bandana Project, 533
Banderas, Antonio, 159–60
bandoneón, 391
baños, 276
Banzer, Hugo, 201
Baptist church, 205
barbudos, 16
Barnard, Christiaan, 375
Barros-Titus, Mariana, 283, 291, 510–11
Batallón de San Patricio, 70

Batista, Fulgencio, 34, 36, 37, 399

Batallón Atlácatl, 114

bautismo, 8, 192, 223, 237–38

Bautista-Carolina, Suhaly, 337

bautistas, 204, 205, 230, 337

Beatles, 403

Becerra, Irma, 537

Becerra, Xavier, 520

"Before the Next Teardrop Falls", 403

Behar, Ruth, 247

béisbol, xiv, 103, 123, 229, 271, 307,
    328–29, 341, 383–87, 389, 413

Belice, 111

Beltrán, Cristina, 264–65, 503

bembé, 390

bendición, 82, 387

Benedicto XVI, Papa, 202

Benét, Pedro, 300

Benét, Stephen Vincent (brigadier
    general), 299–300, 301, 302

Benét, Stephen Vincent (poeta), 300,
    514–15

Beni Moshe, 502

Bergoglio, Jorge Mario, 158

Bernstein, Leonard, 406–7

Better Together, informe, 278–79

Beverly Hills High School, 380

Bezos, Jeff, 165, 359, 363

Bibliotecara del Congreso, 335

Biden, Joe, 263, 359–60, 362, 478

Bieber, Justin, 224

Bielorrusia, 161

bigamia, 210

Billington, James H., 355

biología, 310, 375, 379

Biosca, Emilio, 205–16, 237, 240, 366

Birriel Fernández, Felipe, 386.

"Black Magic Woman" (Santana), 391

Blades, Rubén, 390, 392

blancos, 4, 6–7, 21, 24, 28, 42, 69–70, 97,
    102, 110, 140–41, 194, 197, 214
  en Argentina, 157–60
  blancura y, 128, 156–66, 168
  censo y, 132–36
  colorismo y, 149–51, 154
  "fuga de", 163
  "línea de color" y, 156–57, 168, 171,
    174, 177
  matices de invisibilidad y, 127–29
  matices de la pertenencia y, 125
  en Miami, 162–64
  primeros habitantes blancos de
    América, 10–17
  privilegios de los "blancos", 122, 123
  segregación y, 142, 144–47, 276
  supremacistas blancos, 332

blancura, 128, 156–66, 168

blanqueamiento, 126, 154

Bless Me, Última (Bendíceme, Última), 409

"Blowback" (rebote), uso del término,
    96–97

"bodega del obispo", 237

bodegas, 91, 213, 329

Bolívar, Simón, xv–xvi, 6, 186, 393, 430

Bono, 224

Book World, 335

Border Incident (Incidente fronterizo), 406

Bordertown, 405–6

Borges, Jorge Luis, 411

Bosch, Juan, 41, 96, 405–6

bossa nova, 403

botánicas, 374

Botello, familia de, 305–6

Boulevard Nights, 406

Bourdain, Anthony, 322

Bowles, David, 367–68, 369, 370

Bowling Alone (Jugar bolos a solas), 278

Bramasco, Saúl, 232–33, 236–39

Brando, Marlon, 406

Brasil, 169

Bretón, Eduardo, 352

Bridges, Ruby, 145

Brief Wondrous Life of Oscar Wao (La maravillosa vida breve de Óscar Wao) (Díaz), 98

Bring Me the Head of Alfredo García (Tráiganme la cabeza de Alfredo García), 406

Broadway, producciones de, 406–7, 408

Brodkin, Karen, 243–44

Brown contra el Consejo de Educación, 101, 145

Buford, Harry (Loreta Janeta Velázquez), 303

Building the American Dream, 325

Bumbry, Grace, 395

Burgos, Julia de, 23, 386

Bush, George H. W., 113, 472

Bush, George W., 76, 210, 227, 258, 315, 329–30, 331, 389, 472, 526

Bushmasters, 306, 517

C

Caban, Edward A., 354

Cabanaconde City Colca USA (CCC-USA), 48–49, 50, 51, 59, 430, 448, 449

Cabanaconde de El Otro Lado, 47–48

cabanacondinos, 48–51

Cabeza de Vaca, Álvar Núñez, 3–17, 18, 22, 60, 62, 74, 436–37

Cáceres, Berta, 107

Cadava, Geraldo, 262, 283

califato omeya, 187–88

California, 143, 145–46, 148, 168, 173–74

Calles, Plutarco Elías, 197–98

calusa, 9, 13, 22

Calvary Episcopal Church, 219

Cámara de Representantes de Estados Unidos, 270, 315

cambio climático, 266

camboyanos, 178

Camilo, Michel, 103

El Camino del Diablo, 46–59

"Campaña del Desierto", 158

campos de internamiento, 129, 179, 394

Camus, Albert, 409

Canal de Panamá, 304

canibalismo, 15

Capilla Sixtina (Miguel Ángel), 231

"capitalismo marrón", 139

Capitulaciones de Santa Fe, 189

Capó-Crucet, Jennine, 370

capuchinos, 190, 206, 208–9, 211, 212, 214–15

Caramelo (Cisneros), 414

Carey, Mariah, 168

Caribe, 24, 25, 29, 63, 82, 90, 96, 98, 116, 123–24, 186, 241–42, 300, 304

conquista del, 10–12, 14, 18

estilos musicales caribeños, 389–90, 391, 394, 399–400

judíos en, 248

política estadounidense y, 96–97

trata transatlántica de esclavos en, 169

caribeños, 160, 167, 169, 243, 244, 302

afrocaribeños, 418

caribes, 18

caricatura editorial, 405

carismáticos, 231

Carlos (*dreamer* méxicano), 364

Carlos I, emperador, 10

Carlos III, 296

Caro, Robert, 102

Carolina, Naiema, 337

Carolina del Norte, 297–98

Carr, Vikki, 548

Carranza, Jovia, 472

Carreño, María Teresa, 392–93

Carreño, Teresa, 395

Carta de Derechos, 351–52

cártel del Golfo, alias "La Mano", 53

carteles, 44, 53, 81, 104–5, 116, 122, 195,
    277

Carter, Jimmy, 113, 200

Carter, Lynda (Lynda Jean Córdova
    Carter), 407, 550

Casa de Israel, 234

La casa en Mango Street (Cisneros), 367,
    414–15, 552

castas, xvi, 112, 144, 149, 153, 192

Castillo, Roberto David, 107

Castle, Ralph, 308

Castro, Cipriano, 384

Castro, Fidel, 34, 41, 160, 162, 163, 206,
    211

Castro, Joaquín, 270, 274, 281, 300, 372,
    412

Castro, Julián, 277, 364

Castro, Luis Manuel "Lou", 383–86, 413

Castro, Raúl, 36

Catholic Charities, 39, 446

catolicismo, 77, 187, 205, 220, 241–42,
    248, 256
  cambios en, 197–98
  conquista y, 185–87
  criptojudíos y, 242
  disminución del, 214
  en Cuba, 210–11
  influencia del, 425
  Inquisición y, 77
  judíos y, 187–88, 189
  latinos que han huido de la, 219–20,
    222, 233, 269–70
  misa católica, 212

Cavazos, Richard E., 138–39, 317

censo, xiii, xiv, 18, 20, 110, 121, 139–41,
    150, 168, 169, 231, 264, 305, 313,
    421, 434
  cubano, 162
  en Argentina, 153
  esclavos en, 121
  latinidad y, 132–36
  raza y, 121, 128–29, 132

Centroamérica, judíos en, 248

centroamericanos, 109–11, 113, 115, 118

Centro de los Derechos del Migrante
    ("Center for Migrant Rights"),
    532–33

Cervantes, Miguel de, vii, 150, 186, 188, 487

Chaba, Tia, 123

chachachá, 390

Chachapoyas, Peru, 127

Chakiris, George, 407

Chamorro, Amalia, 176, 224

Chandler, Tyson, 224

Chang-Díaz, Franklin, 182

Charleston, sitio de, 297–98

Chaves, Elijo, 500

Chávez, Ambrosio, 72–74

Chávez, Carlos, 395

Chávez, César, xiv, 132, 276, 341–43, 344

Chávez, familia de, 74, 75–76, 77–78, 81, 242

Chávez, Linda, 75–76, 78, 242, 280, 414,
    454, 500, 516

Chávez, Rudy, 72

Chávez, Velma McKenna, 71–72

Checoslovaquia comunista, 182

Chen, Kelly Huang, 164–65

Chiapas, México, 111

Chicago, IL, 143

chicanos, 127, 130–32, 262, 274, 276, 405,
    409, 421, 516, 548. Véase también
    mexicano-estadounidenses

chichimeca, 195

chifas, 176

Chihuahua, 173

Chilanguera, El Salvador, 112

Chile, 22, 125, 158, 204, 241–44, 298, 425

chilenos, 156, 243, 247, 285, 511

Chimalhuacán, 232

Chimaltitán, México, 232–33, 234, 237

China, 172, 176, 182, 304

chinos, 6, 62, 133–34, 146, 156, 175–78, 190, 391

"chinos de Manila", 175

Chiquita Banana, 400

Chirino, Willy, 447

Churchill, Winston, 296

Church of God in Christ (CGC), 496

CIA, 38, 96–97, 490–91

Cien años de soledad (García Márquez), 379

ciencia medioambiental, 107, 372

ciencias, 111–12, 152, 209, 228, 286, 290, 329, 361–62, 372–77, 379–82

científicos, 372–82

cimarrones, aldeas de, 28

Cinco de Mayo, 355

cine, 408–9

    representación de latinos en, 322, 405–7

    representación en, 550

cine, contribuciones latinas a, 404–9

Cisneros, Henry, 274

Cisneros, Sandra, 60, 156, 282–83, 367, 370, 409, 414, 452, 552

Cisneros de Arana, Rosa, 217–18

ciudadanía, 143, 160, 173, 177–78, 297, 301, 396

    blancura y, 128

    Corte Suprema y, 177

    dreamers y, 282, 359–63, 509–10, 536, 537

guerra entre México y Estados Unidos y, 297

    honoraria, 296

    mexicana, 308, 320–21

"Ciudad de Chocolate", 284, 356–57

Ciudad del Cielo, 74

"Ciudad de las Carpas", 172–73

Ciudad de México, 18, 22, 51, 52, 62, 69, 75, 77, 83, 232, 241, 244, 245, 246

Ciutadella, 300

Clapp, George Gilson, 79–80, 456

Clark, George Rogers, 295

Clemente, Roberto, xiv, 328–29, 341, 383, 386–87, 388–89

Clínica Mayo, 374

Clinton, Bill, 116, 139, 141, 210, 248, 274, 344

Clinton, Hillary, 257

clorofluorocarbonos (CFC), 372

Club de Leones de Virginia, 120

clubes Viva Kennedy, 139

cocaína, 106, 108

Codina, Armando, 447

Colca, Cañón de, 49, 337, 449, 509

Colca, Valle de, 46–48, 49, 50, 319, 509

Colectivo Ilé, 169

Collado, Shirley, 99–100

College Track, 100

Colombia, 29, 42, 64, 169, 357, 371, 374, 383, 385, 396, 412, 425, 428

colombianos, xii, 167, 284, 293, 353–54, 396, 402

Colomer, Francisca, 490

Colón, Bartolomé, 90

Colón, Cristóbal, 5, 6, 10–11, 17–21, 25, 27–30, 60, 90, 241–42

Colón, Willie, 390

Colonia Dublán, 238

colonización, 12, 30, 61, 193, 368, 390, 425

Colorado, 146

colorismo, 149–53

comanches, 302

"Come On, Let's Go", 397

comida criolla, 154

Comision de Derechos Civiles de Estados Unidos, 357

Comité del Gabinete en materia de Oportunidades para los Hispanohablantes, 138

Comité Judicial del Senado de Estados Unidos, 407

comunidad LGBTQ+, 371, 413

comunismo, 36, 207, 215, 256, 284
  "amenaza comunista", 115
  en Checoslovaquia, 182
  en China, 182
  en Cuba, 36–37, 40–41, 68, 96, 136, 163, 164, 207–8, 211
  en Vietnam, 171, 172
  promesa de, 46

Conde, César, 354

Confederación, 70, 297, 301–5

Conferencia Nacional de Liderazgo Cristiano Hispano (NHCLC), 220, 227, 261

Congreso de Estados Unidos, 70, 76, 99, 108, 133, 140, 177–78, 227, 270, 314–15, 375–76, 407, 441, 520
  Comité Judicial del Senado de Estados Unidos, 407
  Dream Act y, 362–63
  Gálvez y, 296
  Medalla de Honor del, 307
  reconocimiento de miembros hispanos de las Fuerzas Armadas, 315–16
  refugiados y, 44

representación en, 26–27, 268, 356

Semana Nacional de la Herencia Hispana y, 137

Connelly, Henry, 302

conquista, 29–30, 46–47, 81–83, 86, 123, 126, 154, 170, 242, 258, 349, 390
  Dios de la, 185–216
  genocidio y, 29
  religión y, 185–87

conquistadores, 3–17, 19–20, 74–75, 189–91, 232–33, 292, 368. *Véase también conquistadores específicos*

Consejo de Revisión de Quejas Civiles de Washington, DC, 352

Consejo Nacional de La Raza (NCLR), 76, 255, 307, 313, 375, 418, 519

conservadores, 75–77, 161–62, 256–57, 261–63, 267, 268–70, 285–86, 290, 418, 420, 428, 551–52

Constitución de Estados Unidos, 132, 133, 351–52

construcción, obreros de, 47–48, 323–29

Contras (Nicaragua), 200

Convención Bautista del Sur, 204–5

Convención Nacional Demócrata, 277

conversos, 77, 192, 197, 203, 221–22, 242, 248

Copland, Aaron, 395

Corazón Púrpura, 307

Cordero, Roque, 394, 546

Corea del Norte, 114

coreanos, 134, 178

Cornejo Villavicencio, Karla, 166, 328, 370, 413

Corpus Christi, TX, 146

Correa, Calista, 285–86, 291, 511

Cortés, Hernán, 9, 10, 12, 17, 82–83, 189–92, 437

Corte Suprema de Estados Unidos, 148, 292
  ciudadanía y, 177
  Méndez contra Westminster, 145–46, 148
  Roe contra Wade, 260
Cortez, Ricardo (Jacob Krantz), 406
Cortez Masto, Catherine, 268
Costa, Jim, 520
Costa Rica, 42, 111, 160
Courtney, Maureen, 490
COVID-19, 86, 107, 215, 321, 348, 378,
  524, 542
coyotes, 46, 47, 51, 52–57
crack, 355
Crespo, Jimmy, 548
crimen, 108–9, 170, 282, 283, 290, 351,
  359, 365
  asesinatos, 62, 93, 96, 107, 114, 158,
    200, 201, 257
  carteles, 44, 53, 81, 104–5, 116, 122,
    195, 277
  delincuencia, 82, 116, 133, 283, 349,
    365, 537–38
  organizado, 82
  pandillas, 108
criollo (lenguaje), 162, 166
  haitiano, 212
criollos, 5, 7, 21, 31, 123
criptojudíos, 242
Crisis de los Misiles de Cuba, 40, 44
cristeros, 198
Cronos, 107
Crucero del Sabor, 104
cruces de fronteras, 46–59, 233–34, 413–15
Cruces de Servicios Distinguidos, 317
Cruz, Celia, 390, 547
Cruz, Nilo, 165
Cruz, Ted, 165
Cruz Varela, María Elena, 35
cuaquerismo, 373

cuarterón, 141
Cuauhtémoc, 173
Cuauhtlahtoatzin, Juan Diego, 195
Cuba, 29, 38, 62–63, 96, 160, 301, 425, 478
  catolicismo en, 210–11
  comunista, 36–37, 40–41, 68, 96, 136,
    163, 164, 207–8, 211
  Crisis de los Misiles de, 40, 44
  disidentes de, 35–38
  refugiados de, 38–45
  revolución en, 34–36, 199
  santería en, 211
cubano-estadounidenses, 62, 69, 165, 206,
    247, 265, 301, 308, 329, 392, 401,
    410, 425
  artistas, 394
  escritores, 410
  músicos, 390, 394, 399
  política y, 258, 262, 263, 265, 418, 420
cubanos, xii, 98, 118, 136, 176, 206, 279,
    295, 303, 402, 508. *Véase también*
    cubano-estadounidenses
  blancura y, 42, 160–61, 163–65
  conservadores, 263, 265
  exiliados, 42, 68
  inmigración de, 435
  marielitos, 161, 164, 351, 479
  refugiados, 38–45, 161, 164, 351, 479
cultura indígena, 9, 185, 186, 208, 337,
    390–91, 401, 416, 435
cumbia, 139, 391, 394
curanderas, 414
curas tradicionales afroquisqueyanas, 337
Curiel, Carolyn, 141–45, 149, 160

D

DACA (Acción Diferida para los Llegados
    en la Infancia), 282, 359–63, 509–10,
    536, 537

Daddy Yankee, 548

Da Nang, Vietnam, 172

Davalos Ortega, Katherine, 472

David (Miguel Ángel), 389

Dávila, Pedro Arias (Pedrarias), 242

Davis, Marco A, 151–52, 475

Davis, Sammy, Jr., 165, 480

De cómo las muchachas García perdieron el acento (Álvarez), 98

De la Fuente, Eli Rafael, 248–51, 502

De la Fuente, Francisco (Paco), 250, 251

De la Renta, Oscar, 103, 270

De la Rocha, Zach, 548

De la Vega, Ralph, 33, 38–39, 43–44, 164, 165, 328, 331, 379, 443, 447, 448

Del-Fi Records, 397

Delgado, Antonio, 166, 167, 168

delincuencia, 82, 116, 133, 283, 349, 365, 537–38

democracias de fachada, 113

Departamento de Defensa de Estados Unidos, 309, 313

Departamento de Estado de Estados Unidos, 64, 162, 179, 296

Departamento de Justicia de Estados Unidos, 106, 116

Departamento de Policía de Nueva York (NYPD), 354

Departamento de Policía de Washington, D.C., 359, 365, 368

Departamento de Salud y Servicios Humanos de Estados Unidos, 327–28

Departamento de Seguridad Nacional de Estados Unidos, 166

Departamento de Vivienda y Desarrollo Urbano de Estados Unidos, 166, 270, 274, 280

deportación, 66, 86, 116, 324–25, 342, 345, 359, 362

derechos civiles, 256, 357, 419

    defensa de los, 230

    movimiento por los, 131, 199, 262, 320, 352, 387, 411–12

DESA (Desarrollos Energéticos, SA), 107

desegregación, 101

Desilu Productions, 331

Desperado, 159–60

Destino Manifiesto, 62, 456

De Vega, José, 407

Día D, 307

El Diario, 356

Díaz, Cameron, 165

Díaz, Junot, xiii, 93, 98, 99, 152, 167, 169, 170, 370, 411, 423

Díaz, Manny, 257

disc-jockeys, 391

disidentes de Cuba, 35–38

Dispatches (Herr), 314

divorcios, 402

doctrina conservadora, 222

Dodgers de Brooklyn, 387

Domingo, Plácido, 402

dominicanos, xii, 91–103, 122, 204, 250, 263, 279, 361, 390

dominicos, 192

"Donna", 396, 397

Don Quijote de la Mancha (Cervantes), 150, 188

Do-Orozco, Isabella, 171, 174, 175, 180–81

Dorfman, Ariel, 243

Downie, Leonard, Jr., 335

Drake, Francis, 292

Dream Act. Véase DACA (Acción Diferida para los Llegados en la Infancia)

"dream dot", estudiantes, 363, 364, 365, 379, 537

"dreamers" (soñadores), 360, 362–63

D'Rivera, Paquito, 392
drogas, 283, 365
    crisis de, 283
    tráfico de, 53, 82, 106, 108–9, 116, 449
droit de seigneur, 346
Du Bois, W. E. B, 256, 331, 336, 484
Durán y Chaves, Don, 516
Durán y Chaves, Pedro, 74, 75, 500

E
ebooks, 541
Ecuador, 64
educación, 98, 124, 207, 222, 256–60,
    265–66, 268, 357–64, 371, 373, 376
    básica, 193, 272–73
    bilingüe, 76, 366–67, 409–10
    católica, 193, 209
    consejo estatal de, 282
    escuelas *charters*, 369
    especial, 290
    estadounidense, 6
    historia latina y, 282
    mormona, 234
    para la salud, 209
    pública, 124, 145, 294, 358, 369–70
    segregación y, 145
    superior, 45, 102, 350
    temprana, 368
educadores, 357–64, 367
Eire, Carlos, 165, 447
Eisenhower, Dwight D., 39, 41, 67, 256
Ejército de Estados Unidos, 310
ejército estadounidense, 34, 72, 201, 317,
    358, 516, 521
Ejército Guerrillero de los Pobres, 201
Ejército Zapatista de Liberación Nacional
    (EZLN), 246
Ek, Ignacio, 17
"El Corte", 95

elecciones, 26, 35, 94, 101, 138, 258–61,
    267, 275, 282
    de 1968, 138
    de 1972, 139
    de 1994, 392
    de 2000, 139
    de 2016, 365
    de 2020, 259, 263
    de 2022, 260–61
    de 2024, 365
electorado latino, 139, 257, 261, 263
Elizondo, Virgilio, 197
Ellis Island, 27
El Mozote, El Salvador, masacre en, 27
El Salvador, 27, 46, 108–10, 111–19, 200,
    203, 224–25, 326, 329, 349, 351
Emancipación, 177, 262
empleadas domésticas, xv, 47–48, 50, 164,
    349, 354
Encuesta Política Nacional Latina, 264, 420
época napoleónica, xii
Escalante, Jaime, 379–80, 543
escandinavos, 126, 237
esclavitud, 21, 49, 74–75, 128, 153,
    194–95, 297, 390–91, 439
esclavos, 6, 12, 15, 21, 27–28, 49, 133, 134,
    153, 194, 211, 436–37
    en el censo, 121
    música de, 391, 439
    trata transatlántica de, 79, 166, 169–70,
    177, 439
Escobedo Cabral, Anna, 472
escoceses, 302,
escritores, 165, 409–16. *Véase también*
    escritores específicos
    negros, 369
Escuela de las Américas, 201
escuela pública charter E. L. Haynes,
    369–70

escuelas charters, 369–70

Escuela Superior de Ciencia y Tecnología
Thomas Jefferson, 286

Espaillat, Adriano, 103

España, xi, xiv, xv, 7–8, 10–13, 24, 63, 159,
371, 425, 460

español (lengua), xi, 166, 186, 212, 225,
399, 400

españoles, 295, 301, 303, 355, 366–67

españoles canarios, 302

Espinoza, Juan, 382, 543

Esquiroz, Margarita, 447

Estado Libre Asociado de Puerto Rico, 4

Estatua de la Libertad, 178

Estatus de Protección Temporal (TPS,
por sus siglas en inglés), 118

Estebaníco (esclavo marroquí), 15, 17,
436–37

Estefan, Emilio, 400–401

Estefan, Gloria, 165, 383, 399, 400–401,
403

Estrella de Bronce, 307

etíopes, 366

evangélicos, 199, 202–4, 219, 223–24, 226,
231, 261

evangelismo, 205

Exilio Dorado, 42–43

éxodo del Mariel, 161, 164, 165. *Véase
también* marielitos

expansionismo, 19, 61, 70, 113

explotación, 47, 324, 326, 347

El extranjero (Camus), 409

Extremadura, 74

F

Face (Pineda), 409, 552

Fajardo, José Manuel, 399–400

Falcón, Juan Antonio "Sonny", 84,
457–58

Falcon, Lupe, 457–58

la familia, uso del término, 4

Fariña, Mimi, 373

Farragut, David Glasgow, 297–302,
516–15

Farragut, George, 297–98, 299–300,
513–14

Fast & Furious, 92

FBI, 66, 129, 131

Federación Estadounidense de
Profesores, 75

Federal National Mortgage Association
(Fannie Mae, para abreviar), 334

Feliciano, José, 548

Fender, Freddy (Baldemar Garza Herta),
403

fentanilo, 108

Feria del Libro de Miami, 166

Fernández Miranda, Marta, 399

Fernando II, 187, 188

Ferragut Mesquida, Jorge (Jordi), 297–98,
299–300, 513–14

Ferrer, Ada, 163

ferrocarriles, 177, 272–73

Ferrocarril Subterráneo, 49

festival salvadoreño, 352–53

fiebre del oro, 177

Fiesta de la Herencia Hispana, 239

Fiesta Mexicana, 279

Filipinas, 24, 26, 306

filipinos, 175, 178, 396

Finding Your Roots (Encontrar tus raíces), 77

Flores, Patricio, 138

Florida, 9, 168, 170

Folsom, Charles, 515

Fondo Educativo y de Defensa Legal de la
Asociación Nacional para el Avance
de la Gente de Color (NAACP, sus
siglas en inglés), 148

Fonsi, Luis, 548
Foreign Policy, 320
Fort Apache, el Bronx, 407
Fort Pitt, 295
Fortuño, Luis, 520
Fox, cadena de televisión, 76
Fox News, 151
franceses, 295
Francia, 159
franciscanos, 191, 192, 211
Francisco de Asís, San, 190, 206, 208
Franco, Francisco, 460
USS *Franklin*, 300
Franklin, Benjamin, 375
Fraser, Brooke, 224
"freedom flights", 479
frontera, cruces de la, 46–59
Fuentes, Carlos, 149, 411
fuerza laboral latina, 318–22
   artistas, 389–92
   cine, 404–9
   construcción, 323–29
   el décimo talentoso, 331–36
   educadores, 357–64, 367
   escritores, 409–16
   explotación y, 47, 324, 326, 347
   fuerzas militares, 113, 293–317, 329–30, 392
   mujeres trabajadoras, 346–48
   músicos, 392–403
   negocios, 329–30
   niños en, 42, 50, 324–25, 346
   STEM, 379–82
   trabajadores agrícolas, 319–21
   vendedores, 329–30
Fuerzas Armadas de Estados Unidos (FORSCOM, por sus siglas en inglés), 315, 317
Fuerzas Armadas Revolucionarias, 37

fuerzas militares estadounidenses, 113, 293–317, 329–30, 392. *Véase también ramas e incidentes específicos*
   G.I. Bill y, 392
   reconocimiento de miembros hispanos de las, 315–16
Fujimori, Alberto, 179, 483, 485
Fujimori, Keiko, 483
Fundación Posse, 100
Fundación Rockefeller, 278

G

Gabaldon, Guy, 306, 517
Gabriel, Juan, 401–2
Galeano, Eduardo, 417, 424, 510
Gálvez, Bernardo de, 293–96, 512–13
Gambito de dama, 157
Gandhi, Mohandas, 343
García, Andy, 165
García, Arturo, 71, 81, 456–57
García, Cristina, 165
García, Domingo, 419
García, Jerry, 399
García, Josefina, 82, 85, 86
García, Marcario, 306–8
García, Rosita, 82, 85, 86
García, Wendy, 354
García Márquez, Gabriel, 247, 379, 411, 465
Garfield High School, 543
Garrido, Juan, 436
Garza, Daniel, 268
Gates, Bill, 363
Gates, Henry Louis, Jr., 77
Genaro (salvadoreño), 112, 114, 115, 117–18
genealogía genética, 6, 18, 28–30, 124–25, 127, 157, 173, 242, 243, 286, 425, 442, 443

genocidio
  de poblaciones indígenas, 20, 22, 29,
    74, 115, 158, 201
  "estadístico", 169
  ordenado por Trujillo, 94–95
gente de color, 122, 159, 199. *Véase*
    también grupos específicos
Gershwin, George, 395
Getz, Stan, 403
G.I. Bill, 392
Gibson, Carrie, 510
Gilb, Dagoberto, 111
Gillespie, Dizzy, 391–92
Girlfight, 92
Giuliani, Rudy, 284
Goldberg, Whoopi, 157
Goldman, Francisco, 243
Golfo de México, 298
Golfo de Tonkín, resolución de, 96
Golinelli, Alex y Claudia, 12
Gómez, Daniel Enrique, 535
Gómez, Laura E, 132–36, 510
Gómez, Selena, 223–24
González, Juan, 510
González Camarena, Guillermo, 375
González-Granados, Lina, 396
The Good, the Bad, and the Ugly (*El bueno, el*
    malo y el feo), 406
Gordon-Reed, Annette, 1
Gore, Al, 372
Gottschalk, Louis Moreau, 393
Graham, Billy, 227
Graham, Don, 358, 359, 361, 362–64, 365,
    372, 536, 537
Grande, Reyna, 413, 452
Gran Depresión, 66, 73, 129, 262, 358,
    385–86
Grandin, Greg, 79, 510
Granillo, Roendy, 325–26

Gran Migración, 27
Gran Sociedad, 139
Grant, Ulysses S., 69, 453
Grateful Dead, 399
Graves, Denyce, 395
Greaser's Revenge, The, 405
Grieg, Edvard, 393
Griffiths, Arturo, 355, 371, 535
griots, 28
Grivalva, Raúl, 520
Guadalupe Hidalgo, Tratado de, 62, 128,
    130–31
guaguancó, 390
Guainía, 29
guaraní, 417
Guardia Nacional, 94, 200, 359
Guatemala, 41, 46, 108–11, 113, 115, 117,
    196, 201, 203, 243, 328, 490, 492
guatemaltecos, 111, 119, 159, 212, 215,
    243, 366
Guayanas, las, 169
Guernica, 39
Guerra Civil de Estados Unidos, 49, 116,
    296–305, 385, 393
"Guerra contra el crimen", 359
Guerra de 1812, 298, 299
guerra de Afganistán, 314
Guerra de Corea, 23, 67, 308
guerra de Irak, 314
Guerra de Secesión, 69, 301–5
Guerra de Vietnam, 96, 199, 257, 309–15,
    317, 320, 358, 400
Guerra Fría, 113, 255, 373
"Guerra Global contra el Terror", 315
guerra hispano–estadounidense, 24, 34,
    304
guerra mexicano–estadounidense, 62, 70,
    83, 121, 297, 298
guerras de independencia, 111, 186

Guerrero Chimalli, 232

guerreros, 293–317

Guevara, Che, 35, 36

Guillén Vicente, Rafael Sebastián
(Subcomandante Marcos), 246

guion/guionistas, 404, 405, 407

Gutiérrez, Carlos, 331

Gutiérrez, Julissa, 354, 357

Guzmán, Joaquín "El Chapo", xiv, 106–7

Guzmán, Ralph, 312–14

Guzmán, Sandra, 312–14

H

La Habana, Cuba, 25, 33–34, 38–41, 45,
161–63, 165, 206, 210–11, 242, 247,
331, 394, 399–400

Haití, 10

haitianos, 85, 93, 94

Hamilton, 408

"Hanoi Hilton", 317

Harcourt Brace Jovanovich, 334

Harlem, 32–33, 168

USS *Hartford*, 299

Harvard Crimson, 358

"Hasta que te conocí" (Gabriel), 401–2

Haygood, Will, 480

Haynes, E. L, 369

Hayworth, Rita (Margarita Rita Cansino),
550

heavy metal, 391

Heil, Elise, 365–66

Helguera, León, 305–8, 516

herencia indígena, 6–7, 18–19, 71, 77–78,
80–81, 123, 125–28, 140, 142, 150,
153, 173, 180, 286, 367–68, 390–91.
Véase también cultura indígena

Hernández, Chelsea, 325

Hernández, Juana, 300

Hernández, Juan Antonio "Tony", 106

Hernández, Juan Orlando, 106

heroína, 108

Herr, Michael, 314

Herrera, Juan Felipe, 3

Hijuelos, Óscar, 165, 410

Hillsong, iglesia, 224, 495, 497

hindúes, 134

Hinojosa, María, 412, 510

hip-hop, 103, 389, 401

*The Hispanic Republican: The Shaping of an
American Political Identity, from Nixon
to Trump* (*Republicanos hispanos:
la formación de la identidad política
estadounidense, de Nixon a Trump*)
(Cadava), 262

"lo hispano", nacimiento de, 136–41

"hispanoamericanos", uso del término,
418

"hispano"/"hispanos", uso del término,
xii, 138, 168, 262–63, 264, 411, 419

Hitler, Adolf, 69, 93, 94, 95

hmong, 178

Hobbes, Thomas, 61

Hochul, Kathy, 166

holandeses, 90–91

Holly, Buddy, 398

Hollywood, xiv, 103, 122, 141, 159–60,
224, 274, 281, 317, 322, 331–32, 336,
347, 402, 404–9, 549

homosexualidad, 223, 551–52

Honduras, 46, 103–7, 108–11, 115,
117–18, 203, 294

hondureños, 85, 103–7, 113, 119, 120,
212, 363, 366

Hong Kong, 172

Horace Mann School, 102, 125

Hospital de la Divina Providencia, 200

A House of My Own (Cisneros), 414

Houston, Brian, 495

How Jews Became White Folks and What That Says About Race in America (Brodkin), 243–44

How the García Girls Lost Their Accents (De cómo las muchachas García perdieron el acento) (Álvarez), 98

H.R. 3524, 108, 463

Hudes, Quiara Alegría, 408

Huerta, Dolores, xiv, 132, 229, 276, 339, 341–42, 343–44

Hull, Cordell, 460

Humboldt, Alexander von, 194

Humphrey, Hubert, 258

Hunger of Memory (Hambre de memoria), 409

huracanes, 11–12, 107, 109, 112, 116

I

identidad racial, 93, 125, 151, 181, 195, 244. *Véase también* "limpieza de sangre"; mestizaje; raza

idioma, color del, 149–55

Ifill, Gwen, 168

iglesia bautista, 205

iglesia católica, 205–16, 273
   conquista y, 187–96
   dominicos, 192
   en Estados Unidos, 196–205
   franciscanos, 191, 192, 211
   Inquisición española, 19, 77, 134, 188–89, 191, 241–42
   jesuitas, 191, 192, 202, 207, 391
   latinos que han huido de la, 219–20, 222, 233, 269–70
   misa católica, 213
   misioneros, 191, 192, 391
   Vaticano, 185, 196, 205, 367

Iglesia católica de Saint Charles, 120

Iglesia de los Santos de los Últimos Días, 120, 173

iglesia episcopal, 217, 219

Iglesia episcopal de Santo Tomás, 217

Iglesia mormona, 120, 232–40

iglesia Mosaic, 224

iglesia pentecostal/pentecostalismo, 220, 223

Iglesias, Enrique, 399

iglesias afroestadounidenses, 221

iglesias protestantes, 120, 185, 202, 205, 212, 217, 219, 220, 223, 224, 232–40

"ilegales", uso del término, 58–59

incas, 50, 191, 375

inclusión, 411–12. *Véase también* pertenencia

India, inmigración de, 176, 180

indígenas, xiii, xv, 4–10, 60–62, 91, 113, 128, 221, 241, 292, 306. *Véase también grupos específicos*; herencia indígena
   activismo y, 107
   censo y, 133–35, 140
   ciudadanía y, 294
   conquista y, 6, 13–23, 28, 29–30, 46–47, 62, 77, 81, 82–83, 86, 110, 123, 126, 154, 170, 185–216, 242, 258, 349, 390
   cultura indígena, 9, 125–27, 185, 186, 208, 337, 390–91, 401, 416, 435
   genocidio de poblaciones indígenas, 20, 22, 29, 74, 115, 158–59, 201
   herencia indígena, 71
   inmigración y, 177
   lenguas indígenas, 9, 208
   mujeres indígenas, 6, 19, 20, 21, 29, 114, 132
   religión y, 185–216, 235–36

"indio oscuro", 95

indios, 178. *Véase también* indígenas

Indochina, 309, 310, 314

iñeris, 29

infrarrepresentación, 408

Inglaterra, 22, 39, 61, 79, 159, 292, 294, 295

inglés, 31, 76, 166, 212, 349, 355, 366–67, 376, 388, 399, 400, 411

Iniciativa de la Casa Blanca para la Excelencia Educativa de los Hispanos, 271

Inland Steel, 143

inmigración, 31, 60–71, 440. *Véase también* inmigrantes

deportación y, 66, 86, 116, 324–25, 342, 345, 359, 362

leyes de, 177, 233, 326–27

restricciones y, 177

inmigrantes, 70, 86. *Véase también inmigrantes y grupos específicos*

DACA y, 282, 359–63, 509–10, 536, 537

indocumentados, 46–48, 85–86, 102, 140, 213, 289, 309, 321, 323–25, 332, 359–62, 448

Inquisición española, 19, 77, 134, 188–89, 191, 241–42

Instituto Nacional de Salud y Disparidades Sanitarias de las Minorías (NIMHHD, por sus siglas en ingles), 375–77

Instituto Tecnológico de Massachusetts (MIT), 64, 171, 179, 380, 406

In the Heights, 122, 408

Inti (dios sol), 218

inundaciones, 109

invisibilidad, matices de, 127–32

irlandeses, 301, 303

Irvine, California, 173

Isabel I (de España), 19, 187, 188

Isabel I (de Inglaterra), 292

isla de Sullivan, batalla de, 297

islas Marianas, 306

Israel, 246, 250

israelitas, 235

Italia, 64, 159

italianos, 158, 159, 213

Ixil, 490

J

Jackson, Jesse, 415

Jackson, Stonewall, 69

Jalisco, 232

Jamestown, 61

Japón, 64

japonés (lengua), 306

japoneses, 21, 64, 67, 129–30, 134, 146, 175–76, 178–80, 306, 394

jardineros, 47–48

jazz latino, 391–92

Jefferson, Thomas, 61–62

Jennings, Waylon, 398

Jersey City, NJ, 28

jesuitas, 191, 192, 202, 207, 391

Jesús (Cristo), 11, 19, 188, 191, 193, 209, 210, 221, 223, 225, 226, 230, 231, 286

The Jews of Latin America (Sandberg), 240

Jobim, Antônio Carlos, 403

John Brown's Body (Benét), 514–15

Johnson, Lyndon B., 39, 41, 96, 97, 139, 256, 258, 359

Jones-Shafroth Act, 441

Jonge Tobias, 90

jornaleros, 47, 229, 276, 318–19, 324, 345, 470

Jóvenes Adultos Solteros, programa de, 236

Juan Carlos I, 296

Jubana! (Anders), 242

judíos, 126, 149, 156, 158, 161, 205,
　　245–51, 349, 403, 407, 416, 502
　Alemania nazi y, 39
　asquenazíes, 242–44, 245, 247,
　　249
　conversos y, 77, 248
　en España, 6, 19–20
　iglesia católica y, 187–88, 189
　latinos, 240–51
　sefardíes, 242, 243, 245
Juilliard School", 392

K

Kafka, Franz, 409
Kandik, Topher, 368–70
Kardashian, Kourtney, 224
Keane, Bob, 397–98
Kellogg Company, 331
Kennedy, Jacqueline, 307–9
Kennedy, John F., 39, 41, 139, 256, 257–58,
　307
Kennedy, Robert F., 257, 344
Kent, Rockwell, 102
Kerouac, Jack, 102
Kindertransport, 39
King, Martin Luther, Jr., 199, 227, 257,
　312, 355, 387, 415
Koch, Charles y David, 268–69
Kuhn, Bowie, 386
kumiai, 63

L

Labor Council for Latin American
　Advancement, 532–33
La Española, 10–12, 90, 191
Lajoie, Napoleon, 383, 384
lakota, 132
La Luna, 128
Lamas, Fernando, 406

Land, Richard, 204–5
Langley, Michael E., 316
La Rinconada, Perú, 199
La Rosita, Nicaragua, 200
Las Casas, Bartolomé de, 190, 195
Las Gitanas Literarias, 509
"lasiáticos", 175
Latifah, Queen, 157
"latinas", uso del término, 264
"latines", uso del término, 264
latinidad, 77, 132–36, 247, 264, 399, 407,
　422, 423–24, 431
"latino", uso del término, 264
Latinoamérica. *Véase* América Latina
latinos
　asiáticos, 171–82, 482–86
　bautistas, 204–5
　blancos, 153, 157
　"blanqueados", 408
　caribeños, 63, 160
　judíos, 240–51
　mormones, 232–40
　nacidos de nuevo, 219–31
　negros, 166–70
"latinos", uso del término, 419
Latino USA, 412
*Latinwood and TV: Prime Time for a Reality
　Check*, 336
"latinx", uso del término, 264
Lauren, Ralph (Ralph Rueben Lifshitz),
　134
Laurents, Arthur, 407
La Victoria (barrio en Lima, Perú),
　51
Lecuona, Ernesto, 395
Lee, Robert E., 69
Leguizamo, John, 293, 354
lenape, 90, 97, 459
lenca, 110

lenguas indígenas, 9, 208, 416

lenguas/lenguaje. *Véase también* lenguas particulares

comunicación a través de las lenguas, 8, 65, 221, 367, 371

corporal, 410

discriminatorio, 352

lengua ancestral, 425

multilinguismo, 8

segregación y, 146

lenguas romances, xii

Lentz, Pastor, 495

León, Tania, 392

León X, papa, 189

levantamiento húngaro, 39

Levinas, Mirella, 509

Lewinsky, Monica, 210

Ley de Exclusión China, 62–63, 133, 178

Ley de Inmigración de 1917, 177

Ley de Inmigración de 1965, 97, 139

Ley del cuidado de salud a bajo precio (*Affordable Care Act*), 268

Ley de Naturalización, 177

Ley de Naturalización de 1790, 177

Ley de Reajuste de Militares, 392

Ley de Reforma y Control de la Inmigración de 1986, 233

Leyenda Negra, 126, 467

LGBTQ+, xiii, 287, 338, 371, 412, 413

liberales, 244, 256, 257, 266, 267, 268, 269, 418, 420, 428

Liberty, escuela secundaria, 228

Libre, 267–69

Libro de Mormón, 234

liderazgo profesional, posiciones de, 331–36

Liga de Ciudadanos Latinoamericanos Unidos (LULAC, por sus siglas en ingles), 76

Liga Urbana de Miami, 164

Lima, Perú, 31–32, 47, 50–52, 63–64, 123, 125, 176, 182, 217, 218, 271, 344, 381, 422

Limón, Ada, 87

"limpieza de sangre", 20, 123, 242

Lincoln, Abraham, 70, 262, 302, 393, 515

Lindor, Francisco, 168

línea de color, 156–82, 385

literatura, 165, 282–83, 367–68, 369–70, 409–16. *Véase también escritores específicos*

literatura chicano, 409

literatura latina, 246–47

literatura negra estadounidense, 369, 370

Lizarzaburu, Javier, 169

Loh, Wallace, 182

Lomnitz, Claude, 240–41, 433

Longoria, Eva, xiv

López, George, 328

Lopez, Jennifer, 402, 548

López, Mark Hugo, 421, 429

Lopez, Trini, 548

Los Ángeles, 116

Los Angeles Times, 407, 409

Los Lobos, 548

Los Zetas, 53

Louisiana, 302

Lozada, Carlos, 414

Luciano, Felipe, 168

Luiselli, Valeria, 370

Lujan Grisham, Michelle, 507

LULAC (Liga de Ciudadanos Latinoamericanos Unidos), 76, 135, 352, 418–19, 430

Lytle Hernández, Kelly, 283

M

MacArthur, Douglas, 306
MacDowell, Edward, 393
Machado, Carmen María, 370, 413
Mack, Connie, 384
Madison, James, 61
Mahler, Gustav, 393
USS *Maine*, 25
Malasia, 172
Malo, 548
Maluma, 402
Mamani, Julia, 46, 60, 62, 83, 448, 450, 509
mambo, 390, 392
Maná, 548
Managua, Nicaragua, 200
Manahatta, 89-90
Manhattan, NY, 32, 91, 210, 328, 329, 330, 337, 386, 401, 427
manifestaciones contra la guerra, 199, 309
Mantle, Mickey, 388
maoístas, 47
mapuche, 22, 158, 285, 440
Marcos, Subcomandante, 246
mariachi, 139
Mariátegui, José Carlos, xi, 433
marielitos, 161, 164, 351, 479
marihuana, 108
Marin, Rosario, 472
Marina de Estados Unidos, 25, 306
Marines de Estados Unidos, 94, 310, 314, 315, 316, 460
Marion, Francis, 298
Mars, Bruno (Peter Hernández), 396
Marshall, Thurgood, 148
Martí, José, 359
Martin, Ricky, 548
Martínez, Mel, 166, 447

marxistas, 161, 199, 201, 206-7
Maryknoll, hermanas, 200
Maryland, 47-49, 51
Mason, Charles Harrison, 496
Mathias, Charles, 76
matrimonio, 124
    consanguíneo, 77
    divorcio y, 73, 92
    entre personas del mismo sexo, 203, 261
    interraciales, 7-8, 19, 175, 180, 182, 422
    pacto cristiano del, 209-10, 237
    polígamo, 238
    sexo antes del, 223
Matta Ballesteros, Juan Ramón, 105, 462
mayas, 18, 22, 63, 108, 110, 115, 191, 201, 367, 368, 375, 380, 438, 490
Mayflower, 16
Mayorkas, Alejandro, 166
McCain, John, 258
McCarthy, Kevin, 362
McClellan, George, 69
McCullough, David, 78-79
McGovern, George, 257
McGraw Hill, 350
McKinley, William, 25
McLean, Don, 398
McManus, Erwin (Irving Rafael Mesa-Cardona), 224, 225
Meade, George, 69
Medalla Presidencial al Ciudadano, 389
Medalla Presidencial de la Libertad, 344, 373, 389, 401
Medellín, Colombia, 383, 385
Médici, familia de, 189
medicinas, contribuciones a, 372-79
megaiglesias, 205, 270
Meiller, Valeria, 153, 157, 158

Mein Kampf (Hitler), 94

Melville, Herman, 246

Mendes, Eva, 165

Mendes, Sérgio, 403

Méndez, Felicitas, 145

Méndez, Gonzalo, 145–46

Méndez, Lissette, 165, 166

Méndez, Sylvia, 145

Méndez contra Westminster, 145–46, 148

Mendieta, Ana, 447

Menéndez, Bob, 165–66

Menorca, 297

merengue, 389

Mero, The Kid, 103

Mesa-Cardona, Irving Rafael, 225

mestizaje, 7, 8, 18, 19–22, 77, 124, 126, 128, 153, 154, 283, 337

mestizos, 7, 18–21, 92, 110, 128, 134–35, 140, 150, 438, 467, 502. *Véase también* mestizos

La metamorfosis (Kafka), 409

metanfetamina, 108

Metro-Goldwyn-Mayer, 331

Mets, 168

Mexía, Ynés, 374, 380

mexicano-estadounidenses, 3, 237, 245, 255, 257–58, 278–80, 364, 367, 372, 379–80, 396, 406, 409, 413, 419–21, 423

  activismo y, 345, 355

  en las artes, 389–90

  blancura y, 127–28

  catolicismo y, 198

  el décimo talentoso, 331

  en la fuerza laboral, 318, 322–25, 328

  en las fuerzas armadas, 298, 301–3, 306, 308, 309–10, 312–13

  historia de, 60, 62–63, 65, 70–71, 87, 99

  "línea de color" y, 156, 160

  matices de pertenencia y, 130–31, 132, 135, 136, 138–39, 141, 145, 147

  política y, 262–63, 265, 267

mexicanos, xii–xiv, 143–44, 190, 204, 234, 242, 244–45, 295, 402, 408, 418–20, 424, 452. *Véase también* méxicano-estadounidenses

  asimilación de, 128–29

  catolicismo y, 197

  censo y, 132–33

  desterrados durante la Depresión de 129, 143

  en la fuerza laboral, 322–25

  en las fuerzas armadas, 301–3, 306, 308, 312

  guerra mexicano–estadounidense y, 62, 70, 83, 121, 297, 298

  imperialismo estadounidense y, 62–63

  indocumentados, 85, 140

  inmigración de, 65–67, 69, 77, 85, 110–11, 118, 140

  "línea de color" y, 156, 162, 173, 175, 180–81

  política y, 263

  Programa Bracero y, 67–68, 276, 320–21, 322, 377–78

  como *raza cósmica*, 142

  raza y, 122, 135

  Revolución Mexicana y, 135

  segregación y, 122, 144–49

México, 63, 111, 168–69, 240, 300, 425

  anexión de, 111

  como "país blanqueado", 168–69

  conquista y, 82–83

  judíos en, 244, 248

  Programa Bracero y, 320

Meyer, Eugene, 358

Miami, FL, 3, 5, 7, 10, 32, 38, 39, 42–44, 64–65, 160–64, 166, 390, 399–400, 425
Miami Latin Boys, 400
Miami Sound Machine, 400
Michoacán, 142
Microsoft, 330
the Midniters, 548
Mi Gente, 288
migrantes, tráfico de, 53, 449
Miguel Ángel, 231, 389
Mikulski, Barbara, 76
Milgram, Anne, 106
Miller, Cheryl, 333
Miramontes, Luis, 375
Miranda, Carmen, 400
Miranda, Lin-Manuel, 122, 383, 408
Mirta (migrante), 56–57
misa católica, 212–13
misioneros, 209
    católicos, 191, 192, 199, 391
    franciscanos, 191
    jesuitas, 191, 192, 391
    mormones, 234, 235, 238
miskito, 110, 490
"Mi Teresita", 393
Mobile, 298
Moby-Dick (Melville), 246
Mochkofsky, Graciela, 502
Moctezuma II, 10
Molina, Mario, 372–74
Monción, Francisco, 103
Monkey Boy (Goldman), 243
monogamia, 209
Montalbán, Ricardo, 406
Monterrey, México, 52, 53
Montez, María, 103
Montoya, familia de, 242
Moon Mother Apothecary, 337

Moraga, Cheríe, 413, 510
Morales, Ed, 283, 371
Moreno, Rita, 407
"moreno", uso del término, 95, 193
Morgan, George, 294
"morisco", uso del término, 7
mormones, 119, 173, 199, 205, 232–40, 492, 498–99
moros, 6, 19, 187, 188
Morrow, Dwight, 198
Moses, 502
Mosquitia, costa de, 294
Mossel, Thijs, 90
"El Motel Verde", 347
Mount Pleasant, disturbios de, 355–56
Movimiento 26 de Julio, 36
movimiento Black Lives Matter (Las vidas negras importan), 287
movimiento chicano, 127, 130–32, 262, 274, 276–77
movimiento por la diversidad, la equidad y la inclusion (DEI, por sus siglas en inglés), 411–12
Moyobamba, 127
MS-13, 116
La muerte y la doncella (Dorfman), 243
mujeres, 11, 173, 180, 190–91, 209, 210, 215, 219, 220, 230, 237, 240, 303–5, 314, 315, 323, 364, 375, 381, 395
    abuso de, 215, 348
    acoso sexual y, 346, 347–48
    crimen y, 200–201
    esclavitud y, 74–75, 133
    indígenas, 6, 19, 20, 21, 29, 114, 132
    migrantes, 345
    trabajadoras, 346–48
    violación de, 172
mulatos, 123, 128, 141, 467

multiracialidad, 439, 522–23. *Véase también* mestizaje

Muni, Paul (Meshilem Meier Weisenfreund), 405–6

Muñoz, Óscar, 331

Muñoz Marín, Luis, 442

munsee (lengua), 90, 459

Murguía, Janet, 371, 418, 420–21

Murtaugh, Lisa, 181–82

Museo Metropolitano de Arte de Nueva York, 337

Museo Nacional del Latino Estadounidense, 424

música, 391–92, 407. *Véase también músicos específicos*

    clásica, 392–96

    contribuciones latinas a, 392–403

    criolla, 393

    cubana, 390, 399, 547

    estilos musicales caribeños, 389–90, 391, 394, 399–400

    indigena, 391

    jazz latino, 391–92

    Latin, 392

    latina, 389–90, 391–92, 401, 403

    popular, 392, 401, 548

    puertorriqueña, 399

música *"freestyle"*, 401

músicos, 390–91, 548

muskogee, 13, 22

musulmanes, 19, 177, 187–88, 205, 248

N

naguales, 368

nahuas, 18, 22, 63, 110, 452

náhuatl, 417

Napoleón Bonaparte, 78, 456

Narváez, Pánfilo de, 10, 12, 14–15, 74, 437

    expedición de, 10, 436–37

NASA, 374

National Capital Mall, 425

National Institutes of Health, 447

nativos americanos, 18, 62, 133, 134, 235, 412, 438. *Véase también grupos específicos*; indígenas

navajos, 13, 302

Navarro, Dave, 548

NBC Universal, 354

nefitas, 235

negocio, 329–30

negros, 6–7, 24, 26, 166–70, 294, 295, 305, 310, 312, 314, 317, 318, 369, 371. *Véase también* afrocaribeños; afroestadounidenses

    activismo y, 287, 288, 356–57

    africanos, 295, 377, 391, 439

    atletismo y, 385, 387–88

    caribeños, 160. *Véase también* afrocaribeños

    colorismo y, 150–51, 153

    dominicanos, 91, 94–95, 102

    esclavitud y, 6, 153

    "españoles", 91

    latinos, 166–70. *Véase también* afrolatinos

    "línea de color" y, 158–59, 162–64

    música y, 395, 401

    primeros habitantes negros de América, 10–17

    segregación y, 144–45, 146

Neil, Vince, 548

Nepantla, 415

Neruda, Pablo, 247

Netervala, Amelia Singh, 180

New Deal, 66, 262, 361

New England Primer, 368

Newman, Paul, 407

New Season Worship, 229

New Yorker, 354

New York Times, 25, 167, 326, 354, 378

Nicaragua, 111, 113, 200–201, 203, 389,
    425, 460

nicaragüenses, 303

niñeras, 47–48

niños, 366
    abuso de, 215, 324–26, 447
    abusos sexuales de, 215, 324–25
    educación y, 368, 370
    en la fuerza laboral, 42, 50, 324–25, 346
    esclavos, 133
    migrantes, 326
    Operación Pedro Pan (Peter Pan) y,
        38–45

Nixon, Richard M., xii, 136–37, 138, 139,
    140, 141, 153, 257, 258, 262, 389,
    471, 472

Niza, Marcos de, 436–37

Norman, Jessye, 395

Nuestra América (Lomnitz), 240–41

Nuestra Señora de Guadalupe, escuela, 144

Nuestra Señora de Guadalupe, iglesia,
    273, 278–79

Nueva España, 194, 296

Nueva España, Virreinato de, 111

Nueva Orleans, 303, 304

Nueva York, 90–91, 168

Nueva York, NY. *Véase también*
    Manhattan, NY
    afrolatinos en, 166, 167, 168
    centroamericanos en, 109
    dominicanos en, 91, 97, 101–3
    historia de, 89–91

los Nueve de Little Rock, 145

Nuevo Laredo, México, 450

Nuevo México, 48, 63, 69, 71, 74, 75, 77,
    130, 242, 302, 313, 343, 411, 424

Núñez, Sigrid, 182

O

Obama, Barack, 227, 257, 258–59, 270,
    271, 278, 344, 359, 373, 400–401,
    427, 472, 478

O'Brien, Soledad, 165

Ocasio-Cortez, Alexandria, 505

Ocean Spray, 349

ochavón, 141

Ochoa, Ellen, 374–75

Ochoa, Víctor, 375

Ochoa Brillembourg, Hilda, 509

O'Donnell-Rosales, John, 301

O'Farrill, Chico, 392

Oficina de Bienestar Católico, 42

Oficina de Empresas de Minorías (ahora
    la *Minority Business Development
    Agency*, MBDA), 139

Oficina del Censo, 139, 168. *Véase también*
    el censo

Oficina de Rendición de Cuentas del
    Gobierno de Estados Unidos, 412

Ojito, Mirta, 165

Olga (estudiante), 187

Oliveros, Pauline, 395

olmecas, 367

Olmos, Edward James, 407, 543

Olsen, Barry, 238

Oñate, expedición de, 74, 77, 454

Oñate, Juan de, 71

o'odham, 63

Operación Espalda Mojada (*"Operation
    Wetback"*), 67–68

Operación Libertad Duradera (Operation
    Enduring Freedom), 315

Operación Libertad Iraquí (Operation
    Iraqi Freedom), 315

Operación Manos a la Obra (Operation
    Bootstrap), 27

Operación Pedro Pan (Peter Pan), 38–45

Operación Tormenta del Desierto, 314

Ópera de Los Ángeles, 369

Organización de las Naciones Unidas para la Educación, la Ciencia y la Cultura (UNESCO), 373

oro, búsqueda del, 10–14

Orozco, Sylvia, 173

Ortiz, David, 520

Ortiz, Paul, 510

Otero-Barreto, Jorge, 310–11

"otro", describirse como, 93

"otro", identificación racial como, 305

Our Migrant Souls (Tobar), 159

Overseas Crusades Ministries, 196

Overtown, distrito de la Pequeña Habana, Miami, 163

Oxford University Press, 247

"Oye Cómo Va", 392

P

Pachamama, la Madre Tierra, 48

Pacific Gas and Electric Company, 333

Pacífico Sur, 306

Pacoima, California, 396, 397

Pacoima Legion Hall, 397

Padrón, Eduardo, 447

paladares, 329

Palmaz, Julio, 375

Panamá, 64–65, 160, 186, 304, 306, 355, 392, 394, 546

"Panamanian Overture" (Cordero), 546

pandillas, 108, 116, 353, 406

Paniagua, Alex, 104, 107

Paniagua, Raymundo, 103–7, 109, 113, 119–20, 462–63

Papeles del Pentágono, 358

Papúa Nueva Guinea, 206, 208, 210, 212, 214

parábola del Buen Samaritano, 396

Paraguay, 52, 125

Paramonga, Perú, 123, 344

Paredez, Deborah, 309

Partido Comunista de Cuba, 207, 211

Partido Demócrata, 139, 257, 261, 262, 265, 267, 268, 277, 505

Partido Republicano, 261, 262, 263, 267, 268

Pastor, Ed, 520

Pat Dinh Do, 172–73, 174

Paterson, NJ, 92, 98, 279, 461

patrulla fronteriza, 55–56, 102, 109, 133–34, 267

Patton, George, 64

paya, 110

Paz, Octavio, 31, 183

Paz de Chapultepec, 115–16

Pearl Harbor, 64

pentecostales, 203–4, 220, 221–22, 223, 231, 240

Pequeña Habana, 163

Pérez, Armando "Pitbull", 402, 547

Pérez, Thomas, 103

Pérez-Stable, Eliseo, 375–77, 378, 379, 419, 447, 541

perjudiciales, 408

pertenencia, matices de, 121

Perú, 4, 150, 169, 189, 199, 236, 240, 255, 271, 367, 381, 406, 422, 425, 428

inmigrantes de, 31–33, 46–47, 50, 52, 123

judíos en, 248–49, 250

latinos asiáticos de, 175–76, 179, 182

raza en, 124–25

peruanos, xii, 3–4, 31–33, 46–47, 52–53, 55–56, 78–80, 121, 124–25, 127, 255, 279, 337, 427

Pew Research Center, 85, 155, 265, 421, 429

Piazzolla, Astor, 393

Pickett, George, 69

Pietri, Pedro, vii, 323

"pigmentocracia", 95

Pineda, Cecile, 149, 409, 552

Piñero, Jesús, 386

Pinochet, Augusto, 285

pipil, 349

Pirata del Caribe, 389

Piratas de Pittsburgh, 386

pishtacos, 4, 6, 435

Pittsburgh, PA, 208, 294, 387

Pizarro, Francisco, 11, 189

Plunkett, Jim, 507–8

Plymouth, 61

Plymouth Rock, 16, 17

pobreza, xv, 23, 33

   activismo y, 342, 343, 355, 356

   inmigración y, 46–48, 50

Podesta, Don, 156

polacos, 301

política. *Véase también políticos específicos*

   conservadores, 37, 40, 75–77, 96, 115,

      161–62, 199, 222, 256–57, 261–63,

      267–70, 285–86, 290, 418, 420, 428

   convicciones y, 282–91

   elecciones, 26, 35, 94, 101, 138, 139,

      258–61, 263, 267, 275, 282, 365

   electorado latino, 139, 257, 261, 263

   lecciones de historia, 270–82

   liberales, 244, 256, 257, 266, 267, 268,

      269, 418, 420, 428

   mito del voto latino, 259–63

   Partido Demócrata, 139, 257, 261, 262,

      265, 267, 268, 277

   Partido Republicano, 261, 262, 263,

      267, 268

   qué quieren los latinos, 264–70

   registro de votantes latinos, 261–62

   religión y, 256, 261

Polk, James, 62, 83

Pollorena, Oscar, 267

Polonia, 245

Ponce, Manuel, 393

Ponce de León, Juan, 9–10, 12, 13, 25,

   29, 436

Pontificio Instituto Juan Pablo II para

   Estudios sobre el Matrimonio y la

   Familia, 210

Porfirio Díaz, 272

Porter, David, 299

Port Hudson, 298

portugués, 212

Pozo, Chano, 391–92

Pratt, Sharon, 335

prejuicios, 550

Premio Emmy, 325

Premio Herblock, 405

Premio Nobel, 78, 372

Premio Oscar, 271

Premio Pulitzer, 271, 300, 392, 410

Premio Globo de Oro, 153

Prep for Prep, 101, 103

Prewitt, Kenneth, 136

Price, Leontyne, 395

Primera Guerra Mundial, 177, 304

privilegios de los "blancos", 123

Proclamación de Emancipación, 177

Programa Bracero, 67–68, 276, 320–21,

   322, 377–78

Project Gutenberg, 541

The Prophet of the Andes (Mochkofsky), 502

Proposición 187, 173–74

protestantes, 17, 64, 185, 203, 219, 220,

   302

   conversos, 197

   evangelistas, 186, 196

   iglesias, 120, 185, 202, 205, 212, 217,

      219, 220, 223, 224, 232–40

Proud Boys, 508

Proyecto de Educación para el Registro de Votantes del Suroeste (SVREP, por sus siglas en ingles), 277

Public Broadcasting System, 76

Puente, Tito, 392

Puerto Príncipe, 297

Puerto Rico, 4, 23–29, 63, 68, 92, 168, 170, 215, 220, 243, 282, 310–12, 328, 385–87, 389, 435, 439, 441–43

puertorriqueños, xii, xiv, 4, 23–29, 145–46, 341, 420, 422, 442, 480, 505, 516, 548

artistas, 390, 392

atletismo y, 386–87, 388

cine y, 404, 407, 408

ciudadanía y, 282, 441

derechos a votar y, 282

en la fuerza laboral, 328, 329, 333, 334

en las fuerzas armadas, 304, 305, 308, 310, 311

"línea de color" y, 168–69

migración de, 435

músicos, 395, 396, 399, 401, 402

en Nueva York, 68, 118

política y, 262–63, 265

prejuicios contra, 550

representación de, 550

representación en el Congreso y, 26–27, 282

vendedores, 329

Puerto Vallarta, 143

punyabíes, 180

Putnam, Robert, 278

"Put Your Lights On" (Santana), 391

Q

Quander, Rohulamin, 538

quechua (lengua), 417

quechuas, 19, 47, 218

"Queridas hermanas", carta, 347

Quest, 286

Quiché, Guatemala, 201

quinceañera, uso del término, 279, 509

Quinn, Anthony (Manuel Antonio Rodolfo Quinn Oaxaca), 550

Quiñones-Hinojosa, Alfredo, 374

Quintanilla, Selena, 548

Quispe, Hilda, 337

Quórum de los Doce Apóstoles, 240

R

Rabel, Eduardo, 446

racismo, 32, 129–30, 153, 195, 203–4, 223, 228, 282, 287, 289, 302, 355, 377–78, 469

deportes y, 387–88

estructural, 378

justicia y, 386

"línea de color" y, 165, 167, 169, 178

segregación y, 141–49

sistémico, 126

supremacismo blanco, 157–59, 332, 508

Radio Swan, 38

Raleigh, Walter, 292

Ramírez, Henry M., 136, 138–39, 140–41

Ramírez, Marcos, 469

Ramírez, Mónica, 318, 345, 347, 354

Ramos, Jorge, 119, 412

Rangel, Charles B., 520

rangers de Texas, 147

rap, 392

Raskin, Jamie, 364

Ravelo, Rafael, 447

Raymundo, 119–20

raza, 6–8, 28, 31, 63, 66, 77, 121, 123,
    240, 275, 418, 433. *Véase también*
    "limpieza de sangre"; racismo
acción afirmativa y, 75–76, 370–71
béisbol y, 384
blancura y, 125–26
censo y, 129, 133, 134–36, 168
colorismo y, 149–53
el décimo talentoso y, 331, 332–34
en República Dominicana, 92, 95, 97
idioma y, 153–55
iglesia católica y, 192, 197
"limpieza de sangre" y, 20, 123, 242
"línea de color" y, 177–78, 180
"mejorar la", 94
mestizaje y, 7, 8, 18, 19–22, 77, 124,
    126, 128, 153, 154, 283, 337, 391,
    425, 439
Nixon y, 141
prejuicios y, 405
privilegios de los "blancos", 123
"pureza de", 126
reconciliación racial y, 229
salud y, 375–77
segregación y, 146–49
raza cósmica, 21, 125–26, 152, 475
Reagan, Ronald, 76, 97, 113, 115, 140,
    179–80, 201, 233, 242, 258–59, 262,
    472
Reales de Montreal, 387
rebelión de los bóxeres, 304
rebelión de los pueblo, 77
reconciliación, 228
    racial, 229
Récord Mundial Guinness, 402
refugiados, 44, 118, 212
reggaetón, 389
Registro del Congreso, 307
Reid, Harry S., 266

La relación (Cabeza de vaca), 13
religión, 185–216, 217–51. *Véase también*
    iglesias y religiones específicos
Renacimiento de Harlem, 168
renacimiento espiritual, 219–31, 234
"repartos", 133, 134
República Dominicana, 10, 42, 90, 91–103
República Federal de Centroamérica, 111
requerimiento, 190
Reserva Federal, 358
restaurantes chino-cubanos, 176
Reston, James "Scotty", 358
Revolución Estadounidense, 61, 293–96,
    512
Revolución Industrial, 174
Revolución Mexicana, 83, 135, 138, 198,
    283, 318, 405
Reyes, Silvestre, 520
Los reyes del mambo tocan canciones de amor
    (Hijuelos), 410
Rhodes, becario, 167, 278, 362
Richardson, J. P. "Big Bopper", 398
Río Grande, 16, 21, 46, 54, 60, 62, 70, 81,
    117, 169, 179, 238, 264, 320, 323,
    364, 367
Río Orinoco, 29, 63
Rios, Rosie, 472
Ríos Montt, Efraín, 201, 490, 492
ritmo latino, 403
Rivas, Mekita, 181
Robbins, Jerome, 407
Robin, 350–51
Robinson, Jackie, 387
Robinson, Vicky Arana, 4, 5–6, 217, 218
Robles, Ángel Ruiz, 541
Roca, Julio Argentina, 158
rockabilly, 403
rock and roll, contribuciones latinas al,
    396–403, 547

Rockville, MD, 48, 58, 83, 279, 337

Rodríguez, Alex, 103

Rodríguez, Cindy Y., 121

Rodriguez, Ciro, 520

Rodríguez, Gina Alexis, 404

Rodríguez, Juan, 90–91

Rodríguez, Michelle, 92

Rodríguez, Richard, 409–10

Rodríguez, Samuel "Pastor Sam", 220, 222, 223, 227–28, 229–30, 231, 261

Rodríguez del Toro, María Teresa, 393

Roe vs. Wade, 260

Romero, Óscar, 114

Romney, Miles, 238

Romney, Mitt, 238, 258

Ronstadt, Linda, 548

Roosevelt, Franklin Delano, 76, 94–96, 129, 178–79, 262, 267, 460, 484

Roosevelt, Theodore, 25, 76, 96, 304

Rosales, Teresa, 490

Rosie la Remachadora, 305, 342

Ross, Diana, 157

Rough Riders, 25, 304

Roybal, Edward R., 312–13

Rubio, Marco, 165

Ruffin, John, 376

Ruiz Robles, Ángela, 375

rumba, 390

Rusia, 114, 319, 461–62

Ruston Academy, 39, 445

Ruta de la Fruta de Fresno, 233

Ruth, Babe, 388

S

Sagrado Corazón, Escuela del, 212–13, 215, 366–67, 538

Saint-Gaudens, Augustus, 299

Saldaña, Zoe, 103

Salgado, Yesika, 111

Salinas, María Elena, 412

Salón de la Fama del Béisbol, 389

El Salón México (Copland), 395

salsa, 139, 243, 389, 390, 392, 401–2, 425

Salt Lake City, UT, 240

salvadoreños, xiv, 9, 85, 91, 110, 111–19, 200, 204, 212–13, 224–25, 279, 326, 329, 348–49, 351–53, 355, 363, 366, 421–22

Salvatrucha, Mara, 116

samba, 403

Sandberg, Harry O., 240

San Diego, CA, 173–74

Sandinistas, 115

Sandoval, Arturo, 392

San Joaquín, valle de, 342

San Luis Talpa, 349

San Miguel de Allende, 415, 552

Santa Cruz, Carolina, 160

Santana, Carlos, 389, 391, 403, 545

Santana, Jorge, 548

santería, 211

Santiago, 190

Santiago, Esmeralda, 170, 243, 328

Santiago, Lucas Cantor, 243, 244

Santuario del Sagrado Corazón, 206, 208, 237, 366–67, 493

Saralegui, Cristina, 165

Savannah, toma de, 297

Schmitz, Paul, 490

Schomburg, Arturo, 168

Scott, MacKenzie, 363

Scott, Winfield, 69, 453

Secada, Jon, 547

SEED, escuelas charter, 369, 370

segregación, 141–49

Segunda Guerra Mundial, 39, 64, 67–68, 171, 208, 305–8, 309, 320, 406

Semana Nacional de la Herencia Hispana, 137

seminoles, 13

Senado de Estados Unidos, 76, 99, 140, 270, 315, 407

Sendero Luminoso, 47

"La Señora", 51

Sepúlveda, Juan, 271–72, 274–76, 277

Serrano, José E., 520

Serrano Elías, Jorge, 491–92

Servicio de Inmigración y Control de Aduanas de Estados Unidos (ICE), 116, 326

Servicio Selectivo de Estados Unidos, 129, 310

Servicios Especiales en Vietnam, 317

Sessions, Jefferson B., 99, 103, 461–62

Shakespeare Theatre Company, 368

Sheen, Martin (Ramón Antonio Gerardo Estévez), 550

Siete Ciudades de Cíbola, 11, 436–37

sijs, 176, 180

los Silhouettes, 397

Simon & Schuster, 334

la Sinagoga, 249

Sinaloa, cartel de, 106

Singh, Rullia, 177

Sires, Albio, 520

Sitting Bull, 132

"Smooth" (Santana), 391

Sol, Quinto, 409

Solis, Hilda, 520

Somoza Debayle, Anastasio, 389, 460

son, 390

Sondheim, Stephen, 407

Sontag, Deborah, 378

Sosa, Dulce María (Candi), 447

Sosa, Roberto, 103

Soto, Juan, 123

Sotomayor, Sonia, 183, 292, 505

Spenser, Edmund, 126

Spielberg, Steven, 550

St. Albans School, 358

Stand and Deliver (*Con ganas de triunfar*), 379–80

Standard Fruit de Honduras, SA, 107

Stargell, Willie, 388–89

Stavans, Ilan (Ilan Stavchansky Slomianski), 245–48

STEM, 372–82

Suárez, Ray, 412, 510

subsaharianos, 85

Sudáfrica, 163

sudasiáticos, 85

Sueño Americano, 32–33, 45, 46, 58, 99, 112, 220, 255–56, 277, 284, 317, 328, 364

Suero, José, 356

suite C, 333

Suiza, 22

suizos, 158

Summit, NJ, 219

suona, 391

supremacismo blanco, 157–59, 332, 508

T

Tailandia, 172

taínos, 18, 170, 311, 337, 443

Tanita (salvadoreña), 111–12, 115–17, 118–19, 120, 329

Tan Son Nhat, aeropuerto de, 314

Tarrio, Enrique, 508

taxonomía racial, 136

   blanco-negro, 121

   de colores de piel, 7, 121, 132

Taylor, David, 469

Taylor, Zachary, 70, 75

Taylor-Joy, Anya, 153, 159

Team Mania Ministries, 226

Tejada, J. Walter, 348, 352, 354

Teller, Henry Moore, 443–44

teología de la liberación, 196

Teresa, Madre, 296

Teresa de Ávila, santa, 188

terremotos, 109, 203, 389

tertulias, 280

Texas, 303

TheDream.Us, 359, 360–61, 536, 537

A Theology of Liberation (Gutierrez), 491

Thind, Bhaghat Singh, 177

Thomas, Piri, 165

Thompson, Edward P., xiv, 434

Tierra de los Gigantes, 386

Tigres de Louisiana, 303

Tijerino, Antonio, 424

Tijuana Brass, 403

Time, revista, 347

Tobar, Héctor, 159

tolteca, 367

Tony the Greaser, 405

Torquemada, Tomás de, 188–89

Torres, Ritchie, 167, 266

Torruela, Latin Carmen, 538

trabajadores agrícolas, 319–21

trata transatlántica de esclavos, 12, 18, 21, 28, 79, 166, 169–70, 177, 439

Trevino, Lee, 328

Triángulo Norte, 46, 108–11, 114–18, 200, 212, 237, 321, 326, 418

"trigueño", 95

Trofeo Heisman, 271, 507–8

Troncoso, Sergio, 65

Trujillo, Rafael ("El Jefe"), 95–96, 98, 460

Trujillo, Robert, 548

Truman, Harry S., 307

Trump, Donald, 117, 227, 262, 263, 321, 362, 365, 378, 405, 424, 461–62, 472, 478

administración de, 362

Twentieth Century-Fox, 331

U

U2, 224

UCLA, 380

Ucrania, 230, 245, 319, 403

UnidosUS, 371, 382, 418, 419, 421, 430, 482

Unión de Estudiantes Negros, 287

Unión Soviética, 36, 39, 40

United Airlines, 331

United Farm Workers, 343–44, 345

United Fruit Company, 113

Universidad Autónoma Metropolitana, 245–46

Universidad de Brigham Young, 234

Universidad de California, Berkeley, 380, 409

Universidad de Columbia, 102

Universidad de Harvard, 347, 358, 367, 374, 380, 392

Universidad de Maryland, 117

Universidad de Michigan, 247

Universidad de Notre Dame, 381

Universidad de Princeton, 175

Universidad de Rutgers, 28

Universidad de Stanford, 175

Universidad del Sur de California, 380

Universidad de Texas, 264

Universidad de Yale, 159, 380

Universidad Estatal de San Diego, 173–74

Universidad George Mason, 351

Universidad Johns Hopkins, 120

Universidad Loyola, 346

Universidad Texas A&M, 104

An Unlikely Conservative (Chávez), 75
Urrea, Luis Alberto, 370
Uruguay, 125
U.S. English, 76
ute, 302

V

Valens, Ritchie (Richard Steven
    Valenzuela), 396–98, 403
Valenzuela, Joseph, 397
vanguardia, 372–79
Vargas Llosa, Mario, 78, 170, 411
Variety, 157
Vasconcelos, José, 152–53, 440, 475
vascos, 39–40, 127
Vaticano, 185, 196, 205, 367
Vazquez, Urbano, 484
Vega Baja, Puerto Rico, 310
Velásquez,William C. (Willie), 131,
    274–75, 277, 281, 291
Velázquez, Loreta Janeta, 303
Velázquez, Nydia, 505, 520
vendedores, 329–30
venezolanos, xiv, 167
Venezuela, 29, 169, 244, 371, 384
Veracruz, México, 64, 69, 81–83, 96,
    456–57
Verrazzano, Giovanni da, 9–10
veteranos, 307–8, 311, 315
Vicioso, Chiqui, 151
Vicksburg, sitio de, 298
Vietcong, 171
Vietnam, 171, 172. *Véase también* Guerra
    de Vietnam
vietnamitas, 112, 171–72, 175, 178,
    180–82, 212, 311, 361, 366, 367,
    482–83
vilipendio, 408
Villalpando, Catalina Vasquez, 472

violencia armada, 365, 538
Virgen de Guadalupe, 193, 195
Virgen María, 230
La Virgen Milagrosa, 51
Viva Kennedy, clubes, 139
¡Viva Zapata! 406
Voltaire, 217
Voluntarios de Nuevo México, 302
voto hispano, 139, 257, 261, 263
voto latino, mito del, 259–63

W

Walk Proud, 406
Wallace, George, 145
Wall Street, 113, 329
Wall Street Journal, 227
Walsh, Bryan O., 39
Walt Disney World, 226
Warner Bros., 406
Warren, Earl, 148
Washington, D.C., 58, 205, 208, 210, 212,
    214, 236, 237, 279–80, 283, 290, 296,
    299, 335, 355–57, 359
Washington, George, 293, 294, 296, 298,
    513
Washington, William, 298
Washington Post, 335, 358, 359, 536
Watergate, escándalo de, 140, 358
Webb, telescopio, 228
Weil, Gertrude, 102
Weinstein, Harvey, 347
Welch, Raquel (Jo Raquel Tejada), 407
Westminster, California, 145–46, 148
West Side Story (musical), 406–7
West Side Story (película), 122, 550
White, Stanford, 514
Williams, Geisha (Jiménez), 333
Williams, William Carlos, 102
Wilson, Woodrow, 83, 96, 393, 441

Winter Dance Party, 398
Woman Hollering Creek (Cisneros), 414
Wood, Natalie, 407
Wright, Orville y Wilbur, 375

X
xicana, xiii

Y
yaquis, 63
yoruba, 192–93, 211, 391

Yugoslavia, 22
Yzaguirre, Raúl, 255

Z
Zahm, John Augustine, 63
Zamanillo, Jorge, 425
Zamora, Javier, 370
Zapanta, Albert, 317
zapoteca, 367
zona del Canal de Panamá, 304, 355
"zona de prohibición asiática", 177